U0576186

YANGMING XINXUE
YU XINSHIDAI LIANJIE WENHUA JIANSHE

LIANGZHI　　　　　LIANXING

良知·廉行

阳明心学
与新时代廉洁文化建设

张宏敏 主编

浙江国际阳明学研究中心
余姚市纪律检查委员会　编

浙江工商大学 出版社
ZHEJIANG GONGSHANG UNIVERSITY PRESS

·杭州·

图书在版编目（CIP）数据

良知·廉行：阳明心学与新时代廉洁文化建设 / 浙
江国际阳明学研究中心，余姚市纪律检查委员会编.
杭州：浙江工商大学出版社，2025. 6. -- ISBN 978-7
-5178-6517-9

Ⅰ. B248.25；D630.9

中国国家版本馆 CIP 数据核字第 2025JK9844 号

良知·廉行——阳明心学与新时代廉洁文化建设
LIANGZHI · LIANXING——YANGMING XINXUE YU XINSHIDAI LIANJIE WENHUA JIANSHE
浙江国际阳明学研究中心　余姚市纪律检查委员会 编

责任编辑	张晶晶
责任校对	胡辰怡
封面设计	蔡海东
责任印制	屈　皓
出版发行	浙江工商大学出版社
	（杭州市教工路 198 号　邮政编码 310012）
	（E-mail：zjgsupress@163.com）
	（网址：http://www.zjgsupress.com）
	电话：0571-88904980，88831806（传真）
排　版	杭州朝曦图文设计有限公司
印　刷	杭州宏雅印刷有限公司
开　本	787mm×1092mm　1/16
印　张	35.75
字　数	549 千
版 印 次	2025 年 6 月第 1 版　2025 年 6 月第 1 次印刷
书　号	ISBN 978-7-5178-6517-9
定　价	138.00 元

本书编委会

学术顾问：吴　光　孙壮志

主　　任：杜作锋　虞存斌

副 主 任：龚共军　黄桂树

成　　员：马文文　陈　科　蔡　亮　李安军

　　　　　诸焕灿　唐　玉　周修宇　张山梁

主　　编：张宏敏

前　言

　　五百多年前的明代中期，诞生于浙江余姚瑞云楼的著名思想家、哲学家、政治家、军事家、教育家王阳明（1472—1529），以淡泊明志的道德操守、知行合一的人生智慧、明德亲民的政治实践、万物同体的理想追求，成为中国历史上"立德、立功、立言，皆居绝顶"的"第一流人物"。在他创立的以"致良知"三字为宗旨的心学思想体系里，也有"志不立，天下无可成之事""立志而圣则圣矣，立志而贤则贤矣""身之主宰便是心""种树者必培其根，种德者必养其心""知者行之始，行者知之成""破心中贼"等既脍炙人口又发人深省的经典语录。这些思想理念，不仅是王阳明本人毕生讲学弘道、为官从政的基本准则，对当今中国的社会主义核心价值观的培育与践行、新时代的廉洁文化建设的推动，也具有独特的学习传承与参考借鉴意义。

　　2005 年 5 月，时任浙江省委书记习近平同志在为浙江省纪委会同有关部门编纂的"廉政镜鉴丛书"所作的"序"中写道："古人说：'为政以德，譬如北辰，居其所而众星共之。''为政以德则治，不以德则乱。'这些都说明为官当重修德，所谓'先莫先于修德'。的确，我们的传统文化是十分注重官员的道德修养的，非常强调自省、自警、自律、自励，并视此为立身行事的根本和安邦定国的基础。"①

　　2005 年 12 月，时任浙江省委书记习近平同志在"中国·浙江廉政文化论坛"上的致词中说："浙江的文化传统包含了丰富的廉政文化理念和文化实践。苏东坡、范仲淹、海瑞、张苍水、葛云飞、黄宗羲等等，他们或仁者爱人，以民为本；或廉洁正直，名留青史；或慷慨赴难，为国捐躯，演绎了一幕幕千古佳话；杭州的岳庙、于谦祠，宁波的'天一阁'、'中国清官文化园'，绍兴的沈园、鲁迅故居，嘉兴的南湖、金华有'江南第一家'之称的'郑义门'，以及

---

① 　习近平：《廉政镜鉴丛书·序》，浙江人民出版社 2005 年版，序第 2 页。

衢州的'孔氏家庙'等等,这些丰富的人文景观、深厚的历史积淀都为后人留下了宝贵的文化资源。岳飞的'武官不怕死,文臣不爱钱',于谦的'留得清白在人间'的名言,至今警示后人要为政以德、为政以廉、为政以民。这些廉政文化传统成了我们今天开展廉政文化活动、建设社会主义先进文化的重要来源。"①

2013年4月,习近平总书记在中央政治局第五次集体学习时发表讲话,强调:"深入推进党风廉政建设和反腐败斗争,需要坚持发扬我们党在反腐倡廉建设长期实践中积累的成功经验,需要积极借鉴世界各国反腐倡廉的有益做法,也需要积极借鉴我国历史上反腐倡廉的宝贵遗产。研究我国反腐倡廉历史,了解我国古代廉政文化,考察我国历史上反腐倡廉的成败得失,可以给人以深刻启迪,有利于我们运用历史智慧推进反腐倡廉建设。"②

2016年1月,习近平总书记在第十八届中央纪律检查委员会第六次全体会议上发表讲话,指出:"全面从严治党,既要注重规范惩戒、严明纪律底线,更要引导人向善向上,发挥理想信念和道德情操引领作用。'身之主宰便是心';'不能胜寸心,安能胜苍穹'。'本'在人心,内心净化、志向高远便力量无穷。对共产党人来讲,动摇了信仰,背离了党性,丢掉了宗旨,就可能在'围猎'中被人捕获。只有在立根固本上下功夫,才能防止歪风邪气近身附体。"③2021年3月,习近平总书记在2021年春季学期中央党校(国家行政学院)中青年干部培训班开班式上发表讲话,强调年轻干部必须立志做党的光荣传统和优良作风的忠实传人,"对党忠诚,必须一心一意、一以贯之,必须表里如一、知行合一,任何时候任何情况下都不改其心、不移其志、不毁其节"④。2022年3月,习近平总书记在2022年春季学期中央党校(国家行政

① 习近平:《在"中国·浙江 廉政文化论坛"上的致词》,载《中国·浙江 廉政文化论坛论文集》,中国社会科学出版社2006年版,第11页。

② 《习近平在中共中央政治局第五次集体学习时强调 积极借鉴我国历史上优秀廉政文化 不断提高拒腐防变和抵御风险能力》,《人民日报》2013年4月21日。

③ 习近平:《在第十八届中央纪律检查委员会第六次全体会议上的讲话》,《人民日报》2016年5月3日。

④ 《习近平在中央党校(国家行政学院)中青年干部培训班开班式上发表重要讲话》,新华网,2021年3月1日。

学院)中青年干部培训班开班式上发表讲话,要求:"年轻干部必须牢记清廉是福、贪欲是祸的道理,经常对照党的理论和路线方针政策、对照党章党规党纪、对照初心使命,看清一些事情该不该做、能不能干,时刻自重自省,严守纪法规矩。守住拒腐防变防线,最紧要的是守住内心,从小事小节上守起,正心明道、怀德自重,勤掸'思想尘'、多思'贪欲害'、常破'心中贼',以内无妄思保证外无妄动。"①

2022 年 1 月,中共中央办公厅印发的《关于加强新时代廉洁文化建设的意见》要求:"用中华优秀传统文化涵养克己奉公、清廉自守的精神境界。结合实施中华传统文化传承发展工程,汲取崇德尚廉、廉为政本、持廉守正等传统廉洁文化精华,增强文化自信和历史自信。挖掘历史文献、文化经典、文物古迹中的廉洁思想,整理古圣先贤、清官廉史的嘉言懿行,推动中华优秀传统文化创造性转化、创新性发展。组织开展我国反腐倡廉历史研究,把握腐败导致人亡政息的历史规律,运用历史智慧推进党风廉政建设。"②

2022 年 10 月,习近平总书记在党的二十大报告中指出:"加强新时代廉洁文化建设,教育引导广大党员、干部增强不想腐的自觉,清清白白的做人、干干净净做事。"③

2024 年 7 月,党的二十届三中全会通过的《中共中央关于进一步全面深化改革推进中国式现代化的决定》指出,"必须增强文化自信,发展社会主义先进文化,弘扬革命文化,传承中华优秀传统文化",同时也要求"加强新时代廉洁文化建设","完善一体推进不敢腐、不能腐、不想腐工作机制,着力铲除腐败滋生的土壤和条件"④。

"王阳明的心学正是中国传统文化中的精华,也是增强中国人文化自信

---

① 《习近平在中央党校(国家行政学院)中青年干部培训班开班式上发表重要讲话》,新华网,2022 年 3 月 1 日。

② 《中共中央办公厅印发〈关于加强新时代廉洁文化建设的意见〉》,新华网,2022 年 2 月 24 日。

③ 习近平:《高举中国特色社会主义伟大旗帜　为全面建设社会主义现代化国家而团结奋斗——在中国共产党第二十次全国代表大会上的报告》,《人民日报》2022 年 10 月 26 日。

④ 《中共中央关于进一步全面深化改革　推进中国式现代化的决定》,央视网,2024 年 7 月 21 日。

的切入点之一。"为深入"研究我国反腐倡廉历史,了解我国古代廉政文化",贯彻落实党的二十届三中全会提出的"传承中华优秀传统文化""加强新时代廉洁文化建设"的要求,我们决定以王阳明的心学为切入点,综合研究中华优秀传统文化中的廉洁元素,借此深刻揭示阳明心学中蕴含的廉洁思想及其对加强新时代廉洁文化建设的有益启迪。2024 年 10 月 31 日,是王阳明诞辰 552 周年的纪念日,由浙江省社会科学院、宁波市纪委指导,余姚市纪委和中共余姚市委宣传部共同举办的"良知·廉行——'阳明心学与新时代廉洁文化建设'"主题活动在余姚王阳明故居(瑞云楼)成功举办。中国社会科学院俄罗斯东欧中亚研究所所长、中国廉政研究中心副理事长孙壮志,浙江省社会科学院党委委员、纪委书记杜作锋,宁波市纪委副书记、市监委副主任杨国章,余姚市委常委、统战部部长李昭参加活动。余姚市委常委、市纪委书记、市监委主任虞存斌主持启动仪式。

"良知·廉行——'阳明心学与新时代廉洁文化建设'"主题活动由"王阳明廉洁文化建设 2024—2026 行动计划发布""王阳明廉洁思想研究成果市民共享""阳明心学与清廉企业主题沙龙""阳明心学与新时代廉洁文化建设专家研讨""王阳明廉洁展厅开放"等一系列活动组成。浙江省社会科学院资深研究员吴光、中国社会科学院研究员张海晏、浙大宁波理工学院教授蔡亮、福建省中共平和县委宣传部副部长张山梁、湖南文理学院教授文平、浙江省委党校副教授葛亮、曲阜师范大学教授王曰美、宁波市文化旅游研究院副院长黄文杰等专家学者与余姚市民朋友在现场分享并探讨了他们关于王阳明廉洁思想及其对加强新时代廉洁文化建设的最新研究成果。人民网、新华网、中央纪委国家监委网、浙江省纪委省监察委网、中国日报网、凤凰网、潮新闻等新闻媒体对"良知·廉行——'阳明心学与新时代廉洁文化建设'"主题活动进行了专题报道。

这次活动,主办方在浙江省社会科学院浙江国际阳明学研究中心的学术策划下,共征集到主题研究论文 47 篇,这些研究涵盖了中国廉洁文化视域下的阳明心学的丰富内涵、历史地位及其时代价值等多个维度,代表着当前阳明学界关于阳明心学与新时代廉洁文化建设关联的最新研究成果。为充分展示与分享"良知·廉行——'阳明心学与新时代廉洁文化建设'"主题活动的学术研究成果,浙江省社会科学院浙江国际阳明学研究中心与余姚市纪委共同商定,结集出版此次活动征集到的研究论文。论文集共分三个篇章,分别是"中国廉洁文化总论篇""王阳明廉洁思想专论篇"和"中国廉洁人物附论篇"。

"知行合一致良知,摒去私欲方有廉。"我们深知,整理古圣先贤、清官廉吏的嘉言懿行,汲取以崇德尚廉、廉为政本、持廉守正为主要内容的中华传统廉洁文化,既有助于推动中华优秀传统文化的创造性转化、创新性发展,也是加强新时代廉洁文化建设的一项重要任务。2013年,余姚市纪委就联合中国社会科学院中国廉政研究中心在中国社会科学出版社出版了《王阳明廉政思想与行为研究》的专题论文集。12年后,余姚市纪委再次借助专业研究团队,以习近平文化思想为指导,运用马克思主义的立场、观点和方法,深入研究阳明心学与新时代廉洁文化建设内在关联,这无疑对涵养崇德尚廉的社会风尚,构建风清气正的政治生态,有着重要的借鉴意义和现实价值。

本书编委会

2025 年 4 月 29 日

目　录

中国廉洁人物附论篇

中国廉洁文化总论篇

中国勤廉文化的理论内涵、儒家传统与新时代的实践方向

浙江省社会科学院哲学所、浙江国际阳明学研究中心研究员

吴　光

一、廉政、廉政文化与勤廉文化内涵的异同

廉政、廉政文化与勤廉文化是三个互相联系但含义有所差异的概念。

一般而言,廉政与廉政文化二者都是讲如何保持政治的公正、廉洁、清明与和谐的。

廉政、廉政文化与勤廉文化三者的不同之处:廉政主要是讲公正廉明的政治局面,即政治状态;廉政文化则是一种政治文化,即总结、反映公正、廉明政治局面的文化传统与文化精神;勤廉文化则不仅是一种政治文化,还包括含义更广泛的执政者的道德境界、工作态度和生活方式。

廉政、廉政文化与勤廉文化三者间的关系:廉政是廉政文化的实体与源泉,廉政文化是廉政政治状态的文化形态,勤廉文化则是指勤廉思想、制度、生活方式和工作态度的经验总结、精神内核及其生活方式的存在形态。

其三者尽管在内涵上有所差异,但本质上是一致的,即主要是指清明公正的政治生态和勤谨、廉洁的政治品质、工作态度与道德境界。

"廉政"的概念古已有之。其本来的含义就是"廉正"——"廉"为官德,"政"者"正"也。《晏子春秋》《周礼》《论语》等均讨论了"廉政"的含义。《晏子春秋》记载说:"(齐)景公问晏子:'廉政而长久,其行何也?'晏子对曰:'其行水也。美哉水乎清清! 其浊无不雰途,其清无不洒除,是以长久也。'"[1]显

---

① 《晏子春秋校注・内篇・问下・第四》,《诸子集成》第六册,河北人民出版社1986年版,第102页。

然,晏子是以水的清洁品性比喻为政之德,认为只有像水那样保持至清至洁之德,才能涤除污垢,使政治永远保持清明、公正、洁净。

专讲古代礼制和官制的儒家经典《周礼》主张从六个方面考核官吏的品德,即廉善、廉能、廉敬、廉正、廉法、廉辨,称为"六计"①。也就是说,一个官员必须具备善良、能干、敬业、公正、守法、明辨是非等品格才算"廉"。其中已经包含勤廉的意思了。而《论语·颜渊》则记载了儒家创始人孔子关于"政"的一个非常恰当的诠释。孔子在回答季康子问"政"时说:"政者,正也。子帅以正,孰敢不正?"也就是说,政治的根本要义就是公正无私、光明磊落。如果执政者带头做到公正无私,那么下面的官员就不敢以权谋私了。由此可见,古人所谓"廉政"的本来含义,指的就是公正廉洁的政治制度与政治品德。

但随着社会的发展与廉政制度、政策的日益完善,人们对于"廉政"的理性认识也日益深化。尽管迄今还没有一个放之四海而皆准的"廉政"定义,但讨论廉政的著作与文章已经不少,大致可以概括出它的基本含义。笔者认为,作为一个政治术语,"廉政"的基本含义大致有四:其一是指"政局",即造就一个公正清明的政治局面和政治氛围;其二是指"政制",即建立勤廉高效的政治制度和法律制度;其三是指"政策",即制订并严格实施确保政治清明的政策措施以取信于民;其四是指"政德",即要求各级官吏树立勤廉奉公的官德与不贪不淫的私德以为民之表率。简言之,所谓"廉政",就是指公正廉明的政局、政制、政策、政德的良性结合。

那么,什么是"勤廉文化"呢?

勤廉文化,属于政治文化范畴,是指符合勤廉政治的文化观念、文化制度与文化政策。而"文化"的基本含义,按照中国人的传统理解,就是"人文教化"②之

---

① 见《周礼·天官冢宰·小宰》,载《十三经注疏》上册,中华书局1980年版,第654页。

② 中国的"文化"一词源于先秦而定名于汉代,最早见于先秦古籍《周易·贲卦》的象辞,曰:"文明以止,人文也。观乎天文,以察时变;观乎人文,以化成天下。"(《十三经注疏》上册,第37页)这里的"人文"与"天文"相对,是指人类创造的文明境界。以"人文化成天下",就是"文化"。而"文化"一词的最早版本,出自西汉经学家刘向的著作《说苑·指武篇》:"凡武之兴,为不服也。文化不改,然后加诛。"(见《四库全书·子部·儒家类》)这个"文化"与"武力"相对,是指"文治""教化",即文德教化。

意,即以人文传统与人文精神教育、感化全体人民,达到移风易俗的目的。因此,我们可以给"勤廉文化"下一个定义:所谓"勤廉文化",是指以廉政为根本内容的文化传统、文化形态与文化精神,主要是指赖以建立公正廉明的政治局面和政治氛围的思想、精神、制度、政策、风俗及人文素质。

当然,无论是古代还是当代,勤廉文化的实际内容是丰富多彩的,远非一个定义那么简单。但我们要理解勤廉文化这个定义,大致可以从六个方面去分析其具体内容:其一是思想,即建设勤廉文化的根本指导思想;其二是精神,即建设勤廉文化的人文精神;其三是制度与政策,即确保长期维持廉政局面并能及时揭露腐败行为的政治制度与监督制度,以及历代执政者所实施的防贪反贪、倡廉奖廉的政策措施及其得失情况;其四是社会风尚,即通过舆论宣传与道德教育发挥其文化功能,促使社会上形成一个以廉正为荣、以贪渎为耻的良好官风与民风;其五是人文素质,社会须要建立一套衡量执政者素质优劣的从政道德标准与勤谨风格,从政者本身则应自觉培养勤廉意识,做到"行己有耻""三省吾身",不断加强自我道德修养,做一个高素质、高品位的从政人才;其六是文物与文献,即历史上形成的对当时及后世廉政建设产生较大影响的重要文献、历史遗迹或实物证据,例如古今"清风堂""亲民堂"就是文物实证,像《陋室铭》《正气歌》与历代官箴就是记录勤廉思想文化的文学作品。

二、儒家勤廉文化的优秀传统

中华文化源远流长,形成了富有道德人文精神的勤廉文化传统。在这个勤廉文化传统中,古代的诸子百家(特别是儒、墨、道、法诸家)与后世的道教、佛教都做出了或多或少的积极贡献;但其中贡献最大者莫过于儒家的勤廉文化传统。

有人把中国传统的儒家文化概括为礼乐文化,这是有一定道理的。孔子对春秋末期"礼崩乐坏"的乱局非常不满,主张复兴礼乐,认为"礼乐不兴则刑罚不中"(《论语·子路》),又说:"礼云礼云,玉帛云乎哉?乐云乐云,钟鼓云乎哉?"(《论语·阳货》),即认为礼乐不只是一种物质娱乐享受,更是一种严肃的政治文化形态。

在儒家的礼乐文化中,有所谓"德音"之说,即以音乐象征德政。儒家经典《礼记·乐记》篇记载说:"先王之为乐也,以法治也,善则行象德矣。……乐者,所以象德也;礼者,所以缀(止)淫也。……廉直、劲正、庄诚之音作,而民肃敬。"是说以往的高明统治者是按照一定的法度制礼作乐的。音乐象征德政,礼仪用以制止骄奢淫逸之风。奏响象征廉正、庄严、诚信的德音,就会使人民肃然起敬,服从统治。该篇又引孔子的弟子子夏之言说:"纪纲既正,天下大定。天下大定,然后正六律,和五声,弦歌《诗》《颂》,此之谓德音,德音之谓乐。"可见所谓德音是配合德政的。其中"五声",指钟、石、丝、竹、鼓鼙之声。而丝声与廉德相配。所谓"丝声哀,哀以立廉,廉以立志。君子听琴瑟之声,则思志义之臣"。也就是说,有德之人倾听音乐,不是起骄奢淫逸之心,而是立廉正之志,自觉地当个实践礼义的好官。这就是中国传统儒家的礼乐文化,这个"礼乐文化"中非常重要的一环就是廉政文化。

儒家创始人孔子以及孟子等历代大儒,可以说是勤廉理论的倡导者,也是勤廉文化的实践者。孔子所谓"政者,正也"一语,即千古不易之道。他的"仁者爱人"(《孟子·离娄下》转引)、"修己以敬"、"修己以安百姓"(《论语·宪问》)、"礼,与其奢也,宁俭"(《论语·八佾篇》)等主张,就包含了丰富的勤廉思想。孟子基于"民贵君轻"的民本思想,提出了"君民同忧乐"的勤廉思想。他说:"乐民之乐者,民亦乐其乐;忧民之忧者,民亦忧其忧。乐以天下,忧以天下,然而不王者,未之有也。"(《孟子·梁惠王下》)这就是宋儒范仲淹"先天下之忧而忧,后天下之乐而乐"思想的源头。《管子·牧民》篇说:"国有四维""四维张则君令行""四维不张,国乃灭亡""何谓四维?一曰礼,二曰义,三曰廉,四曰耻。礼不逾节,义不自进,廉不蔽恶,耻不从枉。"以礼、义、廉、耻为维系国家生存发展的根本道德支柱,成为历代儒家的重要政治伦理思想。而在四德之中,"廉"实际上处在核心地位。"不逾节""不自进",自然包含了公正无私之义;廉者必知耻,知耻则知廉。可以说,儒家以"礼义廉耻"为准则的政治文化,就是以"廉"德为核心的勤廉文化。①

① 《管子》一书虽然收罗了先秦儒、法、道各家著作,但《牧民篇》为儒家著作则是公认的。其"四维"之说亦被历代儒家奉为箴言。至于孟子以"仁、义、礼、智"为人心"四端"之说,以及荀子以后的儒家以"仁、义、礼、智、信"为"五常"之道,其内涵解说虽然各有不同,但都包含着公正廉明之义,因此都属于廉政文化的"义理"范畴。

　　尽管在中国长期君主专制社会中,其社会政治局面往往是衰世长而盛世短,官场中则往往是清者少而浊者多,廉者寡而贪者众,但真儒、清官、廉吏依然不绝如缕,从而形成了中国传统政治文化中的一股清流——一个优秀的勤廉文化传统。这个勤廉文化传统,我们从历代正史的"循吏传"中可见一斑。

　　司马迁的《史记·循吏列传》与班固的《汉书·循吏传》,均记录了各种类型的清官廉吏,有宽政为民者,有以身作则者,有引咎请死者,更有廉正奉法、严拒贿赂者。他们笔下的"循吏",是"奉法循理""谨身率先,居官廉平",从而受得人民爱戴,成为远近效法、政治清明的好官。如,身为鲁相的公仪休,以"不得与下民争利"、拒绝客人送鱼而深得民心(见《史记·循吏列传》);官至大司农的朱邑,为人淳厚、廉平公正,"身为列卿,居处俭节……家亡余财"(见《汉书·循吏传》),算得上清官了。

　　唐高宗及武则天时代的名臣狄仁杰,人称"狄公之贤,北斗以南一人而已"。他任大理丞时,有两名武将误砍了昭陵(唐太宗陵园)的柏树,罪当免职。但唐高宗却要下诏诛杀二人,狄仁杰面奏皇上,力辩其罪不当死,最终说服唐高宗免了二人死罪。武则天称帝时,许多大臣唯唯诺诺,独狄仁杰一身正气,敢言直谏。武则天要立侄子武三思为太子,狄仁杰以儒家伦理为说予以反对。武则天要费钱数百万造大佛像,官库不足,诏令天下僧众"日施一钱助之",狄仁杰以"今边陲未宁,宜宽征镇之徭,省不急之务……(造佛像)既费官财,又竭人力"等理由力谏,使武则天免除此役。如此等等,体现了一位廉正官吏的高尚人格。①

　　北宋初期的名相范仲淹(989—1052)是著名的改革家和廉政文化实践者。他担任参知政事(副宰相)时,推行了以澄清吏治、重视民生为主要内容的"庆历"新政。他以人为本,忧患天下,在著名的《岳阳楼记》中提出了"先天下之忧而忧,后天下之乐而乐"的千古名句,成为激励士气、培养官德、坚持廉政的不朽箴言。他以身作则,常将俸禄节余,用于接济族中贫苦之人,并在乡里购置义田扶贫济困,成为后代许多清官学习的榜样。其子范纯仁

────────────

　　① 本文有关狄仁杰事迹的引文均引自《新唐书》卷一百一十五《狄仁杰传》(《二十五史》缩印本,第 6 册),上海古籍出版社 1987 年版,第 432—433 页。

深受乃父人格影响,在刚出仕任地方官时,遭遇大饥荒,他敢于承担政治风险,未经奏准朝廷就开仓赈灾救济难民,深得民众爱戴。①

被明太祖朱元璋赐封为"江南第一家"的浙江浦江县郑义门家族,之所以在宋、元、明、清四代历经数百年而门第兴盛,其治家秘诀就是儒家的"孝、义、忠、廉"四字,即他们坚持了"以孝治家,以义济世,以忠报国,以廉居官"家族文化传统。郑义门的家长们深明"俭可养廉,奢则生腐"的道理,特别在"家规"中制订了惩治贪赃之徒的"家法",即"子孙出仕,有以赃墨闻者,生则削谱除族籍,死则牌位不许入祠堂"(参见《浦江县志》和《义门郑氏宗谱》)。

宋朝清官包拯、明朝清官海瑞,被老百姓誉为"包青天""海青天"。他们的共同品格是刚正不阿、执法如山、清正廉明、以民为本。因其廉正事迹有口皆碑,流传广泛,此处不赘述。在此,我们要特别赞誉一位既有勤廉理论,又能身体力行的明代大儒刘宗周。

刘宗周(1578—1645),字起东,号念台,学者称蕺山先生,浙江绍兴人。明朝灭亡、清兵攻破杭州后绝食二十三日而死。他在明朝崇祯时期当过顺天府府尹和都察院左都御史,是明末腐败政治中的清流,一位典型的清廉官吏。他拥有勤廉、正直、敢言直谏(敢对皇帝讲真话,敢于直接批评朝政缺失及皇帝过失)、为民请命、大义凛然、不爱钱、不怕死等优秀政治品质。他由于上疏批评朝政弊端而被多次撤职罢官或削籍为民,但仍不改初衷,犯颜直谏,连刚愎自用的崇祯皇帝都怕他三分,不得不承认"大臣刘宗周清正敢言,可用也"②。尤其可贵的是,刘宗周作为一个儒家思想家,提出了一系列惩治腐败、实施廉政的主张。他认为,都察院的职责,"在于正己以正百僚",在于澄清吏治,"吏治清则民生安,于以化成天下不难矣"。他曾特别以"明风纪"为题上书皇帝,提出了"建道揆(明确指导思想)、贞法守(依法断案)、崇国体

---

① 有关范仲淹、范纯仁父子的廉政事迹,参见《宋史》本传以及黄宗羲等编著的《宋元学案》卷三《高平学案》。

② 关于刘宗周的思想及其廉政事迹,由于过去不分青红皂白地批判"封建主义的愚忠"而被批判、贬低与埋没。近年来,随着重新评价传统儒家思想与儒家人物风气的形成,刘宗周的思想与事迹也受到学界关注并获得比较公正的评价。由本人主编整理的《刘宗周全集》6册200余万字新标点本也先后在台湾、浙江出版发行。本文所引,参见1997年台湾版《刘宗周全集》第5册附录以及《明史·刘宗周传》。

（立法惩治大臣犯罪）、清伏奸（禁止官吏私自交接近侍）、惩官邪（惩治官员贿赂、跑官买官之罪）、饬吏治（加强监督、整顿吏治）"等六大勤廉建言。他还写作了以加强官僚士大夫人格修养为中心内容的专著《人谱》。

诸如此类，不胜枚举。我们从上述儒家思想家、政治家有关廉政的理论与实践事迹中，足以看到中国勤廉文化传统的源远流长、影响深远，也可具体感受到历史上那些清官、廉吏清正廉明的人格魅力。古人云"廉吏足以为民之仪表"，当今廉政实践的楷模焦裕禄说"榜样的力量是无穷的"，信哉斯言！廉吏的表率作用，不仅在于他们的勤廉，更在于他们怀有一颗敬德爱民之心，在于他们以民为本、公正无私、勤谨理事、刚正不阿的处事风格。所以，他们理所当然地受到了人民的爱戴与历史的褒扬。

三、中国勤廉文化的历史经验

在中国廉政发展史上，有许多成功的、行之有效的思想建设与制度建设值得肯定并可为后世之借鉴。例如，萌芽于商、成型于周而在秦汉以降两千余年的历史中得到丰富发展的御史监察制度，在中国廉政史上发挥了十分重要的积极作用。形成于隋唐而兴盛于宋元明清的科举取士制度，尽管存在许多弊病，但也有许多积极因素值得借鉴。近现代由孙中山倡导而在民国时期创建的"五权分立"制度，其独立行使监察权的监察院机构设置及其运作方式，则可作为现代廉政制度建设的借鉴与参考。特别值得注意的是，在中国共产党领导下的苏维埃政府、抗日民主政府、中华人民共和国政府在廉政与勤廉文化建设中积累的丰富经验，更值得新时代廉政建设参考借鉴。总体而言，我认为中国勤廉文化有如下几点历史经验值得总结与反思。

第一，以民为本、顺应民心的爱民传统。自从反映夏、商、周统治思想的《尚书》提出"民惟邦本，本固邦宁"和"天视自我民视，天听自我民听"的民本思想之后，历代进步思想家以及比较开明的统治者都能坚持民本与爱民的思想传统，并在统治制度与政策的设计上有所体现。他们认识到，政治的重心在民不在君（"民贵君轻"），社会的主体是民而非君（"民犹水，君犹舟""天下为主，君为客"），统治者的政策只有顺应民心、保护人民，才能得到人民的支持与拥戴，才能达到长治久安；否则人民就会造反，政权就会覆灭（"得民心者得天下""水可载舟,亦可覆舟")。因此可以说,儒家传统的民本、爱民、亲民与民主,既是中国廉政史的优秀传统,也是历代勤廉文化建设的根本性指导思想。

第二,处理德治与法治(或礼治)关系的历史经验。在中国政治史上,出现过德法并举、无为而治、德本法用、礼法共治、王霸兼用等不同的治国理想和政治模式。秦始皇否定德教,而推行"以法为教,以吏为师"的单纯法治(实质上是极端专制主义),已被"二世而亡"的历史后果证明其是失败的模式。西汉初期推行的黄老道家的"无为而治""刑德相养"收到了很大功效,但因过于放任地方而不能行之久远。儒家理想的治国模式是"以德为本,以法(礼)为用",但在中国封建社会中并没有真正贯彻到治国实践之中。比较起来,还是儒法结合的"德法并举、王霸兼用"模式似乎更加符合统治阶级的需要。但就廉政而言,无论是"德法并举"模式还是"德本法用、德主刑辅"理想,对于中国的廉政建设都是起了积极作用的。正如孟子所说:"徒善不足以为政,徒法不能以自行。"(《孟子·离娄上》)德治与法治二者是不可偏废的。

第三,勇于进谏和善于纳谏的经验。在中国廉政史上,御史监察制度虽然有人治之弊,但对廉政建设的正面作用应予肯定。在此制度下,涌现了许多勇于、善于或巧于向君王进谏的清官廉吏。如:商代忠臣比干、宋代"铁面御史"赵抃、明代清官海瑞等是勇于进谏的榜样;战国时讽喻齐王纳谏的邹忌、五代时"但教方寸无诸恶,狼虎丛中也立身"的冯道则是巧于进谏的典型;唐初大臣魏徵与唐太宗李世民则是善于进谏、明于兼听的贤臣明君。尽管犯颜进谏、虚心纳谏包含"愚忠"因素,且为现代民主制度所不取,但那种勇于揭露问题、批评弊政并虚心接受劝谏、敢于纠正错误的"实事疾妄"(王充语)精神,则是永远值得赞扬与发扬的。

第四,不畏强权、公正执法的优良传统。中国廉政史上,涌现了许多不畏强权、公正执法的模范人物与典型事迹。例如东汉光武帝时代的"强项令"董宣、宋代著名的清官包拯、明代曾任顺天府府尹和都察院左都御史的刘宗周,就是公正廉明、不畏强权、执法如山的官吏典范。

第五,严于律己、不欺暗室、勤廉奉公的官德与政风。任何时代的廉政,都是与执政官员的道德品质和行政作风密不可分的。所以,中国主流思想家总是把"修己以安百姓""修身、齐家、治国、平天下"看作不可分割的整体。在中国廉政史上,大凡清官廉吏,都具有严于律己、不欺暗室、勤廉奉公的优秀品格。东汉太守杨震深夜拒贿而发明"天知、神知、我知、子知""四知"说的故事之所以被传为美谈,刘禹锡的《陋室铭》、周敦颐的《爱莲说》之所以脍炙人口,就因为其言行代表了正直士大夫勤廉无私的高尚品德与高风亮节。

上述种种有关廉政的历史经验,是中国廉政文化史上的宝贵财富,至今仍具有极其重要的人文价值,值得在新时代予以总结、继承,并且发扬光大。

当然,中国历史上也有某些制度设置,虽然起始动机是为了补偏救弊,但后来反而成为沽名钓誉的平台,甚至成为贪腐的温床。例如,汉代的察举制、征辟制,魏晋时期的九品中正制,清代推行的所谓官吏"养廉银"制度,基本上是先廉后贪、弊端百出。我们从这些制度的失败中可以总结的教训是,一个缺乏民意基础、未经民主程序审查并脱离民主监督的制度,终究是不能行之久远,甚至可能半途而废抑或退化变质的。

四、新时代勤廉文化建设的实践方向

中国自进入改革开放以来,经济高速发展,社会长足进步,人民安居乐业,政治基本清明。然而,在全国各地,依然存在着一些腐败现象。我认为,在种种腐败现象中,危害最大的是吏治腐败;而潜在性危害最大的则是学术腐败,即知识分子社会良知的丧失,可以说是"心殇"。进入 2012 年以来,我党我国进入了以习近平新时代中国特色社会主义思想为指导的新阶段,反腐倡廉任重道远,必须坚持不懈地把它作为一项战略任务来抓。

勤廉文化建设,固然以反腐倡廉为核心。但一些同志往往片面、狭隘地理解腐败。其实,现阶段我们所要反对的"腐败"是一个内容广泛的概念,既有经济腐败和道德堕落,又有政治腐败和作风腐败。因此,反腐倡廉的任务是全方位、战略性的,勤廉文化建设的任务也是全方位、战略性的。

那么,在建设中国特色社会主义的新时代,我国勤廉文化建设的实践方向是什么呢? 我认为主要应从以下四大方面着手进行。

一是思想建设。应明确廉政文化建设的根本指导思想,并在实践中不断地予以丰富发展。我们是社会主义国家,任何工作都应以习近平新时代中国特色社会主义思想为根本指导。勤廉文化建设也不例外。具体一点说，新时代的勤廉文化建设，必须以毛泽东的"全心全意为人民服务""两个务必""谨防糖衣炮弹"等思想，邓小平的关于"改革开放"的思想及其反腐倡廉、加强制度建设和作风建设的思想，以及习近平新时代中国特色社会主义"人民为中心""人民至上""国无德不兴，人无德不立"的思想为指导。同时，我们的反腐倡廉，还应吸收中国传统文化中的优秀思想（如仁爱、民本、德治、诚信、廉正、慎独等）和外来文化的思想精华（如民主、自由、人权、法治、平等、博爱等），以充实新时代勤廉文化的思想库。

二是道德教育。要通过坚持不懈的全民道德教育和干部廉政教育，使全党、全民树立正确的人生观、世界观、价值观和职业观、道德观、政绩观，特别要使党的领导干部和各级政府官员树立以德治国、执政为民的从政宗旨和以廉行政、以贪为耻的道德人格。特别是习近平总书记的关于做好把马克思主义基本原理同中国具体实际相结合、同中华优秀传统文化相结合的思想，以及深入挖掘中华传统文化"讲仁爱、重民本、守诚信、崇正义、尚和合、求大同"的时代价值思想，为我们开展勤廉文化教育指明了正确的方向。在开展廉政道德教育方面，我建议党政主管部门和宣传教育部门能做三件事：其一是开办面向广大基层干部，特别是青年干部的"勤廉文化讲座"，请主管领导和专家学者做专题报告；其二是组织专家学者，编写有关勤廉文化理论、勤廉文化史、勤廉人物故事等雅俗共赏的专著或教材；其三是敦促宣传媒体多讲廉政德，为造就廉风正德多做贡献。

三是制度建设。在勤廉文化建设中，道德教育是重要的，但它强调的是自觉性，提倡自我修养和自我约束，而缺乏强制性。而制度建设则是确保廉政的刚性手段。在我国现阶段的勤廉文化建设中，制度建设可以说是重中之重。勤廉文化的制度建设又包括三大方面：首先，建立健全反腐倡廉的高效组织机构；其次，建立健全惩治腐败的司法体系与行政管理制度，使反腐倡廉工作不仅有法可依，而且有章可循；最后，建立切实可行的官吏考核制度和风纪奖罚制度，奖廉罚贪，对于那些极端贪腐、民愤极大的贪腐分子应加以严厉惩治。

四是作风建设。当代勤廉文化的作风建设应当包括党风、政风、学风、民风等方面，因为尽管廉政作风主要是指党风与政风，但它们与学风、民风的关系是相互影响的，尤其是学风，在某种意义上对于党风、政风和民风具有指导、推动作用，因而也应归属于政治文化之列。在政风、学风和民风方面，中国优秀的传统文化提供了丰富的文化资源。例如勤政爱民、鞠躬尽瘁、廉洁奉公、淡泊明志、任劳任怨、慎独自律、以身作则、实事疾妄、刚正不阿、清正敢言等等，都值得我们继承与发扬。在党风方面，我党在领导中国革命和建设的长期实践中，形成了许多优良作风，比如立党为公、执政为民的思想作风，艰苦朴素、先人后己的生活作风，批评与自我批评、密切联系群众、反对官僚主义、主观主义的工作作风，坚持实事求是、反对教条主义、本本主义和党八股的学风与文风，等等。这也是当代勤廉文化建设中必须继承和发扬的优秀传统。

在我看来，这四大方面是我国现阶段勤廉文化建设的主要实践方向。当然，我们还要特别强调的是，我国现在正处于蓬勃发展、大国崛起的关键时期。这是我国长期坚持改革开放，并在经济全球化、政治多极化、文化多元化、共同价值观念普及化的背景下进行的，因此我们要遵循习近平总书记关于"文明互鉴"的教诲，不仅要向古人学习，而且必须以全球化的眼光和改革开放、与时俱进的心态处理我们的勤廉文化建设。这就要求我们自觉地与国际接轨，虚心地向他国、他民族一切先进的文化学习，吸收全人类的优秀文化成果，并且创造性地转化为有利于中国社会主义现代化建设的积极因素。例如，在廉政制度方面，英国的文官制度、新加坡的司法制度、北欧国家的社会福利制度、欧美的权力制约机制和舆论监督机制等等，都有可资借鉴之处。所谓"他山之石，可以攻玉"，只要我们在习近平新时代中国特色社会主义思想指导下，虚心学习古人和洋人的先进经验，加以创造性转化、创新性发展，做到会通古今、兼容中外，那么，我们的勤廉文化建设就一定会富有生机，日臻完善！

中国传统廉洁文化的四个维度及其启示

南通大学马克思主义学院教授　成云雷
南通大学马克思主义学院硕士研究生　沈昱宸

中华文明在漫长的历史发展中积累了丰富的廉洁文化,既有物质形态的,又有精神形态的,包括思想意识、价值观念、道德规范、物喻象征、习俗传统、宗教信仰等多方面的内容。① 本文不准备面面俱到地探讨上述所有内容,拟就观念、制度、人格、物喻象征等四个维度对中国传统廉洁文化进行探讨。其中,观念属于基本原理层面,主要涉及社会成员的价值认同感问题;制度属于原理和价值的具体运用和操作层面,涉及行为的控制、评价、奖惩等问题;人格是以身载道的典范,原理和制度通过人格的示范效应由他律转化为自律。观念、制度、人格、物喻象征多元一体,共同构成中国传统廉洁文化的主要方面。我国古代积累了丰富的廉洁观念,形成了一系列廉洁政治制度,也涌现了不少为世人所称颂的清官廉吏,并且有诸多廉洁象征物,共同构成廉洁文化的主要内容。从上述四个方面探讨中国古代廉政文化并对之进行创造性转化、创新性发展,对于加强廉洁文化建设以及一体推进不敢腐、不能腐、不想腐的基础工程具有积极意义。

一、廉洁思想观念

春秋战国是中国文化的轴心时期,也是我国传统廉政文化的形成时期。就廉政文化而言,主要是儒、墨、道、法、杂家等五家。儒家讲仁政,孟子说:"可以取,可以无取,取伤廉。"②孟子在讲到廉和廉士时,主要就是指坚持君

---

① 林岩、王蔓编著:《中国古代廉政文化集萃》,中国方正出版社 2009 年版,第 1 页。
② 《孟子·离娄下》。

臣、父子等人伦之操守,不居"不义之室",不食"不义之禄",堂堂正正地做一个"富贵不能淫"的大丈夫。儒家讲"君子爱财,取之有道"。墨家把廉、义、爱、哀四行称为君子之道,主张通过整顿史治来实现廉政。道家讲究无为政治,廉洁政治的核心要旨就是无为而治。老子曾经说"廉而不刿",庄子说"人犯其难,我享其利,非廉也",都非常重视修身以及治国中"廉"的品格。法家把礼、义、廉、耻视为国之"四维"。韩非子认为廉就是不贪财。"毁廉求财,犯刑趋利,忘身之死者,盗跖是也。"①晏子是第一个明确提出廉政命题的思想家,他认为"廉者,政之本也"。《吕氏春秋》有"忠廉""诚廉"两篇专门谈廉洁政治,认为廉是对为官者提出的基本道德要求,是检验为官者行为的准绳。

汉武帝之世,"罢黜百家,独尊儒术",儒学上升为国家意识形态,诸子百家的思想不断被边缘化,曾经与儒学同为显学的墨学甚至灭绝,但儒家在与诸子的争鸣中却汲取了各派思想的精华。因而我们在探讨中国传统廉洁文化时,主要以儒家伦理政治思想为起点,从廉洁文化建设的致思路向挖掘中国古代治国经验的可取之处。

(一)敬畏天命

在中国传统文化中,天命是值得敬畏的对象。天命论是中国古代政治的精神支撑。《尚书·召诰》说:"有夏服天命。"当时的统治阶级声称自己的政权得于"天命",把"天命"作为其政权合法性与合理性的依据,假借"天命"进行统治。商朝的亡国之君纣王就曾说过:"呜呼!我生不有命在天?"西周的统治者在社会大变革中看到了人民的力量,认为是人民的反抗斗争使西周打败了商王朝,因此对于"天"的概念比过去有所修正,在宣扬天命的同时,也不得不考虑人民的愿望。西周提出了"敬德保民"的基本思想,"敬德"的原因是"皇天无亲,帷德是辅",用德行事,求得永葆天命。夏、商、周的统治者塑造了人格神的"天",认为"天"是人间和自然的主宰,君主受命于天,从天命而行。

儒家治国之道深受传统天命论的影响,具体表现在儒家认为天的意志

---

① 《韩非子·忠孝》。

能够决定社会治乱兴衰,天命的绝对权威不可抗拒。孔子讲的"君子三畏",其中之一就是畏"天命"。畏"天命"在民间信仰体系中表现为"敬天畏命",此为中国古代廉洁文化的信仰基础,对古代吏治的清正廉明起着一定的作用。中国传统文化讲"举头三尺有神明",认为人的一举一动都逃不过鬼神的眼睛,又认为"善有善报,恶有恶报",这些都与天理昭昭的报应思想有关。传统社会"敬天畏命"的思想,给封建社会的权力主体造成了一种无形的心理约束机制。封建时代的大多数官员不敢为所欲为,对天命的敬畏是重要的原因。随着社会的进步,对于天命的信仰日渐淡薄,但信仰观念对人们心理的制约作用并没有消失。许多贪官之所以落马,走上不归路,就是因为缺少敬畏之心。

(二)以民为本

民本思想是中国传统伦理政治思想的核心理念,是治理国家、整顿吏治乃至安定民生的基本哲学基础和理论前提。民本是相对于神本、君本而言的。在殷商王朝的神本巫文化中,天是崇拜的对象,君王是政治权力的拥有者。民众在社会生活中不占主要地位,比民更重要的是天和君。西周初年,周公总结周取代殷的历史经验,主要围绕统治者和民众关系方面展开,集中在"天命靡常"和"敬德保民"两个命题,阐述民众对于维持统治的重要性,这是民本思想的萌芽。西周末年出现的"防民之口,甚于防川"的思想,强调国君治理国家要听取民众思想,将民本思想提到一个新的高度。

春秋时的民本思想在人神关系方面出现了"民者神之主"的主张,在君民关系方面出现了"君为民而设"的主张,进步思想家提出的重民思想和措施为此后民本思想的确立提供了足够的历史文化资源。先秦以后,儒家作为中国传统文化的主流,民本思想最为丰富。孔子的"问人不问马"表明人类具有高于动物的价值,对待人应该采取仁爱的态度。"博施广济"是对人民生存权利的关心,"富而后教"是对教育权利和精神生命的关注。孟子的仁政主张继承和发扬了孔子的民本思想,成为后世占主流地位的治国之道。孟子提出了"民贵君轻""与民同乐""制民恒产"等政治主张,把民本思想和制度设计结合起来,具有承前启后的重要影响。荀子王霸并用,对于孔孟推崇的仁政德治有所继承,提出了"君舟民水""立君为民"等主张,为后世明君贤臣所继承,成为封建盛世的治国之道。除了儒家,道家、墨家、法家等学派的政治学说同样在民本思想方面有所建树,如道家则从"无为"出发,论证了他们的"爱民利民"主张;墨家发展了儒学的"仁爱"观点,建立"兼爱"学说;法家尽管有崇尚暴力、专制独断的一面,但因为巩固统治的需要也提出了考虑民众利益的思想主张,"仓廪实而知礼节,衣食足而知荣辱"。

诸子民本思想互不相同而又彼此补充,成为中国文化史上民本思想的重要来源。历代进步思想家继承了这一优秀文化传统并且不断补充、完善和发展,使之成为传统廉洁文化的重要组成部分。封建社会早期,陆贾、贾谊总结秦亡教训,认为依靠暴力不施仁义的刚性社会,不可能长治久安。唐代柳宗元"吏为民役",北宋张载提倡知识分子要"为天地立心,为生民立命,为往圣继绝学,为万世开太平"①,明清之际黄宗羲"天之生民非为君",都认为民众利益在传统政治中具有特殊重要性。

民本思想是在传统知识形态和历史背景下一种最好的政治理念,我们对待古人的态度,应该同情地理解,不应该数典忘祖,我们可能比古人有知识,但未必比古人有智慧。民本思想重视、承认民众在社会政治、经济、道德生活中的重要地位和作用,反映了人民的愿望和要求,具有人民性和进步性。

(三)重义轻利

义和利是中国古代哲学的一对范畴。义,指道义;利,指利益、功利。义利之辩是中国文化中的大问题,具有多方面的丰富内涵,从廉洁文化建设的角度来看主要表现为对于当权者的行为控制,要求掌握当权者在物质利益方面不苟取,反对贪污腐败,贿赂聚敛。古代圣哲始终坚持以"义"作为衡量取舍的依据。孔子说"见利思义","义然后取",看到弟子冉求帮助已经"富于周公"的季氏聚敛财富,就对其他弟子说:"非吾徒也,小子鸣鼓而攻之可也。"②孔子曾说:"不义而富且贵,于我如浮云。"③

---

① 张载:《横渠语录》。
② 《论语·先进》。
③ 《论语·述而》。

孟子强调"王何必曰利,亦有仁义而已矣"①,认为仁义等道德价值相对于物质功利价值具有优先性。孟子非常强调道德上的自信心,推崇"富贵不能淫,贫贱不能移,威武不能屈"的大丈夫人格,在当时的王公贵族面前表现出知识分子的气节,这对后来思想家有影响。后世的儒家思想家陆象山、张载、王阳明深受孟子精神气质的影响。荀子认为"先义而后利者荣,先利而后义者辱"②,在义利之辩上恪守儒家重义轻利的传统。《大学》中说"仁者以财发身,不仁者以身发财","财聚则民散,财散则民聚",这种藏富于民的思想成为古代财政理念的主流。董仲舒说"仁人者,正其谊(通'义')不谋其利,明其道不计其功",这正是中华民族的一种民族精神的体现,为了道义,可以放弃利益。程颢、程颐、朱熹等都坚持董仲舒的观点,认为道义和功利是互相排斥的。程颢说:"大凡出义则入利,出利则入义。天下之事,唯义利而已。"③

义利之辩涉及官员行为的深层动机层面,决定了执政行为的有效性和能动性。《礼记》讲"临财勿苟得",意思是不要随随便便地拿钱。《左传》记载"子罕以不贪为宝"的故事,《后汉书·杨震传》"天知,神知,我知,子知"的故事,都说明重义轻利的观念确实能够影响不少官员的行为选择。

二、廉洁政治制度

(一)官员选拔制度

中国传统社会是人治社会,选什么人为官直接关系到国家的兴衰存亡。选拔任用德才兼备的人为官,防止奸佞小人入仕乱政,是为政清廉的关键之一。因此,历代王朝都十分重视选官制度的建设,形成了以科举选拔为主体、以举荐连带为补充的官吏选拔制度。

秦汉以前,西周实行的是世卿世禄制度。战国时出现军功爵制。汉代

---

① 《孟子·梁惠王上》。
② 《荀子·荣辱》。
③ 《二程集·河南程氏遗书》卷十一。

出现了"唯才是举"的察举和征辟制。察举,亦称举荐,由三公九卿、地方郡守等高级官员,根据考察,把品德高尚、才干出众的平民或下级官员推荐给朝廷,授予其官职和提升其官位。"举孝廉"在汉代最为普遍。征辟制,是对察举制的补充。征者,由皇帝亲聘人为官。辟者,由官府聘请人做官。征辟的对象主要是志行高洁的名士。西汉时,这些推荐出来的人才,皇帝要亲自出题对其进行考核,了解其治国的见解,以改进决策,从中选拔贤者。这可以看成科举制的萌芽。

自隋唐至明清,科举制成为主要的选官、任官方式,且从考试科目、考试内容、考生来源、考试程序、考试规则到录取、授官,都形成了规范严密的制度,至今都被我国以及世界上许多国家在选拔公务人员时所仿效和采用。科举制是我国古代先人在长期的治国理政实践中、在古代的法制建设和廉政建设中,不断总结前朝的经验教训,逐步建立和完善,并被实践证明了是行之有效的选官制度,许多方面值得继承和弘扬。但也必须看到,受封建制和宗法制的影响,加之经济发展的缓慢和落后,古代的选官制度也有其落后性,那就是选择的范围主要局限在世袭贵族、达官贵人之中。

(二)权力制约制度

中国古代社会的权力制约制度可以分为君权制约和臣权制约两大部分,谏诤制度主要监督君主,御史监察制度主要监督臣僚。

谏官又称言官,职在讽议左右,以匡人君,监察方式主要是谏诤封驳,审核诏令章奏。汉代刘向说:"有能尽言于君,用则留之,不用则去之,谓之谏;用则可生,不用则死,谓之诤。"[①]"谏"是婉言相劝,"诤"是犯颜直言,谏诤制度主要是匡正君主的过失,防止其权力的不当使用。

对于臣僚的监察制度从秦朝开始正式确立,在中央设立御史大夫监察中央百官,在地方设立监御史监察郡县官吏。汉承秦制,在中央设立御史府的同时,增设丞相司直和司隶校尉为中央监察官,在地方设立十三部刺史,监察地方二千石长吏,并颁布专门的监察法规《监御史九条》和《刺史诏六条》,正式把"吏不廉,背公向私"和"阿附豪强,进行贿赂"列为监察的重要内

---

① 刘向:《说苑·臣术》。

容,以后历代相沿不绝。魏晋南北朝时期,中央御史台脱离少府,直接受命于皇帝,废司隶校尉,御史台监察权扩大,自王太子以下无所不纠。唐在御史台下设台院、殿院、察院,分工明确,互相配合,地方则分十道(后增至十五道)监察区,形成比较严密的监察网。明改御史台为都察院,又罢谏院,设六科给事中,为六部独立监察职位,科道并立。地方设十三道巡按御史和各省提刑按察司,同时设督抚,形成地方三重监察网络。至清朝,将六科给事中划归都察院,科道合一,地方监察沿用明制。至此,我国古代监察系统达到了高度的统一和严密。清朝还以皇帝的名义制定了我国古代最完整的一部监察法典《钦定合规》。这时期,中国封建监察制度已发展到了历史的顶峰。

从封建社会吏治实践看,中国封建社会的监察组织和监察制度系统设计得的确十分精细严密,监察机构在纠举不洁、惩恶扬善、澄清吏治中发挥了重要作用,也确实查处了平时发生的不少贪污受贿案件。其中不少制度,对于今天的政治体制的改革、纪检监察制度的建设,仍有可借鉴之处。

(三)法律制度

夏朝规定贪婪败坏官纪的"墨"罪要处以死刑,春秋时鲁国大夫叔向处罚贪官羊舌鲋时,援用的就是夏刑。秦朝强调轻罪重法,以刑去刑,规定贪污与"盗"同罪。到了汉代,汉律规定"吏坐受赇枉法,皆弃市",且子孙三世"皆禁锢不得为吏"。汉文帝规定上级官吏吃下级官吏一顿饭,就要罢免官职。《晋律》首开赃罪"遇赦不原"的先河。

唐代虽然用刑轻缓,但对贪贿犯罪处罚极为严厉,规定正七品官受财枉法、违法之赃达月俸禄收入总数一半以上者处极刑。负责司法监察的官员受财枉法,受绢一尺杖一百,一匹加一等,受十五匹即处绞刑。唐代有议请减赎和官当制度,但对官吏犯赃则取消一切特权。明确规定对犯十恶及受财枉法者,一律不准使用上请减免的制度,将官吏贪赃枉法与犯十恶不赦的重大犯罪等同起来。到宋代,"承五季之乱,太祖太宗颇用重典以绳奸匿"[1]。

明朝太祖朱元璋反贪决心最大,力度也最强,规定赃至六十两以上者,

---

[1] 《宋史·刑法志》。

枭首示众,还要剥皮实草。明朝对贪官用刑之酷是历史上罕见的,仅朱元璋当皇帝时被处死的官员就有十多万人。对此,赵翼评论说:"明祖惩元季纵弛,特用重典驭下,稍有触犯,刀锯随之。"①清朝初年也是严惩贪官。康熙告谕大臣:"朕观自古帝王,于不肖大臣,正法者颇多。今设有贪污之臣,朕得其实,亦必置之重典。"中国古代历朝历代,采用重刑惩治贪官污吏,确实起到了杀一儆百的作用,对于维护封建王朝的统治起到了重要作用。

(四)回避制度

中国是世界上最早实行回避制度的国家之一。任官回避制度始创于西汉时期。雄才大略的汉武帝刘彻,以其深邃的政治洞察力,敏锐地意识到异地为官对维护中央集权,对防止裙带关系滋生、抑制盘根错节的地方势力起到重要作用。到了东汉桓帝时期,中国第一个关于任官回避的成文法规"三互法"正式出台,就是"婚姻之家"和"两州之士"不得"对相监临"。回避制度在宋代被细化为籍贯回避、亲属回避、职务回避以及科举回避四类。亲属回避的范围,比之东汉时期的姻亲回避有所扩大。位极人臣的中央大员,他们的子孙不得在京畿地区任要职。有"大功以上"的亲属关系的,如祖父和孙子,不能在同一部门工作。职务回避则是指中央大员的亲属,不得担任监察官和谏官。古人讲究"百善孝为先",言官与谏官因职责所在,难免会对朝廷施政进行弹劾。如果出现卑亲属弹劾尊亲属的情形,必然与礼不合。

科举是寒门儒生通向仕途的华山路,因其意义重大,历史上的科场舞弊案层出不穷。为了保证科举的公正性,唐开元时代起,凡与考官有亲故关系的考生都必须回避他地,另行考试。到了宋代,"钟鼎之家"的子弟们在科举考试后必须加试一场,以示公允。

明清时期的回避制度更加严格。明朝规定"南人官北,北人官南",只要想做官,就只能穿越半个中国。清朝法律略有缓和,只规定不得在本省为官。一旦为官,便要拿着身份证明,到五百里之外的地方上任,称为"避籍"。"千里当官只为财"可以说是明清时期任官籍贯回避的最好写照。通过这样的办法,官吏孑然一身,在辖地举目无亲,避免过多的社会关系造出人情网。

---

① 赵翼:《二十二史札记》。

我国古代的回避制度对于遏制腐败,尤其是防止地方保护主义有一定的积极作用。

三、廉洁人格典范

任何一种文化,都离不开以身载道的人格支撑。西方基督教文化中的圣徒、天使,中国传统文化中的圣贤、君子,都是承载某种文化的人格典范。通过以身载道的人格,观念、制度落实到具体的行为模式上,文化由抽象而现实,获得了鲜活的生命力。中国古代廉洁文化的人格载体是千古传诵的清官人格。清官的记载遍及每个朝代的各个历史时期,正史、野史中相关记载缕见不鲜。清官是戏剧、诗歌、小说等各种文学形式歌颂的对象,也是各种民间传说推崇的理想管理者。

清官是中国文化中一个特有的概念。在英语、法语、德语等西方语言中,是没有与之相对的用词的。① 在封建社会,民间对好官称为清官。在正式的典章史籍中,对好官一般称作"循吏""良吏""廉吏"等。上述各个概念指的是同一类人,但含义则有区别。清官是百姓对管理者的称呼,而"循吏""良吏""廉吏"则大多是封建统治者对尽忠尽职的臣子的称呼。清官人格特征主要表现为以下几个。

(一)忠于职守

历代清官的言行都体现出尽心尽责、忠于职守的敬业精神。汉代的黄霸,全身心投入吏治整顿。他任职期间,对于管辖区域的情况了如指掌。"鳏寡孤独有死无以葬者,乡部书言,霸具为区处,某所大木可以为棺,某亭猪子可以祭,吏往皆如言。其识事聪明如此,吏民不知所出,咸称神明。奸人去入它郡,盗贼日少。"②后世评价说,自汉朝建立到汉宣帝,说到治理地方的好官,黄霸应该是最好的。

宋朝的知识分子大多纠缠在党争之中,包拯则把主要精力放在政务治

---

① 魏琼:《清官论考》,《中国法学》2008 年第 6 期。
② 《汉书·循吏传·黄霸》。

理方面,"与人不苟合,不伪辞色悦人,平居无私书,故人、亲党皆绝之"①。明代的况钟也是为民办实事的好官,史载况钟"兴利除害,不遗余力。锄豪强,植良善,民奉之若神"②。正因为如此,况钟在任职期满时,两万多百姓恳请况钟留任,最后况钟以正三品身份留任苏州知府,这在封建时代是很难得的。况钟死后,苏州吏民为他立祠纪念。清代张伯行在为官之初,曾经说过:"千圣之学,括于一敬,故学莫先于主敬。"③"敬"是儒家文化的核心理念之一,表现在执政为官方面就是认真敬业,实实在在地为民办实事。

(二)执政廉洁

历史上的清官能够做到忠于职守,执政清廉。包拯一生清廉简朴,从不讲究排场,即使做了大官,穿着仍与布衣时一样。包拯对贪污深恶痛绝,在给仁宗的奏疏《乞不用赃吏》中说"廉者,民之表也;贪者,民之贼也"。他一生严于律己,身体力行。他在端州任知州,整顿吏治,打击贪污,深受百姓欢迎,离任时当地精制一好砚相送,他都婉言谢绝,"不持一砚归"。包公给后代的遗训是"后世子孙仕宦,有犯赃者,不得放归本家,死不得葬大茔中。不从吾志,非吾子吾孙也"④。海瑞一生节俭,母亲祝寿时买了两斤肉也成为当时官场的新闻。海瑞死的时候,"金都御史王用汲入视,葛帏敝籝,有寒士所不堪者。因泣下,醵金为敛"⑤。清代清官于成龙"自奉简陋,日惟以粗粝蔬食自给"。于成龙死的时候,"将军、都统及僚吏入视,惟笥中绨袍一袭、床头盐豉数器而已"⑥。清代的曾国藩身居高位,但生活节俭,反对弟弟在家盖房子,反对儿子坐轿子,他说:"予自三十岁以来,即以做官发财为可耻,以官囊积金遗子孙为可羞可恨,故私心立誓,总不靠做官发财以遗后人。"⑦

---

① 《宋史·包拯传》。
② 《明史·况钟传》。
③ 《清史稿》卷二六五。
④ 《宋史·包拯传》。
⑤ 《明史·海瑞传》。
⑥ 《清史稿·于成龙传》。
⑦ 《曾国藩家书》。

（三）不畏权贵、敢于进谏

中国古代社会是一个高度集权的等级制社会。在这样的社会条件下，任何官员要秉公执法，就会不可避免地触动权贵的利益。因此，历史上的大多数清官，都有与权贵进行斗争的历史。西汉时赵广汉曾任颍川郡太守、京兆尹，他不畏强权，精明强干，却因为得罪了霍光家族、丞相魏相和司直萧望之等权贵而落得被腰斩的下场。① 包拯不避权贵、犯颜直谏的事迹也很突出。史载包拯为官，"立朝刚毅，贵戚宦官为之敛手，闻者皆惮之。京师为之语曰：关节不到，有阎罗包老"。宋仁宗有一位颇受宠爱的妃子张贵妃，她的伯父张尧佐靠着裙带关系一日之内连受宣徽南院使、淮康军节度使、景灵宫使、群牧制置使等四个官职。包拯与张择行、唐介等人进谏，迫使张尧佐辞去了宣徽、景灵二使。② 海瑞在担任淳安知县时曾经痛打总督胡宗宪的儿子，后来还得罪了执掌盐政的都御史鄢懋卿。海瑞甚至连皇帝都敢得罪。在户部任职时，出于对国家财力的忧虑，为进谏迷信道教、一心求仙而纵容各地大兴土木修建庙坛道观的嘉靖帝，海瑞以六品小官的身份抱着必死决心毅然上疏。这便是有名的《治安疏》。奏疏递上后不久，海瑞就被捕入狱了。嘉靖在盛怒之余，也为海瑞的忠心所感动，说："此人可方比干，第朕非纣耳。"③

（四）关爱民众

在中国古代，理想的政府官员被百姓视为父母。为民做主，为民请命，爱民如子，是历代清官共同的人格特征。战国时期的西门豹在担任邺县令时，计划开挖十二条渠道，引漳河水灌溉农田。此举因为工程过于浩大遭到官员和百姓的反对。面对反对，西门豹说："今父老子弟虽患苦我，然百岁后期令父老子孙思我言。"④这说明西门豹眼光远大，看重的是百姓的长远利

---

① 《汉书·赵广汉传》。
② 《宋史》卷四百六十三。
③ 《明史·海瑞传》。
④ 《史记·滑稽列传》。

益。东汉时的杜诗在任南阳太守期间,"性节俭而政治清平,以诛暴立威,善于计略,省爱民役"。在他任职期间,南阳百姓家家殷实富足,百姓称赞他像古代贤人召父一样关爱百姓。① 海瑞也是关爱民众的典范,在任应天巡抚期间,他"锐意改革,请浚吴淞、白茆,通流入海,民赖其利"②。此外,他还采取措施,解决当时的土地兼并和贫富分化问题,并因此得罪了当时豪强地主。清代清官张伯行在山东济宁道时,"值岁饥,即家运钱米,并制棉衣,拯民饥寒"。在一次赈灾中,未经上级允许,打开汶上、阳谷二县的官仓,发放给百姓二万二千六百多担谷物。面对上级指责,他解释说:"上视民如伤,谷仓重乎,人命重乎?"③

封建社会的清官,其实都是统治阶级的代表,都是为维护封建统治服务的。只是,比之于贪官,他们毕竟对人民有益,为人民做过一些好事,对社会历史进步起过一定的推动作用,也更为人民所称道;他们廉洁奉公、公正执法的一面,对今天的法治建设与廉洁文化建设,仍不乏学习、借鉴意义。

四、廉洁物喻象征

传统廉洁文化的物喻维度又称象征维度。廉洁文化的精神境界和价值追求往往寄托在植物、动物、器物以及其他自然之物上,通过物的象征、隐喻营造氛围,影响情感,转变心智,实现文化的教化作用。对传统廉洁文化的物喻维度进行研究,具有多方面的意义。

就物喻而言,中国文化中与廉洁相关的事物有很多,如植物、动物、器物和其他无生命之物,具体如荷花、凤凰、警钟、天地等等。

(一)植物

1. 梅花

梅花开放于春冬交际之时,有傲霜之骨。淡泊廉洁、坚忍不拔是梅花的

---

① 《后汉书·杜诗传》。
② 《明史·海瑞传》。
③ 《清史稿》卷二六五。

高贵品格,也是中华民族自古以来的精神追求和道德象征。梅花不畏严寒、傲然开放。古诗词中常用梅花来体现高洁操守,"宝剑锋从磨砺出,梅花香自苦寒来",讲的就是梅花面对苦寒的环境仍抱有坚毅刚正、傲骨不屈的品性。"梅花精神""梅花人格",常用来形容个人拥有敢于受挫、修身自守的韧性。

2.莲花

莲花代表积极入世、勇敢面对污浊的人生态度。"莲"与"廉"谐音,"青莲"与"清廉"同音,因此荷花被赋予了廉洁的寓意。《群芳谱》记载:"百节疏通,万窍玲珑,亭亭物表,出淤泥而不染,花中之君子也。"莲花中心通透,枝蔓笔直,在儒家思想里有"中正"的意思。"中正"则是君子所追求的人生境界,莲花出于浑浊却不为利欲所熏心,多数官员和文人志士常用莲花表明自身清廉不污的高尚品格。

3.竹子

在中国文化的视角下,竹是虚心坚贞的美德象征。竹子中空外直、宁折不弯,蕴藏着虚心向上的韧性和智慧;生而有节、竹节华露则是高风亮节的象征。早在《诗经》中就有以竹喻人的手法,"瞻彼淇奥,绿竹猗猗。有匪君子,如切如磋,如琢如磨"。到唐朝之后,竹子清正有节、虚怀若谷的品格被更加强调,并被引入社会伦理范畴,最终成为君子贤人的化身。郑板桥画竹咏竹,写下脍炙人口的《竹石》,意在宣扬"本固、性直、中空、节贞"的竹之品格。

(二)动物

1.獬豸

獬豸是古代中国神话中的一种独角兽,触邪。其体型最大的接近牛,最小的也如羊一般。相貌类似麒麟,两只眼睛明亮有神,额头上有一个角。苏轼《艾子杂说》中就讲述过"獬豸辨好"的典故。有一次,齐宣王问艾子:"古代有一种动物叫獬豸,你知道吗?"艾子回答:"尧做皇帝时,就在宫廷里养过一只,它如果发现奸邪的官员,就用角把他顶倒,然后吃掉。若是今天宫廷里有这个猛兽的话,我想就不必再给它找其他东西来吃了!"艾子借此讽刺当时的朝廷奸臣和贪官当道。所以在古代,獬豸就成了秉公持正的化身。

2.饕餮

按照《左传》等书的记载:饕餮是缙云氏不成器的孩子,暴饮暴食又贪婪钱财,是放纵贪欲、无所节制的象征。孔府内宅门上画有一幅戒贪图,上面有一头貌似麒麟的神兽,是饕餮进一步人文化的变种,叫作"犭贪"。孔府借"犭贪"的丑恶形象作为家族正心修身的一面镜子,以告诫子孙,切不可贪婪纵欲。

3.鹤

鹤的外形飘逸清雅,鸣声嘹亮不俗,在古代是德才兼备、圣洁高尚的象征。《诗经》对鹤进行了最早的描写:"鹤鸣于九皋,声闻于野""鹤鸣于九皋,声闻于天。"这首诗将那些品行高洁的有识之士比作"九皋之鹤",后来"鹤鸣之士"就被用来形容那些才富五车、声望极高但还没有出仕的人。到了清朝,鹤在官场上的地位得到了很大的提升。清代一品文官的官服上就绣着白鹤的标志,因此鹤也被人们称为"一品鸟"。作为高官的标志,鹤也就被赋予了"忠诚廉洁""人格崇高"的内涵。

(三)器物

1.铜镜

古人认为,铜镜有驱魔辟邪、审视衣冠的作用,铜镜之光来源于日月光辉,能够镇压邪恶的东西,于是道家将其作为"照妖镜",成为驱邪辟魔的重要法器。成语"明镜高悬",多用于称赞为官清廉、办案公正。"以铜为镜,可以正衣冠",当今广大党员干部也应时刻给自己照镜子,"正其衣冠、尊其瞻视",警醒自己要知敬畏、守底线,构筑起"不敢腐、不能腐、不想腐"的思想堤坝。

2.砚台

砚台属于文房四宝之一,作为中国特有的文书工具,砚在文房四宝中地位尤其特殊。笔恣肆,墨静敛,纸纳百川,而砚则沉稳自若,方寸之间,乾坤尽显,砚台体现文人内心审美诉求。"良砚为砺友,宝镜为明友。"无镜者不能正其身,无砚者不能载其道。对文人墨客而言,砚台已不光是"点黛文字,曜明典章"的书画工具,更是文人雅士清高脱俗、志存高远、崇尚气节等思想情操的外在载体。中国的文人将砚石之天然与文人之性灵融合成趣,使砚有别于其他文房用具,拥有了蔚为壮观的文化内涵。

3.冰壶

"洛阳亲友如相问,一片冰心在玉壶。"这是唐代诗人王昌龄在被贬为江宁县丞时写下的流传千古的诗句,表达了诗人光明磊落、清廉自守的高尚情操。诗句中的冰壶有清洁之意。冰心玉壶,古代用以比喻人的品行清纯高洁。南北朝诗人鲍照的乐府诗《代白头吟》有"直如朱丝绳,清如玉壶冰"的诗句,最早提出冰壶清正廉洁的象征意义。唐代名相姚崇所写的《冰壶诫》借物喻理,告诫官员要修身养德,持廉守节。

(四)自然之物

1.月亮

月亮在我国有多种雅号和美称,如冰轮、婵娟、玉桂、玉盘、广寒宫等。宋代张孝祥《念奴娇·过洞庭》写道:"素月分辉,明河共影,表里俱澄澈。悠然心会,妙处难与君说。应念岭海经年,孤光自照,肝肺皆冰雪。"用孤独且明亮的月光比喻自己高洁的人品,从月光的万里清辉中汲取廉洁养分,警醒自己,干净做人,清白做事。

2.青天

在盘古开天辟地的神话传说中对"天"的产生进行过阐述,"清气上升为天,浊气下沉为地"。自生成之时,天就代表了清明之气的凝聚。孔子曰:"天无私覆,地无私载,日月无私照。奉斯三者以劳天下,此之谓三无私。"古人认为上天有好生之德,在古人眼中天地能够公平地对待一切人,能够善待一切生命。历史上著名的清官,如宋代包拯、明代海瑞和袁可立,因为做官清廉、刚正不阿,惩治贪官污吏,打击豪强,在百姓中名声威望很高,被称为"包青天""海青天"和"袁青天"。

以上我们从思想观念、制度规范和人格典范、物喻象征等四个方面对中国古代廉洁文化的四个维度做了粗浅的探讨。在反腐倡廉成为举国上下关注焦点的今天,这一方面的研究绝非出于思古之幽情,而是具有一定的现实针对性。近年来,我国先后建立了一系列廉政法律规范,其中有国家的法律法规,也有党纪政纪条规。这些制度在廉洁文化建设中发挥了重要作用。与此同时,我们也发现,一些制度在实际操作中效果并不像立法者预想的那样,甚至有些制度由于不符合我们的民族传统和习惯,失去基本的文化背景支撑,从其制定颁布之日起就决定了其难以推行的命运,这就不得不使我们思考这样一个难题:仅靠制度规范作用,而忽视制度本身的历史文化传统,廉洁文化建设很难建立长效机制。在当前历史形势下,建设清明政治、构建和谐社会已经成为全党、全社会的共同追求,我们只有坚持习近平新时代中国特色社会主义思想在意识形态中的指导地位,才能从中国传统廉洁文化中挖掘出适合当下社会环境的有益营养,在思想传承、制度借鉴、人格示范、物喻象征等各个方面同时推进,才能形成廉洁文化磁场,推动中华优秀传统文化创造性转化、创新性发展,从根本上建立起"不敢腐、不能腐、不想腐"的机制体制。

仁爱

——勤廉文化的理论渊源与实践指向

尼山世界儒学中心孔子研究院礼乐文明中心副研究员

房　伟

从古至今,"勤"与"廉"都是人们所认可、推崇的为官之道。对为政者而言,勤政为民与廉洁奉公如鸟之双翼、车之两轮,缺一不可。"勤"是指有作为,展现的是为政者执政为民、实干兴邦的态度;"廉"是指守底线,体现的是为政者廉洁用权、为民谋利的作风。受到儒家思想影响,中国古代政治高度重视为政者的道德素养,强调"为政以德",这为勤廉思想的产生、发展提供了丰厚的思想土壤。

习近平总书记将中华优秀传统文化的时代价值概括为六个方面,即讲仁爱、重民本、守诚信、崇正义、尚和合、求大同,其中"仁爱"是被排在首位的价值理念。毫无疑问,"仁"是儒家思想中最核心的价值理念,也是中国古人所遵循的最基本的道德精神和行为规范。它既是历代学者穷其一生探索的思想真谛,又是为政者奉行之道、民众察人之准则。可以说,仁爱之心与勤廉思想有着密切的关系,是其理论根基所在。

一

"仁"是中国漫长思想、学术史中的一大核心思想观念,具有原生性、奠基性、标识性的特质。自上古、先秦发端以来,经孔子的转化创制,"仁"遂成为中国文化的中心议题,后世思想文化的新建构亦无不以此为基础性内容,传承至今,蔚为大观。

"仁"之字形、概念的产生可以追溯到西周时期,在今人能够看到的最早出现"仁"字的文献中,皆用"仁"字指称一个人的外在气质。春秋时期,作为普遍道德原则的"仁"观念已逐渐流行。孔子贵仁,其思想的核心正是"仁"。在孔门师徒间的对问中,涉及最多的话题便是"仁"。《论语》里"仁"字共出现一百零九次,出现频率远高于"礼""智""勇"等德目。正如张岱年在《中国哲学大纲》中指出的那样,孔子对于中国思想之贡献,即在阐明仁的观念。①

孔子对"仁"的新阐释体现在四个方面:一是,孔子讲:"人而不仁,如礼何?人而不仁,如乐何?"(《论语·八佾》)如果没有"仁",礼乐制度就会因内在精神的缺失而变成一个空壳。孔子试图用"仁"来唤醒人的道德自觉,赋予礼以新的精神内涵。换言之,孔子将"仁"的理念灌注到礼乐制度中,使它获得了新的生命力。二是,孔子"仁者人也""仁者爱人"的观念明确要求以"人"之道待人,把人当"人"看,进一步赋予"人"以主体地位,体现了孔子思想中的人道主义精神。三是,孔子将"仁"提升为居于诸德之上的上位概念,仁成为"全德",即孝、义、忠、信、礼、智等具体德目是仁之精神在不同层面、不同领域的彰显与证明。② 四是,孔子将"仁"应用于个人修养领域,提出了"克己复礼为仁"的道德自觉原则和"为仁由己"的道德自愿原则。此外,孔子还倡导"为政以德",这正是"仁"的理念在政治实践中的具体表现。孔子"仁"的学说是儒家人文精神发展过程中的关键一环,上继文武周公,下启孟荀,远及汉唐宋明诸儒,厥功至伟。

孔子从人的道德主体性精神中确立了"仁"的价值内涵,此后又经过思孟之学的发展,尤其是孟子的进一步阐扬,儒家"仁"的思想得到进一步充实。孟子以心性论仁,他说:"恻隐之心,仁之端也。"(《孟子·公孙丑上》)孟子认为,仁是能够通过"恻隐之心"表现出来的,心是仁之根,仁则是心之性。同时,孟子还"即心言性",以"性"这一范畴来论证仁何以成为人心的基本属性。在孟子那里,他更为重视人之"性"的道德属性。所以,孟子坚定不移地把仁、义、礼、智等道德属性作为人之本质属性。孟子从本体论的高度和心性论的深度来阐释"仁",丰富和发展了孔子的仁学,儒家以仁为核心的道德形而上学初步建立,使儒家的仁学向前发展了一大步。

---

① 张岱年:《中国哲学大纲》,商务印书馆 2015 年版,第 403 页。

② 曾振宇:《"仁者安仁":儒家仁学源起与道德形上学建构——儒家仁学从孔子到董仲舒的哲学演进》,《中国文化研究》2014 年第 1 期。

孟子除了强调仁义内在、性由心显,还非常重视扩而充之,善端成德。在孟子的学说中,仁、义、礼、智等道德意识是先验的存有,与知识论无关。不过,它们四者在人们的心中是以"端"的形式存在的,个体应当自觉以"四端"为性,实现生命内在超越。善端虽是人生来就具有的,但在人的心中并不稳固,尤其当受到外界不良环境影响时,非常容易丧失。为此孟子提出了"求放心""存心寡欲"以及"尽心"的方法,"尽其心者,知其性也,知其性则知天矣"(《孟子·尽心上》)。对此,白奚认为,因为善性是根于心的,所以充分发挥道德主体功能("尽心"),就能够确认心中固有的仁、义、礼、智四种善端,乃是自己的本性("知性");又因为善性乃受之于天,是"天之尊爵",所以确认了人的本性是善的,也就能够体认天命和天道了("知天")。孟子把天作为善的最终根源,赋予了天道德属性,同时也沟通了人的心性和形上之天,使性善论获得了终极的根据,从而解决了仁的来源问题。① 总之,孟子详细探讨了求仁的功夫、方法及历程,丰富了孔子的仁学。

孔孟以后,经过长期的发展,"仁"已经成为儒家思想的重要根基,以至于《汉书·艺文志》在"定义"儒家时,也将"游文于六经之中,留意于仁义之际"作为儒家思想区别于其他各家思想的重要特质。② 仁是儒家思想的灵魂,不理解儒家仁爱精神,就不能真正理解儒家思想。

二

在孔子、儒家看来,"仁"无疑是能够统摄诸德的存在。这需要从两个层面来理解,"仁"首先是作为"全德之名""德之总相"之义出现的,不过更为重要的是,"仁"还有"德性之源"的意义,被认为是各种德性的源头,因而仁的地位要高于其他诸德。张岱年先生认为:"仁兼涵诸德,如忠、恕、礼、恭、敬、勇等。但仁非全德之名。所谓全德之名,即诸德之总称。而仁非诸德之总称,其本身亦自为一德。不过是最高的德,所以兼涵诸德。"③正是从这个意

---

① 白奚:《孟子对孔子仁学的推进及其思想史意义》,《中国哲学史》2005 年第 3 期。
② 班固:《汉书》卷三十《艺文志》,中华书局 2007 年版,第 1534 页。
③ 张岱年:《中国哲学大纲》,商务印书馆 2015 年版,第 403 页。

义上讲,"仁"是勤廉思想的重要理论基础。

樊迟问仁。子曰:"爱人。"(《论语·颜渊》)孔子所说的"爱人"之"人"是指具有普遍性意义的"人"。对人的重视与关怀,在孔子思想中是一以贯之的。《论语·乡党》记载:"厩焚。子退朝,曰:'伤人乎?'不问马。"孔子重人轻物,正是仁爱精神的体现。孔子还提到"泛爱众"(《论语·学而》),强调"不独亲其亲,不独子其子"(《礼记·礼运》),所以儒学也是一种"人学"。

"爱人"之中内在地蕴含着"爱民"的向度。在中国传统政治理念中,"仁者爱人"集中表现为以爱民如子、视民如伤为内容的"仁政"。孟子说:"人皆有不忍人之心。先王有不忍人之心,斯有不忍人之政矣;以不忍人之心,行不忍人之政,治天下可运之掌上。"(《孟子·公孙丑上》)"不忍人之心"指的正是仁心,而"不忍人之政"则是仁政。在孟子看来,如果将"不忍人之心"运用在政治上,就会施行"不忍人之政"。孟子坚信"仁人无敌于天下",施行仁政才会真正地平治天下,所以他说:"不仁而得国者,有之矣;不仁而得天下,未之有也。"(《孟子·尽心下》)具有仁爱之心是为官的基础,为官就应行仁政。由"仁心"到"仁政",在达致仁政的方法上,孟子提出要确保社会经济基础厚实,要尊重人民的生命财产,要像关心自己家庭成员一样关心天下百姓,要乐民之乐、忧民之忧。这就须要官员在勤、廉等方面不断努力,始终把百姓安危冷暖放在心上,在细微之处温暖民心,在点滴之中累积信任。这种讲仁爱、施仁政的思想便成为中国之治的典型特征。

在儒家的理念中,仁爱的开展呈现出"差序格局"。对此,在当前人们的认知中仍存在着较多的误区,往往认为这种"差等"之爱与现代社会平等、博爱等价值理念相违背,最终只会沦为利己主义,成为某种"落后"的根源。这显然是对仁爱精神的误解。孟子曾言:"君子之于物也,爱之而弗仁;于民也,仁之而弗亲。亲亲而仁民,仁民而爱物。"(《孟子·尽心上》)对于仁者之爱的发显与推广,孟子尤为强调"亲亲",即亲亲之情是仁爱的前提。这实际上是对孔子思想的继承,孔子已经将源于血缘亲情的爱作为"仁"的起点,因而主张"立爱自亲始"(《孔子家语·哀公问政》)。这种亲亲之爱,是最基本、最深沉的人类情感,保证了仁爱精神在实践中的现实性与可行性。同时,孟子还强调,仁之行虽然始于孝亲,却不以此为终结。在满足了亲亲之情之后,还必须将此爱心向外扩展,"仁民"进而"爱物",将仁爱的理念扩展到无限广大之宇宙中的万事万物。在这三个递进的层次中,"亲亲"是仁的自然基础,"仁民"是仁的核心和重点,"爱物"才是仁的最终完成。[①] 由此可知,儒家的仁爱绝非局限于亲亲之爱,而是必须以此为起点不断地扩充推广,推己及人,由人达物。所以,儒家仁爱是对世间万物的大爱,是普遍之爱的具体呈现。

三

朱子在《论语集注》中将"爱人"释为"仁之施"[②],这是说"爱人"并非"仁"本身,而是指仁德的施行。可见,"爱人"是仁的一项主要内涵,但并非全部。那么,仁是否还有更为本质的含义?

《中庸》言:"仁者,人也。"郑注云:"人也,读如相人偶之人,以人意相存问之言。"[③]刘家和认为,"人偶"就是同位之人,他们在行礼的时候用同等的礼节,相互间以人意相存问或尊偶,即以待人之道相对待或相尊重。[④] 这表明,"仁"就是把人当作人看待,体现着人的发现与自我觉醒。如果说"爱人"意义上的"仁"是一种"推己及人"的观念,它基于伦理而塑造了儒家在政治、社会方面的实践路径,那么,"自我觉醒"之"仁"便是一种德行的本体,它基于自我反省而揭示出儒家在政治、社会方面的伦理特质。

在郭店楚简中,有70多个"仁"字被写为上"身"下"心"的结构,"身"既有躯体、形体之义,同时也有"自己"和"自我"之义。这一构型意味着"自我觉醒"之"仁"须要从两个方面来体认。一方面,仁是对自己身体的觉醒,体现为人们时刻想着自己的"身体",关注自己身体的"痛痒";另一方面,仁是道德主体意识的觉醒,体现为"克己""修己"与"成己"等观念。自我意识的觉醒,对自我的肯定,并不会影响人们对其他人和事的爱。王中江曾指出,不

---

① 白奚:《孟子对孔子仁学的推进及其思想史意义》,《哲学研究》2005 年第 3 期。
② 朱熹:《四书章句集注》,中华书局 1983 年版,第 139 页。
③ 阮元校刻:《十三经注疏》,中华书局 1980 年版,第 1269 页。
④ 刘家和:《先秦儒家仁礼学说新探》,《孔子研究》1990 年第 1 期。

论是指心中想着自己的"身体",还是指心里想着自己、关心自己,这些都不是"爱人"的障碍,反而会使得"爱人"成为可能。他说:"一个人如果首先没有对自己的身体特别是痛痒的感受,没有对自己本身的思考和关心,或者甚而言之,如果一个人已经麻木,失去了感知能力和情感体验,他就不可能还具有'爱人'之心,不可能去爱他人。除非他生来就不知道爱惜自己的身体和爱护自己,而只知道爱人、爱他人。"①

因此,"仁"首先标示着自我意识的觉醒,而爱人之仁则是对这种意识的延伸和扩展。问题在于,"仁"之由"自我"到"爱人"的过程又是如何生发的呢?孟子将之归结为人具有"恻隐之心",他设想"今人乍见孺子将入于井",在这种情境中,必定会有人本能地产生"怵惕恻隐之心"(《孟子·公孙丑上》),这是真实无妄的,必定不容置疑的。对于"恻隐",朱子注曰:"恻,伤之切也。隐,痛之深也。"②就情感经验而言,人们常因内心忍受不了别人所受的伤痛而自发涌现出某种关爱,所以朱子以伤、痛解"恻隐",是契合人之常情的。正是这种对他人遭遇、处境和状况的"同情心",连接起了对自己的爱与对他人的爱。也就是说,人之所以能够从自爱中产生出爱人的情感和体验,是因为"同情心"发挥了关键作用。

需要指出的是,"自我觉醒"之"仁"同时还包含了他人优先的伦理原则。董仲舒在《春秋繁露》中言:"仁之法在爱人,不在爱我;义之法在正我,不在正人。"③陈来从区别仁之伦理意义与修身意义的角度来理解,他认为,董仲舒对仁的诠释是"他者的人道主义",仁作为"爱"是指爱他人,而不是爱自己;义作为"正"是指正自我,而不是正他人。仁的实践必须是他者取向的,义的实践则必须是自我取向的。所以,仁学不仅仅是克己,更是爱人,不仅是为己,也是为他。④

"自我觉醒"之"仁"实际上凸显了仁之"公"的内涵,使得仁爱精神从根本上具有利他性特质,正如郭沫若所言:"仁的含义是克己而为人的一种利

---

① 王中江:《"身心合一"之"仁"与儒家德性伦理——郭店竹简"身心"字及儒学仁爱的构成》,《中国哲学史》2006 年第 1 期。
② 《四书章句集注》,第 239 页。
③ 苏舆:《春秋繁露义证》,中华书局 2015 年版,第 245 页。
④ 陈来:《"仁者人也"新解》,《道德与文明》2017 年第 1 期。

他的行为。① 由此可见,为政者不仅要去除私欲,严格修身,还要警惕以自我为中心,做到他者优先;也就是说,只有具备了公心、利他心,才能真正仁民爱物,为民伸张正义,也只有如此才有可能进一步生发出勤政、廉洁等思想。

四

"仁者,爱人"与"仁者,人也"二者共同构成了整合意义上的儒家仁爱精神。然而,儒家仁爱精神不仅仅是一种理论范式,更为重要的是,它还蕴含着实践特质,为我们提供了一种工夫论体系。

众所周知,儒家经典《大学》之核心为"三纲领"与"八条目","明明德""亲民""止于至善"是对"三纲领"的表述。对于其中"亲民"一说,历来见仁见智,不过朱子的观点仍然极具代表性与启发意义。朱子在《大学章句》中指出:"程子曰:'亲,当作新。'……新者,革其旧之谓也,言既自明其明德,又当推以及人,使之亦有以去旧染之污也。"②朱子肯定了程子以"亲"为"新"之说,并将"新"释为"革旧"。这就是说,在朱子看来,"亲民"实际上具有双重内涵,一方面是通过修养功夫克制私欲,回归自己的本心,即对"自我"的教化;另一方面则是引导天下人明德向善,即对"他人"的教化。对此,朱子还曾言:"我既是明得个明德,见他人为气禀物欲所昏,自家岂不恻然欲有以新之,使之亦如我挑剔揩磨,以革其向来气禀物欲之昏,而复其得之于天者。此便是'新民'。"③"亲民"之所以兼具双重教化的内涵,是因为其根源在于人所本有的仁爱之心。

由仁爱而生的对"自我"与"他人"的教化正是担当精神的体现。中华优秀传统文化尤其是儒家思想中蕴含着强烈的责任意识与担当精神,孔子以"斯文在兹"自任,"知其不可而为之",解生民于倒悬;曾子更是"仁以为己

---

① 郭沫若:《十批判书》,《郭沫若全集・历史编(第 2 册)》,人民出版社 1982 年版,第 88 页。

② 《四书章句集注》,第 3 页。

③ 黎靖德:《朱子语类》,中华书局 1986 年版,第 271 页。

任"。就当代而言,担当既是党和人民事业的明确要求,也是中国共产党人应具备的精神状态。进入新时代,党员领导干部更应该怀有对人民群众的仁爱之心,以主人翁姿态主动担当,勤政有为。

古今中外无不重视为政之德。一般而言,为政之德的养成,一靠他律,二靠自律。"他律"是指依靠礼俗、法律、舆论等外在手段对人的道德予以约束和监督,"自律"则是指依靠个体内在的道德意识自觉地进行自我约束、自我监督和自我完善。只有将二者有机结合,为政之德的构建才能达到最佳效果。在中国传统的政治智慧中,为政者的"自律"尤其受到重视,其典型体现就是儒家所倡导的"反躬自省"。孔子指出"为仁由己",强调"仁远乎哉?我欲仁,斯仁至矣"。这既明确了求仁理应成为一种道德自觉,同时还肯定了人自己作为道德主体的地位。因此,儒家主张的德行修养要求一个人首先应该自我反省。孔子说:"君子求诸己,小人求诸人。"(《论语·卫灵公》)又言"躬自厚而薄责于人"(《论语·卫灵公》)。在孔子的基础上,曾子提出"吾日三省吾身"(《论语·学而》),孟子更是提出"问之道无他,求其放心而已矣"(《孟子·告子上》),等等,这也是儒家学说常被称为"为己之学"的原因所在。

儒家所倡导的这种自律意识是严于律己精神的体现,强调行有不得,反求诸己,重视不分场合、随时随地进行的"戒慎"修养功夫。王阳明在《传习录》中讲:"省察克治之功,则无时而可间,如去盗贼,须有个扫除廓清之意。无事时,将好色、好货、好名等私,一追究搜寻出来,定要拔去病根,永不复起,方始为快。常如猫之捕鼠,一眼看着,一耳听着,才有一念萌动,即与克去,斩钉截铁,不可姑容。"[①]"省察克治"就是指个体的自我反省,王阳明在此用比喻的手法,形象生动地描述了自省的必要性、紧迫性和主动性。

"反躬自省"的关键就是要做到慎独。东汉人杨震一生刚正不阿,勤勉清廉,他"四知"拒金,正是慎独精神的体现。有"关西夫子"美誉的杨震,在调任东莱太守途经昌邑(今山东巨野县东南)时,昌邑令王密为答谢杨震举荐之恩,趁深夜以十斤黄金相送。《后汉书》载,王密以"暮夜无知"劝说杨震

---

① 王守仁撰,吴光、钱明、董平等编校:《王阳明全集》,上海古籍出版社2012年版,第14页。

收下黄金,但被杨震以严词拒绝,他批评说:"天知,神知,我知,子知。何谓无知!"[①]王密听后十分羞愧,只好作罢。由此可见,"慎独"实际上具有两层意涵,一是自处、独处时要格外谨慎,保持道德操守。现存邹城孟庙的仁、廉、公、勤"官箴碑"中也提到了杨震拒贿的典故,碑文说:"毋谓暗室,昭昭四知。"[②]这正是从独处的层面上来理解的。二是"慎独"更深一层的内涵在于"独知",即保持内心的真诚,敢于面对真实的自我。换言之,"慎独"之"独"并不仅仅是空间上的概念,更是指内在的意志、意念。试想,杨震若没有发自内心深处的对廉德的坚定信念,他在面对物质利益的诱惑时,很难做出正确的选择,更无法做到始终如一,坚持将"清白"传予子孙。杨震一生追求清白正直,这正是其仁爱之心的展现,同时也与他坚持自省、保持本心的修养功夫密不可分。

习近平总书记在不同场合多次强调,全社会尤其是广大党员干部都应具有、增强"仁爱之心"。为中国人民谋幸福,为中华民族谋复兴,是中国共产党人的初心和使命,这无疑也是仁爱之心的彰显。新时代以仁立德,勤廉为官,更要以百姓之心为心,牢固树立以人民为中心的发展思想,始终牢记并自觉践行党的宗旨,不断增强人民群众的获得感、幸福感、安全感。只有这样,在全面建设社会主义现代化国家、实现中华民族伟大复兴新的征程上,我们才能循道而行,行稳致远。

---

①　范晔撰,李贤等注:《后汉书》卷五十四《杨震列传》,中华书局 1965 年版,第 1760 页。
②　参见刘培桂编著:《孟子林庙历代石刻集》,齐鲁书社 2005 年版,第 500 页。

先秦儒家廉政思想摭谈

尼山世界儒学中心孟子研究院副研究员

刘　奎

"廉政"一词最早见于《晏子春秋》："（齐）景公问晏子曰：'廉政而长久，其行何也？'晏子对曰：'其行水也。美哉水乎清清！其浊无不雩途，其清无不洒除，是以长久也。'公曰：'廉政而速亡，其行何也？'对曰：'其行石也。坚哉石乎落落，视之则坚，循之则坚，内外皆坚，无以为久，是以速亡也。'"（《晏子春秋·内篇·问下·第四》）现代人引此句为典，多断章取义，取前半句为铭，以为称颂"廉洁之政治"，实则并不严谨。按照原文之解释：廉政作为执政者的一项操守，若能坦荡如水，泾渭分明，自可长治久安；但若是坚如磐石，不懂得变通，一样会导致灭亡。可见，早期所言"廉政"者，并非皆具褒义。然按许慎《说文解字》："政者，正也。"王念孙注亦曰："政"与"正"同。（张纯一《晏子春秋校注》）"廉政"即"廉正"，取"坚直廉正"之意。《晏子春秋·内篇》亦云："廉者，政之本也。"在先秦时期，"廉"仍是衡量政治的重要指标，可视作执政者的一项基本美德。

儒家强调德性政治，并以传"六经"为业，儒家经典蕴含丰富的"尚廉"思想。其代表性的有：《尚书·皋陶谟》将"简而廉"列于为政须具备的九种品德；《周礼·天官冢宰》将"廉善、廉能、廉敬、廉正、廉法、廉辨"作为考核官员利弊得失的六项标准；《礼记·礼运》将"大臣法，小臣廉，官职相序，君臣相正"视作实现国家治理的重要标志。在此，"廉"虽多取"公平、公正"之意，但其时早已成为政治生活的重要组成部分。孔、孟、荀作为先秦儒家先驱，针对"廉"所形成的不同认识，奠定了秦汉以后中国古代廉政思想的理论基础。概括起来，主要体现在以下四个方面。

一、仁民为廉政之本

"民可近,不可下,民惟邦本,本固邦宁。"(《尚书·五子之歌》)"重民"是先秦儒家的基本共识,儒家经典对此的表述不胜枚举。"亲亲而仁民,仁民而爱物。"(《孟子·尽心上》)君子对待亲人的态度是亲爱,对待百姓的态度是仁爱,对待自然万物的态度是爱惜。对物是爱惜而不是仁爱,对民是仁爱而不是亲爱。"爱、仁、亲"三种态度,都是仁爱之心的表露,在具体的表现上,"亲"比"仁"更恳切,"仁"较"爱"更厚重。甚至可以这么说,先秦儒学关于公共性政治的所有主张,都是围绕"仁民"而开展的。作为执政者,成就廉政的意义,实正在于仁爱百姓、惠泽民众。

首先,廉政要求执政者须正确审视自身职责。一则,权力来源于民,廉政为民众所期许。"天之生民,非为君也;天之立君,以为民也。"(《荀子·大略》)从国家以及政治的起源来看,君主是由民众让渡公共权力所产生的,为民众负责是君主职责之所系。公共权力的使用是否得当,影响着公共利益的分配及公共秩序的维护,对民众至关重要。针对现实政治中的贪污腐败、假公济私等行为,廉政可以进行有效的制约。因此,在孔子看来,"治官莫如平,临财莫如廉。廉平之守,不可攻也"(《孔子家语·辨政》)。执政者须坚持道德操守,处事公平公正,面对百姓财物,做到不起私欲,不贪不取。二则,权为民所用,廉政为检验政治利弊的尺度。"人无于水监,当于民监。"(《尚书·酒诰》)周人总结夏、商两代灭亡的经验教训,意识到国家兴亡的关键还是在于民。"水则载舟,水则覆舟。"(《荀子·王制》)君民关系如水与舟。若想实现国家长治久安,执政者必须做到"平政爱民"。即要执法公正严明,处理政务公允得当,以"举直错诸枉"来使得"民服"(《论语·为政》),而不可滥用权力,将自身意志凌驾于民众之上,最终丧失民心。

其次,廉政要求执政者须施仁政于百姓。一则,执政者要关心民瘼,知民情冷暖。统治者既然代天授民,以统万方,"顾諟天之明命"(《尚书·太甲》),当自知身负"天之明命"时更应体察天意,"天视自我民视,天听自我民听"(《尚书·泰誓中》),深入民间作实地考察,以百姓之视听为自己之耳目。一方面,若备知民生艰难,则不敢放纵自身、安逸享乐。"无淫于观、于逸、于游、于田，以万民惟正之供。"（《尚书·无逸》）原因在于，执政者一身所有皆民脂民膏，观、逸、游、田等俱损民力。另一方面，只有正确了解民众的心理诉求与政治愿望，施政才能有的放矢。"天矜于民，民之所欲，天必从之。"（《尚书·泰誓上》）即执政者要怜悯百姓，以顺从民心民欲作为制定政策的出发点。二则，执政者要真正为百姓谋福利，切实推行仁政。"民心无常，惟惠之怀。"（《尚书·蔡仲之命》）在周人看来，民心常变，但只归附那些对自己有恩惠的君主。儒家一贯关注民生福祉，孔子主张"因民之所利而利之"（《论语·尧曰》），即让百姓真正得到实惠。而民众所期盼者，无非"仰足以事父母，俯足以畜妻子，乐岁终身饱，凶年免于死亡"（《孟子·梁惠王上》）。此即所谓仁政最基本的内容。富民尔后教民，"谨庠序之教，申之以孝悌之义"，则百姓知廉耻，君子成廉德。

可见，"德惟善政，政在养民"（《尚书·大禹谟》）。廉政、善政、仁政皆为儒家理想政治的表达方式。廉政之养成，要求执政者当以"仁民"为根本，做到察民情、顺民心、成民财，最终施仁于民。

二、礼义为廉政之守

春秋以降，礼崩乐坏，儒学应时而生。"克己复礼为仁"（《论语·颜渊》），反观礼乐制度崩塌的过程，孔子以旧秩序守护者的身份，深刻反思礼的传统价值，宣扬礼治的社会功能。拥护周礼，归本于仁。"其特征是将祭神（祖先）为核心的原始礼仪，加以改造制作，予以系统化、扩展化，成为一整套宗法制的习惯统治法规"（蒋传光《略论中国古代社会的"礼治"秩序——一个法社会学的视角》），逐步建立起"仁—礼"结构的内圣外王系统。儒家心目中的理想政治，必然是廉洁之政、廉直之政。而对执政者个人来说，守护廉政最核心的是"礼""义"。儒家珍视礼义，认为"凡人之所以为人者，礼义也"（《礼记·冠义》）。将"治礼义"作为君子的本职所在，即"君子者，治礼义者也，非治非礼义者也"（《荀子·不苟》）。具体来说，前者强调以礼节欲，后者强调以义制利，二者同为一体，又略有分疏，共同守廉政之德。

首先，廉政要求执政者以礼节欲。一则，要正确审视人欲之合理性，"天生民有欲，无主乃乱"（《尚书·仲虺之诰》）。欲望是与生俱来的，好逸恶劳为人之天性,是不可回避的,没有君师来引导就会产生混乱。人性欲望中最重要的是追逐名利,即便是圣人也不能去之,"虽尧舜不能去民之欲利"(《荀子·大略》)。故执政者要尽量满足民众的现实诉求,正视民众"饥欲食、寒欲衣"等的生存本能,这些皆是人情所不能免的。但是,"欲虽不可尽,可以近尽也;欲虽不可去,求可节也"(《荀子·正名》)。合理的欲望能够催人奋进,使人积极向上向善。若放纵欲望,则会坠入罪恶深渊。因此,要以礼来节欲,以此形成规范的政治秩序,从而达到"节用以礼,裕民以政"(《荀子·富国》)的社会效果,使得"鳏寡孤独废疾者皆有所养"(《礼记·礼运》)。二则,圣王、贤君、师长要以身作则,率先垂范,来引导民众、百姓从善。儒家特别注重上位者的躬行实践,自身不善何以教人成善? 所谓廉政,即是执政者推己之善以为人善,"己欲立而立人,己欲达而达人"(《论语·雍也》)。面对自己的私欲,不仅要有所节制,"敖不可长,欲不可从,志不可满,乐不可极"(《礼记·曲礼上》),更要通过克制自身欲望,来达到修身养性的目的,即"养心莫善于寡欲"(《孟子·尽心下》),"恭近于礼,远耻辱也"(《论语·为政》)。以礼节欲,克己复礼,才能确保执政者"不逾矩",不触犯国法纲纪,最后归于仁、兴于仁、成于仁。

其次,廉政要求执政者能以义制利。一则,"君子喻于义,小人喻于利"(《论语·里仁》)。执政者要先义后利,"正其义不谋其利,明其道不计其功"(《汉书·董仲舒传》),将践行义作为廉政具体实践的准则,以此树立正确的政绩观、人生观、价值观。"见利思义"(《论语·宪问》),见到利益,要第一时间思考利是否正当。所谓"儒有委之以货财,淹之以乐好,见利不亏其义"(《礼记·儒行》),既要甘守清贫,无欲则刚,"不义而富且贵,于我如浮云"(《论语·述而》);又要坚持做到"非义不取""节用爱人"(《论语·学而》),不与民争利,更不可为追求私利而盘剥百姓,应以廉洁守其位,以廉政成其德。二则,"义与利者,人之所两有也"(《荀子·大略》)。义、利并不绝对冲突,廉政要求执政者必须正确调和义、利之间的关系,以期达到群己和谐。这一方面,要求执政者真正认识到"利"对构建君、民"鱼水关系"的重要性,"有社稷者而不能爱民,不能利民,而求民之亲爱己,不可得也"(《荀子·君道》)。执政者与民众各守本分,各尽其职,"君子贤其贤而要亲其亲,小人乐其乐而利其利"(《礼记·大学》),从而使得君子成其义,而小人得其利。另一方面,廉政要求执政者"义然后取,人不厌其取","取"与"不取"各得其宜。取之于民,用之于民。要善于将自己的"好乐""好色""好货"之心推己及人,做到与百姓感同身受,"与民同乐"而不独享其利、不自私其利,进而可以与民同利,集众人之私利以成一人之公义,即所谓"义者,利之和也"(《周易·乾·文言》)。

可见,礼义作为廉政之守,"制礼义以分之,以养人之欲,给人之求"(《荀子·礼论》),不仅体现了儒家对执政者廉洁奉公的道德要求,更体现了对一般民众客观需要的理解与认可。

三、德教为廉政之养

孔子之前,教育为贵族所垄断,普通人并无接受教育之可能。孔子提倡"有教无类"(《论语·卫灵公》),打破了"学在官府"的政治局面。在儒家看来,人和人之间后天的差异,主要原因在于所受之教育不同。"干、越、夷、貉之子,生而同声,长而异俗,教使之然也。"(《荀子·劝学》)对孔子而言,教育士人之目的在于使其成为君子,而教育小人之目的则在于使其从善。因此,孔子说:"举善而教不能,则劝。"(《论语·为政》)"不教而杀谓之虐。"(《论语·尧曰》)按照孟子"性善"之观念,世上无不可教成君子之士人,亦无不可教化从善之民众。正所谓"君子壹教,弟子壹学,亟成"(《荀子·大略》)。在"教—学"的互动中,民众得到道德教化,士人得以人格养成。《礼记·文王世子》云:"君子曰德,德成而教尊,教尊而官正,官正而国治,君之谓也。"执政者的主要责任就是宣扬德教,德教兴而官正,官正则政廉,政廉方能国治。由此,德教为廉政之养,才会顺洽畅通。

首先,廉政要求执政者能明其德。"大学之道,在明明德,在亲民,在止于至善。"(《礼记·大学》)大学者,大人之学,君子之学也。"明明德",前一个"明"解作"使彰明",有使动之意味,取发扬光大之意;后一个"明"作形容词,"明德"即"光明正大的品德"。基于此,一则,执政者要好其德。子曰:"吾未见好德如好色者也。"(《论语·子罕》)"好色"代表着物欲与生物欲望,"好德"代表着精神与境界需要。而君子与小人分途,各尽其责,"君子以德,小人以力;力者,德之役也"(《荀子·富国》)。君子好德,才能以修德为务,才能配得起小人的供养。二则,执政者要自觉养成其德。所谓"君子怀德,小人怀土"(《论语·里仁》)。朱熹解曰:"怀,思念也。怀德,谓存其固有之善。"(《四书章句集注》)执政者应以君子为标榜,努力以成德为己任,自觉与小人相分别开来。而如《礼记·大学》:"富润屋,德润身,心广体胖,故君子必诚其意。"君子应当以德来润身,通过"澡身浴德"不断完成自我境界的提升。

其次,廉政要求执政者能恒其德。"不恒其德,或承之羞。"此语同时见于《周易·恒卦·系辞》《论语·子路》,一个人如果不能坚持不懈地修德,必定会遭受羞辱,表明道德修养是一件贯穿君子人生始终的事情。基于此,一则,执政者要立身以德,不能松懈。道德品性是儒家知识分子选拔的最重要标准,《荀子·王霸》:"论德使能而官施之者,圣王之道也,儒之所谨守也。"廉政正是对出仕士人的要求。因此,君子要"务积德于身,而处之以遵道"(《荀子·儒效》),即积善成德并非一朝一夕之事,不仅自己要有定力,能持之以恒,还要贤父兄师友相辅助。所谓"德不孤,必有邻"(《论语·里仁》),正在此意。二则,执政者要道民以德。在儒家看来,"君子之德风,小人之德草;草上之风必偃"(《论语·颜渊》)。君子修身立德,才堪为民之仪表。"君者,民之原也;原清则流清,原浊则流浊。"(《荀子·君道》)上者行之,下者效之。唯有执政者严于律己,以身垂范,才能真正取得人民的信任。对民众的道德教化,要远比刑罚重要,而且更能使民众信服。正如孔子所说的:"道之以政,齐之以刑,民免而无耻;道之以德,齐之以礼,有耻且格。"(《论语·为政》)政刑与德礼之间虽然存在某种互补关系,但德教永远要排在政刑之前。

可见,德教为廉政之养,不仅体现在要养成士人君子人格,更在于教化百姓,使得上下皆能明廉、守廉,从而促成一代廉政之风气。

四、刑罚为廉政之辅

武王伐纣,代殷为天子。西周初年,周公反思商朝灭亡的教训,希望能通过制礼作乐来规范天下臣民秩序,从而实现国家的长治久安。刑罚同样是其制礼作乐的一个重要内容,在声讨商纣王"崇信奸回,放黜师保,屏弃典刑"(《尚书·泰誓下》)的同时,周公不仅首次提出了"明德慎刑"的观念,如"惟乃丕显考文王,克明德慎罚"(《尚书·康诰》),"罔不明德慎罚"(《尚书·

多方》);更充分认识到合理使用刑罚的重要性,提出了用刑的基本原则,"用其义刑义杀"(《尚书·康诰》),"士制百姓于刑之中,以教祗德"(《尚书·吕刑》)。刑罚要公平严明、合理正当,让民众真正信服,这与"廉"的本义相契合。总体来说,周礼的精神核心是"德主刑辅",刑罚的目的还是辅助德教之建立。无德之人掌握刑罚必然会滥刑,也必然会戕害百姓。因此,刑罚仍然是构建廉政的必备手段,以及不可或缺的工具,这些思想都被儒家所继承和发展。

首先,"明德慎刑"是执政者用刑的必要前提。在儒家看来,"明德慎刑"的理念可以追溯到尧舜时期,皋陶为士,作五刑:"象以典刑,流宥五刑,鞭作官刑,扑作教刑,金作赎刑。"(《尚书·舜典》)舜告诫他要"惟刑之恤哉"。"恤刑"即有"慎刑"之意。"明于五刑,以弼五教。"但刑罚之用,最终还是为了服务于德教,注定了刑罚运用的理想状态终究是"无刑"可用,即"刑期于无刑"。因此,一则,廉政要求执政者不仅在内心时刻保持对刑罚的敬惧,"朕敬于刑,有德惟刑"(《尚书·吕刑》),以此确保用刑的道德张力,更要重视刑罚,不可轻易使用,正如《礼记·缁衣》所载的:"政之不行也,教之不成也,爵禄不足劝也,刑罚不足耻也。故上不可以亵刑而轻爵。"可见,动辄用刑,对刑罚的滥施,不仅会损失刑罚自身的尊严,更会有伤执政者的德行。二则,廉政要求执政者必须能以教至于无刑。子曰:"以不教民战,是谓弃之。"(《论语·子路》)教化要先于刑罚,《礼记·缁衣》:"夫民,教之以德,齐之以礼,则民有格心;教之以政,齐之以刑,则民有遁心。"对于民众来说,德教可使之有格心,自律来完成自我净化;而刑罚则会使其有遁心,仅仅是为了免除罪责而已。对刑罚的认识,孔子谈到了"无讼",认为:"听讼,吾犹人也。必也使无讼乎!"(《论语·颜渊》)当可归约到"无刑"。对此,《周易·旅卦》"君子以明慎用刑,而不留狱",亦表达了相同的意思。而儒家所歌颂周代的"文、武之隆,遗在成、康,刑错不用四十余年"(王充《论衡·儒增》),实则正是廉政的一种理想状态。

其次,"用刑于中"是执政者用刑的基本原则。在早期儒家看来,礼、刑分途,有"礼不下庶人,刑不上大夫"(《礼记·曲礼》)之语。但随着时代的发展,刑罚逐渐变成了适用于所有人。按照适用的情形来看,"以善至者待之以礼,以不善至者待之以刑"(《荀子·王制》),意即针对善者要以礼,礼以扬善;针对不善者要用刑,刑以惩恶。因此,欲实现国家治理必须要礼、刑并用,实现和谐,即"治之经,礼与刑,君子以修百姓宁。明德慎罚,国家既治四海平"(《荀子·成相》)。具体来说,一则,廉政要求执政者用刑要保持廉洁、公正之心。当子路与孔子讨论为政时,孔子将"正名"列于前,子路认为迂腐。但在孔子看来,"名不正,则言不顺;言不顺,则事不成;事不成,则礼乐不兴;礼乐不兴,则刑罚不中;刑罚不中,则民无所措手足"(《论语·子路》)。"名正—言顺—事成—礼乐—刑罚"这一过程中,名正在最先,是强调执政者要有德;刑罚在最后,是欲民众少受政治之苦。孔子说:"苛政猛于虎也。"(《礼记·檀弓下》)"苛政"所对者,正是"廉政"。历代统治者为满足私欲,所行苛政必然多,所用刑罚肯定繁。执政者用刑,要践行德性,就必须体察民情民意,"圣人以顺动,则刑罚清而民服"(《周易·豫卦》)。了解事实,处事公正,才能得到民众畏服。二则,执政者用刑必须要坚决。在儒家看来,刑罚亦是廉政所不可或缺的。《尚书·康诰》:"文王作罚,刑兹无赦。"《荀子·富国》:"不教而诛,则刑繁而邪不胜;教而不诛,则奸民不惩。"刑罚的主要对象是顽民,以及贪污腐败之官员,"刑罚行于国,所诛者乱人也"(《礼记·聘义》),对顽民之惩戒,同样展现了执政者的德性。因此,如《礼记·大传》所言:"爱百姓故刑罚中,刑罚中故庶民安。"刑罚不公正,就起不到惩恶扬善的目的。

可见,刑罚作为廉政之辅,要求官员不仅要"明德慎刑""用刑于中",处事公平公正,对权力常怀敬畏之心,对百姓常怀仁慈之心;更要恪尽职守,不以贪腐损其节,不以富贵改其志,否则自身仍然不可避免会陷于缧绁之中。

综上所述,儒家学派始于春秋末年,在先秦诸子百家中,因出现时间最早、社会影响最大,并以重血亲人伦、重实用理性、重道德修养的醇厚之风独树一帜,儒学成为先秦诸子中最重要之"显学"。儒家强调"内圣外王"之学,从狭义上讲,廉德既是儒家塑造君子人格的内在要求,又是士人出外从政所要坚守的道德操守;从广义上讲,廉政以仁民为本、以礼义为辅、以德教为养、以刑罚为辅,既丰富了儒家对美好政治的期许,又为现代廉政建设奠定了思想根基。

传统儒家勤廉思想及其现代转型

中国矿业大学人文与艺术学院副教授

胡可涛

在传统儒家思想中,勤、廉不仅可以作为个体美德,而且也可作为官员职业道德的重要指标。这一点实际上与儒家文化"内圣外王"的思想架构有很大的关系。儒家认为,"士"只有通过"勤学"才能实现"学而优则仕",而入仕之后则须要通过"勤政"来实现成贤、成圣的人生理想。同样,从"廉己"("廉洁自律")到"廉政"也符合这一逻辑。应该说,"勤廉"思想一定程度上缓和了专制主义社会的阶级矛盾。

一、"勤":从"勤学"到"勤政"

儒家思想有一个基本论断,那就是首先做好一个人,成为君子,这是从政的前提条件。成为君子要靠"学",这里的学,不是我们现代意义上的知识或者技能的学习,更多的是具有修身意味或者人文教化色彩的学习,如《论语》提出的"四教",后来理学派的"道问学"或者心学派的"尊德性"。没有"学而时习之",就不可能"积善成德",正如韩愈所说的:"业精于勤,荒于嬉;行成于思,毁于随。"①显然,"勤学"过程是一种道德品质的提升和人文素养的凝练过程,在此过程中,人须要与自身的自然欲望做斗争,学会约束与节制,形成自律性,强化主体的意志,丰富和充实自我的秉性与素质。虽然"勤"在儒家文化中道德色彩并不明显,但是却构成个人成仁、成圣不可或缺的道德动力。易言之,不论是"内圣"还是"外王"都须要勤学不辍,需要脚踏实地,须要一以贯之。并且,儒家认为,一个人仅仅学会做人,只是"独善其

---

① 韩愈:《进学解》。

身"。要将道德发扬光大,则须要"兼济天下"。如此,"学而优则仕"成为被倡导的一种价值观念。

"勤学"只是初步达成了"内圣"的目标,而"勤政"则是儒家提倡的知识分子实现"外王"事业的重要条件。正如荀子所说:"儒者在本朝则美政,在下位则美俗。"①儒家思想具有较强的道德精英主义色彩,其认为政治的治理模式是"先知觉后知""先觉觉后觉"。儒者须要作为道德的楷模和典范,其"德风"自然而然影响到普通民众。因此,"勤学"的过程须要一如既往,如此才能形成"魅力型人格",顺利地教化和说服民众。当然,除了在个人修身方面勤学不辍之外,走上仕途的儒者还须要勤政爱民。勤政是爱民的表现,而爱民必须勤政。在此,"勤"有两方面的内容:一则为"劳心",一则为"劳力"。"劳心"意味着儒者必须要考虑到一方的福祉,谨慎地对待其面临的问题,并且能够思考出解决问题的对策和方案。倘使胸无韬略,只凭一己私念,恣意妄为,即使再"劳力"也是枉然。当然,光有好的想法和方案,不去执行与贯彻,同样无济于事。故而,勤政,不仅需要用心,而且需要用力。尤其对于执政者而言,必须意识到自我的"勤政"抑或"怠政",不仅涉及自身的利益,更关涉万千民众的福祉。权力越大,实际上意味着责任越大,越是不允许慵懒怠惰。宋代理学家真德秀云:"业精于勤,荒于嬉。为士者不可以不勤,况为命吏,所受者朝廷爵位,所享者下民之脂膏。一或不勤,则职业隳弛,岂不上孤朝寄,而下负民望乎?"②因此,"勤"实际上也构成了政治主体职业道德的一个必然要求。在政治运作过程中,勤政被认为是善政的保障。只有勤于政事,才能确保政治系统的正常运转;假如执政者荒怠政事,很容易出现行政事务的拖沓与堆积,最终可能导致敷衍了事,伤及无辜,祸国殃民。

那么,如何"勤政"呢?传统文化在这方面留下了许多宝贵财富。譬如,清儒曾国藩曾总结勤政的"五要点"。其一,"身勤",即要重视调查研究,深入基层和民众之间,进行调查研究,如此才能了解真实情况。其二,"眼勤",不论是识人还是断事,必须擦亮双眼,仔细观察、反复揣摩,切忌"看走眼"。其三,"手勤","好记性不如烂笔头",要养成良好的学习与工作习惯,详细地

---

① 《荀子·儒效》。
② 真德秀:《真西山先生集》,商务印书馆 1937 年版,第 119 页。

制定自己的工作计划,对于自己容易忘记的事情要随时记下。对于容易丢弃的东西,随时做好归位处理。其四,"口勤",即注意沟通与协调,不仅在同僚之间,而且包括对待下属,须要晓之以理、动之以情。其五,"心勤",即不论是待人接物还是为人处世,都必须用心,所谓"精诚所至,金石为开"。在曾氏看来,官员只有具备这"五勤"才能顺利履行其行政职责。

应该说,"勤学"贯穿一个人生命的始终,在古典意义上,它强调的是学为"大人"、为"君子"。而"勤政"作为一种政治道德的时候,意味着它不仅体现在"做人"方面,也体现在"做事"方面。应该说,"勤政"是传统君主专制制度的必然要求。通常而言,权力越大,责任越大。倘使滥用权力,不能尽心尽责,必然会带来腐败问题。因为,勤政意味着平衡权力与责任两者之间的关系,虽然官员的勤勉并不能从根本上消除集权制度的缺陷,但是至少制造了"勤政爱民"的好官形象,暂时地纾解了由阶级对立所带来的社会矛盾。

二、"廉":从"廉己"到"廉政"

《释名·释言语》对"廉"的解释是"廉,敛也,自检敛也"。可见,"廉"体现了一种自我约束、自我节制、道德自律的能力。从个体的角度而言,一个清正廉洁的人必然表现在对自己有着较强的约束能力,不苟且,不偷生,富贵不淫、威武不屈、贫贱不移,能够经得住外在环境的重重考验,坚定自己的意志,笃定远大的理想,捍卫自我独立的人格。"亚圣"孟子认为,"廉"涉及一个"君子爱财,取之有道"的问题,所谓"可以取,可以无取,取伤廉"①。朱熹对"廉"的解释是"有分辨,不苟取",就是说能够分清哪些是该拿的,哪些是不该拿的,而不能没有原则地攫取。荀子也肯定"廉"的价值,他将"廉"与"耻"结合起来谈。《荀子·修身》中说:"偷儒惮事,无廉耻而嗜乎饮食,则可谓恶少者矣。"②在他看来,一个缺乏教化的人完全是欲望的奴隶,自然也就没有羞耻可言。同时,荀子也注意到"廉"另一方面的问题,即所谓"廉而

---

① 《孟子·离娄下》。
② 《荀子·修身》。

不列"①，即一个人的廉洁公正应以尊重他人的人格为前提，否则就是"廉而不见贵者，刿也"②；或可说，"廉"作为一种美德，它是符合中道的，它的"不及"是"贪"，它的"过"则是"刿"。

事实上，儒家谈的"义利之别""人禽之辨"，其实也是在强调廉洁自律的重要性。孔子说："君子喻于义，小人喻于利。"③荀子则说："君子之学也，以美其身；小人之学也，以为禽犊。"④儒家之学是修身之学、成人之学，亦是道德之学、君子之学。当偏离了儒学的目标，将"学"的目标转向功名利禄，则成为"小人之学"。这种小人一旦走入仕途，势必最大程度上追求个人利益，为害一方。故而，儒家在谈修身、谈廉洁自律时，一般强调"先立乎其大"，强调"立志"。在具体的修身方面，心学派和理学派有着不同的主张。理学派强调"存天理，灭人欲"，心学则强调"致良知""剥落物欲，发起本心"。当然，两者都认为要成就君子人格，不仅要淡泊名利、超越流俗，还要知行合一。

"廉"作为个人美德实施起来并不困难，过一种简单恬淡的生活，或者保持一种离群索居的状态，大体上可以廉者的形象出现在公众面前。但是，"廉"作为一种政治美德，则意味着对个人美德的极大考验与洗礼，对个体的自律性提出了极高的要求。尤其是权力越大，意味着责任越大，但是也意味着外在的诱惑越大，越是难以守住道德的底线，难以守住内心的宁静。"廉政"要求官员在其职权范围内，规定好"私利"与"公义"的界限，不损公肥私、不徇私枉法。实际上，这绝不仅仅是在要求官员自己保持清廉，而且要求其要管理好家人以及下属等。权力作为一种特殊的社会资源，它可以与金钱、地位、美色等其他利益进行置换，故而，当官员忘却权力的公共性，就会利用公权来谋求私利，或者假公济私，或者以权谋私，最终导致腐败问题的滋生。事实上，缺乏"廉己"的道德修养，缺乏道德自律和驾驭欲望的能力，很难成为"清官"。尤其值得注意的是，由于中国传统社会是一个人情社会，官员保持廉洁自律还须要过"人情关"，管好自己的亲人和下属，不徇私情，大公无

---

① 《荀子·不苟》。
② 《荀子·荣辱》。
③ 《论语·里仁》。
④ 《荀子·劝学》。

私,才能真正做到"清正廉明"。

"廉"之所以被儒家视为"为政之本",在于其作为建构理想官员形象的重要指标,凸显政治行为的公共性和客观性。"公生明,廉生威"的意思是说,官员只有摆脱私欲和私利的干扰,才能形成理性、客观的判断;只有廉洁自律,才能树立政治权威,赢得民众的信任与爱戴。"廉"既是官员从政必须具备的首要美德,也是一项基本的行为规范。守住做人的本分,守住清廉的底线,就可以培蓄"浩然正气",成为顶天立地的"大丈夫",自然"仰不愧天,俯不怍人",处理公共事务自然可以"大义凛然",秉公执法。可以说,"廉己"是对"廉政"的前提,"廉政"是"廉己"的升华。这也符合儒家由"内圣"而"外王"的思想架构。

三、"勤廉"思想如何实现现代转型

"勤廉"在现代社会具有其合理的价值。虽然我国的社会主义现代化建设取得了较大的成就,但是生产力水平依然有待提高。提倡勤劳、提倡廉洁并没有过时。而且,改革开放以来腐败问题依然非常严重,故而提倡公务员要忠于职守,提倡廉洁奉公具有较强的紧迫性,故而需要"通过教育,提升党和国家工作人员整体素质,使每个党员和干部在思想上形成良好的修养,做到以人民利益为最高利益,廉洁奉公,勤政为民,建立起一道思想观念和伦理道德为基础的内心防线,这是对腐败最有力的防范"①。

不过,值得注意的是,进入现代社会,勤、廉作为个人美德依然值得提倡。不过,作为政治道德,必须明确其内涵与外延的变迁,如此方可顺利实现"勤廉"思想的现代转型。倘使不明就里,盲目鼓吹,不仅会出现观念的误导,还可能滋生其他问题。正如中国社会科学院中国廉政研究中心和国际阳明学研究中心以余姚为样本而得出的研究结论:"廉政文化不是廉政加文化的简单组合,并不是所有的传统文化都能传达廉政的价值诉求。廉政文化建设的基本要求是要通过文化的形式向公职人员和群众传递廉政的基本

---

① 罗忠敏编:《通向廉政之路——中国反腐败的历史思考与现实对策》,中国方正出版社 1998 年版,第 267 页。

价值,廉政价值与文化载体有着基本的联系。"①

首先,"勤政"不一定导向"廉政"。从逻辑关系上看,一方面,"勤"与"廉"既构成并列关系,也构成递进关系。对于儒家而言,只有通过"勤学",才能达到"学而优则仕"的条件,由此才具备"勤政"的资格。同理,只有做到"廉己"才能在从政之后做到"廉政"。另一方面,"勤"又是"廉"的逻辑前提。一个人只有"勤学不止",才能成为君子,才能具有自律性,即做到"廉己",最后才能实现"奉公"。不过,"勤廉"思想有其自身的限度,并且进入现代社会,其局限性表现得亦非常明显。传统社会的"勤学"的"学"是学做人,而现代社会强调的"学"的内容更多的是知识和技能。也就是说,在传统社会,学会做人之后的君子,具备自我约束的能力和道德的涵养,故而为廉洁奉公创造了条件。现代社会,因为"学"的内容出现了重大变化,知识和技能更多是为"做事"创造了条件,而会做事,或者说有知识有技能的人,并不能保障有道德。由此,"勤"与"廉"在传统社会中,不论是作为个人美德,还是作为政治美德均具有较高的啮合度;而到了现代社会,两者之间的关联则有所减弱。概言之,一位勤于政事的公职人员,并不一定就清正廉洁。

其次,"勤政"不一定导向"善政"。在传统社会,"勤"作为政治美德的提倡是由专制社会的客观现实所决定的。中国传统政治本质上是一种"家天下"的格局。皇帝相当于"大家长",所谓"君父",各级官僚相当于各个部门的"小家长",所谓"父母官",而广大的民众则被称为"子民"。在这种格局之下,必然形成政治上的高度集权。譬如传统的县官,他既负责狱讼、财政,还负责教育、经济、文化等所有的事务。这就带来了官员个人德性、能力与精力的有限性与行政事务的无限性之间的矛盾。在此情况下,官员唯有勤于政事、察纳雅言、善于用人才能弥补这种集权制所带来的弊端。一旦官员怠于政事、荒于政事,就会导致行政系统的瘫痪,进而殃及普通民众的福祉。这也是《中庸》所说的"其人存,则其政举;其人亡,则其政息"②的原因。然而,这种政治精英主义的思维模式已经明显不合时宜。现代社会的高速发

---

① 中国社会科学院中国廉政研究中心、国际阳明学研究中心编:《王阳明廉政思想与行为研究》,中国社会科学出版社 2013 年版,第 496 页。

② 朱熹:《四书章句集注》,中华书局 1983 年版,第 28 页。

展很大程度上得益于社会分工与合作的细化。传统教育体系所培养的更多是"通识型"人才,现代教育体系培养的更多是"专业型"人才。即使一个人学习再勤奋、学习能力再强,也不可能无所不知、无所不晓。因此,现代社会行政效率的提高,不是靠领导者的个人勤奋,而是靠其识人、用人,以及团结与协调下属分工与合作的能力。这就要求领导干部必须具有民主作风和素质。"民主是专制与腐败的天敌,对权力最有效的监控莫过于民主。"①与此同时,在社会主义市场经济体制之下,政府必须尊重市场规律,切忌大包大揽,违背社会治理的规律。此外,还需要推进基层和民间组织的自治,提升人民群众自我管理的能力,可以减轻"案牍劳形""日理万机"的工作压力,最大程度上提升行政效率。

最后,"廉政"不能单纯依靠美德。在中国传统的专制社会,"官本位"的思想、"任人唯亲"的习惯、"家长制"的作风、官场的潜规则、厚黑学的风行均严重腐蚀着政治生态,贪官污吏的出现更多是常态,而清官廉吏常常是官场上的另类。事实上,民众对"清官"精神的寄托,更多折射了民众的无权力问题。他们的利益得不到保障,导致了他们对"清官"的依恋。中国的老百姓一旦发现读书不错的后生,便会想方设法鼓励其从政。可是,事情的发展逻辑往往是,一个充满理想的读书人,终于不负"十年寒窗苦",带着乡亲的嘱托,立志造福民众,做一个清官、好官。然而,一旦涉足官场,渐渐地他就发现了自己身份的变换,感觉到了"官"与"民"的距离。做官所带来的好处与利益也在不断地侵蚀着他的理想和信念。最终,清官只是在"千淘万漉"之后剩下的为数甚少的"金子"。

在现代社会,提倡"勤廉"文化必须明确传统语境与现代语境的差异,避免对"勤廉"作庸俗化的理解。实际上,我们要做的工作是将"勤廉"文化的提倡纳入法制化的轨道,在"德法双彰""德法兼济"的基础上讨论"勤廉"思想的现代转型。一方面,弘扬"勤廉"文化,注意继承和发扬传统文化中"勤""廉"思想的价值理性精神,首先强调做人的重要性,继而将"勤"与"廉"纳入公职人员职业道德范畴,提倡克勤克俭、廉洁奉公,以弥补法治化过程中仅

---

① 李雪勤:《民主与改革:新世纪反腐败思路》,中国方正出版社 2001 年版,第 295 页。

靠"他律"的不足。另一方面,则要规定公职人员的职权范围和建立健全公职人员的任用、考核、监督机制。"在中国的现代化建设需要大批人才作出贡献的时候,如何发现并主动造就一批又一批的人才,如何让人才都找到自己最合适的位置,就需要大胆探索、勇于改革不合时宜的人事制度。"①在各司其职的基础上,各尽所能、各尽其才、各安其分,在自己的职权范围发扬勤政廉洁的作风,才能把"为人民服务"落到实处。更为根本的是,在倡导勤廉文化的同时,必须健全社会主义的法律法规,加强对权力的监督和制约,切实有效地保障最广大人民群众的基本权利。

---

① 王建芹:《强化监督 制约权力——中国反腐败的理性思考》,中国方正出版社1997年版,第231页。

政德教育的"心学"思想资源及新时代建构

浙江省社会科学院《观察与思考》编辑部副研究员

吕克军

作为培育党员干部从政、施政之德的政德教育,对干部的成长、发展具有重要意义。习近平总书记指出:"要不断加强党员领导干部的思想道德修养和党性修养,常修为政之德、常思贪欲之害、常怀律己之心,自觉做到为政以德、为政以廉、为政以民。"①提出加强政德教育并重视中华传统文化资源中的有益成分,并"使一切有益的知识、一切廉洁的文化入脑入心,沉淀在我们的血液里,融会到我们的从政行为中"②,推动传统文化中的勤廉文化成为干部自身的文化及精神自觉。在博大精深的中华传统勤廉思想文化资源中,"心学"是非常重要的思想资源,对干部政德教育具有独特作用和深远意义,值得深入阐述。

一、"心学"关于政德教育的思想资源

虽然"心学"起自陆九渊,但"心"之概念来源已久。如果简单追溯,孟子曾对"心"进行过论述,提出"心"之四端概念,并提出"养心"说,曰"养心莫善于寡欲,其为人也寡欲,虽有不存焉者,寡矣;其为人也多欲,虽有存焉者,寡矣"③,意思是人要清心寡欲,去除过多欲望,否则会丧失本心。他认为人具有一种道德本能,要保持这种本能不为外物所玷污蒙蔽,这就须要"存其心,养其性",在工夫论方面不断地加强修养。管子也讲过:"心无他图,正心在

---

① 习近平:《之江新语》,浙江人民出版社 2013 年版,第 175 页。
② 《之江新语》,第 175 页。
③ 《孟子》,中华书局 2010 年版,第 301 页。

中，万物得度"①。《礼记》曰："欲修其身者，先正其心；欲正其心者，先诚其意。"②又曰："心不在焉，视而不见，听而不闻，食而不知其味。此谓修身在正其心。"③由此可见，原始儒家即对"心"已有一些基本论述。不过，系统提出"心学"并构建出一个理论体系，还是从陆九渊始。下文即从陆九渊起系统论述主要"心学"大家的基本理念，以及关于政德教育的相关内容，并简要阐释其思想内涵。

陆九渊的"本心"说。陆九渊认为"心""理"同一，"盖心，一心也；理，一理也。至当归一，精义无二，此心此理，实不容有二"④。在陆九渊的思想体系中，"心"和"理"为同义，实际上"心"是最高范畴。他认为孟子提出的"良知"为"本心"，是人的先验本质，是"天之所与我者，我固有之"，是人之为人的内在规定性，"所谓安宅、正路者，此也；所谓广居、正位、大道者，此也"⑤。他吸收孟子"存其心"之说，曰"只'存'一字，自可使人明得此理"⑥，因孟子言"其为人也寡欲，虽有不存焉者寡矣；其为人也多欲，虽有存焉者寡矣"，所以，他提出在修身方面应祛除人之私欲，从而"复其本心"，而不要在本心上增加过多的欲望，以致蒙蔽纯粹之"本心"。

陈献章的"存心"说。他认为，"君子一心，万理完具；事物虽多，莫非在我"，"天道至无心，比其著于两间者，千怪万状，不复有可及，至巧矣，然皆一元之所为；圣道至无意，比其形于功业者，神妙莫测，不复有可加，亦至巧矣，然皆一心之所致"⑦。由此出发，其意还是要重视"存心"之功夫，曰"夫此心存则一，一则诚；不存则惑，惑则伪"，从而把"存心"放到了极高地位，"夫天地之大，万物之富，何以为之也？一诚所为也。盖有此诚斯有此物，则有此物必有此诚，则诚在人何所？具于一心耳。心之所有者此诚，而为天地者此诚也。天地之大，此诚且可为，而君子存之，则何万世之不足开哉？作俑之

① 《管子》，中华书局 2019 年版，第 729 页。
② 《礼记》，中华书局 2017 年版，第 1162 页。
③ 《礼记》，中华书局 2017 年版，第 1167 页。
④ 陆九渊撰，叶航点校：《陆九渊全集》(上)，上海古籍出版社 2022 年版，第 6 页。
⑤ 《陆九渊全集》(上)，第 6 页。
⑥ 《陆九渊全集》(上)，第 5 页。
⑦ 陈献章撰，黎业明点校：《陈献章全集》(上)，上海古籍出版社 2002 年版，第 51 页。

人,既惑而丧其诚矣。夫既无其诚,而何以有后邪?"①同时,在经典阐释方面,他大力倡导以义理相尚的体证式的解经之路。其曰:"学者苟不但求之书而求诸吾心,察于动静有无之机,致养其在我者,而勿以闻见乱之,去耳目支离之用,全虚圆不测之神。"这是想通过深思自得、内省体验的方法把握经典的内涵。所以,在修学中应"主静",于静中深切体会本源,而不应受纷乱烦扰。另外,他还提出注重实践,不应只重视典籍的研读,还要注重生命体验及日用体会。"夫人所以学者,欲闻道也。苟欲闻道也,求之书籍而道存焉,则求之书籍可也;求之书籍而弗得,反而求之吾心而道存焉,则求之吾心可也。"②不仅要做加法,还要善做减法,"一齐塞断,一齐扫去,毋令半点芥蒂于我胸中,夫然后善端可养,静可能也"③。抓住主旨精髓,不可过于支离,着重切实践行。

湛若水的"虚心"说。甘泉先生认为"心"是极为纯粹的先验道德主体。其曰:"心也者,天地之心也;道也者,天地之理也。天地之理非他,即吾心之中正而纯粹精焉者也。"④此"心"应自自然然,不可巧加修饰,因"人稍有安排,则私意百起;若绝其安排之心,则出于自然而与道一矣"⑤。所以,"心"是纯净的,人之本性亦是纯净的,只因人在世俗中常沉溺于过度欲望而忽视天道,从而迷失本性、放任本心,即"自己固有之性,淡然无欲,无所污坏,如清渊然,何不反求自得,而以浊水迷之哉?喻人自以人欲而昧天理也"⑥。所以,世人应保持本心之纯净,不为外物所纷扰。他秉持"随处体认天理"的日用践行观点,提出"所谓随处体认天理者,随未发已发,随动随静,盖动静皆吾心之本体,体用一源故也"。认为"隐羞恶辞让是非萌焉,仁义礼智自此焉始分矣,故谓之四端。端也者,始也,良心发见之始也"。在修身方面要主静、"虚"心,"圣人之心至虚至明,浑然之中,万理具备,所谓虚也。而所谓一有感触则其应甚速,无所不通,皆本于此","静而后动,须以静为之主;有虚

---

① 《陈献章全集》(上),第 53 页。
② 《陈献章全集》(上),第 201 页。
③ 《陈献章全集》(上),第 202 页。
④ 湛若水:《甘泉先生文集》,内编,第 14 卷,嘉靖十五年刻本,第 29—31 页。
⑤ 湛若水:《陈献章集》(下册),中华书局 1987 年版,第 773 页。
⑥ 《陈献章集》(下册),第 726—727 页。

乃至实,须以虚为之本"①。

王阳明的"致良知"及"初心"说。阳明先生提出的"致良知",是其思想成熟时期的哲学命题,直指本体,完成了阳明心学的哲学构建。阳明先生发扬孟子"良知",认为知仁义、知是非、知礼均为"良知"。"良知只是一个天理自然明觉发见处,只是一个真诚恻怛,便是他本体。故致此良知之真诚恻怛以事亲便是孝,致此良知之真诚恻怛以从兄便是悌,致此良知之真诚恻怛以事君便是忠。只是一个良知,一个真诚恻怛。"②"良知"为内心所在,也即宇宙、天理内在于心,是一种道德心,须感应才可体认,因其"发见流行处,当下具足,更无去来,不须假借"③。同时,在"致"的过程中亦可形成认识之心,而认识心可能存在误漏,所以要与物相对以成就知识体系,再由此循环进入道德心,最终在道德心即"良知"中完成圆满形态。所以,"良知"包括作为认识主体的精神、由外返内的终极真理和至善的道德原则,是一个自洽圆满的形而上体系。他认为:"心即理也。此心无私欲之蔽,即是天理,不须外面添一分。以此纯乎天理之心,发之事父便是孝,发之事君便是忠,发之交友治民便是信与仁。只在此心去人欲、存天理上用功便是。"④只是因为外部的玷污,"心"才变得污秽,"人心本自说理义,如目本说色,耳本说声,惟为人欲所蔽所累,始有不说"⑤。所以,在修齐治平中都要保持最初的"心",时刻防止被玷污,如明镜般随时擦拭,如入空飞鸟般空灵无碍。

阳明先生还提出"初心"概念。他在《案行浙江按察司交割逆犯暂留养病》中叙述平叛过程时说:"天下事机,间不容发,故复忍死暂留,为牵制攻讨之图,候命师既至,地方稍靖,即从初心,死无所避。"这里的"初心"为本心,即忠君报国之本心。但与先贤观点有所区别的是,阳明先生在其"心学"体系中把"心"提到无上之地位,认为"心"是一种至高无上的先验道德原则,笼罩一切并直接规定、指导人的行为,所以人要保持作为本体意义的"心"之"良知",加强道德实践,不断擦拭沾染其上的尘埃,扩展源自内心的良知,并

---

① 《陈献章集》(下册),第 710—711 页。
② 王守仁:《王阳明全集》(上),上海古籍出版社 2012 年版,第 74 页。
③ 《王阳明全集》(上),第 74 页。
④ 《王阳明全集》(上),第 2 页。
⑤ 《王阳明全集》(上),第 28 页。

在知行合一中形成趋善祛恶的行为。同时,在施政和处事方面要坚持良知本心及天道真理,不可随波逐流。其曰:"吾自南京已前,尚有乡愿意思。在今只信良知真是真非处,更无掩藏回护,才做得狂者。使天下尽说我行不掩言,吾亦只依良知行。"①在工夫论方面,阳明先生则提倡"求心""存心"。其曰:"君子之学,心学也。心,性也。性,天也。圣人之心纯乎天理,故无事于学。下是,心有不存而泊其性、丧其天矣。故必学以存其心。学以存其心者,何求哉!求诸其心而已矣。""存心"则是要养性,及进行自身的修养,以保持坚定的"本心",不使其因外物而放佚,使"心有定主,而不惑于私者也"②。这些体现在施政方面,应该"惩己之忿,而因以得民之所恶也;窒己之欲,而因以得民之所好也;舍己之利,因以得民之所趋也;惕己之易,而因以得民之所忽也;去己之蠹而因以得民之所患也;明己之性,而因以得民之所同也"③。其主旨是加强道德修养,勤政廉政,祛恶扬善,实现政治理想与良治目标。

刘宗周的"慎独"论。蕺山先生认为明末危机的原因是"无本心之患";针对崇祯皇帝"经变之日,先才而后守"的观点,他认为应"天下真才望,出于天下真操守"。言论虽有迂阔之处,但也指出了明末官风糜烂造成社会衰败的原因之一。由此,他提出"慎独"论,云:"慎独是学问第一义。言慎独,而身、心、意、知、家、国、天下一齐俱到,故在《大学》为格物下手处,在《中庸》为上达天德统宗,彻上彻下之道也。"④这表明慎独是一种意识深处对自己言行进行深刻反省的行为,是一种十分精微的连续性功夫,做到心中没有欲望之私,最终达到不管是否有外界监督均能保持良行的自由状态。

限于篇幅,本节只对几位"心学"大家的思想做简要介绍。由上可知,儒学中"心学"一系对"心"之本体论及工夫论做了系统深入的阐释,体现了中华优秀政德文化的历史经验和深刻智慧。

---

① 《王阳明全集》(下),第 1058 页。
② 束景南、查明昊辑编:《王阳明全集》(补编),上海古籍出版社 2024 年版,第 49 页。
③ 《王阳明全集》(上),第 281 页。
④ 《刘子全书》卷十《学言上》,第 31 页。

二、习近平总书记对"心学"政德思想的重要论述及其深刻内涵

习近平总书记高度重视中华优秀传统文化,以马克思主义基本理论与科学方法论为指导,系统总结"心学"中的政德教育思想资源,抓住其思想理念的精髓予以创造性转化、创新性发展。深思细会,其主要包括以下几方面。

首先,党员干部要保持"初心"。党的二十大报告提出要"使我们党坚守初心使命",要求"坚持学思用贯通、知信行统一"。"初心"是一个十分重要的概念。习近平总书记对此做过系列重要论述。他指出:"我们党的初心和使命是建立在马克思主义科学理论基础之上的。……我们党是用马克思主义武装起来的政党,始终把为中国人民谋幸福、为中华民族谋复兴作为自己的初心和使命,并一以贯之体现到党的全部奋斗之中。忘记这个初心和使命,党就会改变性质、改变颜色,就会失去人民、失去未来。"①他还提出:"'身之主宰便是心';'不能胜寸心,安能胜苍穹'。'本'在人心,内心净化、志向高远便力量无穷。"②指出"全面从严,从根本上说要靠内因,同时也要靠外因促进内因起变化。觉悟看似无形,关键时就会明心见性"③。他系统阐释了"初心"的内容及含义。

其次,建立共产党人的"心学"。2015 年 12 月 11 日,习近平总书记在全国党校工作会议上讲话时引用了王阳明《传习录》中的讲学语录,"种树者必培其根,种德者必养其心","'种树者必培其根,种德者必养其心。党性教育是共产党人修身养性的必修课,也是共产党人的'心学'"④,从而明确提出了"共产党人的心学"这一新概念。对于"共产党人心学"的体系内容,他在贵州调研时说"王阳明在龙场讲学时向学生提了'立志、勤学、改过、责善'四点

---

① 习近平:《论党的自我革命》,党建读物出版社、中国方正出版社、中央文献出版社 2023 年版,第 271—272 页。

② 《论党的自我革命》,第 122 页。

③ 《论党的自我革命》,第 165 页。

④ 习近平:《在全国党校工作会议上的讲话》,人民出版社 2016 年版,第 17 页。

基本要求"①,从而形成了系统体系。

最后,强调实践、"知行合一"。2006年2月17日,习近平同志在《浙江日报·之江新语》上发表的《多读书,修政德》一文中引述了阳明学"知行合一"的学术范畴:"要修炼道德操守,提升从政道德境界,最好的途径就是加强学习,读书修德,并知行合一,付诸实践。"②2014年1月20日,习近平总书记在党的群众路线教育实践活动第一批总结暨第二批部署会议上的讲话中,结合马克思主义的群众观阐释了"知行合一"的内涵以及"知""行"各自的作用:"群众观点是马克思主义政党的根本观点,群众路线是党的生命线和根本工作路线。贯彻党的群众路线,'知'是基础、是前提,'行'是重点、是关键,必须以'知'促'行',以'行'促'知',做到知行合一,既解决认识提高问题,又解决行动自觉问题,使群众观点、群众路线落地稳、扎根深,落实到每个党员行动上,贯彻到治国理政实践中。"③这反映出他对践行问题的高度重视。

习近平总书记关于"心学"修身勤廉的相关论述十分深刻,形成了系统的理论体系。他吸收传承传统"心学"思想并进行创造性转化、创新性发展,在党的宗旨基础上提出"初心"概念,扩充为"初心使命",使之成为实现伟大中国梦的重要内容之一;首次提出的"共产党人心学"概念,是对党的建设理论的重大突破,具有重要的理论价值;在实践论基础上强调"知行合一",对党员干部的勤廉修身具有重要的指导意义。这些论述生动体现了马克思主义实践论和"两创"方法论的精髓要义。

三、新时代政德教育中"心学"体系的构建

在长期的革命斗争中,中国共产党人坚持了坚定理想信念,取得了革命胜利。但在社会主义现代化建设和改革开放进程中,不少领导干部甚至一

---

① 《习近平考察贵州:勉励学子立志做大事》,《贵州日报》2011年5月12日。

② 《之江新语》,第175页。

③ 中共中央文献研究室、中央党的群众路线教育实践活动领导小组办公室编:《习近平关于党的群众路线教育实践活动论述摘编》,党建读物出版社、中央文献出版社2014年版,第39—40页。

些青年干部宗旨意识减弱、理想信念淡薄、价值观念偏离、生活情趣庸俗,滑向违纪甚至违法的道路。新时代应大力加强党员干部政德教育,或因"心学"中有如此丰富的政德资源,对领导干部锤炼坚强党性、铸就理想信念、摒却贪腐诱惑具有巨大的精神作用,所以习近平总书记提出相关重要理论命题,开创共产党人的"心学"重要论断。这些重要论述立意高远、振聋发聩,具体到党员干部政德教育上,应坚持以下几个方面。

一要立心,加强理论修养。党员干部要深入学习马克思主义基本理论,深刻认识社会主义战胜资本主义的历史必然性。在革命时期,很多家庭条件优渥的进步青年信奉共产主义,不是因为他们能从中获得利益,而是从理论上真正信奉社会主义代表着国家的未来,共产主义代表着人类的未来。习近平总书记援引宋代大儒张载的名言:"欲事立,须是心立。"2019 年 4 月,他在纪念五四运动 100 周年大会上的讲话中,再次引述王阳明"立志而圣则圣矣,立志而贤则贤矣"[1],鼓励青年学子志存高远,激发奋进潜力。[2] 新时期,党员干部尤其要认真学习习近平新时代中国特色社会主义思想,牢固确立思想立场,真正从思想上入党。

二要养心,提升个人素养。对于一个党员干部来说,要在个人修养上全面提升。在革命战争时期,刘少奇同志写了《论共产党员的修养》,提出要在个人素养上精心涵养。有时候,一个党员干部的个人生活趣味决定了他是否清正廉洁,很难相信一个生活上奢靡享乐的人能够做到清正廉洁。新时代,习近平总书记指出:"在革命、建设、改革长期实践中,我们党始终要求全党同志坚持光荣传统、发扬优良作风,为党和人民事业不断从胜利走向胜利提供了重要保障。"[3]所以,党员干部要在日常生活小事上做到不沾不染、亲清如水,一身正气、两袖清风。

三要革心,勇于自我革命。党员干部要勇于刀刃向内,对自己开刀。习近平总书记指出:"勇于自我革命,是我们党最鲜明的品格,也是我们党最大

---

① 《王阳明全集》(中),第 804 页。

② 习近平:《在纪念五四运动 100 周年大会上的讲话》,《人民日报》2019 年 5 月 1 日。

③ 中共中央党史和文献研究院、中央学习贯彻习近平新时代中国特色社会主义思想主题教育领导小组办公室编:《习近平新时代中国特色社会主义思想专题摘编》,中央文献出版社、党建读物出版社 2023 年版,第 565 页。

的优势。中国共产党的伟大不在于不犯错误，而在于从不讳疾忌医，敢于直面问题，勇于自我革命，具有极强的自我修复能力。"①延安时期，毛泽东同志和黄炎培在"窑洞对"中提出了"人民监督"的方法；新时期，习近平总书记提出党的"自我革命"论断。这不仅是党的建设上的重大理论突破，也是政德教育的重要理论指引。中国共产党不仅要善于接受群众监督，更要坚持全面从严治党，敢于修正错误，勇于自我革命。

四要践心，做到知行合一。实践性是马克思主义理论的根本属性之一，共产党人的任务不仅是解释世界，更是改变世界。理论是行动的指引，但革命的理论武器代替不了"武器"的批判。以上立心、养心、革心很重要，但是归根到底，最终目的还是要体现到行动上。2014年5月4日，习近平总书记在考察北京大学时说："道不可坐论，德不能空谈。于实处用力，从知行合一上下功夫，核心价值观才能内化为人们的精神追求，外化为人们的自觉行动。"②这表明搞好自身修养要切实和施政、行政结合在一起，做到即行即知，知行合一，以实际行动践行党的宗旨和路线。

习近平总书记多次强调："中华优秀传统文化是中华文明的智慧结晶和精华所在，是中华民族的根和魂，是我们在世界文化激荡中站稳脚跟的根基。我们坚持把马克思主义基本原理同中国具体实际相结合、同中华优秀传统文化相结合。"③同样，当今政德教育也要和中华传统文化相结合。上面论述"心学"中的政德教育资源只是传统文化中的部分内容，但已体现出"心学"理念在锤炼党员思想、提升干部修养等方面所发挥的重要作用。新时代，党员干部一定要认真践行习近平新时代中国特色社会主义思想及习近平总书记关于"心学"系列重要论述精神，传承运用传统"心学"思想资源，驰而不息地推进政德教育的开展。

① 《习近平新时代中国特色社会主义思想专题摘编》，第540页。
② 习近平：《习近平谈治国理政》（第一卷），外文出版社2018年版，第173页。
③ 习近平：《把中国文明历史研究引向深入 增强历史自觉坚定文化自信》，《求是》2023年第14期。

"新时代勤廉浙江"建设的历史文化渊源

浙江省社会科学院哲学所、浙江国际阳明学研究中心研究员

张宏敏

2013 年 4 月,习近平总书记在主持十八届中央政治局第五次集体学习时强调:"研究我国反腐倡廉历史,了解我国古代廉政文化,考察我国历史上反腐倡廉的成败得失,可以给人以深刻启迪,有利于我们运用历史智慧推进反腐倡廉建设。"①2017 年 6 月,浙江省第十四次党代会报告中提出了"清廉浙江建设"一词:"在全面从严治党上更进一步、更快一步,努力建设清廉浙江。"②2021 年 6 月,时任浙江省委书记袁家军在中共省委十四届九次全会报告和结束时的讲话中指出:"要坚持全面从严治党,不断深化清廉浙江建设,……营造风清气正的良好政治生态。"③2022 年 6 月,浙江省第十五次党代会报告指出,浙江今后五年的奋斗目标是,在高质量发展中实现中国特色社会主义共同富裕先行和省域现代化先行,具体目标是打造"8 个高地",其中第 1 个高地就是"高水平推进以自我革命引领社会革命的省域实践,打造新时代党建高地和清廉建设高地"。同时要求"全域深化清廉浙江建设":"构建清廉建设责任共同体,以清廉单元建设为重点,做实做细清廉建设颗粒度,加强新时代廉洁文化建设,加强清廉建设理论研究宣传,打造干部清正、政府清廉、政治清明、社会清朗的政治生态。"④

---

① 习近平:《习近平谈治国理政》(第一卷),外文出版社 2014 年版,第 390 页。

② 《浙江省第十四次党代会报告》(摘登),《浙江日报》2017 年 6 月 13 日。

③ 袁家军:《忠实践行"八八战略" 奋力打造"重要窗口" 扎实推动高质量发展建设共同富裕示范区》,载《浙江日报》2021 年 7 月 19 日。

④ 袁家军:《忠实践行"八八战略" 坚决做到"两个维护" 在高质量发展中奋力推进中国特色社会主义共同富裕先行和省域现代化先行——在中国共产党浙江省第十五次代表大会上的报告》,《浙江日报》2022 年 6 月 27 日。

2022年2月，中共中央办公厅印发了《关于加强新时代廉洁文化建设的意见》。其中指出，党中央高度重视廉洁文化建设，强调反对腐败、建设廉洁政治，是我们党一贯坚持的鲜明政治立场，是党自我革命必须长期抓好的重大政治任务。全面从严治党，既要靠治标，猛药去疴，重典治乱；也要靠治本，正心修身，涵养文化，守住为政之本。必须站在勇于自我革命、保持党的先进性和纯洁性的高度，把加强廉洁文化建设作为一体推进不敢腐、不能腐、不想腐的基础性工程抓紧抓实抓好，为推进全面从严治党向纵深发展提供重要支撑。加强新时代廉洁文化建设，要坚持思想建党和制度治党同向发力，坚持依法治国和以德治国相结合，以理想信念强基固本，以先进文化启智润心，以高尚道德砥砺品格，惩治震慑、制度约束、提高觉悟一体发力，推动廉洁文化建设实起来、强起来，不断实现干部清正、政府清廉、政治清明、社会清朗。要厚植廉洁奉公文化基础，用革命文化淬炼公而忘私、甘于奉献的高尚品格，用社会主义先进文化培育为政清廉、秉公用权的文化土壤，用中华优秀传统文化涵养克己奉公、清廉自守的精神境界。要培养廉洁自律道德操守，引导领导干部明大德、守公德、严私德，把廉洁要求贯穿日常教育管理监督之中，把家风建设作为领导干部作风建设重要内容。①

2024年1月，时任浙江省委书记易炼红在省纪委十五届三次全会上强调，"加快打造新时代勤廉浙江，为勇当先行者、谱写新篇章提供坚强保障"，特别提出要"聚焦严管厚爱、激励担当，鲜明树立勤廉导向，加强教育、宽严相济，依规容错、鼓励敢为，规范交往、亲商安商，旗帜鲜明为担当者担当、为负责者负责，为干事者撑腰、让干事者无忧，推动党员干部敢闯敢干、善谋会

---

① 《中共中央办公厅印发〈关于加强新时代廉洁文化建设的意见〉》，新华社，2022年2月24日。2009年底，中央纪委、中央宣传部、监察部等六部门曾联合发布《关于加强廉政文化建设的意见》（以下简称《意见》）。有学者撰文指出，对比前后两个《意见》，题目从"廉政文化"变为"廉洁文化"，一字之变揭示了2022年《意见》的深刻变化，表明了党中央正风肃纪、崇廉拒腐的坚定决心。"廉洁"的"廉"字包含了廉政，而"洁"字进一步强调思想的纯洁。中国共产党人的"廉洁文化"体现了党的先进性和纯洁性，蕴含着对党员信仰信念的更高要求，而这也是拒腐防变的根本。（详见金成波、王敬文：《领悟从"廉政文化"到"廉洁文化"的转变》，《学习时报》2022年5月13日）

干、真抓实干,做到'干净加干事、干事且干净'"①。这里,浙江省委主要领导深刻阐述了打造勤廉浙江的重要考量,强调勤而不廉会坏事,廉而不勤会误事,干净和干事是可以两者兼得、相得益彰的,让党员干部放心大胆干事和加强党风廉政建设也是内在一致、高度统一的;要求必须把勤政与廉政相贯通,旗帜鲜明为担当者担当、为负责者负责,为干事者撑腰、让干事者无忧,推动党员干部敢闯敢干、善谋会干、真抓实干。

溯源回顾上述中央党政机关提倡的"廉政文化""廉洁文化"以及浙江省委、纪委提出的"清廉浙江""勤廉浙江",则须要我们对"廉政""廉洁"的历史沿革及其深刻内涵予以解读。

"廉政",顾名思义,就是清廉公正的政治。中国古代廉政思想的基本内容,主要有修身治家、勤政爱民、仁政德治、公正廉洁、诚信守法、礼贤纳谏,而这六方面的内容相互交叉、各有侧重,构成了传统廉政思想的主体。

"廉洁"一词,最早出现在战国时期伟大诗人屈原的《楚辞·招魂》中:"朕幼清以廉洁兮,身服义而未沫。"东汉著名学者王逸在《楚辞·章句》中注释说:"不受曰廉,不污曰洁。"就是说,不接受他人馈赠的钱财礼物,不让自己清白的人品受到玷污,就是"廉洁"。总之,廉是清廉,就是指不贪取不应得的钱财;洁是洁白,就是指人生光明磊落的态度。清楚一点地说,廉洁就是说我们做人要有清清白白的行为,光明磊落的态度。

"清廉"指的是清白廉洁,最早的文本出处是《庄子·说剑》:"诸侯之剑,以知勇士为锋,以清廉士为锷。"《东观汉记·周泽传》:"拜太常,果敢直言,数有据争,朝廷嘉其清廉。"唐代诗人方干的诗歌《上张舍人》中有言:"此地清廉惟饮水,四方焦热待为霖。"

"勤廉"由"勤"和"廉"两个字组成,"勤"指勤奋努力,不懈怠;"廉"指廉洁正直,不贪污受贿。"勤廉"二字的最早出处是《礼记·曲礼上》:"君子勤廉,不息于事。"就是说,君子应该勤奋努力,不懈怠于事务。后来,"勤廉"逐渐演变成形容一个人的品德和工作态度。《明史·邝野传》中有邝野"为人勤廉端

---

① 《易炼红在省纪委十五届三次全会上强调 持续深化自我革命省域实践 加快打造新时代勤廉浙江 为勇当先行者谱写新篇章提供坚强保障》,《浙江日报》2024年1月15日。

谨,性至孝"的记载。可见,"勤廉"意思是勤勉廉洁,而"勤廉"也是一个人的基本素质,无论是在工作中还是生活中,都要保持勤奋努力和廉洁正直的品德。

浙江历史上勤政廉政、名垂青史的清官廉吏,主要有:北宋的胡则、赵抃,明代的刘基、于谦、刘宗周,清代的陆陇其,等等;而在廉政理论、廉政制度设计上厥有建树的思想家,则主要有:东汉的王充,北宋的林逋,南宋的陈亮、叶适、吕祖谦,明代的王阳明、黄绾,明清之际的张岱、黄宗羲,清代的龚自珍,等等。这些廉政的榜样、廉吏的楷模,多是孔孟儒家学说的信奉者与践行者,秉持"格物、致知、诚意、正心、修身、齐家、治国、平天下"即"内圣外王"模式的心性修养与政治实践,修身律己、秉公用权、勤勉从政、著书立说,从而创造性地提出并构建了体系完整、内涵丰富、脉络清晰的廉政、清廉、廉洁的文化理论。

这里,我们主要通过对浙江历史上以"勤廉"著称的文化名人事迹及思想的论述,来考察"新时代勤廉浙江"建设的历史文化渊源,进而深刻把握"勤政"与"廉政"、"干净"与"干事"的辩证统一关系,坚定"干事且干净、干净加干事、干事能成事"的勤廉追求,一体推进从严管理监督、激励担当作为,把勤廉建设实际成效转化为服务大局的执行力、生产力、贡献力,推动新时代"勤廉浙江"建设不断走深走实。

一、"清白廉洁"的人生观

传统儒家的为官之道,要求做官先做人、做人先修身,既重视"官能"也重视"官德"。浙江历史上举凡有见地的思想家和有作为的政治家,皆视"清白廉洁""两袖清风"为一种崇高的人生追求。比如"浙学①的开山祖"王充,在其不朽名著《论衡》中就有对"清廉"官德的渴慕与向往:"案古篡畔之臣,希清白廉洁之人","廉则约省无极,贪则奢泰不止。"②这里,王充用"清白廉

---

① 本书关于传统"浙学"内涵的理解,采用浙学研究著名学者吴光教授倡导的"浙学"概念"中义"说,即指渊源于东汉、形成于两宋、转型于明代、发扬光大于清代的浙东经史之学,包括东汉会稽王充的"实事疾妄"之学、两宋金华之学、永嘉之学、永康之学、四明之学以及明代王阳明心学、刘蕺山慎独之学和清代以黄宗羲、万斯同、全祖望为代表的浙东经史之学。详见吴光:《简论"浙学"的内涵及其基本精神》,《浙江社会科学》2004 年第 6 期。

② 王充撰,陈蒲清点校:《论衡》,岳麓书社 2015 年版,第 124 页。

洁"四字,对从政者的官德内涵予以表述。

浙江嘉兴人陆贽是唐朝著名政治家、政论家,在唐德宗时期任宰相,他秉性贞刚,严于律己,自许"上不负天子,下不负所学"。为相期间,陆贽一直保持着清正廉洁的作风,与下属和同僚交往的时候,坚决拒绝他们的馈赠。唐德宗专门给陆贽带话,告诉他清廉太过、拒绝他人馈赠的话,恐怕事情就办不成了。面对唐德宗的劝说,陆贽并没有"奉旨"受贿,而是在一份奏章里写道:"贿道一开,展转滋甚。"大意是说:"一旦开了受贿这个口子,必定胃口越来越大。"除了对自己严格要求,陆贽还多次向唐德宗上各种奏章,劝谏唐德宗成为一位贤明的君主。2015年9月11日,习近平总书记在十八届中央政治局第二十六次集体学习时的讲话中就引述了陆贽拒收任何贿赂的清廉事迹:"唐德宗时期有一个宰相叫陆贽,他严于律己,任何礼物一概拒绝,德宗皇帝劝他说,爱卿太过清廉了,别人送什么都不收也不好,像马鞭靴子之类的,收下也没什么关系。陆贽回答说,一旦开了受贿这个口子,必定胃口越来越大。"习近平总书记讲述陆贽的故事,就是告诫广大党员干部要慎微慎独,时刻绷紧严于律己这根弦,明大德、守公德、严私德,清清白白做人、干干净净做事、坦坦荡荡为官,做到克己奉公、以俭修身,永葆清正廉洁的政治本色。

明代浙江杭州人于谦作为一代英雄人物,廉洁奉公、忧国忘家,以"廉干"著称,被誉为"有铮铮不夺之节",以敢于担当的实际行动诠释了何为"两袖清风"。在巡抚晋豫的十八年中,每次进京奏事,于谦从不带任何礼品馈赠朝中权贵,辄空囊示人。有人劝说:"您不肯送金银财宝,难道不能带点儿土特产去吗?"于是,于谦甩了甩自己的两只袖子,说:"只有清风。"遂赋《入京》以明志:"手帕蘑菇与线香,本资民用反为殃。清风两袖朝天去,免得闾阎话短长。""两袖清风"成语的出处即源于此。

于谦终身不交势利之人,对有"廉节"的同僚则敬佩至极。山西按察使徐永达为官清廉,官舍萧然,于谦知情,即解束带金赠之;翰林侍讲刘球作为一代荩臣,因上言进谏而开罪了宦官头子王振,逮系诏狱冤死。于谦得知,特作《刘侍讲画像赞》,有"斯人也,正孔孟所谓'取义成仁者'欤"[1]之赞辞。

---

[1] 于谦著、魏得良点校:《于谦集》,浙江古籍出版社2013年版,第636页。

于谦还曾以《石灰吟》为题赋诗，表达自己的"廉节"志向："千锤万凿出深山，烈火焚烧若等闲。粉骨碎身浑不怕，要留清白在人间。"①他光明磊落的一生，正如诗中所述，名垂千古，受人敬仰，《明史》就称赞他"忠心义烈，与日月争光"②。

对于传统士大夫处理政事的准则，儒家推崇"处事正直"的理念。《贞观政要》云："理国要道，在于公平正直。"③在传统中国，秉公办事是优良官德，受到传统儒家的肯定和普通大众的称道。林逋《省心录》文有重视"天下公议"的语录："天下有公议，私不可夺；以私夺公者，人不服。"王阳明《刘氏三子字说》有言："政者，正也，未有己不正而能正人者。"④朱舜水《伯养说》有云："公则生明，廉则生威。"⑤浙学中的这些论述，无疑是对传统治道的经典总结。

此外，"公平正直"也是守住廉洁的一种良好德性。比如，王充五十岁受聘至河南颍川郡任职，恰逢中原旱灾，遂上奏建言郡守：宜禁奢侈，以备困乏；然建言不被采用，数谏争不合，遂去职还家，而后闭门潜思编撰《论衡》。⑥北宋浙江衢州人赵抃，为政执法不避权贵。时任宰相陈执中不学无术，只善于逢迎宋仁宗，深受宠信。但是陈执中无力治事，政事多败，而且行为乖戾，在家里还捶打奴婢至死，犯有杀人重罪。赵抃对这种人深恶痛绝，力求宋仁宗罢其官、治其罪。宋仁宗听信近臣替陈执中说的开脱之词，不但不予治罪，还下诏罢狱，不采纳赵抃的意见。于是，赵抃又上奏章二十余次，指斥陈执中引用邪佞、排斥贤良等八大罪状，终于使陈执中官职被罢免。⑦同时，他还为受排斥的贤人君子伸张正义，奏请宋仁宗加以保护。因此，赵抃便被人们称颂为"铁面御史"，被世人称"赵铁面"，他也是以"铁面御史"之令誉被载入《二十四史》的唯一一人。自此，"铁面御史"成了对不畏权贵、不徇私情、

---

① 《于谦集》，第651页。

② 张廷玉等：《明史》（简体字本），中华书局2000年版，第3030页。

③ 吴兢编著，王贵标点：《贞观政要》，岳麓书社2000年版，第177页。

④ 王守仁著，吴光等编校：《王阳明全集》（简体字本），上海古籍出版社2015年版，第748页。

⑤ 朱舜水著，朱谦之整理：《朱舜水集》，中华书局1981年版，第451页。

⑥ 徐斌：《论衡之人：王充传》，浙江人民出版社2005年版，第295页。

⑦ 苏轼：《赵清献公神道碑》，转引自崔铭先《赵抃》，浙江文艺出版社2009年版，第136页。

公正严明的官员的泛称。

刘基"刚毅、慷慨而有大节""义所不直,无少假借",其"公平正直"的为官之道,体现在与朱元璋"论相"一事上。朱元璋为巩固新兴的朱明王朝政权,在废除李善长相位后,亟须遴选丞相人选,遂与谋臣刘基商议。朱元璋提出或由杨宪、或由汪广洋、或由胡惟庸出任丞相一职,刘基均予以否定:"(杨)宪有相才,无相器。夫宰相者,持心如水,以义理为权衡而己无与焉者。今(杨)宪则不然。……(汪广洋)褊浅,观其人可知。……(胡惟庸)小犊,将偾辕而破犁矣。"此时,朱元璋曰:"吾之相,无逾于(刘)先生。"刘基当场婉拒:"臣非不自知,但臣疾恶太深,又不耐繁剧,为之且孤大恩。"①通过这段君臣"论相"对话录,不难发现,在商定丞相人选问题上,刘基秉持了对政事高度负责的态度,为顾全大局而不计个人恩怨,既不规避自己的性格"缺陷",也敢于直言,直陈诸相位人选的优劣得失。刘基"公直"("抗言直议")的处事方式,也博得了朱元璋的敬重与信任,"上(朱元璋)亦甚礼公,常称为'老先生'而不名,又曰'吾之子房也'"②。刘基与宋濂等浙东文人因受儒家道统影响,为保持君子人格,庄重自矜,漠视功名利禄,并没有为了博得朱元璋的赏识而阿谀奉承、出卖人格,真正做到了"君子不阿""君子不党"。《诚意伯次子合门使刘仲璟遇恩录》就载有朱元璋称赞刘基"不党"语:"(刘伯温)他在这里时,满朝都是胡党,只是他一个不从,吃他每蛊了。"③总之,刘基作为廉吏,恪尽职守,树立了一代净臣的君子人格形象。

俗话讲,做官先做人,做人先立德;德乃官之本,为官先修德。还有,"百行以德为首","修其心治其身,而后可以为政于天下",等等,这些讲的都是做人与做官、修身与立德的道理。2007年2月7日,时任浙江省委书记习近平在《浙江日报・之江新语》上刊发了《做人与做官》,其中特别指出:古往今来,为官者"不患无位而患德之不修","不患位之不尊,而患德之不崇"。在历史的长河中,那些帝国的崩溃、王朝的覆灭、执政党的下台,无不与其当政者不立德、不修德、不践德有关,无不与其当权者作风不正、

---

① 裴世俊等选注:《刘基文选》,苏州大学出版社2001年版,第269页。

② 杨讷:《刘基事迹考述》,北京图书馆出版社2004年版,第205页。

③ 刘基著,林家骊点校:《刘基集》,浙江古籍出版社1999年版,第668页。

腐败盛行、丧失人心有关。领导干部要会做人，做好人，注意自己的言谈举止，珍惜自己的人格魅力，洁身自好，做一个有高尚品德的人。领导干部又不是一个普通人，其一言一行对社会具有重要的导向作用。每一名领导干部都要清醒地认识到这一点，时刻以"君子检身，常若有过"的谦诚态度，常修为政之德，常思贪欲之害，常怀律己之心，在实践中把做人与做官统一起来，把学习与改造统一起来，把"立言"与"立行"统一起来，真正做到为民、务实、清廉，把做人的过程看作完善自我人格、夯实从政基石的过程，把做官的过程看作提升政德境界、践行为民宗旨的过程，就像毛主席当年号召共产党员的那样，把自己培养成"一个高尚的人，一个纯粹的人，一个有道德的人，一个脱离了低级趣味的人，一个有益于人民的人"。①

二、"持家以俭"的生活观

历史上举凡有所建树的政治家，皆是"忠孝廉节"的典范。《孝经》云："君子之事亲孝，故忠可移于君；事兄悌，故顺可移于长；居家理，故治可移于官。是以行成于内，而名立于后世矣。"②这也是"求忠臣于孝子之门"的道理所在。王阳明十三岁时，母亲病故，由祖父母代为养育；王阳明恪尽孝道，撰文专论"孝道"："孝，人之性也。置之而塞乎天地，溥之而横乎四海，施之后世而无朝夕。"③对家人养育之恩终身不忘，忠君报国，鞠躬尽瘁，死而后已，厥成有"真三不朽"之誉的一代圣贤。

"勤俭节约"是中华民族世代相传的优良传统与生活美德。而"俭以助廉""俭以养廉"，更是传统儒家士大夫奉行的一条重要官箴。"细族孤门"出身的王充，"性恬淡，不贪富贵"，以"居贫苦而志不倦"自勉④，贫无供养、专意著述，在困境中完成《养性》《讥俗》《政务》《论衡》诸书的写作。有"铁面御史"之誉的北宋浙江衢州人赵抃，终其一生，历三朝为官，四十多年都在外宦

① 习近平：《之江新语》，浙江人民出版社 2007 年版，第 258—259 页。
② 汪受宽：《孝经译注》，上海古籍出版社 2004 年版，第 68 页。
③ 《王阳明全集》（简体字本），第 844 页。
④ 《论衡》，第 356—363 页。

游,辗转大半个中国。而每每转任之时,身边只有一琴一鹤相随,苏轼曾在《题李伯时画赵景仁琴鹤图》上欣然题诗。"清献先生无一钱,故应琴鹤是家传",赞扬赵抃的清廉。《宋史·赵抃传》载:"(宋神宗)帝曰:闻卿匹马入蜀,以一琴一鹤自随,为政简易,亦称是乎?"①总之,赵抃一生七十七载,一琴一鹤陪伴半生,清白二字贯穿始终,也正如明孝宗所言:"琴声寒日月,永留清白在人间。鹤唳彻遥天,常使丹心通帝座。"

刘基虽被誉为"大明第一谋臣",其死后的墓地仅为一抔黄土,简朴淡雅,昭示了自己"坦坦荡荡做人,清清白白做官"的一生。因仰慕刘基的道德人格,章太炎被袁世凯软禁时,曾作遗嘱式的《终别》文,表达了自己死后葬于刘基墓侧的愿望:"故诚意伯刘公(基)……中国之元勋也,平生慕之久矣。……人寿几何,墓木将拱,欲速营葬也,与刘公冢墓相连。"②

于谦在"土木之变"后总督军务,身居显位,依旧自奉俭约,所居仅能避风雨。明景帝特赐第于西华门,于谦固辞,曰:"国家多难,臣子何敢自安?"不允,乃取所赐玺书、袍、锭之属,悉加封识,岁时一省视而已,仍居旧宅。因性格耿直,于谦屡遭怨谤,有朝臣弹劾他权势过重、恃权蒙蔽。太监兴安实在看不下去,就为之鸣冤:"日夜为国分忧,不要钱,不爱官爵,不问家计,一子一女且不顾。朝廷正要用人,似此等一个来换于某。"③众大臣也心知肚明,皆默然无言。当于谦被诬以"意欲"谋逆罪而论斩,家被抄没,毫无余财,仅有书籍;独正室上一锁,启视,乃景帝所赐之玺书,别无他物。其高风亮节,令人敬仰。④ 清乾隆帝南巡杭州,凭吊于谦墓、祠后,特书"丹心抗节"表彰之。

"克俭于家"也是一代儒臣刘宗周的生活习惯。《刘宗周年谱》中,有不少关于他勤俭持家的轶事。由于家境贫寒,六岁时,冬无棉絮,只能借穿舅父的成人棉袄来御寒;穿在身上,犹如农夫的蓑衣,刘宗周不以为意,每岁以

---

① 转引自崔铭先:《赵抃》,浙江文艺出版社 2009 年版,第 140 页。
② 转引自怀蔡:《马叙伦·章太炎与章太炎墓》,《档案与史学》1994 年第 1 期。
③ 钱国莲:《风孰与高:于谦传》,浙江人民出版社 2006 年版,第 287 页。
④ 《风孰与高:于谦传》,第 288 页。

之御寒,直到十六岁才舍去。① 刘宗周任顺天府府尹时,士民呼之曰"刘顺天";辞职离任,行李萧然,就连中官守门者都环顾相叹,曰"真清官也";赶来为他送行者达千余人,送至十余里,仍不肯离去。还有,在南明弘光朝,刘宗周"在南京(供职)一月,日给不过四分。每日买菜腐一二十文,长安谣曰'刘豆腐'。出入都门,行李一肩,南京人又谣曰'刘一担'"②。故而后世学人,一说起刘宗周,就会想到"刘一担""刘豆腐"的绰号以及他的清廉与自律品质。黄宗羲作为刘宗周的门人,也是清贫乐道的典范,其《山居杂咏》诗有云:"死犹未肯输心去,贫亦岂能奈我何。"③由此可见,甘于清贫也是守住廉节、成就事业的必要条件。

此外,良好的家风、家训、家规有助于"廉、仁、公、勤"官德的培育与养成。例如浦江郑义门的家规祖训《郑氏规范》,使得郑义门廉洁奉公、勤俭持家的优良家风绵延传承九百余年,代代出清官、朝朝皆良民,厥成"江南第一家"④。平湖学者陆陇其传承《陆氏家训》,为人光明磊落,做官清正廉明,"洁己爱民,去官日,惟图书数卷及其妻织机一具,民爱之比于父母"⑤,在清康熙朝拥有"天下第一清廉"之誉。⑥

2006年1月24日,习近平同志在浙江省委办公厅系统总结表彰大会上的讲话中,把"戒奢节俭"作为自己的从政体会,进而倡导"勤俭节约"的生活、工作作风:"勤俭节约自古以来就是中华民族的优良传统,也是为人、治家、兴国的成功之道。古代良人贤士对此多有论述,如:'俭则约,约则百善俱兴;侈则肆,肆则百恶俱纵','历览前贤国与家,成由勤俭败由奢','不患不富,患不知节',等等。这些诗句,在一定程度上是对人类社会历史发展规律的经验性总结,十分深刻,令人深思,应当引以为戒。我们党一贯重视历

---

① 刘宗周著,吴光主编:《刘宗周全集》第6册,浙江古籍出版社2007年版,第492—493页。

② 《刘宗周全集》第6册,第495页。

③ 黄宗羲著,沈善洪主编、吴光执行主编:《黄宗羲全集》第11册,浙江古籍出版社2005年版,第234页。

④ 徐友龙:《江南第一家:家族家风文化研究》,《观察与思考》2017年第1期。

⑤ 赵尔巽等:《清史稿·陆陇其传》,天津古籍出版社2012年版,第2789页。

⑥ 刘建明:《七品清官陆陇其》,载平湖市陆稼书研究会编印的《陆稼书研究》2015年第2辑,第87—89页。

史传统的发扬和历史经验的借鉴,党中央历任领导集体对节俭问题一贯高度重视。尤其是党的十六届五中全会明确提出,'要把节约资源作为基本国策'。这是党中央立足当前、着眼长远作出的重大战略决策。我们要从全局和战略的高度,充分认识这一重大决策的极端重要性和紧迫性,把这一基本国策落到实处。要从现在做起、从我做起、从身边的事做起,珍惜每一滴水、每一度电、每一张纸、每一粒粮,尽自己所能节约每一点资源;要自觉抵制铺张浪费的不良风气,不奢华、不浪费、不攀比,使节约光荣、浪费可耻的意识深入人心,为积极推进'资源节约型、环境友好型社会'建设作出一份应有的贡献。"①

三、"义利双行"的价值观

"义利之辨",亦称"公私之辨",是传统儒家价值体系中的一个重要议题:"义"("公")注重全局、整体利益与道德诉求,"利"("私")则考虑个体、私人利益与自由追求。中国古代廉政思想,正是以官吏如何认识和处理政治领域中出现的义利关系为理论基础。孔子强调君子宜"以义为上""见利思义";《易·乾·文言》以为"利者,义之和",《大学》有"国不以利为利,以义为利"之言,《荀子》有"义与利者,人之所两有也"的主张。据此可知,先秦儒家的"义利之辨"主张"义利合一""公私兼顾""自利利他"的"折中主义"价值取向。

董仲舒则把儒家的"义利之辨"推向了一个极端。其有名句:"正其谊而不谋其利,明其道而不计其功。"②董氏之论被后世所继承,演变成为"道义为上"的"绝对利他主义",朱熹将其发展而有"义为天理之公,利为人欲之私"的命题,突出强调了"义"与"利"的对立性,也就忽视了二者的统一性。与朱熹同时代的永嘉学者叶适,破天荒地对董仲舒的"正谊不谋利,明道不计功"

① 习近平:《干在实处 走在前列——推进浙江新发展的思考与实践》,中共中央党校出版社2006年版,第557页。
② 《汉书·董仲舒传》,转引自袁长江等编校:《董仲舒集》,学苑出版社2003年版,第441页。

之论提出批评:"'仁人正谊不谋利,明道不计功',此语初看极好,细看全疏阔。古人以利与人而不自居其功,故道义光明。后世儒者行仲舒之论,既无功利,则道义者乃无用之虚语尔;然举者不能胜,行者不能至,而反以为诟于天下矣。"①在叶适这里,先秦儒家提倡的"利者,义之和"的价值主张重新得以正名。明代台州籍学人黄绾对"义利之辨"的解读,受到叶适"崇义养利"义利观的影响,在其哲学著作《明道编》中提出了"义、利,二者皆不可轻"的"义利并重"说②。

与"见得思义"的义利观一样,儒家的贫富观亦以"道、义"为取舍标准。《论语》曰:"富与贵,是人之所欲也;不以其道得之,不处也。"黄绾恪守儒家关于富贵、贫贱的判断标准,主张以"道、义"作为"辞受、取与"与"治生、作务"的行为准则,视之为"圣人之道":"君子之道,辞受、取与视其义,治生、作务视其道,如此则守可以终身,教可以行于世,此圣人之道所以为无弊也。"③对于浙学所强调的财富观抑或贫富观,我们可以用"君子爱财,取之有道;视之有度,用之有节"这句话来归纳。

四、"知行合一"的修养观

在中国哲学史上,"知"与"行"的关系问题,既属于认识论的范畴,也属于工夫论即道德修养、实践哲学的范畴。关于知行关系的表述,主要有"知易行难"(《尚书》)、"知难行易"(《孙文学说》),"论先后,当以致知为先;论轻重,当以力行为重"(《朱子语类》),以及"辩证唯物论的知行统一观"(《实践论》)等。

历史上浙学家对知、行关系的探讨,主要以王充、王阳明、黄宗羲为代表。王充提出"效验"范畴,作为检验与判断认识真理性的标准:"事莫明于有效,论莫定于有证"④,"凡论事者,违实不引效验,则虽甘义繁说,众不见信。"⑤在王

---

① 叶适:《习学记言序目》,中华书局 1977 年版,第 324 页。

② 黄绾著,刘厚祜、张岂之标点:《明道编》,中华书局 1959 年版,第 29 页。

③ 《明道编》,第 30 页。

④ 《论衡》,第 283 页。

⑤ 《论衡》,第 323 页。

充看来,知识("知")的真伪必须通过事实的检验("行")才能得以证实,即所谓"事有证验,以效实然"。这一知行关系的论述,主要是基于一般认识论的范畴,实际上类似于毛泽东、邓小平等所提倡与主张的"实践是检验真理的唯一标准"云云。

而王阳明《传习录》则针对朱熹"论先后,当以致知为先"的看法,提出了"知行合一"的新命题:"知者行之始,行者知之成。圣学只一个工夫,知行不可分作两事。"①"知之真切笃实处即是行,行之明觉精察处即是知,知行工夫本不可离。真知即所以为行,不行不足谓之知。"②在王阳明看来,认识论意义上的"知"与"行"同步发生,认知与实践的过程就是"即知即行"的无间断的连续发生体;作为道德修养即工夫论意义上的"知""行",便是阳明心学核心命题"致良知"的拆分、合并与组合,"知"就是"良知","行"则是"致"。易言之,"知"即"吾心良知之天理"("良知即天理")的本体,其所谓"行"即"致吾心良知之天理于事事物物"③的道德修养工夫。简言之,"知"即道德良知,"行"即道德实践,"知"与"行"的关系就是道德修养工夫论层面的认识与实践的关系。

黄宗羲作为阳明心学的终结者与"宋明心性之学的殿军"④,则进一步发展了王阳明的"致良知"学说,认为"'致'字即是'行'字","圣人教人只是一个行"⑤,最终提出了"工夫所至,即其本体"⑥"由工夫见本体"的新命题。可以说,无论是王阳明的"知行合一"论,还是黄宗羲的"工夫本体合一"说都具有辩证品质,其本质是集认识论、方法论、工夫论三者于一体,"一而三、三而一"式的道德实践哲学。

近年来,王阳明的"知行合一"说为习近平总书记所提倡与发挥。2014年1月,习近平在党的群众路线教育实践活动第一批总结暨第二批部署会议

① 《王阳明全集》(简体字本),第4页。

② 《王阳明全集》(简体字本),第37页。

③ 《王阳明全集》(简体字本),第39页。

④ 刘述先:《黄宗羲心学的定位·初版自序》,浙江古籍出版社2006年版,第2页。

⑤ 黄宗羲著,沈善洪主编、吴光执行主编:《黄宗羲全集》第7册,浙江古籍出版社2005年增订版,第197页。

⑥ 《黄宗羲全集》第7册,第14页。

上说："知是基础、是前提，行是重点、是关键，必须以知促行、以行促知，做到知行合一。"2014年5月4日，习近平在考察北京大学时勉励当代大学生："道不可坐论，德不能空谈。于实处用力，从知行合一上下功夫，核心价值观才能内化为人们的精神追求，外化为人们的自觉行动。"[①]2018年5月2日，习近平总书记在北京大学师生座谈会上发表讲话，再次希望广大青年："要力行，知行合一，做实干家。'纸上得来终觉浅，绝知此事要躬行。'学到的东西，不能停留在书本上，不能只装在脑袋里，而应该落实到行动上，做到知行合一、以知促行、以行求知，正所谓'知者行之始，行者知之成'。"[②]在习近平总书记这里，"做到知行合一，以知促行、以行促知"，"从知行合一上下功夫"，就是从认识论、工夫论意义上来理解"知行合一"，强调"学"了"知"了就要去"行"去做；学懂、弄通、做实，一气呵成，不要知行脱节，更不能嘴上说一套，做起来又是另外一套。

2016年2月以来，在全体党员中开展的"学党章党规、学系列讲话，做合格党员"（简称"两学一做"）学习教育活动，也可以用"知行合一"的浙学命题来解读，"学党章党规、学系列讲话"中的"学"即是"知"，"做合格党员"的"做"就是"行"。"学"与"做"既是认识论意义上的"知行合一"，也是道德修养意义上的"知行合一"，"做合格党员"的"合格"是就道德行为判断而言的。

"知行合一"论对于当前正在开展的党员干部廉政教育和推进"两学一做"学习教育常态化制度化，具有借鉴意义。对此，阳明学研究专家吴光教授已经指出："王阳明的'知行合一'论对于当前反腐倡廉、诚信施政具有警示作用。现在一些官员知行分裂，说一套，做一套，败坏了党风政风，也失信于民。在这种情况下，尤其有必要提倡'致良知''知行合一'，以提升干部队伍的道德人文素质。这对启迪官员的道德良知，遏制贪腐之风，推行廉洁政治，执政为民，取信于民，都是有积极作用的。"[③]

---

① 习近平：《青年要自觉践行社会主义核心价值观——在北京大学师生座谈会上的讲话》，新华网，2014年5月4日。

② 习近平：《在北京大学师生座谈会上的讲话》，《人民日报》2018年5月3日。

③ 吴光：《"知行合一"的内涵与现实意义》，《光明日报》2017年4月10日。又见吴光：《"浙学"的时代价值》，《浙江日报》2017年2月13日。

五、"明德亲民"的民本观

勤政爱民,自古以来便是为官的基本准则,它要求各级官员在处理政务时要以民为本、保民爱民,恪尽职守、勤于政事。浙江历史上的思想家、政治家大都是儒学家,故而孔孟儒家所提倡的"民本""仁政"抑或"德政"的施政理念,深深地扎根于他们的内心世界,内化于心、外化于行。

治理国家的关键在于争得人民的拥护和爱戴,这是历史上浙学家的共识。王充有言:"知屋漏者在宇下,知政失者在草野。"①叶适有论:"为国之要,在于得民。"②于谦深受《孟子》"民为贵,社稷次之,君为轻"的"民贵君轻"论影响,在领导抗击瓦剌入侵京城的军事行动中,秉持"社稷为重,君为轻"的民本理念,众志成城,最终取得了"北京保卫战"的胜利。王阳明依据《古本大学》,提倡"明德亲民"的为政之道:"明明德必在于亲民,而亲民乃所以明其明德也"③。"'亲民'犹孟子'亲亲仁民'之谓。亲之即仁也。"④时任绍兴郡守南大吉受王阳明政治哲学的影响,题名其政事堂曰"亲民堂",誓言"吾以亲民为职者也。吾务亲吾之民以求明吾之明德也夫!"王阳明因赞赏其亲民志向,特为之撰《亲民堂记》。⑤

黄宗羲作为启蒙思想家,在《明夷待访录》中对"家天下时代"残暴的君主专制发出了控诉:"为天下之大害者,君而已矣。"⑥这里,他把批判的矛头直指封建帝王,质疑君主专制制度的合法性;与此同时,还主张把对社会治乱评价的立足点,从一姓王朝的兴亡转变为天下万民的忧乐:"盖天下之治乱,不在一姓之兴亡,而在万民之忧乐。"⑦缘于此,黄宗羲抛出了惊世骇俗的"天下为主君为客"的"民主君客"说。与黄宗羲同时代的张岱,在《四书遇》

---

① 《论衡》,第 348 页。
② 叶适著,刘公纯等点校:《叶适集》,中华书局 1961 年版,第 653 页。
③ 《王阳明全集》(简体字本),第 799 页。
④ 《王阳明全集》(简体字本),第 2 页。
⑤ 《王阳明全集》(简体字本),第 211—212 页。
⑥ 《黄宗羲全集》第 1 册,第 3 页。
⑦ 《黄宗羲全集》第 1 册,第 4 页。

中提出了"天下者,天下人之天下也""予夺之权,自民主之"的论见,[1]这也是对专制君权的否定。黄宗羲、张岱的政治哲学,是对传统儒家民本思想的超越与发展,这种"新民本"思想更加强调了以人为本、主权在民的近代意义上的民主精神。

当下,我们践行以人民为中心的发展思想和为人民服务的工作理念,无疑需要深入挖掘王阳明"明德亲民",黄宗羲、张岱"新民本"思想中所蕴含的以人为本、关注民生的思想观念、人文精神,进行创造性转化、创新性发展。

六、"为官一任,造福一方"的政绩观

政绩,顾名思义,就是从政之绩、施政之绩,是指各级行政官员在任期内履行职务所取得的成绩和贡献。而政绩观主要包含两方面的内容:"为谁干事、怎么干事","追求什么政绩、如何追求政绩。"与上述"明德亲民"的政治观相呼应,浙江历史上的思想家、政治家强调出仕的各级官员要树立为百姓造福的价值取向,切实做到"民之所好好之,民之所恶恶之"。这里,我们要特别介绍一下北宋时期浙江永康籍的一位清官——胡则。

胡则既不是著名的思想家,也不是杰出的政治家,只是一个普通的官吏,一生从政四十年,做过县尉、录事参军、知州、转运使、户部员外郎、礼部郎中、工部侍郎、兵部侍郎等官。胡则总能在自己从事的每一个工作岗位上,兢兢业业地完成本职工作:行仁政,宽刑狱,减赋税,除弊端。据文献记载:北宋明道初年,江淮大旱,饿死者众;胡则上疏恳求免江南各地身丁钱,诏许永免衢、婺两州身丁钱。两州之民"怀其德,户立像祀之。在方岩者,赐额曰'赫灵祠'"。从此,胡公成了浙中乃至浙东地区"有求必应"的活菩萨,即民间传说中的"胡公大帝"。1959年8月,毛泽东主席视察浙江金华时,曾对时任永康县委书记说:"永康有个方岩,方岩有个胡公大帝。胡公大帝不是神,而是人。他姓胡名则,是北宋的一个清官,为人民做了很多好事,人民纪念他,所以香火长盛不衰。我们共产党的干部也应该多做好事,为官一

---

① 张岱著,朱宏达点校:《四书遇》,浙江古籍出版社1985年版,第424,652页。

任，造福一方嘛!"①

为官清廉，才有可能造福百姓;有造福一方的本领，才能真正造福一方。进而言之，浙江历史上的清官，没有一个是对国家、对事业、对人民不忠诚的。以刘宗周为例，在任都察院左都御史时，先后提出了一系列惩治腐败、实施廉政的建言。刘宗周认为，都察院的职责，"在于正己以正百僚";在于澄清吏治，"吏治清则民生安，于以化成天下不难矣"。他曾以"明风纪"为题上书皇帝，提出了"建道揆(明确指导思想)、贞法守(依法断案)、崇国体(立法惩治大臣犯罪)、清伏奸(禁止官吏私自交接近侍)、惩官邪(惩治官员贿赂、跑官买官之罪)、饬吏治(加强监督、整顿吏治)"等六大廉政建言。其中在"惩官邪"条目下，主张以重典惩治贪腐:"官之失德，自宠赂始"，"其途必自台省而上权贵人"，"有赍金而入长安(指京师)者，臣衙门风闻，即单辞檄之，立致三尺!"②对刘宗周的反腐倡廉建言，崇祯帝颇为满意，有"卿力行以副朕命"云云。

作为共产党的干部，真正的政绩应是"为官一任，造福一方"。2003 年习近平同志在《浙江日报·之江新语》发表的文章中说:"领导干部要有强烈的事业心和责任感。党和人民把我们放在这个岗位上，这是对我们的信任，是赋予我们的责任，是给我们为党分忧、为国效力、为民尽责的机会。'政声人去后，民意闲谈中。'为'官'一任，就要尽到造福一方的责任，要时时刻刻为百姓谋，不能为自己个人谋。我们要坚持对上负责与对下负责的统一，忠诚于党和人民的事业，恪尽职守，尽心竭力，讲奉献，有作为。既要多办一些近期能见效的大事、好事，又要着眼长远、着眼根本，多做一些打基础、做铺垫的事，前人栽树、后人乘凉的事，创造实实在在的业绩，赢得广大人民群众的信任和拥护。"③2015 年 6 月 30 日，习近平总书记在会见全国优秀县委书记时的讲话中也以"为官一任，造福一方"来要求县委书记:"县委书记特别是贫困地区的县委书记在发展上要勇于担当、奋发有为。要适应和引领经济

———————

① 转引自陈旭东:《胡则:为官一任，造福一方》，《人民日报》(海外版)2017 年 8 月 29 日。

② 刘宗周著，吴光主编:《刘宗周全集》第 3 册，浙江古籍出版社 2007 年版，第 183—189 页。

③ 习近平:《之江新语》，浙江人民出版社 2007 年版，第 25 页。

发展新常态,把握和顺应深化改革新进程,回应人民群众新期待,坚持从实际出发,带领群众一起做好经济社会发展工作,特别是要打好扶贫开发攻坚战,让老百姓生活越来越好,真正做到为官一任,造福一方。"①

中国民间有句俗语:"当官不为民做主,不如回家卖红薯。"话虽简单,但却是为官者应铭刻在心的真理。为官者要全心全意为人民服务,为一方经济社会发展,为一方百姓造福,应该有政绩,也必须追求政绩。古往今来,许多有作为的"官"都以关心百姓疾苦为己任。从范仲淹的"先天下之忧而忧,后天下之乐而乐",到郑板桥的"些小吾曹州县吏,一枝一叶总关情";从杜甫的"安得广厦千万间,大庇天下寒士俱欢颜",到于谦的"但愿苍生俱温饱,不辞辛苦出山林",都充分说明心无百姓莫为"官"的基本道理。2004 年 1 月 5 日,习近平同志在《浙江日报·之江新语》上发表文章《心无百姓莫为"官"》,其中说:"我们是党的干部,是人民的公仆,一定要把群众的安危冷暖挂在心上,以'天下大事必做于细'的态度,真心诚意地为人民群众办实事、做好事、解难事。要抓实做细事关群众切身利益的每项工作,努力办实每件事,赢得万人心。"②

七、"有治法而后有治人"的法治观

"法治"与"德治"的关系问题,也是传统廉政思想关注的重要话题。与"法治"与"德治"相对应的,就是"治法"与"治人":"治法"即完善的法律制度、法治体系,是国家机器得以良性运转的程序与准则;"治人"就是传统儒家所期望的善于治国理政的贤人君子,拥有"修己治人""修己以安百姓"的能力与本领。

传统儒家在探讨"治法"与"治人"二者何为先、何为主这一问题时,给出的答案是:"有治人,无治法。"③而浙江历史上的思想家给出的答案,则与此有别。王充在《论衡》中提出了"德力具足"的政治观:"治国之道,所养有二:

---

① 习近平:《在会见全国优秀县委书记时的讲话》,《求是》2015 年第 17 期。

② 《之江新语》,第 26 页。

③ 荀卿著,安继民注译:《荀子》,中州古籍出版社 2010 年版,第 204 页。

一曰养德,一曰养力。……夫德不可独任以治国,力不可直任以御敌也。"①儒家的"德"与法家的"力"相辅相成,方为"治国之道",显然这是一种"德法并举"的社会治理模式。

黄宗羲在《明夷待访录·原法》中,对"有治人,无治法"的传统命题予以质疑,提出了"有治法而后有治人"的新论:"自非法之法桎梏天下人之手足,即有能治之人,终不胜其牵挽嫌疑之顾盼;有所设施,亦就其分之所得,安于苟简,而不能有度外之功名。使先王之法而在,莫不有法外之意存乎其间。其人是也,则可以无不行之意;其人非也,亦不至深刻罗网,反害天下。故曰有治法而后有治人。"②在此,黄宗羲已经意识到了传统儒家治国方略中"人治"("德治")的弊端与缺陷,因为明君贤臣终究不是维护天下社会长治久安的决定性因素。而"有治法而后有治人"的观点,强调的就是要从政治、法律制度上来解决社会治乱问题,这是"法治"高于"人治"的思想。应该承认,"有治法而后有治人"的法治主张,已触及专制政治的根本问题,契合了近代的法治精神。

此外,南宋时期以薛季宣、陈傅良、叶适为代表的永嘉事功学派,十分重视对儒家经典、历代典章制度的研究,主张参鉴历史上的政治制度,借古喻今,整合出解决当下社会现实问题、符合当下社会实际情况的治国理政方略,经世致用、建立事功,以恢复中原,实现国家政权的统一与社会的长治久安,是为"经制之学"。故而全祖望有"永嘉以经制言事功"(《宋元儒学案序录》)③的论断。此外,南宋"婺学"的代表人物唐仲友,亦十分重视经制之学。对此,《宋元学案·说斋学案》有云:"乾淳之际,婺学最盛。东莱(吕祖谦)兄弟以性命之学起,同甫(陈亮)以事功之学起,而说斋(唐仲友)则为经制之学。"④而研究历史上的"经制之学",为当下社会现实服务,也是对传统"浙学"进行创造性转化、创新性发展的一个努力方向。

---

① 《论衡》,第 123 页。
② 《黄宗羲全集》第 1 册,第 7 页。
③ 《黄宗羲全集》第 3 册,第 39 页。
④ 《黄宗羲全集》第 5 册,第 355 页。

八、"不拘一格降人才"的人才观

为政之要,首在得人:得人者昌,失人者亡。古今中外,皆是如此。浙江历史上的思想家,大都明白并强调"人才"对于成就事业,尤其对于治国理政的重要性。

王充《论衡》开篇第一句话就是:"操行有常贤,仕宦无常遇。贤不贤,才也;遇不遇,时也。"①这是说,好的才能与好的时机的统一,方是优秀人才脱颖而出的途径;而识才之才,即独具慧眼的"伯乐",乃是发现人才的关键所在。刘基在《拟连珠》一文中提出"任人之长,唯才是举"的人才观。在刘基这里,胸怀大抱负、欲有大作为的栋梁之材,必须选择、投奔适合施展自己才华的场所与事业,"志大业者,必择所任;抱大器者,必择所投"。与此同时,使用人才要用人之长、用人之专,"物无全才,适用为可;材无弃用,择可惟长"②,这就是"物尽其用、人尽其才"的道理之所在。③

黄宗羲在《明夷待访录·取士篇》中批判了科举八股取士制度的弊端,认为科举制度是对人才的约束。通观历史上的"取士"之法,古代是"宽取严用",而今(指明代)是"严取宽用"。"宽取严用",贤能之士才不会被遗漏,任用者也不敢疏忽大意。基于历史的经验教训(类似于永嘉"经制之学"的提法),黄宗羲提出八种选拔人才的方法:"有科举,有荐举,有太学,有任子,有郡邑佐,有辟召,有绝学,有上书。"④黄宗羲的"取士八法"集中反映了人才遴选与培养相结合,重视人才的真才实学并量才授任,强调采用多种途径来选拔人才,对人才等级评定需严加考核等主张,这在中国古代政制思想史上是一个了不起的人才思想成果,值得我们认真研究。

龚自珍面对清王朝渐趋崩溃、国家内忧外患的残酷现状,在《明良论三》一文中,对清朝政府推行的"论资升迁""论资排辈"的选官用人制度予以批

---

① 《论衡》,第1页。
② 刘基著,林家骊点校:《刘基集》,浙江古籍出版社1999年版,第195页。
③ 张宏敏:《诸子学视域下刘基〈天说〉中的哲学思想》,《管子学刊》2017年第4期。
④ 《黄宗羲全集》第1册,第17—19页。

判①,并在《己亥杂诗》中发出了"我劝天公重抖擞,不拘一格降人才"②的呐喊,主张建立开放灵活的选人用人机制,让优秀人才脱颖而出、受到重用,言辞之中表达了对国家民族前途的深切忧思和变革社会的强烈愿望。这也不难发现,从王充、刘基到黄宗羲,再到龚自珍,浙江古代思想家所持有的选贤任能的人才观,可谓一脉相承,又一以贯之。

九、小结

传统文化中,读书、修身、立德,不仅是立身之本,更是从政之基。按照今天的说法,就是要不断加强党员领导干部的思想道德修养和党性修养,常修为政之德、常思贪欲之害、常怀律己之心,自觉做到为政以德、为政以廉、为政以民。2006 年 2 月 27 日,习近平同志在《浙江日报·之江新语》上发表的文章《多读书,修政德》中说:"我们的文化传统中包含了丰富的廉政文化理念和文化实践。要修炼道德操守,提升从政道德境界,最好的途径就是加强学习,读书修德,并知行合一,付诸实践。广大党员干部要养成多读书、读好书的习惯,使读书学习成为改造思想、加强修养的重要途径,成为净化灵魂、培养高尚情操的有效手段。要真正把读书当成一种生活态度、一种工作责任、一种精神追求、一种境界要求,使一切有益的知识、一切廉洁的文化入脑入心,沉淀在我们的血液里,融会到我们的从政行为中,做到修身慎行,怀德自重,敦方正直,清廉自守,拒腐蚀、永不沾,永葆共产党员的先进性。"③2022 年 10 月,习近平总书记在党的二十大报告中把"突出把好政治关、廉洁关"作为选人用人正确导向之一,同时也要求:"加强新时代廉洁文化建设,教育引导广大党员、干部增强不想腐的自觉,清清白白做人、干干净净做事。"④

---

① 龚自珍:《龚自珍全集》,上海人民出版社 1975 年版,第 33—34 页。

② 《龚自珍全集》,第 521 页。关于这一诗句的解读,读者可以参阅《人民日报》评论部编著的《习近平用典》,人民日报出版社 2015 年版,第 171—172 页。

③ 《之江新语》,第 175 页。

④ 习近平:《高举中国特色社会主义伟大旗帜 为全面建设社会主义现代化国家而团结奋斗——在中国共产党第二十次全国代表大会上的报告》,《人民日报》2022 年 10 月 26 日。

历史是最好的教科书,浙江历史上杰出政治家的廉政事迹、著名思想家的廉政理论,既是中国古代政治思想的组成部分,也是浙江优秀传统文化的重要组成部分。在秉持浙江精神,打造新时代党建高地和勤廉建设高地,全域深化"勤廉浙江建设"的新时代,我们挖掘、梳理、总结历史上浙江籍政治家、思想家的廉政事迹与廉政思想,进行创造性转化、创新性发展,无疑应该学习、继承与弘扬传统"浙学"廉政理论中的清白廉洁、慎独自律、明德亲民、知行合一、坚持正义、廉洁奉公的合理内核与基本精神;"从中获得精神鼓舞,升华思想境界,陶冶道德情操,完善思想品格,培养浩然正气"①,始终做到"老老实实做人,踏踏实实做事,清清白白为官",推动广大党员干部从守住清廉底线向拉高勤廉并重高线转化升级,进而为打造并维护"干部清正、政府清廉、政治清明、社会清朗、文化清新"的良好政治生态而进行不懈努力。

---

① 习近平:《在纪念中央革命根据地创建暨中华苏维埃共和国成立 80 周年座谈会上的讲话》,《人民日报》2011 年 11 月 5 日。

王阳明廉洁思想专论篇

由德治走向法治

——阳明心学廉政思想的转向

中国社会科学院古代史所研究员

张海晏

一、王阳明的良知心学

王守仁(1472—1529),字伯安,号阳明,浙江余姚人。其因筑室读书于故乡阳明洞,世称阳明先生,乃明代"心学"的集大成者和"阳明心学"的开创者,历史上有着"真三不朽"的美誉。

"良知"与"致良知"是王阳明心学的核心理念,是其修身治国的总原则。"吾良知二字,自龙场以后,便已不出此意,只是点此二字不出。"①"故'致良知'是学问大头脑,是圣人教人第一义。"②"良知"主指明是非、知善恶的先天道德意识,"致良知"即点化和实行良知。他的良知之教是在平定宁藩叛乱以后,以提出"致良知"三字为标志而形成。他谓:"某于'良知'之说,从百死千难中得来,非是容易见得到此","我此'良知'二字,实千古圣圣相传一点滴骨血也"。"良知"学说的核心是高扬人的道德主体性,即个人的道德自觉与自律,意在激发人的道德潜能和天赋善根,由此达于"天地万物一体之仁"的理想境界和大同社会。阳明认为,古代圣王统御万民,务在致良知。"古之人所以能见善不啻若己出,见恶不啻若己入,视民之饥溺,犹己之饥溺,而一夫不获,若己推而纳诸沟中者,非故为是而以蕲天下之信己也。务致其良知,求自慊而已矣。尧、舜、三王之圣,'言而民莫不信'者,致其良知而言之

---

① 吴光等编校:《王阳明全集》,上海古籍出版社 2012 年版,第 1290 页。

② 《传习录·中》,黎业明译注,上海古籍出版社 2021 年版,第 312 页。

也。'行而民莫不说'者,致其良知而行之也。"①

阳明的良知心学强调人的道德德性的先天性和主导性,一定程度上克制或弱化了人的物质欲求和感觉欲望等自然属性。萧惠曾对阳明说,克制私欲很难。阳明指出"人须有为己之心,方能克己",关键是如何理解"己"。他提出,视听言动都受心的支配,若无心便无耳目口鼻之感官功能。克己是"为己",保全自己,因为不克制私欲,存养天理良知,就会丧失"真己"。

　　　　萧惠问:"己私难克,奈何?"先生曰:"将汝己私来,替汝克。"又曰:"人须有为己之心,方能克己;能克己,方能成己。"萧惠曰:"惠亦颇有为己之心,不知缘何不能克己?"先生曰:"且说汝有为己之心是如何?"惠良久曰:"惠亦一心要做好人,便自谓颇有为己之心。今思之,看来亦只是为得个躯壳的己,不曾为个真己。"先生曰:"真己何曾离着躯壳?恐汝连那躯壳的己也不曾为。且道汝所谓躯壳的己,岂不是耳目口鼻四肢?"惠曰:"正是。为此,目便要色,耳便要声,口便要味,四肢便要逸乐,所以不能克。"先生曰:"'美色令人目盲,美声令人耳聋,美味令人口爽,驰骋田猎令人发狂',这都是害汝耳目口鼻四肢的。岂得是为汝耳目口鼻四肢?若为着耳目口鼻四肢时,便须思量耳如何听,目如何视,口如何言,四肢如何动。必须非礼勿视听言动,方才成得个耳目口鼻四肢,这个才是为着耳目口鼻四肢。汝今终日向外驰求,为名为利,这都是为着躯壳外面的物事。汝若为着耳目口鼻四肢,要非礼勿视听言动时,岂是汝之耳目口鼻四肢自能勿视听言动?须由汝心。这视听言动皆是汝心,汝心之视,发窍于目;汝心之听,发窍于耳;汝心之言,发窍于口;汝心之动,发窍于四肢。若无汝心,便无耳目口鼻。所谓汝心,亦不专是那一团血肉。若是那一团血肉,如今已死的人,那一团血肉还在,缘何不能视听言动?所谓汝心,却是那能视听言动的,这个便是性,便是天理。有这个性,才能生,这性之生理便谓之仁。这性之生理发在目便会视,发在耳便会听,发在口便会言,发在四

---

① 《传习录·中》,黎业明译注,上海古籍出版社 2021 年版,第 335 页。

肢便会动。都只是那天理发生,以其主宰一身,故谓之心。这心之本体,原只是个天理,原无非礼。这个便是汝之真己。这个真己是躯壳的主宰。若无真己,便无躯壳,真是有之即生,无之即死。汝若真为那个躯壳的己,必须用着这个真己。便须常常保守着这个真己的本体,戒慎不睹,恐惧不闻,惟恐亏损了他一些;才有一毫非礼萌动,便如刀割,如针刺,忍耐不过,必须去了刀,拔了针,这才是有为己之心,方能克己。汝今正是认贼作子,缘何却说有为己之心,不能克己?"①

"成己"意味着人不是一出生就一次性生成、成人的。身体是主体的物的方面,而道德主体是实践活动的历史生成,人格的后天养成须要不断地"致良知"。"良知"是就潜在性而言的,"致良知"是就过程性讲的,作为道德存在者的人的一生,就处在不断"致"其"良知"的道德的实现过程中。

王阳明讲:

> 理一而已,人欲则有万其殊。是故一则约,万则烦矣。虽然,理亦万殊也,何以求其一乎?理虽万殊而皆具于吾心,心固一也,吾惟求诸吾心而已。求诸心而皆出乎天理之公焉,斯其行之简易,所以为约也已。彼其胶于人欲之私,则利害相攻,毁誉相制,得失相形,荣辱相缠,是非相倾,顾瞻牵滞,纷纭舛戾,吾见其烦且难也。②

欲望杂驳,利害相攻;理一于心,皆天理之公。身不要沦为欲望的容器,人切莫为欲望的奴仆。人的本质在于,人是具有自我意识的精神性存在。在阳明"为己→克己→无己→成己"的推演公式中,"为己"之"己"是指真的自己,即本质自我、精神性存在;"克己"之"己"是指作为生物性、感觉体的自

---

① 《传习录·上》,黎业明译注,上海古籍出版社 2021 年版,第 185—187 页。
② 吴光等编校:《王阳明全集》,上海古籍出版社 2012 年版,第 220—221 页。

己,感觉欲求虽出于感官而恣情纵欲则害了自己[1];"无己"之"己"则是指自私自利、唯利是图的自己;"成己"乃具有道德主体性的"良知本体"的自己。"为己""成己"为目的,"克己""无己"为方法。在阳明的观念中,似有两个自己,一是肉体的自己,另一是灵魂的自己:前者为局部的自己,后者是整体的自己;前者系表象的自己,后者是本质的自己;前者是分别人我的"私吾之好",后者是以万物一体的"真吾之好"。

阳明认为,良知不行,人心变坏,系因人的利欲之心在作祟,他提倡重义轻利、存天理而去人欲。"但在常人多为物欲牵蔽,不能循得良知。"[2]"盖至于今,功利之毒,沦浃于人之心髓,而习以成性也,几千年矣。"[3]"只在此心去人欲存天理上用功便是。"[4]"学是学去人欲,存天理;从事于去人欲,存天理,则自正诸先觉。"[5]"大抵人非至圣,其心不能无所系著,不于正,必于邪;不于道德功业,必于声色货利。"[6]他主张从心灵深处铲除人的贪欲妄念,强调对"心中贼"的省查克制。他在横水写信给弟子杨仕德说:"破山中贼易,破心中贼难。"认为"区区剪除鼠窃,何足为异? 若诸贤扫荡心腹之寇,以收廓清平定之功,此诚大丈夫不世之伟绩"[7]。他所轻之"功利""货利"实指个人一己之私利,他所谓"义"乃是社会全体的最大利益。自然,阳明的"破心中贼",正如理学家所谓的"存天理,灭人欲"一样,恐怕主要针对的是士人及以上阶层而言,并不是要禁绝一般民众基本的生活欲求。

阳明主张为官在德,为政亲民。他说:"自'格物致知'至'平天下',只是一个'明明德'。虽'亲民'亦'明德'事也。'明德'是此心之德,即是仁。'仁者以天地万物为一体',使有一物失所,便是吾仁有未尽处。"[8]"明德、亲民,

---

[1] 《罢兵济幽榜文》:"论眼前谁不利己损人,于世上孰肯立纲陈纪? 臣弑君,子弑父,转眼无情者多;富欺贫,强欺弱,经官动府者众。"束景南、查明昊辑编:《王阳明全集补编》,上海古籍出版社 2016 年版,第 175 页。

[2] 王阳明:《传习录·中》。

[3] 王阳明:《传习录·中》。

[4] 王阳明:《传习录·上》。

[5] 王阳明:《传习录·上》。

[6] 王阳明:《与弟书》。

[7] 王阳明:《与杨仕德薛尚谦书》。

[8] 王阳明:《传习录·上》。

一也。古之人明明德以亲其民,亲民所以明其明德也。是故明明德,体也;亲民,用也。而止至善,其要矣。"①"'亲民'犹孟子'亲亲仁民'之谓。亲之,即仁之也……又如孔子言'修己以安百姓','修己'便是'明明德','安百姓'便是'亲民'。"②"明明德"就是彰显或恢复人心中先天具有的"万物一体之仁",即"良知";"亲民"即是爱民、惠民、利民,施行仁政,也就是"致良知"。"明明德"与"亲民"是一种体用关系,相互规定,作为昭明之体的"明明德"必须通过"亲民"的有形之用而得以显现和落实。"明德亲民"的"民本"论,即"外王"之学,其要点包括"爱民保民""安民富民""顺应民心",以及"教民育民"等。他强调:"各官务要视官事如家事,惜民财如己财。"③"'民之所好好之,民之所恶恶之,此之谓民之父母'之类,皆是'亲'字意。"④"说'亲民'便是兼教养意。"⑤

士大夫的个人存养如若做到了"存天理,灭人欲",为官后便自然能"爱民保民""安民富民";"心中无贼",为政廉洁、一心为民便是应有之事。王阳明本人就能"知行合一""致良知",因此被人称为中国历史上少有的"真三不朽",他的弟子后学大多能够为政爱民,克己奉公,廉洁自律,尤其是深受阳明心学影响的清官海瑞,更是传统社会的道德楷模。

我们知道,"德治"即"以德治国",强调道德教化、道德自觉、道德规则、伦理秩序以及执政者的道德表率作用,在国家治理、政治运作与社会调节中的重要作用。在中国传统社会,"德治"系作为约束社会共同体成员、维系社会秩序的主要手段。王阳明虽然对政教合一的道德教化、礼教,尤其是其具体体现的科举制度多所贬抑,但他的良知之治对人的道德本能、道德自觉和自律及伦理秩序的强调,表明他的学说仍未走出传统的德治范畴,而传统的以德治国与依法治国相较,明显有其短板和弱项。比如,心学以成圣为"人生第一等事",而任何一个社会,圣贤只是极少数人的道德专利,高高在上,对一般的民众没有太多的感召力和约束力,法律则是最低的

① 王阳明:《书朱子礼卷》。
② 王阳明:《传习录·上》。
③ 王阳明:《批岭北道修筑城垣呈》。
④ 王阳明:《传习录·上》。
⑤ 王阳明:《传习录·上》。

道德。再如,附着在宗法血缘上的道德伦理,在聚族而居、物质贫瘠的小农社会,尚有一定的功效;但随着工商业的发展,这种具有寡欲或禁欲色彩的伦理规范越来越失去效力,并与追求"利益最大化"的商品经济原则相悖。亦如,德治思想道德因素属于"软性因素",其对人的约束没有什么强制力,政治因素则是"快变因素",制度因素是"刚性因素"。传统的"德治"是"人治"下的"德治",被统治阶级所利用,许多道德理念已被封建专制主义制度化、意识形态化,"德治"发生严重扭曲与变形,造成道德的虚伪性和欺骗性。

自然,道德理想主义的阳明心学一路,已经愈来愈背离传统的主流思想,愈来愈切近"百姓日用"和个人利益,愈来愈关注制度建构与政治安排。在这场思想接力中,王学的"内圣外王"思想得以历史性与逻辑性地展开,最终形成黄宗羲《明夷待访录》这样充满理性精神的政治哲学的凌云杰构,由崇尚德治转向推崇法治。

二、黄宗羲的"新民本"思想

黄宗羲(1610—1695),字太冲,号南雷,别号梨洲先生,浙江余姚黄竹浦人。他是明末清初著名启蒙思想家,有着"中国思想启蒙之父"的美誉。

关于黄宗羲思想的学派归属,清人江藩谓:"宗羲之学,出于崱山,虽姚江之派,然以慎独为宗,实践为主,不恣言心性,坠入禅门,乃姚江之诤子也。"[1]梁启超则称他是"清代王学唯一之大师",并认为"梨洲不是王学的革命家,也不是王学的承继人,他是王学的修正者"[2]。刘述先则基本上也将黄宗羲归入陆王心学一派,同时认为"他不只变成王学的殿军,也变成了整个宋明儒学思想的统绪的殿军","他代表了一个时代(指宋明心性之学)的终结,却又在无意之中促进了另一个时代(指清代考据学)的开始"[3]。

---

[1] 江藩:《国朝汉学师承记》卷八《黄宗羲》,钟哲整理,中华书局 1983 年版,第127 页。

[2] 梁启超:《中国近三百年学术史》,东方出版社 1996 年版,第 51—55 页。

[3] 刘述先:《黄宗羲心学的定位·绪言》,浙江古籍出版社 2006 年版,第 1 页。

明清之际的黄宗羲,在五十四岁时(1663)完成了政论名著《明夷待访录》,凡二十一篇。黄宗羲明经通史,又经历了社会的剧变,此书无疑是他研究历代"治乱之故"与明代亡国教训之后而成的理论结晶。书题中"明夷"一词取自《周易》"明夷卦",是由晦而明之意,"待访"意为等待后代明君采纳。在这部精心构想的治国大纲中,黄宗羲将传说中古圣先王与后世君王进行对比,以托古改制的方式表达自己对理想社会的诉求,展开对君主专制的批判,石破天惊,振聋发聩。该书被后世有的学者称为"中国的《民约论》(即卢梭《社会契约论》)","十七世纪中国的'民权宣言'"。

其一,"为天下之大害者,君而已矣"。《明夷待访录》的首章《原君》,是全书的重中之重。在此他指出:"有生之初,人各自私也,人各自利也,天下有公利而莫或兴之,有公害而莫或除之。"而君的出现正是为了兴利除害的社会公益的需要。然而,后世君王反其道而行之,假公济私,公权私用,与民争利,危害天下:"以为天下利害之权皆出于我,我以天下之利尽归于己,以天下之害尽归于人,亦无不可;使天下之人不敢自私,不敢自利,以我之大私为天下之大公","敲剥天下之骨髓,离散天下之子女,以奉我一人之淫乐,视为当然"。"为天下之大害者,君而已矣。"

其二,"公其非是于学校"。黄宗羲在《学校》篇讲,古时社会舆论产生于学校,天子不能专断,天下不以天子本人的是非为是非;三代以降则不然,君王朝廷控制了社会舆论,天下唯天子是从,学校丧失了士林培养、政见表达和舆论监督的功能。更有甚者,朝廷因意识形态的控制而无情打压学术,造成朝廷与学校的对立冲突。

明朝万历年间,被革职的官员顾宪成与高攀龙等在家乡无锡东林书院讲课授学,讽议朝政,裁量人物,他们提出"公是非于天下"。阉党取缔东林党讲学与结社的活动,残害士人。黄宗羲的父亲黄尊素是东林七君子之一,因陈时政之失而被下诏狱,受酷刑惨死。

黄宗羲在血腥蛮横的专制政治面前,捍卫士林的话语权和公意的合法性。他认为,学校不仅"所以养士也",更重要的它还是明辨是非、探寻真理的交流平台和公共场所,他指出:"天子之所是未必是,天子之所非未必非,天子亦遂不敢自为非是,而公其非是于学校。"这在当时无疑有着巨大的启蒙作用。

其三,"人主以天下为家"。在历史上的专制社会,君王获取和垄断最高权力的目的,是最大限度地榨取经济利益,结果必然为一己之私利而损害天下公利。这自然也成了黄宗羲批判锋芒之所向。《明夷待访录》的相关章节揭露说,苛捐杂税,花样繁多,"天下之赋日增","为民者日困"①;赋税折银征收,负担加重,民不堪重负;贪官污吏,巧取豪夺,"吏胥之害天下,不可枚举"②;"人主以天下为家,故以府库之有为己有,环卫之强为己强,尚然末王之事"③,更何况皇城以外皆视为非君所有,于是哓哓争夺,不遗余力……

其四,"一家之法,而非天下之法也"。在《原法》中,黄宗羲探讨了公私之法,认为"三代以上有法,三代以下无法",原因在于:

> 二帝、三王知天下之不可无养也,为之授田以耕之;知天下之不可无衣也,为之授地以桑麻之;知天下之不可无教也,为之学校以兴之,为之婚姻之礼以防其淫,为之卒乘之赋以防其乱。此三代以上之法也,固未尝为一己而立也。后之人主,既得天下,唯恐其祚命之不长也,子孙之不能保有也,思患于未然以为之法。然则其所谓法者,一家之法,而非天下之法也。是故秦变封建而为郡县,以郡县得私于我也;汉建庶孽,以其可以藩屏于我也;宋解方镇之兵,以方镇之不利于我也。此其法何曾有一毫为天下之心哉!而亦可谓之法乎?

> 三代之法,藏天下于天下者也:山泽之利不必其尽取,刑赏之权不疑其旁落;贵不在朝廷也,贱不在草莽也。在后世方议其法之疏,而天下之人不见上之可欲,不见下之可恶,法愈疏而乱愈不作,所谓无法之法也。后世之法,藏天下于筐箧者也;利不欲其遗于下,福必欲其敛于上;用一人焉则疑其自私,而又用一人以制其私;

---

① 黄宗羲:《明夷待访录·田制》。
② 黄宗羲:《明夷待访录·胥吏》。
③ 黄宗羲:《明夷待访录·奄宦》。

行一事焉则虑其可欺,而又设一事以防其欺。天下之人共知其筐
箧之所在,吾亦鳃鳃然日唯筐箧之是虞,故其法不得不密。法愈密
而天下之乱即生于法之中,所谓非法之法也。

这里将古代"天下之法"与后世"一家之法"进行对比,从立法与司法的
目的和出发点着眼,指出:出于统治者私利而制定的法律是"一家之法",因
而是"非法之法";而真正的法是"天下之法",系为天下之人而设。他将此理
想托之于尧舜和夏商周开国之君。

黄宗羲接着说,一家之私法即"非法之法",无论兴废与否,终将难逃天
下大乱之厄运:

论者谓一代有一代之法,子孙以法祖为孝。夫非法之法,前王
不胜其利欲之私以创之,后王或不胜其利欲之私以坏之。坏之者
固足以害天下,其创之者亦未始非害天下者也。乃必欲周旋于此
胶彼漆之中,以博宪章之余名,此俗儒之剿说也。即论者谓天下之
治乱不系于法之存亡。

他认为,只有废弃以君主的意志为转移的法律制度,把天下真正作为天
下人的天下,才有可能有为了天下人的公正之法。也唯其如此,才有公正执
法的正义之士,天下才能有太平可言。他说:

即论者谓有治人无治法,吾以谓有治法而后有治人。自非法
之法桎梏天下人之手足,即有能治之人,终不胜其牵挽嫌疑之顾
盼,有所设施,亦就其分之所得,安于苟简,而不能有度外之功名。
使先王之法而在,莫不有法外之意存乎其间。其人是也,则可以无
不行之意;其人非也,亦不至深刻罗网,反害天下。故曰有治法而
后有治人。①

---

① 黄宗羲:《明夷待访录·原法》。

这里所谓"有治法而后有治人"云云,已蕴含了"法治"高于"人治"的思想。不过,黄宗羲那里尚不见如英国启蒙运动的领袖洛克所强调的专制意志凌驾于法律之上人就有权废除它的激烈主张。

现代法理学中,有"良法"与"恶法"之分。所谓良法,就是捍卫人民的权利和自由,防止暴政,惩治犯罪,维护正义的法律。与之相对应的是恶法,即维护独裁专制的暴政、侵害人权、肆意剥夺人的自由、损害正义的法律。黄宗羲所说的"天下之法"与"一家之法"正对应于"良法"与"恶法"。可见,这里已涉及法律的合法性问题,他对法的公私性质的区分,是相当先进与深刻的。

其五,"天下为主,君为客"。该书的理论原点和逻辑根据是其《原君》中"天下为主,君为客"的著名命题。这句话多被后人解读为"人民为主,君王为客"。"天下为主,君为客"一句中的"主"与"客",古语既有主人与客人的意思,又指"主"与"仆",[①]如从全书的整体思路来把握,应该说,从主仆关系来解读更契合"天下为主,君为客"命题的本旨。细读与"古者天下为主,君为客"相对应的文字段落:"今也以君为主,天下为客,凡天下之无地而得安宁者,为君也。是以其未得之也,屠毒天下之肝脑,离散天下之子女,以博我一人之产业,曾不惨然。"黄宗羲的"主"与"客",应该解读为"主子"与"仆人"的关系为宜。

笔者赞同将《明夷待访录》定性为"新民本思想",但理论根据和论证角度有所不同。我们认为,《明夷待访录》民本君客说颠覆了传统的君本民末的官方意识形态,通过辨别公私观念来抑制君权、伸张民权,彰显了民众的权利主体性,给传统的民本思想贡献了新意,是通向近代民主观念的关键环节。这里姑且衡之以林肯的民有、民治、民享的"民主"标准,《明夷待访录》以"人各自私也,人各自利也"人之"私"的个体主义为立论原点,由公私之辨(统治者为私,广大百姓为公)到主客之辨(天下为主,君为客),这里已涉及权力主体的"民有"问题。至于"民享",这本是传统民本思想最突出之点,黄宗羲自然于此也是浓墨重笔("而在万民之忧乐","利天下"而非"害天下"云

---

① 侯外庐先生说:"在中国的封建史上,主客二字的对称语,都以'主'为地主阶级,'客'为农奴身份。"(《中国思想通史》第五卷,人民出版社 1956 年版,第 161 页)

云）。至于"民治"，它在逻辑上介于"民有"与"民享"之间，以"民有"为理论根据而以"民享"为目的指归，它与体现价值理性的"民有"和"民享"有别，属于工具理性范畴的制度安排。黄宗羲于此少有考量——这与吾民族历史实践的相对薄弱有关，但其所谓"公其非是于学校"与"有治法而后有治人"的"天下之法"，则试图从公共舆论与法制环境上影响或约束执政者，尽管这些举措尚不是完全意义上的直接统治或者间接统治的"民治"。但书中"岂设君之道固如是乎"这类说法，虽不一定是就操作程序上实讲，而可能是就法理意义上的虚言，确乎又涉及权力的合法性来源问题，尽管含糊其词，但至少它不是指天人感应的君权神授、自上而下的所谓"禅让"和自下而上的暴力攘夺。

作为传统社会治理工具的道德法制，都是以忠君尊君、维护"家天下"的王权为指归的。而黄宗羲《明夷待访录》辨明公私、抑君伸民的思想旨趣，即是以此为理论支点和轴心而展开的。其"天下为主，君为客"说，是其权力学说的思想纲领和核心命题。黄宗羲的公私之辨已经把民本观念向民主理念提升，系介于二者之间的过渡的理论形态，其"天下为主，君为客"的命题，已开始超越传统民本思想的意义边界。《孟子》所谓"民为贵，社稷次之，君为轻"是传统民本思想的经典表达，其是讲的价值、重要性的轻重缓急，而黄宗羲"天下为主，君为客"的"主客"（主仆）已涉及或暗含国家主权意义，尽管他就政权的合法性来源问题无甚探究，致使主权观念残缺不全，难以一贯。黄宗羲的思想已开始脱离传统"民本"思想的窠臼而迈向近代民主理念。民主是法治的基础，法治是民主的保障。唯其如此，黄宗羲"新民本"思想使其关于权力（权利）的法律构想已不再是原来的统治者以法治民的法制（即"刀治"），而有了依法治国的法治的意味（即"水治"）。权力（权利）的合法性问题解决了，才谈得到民主法治的落实；而民主与法治的建立与完善，乃是根治腐败、实现廉政的治本之法。

三、余论

王阳明"良知"心学强调"德治"思想，作为阳明后学的黄宗羲"新民本"说推崇"法治"，两种思想经由后人的创造性转化、创新性发展，均可服务于现代社会的廉政建设,二者缺一不可。从学理上看,道德与法律、德治与法治有着内在的逻辑联系,可以彼此促进、相辅相成、协调发展。道德与法律之间的这种关系,为现实层面"以德治国"与"依法治国"的结合提供了理论上的根据与可能。

其一,道德是法律的基础与前提。首先,道德在逻辑上先于法律。没有法律可以有道德,但没有道德就不会有法律。法律可以创设特定的义务,但无法创设服从法律的一般义务,这种义务必须,也有必要是道德性的。假如没有服从法律的道德义务,那就不会有什么称为法律义务的东西。其次,法律以道德为价值依托,具有最低限度的道德内容,是对实在法的最起码的要求。如果法律规则与该社会的价值观念、伦理规范和道德观念不相容或者相抵触,它就很难为社会认可、接受,很难真正建立起来,即使建立起来也难以长久。最后,现代真正意义上的"法治",应该以实现正义为目的。法学领域有一种"形式的法治论",认为法律与道德之间、"实然的法"与"应然的法"之间没有必然联系,法律的结论不能由道德判断或价值判断得出,而仅仅运用逻辑工具直接由已预设的法律规则中演绎得出。法律无所谓善恶好坏,只要程序上公正或形式上正义即是法,"恶法亦法"。另一种是"实质的法治论",认为只有体现道德内容的法律,才是具有法的品质的法律,否则,就是一种不法的法律,"恶法非法",如纳粹统治下的反人道的法律就是"恶法"。我们认为,虽然法与道德不能混淆,以及法的运作有其自身的严格程序与规则,但是,失去正义原则和道德价值就无异于失去了判断法律善恶好坏的标准,这样的法律势必成为立法者专横的工具,法治也就无从谈起。舍道德而谈法律或者法治,一如舍规矩而言方圆。

其二,道德促进或制约法律。首先,道德的状况制约着立法的发展,道德水平的提高会为法的制定创造良好的社会环境。其次,道德对法律的实施有着不可忽视的促进作用,如执法方面较高的职业道德能保证执法者秉公执法、严格执法。维持一种实在法体系,有赖于那些对它的管理和执政负有责任的人如法官、警察和法律界人士的笃诚。如果他们到了腐败的地步,法律的作用就会遭到削弱,人民就无法指望得到法律的保护,也无法指望利用法律提供的种种便利。最后,道德意识的提升可提高人们遵守法规、维护法律尊严与同违法现象做斗争的自觉性。

其三,法律是传播道德的有效手段。一方面,在立法上对一些道德要求、道德原则、道德理念予以确认,用国家的强制力保障其实现、维护其权威;另一方面,在法律的实施上,通过对违法犯罪行为的惩治与对合法守法行为的保护褒奖,既可培养遵纪守法的法律意识,又可强化人们的道德观念,使社会保持良好的道德风尚。一般来讲,法律支持了道德,强化了道德,给良心制裁增加了世俗制裁。

其四,道德与法律互相补充。如上所述,道德与法律的作用范围虽然有所交叉重叠,但又各有其范围,如待人诚实礼貌、尊老爱幼和不随地吐痰等要求,一般属于道德而非法律的专有领域。由于法律与道德的作用范围不尽相同,故其在功能上可互为补充。还有,道德作为一种文化上的确定目标以及指导这些目标实现的准则,个人自觉地把道德要求内在化为个人的道德品质。与作为内在性、自律性规范的道德不同,法律是一种外在性、他律性的社会规范。一般来讲,它是通过赏善罚恶来约束人们的行为而非思想与精神,更具有外在的强制性。强制性的法律的局限在于存在着被抗拒的可能性,而非强制性的道德的局限在于对恶人的制约力不足,二者各自的局限恰恰是对方的优势,故应互相补充。此外,法律基于人性恶,道德基于人性善;法律重在禁恶,道德则偏于扬善;法律遏制人的非理性,道德则激发人的理性;法律的实施成本高,道德的运作代价低;法律规定一般清楚明晰,道德规范则往往具有弹性、模糊性。二者在调整社会关系和维护社会秩序方面各有侧重,互相弥补。

总之,王阳明与黄宗羲都是余姚人的骄傲。而就当下的社会现实来说,我们既需要王阳明的有益的思想养料,也需要黄宗羲;道德自觉自律固然重要,但权力规制和制度建构更重要。

王阳明的廉政思想

中国社会科学院考古研究所副所长、研究员

陈时龙

　　一种思想的产生与流行,总是有一定的社会背景,并且因其具有一定的社会功能或社会批判力而获得大众的欣赏。王阳明(1472—1529)的思想在明朝后期流行极广,既受到众多士子的追捧,也常受到朱子学者的抨击,其受欣赏或抨击也都有其一定的社会背景。阳明思想的影响,最直接的是冲击了之前僵化陈旧的学术。学术虽不是一个社会的全部,但学术问题也不完全孤立于社会之外;况且,学术人物本身也是社会人物、政治人物。在明代前期,学术的主流是作为正统意识形态的程朱理学,而这些理学家也多具有官僚的身份。因此,政治与学术之间总是不可分割的,阳明思想的诞生及影响也都不可能仅仅停留在学术层面上进行讨论。阳明思想的诞生是伴随着他坎坷而动荡的仕宦生涯的。他的思想,既是对前人思想的继承或反响,也是对社会现实的反映,故而其中少不了对官僚社会种种弊端的抨击。诚如钱穆先生所言,阳明的哲学"简易直截",然而"他的简易直截,还从深细曲折处来"①。所谓深细曲折,一方面是指阳明哲学来自对之前哲学的融会贯通和思考,另一方面亦应包括阳明的人生体验与政治阅历。不过,王阳明虽然做过高官,但其实他还是一个相对纯粹的学者。他信奉个人的道德自律,相信道德自律是解决所有社会问题的唯一手段。对于政治,阳明很少发表直接的见解,即便对嘉靖初年的"大礼议"政治事件,也不作直接的表态,系统性的政论文字绝少。但是,对于官吏廉洁行政的具体问题,在他做官时所发布的文书中,以及在面对处在仕宦途中的学生们的咨询时,甚至在纯粹讨论学问时,他却都有触及。为此,细绎阳明所留下来的文字,探讨这位中国

---

　　① 钱穆:《王守仁》,商务印书馆1930年版,第1页。

历史上的大思想家对于当时社会现实的态度,尤其是他对于当时官场以及官场弊政的态度,是有意义的。

一、政学无二

阳明从根本上来说是一个学者,始终认为学问与政治之间没有太大的界限。他认为,一个能够在修身信养性上做到非常优秀的人,完全可以把政事处理得很完美。换言之,他认为一个人的身心修养决定了他在政治上的作为。明武宗正德七年(1512),他在《与王纯甫》中说:"汪景颜近亦出宰大名,临行请益,某告以变化气质。居常无所见,惟当利害,经变故,遭屈辱,平时愤怒者到此能不愤怒,忧惶失措者到此能不忧惶失措,始是能有得力处,亦便是用力处。天下事虽万变,吾所以应之不出乎喜怒哀乐四者。此为学之要,而为政亦在其中矣。"①学问的用处,就是能让一个人变化气质,在遇到平时要发怒的事时可以做到不愤怒,遇上平时要忧惧的事时能做到不忧惧,治学如此,治政亦如此。在阳明看来,学即是政,政即是学。正德十一年(1516),阳明说:"使在我果无功利之心,虽钱谷兵甲,搬柴运水,何往而非实学?何事而非天理?"②嘉靖二年(1523),他在面对学生路宾阳的咨询时说:"郡务虽繁,然民人社稷,莫非实学。"③而且,阳明认为,先贤其实早就论证过"政学合一"的思想,如《论语》中所说的"修己以安百姓","修己"便是"明明德","安百姓"便是"亲民"。④ 换言之,无论是孔子所说的"修己以安百姓",还是《大学》所谓的"明德亲民",都可以说是对"政学合一"的注解。

写在嘉靖三年(1524)的《书朱子礼卷》一文,生动地表达了阳明所主张的为政与为学可以在实践中互动的思想:"子礼为诸暨宰,问政。阳明子与之言学,而不及政。子礼退而省其身,惩己之忿,而因以得民之所恶也;窒己之欲,而因以得民之所好也;舍己之利,而因以得民之所趋也;惕己之易,而

---

① 王守仁:《王阳明全集》,上海古籍出版社 1992 年版,第 154—155 页。
② 《王阳明全集》,第 166 页。
③ 《王阳明全集》,第 192 页。
④ 王守仁著,邓艾民注:《传习录注疏》,上海古籍出版社 2012 年版,第 7 页。

因以得民之所忽也;去己之蠹,而因以得民之所患也;明己之性,而因以得民之所同也;三月而政举。叹曰:'吾乃今知学之可以为政也已!'他日,又见而问学。阳明子与之言政,而不及学。子礼退而修其职,平民之所恶,而因以惩己之忿也;从民之所好,而因以窒己之欲也;顺民之所趋,而因以舍己之利也;警民之所忽,而因以惕己之易也;拯民之所患,而因以去己之蠹也;复民之所同,而因以明己之性也;期年而化行。叹曰:'吾乃今知政之可以为学也已!'他日,又见而问政与学之要。阳明子曰:'明德、亲民,一也。古之人明明德以亲其民,亲民所以明其明德也。是故明明德,体也;亲民,用也。而止至善,其要矣。'子礼退而求至善之说,炯然见其良知焉,曰:'吾乃今知学所以为政,而政所以为学,皆不外乎良知焉。信乎,止至善其要也矣。'"①从这段记载来看,治学原是个人的事情,学是为己之学,是明明德。然而,对于一个有治民之责的官员来说,个人道德的修养,却直接影响到他为政的效果:一个善于克制自己欲望的官员,就会清楚老百姓的真正诉求;一个能够舍弃自己私利的官员,就会真切地了解百姓真正的需要。从这种意义上来说,个人的身心修养是本,而治政是用。另一方面,一个官员如果能够做到亲民,能够主动了解和满足老百姓的诉求,他个人的道德修养也会因此获得进益,可以明明德。无论是亲民还是明明德,关键是要遵从自己的良知,要致良知。

明德与亲民之所以一致,哲学的根源就是万物一体。陈来先生论万物一体时说,仁者以天地万物为一体,是把宇宙万物尤其是人类社会的每一成员都看成是和自己息息相通、不可分离的部分,而阳明将"仁者与天地万物为一体"与"亲民"联系起来,比《论语》的"博施济众"和孟子的"仁民爱物"更能凸显儒学诚爱恻怛的悲悯情怀,以及其对社会的责任感与使命感;一个儒家知识分子担任行政职务,万物一体便落实到了"政"上,如果不担任官职,便会落实在"道"与"学"上。② 从万物一体的诚爱恻怛出发,政也就是学,这时候做官的目的和做学问是一样的,都是要行道。正德三年(1508),被贬谪在贵州龙场驿的王阳明曾对学生们说:"君子之仕也,以行道;不以道而仕

---

① 《王阳明全集》,第281页。

② 陈来:《有无之境——王阳明哲学的精神》,人民出版社1991年版,第259页。

者,窃也。"①从行道的目的出发,从万物一体的观念出发,一位担任行政官职的儒家知识分子,会把治下所有事情当作自己的事情来体贴,自然也就足以保证政治清明。因此,当辰州府判官赵仲立向阳明问政时,阳明说:"亲吾之父,以及人之父,而孝之德明矣;亲吾之子,以及人之子,而慈之德明矣。明德,亲民也,而可以二乎? 惟夫明其明德以亲民也,故能以一身为天下;亲民以明其明德也,故能以天下为一身。夫以天下为一身也,则八荒四表,皆吾支体,而况一郡之治、心腹之间乎?"②

虽然说政学无二,而明德亲民又只是一事,但阳明还是清楚官场的现实的。因此,对于人在仕途,阳明还是相当警惕的。正德十二年(1517),季本、薛侃等人同举进士,阳明说:"入仕之始,意况未免摇动,如絮在风中,若非粘泥贴网,亦自主张未得。"③在正德十三年(1518)写给学生陆澄的信中,阳明把仕途比喻为烂泥塘,指出人在其中随时有陷溺的危险。他说:"人在仕途,如马行淖田中,纵复驰逸,足起足陷,其在驽下,坐见沦没耳。"④嘉靖六年(1527),王阳明在写给另外一名学生黄绾的信中说:"人在仕途,比之退处山林时,其工夫之难十倍。"⑤为此,阳明认为人在仕途时,加强个人道德修养乃是根本。当然,培植根本之外,尚有许多具体的保证自己操守的方法。

二、为政以诚

王阳明主要生活在明代弘治年间、正德年间和嘉靖初期。弘治皇帝朱祐樘(1487 年 9 月 22 日—1505 年 6 月 8 日在位)是明代历史上一位比较勤政的皇帝,与文官政府的关系也比较好,被视为"中兴令主"。即便如此,弘治朝吏治仍旧日益败坏,官吏贪污与大量传奉官而造成的冗官现象都较为严重。到正德年间,明武宗朱厚照(1505—1521 在位)佚荡,不理政事,宠信宦官刘瑾、佞幸江彬等人,而士大夫纷纷与宦官交结,尸位素餐,不思进取。

---

① 《王阳明全集》,第 912 页。
② 《王阳明全集》,第 1024—1025 页。
③ 《王阳明全集》,第 1242 页。
④ 《王阳明全集》,第 166 页。
⑤ 《王阳明全集》,第 219 页。

嘉靖初年,明世宗朱厚熜(1521—1567在位)由藩王入继大统,因生父封号问题引发大礼议,使得朝中派系斗争加剧。在王阳明生活的时代,一个王朝由盛转衰的迹象开始显露。

在阳明看来,虚伪、因循守旧而不思进取、结党营私,以及贪贿,是当时官场最突出的陋习。早在弘治十二年(1499),刚刚考取进士的王阳明上《陈言边务疏》时就说:"臣愚以为今之大患,在于为大臣者外讬慎重老成之名,而内为固禄希宠之计;为左右者内挟交蟠蔽壅之资,而外肆招权纳贿之恶。"①阳明认为,朝廷大臣嫉贤妒能,结党营私,比之地方叛乱的危害还大。这一思想在多年之后被清楚表露。嘉靖六年(1527),阳明受命征思、田,写信给黄宗贤说:"东南小蠢,特疮疥之疾;群僚百司各怀谗嫉党比之心,此则腹心之祸,大为可忧者。"②由于官场的习气不好,士风因之亦极败坏,士人们结党营私,追名逐利,虚伪相待。嘉靖四年(1525),王阳明在一封信中写道:"近世士夫之相与,类多虚文弥诳,而实意衰薄,外和中妒,狥私败公,是以风俗日恶,而世道愈降。"③他认为这种虚情假意的交接流毒甚深。嘉靖五年(1526),他在写给学生邹守益的信中谈道:"后世大患,全是士夫以虚文相诳,略不知有诚心实意。流积成风,虽有忠信之质,亦且迷溺其间,不自知觉。是故以之为子则非孝,以之为臣则非忠。流毒扇祸,生民之乱,尚未知所抵极。"④因为虚伪,则所谓忠孝廉耻,都只是浮在纸面,挂在嘴上,未能真正体贴到自己的身上,体贴到自己心上。更有甚者,为一己之私利,士大夫之间互相党援。阳明在嘉靖七年(1528)的一篇序文中说:"今世士夫计逐功名,甚于市井刀锥之较,稍有患害可相连及,辄设机阱,立党援,以巧脱幸免;一不遂其私,瞋目攘臂以相抵捍钩摘,公然为之,曾不以为耻,而人亦莫有非之者。"⑤除此之外,对各种弊端与违规行为习以为常,淡然处之,也是当时官场极严峻的现实。阳明在《禁革轻委职官》中说:"今各处军卫有司往往辄因私事弃职远出,或因上司经由,过为趋谄,越境送迎,往回动经旬月,上下相

① 《王阳明全集》,第285页。
② 《王阳明全集》,第830页。
③ 《王阳明全集》,第823页。
④ 《王阳明全集》,第205页。
⑤ 《王阳明全集》,第884页。

安,恬不为异。"①原本违规的行为历时既久,便成习惯,"恬不为异",更足以引人警醒。

针对这种"虚"的陋习,阳明认为须通过"诚"的强调来加以整治。他认为,只讲求虚文而不求体贴到自身,绝不能形成高尚的道德修养。在评价官员修缮先贤祠庙的举动时,阳明说:"时之表励崇饰,有好其实而崇之者,有慕其名而崇之者,有假其迹而崇之者。忠义有诸己,思以喻诸人,因而表其祠宇,树之风声,是好其实者也。知其美而未能诚诸身,姑以修其祠宇,彰其事迹,是慕其名者也。饰之祠宇而坏之于身,矫之文具而败之于其行,奸以掩其外,而袭以阱其中,是假其迹者也。"②也就是说,在阳明看来,最重要的在于自己的道德行为。这也是阳明在正德年间反复提倡"知行合一"的动机。阳明早年讲学,常以"立诚"为宗旨。正德年间,他在南赣时要求下属:"凡我有官,皆要诚心实意,一洗从前靡文粉饰之弊。"③在发给崇义县的公文中,阳明强调知县应有合适的为官之道。他说:"大抵风土习尚虽或有异,而天理民彝则无不同,若使为县官者果能殚其心力,悉其聪明,致其恻怛爱民之诚,尽其抚辑教养之道,虽在蛮貊,无不可化。"④亲民而不知明德,就会堕落成权术,堕落成算计。在《大学问》中,阳明说:"固有欲亲其民者矣,然惟不知止于至善,而溺其私心于卑琐,是以失之权谋智术,而无有仁爱恻怛之诚,则五伯功利之徒是矣!"⑤这话也是他前述对南大吉所说的,可见诚是阳明信奉的。阳明在嘉靖四年(1525)《题梦槎奇游诗卷》中说:"夙兴夜寐,非以为勤也;剸繁理剧,非以为能也;嫉邪祛蠹,非以为刚也;规切谏净,非以为直也;临难死义,非以为节也。吾心有不尽焉,是谓自欺其心;心尽而后,吾之心始自以为快也。"⑥不论做什么事情,只要"尽吾心",便是诚。"诚"继续向前一步,就要求官员要遵从自己的"良知",要"致良知"。他对邹守益谈如何治理官场虚文应事的陋习时说:"今欲救之,惟有返朴还淳是对症之剂。

---

① 《王阳明全集》,第630页。

② 《王阳明全集》,第247—248页。

③ 《王阳明全集》,第636页。

④ 《王阳明全集》,第615页。

⑤ 《王阳明全集》,第969页。

⑥ 《王阳明全集》,第924页。

故吾侪今日用工,务在鞭辟近里,删削繁文始得。然鞭辟近里、删削繁文,亦非草率可能,必须讲明致良知之学。"①阳明还认为:"凡人之为不善者,虽至于逆理乱常之极,其本心之良知,亦未有不自知者。但不能致其本然之良知,是以物有不格,意有不诚,而卒入于小人之归。"②那些最终成为小人的人,是因为不能发现自己的良知。

只是,体现在具体的为政之道上,又要如何做才体现"诚"呢?阳明对此有些论述。例如,江西吉安府曾向他请求发放仓库存粮以赈灾,阳明批复说,救荒是必要的,但"诚于爱民者,不徒虚文之举,忠于谋国者,必有深长之思"。因此,赈灾不是无偿地清空已有仓库的存粮,而是可以采取借贷的方式赈济灾民,等收成后"减半还官,以实储蓄",从而官民两便。针对当时"文移日烦"的现实,阳明则要求各级官员务实从简,以节约为原则,避免文牍主义。他向下属官员提议:"自今事关本院,除例该奏报及仓库钱粮、金帛、赃罚、纸价、预备稻谷等项,仍于每岁终开项,共造手册一本送院查考外,其余一应不大紧要文册及依准等项,通行裁革,务从简实,以省劳费。"③对于高级官员,阳明的要求更高,他认为朝廷高级官员不能急功近利,而必须有实心为国之诚,需要"警惕朝夕,谦虚自居",且"不必务速效,求近功,要在诚心实意,为久远之图"④。

三、监管与奖励

阳明所处的时代,下层官吏贪赃之事层出不穷。他在《奖励主簿于旺》中谈道:"看得近来所属下僚,鲜能持廉守法。"⑤因此,阳明很重视加强对下层官吏的监管与考察,而且还要求其下各级官员亲力亲为,加强对各自下属的监管。他认为,下层官吏贪赃枉法与上司不加监管、不以民事为重有关。他说:"大抵天下之不治,皆由有司之失职;而有司之失职,独非小官下吏偷惰苟安侥幸度日,亦由上司之人不遵国宪,不恤民事,不以地方为念,不以职

① 《王阳明全集》,第 205 页。
② 《王阳明全集》,第 1011 页。
③ 《王阳明全集》,第 636 页。
④ 《王阳明全集》,第 832 页。
⑤ 《王阳明全集》,第 608 页。

业经心,既无身率之教,又无警戒之行,是以荡弛日甚。"①对于下层官吏,自己以身作则的"身率之教"固然重要,而作为监管的"警戒之行"亦不可少。因此,阳明自己对下属官员进行严格考察。正德朝后期,阳明受命巡抚南赣,最初两年因军务倥偬,未暇考察,至正德十三年(1518)六月,命令布政司与按察司官员由自己亲行询访,本道官吏即便查访所属军卫有司官员,"要见某官廉勤公谨,某官贪婪畏缩,某官罢软无为,某官峻刑酷暴,备细开造小册,就于前件下填注,印封密切,马上差人赍报,以凭覆奏黜陟拿问施行。"②正德十四年(1519)平定朱宸濠之乱后,他发布《宽恤禁约》,申令官员要严格约束下属:"所属各县官员,务须轸念地方,痛恤民隐,凡一应不急词讼工役,俱各停止。其军事合用兵夫粮草,各官俱要持廉秉公,亲自编派,毋得因而科扰,及听信下人受财作弊。"③

阳明还认为,要监管好下属,最重要的是要加强事权统一。事涉财物,更应该强调统一管理,不许政出多门。《行漳南道禁支税牌》说:"牌仰该道官吏,今后凡有相应动支,止许具由呈禀本院,听候批允,不得一概申请,有乖事体,渐开多门之弊,反生侵渔之奸。"④正德十二年(1517)九月,在处理南赣商税事务时,分巡岭北道兵备副使杨璋呈报说,折梅亭的商税抽分中可能有弊端:一是文簿的记载只记"某日抽税银若干,不见开有某商人某货若干,抽银若干",一是抽分官员只是典史、仓官、义民等人,官职卑微,不惜名节,惟嗜贪污。因此,杨璋提出将折梅亭与龟角尾两处商税抽分处合并一处,选择在离分巡道、巡抚等高级官员较近的龟角尾统一征税。对此,王阳明本人表示赞同,并在上奏朝廷之疏中说:"监司既远,胥猾得以恣其侵渔;头绪既多,彼此得以容其奸隙。若革去折梅亭之抽分,而总税于龟角尾,则事体归一,奸弊自消。"⑤从王阳明这段论述看,奸弊之所以产生,一是因为吏胥的恣纵,二是因为上司监管不力,三是因为事体不能统一,头绪太多,也容易滋生腐败。监管的另一方面,就是鼓励普通百姓对下层官吏的不法行为进行揭

---

① 《王阳明全集》,第 629 页。
② 《王阳明全集》,第 1084 页。
③ 《王阳明全集》,第 574 页。
④ 《王阳明全集》,第 1084 页。
⑤ 《王阳明全集》,第 336—337 页。

发。阳明在《南赣乡约》中号召说："吏书、义民、乡甲、里老、百长、弓兵、机快人等若揽差下乡，索求赍发者，约长率同呈官追究。"①在征收里甲杂办时，他也同意按察副使王度"如有官吏额外科派，及收银人役多取火耗秤头，并里甲恃顽不办，许各呈告"的建议。②

　　同时，王阳明对廉洁的官吏予以奖励，力图匡正社会风气。致仕县丞龙韬因为贫乏不能自存，就得到王阳明的柴米周济与表彰。《优奖致仕县丞龙韬牌》中说："访得赣县致仕县丞龙韬，平素居官清谨。迨其年老归休，遂致贫乏不能自存。薄俗愚鄙，反相讥笑。夫贪污者乘肥衣轻，扬扬自以为得志，而愚民竞相歆羡；清谨之士，至无以为生，乡党邻里，不知以为周恤，又从而笑之；风俗薄恶如此，有司者岂独不能辞其责。……为此牌仰赣州府官吏，即便措置无碍官银十两，米二石，羊酒一付，掌印官亲送本官家内，以见本院优恤将奖待之意。仍仰赣县官吏，岁时常加存问，量资柴米，毋令困乏。呜呼！养老周贫，王政首务，况清谨之士，既贫且老，有司坐视而不顾，其可乎？远近父老子弟，仍各晓谕，务洗贪鄙之俗，共敦廉让之风。"③临江府请求为官声清廉的知府戴德孺修建生祠，王阳明也加以批准，并说："看得知府戴德孺素坚清白之守，久著循良之政，今其去任，而郡民建祠报德，此亦可见天理之在人心，自不容已。"④在任官员如果廉洁自守，也能得到阳明的奖励。《奖励主簿于旺》中说："访得兴国县主簿于旺，独能操持清白，处事详审。近委管理抽分，纤毫无玷，奸弊划革。抚属小官之内，诚不多见，相应奖励，以劝其余。为此牌仰官吏即便支给商税银两，买办花红、彩段、羊酒各一事，并将本院发去官马一匹，带鞍一付，备用鼓乐，差官以礼送付本官，用见本院奖励之意。"⑤他设立保甲之法，但为了防止保长枉法，则不允许保长干预各甲词讼。⑥ 江西按察佥事李素为官清廉，死后无以为殓，阳明接受按察司拨长夫水手将其官属护送还乡的建议。《批江西按察司故官水手呈》中说："看得

　　①　《王阳明全集》，第 601 页。
　　②　《王阳明全集》，第 605 页。
　　③　《王阳明全集》，第 570 页。
　　④　《王阳明全集》，第 597 页。
　　⑤　《王阳明全集》，第 608 页。
　　⑥　《王阳明全集》，第 610 页。

佥事李素,处心和易,居官清谨,生既无以为家,死复无以为殓,寡妻弱妾,旅榇万里,死丧之哀,实倍恒情。该司议欲加拨长夫水手护送,非独僚友之情,实亦惇廉周急之义。准议行令各府佥拨长夫水手,照例起关,差人护送还乡。"①南昌府保昌县丞杜洞清介为政,病故之后,阳明亦令拨水手银两照顾。《牌行南昌府保昌县送故官》称:"照得保昌县县丞杜洞,久在军门,管理军赏,清介自持,贤劳茂著,郡属之中,实为翘然;今不幸病故,使人检其行囊,萧然无以为归殡之资,殊可伤悼!……为此牌仰本府官吏,即于库贮无碍官钱内给与水手两名,棺殓银十两,就行照例起关,应付船只脚力;查照家属名数,给与口粮,务要从厚资送还乡开报。及仰保昌县官吏,即便佥拨长行水手两名,棺殓银二十两,及将本官应得俸粮马夫银两,照数支给,交付伊男;及差的当人役,护送还乡,毋致稽误。"②通过不断树立清廉的榜样,阳明意在让社会的评价标准恢复正常,使清廉之风得到提倡。

四、预防与养廉

阳明认为,加强廉洁自律,首先要满足官吏们的正常需求,以预防为主。阳明是一个理想主义者,但并非不重视现实。他曾经说过,天理不外乎人情,因此讲究廉洁也不能不通情理。他在嘉靖四年(1525)的《重修浙江贡院记》一文中所引述的当时重修贡院的监察御史潘仿的话,实际上代表了他自己的心声:"夫兴居靡所而责以殚心厥事,人情有所不能矣。无亦休其启处,忧其饩养,使人乐事劝忠,以各供其职,庶亦尽心求士之诚乎?慢令弛禁,使陷罔于非僻,而后折辱之,其为狎侮士类,亦甚矣。无亦张其纪度,明其视听,使人不戒而肃,以全其廉耻,庶亦待士以礼之意乎。"③意思是说,与其等别人犯下错误再加以折辱,还不如提前严肃纲纪,使人自然警觉而有廉耻之心,从而不敢犯错。因此,阳明每莅任,在发给下属的公文中,都要对官吏守法奉公予以申饬。例如,在《巡抚南赣钦奉敕谕通行各属》的公移中,除要求

---

① 《王阳明全集》,第 618 页。
② 《王阳明全集》,第 641 页。
③ 《王阳明全集》,第 903—904 页。

地方官员向上呈报相关情况外,他还申明说:"各该官吏俱要守法奉公,长廉
远耻,祛患卫民,竭诚报国,……其或奸贪畏缩、志行卑污者,黜罚亦有明条,
当职亦不敢同恶。"①正德十四年(1519)平定宁王朱宸濠之叛后,一时江西官
吏大批空缺,当时提拔了不少官员临时掌印金书。阳明在《批江西都司掌管
印信》中对他们训诫说:"其或庸碌浮沉,甚至欺公剥下,岂徒败其身名,亦难
免于刑宪。"②

　　但是,王阳明也指出,当时官吏俸禄偏低,应该增加下层官吏的俸禄,使
他们没有内顾之忧。《议处官吏廪俸》说:"照得近来所属各州县、卫所、仓场
等衙门大小官吏以赃问革者相望,而冒犯接踵。究询其由,皆云家口众多,
日给不足;俸资所限,本以凉薄,而近例减削,又复日甚;加有上下接应之费,
出入供给之繁,穷窘困迫,计出无聊。中间亦有甘贫食苦刻励自守者,往往
狼狈蓝褛,至于任满职革,债负缠结,不得去归其乡。夫贪墨不才,法律诚所
难贷,而其情亦可矜悯!夫忠信重禄,所以劝士。在昔任人,既富方縠,庶民
在官,禄足代耕,此古今之通义也。朝廷赋禄百司,厚薄既有等级,要皆使各
裕其资养,免其内顾,然后可望以尽心职业,责以廉耻节义。今定制所限,既
不可得而擅增,至于例所应得,又从而裁削之,使之仰事俯育且不能遂,是陷
之于必贪之地,而责之以必廉之守,中人之资,将有不能,而况其下者之众
乎?所据前项事理,非独人情有所未堪。其于政体,亦有所损,合行会议查
处,参酌事理轻重,自二品至九品,并杂职吏胥等俸米,除本色外,其折色原
例,每石作银若干,于何年月裁减,作银若干,应否复旧?或量行加增。务要
议处停当,呈来定夺施行。"③阳明这段文字,是针对属下官员提出要裁革下
层官吏的"例银"而发的。阳明首先指出,下层官吏的俸禄太薄,不足以养家
糊口,从而不断有下层官吏触犯法律,贪赃枉法,或者有些官吏只能狼狈不
堪地固守自己的清白之操。俸禄不足,却又要求人守廉,于人情自是不符,
但是明朝政府对于俸禄的规定却又是定制,不得擅改,唯一的变通之处在于
"折色"之例可以变通。也就是说,虽然俸禄不变,但折色部分究竟一石米折

---

① 《王阳明全集》,第 526 页。
② 《王阳明全集》,第 615 页。
③ 《王阳明全集》,第 606—607 页。

多少白银，却是可以增减的。因此，这一部分的收入，阳明认为非但不应该裁省，而应该"量行加增"。可见，阳明不是一个呆板的道德主义者，而是一个务实的政治家。

总之，阳明强调政学无二，把个人身心修养与政治作为画等号，强调要以"诚"来对治官场"虚"的陋习，强调要加强对官吏的监管和预防，并通过奖励廉洁官员来提倡廉洁之风，具有一定的借鉴意义。不过，阳明的廉政思想中，绝大部分理想的成分较多，而落实到具体实践中很难。例如，阳明反复强调道德修养与政治作为的统一性，但实际操作中两者间显然有很大距离。例如，王阳明最著名的学生邹守益曾谪为广德州判官。从师友文字中可知，邹守益在广德州的治绩似乎颇值得肯定。然而，万历《广德州志》却记载："邹守益，江西安福人，翰林院编修。嘉靖初遇事抗疏，谪广德。创书院，置学田，率诸生以讲良知之学。从者颇众。然父老相传，实政犹有遗议，岂文章政事，不相掩与？"[①]显然，道德与实政之间还不能完全画等号。即以名儒邹守益而言，其道德学问并不一定能使其"实政"完全没有可议之处，更何况学问不及邹守益的一般官员了。而且，强调上级官员对属下的监管，强调事权统一而不是制衡，还是建立在高级官员比下级官员更具道德操守的前提下，有一定的局限性。

---

① 万历《广德州志》卷四《秩官志·官师》，明万历年间刊本第 15 页。

王阳明心学视域下的廉政思想

贵州大学文学院教授

龚妮丽

王阳明是中国历史上为数不多的既"立德""立言"又"立功"的大儒。他的思想经历了"出入释老"又"归本孔孟"的历程,至正德三年(1508)被贬贵州龙场,历经百死千难终于悟道,以此为起点,他相继提出"心即理""知行合一""致良知""四句教""万物一体"等哲学思想,形成了他的心学体系,开创了中国哲学史上极为重要的心学时代。他在坎坷的仕宦生涯中,不忘讲学论道,学政合一,是儒家"修己以安百姓"的履践躬行者。王阳明的廉政思想中既包含道德主体的形上学基础,也具有修齐治平实践理性之精神。其"心学"思想指引下的"致良知"使廉政思想获得了坚实的哲学本体论支撑,以内省为主导而又不离实践的道德修养工夫——"正心""诚意""修身""亲民""知行合一",对当政者廉洁自律、克己奉公、勤政爱民有着极为重要的意义。

一、"亲民"是王阳明廉政思想的出发点

王阳明的廉政思想是建立在儒家"仁爱"基础上的德治。《礼记·哀公问》记载孔子之语:"古之为政,爱人为大。不能爱人,不能有其身。不能有其身,不能安土。不能安土,不能乐天。不能乐天,不能成其身。"孔子将"爱人"视为施政的前提。孟子也十分重视"仁爱"精神在政治中的重要作用,他说:"人皆有不忍人之心,先王有不忍人之心,斯有不忍人之政矣。以不忍人之心,行不忍人之政,治天下可运之掌上。"(《孟子·公孙丑上》)王阳明继承了儒家以仁爱为本的政治治理传统,从他的"亲民"思想中充分体现出来,可以说"亲民"是其廉政思想的出发点。王阳明说《大学》所谓"'君子贤其贤而亲其亲,小人乐其乐而利其利''如保赤子''民之所好好之,民之所恶恶之,

此之谓民之父母'之类,皆是'亲'字意。'亲民'犹孟子'亲亲仁民'之谓,亲之即仁之也。……又如孔子言'修己以安百姓','修己'便是'明明德','安百姓'便是'亲民'"①。王阳明认为,"亲民"就要"如保赤子",像父母爱护婴儿那样爱护人民,使民安富足。安民的前提是"修己","修己"便是"明德",做百姓的父母官必须按圣贤的要求修正自己的道德,处处以"民之所好好之,民之所恶恶之",自然就会奉行廉政勤政的为官之道了。

辰州府判官赵仲立问政于王阳明,阳明曰:"郡县之职,以亲民也。亲民之学不明,而天下无善治矣。""敢问亲民。"曰:"明其明德以亲民也。""敢问明明德。"曰:"亲民以明其明德也。"曰:"明德亲民一乎? 君子之言治也,如斯而已乎?"曰:"亲吾之父,以及人之父,而孝之德明矣;亲吾之子,以及人之子,而慈之德明矣。明德亲民也,而可以二乎? 惟夫明其明德以亲民也,故能以一身为天下;亲民以明其明德也,故能以天下为一身。夫以天下为一身也,则八荒四表,皆吾支体,而况一郡之治,心腹之间乎?"②王阳明认为,治理一方之职责必以"亲民"为要,如果不懂得这个道理,不以"亲民"为执政之宗旨,"天下无善治矣"。故力主为官之道"明其明德以亲民"。只有"明明德"才能做到"亲民",只有从仁爱之心出发,将政治治理视为自己的事,如亲吾之父、亲吾之子,并推己及人,才能做到政治清明。

王阳明生活的明代中后期,特别是正德、嘉靖以后,随着商品经济的进一步发展和政治腐败,信仰危机、道德缺失、人欲泛滥,官场腐败的现象触目惊心。"仕途如市,入仕者如往市中贸易,计美恶,计大小,计贫富,计迟速。"③选官以相貌美丑、家境贫富、行贿财物的多少迟速为入选依据。下级官员为保官升迁讨好上级,极尽阿谀奉承之能事,大肆请客送礼。时人谢肇淛如此记述官场的吃喝之风:"穷山之珍,竭水之错,南方之蛎房,北方之熊掌,东海之鳆炙,西域之马奶,真昔人所谓富有小四海者,一筵之费,竭中家之产不能办也。"④史料记载,当时"纳贿受赂,公行无忌""无官不赂遗,无守

---

① 王守仁:《王文成公全书》,王晓昕、赵平略点校,中华书局2015年版,第2页。
② 《王文成公全书》,第1181—1182页。
③ 计六奇:《明季北略》,中华书局2006年版,第236页。
④ 谢肇淛:《五杂组》卷十一,中华书局1959年版,第311页。

不盗窃"①。正德五年(1510),贪腐宦官刘瑾被凌迟处死,籍没其家产时,得金二十四万锭又五万余两,银元宝五百万锭又百余万两,宝石二斗,其他珠玉金银器皿无数。② 官场腐败除贪污受贿,更有甚者,结党营私、嫉贤妒能、虚伪狡诈、不思进取。这些陋习不除,廉政从何谈起。

"亲民"不能是口头禅,官样文章,若不以立诚为前提,则可能成为图谋私利的摆设。王阳明将立诚、明德视为"亲民"的试金石。绍兴知府南元善问政于王阳明,阳明曰:"政在亲民。"并说:"固有欲亲其民者矣,然或失之知谋权术,而无有乎仁爱恻怛之诚者,是不知亲民之所以明其明德,而五伯功利之徒是矣。"③为官者若不注重明德修身,"亲民"或许就只是在玩弄权术;若没有"仁爱恻怛之诚",也不过是以官爵谋私利之徒。在治理南赣期间,王阳明告诫官员:"凡我有官皆要诚心实意,一洗从前靡文粉饰之弊,各竭为德为民之心,共图正大光明之治。"④为官主政者都能诚心实意,怀有为民之心,"亲民"才不是一句空话。嘉靖七年(1528)王阳明总督两广时,表扬揭阳县立诚尽责的官员:"据揭阳县主簿季本呈为乡约事,足见爱人之诚心,亲民之实学,不卑小官,克勤细务,使为有司者,皆能以是实心修举,下民焉有不被其泽,风俗焉有不归于厚者乎!"⑤阳明深知廉政就是"亲民"的作为,"亲民"既要有诚心正念,仁爱百姓,"亲民"又关乎实学,须克勤细务,以实心修举。以"亲民"之道治理社会,必以仁爱、立诚、明德、勤勉为要。

二、"致良知"是王阳明廉政思想的核心

王阳明始终将"明明德"(修己)与"亲民"(安百姓)视为一体,"明明德"是廉政得以实现的保证。《书朱子礼卷》一文中记载子礼问政于阳明,"阳明子曰:'明德、亲民,一也。古之人明明德以亲其民,亲民所以明其明德也。

---

① 李清:《三垣笔记》,中华书局1982年版,第106页。
② 高岱:《鸿猷录》,上海古籍出版社1992年版,第270页。
③ 《王文成公全书》,第304页、第305页。
④ 《王文成公全书》,第770页。
⑤ 《王文成公全书》,第764—765页。

是故明明德,体也;亲民,用也。而止至善,其要矣。'子礼退而求至善之说,炯然见其良知焉,曰:'吾乃今知学所以为政,而政所以为学,皆不外乎良知焉。信乎,止至善其要也矣!'"①王阳明认为,"明德"与"亲民"是体与用之关系,如何才能做到"明明德",重要的是通过修己达到至善的境地。子礼明白这个道理后,从修己入手,呈现自己的良知。子礼因此感慨"学所以为政,而政所以为学,皆不外乎良知焉"。这就是通过"致良知"达到"明明德",也就可以达到为政清廉之目的。

如何能做到"明明德",阳明开出了"致良知"的药方,可以说"致良知"是王阳明廉政思想的核心。与朱子将伦理道德视为外在"天理"的制约不同,王阳明认为伦理道德是个人内在心灵、良知的呈现,"良知即天理"②,他指出:"身之主宰便是心,心之所发便是意,意之本体便是知,意之所在便是物。如意在于事亲,即事亲便是一物;意在于事君,即事君便是一物;意在于仁民爱物,即仁民爱物便是一物;意在于视听言动,即视听言动便是一物。所以某说无心外之理,无心外之物。"③在王阳明看来,仁义礼智、纲常伦理的"理"只能从人的本心上去求得,而不是外在于人心的"理"。"夫物理不外于吾心,外吾心而求物理,无物理矣;……故有孝亲之心,即有孝之理;无孝亲之心,即无孝之理矣。有忠君之心,即有忠之理;无忠君之心,即无忠之理矣。理岂外于吾心邪?"④正是在"心即是理""心外无物"的思想理路下,王阳明提出了"良知"的道德本体思想。阳明认为:"是非之心,不虑而知,不学而能,所谓良知也。"⑤要想正确地判断是非善恶,只要有本真诚意之心,凭借良知就能做到,因为良知本然是善,本然知善。但是,在现实社会中,人们良知本体的明觉呈现往往会被私欲遮蔽,良知本体的发用会受到私欲杂念的干扰而背离本然的良知。通过"致良知"则可以治疗人心浇漓、贪欲妄念,重建道德秩序,可以让人回到良知本真的觉悟中,恢复至善心体的大用。

---

① 《王文成公全书》,第 341 页。

② 刘宗周:《重刻王阳明先生传习录序》,载《王阳明全集》,上海古籍出版社 1992 年点校本,第 1612 页。

③ 《王文成公全书》,第 7 页。

④ 《王文成公全书》,第 52 页。

⑤ 《王文成公全书》,第 98 页。

　　王阳明将《大学》提出的"致知",转换为"致良知",所谓"致吾心之良知者,致知也"①。刘宗周在重刻王阳明先生传习录序中写道:"故《大学》首揭'明明德'为复性之本,而其功要之'知止'。又曰:'致知在格物。'致知之知,不离本明;格物之至,只是知止。即本体即工夫。故孟子遂言'良知'云。"②揭示出"明明德"与"致良知"皆为"复性之本"的一致性,而"致良知"具有即本体即工夫的重要性。王阳明认为,"致良知"着力在"致"的工夫上,他提出"静坐息思虑""省察克治""事上磨炼"等一系列"向内""向外"的去蔽工夫,意在克除私欲,让良知呈现出来。王阳明说:"省察克治之功,则无时而可间,如去盗贼,须有个扫除廓清之意。无事时,将好色、好货、好名等私,逐一追究,搜寻出来,定要拔去病根,永不复起,方始为快。……初学必须思省察克治,即是思诚,只思一个天理。到得天理纯全,便是'何思何虑'矣。"③"静坐息思虑",是要人沉下心来,去掉妄想贪欲,从人欲烦扰中回复平静;"省察克治"则是随时随地自我反省,去除私欲杂念。阳明还指出:"人须在事上磨炼,做工夫乃有益。"④即是让纯然本心——良知贯彻到行为中去,通过做事做人磨炼自己。

　　王阳明时时提醒行走于仕途的学生,要他们以"良知"抵御官场污染,他称"仕途如烂泥坑,勿入其中,鲜易复出"⑤。给学生陆原静写信说:"人在仕途,如马行淖田中,纵复驰逸,足起足陷,其在驽下,坐见沦没耳。"⑥他告诫他们对官场要保持警惕,勿忘"致良知"。在给学生黄宗贤的信中写道:"人在仕途,比之退处山林时,其工夫之难十倍,非得良友时时警发砥砺,则其平日之所志向,鲜有不潜移默夺,驰然日就于颓靡者。近与诚甫言,京师相与者少,二君必须彼此约定,便见微有动气处,即须提起致良知话头,互相

---

　　① 《王文成公全书》,第 56 页。

　　② 刘宗周:《重刻王阳明先生传习录序》,载《王阳明全集》,上海古籍出版社 1992 年点校本,第 1611 页。

　　③ 《王文成公全书》,第 20 页。

　　④ 《王文成公全书》,第 114 页。

　　⑤ 《王文成公全书》,第 187 页。

　　⑥ 《王文成公全书》,第 203 页。

规切。"①王阳明深知官场的腐败,立志坚定也难免被腐败之风"潜移默夺",要在官场中保持廉洁,事上磨炼的工夫更重要。他苦口婆心地嘱咐学生,若发现稍有不慎的苗头,须提起致良知话头,互相提醒规劝。

王阳明"致良知"的思想,之所以是廉政思想的核心,就因为他不仅力求从本心上存天理去人欲,阻止邪恶、贪腐的念头,也从为善去恶的工夫上,将孝、悌、忠、信、礼、义、廉、耻等德性贯注到为政亲民的德行中去,从意识到行为都力主"良知"的到场,确保"明明德"与"亲民",在"止于至善"之中得到实现,也即是对"修己以安百姓",为官廉洁奉公、勤政为民开出的良方。

三、"知行合一"是王阳明廉政思想的原则

儒家"致良知""明明德"的出发点和目标都是服务于政治实践的。"致良知"即是通过做去蔽工夫,事上磨炼,克除私欲,呈现良知,实现道德修养的自我完善,达到修身、齐家、治国、平天下的目的,在政治上实现内圣外王。因此,修身与治世总是相统一的,知行合一便是这种统一的理论基础,也是王阳明廉政思想中不可忽视的重要原则。

"知行合一"学说是正德四年(1509)王阳明被贬贵州龙场,在艰难困苦的生存环境中,对生命价值经过实证体悟后提出的。王阳明将知与行视为不可分割的整体,他说:"知是行的主意,行是知的工夫;知是行之始,行是知之成。若会得时,只说一个知,已自有行在,只说一个行,已自有知在。"②"致良知""明明德"就包含着以行动彰显良知,"行"的过程便是"知"的过程,也是祛除遮蔽、明心见性,让生命存在返回良知的过程。在道德活动中,从主体道德意念的产生到行为实践的完成,应该是一个统一的过程。正如张新民先生所说的:"主体进行道德活动,从动机产生到实践完成,乃是一个整体统一的过程。要而言之,道德意念的动机世界与道德实践的生活世界,应是一个和谐、完整、统一的世界。道德意念(特别是出于心性体认的道德意念)

---

① 《王文成公全书》,第 265 页。

② 《王文成公全书》,第 5 页。

一旦产生,即含有行动之机,也就是行动的开始,行为则是将道德意念付诸实践,是主体道德活动的完成。"①王阳明的"知行合一"说不能简单地理解为"理论与实践的关系","知"与"行"具有实践过程的同一性,这与他后期倡导的"致良知"即本体即工夫,强调通过"事上磨炼"呈现良知,是一致的。王阳明深为当时一些读书人知行脱节、表里不一而忧虑。对于那些问学者,他常以"知行合一"的思想开导他们:"天下岂有不行而学者邪?岂有不行而遂可谓之穷理者邪?……学至于穷理,至矣,而尚未措之于行,天下宁有是邪?是故知不行之不可以为学,则知不行之不可以为穷理矣;知不行之不可以为穷理,则知知行之合一并进而不可以分为两节事矣。"②王阳明认为,"知"已经包含"行","知"与"行"并进,才合乎生命实践的要求。

对于问政者,王阳明也十分强调"学"与"政"的"知行合一"关系。《书朱子礼卷》一文,以子礼问政的例子,阐明了学与政、知与行的辩证关系。文中写道:"子礼为诸暨宰,问政,阳明子与之言学而不及政。子礼退而省其身,惩己之忿,而因以得民之所恶也;窒己之欲,而因以得民之所好也;舍己之利,而因以得民之所趋也;惕己之易,而因以得民之所忽也;去己之蠹,而因以得民之所患也;明己之性,而因以得民之所同也。三月而政举。叹曰:'吾乃今知学之可以为政也已!'他日,又见而问学,阳明子与之言政而不及学。子礼退而修其职,平民之所恶,而因以惩己之忿也;从民之所好,而因以窒己之欲也;顺民之所趋,而因以舍己之利也;警民之所忽,而因以惕己之易也;拯民之所患,而因以去己之蠹也;复民之所同,而因以明己之性也。期年而化行。叹曰:'吾乃今知政之可以为学也已!'"③子礼在王阳明的启发下,通过为学修身,从自省开始,明白了百姓之所恶、所好、所趋、所患;他以修身之心得,履践于为政实践,以革除私欲为先导,实现了平民之所恶、从民之所好、顺民之所趋、拯民之所患,做到了"知行合一",故感慨"学之可以为政也","政之可以为学也"。学与政、知与行都是相辅相成的,即阳明所说的:

① 张新民:《阳明精粹·哲思探微》,孔学堂书局2014年版,第118页。
② 《王文成公全书》,第57页。
③ 《王文成公全书》,第340—341页。

"知之真切笃实处,即是行;行之明觉精察处,即是知。"①

在阳明的学说中,"致良知"与"知行合一"是完全相通的,他指出:"致良知便是必有事的工夫。此理非惟不可离,实亦不得而离也。无往而非道,无往而非工夫。"②后学徐阶曰:"自公'致良知'之说兴,士之获闻者众矣,其果能自致其良知,卓然践之以身否也? 夫能践之以身,则于公所垂训,诵其一言而已足,参诸《传习录》而已繁。否则,虽尽读公之书无益也。"并夸赞真正做到"知行合一"的浙江巡抚谢廷杰:"其为政崇节义,育人才,立保甲,厚风俗,动以公为师,盖非徒读公书者也。"③徐阶感慨阳明"致良知"之说对学习者的影响,果真能"自致其良知"的人,一定是能通过自身行为进行道德实践的人,如果不能做到知行合一,"虽尽读公之书无益"。而谢廷杰能够做到廉政勤政,就是以行动实践老师教诲的范例。为政者只有知不离行,才是真知,即阳明所说的"簿书讼狱之间,无非实学。若离了事物为学,却是看空"④。

王阳明本身就是"知行合一"廉政思想的履践者,他在治理社会的实践中,一方面注重道德教化,培养官员的德性之知、诚心正念,使其施行仁政,勤政爱民;对民众施以良知教化,端正人心,纯化家庭伦理与乡里民风。另一方面又注重以实学治世,平乱安民,淑世济民,惩治贪腐,严格监管,稳定社会秩序。他本人恪守良知,以孔孟"修己以安百姓"之德治思想为座右铭,屡建事功,真正做到了内圣外王。

总之,王阳明廉政思想中"修己以安百姓"的"亲民"思想,以"致良知"修正人心,治疗人心浇漓、贪欲妄念,重建道德秩序的理念,以及修己与为政相统一的"知行合一"主张,是难能可贵的。虽然这些思想含有较多的理想色彩,在社会实践中落实起来有较大的难度,在物欲牵引与市场竞争的社会现实中,要实践王阳明的廉政思想更其艰难,"廉政"似乎只能依靠法治和严刑峻法来维持,但是,执法的人没有良知行吗? 建设一个健康的社会,须要唤

---

① 《王文成公全书》,第 254 页。

② 《王文成公全书》,第 152 页。

③ 徐阶:《王文成公全书序》,载《王文成公全书》,第 2—3 页。

④ 《王文成公全书》,第 118 页。

起从官员到民众对于信念、信仰、理想的精神追求,倡导道德自律。今天的廉政建设哪怕艰难,也应该有美好的理想光照,因此,王阳明以内省为主导又不离实践的道德修养工夫——"致良知""正心""诚意""修身""亲民""知行合一",对加强新时代廉洁文化建设仍然具有重大意义。

王阳明清廉思想的特征、价值与转化

河南省社会科学院文学所(黄河文化研究所)副研究员

陈智勇

党的二十大报告中指出要"加强新时代廉洁文化建设,教育引导广大党员、干部增强不想腐的自觉,清清白白做人、干干净净做事",党的二十届三中全会通过的决定指出要"提高党对进一步全面深化改革、推进中国式现代化的领导水平""深入推进党风廉政建设和反腐败斗争",习近平总书记多次提到王阳明的"知行合一""事上磨炼""立志而圣则圣矣,立志而贤则贤矣"等理念,这里面蕴含了丰富的清廉思想。深入挖掘王阳明的清廉思想,剖析王阳明清廉思想的特征并阐释其特有的时代价值与转化,服务当前廉政工作,无疑具有重要的政治意义与现实意义。

一、王阳明清廉思想在王阳明思想中的地位

王阳明的清廉思想在其整体思想体系中占有重要地位,是王阳明心学思想的重要组成部分。

(一)清廉思想是王阳明心学的核心范畴之一

王阳明的心学思想主要包括"心即理""知行合一""致良知"三大核心范畴。王阳明以"心即理"为基础,认为廉洁的准则存在于人的心中。他主张从内心去探寻和坚守廉洁的原则。他的这种思想与传统的儒家思想有所不同,传统儒家思想更多地强调外在的礼仪规范对人的约束,而王阳明的心学则强调内心的自觉。他认为如果一个人的内心真正认同廉洁的价值,就会在行为上表现出廉洁。例如,他说"身之主宰便是心,心之所发便是意,意之所在便是物",这表明人的行为是由内心所主导的,所以要实现廉洁,首先要

从内心的修炼开始。"知行合一",这使廉的观念从认知的层面转化为本体层面,由此形成了廉协调人际关系的功能。"致良知"是王阳明心学的主旨,而"廉"则是良知的应有之义。在王阳明看来,良知是每个人内心固有的道德法则,它发用于己为廉洁,发用于众为廉明,发用于政为廉政。因此,清廉思想是王阳明心学不可或缺的一部分。

(二)清廉思想贯穿王阳明的政治实践和学术活动之中

王阳明一生致力于讲学论道,学政合一,是儒家"修己以安百姓"的履践躬行者。他的清廉思想不仅体现在他的学术著作中,更贯穿于他的政治实践和学术活动之中。在治理地方时,他关注民生、体恤民情、顺应民意,并提出"政在亲民",认为治政在于亲民。在江西,王阳明通过树立《南赣乡约》的方式,让廉洁思想成为处理社会关系的思想武器。王阳明发现,赣南地区官吏鲜能持廉守法。究其原因,是朝廷薪俸太低,连最基本的养家糊口都做不到。所以,他认为朝廷必须保证官员的基本生活,在此基础上,他们方可"责以廉耻节义"[①]。他向朝廷提出,既要处理腐败分子,也要调整官吏的收入和负担。同时,他主张从严治吏,对贪污腐化现象"零容忍",并强调选才须以德为先。这些政治实践都充分体现了他的清廉思想。

(三)清廉思想是王阳明心学对后世的重要贡献

王阳明的清廉思想不仅在当时具有深远的影响,而且对后世做出了重要贡献。他的"致良知"思想为后人提供了道德自律的准则,强调内心的道德修养和自律意识是廉政建设的根本。这一思想对于当前加强新时代廉洁文化建设,引导广大党员干部坚定理想信念,增强拒腐防变能力,具有重要的借鉴意义和启示价值。

综上所述,清廉思想在王阳明思想中占据重要地位,是王阳明心学不可或缺的一部分。它贯穿王阳明的政治实践和学术活动之中,并对后世产生了深远的影响。因此,我们应该深入挖掘和传承王阳明的清廉思想,为当前的廉政建设和反腐败斗争提供有益的借鉴和启示。

---

① 王阳明:《王阳明全集 新编本》,浙江古籍出版社 2011 年版,第 645 页。

二、王阳明清廉思想的特征

王阳明的清廉思想具有鲜明的特征,这些特征主要体现在以下几个方面。

(一)"向内探寻"的内在性

王阳明曰:"今必曰穷天下之理,而不知反求诸其心,则凡所谓善恶之机,真妄之辨者,舍吾心之良知,亦将何所致其体察乎?吾子所谓'气拘物蔽'者,拘此蔽此而已。今欲去此之蔽,不知致力于此,而欲以外求,是犹目之不明者,不务服药调理以治其目,而徒伥伥然求明于其外。明岂可以自外而得哉?任情恣意之害,亦以不能精察天理于此心之良知而已。"①王阳明认为,自己的缺点和问题,自己最清楚明白。这是王阳明"不假外求,反求诸己"思想的体现,同时这也是王阳明清廉思想深深植根于他的心学体系的重要表达,具有很强的内在性。他强调"心即理",廉洁的准则源于内心的良知。这种内在性与传统的以外部规范为主的廉政思想有所不同。传统的廉政思想可能更多地依赖外在的法律、制度和礼仪规范来约束官员的行为。而王阳明的清廉思想则认为,廉洁是内心良知的自然要求。例如,一个人如果内心真正秉持良知,就会自觉地抵制贪污腐败的行为,不需要外在的强制力量。这种内在性使得清廉思想更加深入人的内心世界,从根源上解决廉洁问题。

(二)"良知为源"的根本性

由于其以心学为基础,王阳明的清廉思想具有根本性,发端于他的"致良知"思想。王阳明在《传习录》中有"此心无私欲之蔽,即是天理,不须外面添一分"②。他认为天理就是良知,当一个人的内心没有被私欲所遮蔽时,就是遵循了天理,也就是实现了良知,而廉洁就是良知的一种体现。如果一个

---

① 《王阳明全集 新编本》,第50页。

② 王阳明:《传习录·卷上·徐爱录》,长江文艺出版社2016年版,第5页。

人心中有良知,就不会做出贪污腐败的行为,因为贪污腐败是违背天理和良知的。例如,一个官员如果能够保持内心的良知,就会知道利用职权谋取私利是不道德的,从而自觉地遵守廉洁的原则。

王阳明认为,良知是人的本性,是产生一切行为的根源,是判断一切行为的根本标准。王阳明认为,知是心之本体,人应该不断地发明良知、实践良知,振兴起人的精神生命。这一点对冷漠、功利、贪欲、庸俗化的心灵有着重要的唤醒作用。王阳明认为,通过"致良知"的内心改造,破除"心中贼",进而做到精简事权、执法明善、崇俭治奢、勤政爱民,达到廉政境界。在廉政方面,良知的根本性体现在它是廉洁行为的根本依据。如果一个人违背了良知,即使表面上遵守了外在的廉洁规定,也不能算是真正的廉洁。例如,一个官员可能因为害怕被惩罚而暂时不贪污,但如果他的内心没有真正的廉洁意识,一旦有机会且不会被发现,他可能就会陷入贪污腐败。而王阳明的清廉思想强调从内心的良知出发,从根本上确立廉洁的观念,这样才能实现真正的廉洁。

在廉政方面,良知能够让官员知道什么是廉洁的行为,什么是贪污腐败的行为。官员如果能够致良知,就会在面对各种利益诱惑时,做出正确的选择,坚守廉洁的原则。例如,在官场中,当面临贿赂的情况时,良知会告诉官员接受贿赂是不道德的,是违背廉洁原则的行为,从而使官员能够拒绝贿赂。"致良知"是一种内在的道德觉醒,它要求官员不断地反思自己的行为,审视自己的内心,使自己的行为符合良知的要求,从而实现廉政。例如,公职人员在行使权力时,其内心的良知会提醒他们要公正、廉洁地履行职责。在一些城市的市政工程建设中,负责项目审批的官员如果遵循"致良知"的理念,就不会因为利益关系而违规批准不合格的工程建设方案,而是以公共利益和廉洁行政的良知为准绳,确保工程的合法性和质量。

(三)"省察克制"的约束性

王阳明的清廉思想注重自我约束。他主张通过去私欲、正心诚意等方式来实现廉洁。这些都是自我约束的方法,要求个人对自己的内心和行为进行自我监督和控制。例如,在去私欲方面,一个人要时刻警惕自己内心的私欲产生,一旦发现就要及时克制。这种自我约束性与依赖外部监督的廉政思想不同,外部监督可能存在漏洞,而自我约束能够在任何情况下发挥作用。它强调个人的道德自主性,即个人要对自己的廉洁负责,通过自己的努力来实现廉洁。

(四)"事上磨炼"的实践性

王阳明曾说:"人须在事上磨炼做工夫,乃有益。若只好静,遇事便乱,终无长进。那静时工夫亦差似收敛,而实放溺也。"

王阳明认为,真正的清廉不仅仅在于内心的道德修养,不仅仅是一种理论上的倡导,更在于将道德修养转化为实际行动。他提出"知行合一"的思想,强调知与行的统一,即知道廉洁的道理,就要在实际行动中去践行。认为只有将清廉的思想转化为实际行动,才能真正做到清廉。这一思想强调了实践的重要性,为清廉思想的落实提供了方法论指导。

他在自己的为官生涯中,无论身处何种职位,都始终坚守廉洁的原则。例如,他在担任庐陵知县时,积极为百姓谋福利,同时保持自身的廉洁奉公。他看到百姓赋税过重,便努力争取减免赋税;而在这个过程中,他没有借机谋取私利。这体现了他将廉洁的道德修养与实际的为官行为相结合,不仅在思想上认识到廉洁的重要性,而且在行动上切实做到廉洁自律。他的这种做法也影响了身边的人,通过自己的实践为他人树立了廉洁的榜样。例如,在现代的反腐败工作中,不仅要宣传廉洁的理念(知),更要在实际的监督、查处等行动(行)中体现。如纪检监察部门在掌握了某些官员可能存在腐败行为的线索(知)后,迅速开展调查、处理等行动(行),这就是"知行合一"在现代廉政建设中的体现。

(五)"盈科而进"的渐进性

王阳明的清廉思想在道德修养上具有渐进性。他认为去除私欲、实现良知的显现是一个渐进的过程。人不可能一下子就完全去除私欲,达到完美的廉洁境界。例如,在日常生活中,人们须要不断地在各种事情上进行自我反省,逐渐克制自己的私欲。这种渐进性体现了他对人性的理解,即人性是复杂的,存在着私欲,但通过不断修炼可以逐渐接近廉洁的理想状态。这也为人们在实践中践行清廉思想提供了一种可行的路径,即可以从日常生活中的小事做起,逐步提升自己的廉洁修养。

王阳明曾言:"为学须有本原,须从本原用力,渐渐'盈科而进'。""我辈致知,只是各随分限所及。今日良知见在如此,只随今日所知扩充到底;明日良知又有开悟,便从明日所知扩充到底。"万事万物都是一点点积累起来的,要想做到知行合一,就一定要注意循序渐进。虽然每个人的潜能都是无限的,但是要做事,得脚踏实地,一步一步来。只有专心致志地做一件事,才能让自己不断地有新的领悟。

(六)社会影响的广泛性

王阳明的清廉思想具有广泛的适用性。王阳明认为,每个人内心都有良知和道德法则,只要通过"致良知"和"知行合一"的实践,就可以做到清廉。这一思想具有普遍性,为清廉思想的广泛传播和实践提供了可能。他的思想不仅仅适用于官员,也适用于普通百姓。对于官员来说,良知、去私欲和亲民等理念可以指导他们廉洁从政。对于普通百姓来说,这些思想也可以引导他们在日常生活中秉持廉洁的品德,如不贪图小利、诚实守信等。例如,在社会的各个阶层中,都存在着利益诱惑和私欲的挑战,王阳明的清廉思想能够为不同阶层的人提供一种应对这些挑战的道德指南。

三、王阳明清廉思想的价值与转化

王阳明高度重视"知行合一"的实践,认为真正的知识和智慧必须转化为实际行动。这一思想鼓励人们将道德理念付诸实践,通过实际行动来推动清廉思想的发展。对于今天的廉政工作来说,王阳明的清廉思想只有通过价值转换,才能实现其价值,才具有现实意义。

(一)树立廉洁意识,增强廉洁自律

今天我们研究与继承王阳明廉洁思想,并不能机械地照抄照搬,但是我们可以借助王阳明的智慧思考当下与未来,它可以帮助我们树立廉洁意识,增强自身免疫力。

加强自身廉洁自律。王阳明一生为官,历经多个职位,却始终保持廉洁

自律。他在物欲横流的明代社会,不为声色货利所诱。在担任官职期间,他没有利用职权为自己谋取巨额财富。例如,他在贵州龙场驿丞这个相对偏远和艰苦的职位上,依然坚守自己的道德原则。龙场的生活条件十分艰苦,但他没有抱怨,也没有通过不正当手段寻求改善自己的物质生活。相反,他在那里潜心悟道,与当地少数民族友好相处,同时还积极开展讲学活动,传播自己的思想。他的这种在困境中依然保持廉洁的态度,体现了他清廉思想的实践。

教育与引导身边人廉洁。王阳明通过自己的言行和教育理念,影响身边的人保持廉洁。他的家规理念中就包含着廉洁的思想。他主张"蒙以养正",把勤读书、早立志、学做人、做好人作为家规教育的重中之重。他在给家族成员的书信中,常常教导他们要秉持廉洁的品德。例如,他的家书《示宪儿》,虽然是对子女做人方面的教诲,但其中也蕴含着廉洁自律的思想。他告诫子女不要说谎、不要贪利等,这种家庭教育体现了他希望家族成员能够传承廉洁的品质。而且,他还将家规理念运用于社会教育,向王学弟子们和西南边疆百姓广授教育树人之道,倡导文明礼仪乡风,其中廉洁也是他所倡导的重要内容之一。

(二)引导政治清明,净化政治生态

王阳明主张从严治吏用人,严格按照选人用人的标准选拔人才,强化对官员的监督和管理。这些净化政治环境的廉政举措对于当前全面从严治党具有重要的借鉴意义。

廉洁是为官之道的重要部分。王阳明认为"郡县之职,以亲民也。亲民之学不明,而天下无善治矣"。他将亲民与为官之道联系起来,而廉洁是为官之道中重要的一部分。他强调官员要明白自己的职责是为百姓服务,而廉洁奉公是为百姓服务的基础。如果官员不廉洁,就无法真正地亲民,也无法实现天下的善治。他还指出"凡我有官皆要诚心实意,一洗从前靡文粉饰之弊,各竭为德为民之心,共图正大光明之治",这里体现了他对官员廉洁从政的要求,即要诚心实意地为百姓做事,摒弃虚假的形式主义,以廉洁的作风来治理地方。

现代案例:在一些地方政府的干部选拔任用过程中,严格遵循公平、公正、公开的原则,对候选人的廉洁自律情况进行严格审查。例如,通过建立廉政档案,记录干部的廉洁情况,包括是否存在违规收受礼品礼金、是否存在利益输送等行为。在选拔过程中,将廉洁情况作为重要的考核指标,就像王阳明强调的选人用人标准一样,确保选拔出清正廉洁的干部,从而净化政治生态。

提升官员道德修养。王阳明的清廉思想强调道德自律,这有助于现代官员提升自身的道德素质。在现代社会,官员面临着各种各样的诱惑,如权力寻租、利益输送等。通过学习王阳明清廉思想中的"致良知"等理念,官员可以强化内心的道德约束。

例如,许多地区开展的官员廉政教育活动中,引入王阳明的心学思想。如组织官员学习王阳明的事迹和思想,让他们反思自己的行为是否符合良知,是否做到了知行合一。像焦裕禄这样的优秀干部,他在兰考县工作期间,自觉践行廉洁奉公的理念,心中装着人民,不谋私利,就如同受到了王阳明清廉思想中道德自律理念的影响,将为人民服务的良知体现在实际行动中。

例如,公职人员在行使权力时,其内心的良知会提醒他们要公正、廉洁地履行职责。在一些城市的市政工程建设中,负责项目审批的官员如果遵循"致良知"的理念,就不会因为利益关系而违规批准不合格的工程建设方案,而是以公共利益和廉洁行政的良知为准绳,确保工程的合法性和质量。

(三)打造健康经济,规范企业行为

新时代的中国经济应该是健康发展的经济,绝不允许经济肌体出现腐败、腐化现象。在企业经营中,王阳明清廉思想也有一定的借鉴意义。"心即理"强调的内心自律可以引导企业经营者遵守商业道德。例如,企业在市场竞争中,不通过不正当手段获取商业机密或者排挤竞争对手。像一些大型企业制定的商业道德准则中就融入了类似的理念。

构建健康的市场环境也是打造健康经济的重要方面。"知行合一"的理念有助于推动企业将廉洁理念付诸实践。在市场交易中,如果企业都能做到知行合一,那么就会减少商业贿赂、虚假宣传等不良行为。例如,在医药行业,曾经存在一些医药代表为了推销药品而向医生行贿的现象。如果医

药企业能够践行"知行合一"的理念,在知道商业贿赂是不道德和违法的情况下(知),切实停止这种行为(行),那么整个医药市场的环境就会更加健康,药品的销售将更多地基于质量和疗效,而不是不正当的利益关系。

(四)赋能文化建设,传承廉政智慧

王阳明的思想强调道德自律和内心修养,这对于塑造廉洁文化、赋能文化建设具有重要作用。这一思想对于当前加强新时代廉洁文化建设具有重要的借鉴意义。弘扬清廉文化,可以引导广大党员干部和人民群众树立正确的价值观和道德观,增强拒腐防变的能力,形成风清气正的社会氛围。通过教育引导,人们可以养成自觉遵守道德规范的习惯,形成全社会共同的价值追求和行为准则。在学校教育中,可以引入王阳明清廉思想的内容。例如,在中小学的品德教育课程中,讲述王阳明的故事和他的思想,从小培养学生的廉洁意识。在大学的思想政治教育中,深入探讨王阳明清廉思想与现代社会的关系,引导大学生树立正确的价值观。像一些高校开展的廉洁文化节等活动,通过演讲、征文等形式,传播包括王阳明清廉思想在内的优秀传统廉洁文化。

同时,我们还要深入挖掘和传承王阳明清廉思想,这也是传承中华优秀传统文化的一部分。这有助于增强民族文化自信,让更多的人了解和认同中国传统文化中的廉政智慧。例如,各地举办的传统文化展览、讲座等活动中,可以专门设置王阳明清廉思想板块。博物馆可以展出与王阳明相关的文物、文献资料,并对其廉政思想进行解读。同时,文化机构可以组织专家学者对王阳明的清廉思想进行深入研究,并将研究成果以通俗易懂的方式向大众传播,如出版相关的大众读物、制作文化纪录片等。

从"知行本体"看王阳明廉政思想的展开

贵州财经大学阳明廉政思想与制度研究中心副教授

邓　立

王阳明所论的"知行本体",很大程度上是为"知行合一"的理论提供依据。"知"与"行"分离,即失却知行这个本体,问题的根源是"被私欲隔断"①。王阳明有明确阐述:"知行工夫本不可离。只为后世学者分作两截用功,失却知行本体,故有合一并进之说。"②从王阳明心学的一般义理看,"求理于吾心"③旨在复归"知行本体",是"知行合一"的灵魂。有了这一灵魂,"知行合一"才能体现其合理性,这也是它从心性延展到实践的基本依据。"知行合一"何以推进"廉"的实践? 按照儒家传统,"政者,正也。其身正,不令而行;其身不正,虽令不从"(《论语·颜渊》)。"身正"正是通过道德修养而来,为政者品德修养将在很大程度上作用于为政的实践,官员清正廉明不能缺失道德修养。从"廉"到"政"的延伸,其实是人的德性向德行转化的过程,也是精神世界与道德实践之间的关系建构过程。显然,儒家传统中的精神世界与道德实践同样是不可二分的。在王阳明这里,"廉"的德性实际上就是"知"的范畴,"政"的德行实为"行"的体现,两者虽表述不同,但本质上却无法割裂。只有"知行合一"才能切实做到为政之廉,即廉政,这是王阳明心学对儒家传统德政思想的拓展。可以说,"知行本体"为"知行合一"的主体提供了一个从"廉心"到"廉政"的理想路径。

---

① 　王守仁:《王阳明集》,王晓昕、赵平略点校,中华书局 2016 年版,第 4 页。

② 　《王阳明集》,第 39 页。

③ 　《王阳明集》,第 40 页。

一、知行二分：失却廉之本体

"知行合一"产生之前，"知先行后"以及"知行二分"可以说已经成为思想史上一个"固化"的问题。为人、为学、为官修养与实践不一、表里不一、言行不一等等，王阳明认为，"此不是小病痛，其来已非一日矣。某今说个知行合一，正是对病的药，又不是某凿空杜撰，知行本体原是如此"①。依据这一语境，"知行二分"之"病"由来已久，与"知行本体"相背离。"知行二分"会导致人格扭曲，使人的德性与德行发生偏离。

"知行二分"对于为官之人来讲，将会直接导致"廉"的品德缺失，"贪"的行为失控，这是王阳明极不愿意看到的结果。"廉"作为一个传统的道德范畴，既指人的德性，也指人的德行。如按王阳明思想的逻辑，"廉"首先由人"心"所主导，才能付诸道德实践。所谓德行，是指"廉"在现实中的具体表现，而德性实质上就是"廉"的"初心"。王阳明屡次强调"此心"，在现实的问题剖析中则多次讲到"初心"。不管是"此心"还是"初心"，对于王阳明而言，它们紧扣的都是"心之本体"。王阳明与其弟子有一段对话："惟乾问：'知如何是心之本体?'先生曰：'知是理之灵处。'就其主宰处说，便谓之心，就其禀赋处说，便谓之性。"②"心之本体"实质上就是人人先天都有的良知。王阳明的"知行合一"说中的"知"主要是以道德为内核的"知"，而"行"正是依附在道德品性上的具体表现。在"此心"的问题上，王阳明重视"养"，即"养心"。"养心"即涵养"心之本体"。王阳明说："种德者必养其心。"③而"养心"的目的，实际上就是不忘初心、复归本心，它是王阳明良知学的指归，亦是"知行合一"的根基。可以说，"养心"即是"养廉"，"养廉"可视为针对"知行二分"开出的药方。

众所周知，王阳明的"知行合一"说，明确指向"知行二分"的弊病。"知"这一对象，不能割裂与"行"天然一体化之关系。按照王阳明心学的义理，

---

① 《王阳明集》，第 4—5 页。

② 《王阳明集》，第 31—32 页。

③ 《王阳明集》，第 30 页。

"知行合一"的关键在于"不曾有私意隔断"——这个"私意"是造成自我欲望膨胀、价值观迷失的最大动因。也正因为如此,对于能否坚守传统的"孝悌忠信""礼义廉耻"等价值观,人性中的"私欲"往往是决定性动因。比如一个人不知廉耻,它的根源往往就是价值迷失背后的私欲膨胀。反过来讲,如果说一个人知廉耻,其实是他内心的私欲已经得到有效克制,其德性与德行便呈现出内外的一致性,这就是"初心"不改,良知由此得以呈现。不知廉耻之人必然处于"知行二分"的状态,属于因"私欲"而失去了"初心"。

正是存在"知行本体",才有所谓"未有知而不行者,知而不行,只是未知"①。在"知行本体"的意义上,"知行二分"的可能性被否定。与此相应,"只说一个知,已自有行在;只说一个行,已自有知在"②。在这个意义上,甚至两者都难以简单区分开来。比如说,称赞一个人"知廉耻",往往不仅指他有廉耻之心,而且还包含了其已经通过实践表现出知廉耻的行为;而反过来,一个人在实践中如果表现出来的行为是知廉耻的,那么同样可以判断这个人是存有廉耻之心的。可见,知廉耻的德性就是人之为人的"初心",这在孟子讲"良知""良能"以及人先天具有"恻隐之心""羞恶之心""辞让之心""是非之心"的时候就已经非常明确了。如此看来,王阳明强调"知行合一"既言之有据、顺理成章,又合乎情理、简洁易懂。

以王阳明的思想为视角,人的德性源于良知,"廉"作为一种德性,从"良知"的层面来讲就是本然之"知"。换句话说,这一层面所谓的"廉",就是人与生俱来的道德品质。这种道德品质与人性善的价值观保持内在的一致性。如果说私欲的膨胀呈现为恶,那么克制私欲、减少私欲即是向善的表现,而向善即是良知的彰显。如何做到"廉"而复归良知?王阳明告诉我们的方法就是克制私欲、减少私欲,复归良知,才能从根本上杜绝"知行二分"。

"廉"作为一种道德品质,无论是在传统价值观还是在现代价值观中,无论是基于个人修养还是对于国家治理,其作用之大不言而喻。在传统价值观中,"廉"往往与"耻"并行,犹如"礼"与"义"之间的关系。可见,一个人不仅要知"耻",更要守"廉",这是"立德"之根基,没有这一根基,人在社会生活

---

① 《王阳明集》,第 4 页。
② 《王阳明集》,第 4 页。

中就难以立足。关于知耻、守廉的重要意义，围绕心学的理据，王阳明有一个精当的比喻："圣贤之学，心学也。道德以为之地，忠信以为之基，仁以为宅，义以为路，礼以为门，廉耻以为垣墙。"①在他看来，儒家关于圣贤学问的本质是心学。王阳明这里特别强调"心学"作为"圣贤之学"的本质特征，是关于心学在儒学中的"合法性"说明。具体来说，廉耻不仅仅是伦理道德的一部分，而且与忠、信、仁、义、礼等共同构成圣贤之学，即心学不可或缺的内容。换言之，既然廉耻属于心学的"垣墙"，那么，廉耻必然是培养具有高尚道德品质的人的核心内容。按王阳明的意思，廉耻可以说相当于一个物体的纲目、屏障，缺了它不仅缺少基本的支撑，而且连基本的保护层都没有；就个体而言，廉耻之心可以说是一个人的立身之本，它显然不是可有可无的，而是不可或缺的。

一般认为，孟子是从性善论出发，用具体的实践去证明一个人先天具有廉耻之心。孟子有著名的命题："恻隐之心，仁也；羞恶之心，义也；恭敬之心，礼也；是非之心，智也。"(《孟子·告子上》)这里的"羞恶之心"相当于廉耻之心，以"义"为表征。作为一种德性或品质，廉耻有其先验的特质。当然，这一先验特质指向明确的主体。正如董仲舒所说的："天施之在人者，使人有廉耻。"②廉耻可以说是"羞恶之心"的一种具体表现。从根本上讲，王阳明强调的"良知""此心"等心学思想与孟子的心性理论保持了一致。与此相应的是，王阳明所说的"此心"需要以人的廉耻之心等良知的彰显为根基。而且，它必须是表里如一、内外合一的价值彰显，以此突出"知行合一"作为"德性之知"与"道德之行"存在的内在合理性。

因此，对于廉耻之心，作为本体的"良知"是其内核，"知行合一"可视为实践中的具体表现。王阳明说得较为明白："圣贤教人知行，正是要复那本体，不是着你只恁的便罢。"③这里的"本体"实际上还是反复强调的"此心"，亦是"初心""良知"，也即是"知行本体"。"知行二分"的根由在人心中的"私欲"，不知廉耻自然也是源于"私欲"。正是洞察到这个问题，王阳明才强调

① 《王阳明集》，第763页。
② 董仲舒：《春秋繁露》，张世亮、钟肇鹏、周桂钿译注，中华书局2012年版，第62页。
③ 《王阳明集》，第4页。

教化的目的在于"复那本体",而"知行合一"既是"复那本体"的过程,也是结果。具体到廉政的语境,对于为官之人来讲,廉洁奉公无疑伴随着"应当"而生。"应当"既是人在情感上的道德,又是人在职业中应有的操守。传统社会的廉洁奉公表现为正直而无偏私,作为善的彰显,它还见诸礼乐教化,在礼乐教化中得以养成。廉洁奉公的德性及德行需要"养","养"的目的是"养之以善",它是公正无私、祛除邪恶、兴礼乐教化的根基。正如王阳明所讲的:"公则无不明,正则无不达,善则无不通,而心无不智矣,夫然后可以绝天下之私,可以息天下之邪,可以化天下之恶,可以兴礼乐,修教化,而为天地民物之主矣,而此何莫而不在于其所养邪!何莫而不在于养之以善邪!"①

如果人能做到公正无私、德性善良则无不光明、通达,那么"心"不会没有"良知"。这样的话,便可以让天下所有的"私欲"都没有存在的空间,邪恶也将不复存在,传统的礼乐教化便得以兴盛,天、地、人以及万物各得其所,这样的状态有赖于道德品性修养。可见,通过道德品性修养而追求至善的重要性。

王阳明所讲的"公""正"以及"善"等都是"为政以德"(《论语·为政》)的具体品质。所谓"公",一般是指无偏私,"正"是指正直,"善"为善良。公正、善良这些道德品质的养成是杜绝"私欲"、消除邪恶、复兴礼乐教化的根本方法,而道德品性的修养,尤其是"养之以善"极为关键。所谓的"养之以善",善就是王阳明讲的"良知",是"本心",也是"初心"。换言之,如果能杜绝人的"私欲",以此消灭各种邪念恶行的产生,就能营造风清气正的良好社会风尚。理想的路径就是人人不忘"初心"、复归"本心",坚守"知行本体"的工夫。自私自利、损公肥私属于"知行二分",而勤政为民、廉洁奉公是"知行本体"的彰显。

就"廉"这一道德规范来看,王阳明的观点既蕴藏着深刻的哲理,又能切实指导个体的道德实践。简言之,"廉"的关键在于人的"私欲"得到克制,良知得到彰显,这便是真切的"知行合一",从根本上避免了"廉"的缺失。与此同时,也阐明了这样的道理,超出合理范围的"私欲",是"廉"的最大敌人;而与之相反的是,当欲望(私欲)得到恰当的、合情合理的管控,廉耻、廉洁、廉

---

① 《王阳明集》,第 1010 页。

政便能在现实中得以呈现。以此逻辑,当人们不忘初心,坚守良知,那么,"知行合一"实际上已经在个体道德实践中得到有效落实,正是"知行本体"价值的体现。从心学的义理推论,知行分离导致的问题往往与主体对于"私欲"的管控有着直接的关系。历史上,不少人就是因为一己私利、"私欲"膨胀而导致腐败行为,这正是"知行二分"直接的表现。

二、知行合一:生成廉之价值

"知行合一"作为"廉"之价值生成,显然不是指原本没有"廉",而是指"廉"被物欲所遮蔽。"廉"是人本来应该具备的,只不过因为"私欲"膨胀才导致"廉"的缺失。这一理路可以说是儒家伦理道德的共同预设。依据王阳明的"知行本体"论,当主体在实践中能保持"知"的状态,"廉"便得以生成,这种生成既包含"行"的过程,又是一种德性的回归。在此意义上,人的意识、情感、体验乃至实践等都是构成"知行合一"的重要因素。

有意思的是,王阳明曾用诗歌表达这样一种意境:"吾心自有光明月。"①一方面这里确指了明月自在心中,另一方面在于心能主动感受、体验到明月的光辉。应该说,这正是王阳明的真情表达,也是他极力追求的人生境界。放到心学的语境,这样的感受与体验既是人的主体性的彰显,其实也是"知行合一"的一种具体表现。"吾心自有光明月"就是所谓的心如明镜。当人能够达到心如明镜之境,无疑可以全面检视、反省自己的言行。实际上,对于一个人格健全的正常人来讲,自己在做什么、行为是否道德,是否符合法规,自己内心应该是清楚的,符合王阳明所谓的"知行本体"。"廉"作为一种德性,它既存在于人的德性修养之中,又在人生境界的追寻过程之中,也以良好道德品质的方式表现在社会生活的方方面面。

一个人究竟怎样才能从根本上做到"知行合一"? 王阳明给出的方法是"求理于吾心"②。它是向内的,属于心性养成的过程。他也曾专门强调:"外心以求理,此知行之所以二也。求理于吾心,此圣门知行合一之教,吾子又

---

① 《王阳明集》,第696页。

② 《王阳明集》,第40页。

何疑乎？"①这句话可以说是王阳明将知行由外在的行为引入内心之中，由"知行二分"到"知行合一"转向最重要的论述。黔中王门正是在第一时间接受了"知行合一"思想，并在各自的职业生涯中得以落实，其弟子以及再传弟子们奉行"知行合一"之教，往往为学务实、为人正直、为官清廉。② 比如被称为"贵州王学三先生"的李渭、孙应鳌、马廷锡，在为学、为人、为官方面都具有一定的典范性。因此，"求理于吾心"，作为人格修养来讲，它是通过心性养成进而实现理想人格的基本方法；对于道德主体而言，又是通向"知行合一"的根本路径。

王阳明通过自身实践证明了作为德性与德行共同体的"知行合一"。按心学的一般义理，做到问心无愧，实际上就是"知行合一"了。王阳明曾在与安贵荣的书信中表明他的态度：

　　某得罪朝廷而来，……使君不以为过，使廪人馈粟，庖人馈肉，园人代薪水之劳，亦宁不贵使君之义而谅其为情乎！自惟罪人，何可以辱守土之大夫，惧不敢当，辄以礼辞。使君复不以为罪，昨者又重之以金帛，副之以鞍马，礼益隆，情益至，某益用震悚。……无已，其周之乎？周之亦可受也。敬受米二石，柴炭鸡鹅悉受如来数。其诸金帛鞍马，使君所以交于卿士大夫者，施之逐臣，殊骇观听，敢固以辞。伏惟使君处人以礼，恕物以情，不至在辱，则可矣。③

在王阳明身居险恶的环境时，安贵荣安排人馈赠肉、米，后又送来金帛、鞍马等贵重物品。他仅接受一些生活用品，贵重物品依照礼节辞谢。在如此艰难的困境之中，王阳明不仅表现出儒家大丈夫的气节操守，而且能坚守廉洁自律的为官之道。人的德性正是在这样的价值观中得以养成，由此指导着人的道德实践。廉洁自律的为官之道通过人的道德修养与道德实践来

---

① 《王阳明集》，第40页。
② 赵平略：《王阳明居黔思想及活动研究》，中华书局2017年版，第284—287页。
③ 《王阳明集》，第704页。

彰显,所谓的"知行合一"正是如此。王阳明应邀到水西讲学并题写《象祠记》,表达了自己明确的价值取向。他讲学的主要内容以孝悌忠信、礼义廉耻为中心。他题写的《象祠记》以引导人们积极向善,认识到人人都有"良知"为主题。在王阳明看来,良知是可以扩展的,天下没有不可感化之人。"恶人"可以改过迁善,那么贪腐之风同样可以通过弘扬廉洁自律的良好风尚得到正面的引导。在"知行合一"的意义上,廉之价值生成正是源于"廉心"之所发。

在中国历史上,同样不乏以"廉"的品德来提升自身的修养,在具体的实践中坚守清廉的例子。比如唐代诗人白居易,与王阳明一样有着因得罪权贵而被贬谪的经历,但仍然勤于地方治理,同样也以为官清廉著称。白居易在任杭州刺史期间,不但不向民间索取,而且还将自己的俸禄充公使用。对于重视名节的他来讲,在离任的时候仍然不忘进行自我反思和检讨。白居易曾有诗曰:"三年为刺史,饮水复食蘖。唯向天竺山,取得两片石。此抵有千金,无乃伤清白。"①可见,即便是"两片石",他也担心会破坏自己清廉自守的道德人格。应该说,白居易、王阳明等传统士君子都表现出"穷则独善其身,达则兼善天下"(《孟子·尽心上》)的道德情怀,这无疑是注重修身养性的高尚品德,更是两袖清风、"知行合一"的具体彰显。

白居易、王阳明等官员能做到清廉自守,一个极为重要的原因在于他们的价值追求。千百年来,作为儒家学者"修身"的前提之一,"正心"是志士仁人完成理想抱负不可缺少的环节。"正心"犹如桥梁和纽带,一面连着修身养性,一面关系人生实践。两端的融合、互动、平衡便是"知行合一"。王阳明说:"心正则中,身修则和。"②"中和"之德自然指向"廉",作为人的德性养成的极高境界,"中和"即相当于王阳明所预设的"知行本体"。

在王阳明的视野中,如果讲"养廉"的话,这个"养",即是指人的修养,"廉"是人的道德品性,"养廉"便是人的心性养成的重要部分,心性修养即内向用力的工夫。王阳明本人仗义执言所饱含的正义和正气,恰是"廉"内向用力的体系。他用实际行动诠释了道德人格修养在弘扬正气、廉洁自律中

---

① 白居易:《白居易集笺校》,朱金城笺校,上海古籍出版社1988年版,第447页。
② 《王阳明集》,第23页。

所产生的重要作用。可见,"知行合一"之"廉"既要彰显在道德人格之上,更应该落实在具体的道德实践中。

三、知行本体:彰显廉之初心

"廉"因人的"私欲"而缺失,也因人的"知行本体"而生成。那么,"廉"的初心如何彰显呢?也即是主体做到"知行合一",亦是"致良知"的过程。"致良知"与"知行合一"在追求的终极目标上是完全一致的,甚至可以说"知行合一"就是"致良知"的实现方式。如此看来,主体复归初心的过程就是"廉"作为主体的德性的具体实践。换句话讲,"廉"的实践过程,在王阳明这里,是人从"致良知"的目标上下功夫,复归"知行本体",由"廉"心所发,指向廉耻、廉洁、廉政等目标的过程。

从人的德性来讲,"廉"实际上是人性中应该呈现出来的良好道德品质。依据王阳明心学而论,"廉"便是人的良知在现实中的呈现,它应该是一种与生俱来、人人皆有的品性。由此要问的是,"廉"既然是与生俱来的,在现实中为什么会出现那么多的贪腐之人?回答这一问题,必然涉及"人性"这一道德范畴。"人性"自古以来就是先贤们绕不开的话题。孔子曾讲:"性相近也,习相远也。"(《论语·阳货》)可见先天与后天的不一致。虽然先天的本性是纯真的、善良的,人与人之间没有太大差异;但是由于受后天社会环境影响以及自我主动习得所养成的习性则存在不同。一个人在现实中往往会经受各种考验,尤其是各种诱惑而背离"初心",由此形成"私欲"的膨胀而陷入贪腐的旋涡不能自拔。于是,修身养性便成为克己私欲、抵制诱惑的方法和路径,以此在实践中形成个人的道德自觉。王阳明的"知行本体"即是这种道德自觉根本的动力,它是不忘"廉"之心和复归"廉"之本的关键。

从心性论出发,"廉"的德性与德行必然是一体的。对此,王阳明的实践和心理表白做了最好的诠释:

> 人臣于国家之难,凡其心之可望,力之可为,涂肝脑而膏髓骨,皆其职分所当。……徒以事关宗社,是以不计成败利钝,捐身家,弃九族,但以输忠愤而死节,是臣之初心也。……今臣受殊赏而众

有未逮，是臣以虚言罔诱其下，竭众人之死而共成之，掩众人之美而独取之，见利忘信，始之以忠信，终之以贪鄙，外以欺其下，而内失其初心，亦何颜面以视其人乎？故臣之不敢独当殊赏者，非不知封爵之为荣也，所谓有重于封爵者，故不为苟得耳。①

在事关国家、社稷等问题面前，不计较个人成败得失，甚至奉献所有，竭尽忠义激愤而保全节操至死，即阳明的"初心"。在这里，"初心"既是忠孝仁义的基本道德品质，更是对于家国的那份责任和担当。"初心"相当于阳明所谓的"知行本体"。王阳明的态度非常明确，"苟得"显然与他的价值观违背，更远离他始终未忘却的"初心"。换句话讲，"贪鄙""苟得"是可耻的，反过来，清廉才是忠信仁义之举，而也正因为不忘"初心"，才能恪尽职守、清正廉明。王阳明婉拒朝廷赏赐的态度同样可以表明，在他看来，"廉"是为臣（官）"忠孝节义"的道德情怀。用今天的话来讲，"廉"就是官德，是公职人员的职业操守，也是为人的基本底线，需要主体的自律。如果说上面的例子是一种源于良知而具有普遍性的廉洁品质，那么下面王阳明的态度可谓自觉的为官之"廉"。在《批岭北道修筑城垣呈》中，王阳明强调：

各官务要视官事如家事，惜民财如己财，因地任力，计日验功，役不逾时，而成坚久之绩，费不扰民，而有节省之美，庶称保障之职，以副才能之举。②

这段话表面上是王阳明向所辖官员提出的一般要求，实际上却意有所指，暗批赣南石城县城垣维修工程不尽如人意。在这里，"廉"的德性就显得极为重要。

由王阳明的观点及其从政实践中不难发现，他提出的为官之道不仅蕴藏着"致良知"的修养工夫，而且同样在亲民爱民、廉洁自律中躬行实践，在行动中彰显出"知行合一"。由此看出，王阳明对于廉政，既从以身作则的层

---

① 《王阳明集》，第 411—412 页。
② 《王阳明集》，第 926 页。

面强调规范,又以将心比心的角度说理,孜孜于每一个具体的德政的考量和推进。古语云:"德为善政,政在养民。"(《尚书·大禹谟》)为政之人最好的德性,莫过于以善为先,使百姓能有一个好的生活。作为官员的王阳明,无疑正是实施德政的典型,以亲民、爱民为根基的"廉"可以说是其德政思想最直接的彰显。

进一步讲,为官之道不但需要清醒地看待权力,而且需要重视亲民爱民,自觉地摆正位置,切实在实践中加以落实。这种以天下、国家为己任的古代知识分子志向,自然容不下一己之私。王阳明不但从良知的层面去论证它的合理性,更是在实践中现身说法。王阳明曾说:"予惟君子之政,不必专于法,要在宜于人;君子之教,不必泥于古,要在入于善。"①道德教化可以提升人的道德品质,促进人们积极地追求向上、向善,这正是人在实践中做到道德自觉的内在根基。

道德不应只以规范的样态存在,道德更需要个体的自律,这是由道德的本质属性决定的,只有自律才能换来道德自觉。其实,道德自律与自觉也是王阳明特别强调的,它是"知行合一"不可或缺的部分;他律固然重要,但往往难以实现人在实践中的道德自觉。在现实的工作中做到自律,就需要做有益于身心修养的事情,由此来陶冶情操,磨炼意志,调适心性。而心性的养成,可以主导人的行为。正如"廉"的品质,需要从自觉到自律,在具体的实践中才得以彰显。依据王阳明的心学义理,"为政以德",即是"廉"在"政"中的彰显,其根源在"知行本体",可见其对于"初心"的坚守。

要言之,"知行本体"是主体在具体的实践中筑牢廉政之基、走好廉政之路的前提。王阳明的思想不仅从本体上、工夫上强调"知行合一",而且致力于落实到主体的实践上。由"知行本体"所导向的"知行合一",成为良知学体系的核心环节,也是回归到"廉政"之道的切实路径。当然,也应该认识到,王阳明的知行观是围绕个人的美好人格而设计的一体化方案,似乎存在忽略个体之间差异等问题,这正是需要清醒看待且灵活处理的。从"廉"的德性到德行,王阳明也由"知行合一"推进到"致良知",在"合外内之道"(《礼记·中庸》)的意义上建构具有超越意味的精神境界。

---

① 《王阳明集》,第761页。

王华、王守仁进士考卷中的清廉善治思想

余姚市历史文化名城研究会副会长

褚纳新

　　会试,又称"春闱"或"礼闱",在乡试的第二年春季于京师礼部举行。明代,会试考中者称中式举人,获得参加殿试的资格。殿试,又称"廷试""廷对",是科举制度中最高等级的考试,由皇帝主持,只考"策问"一场,试题由内阁预拟,然后呈皇帝选定。《成化十七年进士登科录》《弘治十二年会试录》两部文献均为明代原刻本,是记录余姚籍人王华、王守仁父子科考轨迹与早期学术思想的重要善本。除了版本之珍,其价值还在于相隔五百多年仍能让我们从典籍中领略王华、王守仁父子深厚的学养、清廉的文风和丰富的治国安民思想,这是两部文献的魅力所在。

一、王华进士考试轨迹

　　王华(1446—1522),字德辉,号实庵,晚号海日翁,学者称"龙山先生",王守仁之父。明代,余姚学人推崇《礼记》之学,且富硕学之士,故余姚又有"礼余姚"之誉。王华读书时与同邑谢迁、陆恒、黄珣等人组成文社,研学《礼记》,推陆恒为社长。成化七年(1471),黄珣以国子监生应浙江乡试,考中解元,后多次会试不利。成化十年(1474),谢迁考中浙江乡试解元,次年连捷中状元。成化十六年(1480),王华考中浙江乡试第二名。次年春,王华、黄珣赴京参加礼部会试。

　　明代会试有正、副主考官各一人,同考官多人。成化十七年(1481)二月,钦命太常寺卿兼翰林院学士徐溥、詹事府少詹事兼翰林院学士王献为辛丑科会试正、副主考官。这一年会试放榜,"礼记房"的余姚人王华、黄珣榜上有名,王华为会试第三十三名,黄珣为会试第二百五十九名,苏州府吴江

县人赵宽考中会元。

成化十七年(1481)三月十五日,会试中式举人赵宽等298人参加殿试。三月十七日,明宪宗朱见深亲阅殿试举人所对策,赐王华、黄珣、张天瑞3人为第一甲进士及第;胡玉等95人为第二甲进士出身;张应奎等200人为第三甲同进士出身。是科,余姚籍人考中进士者达9名,除王华、黄珣外,另7人是陈伦、毛宪、翁迪、徐谏、吴裕、孙衍、黄琪。三月十八日,明宪宗赐进士宴于礼部。次日,赐状元王华朝服、冠带,诸进士钞各五锭。三月二十日,状元王华率诸进士上表谢恩。三月廿四日,授状元王华为翰林院修撰,榜眼黄珣、探花张天瑞为翰林院编修,其余进士分拨各衙门办事。

二、王华殿试文及其早期法治思想

成化十七年殿试策对,明宪宗出题:"朕祗举丕图,究惟化理,欲追三代以底雍熙,不可不求定论焉。夫三代之王天下,必有纪纲法度,然后可以治。而议者乃谓三代之治,在道不在法,岂法无所用乎?……诸生学古通今,出膺时用,必审知之矣。其各殚心以对,毋略毋泛,朕将采而行焉。"①明宪宗策问共400余字,就宋儒罗从彦"三代之治,在道不在法。三代之法,贵实不贵名"之说,结合"唐虞三代"及汉、唐、宋之治,向应试诸生征询历朝兴败之根源,并期得到跻世雍熙之方略。

王华策对文洋洋3000余字,开篇以"臣闻人君之治天下,有体焉,有用焉。体者何?道是也。用者何?法是也。道原于天而不可易,所以根柢乎法者也。法因乎时而制其宜,所以品节乎道者也"②破题,继而曰:"道立而法未备,则民生未遂,民患未除,未足以言治。法具而道有未立,则纲常沦斁,风俗颓靡,又奚足以为治哉?故善为治者,不徒恃乎法以制天下之人,要必本于道;而善为法者,不徒徇乎名以诬天下之人,要必求其实焉。"③以此说明夏、商、周之所以大治,是因为道法有度;而汉、唐、宋之所以不如"三

---

① 《成化十七年进士登科录》,宁波天一阁藏明成化年间刻本,第6页。
② 《成化十七年进士登科录》,宁波天一阁藏明成化年间刻本,第7页。
③ 《成化十七年进士登科录》,宁波天一阁藏明成化年间刻本,第7页。

代之治"，是因为道立而法未备或法具而道有未立引起的政刑与德礼失当所致。

王华又曰："臣窃惟治之体本于道，治之用存乎法，法之行必有其名，而名之立必有其实。……三纲不正，不足以言道；四事不举，不足以语法。……家之于天下，势不同而理同。道也，法也。实也，名也。"①王华认为：三纲五常是永恒不变的，必须坚持，治国有如齐家，只要道法得体，名有其实，相须而治，天下必定能得到善治。这些论述，充分表达了王华遵循伦理纲常、提倡道法兼进的修身治国理念。

关于社稷兴衰之问，王华以通鉴之学，论述了汉、唐、宋三朝的成败规律。对于汉代之治，王华认为其制度得体，但缺乏圣贤大学之道，这是导致汉末人心涣散的主因。对于唐朝之治，王华认为唐代的治国方针重于史，缺于法，而导致唐末天下割裂。对于宋朝之治，王华认为宋朝虽有恭俭宽仁之君，但仁厚有余，刚断不足，最后导致兵疲国亡。为此，他感慨曰："夫法非自行，必本于道而后行；名非自立，必有其实而后立。古之人皆有以处乎？此而后世获效之不古若，岂非以其或有体而无用，或有用而无体欤？"②这里，王华提出了"法必本于道而后行，名必有其实而后立"的现实主义法治理念，他认为：只要皇帝能穷理以致其知，存诚以立其本，则必一理浑融，万几密勿。"盛治之效，亦将与三代比隆矣！"③

王华的整篇策对文，围绕"人君之治天下，有体焉，有用焉。体者何？道是也。用者何？法是也"的论点，通过对伦理与道法方面的论述与分析，总结出三代大治与汉、唐、宋不如"三代之治"的历史原因。王华认为，要达到"唐虞三代"的治效，关键在于人君一心与清廉善治。通篇文章观点清晰，张弛有度，光明坦然，深合明宪宗旨意。此文穿越500年，就当下公民道德建设和各级社会治理而言，仍具有深刻的学习与借鉴意义。

---

① 《成化十七年进士登科录》，宁波天一阁藏明成化年间刻本，第8页。
② 《成化十七年进士登科录》，宁波天一阁藏明成化年间刻本，第12页。
③ 《成化十七年进士登科录》，宁波天一阁藏明成化年间刻本，第14页。

三、王守仁进士考试轨迹

王守仁(1472—1529),字伯安,号阳明,又号阳明山人,世称阳明先生,系王华长子。王守仁从小拜姚城名儒陆恒为师,11 岁能诗,18 岁慕圣学,19 岁由从叔王冕授予经义。弘治五年(1492),21 岁的王守仁以国子监生考中浙江乡试第 70 名举人。弘治六年(1493)、弘治九年(1498),王守仁两次会试落第。弘治十二年(1499)二月,28 岁的王守仁第三次赴京参加会试。

明刻本《弘治十二年会试录》翔实地记录了当年会试的三方面信息。(1)考官名录,详列了钦命的知贡举官、考试官、同考试官及弥封官名录。是科会试,知贡举官为礼部尚书徐琼、礼部左侍郎傅瀚。考试官为文渊阁大学士李东阳,礼部右侍郎兼翰林院学士程敏政。另有同考试官翰林院修撰刘春,左春坊左赞善费宏,翰林院编修蒋冕、徐穆、顾清、吴一鹏等人。(2)记载了会试中式举人的名次、籍贯、学科等内容。(3)记载了三场考试的题目,并节选了部分中式者的应试文与考官评语。

经过三场礼部考试,从 3500 名应试举人中录取中式者 300 名。《弘治十二年会试录》详细记录了中式举人名单。前七名为:会元伦文叙,广东南海县人,监生,治《易经》;第二名王守仁,浙江余姚县人,监生,治《礼记》,《礼记》房会魁;第三名王盖,直隶宣城县人,监生,治《书经》;第四名姚汀,浙江慈溪县人,监生,治《诗经》;第五名林庭㭿,福建闽县人,监生,治《春秋》;第六名杨廷仪,四川新都县人,监生,治《易经》;第七名张天相,山西太原左卫人,监生,治《诗经》。弘治十二年三月十五日,会试中式举人在奉天殿参加了殿试。三月十八日,殿试发榜:"第一甲三名伦文叙、丰熙、刘龙,赐进士及第;第二甲九十五名,赐进士出身;第三甲二百零二名,赐同进士出身。"①王守仁排名二甲第六名,二甲第七名为绍兴府上虞县人张文渊。

王守仁排位弘治十二年己未科殿试二甲第六名,此据明刻本《弘治十二年登科录》及清刻本《弘治十二年进士题名碑录》的明确记载,确凿可信。钱

---

① 《弘治十二年登科录》,上海图书馆藏明弘治年间刻本。

德洪等纂《阳明先生年谱》记载为"赐二甲进士出身第七人"①应为误记。是科殿试,会元伦文叙出类拔萃,中一甲第一名状元;王守仁会试第二,排名二甲第六名;会试第三名王盖,排名二甲第八十七名;会试第四名姚汀,排名二甲第二十九名;会试第五名林庭㭿,排名二甲第二名;会试第六名杨廷仪,排名二甲第四名;会试第七名张天相,排名二甲,第四十四名。是科,浙江人考中进士者达48人,其中绍兴府籍12人、余姚县籍5人。余姚县进士数占该科取士总数的1.67%,占浙江省总数的10.41%、绍兴府总数的41.66%。余姚籍进士除了王守仁外,还有陆栋、牧相、谢迪、王乾4人。

四、王守仁会试文及其清廉思想

《弘治十二年会试录》辑选了王守仁的两篇会试文章,分别为第一场"礼记"与第二场"论"的应试文。第一场"礼记"的试题为:"乐者敦和,率神而从天。礼者别宜,居鬼而从地。故圣人作乐以应天,制礼以配地。"②这是考察考生对"乐记"的认识。王守仁答:"惟礼乐合造化之妙,故圣人成制作之功,盖礼乐与造化相为流通者也。……圣人之道,不外乎礼乐,而和序者,礼乐之道也……"③全篇答文共460字,言简意赅地诠释了礼乐与天下造化的关系。王守仁认为:自然是和谐的,而人所处的社会是须要有序地来遵照法理的,礼、乐之道合乎自然造化的微妙,圣人根据自然之序,遵循天人合一的道理,将其升华。从根本上说,这二者是统一的,并无歧义。王守仁的这篇文章是礼学与社会和谐关系上的一个独到认识,考官对此文评价极高。考试官、翰林院学士程敏政批语:"究本之论,涉造化处便难楷笔,若辞理溢出,类此篇者鲜矣!"考试官、内阁大学士李东阳批语:"畅达无疵,《乐记》义仅得此耳!"

第二场"论",主要测试考生对儒家经典的论述能力。题目为"君子中立而不倚",语出《中庸》。王守仁开篇写道:"独立乎道之中,而力足以守之,非

---

① 王守仁:《王阳明全集》,吴光、钱明等编校,上海古籍出版社2006年版,第1224页。
② 《弘治十二年会试录》,宁波天一阁藏明弘治年间刻本,第28页。
③ 《弘治十二年会试录》,宁波天一阁藏明弘治年间刻本,第29、30页。

君子之勇不能也。盖中固难于立,尤难乎其守也。……中立而有以守之,必其识足以择理,而不惑于他歧;行足以蹈道,而不陷于僻地;力足以胜私,而不诱于外物。"①王守仁认为:人能独立于"中"道,前提是必须具备"君子之勇"。"中"难于立更难于守,如果要坚守"中"道,保持清廉,必须持有明确的理性、不惑于歧途的头脑,以及能够克服私欲与各种诱惑的精神定力。

王守仁又曰:"君子之所以自立者,何中而已,是道也。……中立固难,立而不倚尤难,君子则以一定之守,持一定之见,不必有所凭也。"②王守仁的论述坚持了《中庸》"中也者,天下之大本也"的世界观核心理念,认为君子立于"中",是为明道。其曰:"所以择者智也,所以行者仁也,所以守之者勇也,勇所以成乎智仁,而保此中者也。"这是王守仁早期学术思想中所推崇的"君子中立之勇",也是他乐观向上之清正世界观在早期学术思想中的体现。

王守仁的应试文得到了考官的一致好评。考试官、翰林院学士程敏政批语:"其词气如水涌山出,而义理从之,有起伏,有归宿,当丰而健,当约而明,读之惟恐其竟也,四方传诵,文体将为之一变乎!"考试官、大学士李东阳批语:"此篇见理真切,措辞条畅,亦何尝无开合起伏于其间,而终不出乎绳准之外,为论学者可以观矣!"

此篇应试文共947字,文章以中庸之道为基础,以精准的立意、逻辑分明的论述表达了他强调内心、自持定见的清廉思想。其中心观点,就是强调以先圣孔子所推尚的"德义之勇"来净化人的内心,以君子所具备的中立清正来造化天下之善治,这是王守仁早期清廉善治思想中的重要精神启示。

五、王华、王守仁善治思想的关联与启示

《成化十七年登科录》《弘治十二年会试录》这两部珍本,保存了余姚籍士子王华、王守仁父子珍贵的科举文章,作为京师会考的直接证物,记载了王华、王守仁人生的光辉起点,也记录了他们早期治理思想的渊源内涵。作

---

① 《弘治十二年会试录》,宁波天一阁藏明弘治年间刻本,第32页。
② 《弘治十二年会试录》,宁波天一阁藏明弘治年间刻本,第32、33、34页。

为同时代士大夫群体的成员,他们的学术思想有着密切的联系与启承,给今人留下了宝贵的启示。

王华策对文中多次强调默契心学与善治的联系,他赞扬皇帝:"丕承一祖四宗之鸿图,默契二帝三王之心学。"①王华认为:国家的兴隆,是皇帝默契心学的治功。君王之心在于所养,只要君王"始终此心",必会成就养民之仁与治政之隆。此心政一体的善治思想与王守仁所倡导的"仁者以天地万物于一体""明明德""亲民之道"的善治思想完全一致。

王华认为:皇帝默契心学,秉承仁政,是天下太平的基础。他劝谏皇帝"总万善于一身,必可光百王于千载"。王华把万善与社稷永固联系在一起,再次强调"善治"的重要性,表达了万物一体的历史观,这与王守仁在《大学问》中所表达的"至善是心之本体""明明德者,立其天地万物一体之体也。亲民者,达其天地万物一体之用也"②的善治思想一致。王华提出的"家之于天下,势不同而理同"的思想理念,与王守仁在《大学问》中的"天下犹一家,中国犹一人"③的世界大同思想亦相一致。

王华曰:"人君之治固本于一心,而正心之要,尤在于意诚。……天理邪,必循之而造其极;人欲邪,必遏之而绝其根。"④王华认为:君主之治在于一心,正心尤在意诚,只有时时做到造极天理,遏绝人欲,才能预防各种危机的发生,达到政通人和的治效。此"造极天理,遏绝人欲"的思想主旨与王守仁的"去人欲,存天理""心之本体,天理也""良知即天理"的思想主旨相同,其根源即是儒家的道德修养目标。这些思想上的同根同源,是因为王守仁从小跟随父亲学习、生活,思想上深受父亲及同乡长辈的影响。

王华、王守仁的应试文章均强调人和自然与社会的关系,主张正心意诚、清廉善治,体现了他们父子相近的学术思想、理想抱负与处事风格。他们所共同推崇的"去人欲、存天理"的精神主旨与"心政一体""亲民仁政"之清廉善治思想,在 500 年后的今天,仍是中华民族源源不断的精神源泉。

---

① 《成化十七年进士登科录》,宁波天一阁藏明成化年间刻本,第 7 页。
② 王守仁著,吴光、钱明等编校:《王阳明全集》,上海古籍出版社 2006 年版,第 968 页。
③ 王守仁著,吴光、钱明等编校:《王阳明全集》,上海古籍出版社 2006 年版,第 968 页。
④ 《成化十七年进士登科录》,宁波天一阁藏明成化年间刻本,第 14 页。

王阳明廉洁思想的来源、内涵、践行
与当代价值

余姚市东海城市文化研究院院长

华建新

王阳明的一生历经百死千难，人生经历可谓跌宕起伏、波澜壮阔。从他一生"真三不朽"的业绩中可以感悟到一种活泼泼的生命精神力量。究其原因，其廉洁思想与践行是成就他伟业的一种内生性力量。长期以来，阳明学界对王阳明廉洁思想的研究存在"短板"现象，对其廉洁思想与实践的内在价值在认识及思想资源的挖掘上应该说存在较大的生发空间。本文试图从王阳明廉洁思想的来源、内涵、践行与当代价值等方面做一些粗浅的探讨。

一、王阳明廉洁思想的来源

所谓"王阳明廉洁思想"，意指王阳明对人与物之间关系的一种价值判断与主张，以及与廉洁实践功夫紧密相连的一种修身观，在仕途上表现为官德。廉洁思想是阳明心学的重要内涵之一，其思想渊源与中国传统人格精神及人格理想有着密切的联系。同时，其廉洁思想与其故里余姚的地域文化、家族文化传统、其少年时代所确立的"成圣贤"人生志向等有着内在的相关性。

（一）中华文化经典的濡养

王阳明的廉洁思想源远流长，其源头可追溯到春秋、战国时期孔、孟的儒家仁学，中华文化经典是王阳明廉洁思想形成的活水源头。王阳明对《礼记·大学》中的"三纲领"有独到的体悟："明明德，亲民，止于至善"成为王阳明"廉洁"思想的重要渊源。王阳明入仕后，将儒家所倡导的为官之道应用到为政实践之中,努力践行"明德至善"的为官道德准则。可以说,王阳明的"廉洁思想"其最初的学理源头是接脉孔子"仁本"之道。孔子在《论语·颜渊》中说:"克己复礼为仁。"由此开启了内生之学,以"仁"安天下,即为内圣外王之学。"仁"作为孔儒的核心思想而成为传统儒家学说的道统。孟子继承孔子的学说,提出"性本善"学说,将内圣外王之学又大大推进了一步,开儒家心性之学的先河。在《孟子·公孙丑上》中有言:"恻隐之心,仁之端也;羞恶之心,义之端也;辞让之心,礼之端也;是非之心,智之端也。"强调"四心"之端是人性之源,从心体之端深入探讨了人性问题,由此成为中国心学最初之思想源头。及至北宋范仲淹在《岳阳楼记》中所抒发的"先天下之忧而忧,后天下之乐而乐"的儒者情怀,反映出儒者天下观的亲民风范。王阳明在青少年时期,经历过艰难的思想探索,即所谓"为学三变""为教三变"的思想转型,终成一代心学集大成者、"三不朽"伟人。因此,王阳明的廉洁思想之源,主要来自孔孟的"仁学""性本善"学说,同时也融会了诸如佛、道等多元的思想资源。

(二)余姚地域文化的浸染

作为生命的根系所在,古邑余姚是王阳明梦牵魂绕的精神家园。光绪《余姚县志·疆域》记载,相传虞舜时期余姚为"舜支庶所封之地"。舜因其孝德形象,成为余姚人的道德楷模,舜的"孝道"以及"勤政为民"的精神被历代余姚人所推崇。王阳明廉政思想的形成与"孝德"之伦理精神有着内在联系,这一文化精神符号代代相传,亦成为王阳明廉洁思想形成的乡俗因素。王阳明成长于孝风蔚然的余姚地域环境中,耳濡目染,这对其一生追求"廉洁"的人格理想无疑产生了潜移默化的影响。另外,王阳明十分敬仰先贤严子陵高风亮节的风范,并深受乡贤谢迁、冯兰、魏瀚等为官德行的影响,这亦是王阳明廉洁思想的重要来源。

(三)姚江秘图山王氏家族平民遗风的传承

王阳明廉政思想的形成亦受到其家族世风懿德、家庭教育濡化的影响。王阳明祖上数代均为读书人,系平民阶层,不以追求出仕为人生目标。姚江秘图山王氏家族数代人生活于社会底层,形成了一种平民情结,即对老百姓有深厚的情感基础,对贪官污吏深恶痛绝,这对王阳明廉洁思想的形成也是潜移默化的。王阳明出仕后为官情系百姓、为民谋利、鞠躬尽瘁,其对黎民百姓的情感与其家风传承息息相关,反映出王阳明廉洁思想有一种强烈的平民本色。

(四)王阳明对"成圣贤"道德理想的自觉追求

王阳明自少年时代所确立的"成圣贤"志向,是其廉洁人格塑造的必然取向,持志与养心成为其至圣人格形成的内在张力。"成圣贤"志向主宰着其"为学之变"和"为教之变",这种至大至刚的志向是其确立"廉洁"立身的"定盘针"。

以上四方面是王阳明"廉洁"思想的主要来源。可以说,王阳明廉洁思想的形成与历史上众多的所谓"清官"有着共性方面的思想渊源,但也有其所处的故乡文化环境,尤其是王阳明"成圣贤"志向的驱动力等特殊性因素。

二、王阳明廉洁思想的内涵

"廉洁"一词,在《辞海》中解释为"清廉""清白"。此词最早出典在屈原《楚辞·招魂》中,有诗句曰:"朕幼清以廉洁兮,身服义而未沫。"东汉王逸在《离骚章句》中将"廉洁"一词注释为"不受曰廉,不污曰洁"。在《辞源》中"廉洁"一词解释为"公正""不贪污"。从以上关于"廉洁"的词义解释来看,仅从人格操守的角度释义,揭示了学道之人的修身志向与为人处世的基本准则。检阅王阳明的相关论著,其直接表述有关"廉洁"的观点极少,但间接阐发其廉洁思想的观点倒有很多,主要是从其"致良知"的心学思想生发而来的。

(一)"廉洁"是"良知"之发用流行

王阳明的廉洁思想是基于儒家积极的入世观而生发来的,是儒者人生价值的必然反映。王阳明的廉洁思想较之于"为官不贪"等官德的标准而言,有其自身深刻的思想内涵。王阳明在《答舒国用》一书中写道:

君子之所谓洒落者，非旷荡放逸、纵情肆意之谓也，乃其心体不累于欲，无入而不自得之谓耳。夫心之本体，即天理也。天理之昭明灵觉，所谓良知也。君子之戒慎恐惧，惟恐其昭明灵觉者或有所昏昧放逸，流于非僻邪妄而失其本体之正耳。戒慎恐惧之功无时或间，则天理常存；而其昭明灵觉之本体，无所亏蔽，无所牵扰，无所恐惧忧患，无所好乐忿懥，无所意必固我，无所歉馁愧怍。和融莹彻，充塞流行，动容周旋而中礼，从心所欲而不逾，斯乃所谓真洒落矣。是洒落生于天理之常存，天理常存生于戒慎恐惧之无间。①

在此书中，王阳明尽管没有直接表述"廉洁"是"天理"发用这一道德判断，但其论之中已传达出君子的人格源于"心之本体"，此所谓"心之本体"自然是指昭明灵觉之良知。由此观之，王阳明的"廉洁观"是基于"天理之常存"的昭明灵觉之心。王阳明在《五经臆说》条目中有言："君子之明明德，自明之也，人无所与焉。自昭也者，自去其私欲之蔽而已。"②《阳明先生年谱》（以下简称《年谱》）对此事亦有记载。

此言显然是指恪守"廉洁之心"在于心体不能"蔽于私"，只有"去其私"，心体就无不明，这应是王阳明"致良知"思想的表达，亦是解读王阳明廉洁思想内涵的重要依据。因此，作为君子，特别是掌握公权力的为政者，首先要有廉政之心，廉政之心与廉政之行是高度结合的。

（二）"廉洁"乃为官之道

王阳明在出仕后经历过无数的磨难，但他始终恪守廉洁之道，这主要是因他有为官"行道而不为禄"的官德信仰。王阳明在入仕之初，因反对宦官刘瑾擅权而被贬谪贵州龙场驿。从京官跌落至不入流的驿丞，这种心理落差是断崖式的；但其不因环境的险恶而改变对"廉洁"的信念。其在《龙场生

---

① 王阳明：《王阳明全集》，吴光、钱明、董平等编校，上海古籍出版社1992年版，第190页。

② 《王阳明全集》，第980页。

问答》一文中告诫弟子:"君子之仕也以行道,不以道而仕者,窃也。今吾不得为行道矣。虽古之有禄仕,未尝妨其职也。"作为一个正直的士大夫,是出仕为禄还是出仕为道,在王阳明看来是大是大非的问题,必须分清楚。尽管王阳明当时为一谪官,但他对确信的为官之道绝没有轻言放弃,抒发了对当道政治黑暗的愤懑之情。王阳明认为,为官不行道乃为"窃贼",天理难容。文中,王阳明进一步认为,做官不是"力役","力役"可屈;而"为官"者不可屈,不应守"妾妇之顺",为官者应以"道"为使命,这便是官道与力役的区别所在。王阳明在文中所强调的"仕之以道"这一观点,即便放到当今社会仍不失为警世、醒世的至理名言。从王阳明与龙场弟子的交谈中,可明察其为官信念及在艰难环境中廉洁信念不移的心态,从中也可找到其为官能做到持志"廉洁"的答案。如何做到"廉洁",前提是要恪守为官之道,并作为一种信仰来追求,王阳明给出了答案。

(三)"廉洁"重在修己安民

廉洁是"心"的存养工夫,它需要日积月累的"事上磨炼",或者说是"致良知"的工夫。王阳明的廉洁思想根源于其对"心体"的彻悟。基本的修炼方法是自我反省、克除私念、静坐,坐忘等生命体验,其在《山东乡试录·斋明盛服非礼不动所以修身也》程文中云:

> "九经"莫重于修身,修身惟在于主敬;诚使内志静专,而罔有错杂之私,中心明洁,而不以人欲自蔽,则内极其精一矣;冠冕佩玉,而穆然容止之端严,垂绅正笏,而俨然威仪之整肃,则外极其检束矣。又必克己私以复礼,而所行皆中夫节,不但存之于静也,遏人欲于方萌,而所由不瞀于礼,尤必察之于动也;是则所谓尽持敬之功者。如此,而亦何莫而非所以修身哉?诚以不一其内,则无以制其外;不齐其外,则无以养其中;修身之道未备也。静而不存,固无以立其本,动而不察,又无以胜其私;修身之道未尽也。今焉制其精一于内,而极其检束于外,则是内外交养,而身无不修矣。行必以礼,而不庚其所存,动必以正,而不失其所养,则是动静不违,而身无不修矣。是则所谓端"九经"之本者。如此,而亦何莫而不

本于持敬哉？大抵"九经"之序，以身为本，而圣学之要，以敬为先，能修身以敬，则笃恭而天下平矣。

上述，王阳明将"内修"定义为"主敬"，而"主敬"则为"内志静专""中心明洁"，意在将"修身"与"修心"联系起来。从另一个角度看即"不以人欲自蔽"，并将"外修"定义为"穆然容止之端严""俨然威仪之整肃"，认为人的仪容仪表"端庄"具有"克己复礼"之约束力，把"内修"与"外修"统一起来，动静结合，即能存静遏欲，合乎于礼。修身之道，以身为本，以敬为先，以实现天下太平、和合之社会理想。王阳明将修身与治国之间的辩证关系做了透彻的论证。考其思想源头，可溯至《尚书·尧典》"克明俊德，以亲九族，九族既睦，平章百姓，百姓昭明，协和万邦"与《大学》"大学之道，在明明德、在亲民、在止于至善"的明德、亲民、至善之思想。修身的关键在于立志，这也是王阳明廉洁思想的重要内涵。以"廉洁"修身的关键在于"行"，将内在之心外化于践行工夫，做到心与行的高度统一。对于出仕者而言，只有修身方能安民。

（四）"廉洁"乃君子之美德

廉洁是心灵之内在美，是人性善之能量的释放；廉洁亦是君子之德。王阳明在谪居贵州龙场期间，写了著名的《君子亭记》一文，文中以"竹"之美德自比。竹是"岁寒三友"之一，王阳明在文中以比况的手法对竹子的品性从四个方面作了发挥。

> 阳明子既为何陋轩，复因轩之前营，驾楹为亭，环植以竹，而名之曰"君子"。曰：竹有君子之道四焉：中虚而静，通而有间，有君子之德；外节而直，贯四时而柯叶无所改，有君子之操；应蛰而出，遇伏而隐，雨雪晦明，无所不宜，有君子之明；清风时至，玉声珊然，中采齐而协肆夏，揖逊俯仰，若洙、泗群贤之交集，风止籁静，挺然特立，不挠不屈，若虞廷群后，端冕正笏而列于堂陛之侧，有君子之容。

王阳明以竹之性,寄寓了对君子美德的向往。其认为:竹子含有"君子"应具备的"德、操、明、容"四品,实则包含了为君子者须恪守"知行合一"的品德,即告诫弟子"汝为君子儒,无为小人儒"的做人基本道德,抒发其对君子理想人格追求的情怀。美德是对廉洁品行的精神升华,廉洁是通向美德境界的必然路径。

(五)廉洁须融入日常生活

王阳明的廉洁思想具有普遍性,是根植于老百姓的生活世界的,故其对孟子提出的"人皆可以为尧舜"(《孟子·告子下》)的致圣观大加推崇,强调"廉洁"必须融入日常生活,反对"孤芳自赏"式的所谓"廉洁"。王阳明在谪居贵州期间,与时任贵州提学副使同乡人毛科交谊颇深。毛科对王阳明的道德文章亦十分钦佩,尤其对王阳明的儒者人格特别赏识。明正德三年(1508),当毛科行将致仕之际,其在府中建一亭子,为退食之所,并为亭子命名"远俗亭",并邀王阳明为之作序。王阳明没有拒绝毛科的美意,但其在序中并没有为"远俗亭"美言,而是借此阐发对"远俗"亭名的看法,此序中蕴涵了深刻的廉洁思想:

> 宪副毛公应奎,名其退食之所曰"远俗"。阳明子为之记曰:俗习与古道为消长。尘嚣溷浊之既远,则必高明清旷之是宅矣,此"远俗"之所由名也。然公以提学为职,又兼理夫狱讼军赋,则彼举业辞章,俗儒之学也;簿书期会,俗吏之务也;二者皆公不免焉。舍所事而曰"吾以远俗",俗未远而旷官之责近矣。君子之行也,不远于微近纤曲,而盛德存焉,广业著焉。是故诵其诗,读其书,求古圣贤之心,以蓄其德而达诸用,则不远于举业辞章,而可以得古人之学,是远俗也已。公以处之,明以决之,宽以居之,恕以行之,则不远于簿书期会,而可以得古人之政,是远俗也已。苟其心之凡鄙猥琐,而徒闲散疏放之是托,以为"远俗",其如远俗何哉!昔人有言:"事之无害于义者,从俗可也。"君子岂轻于绝俗哉?然必曰无害于义,则其从之也,为不苟矣。是故苟同于俗以为通者,固非君子之行;必远于俗以求异者,尤非君子之心。

在此序中,王阳明从"远俗"的本义出发,否定了那种自认为远离"尘嚣涸浊",寄身于高明清旷之宅即为"远俗"的错误观点。在王阳明看来,作为官吏应为国家、为百姓认认真真地做好每件事,哪怕是很小的事,亦是官德的体现。如果离开具体的实务,抽象地谈"远俗",那么"圣人之道"何存?因为高尚的道德只有通过具体而平凡的事方能显现,从来没有离开"事"的"远俗"。为官廉洁要在事中"公以处之,明以决之,宽以居之,恕以行之",即恪尽职守,兢兢业业地为民服务,这才是"远俗"真正的含义。王阳明还尖锐地批评那种"苟同于俗以为通者"的所谓"远俗者",认为这是沽名钓誉:"固非君子之行;必远于俗以求异者,尤非君子之心。"王阳明之语,显然不是针对毛科而言的,毛科应该说是一位为人正直、不恋权位、勤政廉洁的清官,而是针对那些自命清高的所谓"远俗者"。王阳明此文,可看作其对"廉洁"内涵的精辟之论,发人深省;同时,对于理解"龙场悟道"的深刻含义亦大有裨益。

(六)廉洁的关键在于选任"吉士"

在王阳明看来,廉洁并不是单纯的个人道德品行问题,从国家官员结构的角度看问题,廉洁涉及官员群体的素质问题。对此,王阳明认为取士必须用"吉士"。王阳明在主试山东乡试时,在乡试程文中提出了"用吉士"的国策。王阳明认为治国之道重在"用人"。并据《周书·立政》命题:"继自今立政其勿以憸人其惟吉士。"在国家用人问题上,王阳明提出了君王为政"勿以憸人其惟吉士"的用人之策。在山东乡试程文中,王阳明采用比较的方法论证了"憸人"与"吉士"的区别。所谓"憸人"即小人,其表现为"行伪而坚,而有以饰其诈,言非而辩,而有以乱其真者也"。对这种人,当政者应杜绝后患:"不有以远之,将以妨吾之政矣;必也严防以塞其幸入之路,慎选以杜其躁进之门,勿使得以戕吾民,坏吾事,而挠吾法焉。"所谓"吉士",即善良之人。吉士的品行:"守恒常之德,而利害不能怵,抱贞吉之操,而事变不能摇者也。"对待吉人,当政者应"不有以任之,无以成吾之治矣;必也,推诚信而彼此之不疑,隆委托而始终之无间,务使得以安吾民,济吾事,而平吾法焉"。在王阳明看来,治国的关键是用"吉士"而远绝"憸人"。

大臣勉贤王之为治,惟在严以远小人,而专于任君子也。盖君子小人之用,舍天下之治忽系焉,人君立政,可不严于彼专于此哉?周公以是而告成王,意岂不曰,立政固在于用人,而非人适所以乱政?彼吉士之不可舍,而憸人之不可用,盖自昔而然矣。继今以立政,而使凡所以治其民者不致苟且而因循,则其施为之详,固非一人所能任也,而将何所取乎?继此以立政,而使凡所谓事与法者,不致懈怠而废弛,则其料理之烦,亦非独力所能举也,而将何所用乎?必其于憸人也,去之而勿任;于吉士也,任之而勿疑;然后政无不立矣。

王阳明关于用"吉士"而远"憸人"的主张,与诸葛孔明在《前出师表》中的名言"亲贤臣、远小人,此先汉所以兴隆也"的历史结论同出一辙;但王阳明更强调当政者对"贤士君子"要看其道德诚信,如此才能防止小人、邪佞之挑拨离间、耍阴谋诡计。王阳明说:"故夫人君之于贤士君子,必信之笃,而小人不得以间;任之专,而邪佞不得以阻。并心悉虑,惟匡直辅翼之是资焉,夫是之谓笃确专一之诚;而所以养其心者,不至于有鸿鹄之分,不至于有一暴十寒之间,夫然后起居动息,无非贤士君子之与处,而所谓养之以善矣。"因此,作为当政者只有对正直的大臣给予充分信任,方能以绝其奸,是谓君子养心之道。王阳明在山东乡试文中有关"惟用吉士"的主张,尽管带有一定的理想化色彩,在皇权专制社会中本质上是很难实现的;但其这一思想对传承儒家的"贤人政治"理想,摆脱被专制皇权主宰自身命运的精神枷锁,做有良知的洁士,坚守道德自律,出仕须保持廉洁本色具有积极的导向意义。

三、王阳明廉洁思想之实践

在王阳明跌宕起伏的人生经历中,无论是顺境还是逆境,他从来没有放弃作为儒者的责任,将自己的廉洁思想自觉地融入社会生活,待人接物恪守"中庸之道",既坚守道德操行,又顺乎人之常情,表现出积极的进取精神和平易近人、坦率真诚的人格魅力。那么,王阳明在一些特定的环境中又是如何做到廉洁的呢?

（一）恪守礼仪，轻视财物

恪守天理良知是王阳明为人处世的基本准则，并始终坚持将道义作为判断是非的规矩。明弘治十二年（1499），王阳明中进士后观政工部。不久，奉命到河南浚县督造王越墓，次年秋踌躇满志的王阳明到达浚县履职。由于王阳明卓越的工程指挥艺术，其用约三个月的时间就圆满完成了王越墓的督造任务，王越灵柩得以在弘治十二年九月四日下葬。可以说王阳明浚县之行不负使命。事浚后，王越家人欲以金币致谢，被王阳明谢绝，可见其对财物的轻视。王越家人亦识俊才，拿出王越生前所佩之剑相赠，王阳明则"应梦受剑"。《年谱》记载："先生未第时尝梦威宁伯遗以弓剑。"此说当然充满神秘色彩，但它却为王阳明受剑提供了合理解释。王越所佩之剑乃是其一生战功、地位、志向、精神意趣的象征，对其家族而言则显示出无上的荣耀，岂肯轻易授之于人。然而，王越家人慷慨割爱，毅然赠予初入仕途的王阳明，这无疑寄寓着一种厚望，抑或是发现了王越精神的传承人。王阳明不受金币而受王越生前佩剑，虽说"应梦受剑"为他接受王越家人的赠剑提供了合理的依据，但也暗示了王越与王阳明之间的某种精神契合，"赠剑"与"受剑"反映出王阳明对王越"尚武"精神的传承，意味深长，同时，也折射出王阳明为官实践的廉洁精神。

再如，明正德元年（1506）王阳明因反对阉党刘瑾而被贬贵州龙场，其于正德三年（1508）春到达贵州龙场驿，当时处境十分艰难。因龙场驿属于贵州水西土司安贵荣管辖，其知悉王阳明处境后即派下属给处于艰难中的王阳明馈赠物品。《年谱》记载："水西安宣慰闻先生名，使人馈米肉，给使令，既又重以金帛、鞍马，俱辞不受。"此时的王阳明自己身体有病、书童亦病，住无居所，锅无下米之粮，濒临生存危机。即便在如此困境中，王阳明仍婉拒安宣慰的馈赠。出于礼节，王阳明以接受"救济"的名义，仅收了一些生活的必需品，对那些贵重物品一概退回，表现出其处困境而不失人格的凛凛风骨。正因为王阳明的高洁人格感染了安宣慰，其后王阳明所撰《与安宣慰》三书中所提建议均被安贵荣接受，史称王阳明以"三书"开悟安贵荣出兵平当地土司之间的动乱，安定了社会，此事被明末忠臣余姚人施邦曜誉为"一纸书贤于十万师"。

(二)恪守人格,不畏权势

日常中,能做到廉洁奉公相对比较容易,但在权势面前能否保持廉洁本心不移,做到"威武不能屈",这对官员来说是一个极大的挑战,须要其有足够的定力。明正德十四年(1519),王阳明在平定南昌藩王朱宸濠叛乱以后,又面临了一场人生危机。好大喜功的明武宗命锦衣卫千户追索已被擒的叛王朱宸濠,在皇权的淫威面前王阳明表现出不畏权势的刚正之气。当锦衣卫千户凭借皇命威逼王阳明交出朱宸濠时,王阳明巧于周旋,不以阿谀奉承之态屈从,表现出其超人的胆识和勇气,此事在《年谱》中有记载:

> 武宗尝以威武大将军牌遣锦衣千户追取宸濠,先生不肯出迎。三司苦劝,先生曰:"人子于父母乱命,若可告语,当涕泣以从,忍从谀乎?"不得已,令参随负敕同迎以入。有司问劳锦衣礼,先生曰:"止可五金。"锦衣怒不纳。次日来辞,先生执其手曰:"我在正德间下锦衣狱甚久,未见轻财重义有如公者。昨薄物出区区意,只求备礼。闻公不纳,令我惶愧。我无他长,止善作文字。他日当为表章,令锦衣知有公也。"于是复再拜以谢。其人竟不能出他语而别。[1]

从以上记载中可知,在锦衣卫千户的淫威面前,王阳明悉知抗拒的严重后果,但他以超群的智慧与锦衣卫千户智斗,最终以正义之力量化解了锦衣卫千户的淫威。古人云:"吏不畏吾严而畏吾廉,民不服吾能而服吾公;廉则吏不敢慢,公则民不敢欺;公生明,廉生威。"(《官箴》)正因为王阳明为官廉洁,一身正气,使得锦衣卫千户无孔可钻,使其达不到目的,起到了以正压邪的作用。不能不说,在仕途上为官者本身的廉洁品行是抗击来自专制皇权的智慧和力量。

---

[1] 《王阳明全集》,第 1269 页。

（三）公私分明，廉洁奉公

明正德十四年（1519），王阳明举义旗，以弱势兵力攻破叛王朱宸濠的平乱。在平叛过程中，朱宸濠叛军猛攻安庆城，安庆守军危在旦夕。王阳明以高超的军事指挥艺术，采取"围魏救赵"之计谋，调集义军一举攻克朱宸濠老巢南昌城，迫使朱宸濠回师。南昌城被王阳明攻破后，朱宸濠宁王府中的金银财物难以计数，作为义军的统帅，王阳明则一尘不染，下令立刻封存宁王府内的所有财产，以杜绝不法侵犯行为的发生。此事《年谱》中有记载："先生乃抚定居民，分释协从，封府库，收印信，人心始宁。"王阳明率军攻破朱宸濠老巢南昌城后妥善处置其财物等一尘不染，表现出正直士大夫的凛凛正气及廉洁之风。

（四）严以律己，廉化政风

王阳明无论是在京城六部等机关任职还是外放地方任职，均做到严以律己，以身垂范。以人格道德感染、影响同僚及下属。王阳明在平南赣之乱，平叛王朱宸濠，平广西土司、八寨、断藤峡之乱中，严明政纪、军纪，执法如山，令行禁止，打造出一支军纪、政风严明的队伍，为平乱、平叛的胜利奠定了基础。诸如：不拘一格，选贤任能；精兵简政，削减冗员；表彰廉吏，赏罚分明；力戒奢靡，移风易俗；执政为民，不恋官位；等等。王阳明将廉洁政风融入治理地方的秩序之中，收到了改善民风、提升官德的良好效果，即将自身之正气推及政事民风，产生了很大的社会效应。

另外，王阳明将廉洁思想和实践融入平时的讲学之中，将"心即理""知行合一""致良知"和"万物一体"等心学思想与为学之道有机结合。嘉靖四年（1525），王阳明在余姚龙泉山中天阁讲会中写了《书中天阁勉诸生》一文并题壁，教导学子要做到：虚心逊志，相观以善，相亲相敬，相感以诚，从容涵育，"使道德仁义之习日亲日近，则世利纷华之染亦日远日疏"。可见，王阳明的廉洁实践具有潜移默化、润物无声的特质，将廉洁之本转化为育人之道。

四、王阳明廉洁思想的当代价值

阳明心学既肯定了人作为"天地之心"的主体性,又坚信人具有"良知"的先验性以及"致良知"的道德践行性。在社会实践中,反映了王阳明对历史的反思精神和强烈的社会责任意识。廉洁既是人格之彰显,亦是人生的智慧使然。在现代政治文明构建中,传统文化中的廉洁观念在现实社会仍有其生命力,尤其是为官者的基本道德准则;但真正能做到身体力行、知行合一并不是一件容易的事,王阳明却做到了。其为官廉洁的风范成为影响后人安身立命的榜样。王阳明的廉洁品德对现代社会有什么样的价值呢?如何在现实社会中保持廉洁的品行呢?

(一)致知在心:克私存理的价值

从道德的层面而言,廉洁的"敌人"其实并不是"他者"或者所谓的"环境",而是源于自我无限膨胀的"私欲"。在现实中,诸如贪污腐败行为,有一些丧心病狂之人即便在强大的反腐高压下仍"前腐后继",不肯收手,此种案例举不胜举,这对法治社会的建设造成了严重的危害。凡此种种,无不与人的"私欲"极度泛滥有着内在联系。故王阳明对"存天理,灭人欲"这一主张是持赞成态度的,有诸多深刻的论述。当然,王阳明所谓的"存天理"意指"良知"之天理;所谓的"灭人欲"是指灭人心中贪得无厌的"私欲"。王阳明常用镜子会被惹上灰尘须要勤擦拭作喻,启迪学子要在"正念头"上下功夫。故王阳明反复强调"致良知",其中就包含了对自身"私欲"执念产生的角度而言,勤反思,克私存理即为廉洁的智慧。

(二)万物同体:敬重自然的价值

古往今来,凡崇尚、践行"廉洁"的有志之士通常心地是光明正大的。王阳明的一生始终把自身放在天地万物之中,以平等心对待万事万物。王阳明晚年在绍兴稽山书院等处只发《大学》"万物同体之旨,使人各求本性"。实质是要消除"物""我"之间的对立,从道德伦理上消解对"物"的占有欲,确立万物平等的世界观。从"万物一体"的角度构建人与物之间的秩序性,以此消除"人类中心主义"的道德误区。当然,这是从道德伦理关系而言的,而非纯自然之关系。诸如,人类要热爱、保护生态环境,对森林、河流、海洋要有一种敬畏的态度,对人类依据自然原理合理地向自然索取一些资源并不违反生态伦理,但若过分了,超出了一定的限度,就成了王阳明所反对的人性之"恶","物欲"太盛是不能被容许的。王阳明对"物"有其独到的理解,释"物"为事,将"人"与"物"统一在"一体"中加以考量,以破解"物""我"对立的悖论,将天地万物都当作与己身紧密相关的生命家园。对那些掌握一定公共权力的人来讲,廉洁是一个基本的要求,因为凡掌握一定公权力的人,他所从事的事、对象都是为公的,或者说是为从事公共利益服务的。假如手握公权力的人做不到廉洁,那么就会侵犯社会的公共秩序、利益,破坏社会的道德风尚,给社会造成公信力的严重损害,这有很多案例可以证明。在市场经济的环境中,假如手中掌握一定公权力的官员,自身没有守住廉洁的底线,就很容易发生权力寻租、贪腐等问题,面对各种纷繁复杂的利益诱惑,就很可能会步入陷阱。因此,对"人"与"物"之间的道德关系要有正确的认识,方能从根上消除"私欲"存在的可能性。正如唐代禅宗六祖慧能的揭帖所言:"菩提本无树,明镜亦非台。本来无一物,何处惹尘埃。"这当然是禅宗修行的悟道之法,作为现代文明人宜应确立"万物一体"的理念,不仅要推己及人,还应推己及物,恪守廉洁,坚持修德,防止腐败。从这个意义上说,廉洁亦是一种智慧。

(三)君子人格:力行"慎独"的价值

廉洁是一种美德,是君子人格的核心内涵。王阳明设身处地践行君子人格,反映在其对君子人格不懈的追求上。其在贬谪贵州龙场期间所撰的《远俗亭记》《君子亭记》《答龙场生问》等文章中都深度阐释了君子人格问题。君子人格是文明社会所要弘扬、所要坚守的价值观,这种价值观对于修身养性、提升社会道德文明素质是十分必要的。廉洁的工夫在于"慎独",无论在何时何地,尤其在"独处"的情境中更要保持"廉洁"之心。慎独与廉洁存在必然的联系,尤其作为官员,慎独是廉洁的修身工夫,亦能增强人的道德是非判断力,知善知恶,把人的道德本真展露出来。因此说,"慎独"亦是一种人生境界,是坚守道义的力量源泉。

五、结语

王阳明有诗云:"人人自有定盘针,万化根源总在心。却笑从前颠倒见,枝枝叶叶外头灵。"万物生生不已,廉洁即为万物化道之道德力量。廉洁是人生观、价值观和宇宙观在道德主体上生发的综合性反映。王阳明一生的廉洁精神和实践说明,"知行合一""致良知"和"万物一体"这些阳明心学的基本原理是君子必须认同和坚守的道德准则,如此方能超越功利的束缚,由"小我"走向"大我",做到"此心光明"。挖掘、提炼王阳明廉洁思想的内在价值,反思以往对王阳明廉洁思想肤浅的认识,系统阐发王阳明的廉洁思想,总结提炼王阳明廉洁实践的时代价值是经世应务之良药。必须正确处理好廉洁与廉政之间的关系。廉洁与廉政二者相辅相成,紧密相连,互为因果。廉洁是廉政的基础,官员如做不到廉洁就无法做到廉政;而廉政是廉洁之成就。廉洁能产生一种和合的伟大社会力量,能存养善之本性,对促进现实社会中人与人之间的和谐,人与自然之间的平衡发展具有积极的现实意义。传承、弘扬王阳明的廉洁思想,也是为了解决现实社会存在的腐败等问题。廉洁不仅仅是道德规范,亦是推动文明社会前行重要的内驱性动力之一。一个能做到廉洁的人,如担任公职,在为官任上就能洁身自好,自身过硬,方能经得起各种诱惑,才能有底气恪守道德规范,敢于担当,胸中有浩然之气涌动,才能为社会道德文明做出自己的贡献。反之,其后果可想而知。所以说,廉洁是社会道德的净化剂,社会公德的凝固剂。王阳明常用太阳象征清澈无尘的心体世界,由此亦传达出其廉洁思想的永恒性,耐人寻味!

"此心光明,亦复何言"

——王阳明廉洁思想蠡测

中国矿业大学人文与艺术学院副教授

胡可涛

　　王阳明被后世视为能够践行"三不朽"(立功、立德、立言)的人格典范之一。仅就立功而言,阳明不畏权贵,仗义执言;讨伐宁王,平定匪乱;主政赣南,移风易俗。不论是文治还是武功,王阳明均有可圈可点之处。阳明继承了儒家"学而优则仕"的传统,其仕宦生涯虽跌宕起伏,但不仅德不坠,而且功不朽。揆诸《王阳明全集》可以发现,在他的思想和文章中,直接涉及廉洁的文字寥寥无几;但是透过其学、其行,亦可蠡测其对廉洁问题的基本态度和立场。

一、"良知明觉":"廉洁"的本体基础

　　"廉洁"二字较早见于屈原《楚辞·招魂》:"朕幼清以廉洁兮,身服义尔未沫。"东汉学者王逸注释说:"不受曰廉,不污曰洁。"易言之,廉洁就是不贪财货,立身清白。此处的"廉洁"其实是表达个人修身的一种纯洁无瑕的良好状态。《释名·释言语》则解释"廉":"廉,敛也,自检敛也。"这里,"廉"被理解为一种自我约束、自我控制的能力,是道德自律的体现。至于"洁"则可以理解为内心所呈现的一种澄澈、明朗的状态。这样的解释,可以与阳明的良知学形成很好的对接。一则,廉洁的考验主要来自外在物质利益的诱惑,激发人的内在欲望。阳明认为,人内在良知具有知善知恶("明觉""灵明")的能力,可以成为防腐拒变的根本力量。二则,从儒家的立场来看,"学而优则仕"中的"学"强调的其实是学做人。从政的前提是修身的成功。所谓必先修身,然而才能齐家、治国、平天下,必先"内圣",然而才有"外王"可言。

阳明的良知学体现了本体与工夫的统一,其实质就是做人的学问。在阳明学的视域中,一个不能做到廉洁的人,无疑是失败的,良知是缺失的。

阳明创立良知学说与其个人的人生经历有着非常密切的关系,他自称:"某于良知之说,从百死千难中得来,非是容易见得到此。"[1]在理论源头上,当然与儒家思想往"内圣"方向发展的孟子,与陆象山有着较为密切的联系。孟子讲"人性善",认为人有"仁"("恻隐之心")、"义"("羞恶之心")、"礼"("辞让之心",或"恭敬之心")、"智"("是非之心")等"四端",主张"反身而诚"。陆象山则提出"宇宙即吾心,吾心即宇宙",主张"剥落物欲""发起本心"。阳明无疑将儒家的"内圣"之学向前推进了一大步。张君劢指出,阳明的良知说着重发展了孟子所说的"四端"中的"智"("是非之心"):"人之所不学而能者,其良能也;所不虑而知者,其良知也。"[2]这里的"良知"正确的英文翻译是"intuitive knowledge"(直觉的知识)[3]。阳明则继承陆象山的"本心"说,将良知作为"心之本体":"知是心之本体,心自然会知。见父自然知孝,见兄自然知弟。见孺子入井自然知恻隐,此便是良知,不假外求。"[4]

在阳明看来,每个人都有"良知":"良知之在人心,无间于圣愚,天下古今之所同也。"[5]"良知"是本体,是人之为人的本质性特征,"关于人人自有良知的思想,在王阳明哲学里是一以贯之的。良知人人自有,而且良知又是决定人之为人的主要依据"[6]。或可说,"良知"确立了人的道德主体性,使人格的尊严和力量得以卓然屹立于天地之间。在逻辑上,它是先于客观世界。阳明说:"可知充天塞地中间,只有这个灵明,人只为形体自间隔了。我的灵明,便是天地鬼神的主宰。天没有我的灵明,谁去仰他高?地没有我的灵明,谁去俯他深?鬼神没有我的灵明,谁去辨他吉凶灾祥?天地鬼神万物离

---

① 王守仁撰,吴光等编校:《王阳明全集》,上海古籍出版社 1992 年版,第 1575 页。

② 《孟子·尽心上》。

③ 张君劢,江日新译:《王阳明——中国十六世纪唯心主义哲学家》,东大图书股份有限公司 1991 年版,第 21 页。

④ 《王阳明全集》,第 6 页。

⑤ 《王阳明全集》,第 59 页。

⑥ 朱承:《治心与治世——王阳明哲学的政治向度》,上海人民出版社 2008 年版,第 169 页。

却我的灵明,便没有天地鬼神万物了。我的灵明离却天地鬼神万物,亦没有我的灵明。如此,便是一气流通的,如何与他间隔得?"①阳明将人的"灵明"作为天地的主宰,这是何等的自信! 正如杜维明先生对"良知"的解读,"它一方面是感性的最深微的核心,另一方面是自我修养的最深厚的源泉"②。以此推之,一个人是为善还是为恶,责任全在自己,是选择廉洁自律,还是腐化堕落,也完全由人自身决定。

"良知"之"良"体现在何处? 阳明说:"良知是天理之昭明灵觉处,故良知即是天理,思是良知之发用。若是良知发用之思,则所思莫非天理矣。"③阳明不仅主张"心外无物",而且认为"心外无理",实质就是"心即是理"。用康德哲学来解释,每个人内心均具有崇高的道德法则,它是客观的,是一种"绝对命令",须要人们无条件遵守。阳明亦说:"尔那一点良知,是尔自家底准则。尔意念着处,他是便知是,非便知非,更瞒他一些不得。尔只不要欺他,落落实实依着他做去,善便存,恶便去。他这里何等稳当快乐。"④廉洁的人选择遵守法则,腐化堕落的人屈从于欲望,违背法则。服从"良知"才能彰显人性的光芒,其心灵不仅是敞开的,而且是澄明的,快乐的。而腐败堕落者,则通常因为"心中有贼",坐立不安。故而,只有堂堂正正地做人,做一个有良知的人,才能抵制各种诱惑,拒腐防变,获得心灵的安宁:"诸君只要常常怀个'遁世无闷,不见是而无闷'之心,依此良知,忍耐做去,不管人非笑,不管人毁谤,不管人荣辱,任他功夫有进有退,我只是这致良知的主宰不息,久久自然有得力处,一切外事亦自能不动。"⑤

朱子有个比喻:"人性本明,如宝珠沉混水中,明不可见,去了混水,则宝珠依旧自明。自家若得知人欲蔽了,便是明处。"⑥阳明亦有类似的说法,他认为良知和"明镜"一样,"全体莹澈""略无纤尘染着"。在现实社会中,人们

① 《王阳明全集》,第 124 页。

② 杜维明著,胡军、于民雄译:《人性与自我修养》,中国和平出版社 1988 年版,第 154 页。

③ 《王阳明全集》,第 72 页。

④ 《王阳明全集》,第 92 页。

⑤ 《王阳明全集》,第 101 页。

⑥ 《朱子语类》卷十二。

的良知本体往往被私欲杂念遮蔽而晦暗不明,冥顽不化:"人心是天、渊。心之本体,无所不该,原是一个天。只为私欲障碍,则天之本体失了。心之理无穷尽,原是一个渊,只为私欲窒塞,则渊之本体失了。"①人心的堕落当然与外部的社会环境有着密切的关系,在阳明看来,社会经济条件的发展导致了功利主义的盛行,而知识的进步却滋长了自我的傲慢与虚伪,使得物欲横流,良知泯没:"盖至于今,功利之毒沦浃于人之心髓,而习以成性也,几千年矣。相矜以知,相轧以势,相争以利,相高以技能,相取以声誉……记诵之广,适以长其敖也;知识之多,适以行其恶也;闻见之博,适以肆其辨也;辞章之富,适以饰其伪也。"②他说:"圣人之心如明镜,纤翳自无所容,自不消磨刮。若常人之心,如斑垢驳蚀之镜,须痛磨刮一番,尽去驳蚀,然后纤尘即见,才拂便去,亦不消费力。到此已是识得仁体矣。"③圣人的本心如明镜,"随感而应,无物不照"④,本来自足,自然"不消磨刮"。至于普通人,要想"识得仁体",就需要一番"致良知"的工夫了。

二、"明明德":"廉洁"的实践路径

"致良知"是阳明哲学的另外一个重要哲学命题。或可说,"致良知"就是修身的工夫。在阳明对《大学》中"大学"的诠释中,他将"明明德"视为复性之本。也就是说,"良知"是德之本,它有"昭明",有"明觉",人们被私欲所蒙蔽,故"性"迷失、"心"不觉。所以,"知止",知的是止于"良知",复的是"善性",明的是本然的"明德",也就是良心。或者说,"致良知"就是"明明德",这种修身工夫,显然是向内而非向外用功的:"故夫为大人之学者,亦惟去其私欲之蔽,以自明其明德,复其天地万物一体之本然而已耳。非能于本体之外,而有所增益之也。"⑤

阳明早年习朱学,朱子主张"博学以文"的"道问学"式的修身路径。故

---

① 《王阳明全集》,第 95—96 页。

② 《王阳明全集》,第 56 页。

③ 邓凯校注:《王阳明年谱校注》,宁波出版社 2019 年版,第 48 页。

④ 《王阳明全集》,第 11 页。

⑤ 《王阳明全卷》,第 968 页。

而他认为通过"今日格一物""明日格一物"的知识积累,最终可以出现心灵的融会贯通——"吾心之全体大用无不明"。阳明依此照做,结果"格竹子"格出病来,最终不得不放弃向外用功的修身路线,转而创立了向内用力的良知之学。他对于朱子的修身路线有着切肤之痛,故而对之有着深入的反省,他说:"人心天理浑然,圣贤笔之书,如写真传神,不过示人以形状大略,使之因此而讨求其真耳;其精神意气言笑动止,固有所不能传也。后世著述,是又将圣人所画模仿誊写,而妄自分析加增,以逞其技,其失真愈远矣。"①在他看来,圣贤讲授的道德只是"形状大略",而在著述的流传过程中不断走样,导致圣贤教训没有成为道德的指南,而是成为一种教条,束缚着道德主体的意志自由。故而,他亦秉承着"尽信书不如无书"的态度,主张只有返回"心体",才能找到修身门径的锁钥:"须于心体上用功。凡明不得,行不去,须反在自心上体当,即可通。盖四书五经,不过说这心体。这心体即所谓道。心体明即道明,更无二,此是为学头脑处。"

阳明完全秉承了陆象山对待朱学的态度,认为其过于支离,故而近乎舍近求远,舍本逐末。而象山的"易简工夫终久大"在阳明这里变成了现实。阳明说:"吾辈用功只求日减,不求日增。减得一分人欲,便是复得一分天理;何等轻快脱洒!何等简易!"②在解释《大学》的"格物"一词上,阳明明显采取了与朱子迥然不同的态度,他训"格"为"正",格物则是"正其所不正以归于正也"③。"致知"则直接解释为"致良知",从而完全拉入心学的轨道之上。不过,"减得一分人欲"的"致良知"工夫,也绝非易事。他提出的"破山中贼易,破心中贼难"明显说明了这个问题:"区区剪除鼠窃,何足为异? 若诸贤扫荡心腹之寇,以收廓清平定之功,此诚大丈夫不世之伟绩。"④弟子萧惠向阳明感慨"私欲难克"。阳明采用了类似当年禅宗初祖菩提达摩点拨慧可的机锋:"将汝己私来,替汝克。"继而,阳明又说:"人须有为己之心,方能克己。能克己,方能成己"。萧惠则认为自己有"为己之心",但是显然无法

① 《王阳明全集》,第 6 页。
② 《王阳明全集》,第 28 页。
③ 《王阳明全集》,第 25 页。
④ 《王阳明全集》,第 168 页。

"克己"。阳明问他所说的"为己之心"是什么,萧惠大概有所反省,认为自己拘泥于身体躯壳,故而并不是真正的"为己"。阳明则"直捣黄龙",指出萧惠将身心二元化,割裂化的错误:"这心之本体,原是个天理,原无非礼。这个便是汝之真己。这个真己是躯壳的主宰。"①易言之,在阳明看来,人们追求满足私欲,表面上是满足"身",放逐了"心",实质上是身心俱不安宁。故而,必须返回本心,拂去心灵的尘垢。

在"致良知",或者明明德方面,阳明不仅汲取了传统儒家在"内圣"方面的智慧,还吸纳了佛、道等相关方面的修身智慧,只不过,阳明进行了道德化的改造。道家有"守一"的修炼方法,重在养生。而阳明则发展出"主一"之功,重在"致良知":"陆澄问:'主一之功,如读书,则一心在读书上。接客,则一心在接客上。可以为主一乎?'先生曰:'好色则一心在好色上。好货则一心在好货上。可以为主一乎?是所谓逐物,非主一也。主一是专主一个天理。'"②佛、道亦有"静坐"的工夫,阳明一并采纳:"日间工夫觉纷扰,则静坐。觉懒看书,则且看书。是亦因病而药。"③阳明少年时期,就以做圣贤自期,故而他非常强调"立志"的重要性:"只念念要存天理,即是立志。能不忘乎此,久则自然心中凝聚。犹道家所谓'结圣胎'也。此天理之念常存。驯至于美大圣神,亦只从此一念存养扩充去耳。"④他亦"持志如心痛,一心在痛上,岂有工夫说闲话,管闲事"。他认为"致良知"的修身工夫,不可须臾离,故而须要不断地自我反省,去除私欲杂念。同时,"省察克治"则是随时随地自我反省,去除私欲杂念。他还提出了群体修身的观点,主张通过朋友相互箴规,相互砥砺,共同进步:"处朋友,务相下,则得益;相上则损。"⑤阳明的"致良知"工夫内容丰富,方法多样,从个体的廉洁自律的角度而言,多有可取之处。只有想方设法,不断地提升自我的自律,丰富自我的内心世界,夯实良知本体的根基,才能真正做到知善知恶,明于公私之分,义利之辨,防腐拒变,洁身自好。

---

① 《王阳明全集》,第36页。
② 《王阳明全集》,第11页。
③ 《王阳明全集》,第11页。
④ 《王阳明全集》,第11页。
⑤ 《王阳明全集》,第11页。

三、"亲民"：廉洁的情感依据

《大学》讲的"三纲领"和"八条目"，其实就是一个从"内圣"到"外王"的过程。在儒家看来，"内圣"是"外王"的必要条件，"外王"则是"内圣"的拓展和升华。阳明认为"明明德"就是"致良知"，是"修己"；"亲民"则是"安百姓"。前者可理解为"内圣"，后者则是"外王"。阳明说："固有欲亲其民者矣，然惟不知止于至善，而溺其私心于卑琐，是以失之权谋智术，而无有乎仁爱恻怛之诚，则五伯功利之徒是矣。"①也就是说，如果没有"内圣"的工夫，只会空有事功，成就的只是"五伯"之类霸道的事业，而非儒家理想上的王道事业。足见，良知之学绝非仅仅停留在修身养性之上，而是一门系统的涵盖乾坤的学问。正如阳明回顾他的良知学所言："仆诚赖天之灵，偶有见于良知之学，以为必由此而后天下可得而治。"②

阳明说："郡县之职，以亲民也。亲民之学不明，而天下无善治矣。"③"亲民"是地方官员必须具有的态度。不知道"亲民"，那么天下不可能治理得好。众所周知，中国传统的官僚阶层是构成政治治理的主体力量。官与民的阶级壁垒非常明显，"官"是管理者，"民"是被管理者。官被抬举成为"老爷"，民则被贬低为"下民""贱民"。如此，必然会导致官僚阶层对老百姓的疾苦缺乏同情。而且，也由于自己"高高在上"，把利用权力攫取公共资源，以权谋私，与百姓争利当成一件合理的事情。这也是传统专制主义社会无法克服腐败问题的一个深层次原因。

对于阳明而言，"亲民"是对"明明德"的拓展与升华。在个体自身能够"明明德"的前提下，通过从政，可以进一步拓展"明明德"。这也是孔子所讲的君子是"德风"，小人（普通老百姓）是"德草""草上之风必偃"。儒家之所以提倡"学而优则仕"，就因为这体现了从"内圣"走向"外王"，"己欲立而立

---

①　王阳明：《传习录》，中华书局2021年版，第262页。

②　《王阳明全集》，第80页。

③　《王阳明全集》，第1204页。

人,己欲达而达人"①的济世情怀。关于"明明德"与"亲民",阳明认为二者完全是统一的:"'敢问亲民。'曰:'明其明德以亲民也。''敢问明明德。'曰:'亲民以明其明德也。'曰:'明德亲民一乎? 君子之言治也,如斯而已乎?'曰:'亲吾之父,以及人之父,而孝之德明矣;亲吾之子,以及人之子,而慈之德明矣。明德亲民也,而可以二乎? 惟夫明其明德以亲民也,故能以一身为天下;亲民以明其明德也,故能以天下为一身。夫以天下为一身也,则八荒四表,皆吾支体,而况一郡之治,心腹之间乎?"②阳明在将"能近取譬""推己及人"的"为仁之方"只作为"亲民"的实践路径的同时,也提出和发展了"万物一体"的观念:"夫圣人之心,以天地万物为一体,其视天下之人,无外内远近。凡有血气,皆其昆弟赤子之亲,莫不欲安全而教养之,以遂其万物一体之念。"③这种"万物一体"的观念体现了"良知"所绽放出的"大爱",阳明称之为"一体之仁":"君臣也,夫妇也,朋友也,以至于山川鬼神鸟兽草木也,莫不实有以亲之,以达吾一体之仁,然后吾之明德始无不明,而真能以天地万物为一体矣。夫是之谓明明德于天下,是之谓家齐国治而天下平,是之谓尽性。"④不论是自然界的万物,还是处在各种人伦关系中的人,都成为"良知"呈现的对象。阳明甚至说:"'仁者与天地万物为一体',使有一物失所,便是吾仁有未尽处。"⑤如果一个官员对于民众的疾苦,有切肤之痛,他如何会干出损公肥私,以权谋私的事情。"亲民"就是要爱民,就是要体恤民生之多艰,这本身就是自我良知的绽放,或者人格境界的升华。就廉洁而言,阳明的这种"万物一体"的"亲民"观无疑提供了杜绝腐败的心理和情感基础:"夫人者,天地之心,天地万物本吾一体者也。生民之困苦荼毒,孰非疾痛之切于吾身者乎? 不知吾身之疾痛,无是非之心者也;是非之心,不虑而知,不学而能,所谓'良知'也。"⑥

"亲民"除了认识到"万物一体",除了"致良知"或者"明明德"的修养工

---

① 《论语·雍也》。

② 《王阳明全集》,第 1024—1025 页。

③ 《王阳明全集》,第 54 页。

④ 《王阳明全集》,第 968—969 页。

⑤ 《王阳明全集》,第 25 页。

⑥ 《王阳明全集》,第 79 页。

夫,提升自我的道德修养,几乎没有别的途径:"夫大人之学者,亦惟去其私欲之弊,以自明其明德,复其天地万物一体之本然而已耳;非能于本体之外而有所增益之也。"①在儒家"内圣"走向"外王"的过程中,通常,"学而优则仕"是传统知识分子的不二选择。这就导致了传统知识分子在"私欲之弊"的考验上又多了一层权力的诱惑。对此,阳明对官场的黑暗深有感触。在专制主义时代,心机重的人适合走仕途,而保有良知,心思单纯的人则在官场中陷入被动。一个人要想洁身自爱非常困难,他说:"仕途如烂泥坑,勿入其中,鲜易复出。吾人便是失脚样子,不可不鉴也。"②在给学生陆原静的信中,他说:"人在仕途,如马行淖田中,纵复驰逸,足起足陷,其在驽下,坐见沦没耳。"③在给学生黄宗贤的信中,他说:"人在仕途,比之退处山林时,其工夫之难十倍,非得良友时时警发砥砺,则其平日之所志向,鲜有不潜移默夺,驰然日就于颓靡者。近与诚甫言,京师相与者少,二君必须彼此约定,便见微有动气处,即须提起致良知话头,互相规切。"④官场的腐败导致了一个人很难做到"举世皆浊而我独清",这就须要加强良知的工夫,并且须要结交道义朋友,形成一股"善力量"的集合,以抵御恶势力的侵袭。改革开放以来腐败问题严峻的背后,有一个很重要的表现就是干群关系的疏离,阳明的"亲民"思想至少说明,反腐倡廉必须消解官本位意识,而强化和强调公务员的道德素质:"通过教育,提高党和国家工作人员整体素质,使每个党员和干部在思想上形成良好的修养,做到以人民利益为最高利益,廉洁奉公,勤政为民,建立起一道思想观念和伦理道德为基础的内心防线,这是对腐败最有力的防范。"⑤

---

① 《王阳明全集》,第968页。

② 《王阳明全集》,第169页。

③ 《王阳明全集》,第166—167页。

④ 邓凯校注:《王阳明年谱校注》,宁波出版社2019年版,第160—161页。

⑤ 罗忠敏编:《通向廉政之路——中国反腐败的历史思考与现实对策》,中国方正出版社1998年版,第267页。

四、"知行合一":廉洁的根本要求

钱穆先生在《阳明学述要》一书中云:"无有不行而可以知阳明之所谓良知。阳明格物穷理,则根本脱离不了一个'行'字。天理在实践中,良知亦在实践中,天地万物与我一体亦在实践中。不实践,空言说,则到底无是处。"①阳明说:"人须在事上磨炼,做工夫乃有益。"②道德,不光需要有认识,更重要的是还需要有行动。知行合一论可视为对良知说的补充和完善。正如有些学者的观察:"王阳明认为,'心上用功'是要以儒家的社会关怀和政治关怀为前提的,而不是玄虚之功,没有对现实社会的关切,一味在心上用功便是走向了歧路,也就是流于禅了。"③对"知行合一"的强调,在某种意义上提供了阳明的良知说从"内圣"迈向"外王"的动力。易言之,没有道德的实践不足以充分呈现良知,没有齐家、治国、平天下的事功,亦不足以凸显人格境界的高远。在"知行合一"的理论基础上,"内圣"与"外王"是统一的。

1509 年,阳明谪居贵州龙场,首次提出"知行合一"学说,主要针对"知"与"行"割裂的问题有感而发。他认为"一念发动处便即是行了"④。这对"行"的界定显然扩展了它的外延。"行"不仅包括通常所说的道德实践,连道德意识也包含其中了。正如蔡仁厚先生所说:"常人将知行分作两件,故以为意念是意念,行为是行为,心中虽然有不善之念,只要尚未做成不善之行,便自我原谅,不知警惕。"⑤善恶一念间,很多腐败行为,往往发端于一念之间。往往因为只是贪念,没有化为行动,就谅解自己。待到化为行动,从贪少走向贪多,一步一步将自己的行为"合理化",最终坠入犯罪的深渊。很多腐败分子都经历了这样的心路历程,故而阳明将"意念"纳入"行"的范围实有非常积极的意义。

为了说明"知"与"行"的统一性,阳明以"好好色""恶恶臭"为例,认为

---

① 钱穆:《阳明学述要》,九州出版社 2011 年版,第 73 页。
② 《王阳明全集》,第 4 页。
③ 朱承:《治心与治世——王阳明哲学的政治向度》,上海人民出版社 2008 年版,第 132 页。
④ 《王阳明全集》,第 96 页。
⑤ 蔡仁厚:《王阳明哲学》,三民书局 2019 年版,第 55 页。

"好色"属"知","好好色"属"行";"恶臭"属"知","恶恶臭"属"行",进而他得出这样的结论:"知是行的主意,行是知的工夫;知是行之始,行是知之成。""知之真切笃实处即是行,行之明觉精察处即是知。"①知行既然是合一的,那"行"无疑相当于延伸了"知",而"知"也必然纳入"行"的轨道:"未有知而不行者。知而不行,只是未知。"②他举了个例子:"就如称某人知孝,某人知悌。必是其人已曾行孝行悌,方可称他知孝知悌。不成只是晓得说些孝悌的话,便可称为知孝悌?"③道德的评价只能根据道德的实践,而道德的言论不一定反映道德的意识,即便反映也不能成为道德评价的依据。就腐败问题而言,有多少腐败干部在公开场合表现得两袖清风,而实际上却是贪婪自私。他们因为腐败被抓,并不意味着他们不知道腐败的危害性,但是利益的诱惑让他们难以自拔。在阳明看来,他们知而不行,就相当于不知。他说:"凡学问之功,一则诚,二则伪,凡此皆是致良知之意欠诚一真切之故。"④很显然,"知而不行"必然走向"伪"学。可以说,腐败分子基本上都属于一种虚伪型人格,"心中有贼",见不得光。

阳明在强调"致良知"工夫的时候,不论是主一还是静坐,还是省察克治均有向内用力的倾向。不过,阳明亦提出:"人须在事上磨炼做工夫乃有益。若只好静,遇事便乱,终无长进。那静时工夫亦差似收敛,而实放溺也。""事上磨炼"是一种道德实践,是"行"的表现。在道德实践的过程中,道德认识必然会得到提升,作为"本心"的良知能否经得住实践的考验,也得靠其在实践的历练中得到发用。"致良知"须要导向"行","亲民"也须要依靠"行"。只有躬身实践,不辞辛劳,为民解忧,为民办事,才能真正体现"亲民",而这一"行"的过程,实际上也是一个"致良知"的过程,个人的道德境界和修养水平必然得到提升。阳明的良知之学或被后世误解为奢谈心性的空疏之学,即阳明生前,就有人提出这样的疑惑:"有一属官,因久听讲先生之学,曰:'此学甚好,只是簿书讼狱繁难,不得为学。'先生闻之,曰:'我何尝教尔离了

---

① 《王阳明全集》,第 42 页。
② 《王阳明全集》,第 4 页。
③ 《王阳明全集》,第 4 页。
④ 《王阳明全集》,第 73 页。

簿书讼狱悬空去讲学？尔既有官司之事，便从官司的事上为学，才是真格物。……簿书讼狱之间无非实学。若离了事物为学，却是着空。"①王阳明又说："凡我有官皆要诚心实意，一洗从前靡文粉饰之弊，各竭为德为民之心，共图正大光明之治。"②他表扬揭阳主簿时指出："足见爱人之诚心，亲民之实学，不卑小官，克勤细务，使为有司者，皆能以是实心修举，下民焉有不被其泽，风俗焉有不归于厚道乎！"③很显然，在阳明那里，"明德"之"明"，不仅须要个人心中有他人，关怀他人，关怀社会，而且须要付诸道德实践，并且最好能够有事功方面的表现。显然，阳明的良知学也是一种"实学"。对于国家工作而言，踏踏实实为人民服务，尽心尽责做好本职工作，实际上也是一种"致良知"的过程，廉洁奉公在实干实行中得以不断的强化，这相当于在无形中构筑了防腐拒变的堤坝。

五、结语

1528年，王阳明在江西大余辞世，临终前留下遗言——"此心光明，夫复何言"。此语不仅是阳明一生的写照，而且也可作为其廉洁思想的主旨。"良知"本来自足，它纯一、至圣，亦是"天理之昭明灵觉处"，它是人与动物的本质性标志，也是人性之光辉绽放的源头。阳明的良知说无疑与廉洁思想构成了对接，或可说心体本身是洁净的、光明的。从致良知的角度而言，只有抵御私欲的侵袭，才能保持这份洁净与光明。在阳明看来，一个人要从政，必须"致良知""明明德"，做一个光明正大的人、堂堂正正的人。同时，他必须"亲民"，阳明从"万物一体"的角度解释"亲民"的理由，为个人提供了廉洁自律的情感依据。亲民在阳明的解释中，是帮助百姓"明明德"，让更多的心灵绽放光芒。最后，阳明强调知行合一，更多的是希望内在的良知能够发皇于外，以实行、实事、实功加以表现，从而，阳明的良知之学亦是一种实学，其廉洁思想亦不能仅仅停留于思想层面。

① 《王阳明全集》，第95页。
② 《王阳明全集》，第636页。
③ 《王阳明全集》，第632页。

阳明心学中的廉政及亲民思想论考

贵州财经大学体育学院教授

何祖星

王阳明的主要心学思想"知行合一",简言之,即是"知中有行、行中有知,即知即行、知行并进"。知是道德之知,良知之知。"致良知"即是推广、扩充、彰显、恢复人们的道德意识和道德准则,加强道德修养,就是要做善事,不做损人利己的恶事,要纠正错误的想法和念头,使想法和念头纯一不杂,就是去掉人们的私欲、名利、权念、贪念、恶念,唤醒迷失在物欲及屈从在权威下的人,使人们能自觉自信地做到堂堂正正、坦坦荡荡,以恢复人的天赋良知道德。而王阳明的践履知行合一,彰显良知道德,在其诸多工作和生活实践中多有体现,王阳明的廉政及亲民思想与古代圣贤孔子、孟子、朱熹等思想是一脉相承的。他一生洁清自矢、秉正无私,从不收受他人赠送的财物,也从不向他人赠送财物。他贬谪在龙场期间,在江西、广西等地执政时期,都体恤民情,为民减负,抗击疫情、救助病人,抗洪抢险,赈济受灾难民。王阳明不但自己廉政亲民,而且教育属下不得贪图财利,做到廉洁正直。他的许多清正廉洁、为民亲民事迹影响深远,至今仍然值得我们学习和借鉴。

一、廉洁自律的思维及行为

王阳明从未向上级领导赠送财物,也未接受他人的赠送,在做人做事做学问上都能做到大公无私、公私分明。弘治十二年(1499)七月,他在浚县修造威宁伯王越墓时,尽心尽责,坟墓竣工,王越家人非常满意,用金帛感谢,他拒绝不受,在当时政治腐败、贪污索贿盛行之时,体现了他的人格;正德三年(1508),他贬谪居住龙岗山阳明洞时,条件非常艰辛,贵州宣慰使安贵荣派人奉送金帛、鞍马,王阳明推辞不受。他在这样的情况下,都不接受他人赠送的财物,其精神真是难能可贵。

王阳明曾经几次上疏请辞正德皇帝的奖赏。正德十三年(1518)六月,王阳明升任都察院右副都御史,荫子锦衣卫,世袭百户,王阳明疏请皇帝辞免;正德十六年(1521)六月,阳明因平定南安、赣州、汀州、漳州之乱和南昌宁王朱宸濠叛乱有功,升任南京兵部尚书,十二月再封为"新建伯",光禄大夫柱国,兼任南京兵部尚书,并岁支禄米一千石,三代并妻一体追封,王阳明又疏请免去封爵和赏赐;皇帝派官员去奖赏慰劳,赐以银币、丝绸、羊酒,阳明并未占为己有,他把这些物品全部分给下属将领。

王阳明有诸多特别亲民的举动,贬谪时就赞扬龙场勤劳的少数民族,《何陋轩记》中说:"夷之民方若未琢之璞,未绳之木,虽粗砺顽梗,而椎斧尚有施也,安可以陋之?"正德四年(1509)七月三日,有一吏目和其儿子、仆人因病相继死于蜈蚣坡山腰,王阳明听说三具尸体无人埋葬,"恻隐之心,仁之端也"。他便领着两个童子拿上工具,并带一只鸡、三钵饭来到蜈蚣坡,将三具尸体掩埋,并作《瘗旅文》凭吊,这就是他悲天悯人的圣人情怀。

正德十二年(1517)五月,王阳明在平定龙南和三浰"乱民"时,深知造反的农民是因为被官府所迫,被大户所侵,豪强所夺,老百姓无以为生,才到山中来造反抢劫的。他在《告谕浰头巢贼》中说道:"其间想亦有不得已者,或是为官府所迫,或是为大户所侵,一时错起念头,误入其中,后遂不敢出。此等苦情,亦甚可悯。然亦皆由尔等悔悟不切。尔等当初去从贼时,乃是生人寻死路,尚且要去便去;今欲改行从善,乃是死人求生路,乃反不敢,何也?"[1]对于这种情况,他采取重抚轻剿、围而不剿的方式,将乱民包围后,派人送去他们急需的生活物资进行安抚,又张贴告示,对乱民动之以情,陈之以利害关系,使其多受感动,前来投诚。

王阳明有许多反贪腐、倡清廉,以及亲民的言辞,他在《行浔州府抚恤新民牌》中说道:"各官务要诚爱恻怛,视下民如己子,处民事如家事,使德泽垂于一方,名实施于四远,身荣功显,何所不可。"[2]因为王阳明有了这样的思

---

[1] 王守仁撰,吴光、钱明等编校:《王阳明全集》,上海古籍出版社 2011 年版,第623 页。

[2] 《王阳明全集》,第 1220 页。

想,他在漳州象湖山、箭灌寨平乱时,颁布《案行领兵官搜剿余贼》令,在授予参政艾洪、金事胡琏的进兵方略中说:"罪恶未稔,可招纳者,还与招纳,毋纵贪功,一概屠戮;务收一篑之功,勿为九仞之弃。"对罪恶不大,可招抚者,还予招纳,不得贪功而一概屠杀,在成功之前再做最后的努力。他在广西《牌行永顺宣慰司统兵致仕宣慰使彭明辅进剿方略》中说道:"仍要禁约目兵人等,所过良民村分,毋得侵扰一草一木。有犯令者,当依军法斩首示众。"①其在平定广西思、田之乱时,极力主张招抚,他认为:"只求减省一分,则地方亦可减省一分之劳扰耳。此议深知大拂喜事者之心,然欲杀数千无罪之人,以求成一将之功,仁者之所不忍也。"②他不愿为获取功名,劳民伤财去剿杀数千人,这就是践行"知行合一"与"致良知"的精神体现。

《巡抚南赣钦奉敕谕通行各属》中云:"其军卫有司官员中政务修举者,量加旌奖;其有贪残畏缩误事者,径自拿问发落。尔风宪大臣,须廉正刚果,肃清奸弊,以副朝廷之委任。"③《谕泰和杨茂》中云:"见人怠慢,不要嗔怪;见人财利,不要贪图。"④《陈言边务疏》中云:"用人之仁,去其贪;用人之智,去其诈;用人之勇,去其怒。"⑤

王阳明在《十家牌法告谕各府父老子弟》中告诫乡民,家庭要团结友爱,邻里要和睦相处,有善举要互相劝勉,有恶行要互相惩戒,不要因一点小事就去打官司。"自今各家务要父慈子孝,兄爱弟敬,夫和妇随,长惠幼顺,小心以奉官法,勤谨以办国课,恭俭以守家业,谦和以处乡里,心要平恕,毋得轻易忿争,事要含忍,毋得辄兴词讼,见善互相劝勉,有恶互相惩戒,务兴礼让之风,以成敦厚之俗。"⑥在《南赣乡约》中说:凡是同约之乡民,都要孝敬你的父母,尊敬你的兄长,教训你的子孙,温和对待你的邻里,死丧之事要相帮,患难之事要相助,要求乡民做到"息讼罢争,讲信修睦,务为良善之民,共

---

① 王守仁撰,钱明、吴光编校:《王阳明全集 新编本》,浙江古籍出版社 2011 年版,第 2021 页。

② 王守仁:《王阳明全集》,第 1448 页。

③ 《王阳明全集》,第 583 页。

④ 《王阳明全集》,第 1013 页。

⑤ 《王阳明全集》,第 318 页。

⑥ 《王阳明全集》,第 587 页。

成仁厚之俗"①。在《亲民堂记》中云:"故止至善之于明德亲民也,犹之规矩之于方圆也,尺度之于长短也,权衡之于轻重也。……明德亲民而不止于至善,亡其则矣。夫是之谓大人之学。大人者,以天地万物为一体也。夫然后能以天地万物为一体。"②

以上所述都是王阳明廉洁自律的思维方式,决定了他在行为上的廉政自觉。这些具体事例和思维表达,就是讲大公无私、公私分明、公而忘私,只有一心为公、事事出于公心,谨慎用权,光明正大,才能清清白白做人,干干净净做官;就是讲划清公私界限,把握好公与私、情与理的尺度,尺度在心中,要用自律的戒尺量一量自身的言谈举止,才能做到自省、自净、自警,才能守好自己的为人底线和道德红线。

二、亲民为民的民惟邦本理念

民惟邦本的理念,是儒家政治思想的一项重要内容。孔子曾说:"民以君为心,君以民为本。"历史上的政治家、思想家都懂得这一道理。正德五年(1510)三月十八日,王阳明到庐陵县正式上任知县。其在庐陵任职时,遇县民集体上访,对苛捐杂税过多,发生疾疫、火灾、盗贼等问题,他不是利用权力弹压民众,而是基于以民为本、爱民从政的思想立场,切实有效地将民众关切并与民众切身利益息息相关的问题逐一予以解决。

王阳明首先解决集体上告,处理积压多年的案件,杜绝苛捐杂税和横征暴敛的行为。他认为一个领导者,应体恤人民生活的艰难,老百姓在处境困难危急之时,应该去帮助他们,解民倒悬。他通过调查,才知道加派的杂项赋税太重,老百姓真是无法活下去了,才到县衙上告,要求减免赋税。知道详细情况,经过思考后就宣布:新增的杂项税,今后就不用交了,今年的赋税全免。阳明在上《庐陵县公移》公文中写道:

> 民产已穷,征求未息。况有旱灾相仍,疾疫大作,比巷连村,

---

① 《王阳明全集》,第665页。
② 《王阳明全集》,第280页。

多至阖门而死,骨肉奔散,不相顾疗。幸而生者,又为征求所迫,弱者逃窜流离,强者群聚为盗,攻劫乡村,日无虚夕。今来若不呈乞宽免,切恐众情忿怨,一旦激成大变。为此连名具呈,乞为转申祈免等情。

据此欲为备由申请间,蓦有乡民千数拥入县门,号呼动地,一时不辩所言,大意欲求宽贷。仓卒诚恐变生,只得权辞慰解,谕以知县自当为尔等申诸上司,悉行蠲免。众始退听,徐徐散归。①

王阳明说"坐视民困而不能救,心切时弊而不敢言",还要我这个知县干什么呢?他将免除赋税理由的公文交到府台,说要免除的赋税是强加给百姓的,府台也怕闹出大事担责,就免除强加的和当年的赋税。

王阳明在任庐陵知县后,即把"肃静、回避"两块署牌改为"求通民情、愿闻己过"的牌子。这是王阳明很重要的为政理念。乾隆《庐陵县志》卷二十五《令属》"王守仁"条载:"五年春擢庐陵知县,治尚德化,访乡贤耆之贤者,列坐旌善、申明二亭,讲论劝善、惩恶之旨,令讼者听乡耆劝解,不则自治之,人多感化。"王阳明在庐陵任职时,做了很多利于百姓的事情。执政期间不采用威势和刑罚,只是开导人心。执政时间虽短,但效果良好,这是他践履"知行合一"之成果。

正德十二年(1517)六月,王阳明在赣州作《疏通盐法疏》中说:"告示商民,但有贩到闽、广盐课,由南雄府曾经折梅亭纳过劝借银两,止在赣州府发卖者,免其抽税;愿装至袁、临、吉三府卖者,每十引抽一引。闽盐自汀州过会昌羊角水,广盐自黄田江、九渡水来者,未经折梅亭,在赣州府发卖,每十引抽一引……"②为繁荣商贸,对贩盐所经关口,规定抽税多少,不得任意多抽。是年九月,在《议南赣商税疏》中说:"折梅亭之税,名虽为夫役,而实以给军饷;龟角尾之税,事虽重军饷,而亦以裕民力。两税虽若二事,其实殊途同归。"③说若是折梅亭已经抽分税,龟角尾不得再抽,以免有留滞之扰。他

---

① 《王阳明全集》,第1135页。

② 《王阳明全集》,第356页。

③ 《王阳明全集》,第374页。

在赣州时,非常关心民众疾苦,减收部分商税,免去部分农产税。不准税官吏擅登商船,假以盘查为名,侵凌骚扰客商。若是有违令乱收或加收者,照例问罪。他在《禁约榷商官吏》中写道:

> 即便备行收税官吏,今后商税,遵照奏行事例抽收,不许多取毫厘;其余杂货,俱照旧例三分抽一,若资本微细,柴炭鸡鸭之类,一概免抽。桥子人等只许关口把守开放,不得擅登商船,假以盘查为名,侵凌骚扰,违者许赴军门口告,照依军法拿问。其客商人等亦要从实开报,不得听信哄诱,隐匿规避,因小失大,事发照例问罪,客货入官。①

正德十三年(1518)十月,他在颁布的《南赣乡约》中,特别要求"本地大户,异境客商,放债收息,合依常例,毋得磊算;或有贫难不能偿者,亦宜以理量宽"。《南赣乡约》是乡民必须遵守的道德公约,要求百姓互相督促约束,互相帮助。

正德十四年(1519)和十五年(1520),江西先发生旱灾,后发生水灾。正德十四年七月,阳明在《旱灾疏》中记其情况:"'本年自三月至于秋七月不雨,禾苗未及生发,尽行枯死。夏税秋粮,无从办纳,人民愁叹,将及流离。理合申乞转达、宽免'等因到臣。节差官吏、老人踏勘。委自三月以来,雨泽不降,禾苗枯死。"②正德十五年五月十五日,其又在《水灾自劾疏》中写道:

> 而地方日以多故,民日益困,财日益匮,灾变日兴,祸患日促。自春入夏,雨水连绵,江湖涨溢,经月不退。自赣、吉、临、瑞、广、抚、南昌、九江、南康沿江诸郡,无不被害,黍苗沦没,室庐漂荡,鱼鳖之民聚栖于木杪,商旅之舟经行于间巷,溃城决限,千里为壑,烟火断绝,惟闻哭声。询诸父老,皆谓数十年来所未有也。③

---

① 《王阳明全集》,第 629 页。

② 《王阳明全集》,第 452 页。

③ 《王阳明全集》,第 479 页。

这说明江西这两年的旱灾、水灾非常严重。此年又遇到宁王朱宸濠叛乱，发生战争，老百姓生活极度困难，王阳明三次向皇帝疏请放宽租税，均未获准。阳明上疏请给江西全省免税。正德十五年（1520）三月，王阳明在《乞宽免税粮急救民困以弭灾变疏》中记载免江西一省税中写道：

> 夫免江西一省之粮税，不过四十万石，今吝四十万石而不肯蠲，异时祸变卒起，即出数百万石，既已无救于难矣。此其形迹已见，事理甚明者。臣等上不能会计征敛以足国用，下不能建谋设策以济民穷，徒痛哭流涕，一言小民疾苦之状，惟陛下速将臣等黜归田里，早赐施行，以纾祸变。①

十一月，王阳明又在《批追征钱粮呈》中说："目击贫民之疾苦而不能救，坐视征求之患迫而不能止，徒切痛楚之怀，曾无拯援之术，伤心惨目，汗背赧颜，此皆本院之罪，其亦将谁归咎！"②王阳明说此时四十万石粮税朝廷都不肯免掉，老百姓实在无法生活，若是群起抢劫造反，到时即使出数百万石粮食，也难平息战乱。说自己"不能建谋设策以济民穷，徒痛哭流涕"，请放宽租税的奏章未获朝廷准，他便把宁王朱宸濠侵占百姓的田地、房屋财产归还本主，变卖余下土地财产等救助饥民和替代灾民交税，真是既为朝廷担责，又为百姓着想。他还奖励为官清廉但生活有困难的致仕县丞龙韬，他在《优奖致仕县丞龙韬牌》中写道：

> 为此牌仰赣州府官吏，即便措置无碍官银十两，米二石，羊酒一付，掌印官亲送本官家内，以见本院优恤奖待之意。仍仰赣县官吏，岁时常加存问，量资柴米，毋令困乏。呜呼！养老周贫，王政首务。况清谨之士，既贫且老，有司坐视而不顾，其可乎？远近父老子弟，仍各晓谕，务洗贪鄙之俗，共敦廉让之风。③

---

① 《王阳明全集》，第 476 页。
② 《王阳明全集》，第 658 页。
③ 《王阳明全集》，第 632 页。

赣县致仕县丞龙韬为官一直廉洁谨慎,年老致仕归家后,却因生活贫困难以生存,浮薄的风俗和愚昧鄙陋之人反而相互讥笑他。那些贪官污吏生活奢侈豪华,扬扬得意自以为成功人士,愚昧无知之人争相羡慕;然而清廉谨慎的贤士以致无以为生,乡族邻居不但不去周济抚恤,反而讥笑他。风俗轻薄不淳朴达到如此程度,当地官员是难以推脱其过失的。王阳明的民惟邦本理念,就思想形态和理论体系来说,是比较丰富和系统的。他是将这一理念贯彻于亲民为民实践中的思想家。

三、社会治理中的民生情怀

王阳明认为民生是国之根本,作为社会治理者,应体恤人民生活的艰难,懂得怎样预防疾疫、火灾防治、抗洪抢险、赈恤难民,解民倒悬。正德五年(1510)三月,王阳明到庐陵县任知县后,即发生疾疫,他一是以德倡导,要求病人家庭要骨肉相保,不可离弃;二是号召各家用生石灰洒扫室内室外、厕所、畜圈,进行消毒,对死者及时掩埋,做好环境卫生;三是号召富户出钱出粮,对病人施以医药,给予救助;四是由县衙组织医生到各乡村救助病人。他作《告谕庐陵父老子弟》,其中说到对疫情的防治:

> 今灾疫大行,无知之民惑于渐染之说,至有骨肉不相顾疗者。汤药饘粥不继,多饥饿以死,乃归咎于疫。夫乡邻之道,宜出入相友,守望相助,疾病相扶持。乃今至于骨肉不相顾。县中父老岂无一二敦行孝义,为子弟倡率者乎?夫民陷于罪,犹且三宥致刑。今吾无辜之民,至于阖门相枕藉以死。为民父母,何忍坐视?言之痛心。中夜忧惶,思所以救疗之道,惟在诸父老劝告子弟,兴行孝悌。各念尔骨肉,毋忍背弃。洒扫尔室宇,具尔汤药,时尔饘粥。贫弗能者,官给之药。虽已遣医生老人分行乡井,恐亦虚文无实。父老凡可以佐令之不逮者,悉已见告。①

---

① 《王阳明全集》,第 1131 页。

王阳明在很多文章中，都谈到治疗疾病以预防为主，要讲卫生，强健体魄，心气平和。他说："病者宜求医药，不得听信邪术，专事巫祷。""良医之治病，随其疾之虚实、强弱、寒热、内外，而斟酌加减。调理补泄之要，在去病而已。""病疟之人，疟虽未发，而病根自在，则亦安可以其疟之未发而遂忘其服药调理之功乎？若必待疟发而后服药调理，则既晚矣。"这仅是阳明谈治病的部分内容。

正德十三年(1518)正月，赣县在籴买粮食赈灾时，出现一些弊端。阳明在《批赣州府赈济石城县申》中说，准许富裕户籴粮发放给贫困的人家。而今籴买粮食之人只有两千，但坐等救济的贫民不知有多少，在县城附近者先获救济，远乡贫困户必有得不到实惠者，近日赣县发仓救济，可见其弊端。于是"仰行知县林顺会同先委县丞雷仁先，选该县殷实忠信可托者十数辈，不拘生员耆老义民，各给斗斛，候远乡之民一至，即便分曹给散。仍选公直廉明之人数辈在旁纠察，如有夤缘顶冒，实时擒拿，照议罚治，庶几小民得蒙救急之惠，而远乡可免久候之难"①。这样有公直廉明、殷实忠信的人监督，远近的贫民均可得到救济。

正德十五年(1520)五月，丰城、新喻等县发生水灾，毛家珰等处被大水冲毁决堤，极其严重，若不及时修筑，秋天水势再次泛滥，受害灾民生活将极端艰难痛苦。六月初九日，王阳明颁《案行湖西道处置丰城水患令》：

> 近该本院抚临该县，督同巡守该道副使顾应祥、参议周文光、知县等官顾似等，看得前项决堤渐侵县治，委系紧急民害。但正当水冲，欲便筑塞，必须依仿水帘榼子之法，用大船数十装载砖石沙土，阻遏水势，方可施工。……为照丰城县即今见要破损大船阻水势，所据前项船只，合行查处变卖，以济急务。②

从此段文字可知，王阳明要求当地官员购买破损不能再继续使用的船只，用以装载整船砖石沙土，沉入决堤处，以阻遏水势。到了现代发生类似

---

① 《王阳明全集》，第 629 页。
② 《王阳明全集 新编本》，第 1984 页。

的决堤事故,其采取的策略,与王阳明当年使用的治水方法基本相似。

江西很多县都遭受了水灾,南昌地区尤为严重,老百姓生活困难,急需救济,该怎么办呢? 阳明颁行《赈恤水灾牌》,其中一段记载:

> 为此仰分守巡南昌官吏,即便分督该府县官于预备仓内米谷,用船装运,亲至被水乡村,不必扬言赈饥,专以踏勘水灾为事。其间验有贫难下户,就便量给升斗,暂救目前之急。给过人户,略记姓名数目,完报查考,不必造册扰害。所至之地,就督各官申严十家牌谕,通加抚慰开导,令各相安相恤。仍督各官俱要视民如子,务施实惠,不得虚文搪塞,徒费钱粮,无救民患,取罪不便。①

在南康、建昌、宜黄等县,水灾也非常严重。王阳明要求赣州、南安二府各县官员:"已行二府各委佐贰官,及行所属被水各县掌印等官,用船装载谷米,分投亲至被水乡村,验果贫难下户,就便量行赈给。"要求各县官员必须亲自到乡村踏勘,要视灾民如己子,务要施行实惠,不得虚文搪塞,根据实际情况,给贫困灾民进行救济。为了不流于形式,把赈灾工作落到实处,王阳明又颁《牌行江西临江府赈恤水灾令》,对临江府新喻县等给予赈济:

> 今年自春入夏,淫雨连绵,田地冲成江河,沙石积成丘陵。即今四野一空,秋成绝望,要将本县在仓稻谷赈济缘由。为照临江一府被水,县分恐亦非止新喻,合就通行。为此牌仰本府官吏,即便分委佐贰等官,及行所被水各县掌印佐贰等官,将在仓稻谷用船装载,或募人夫挑担,亲至乡村踏勘水灾。验果贫难下户,就便量给升斗,暂救目前之急。就各申严十家牌谕,通加抚慰开导,令各相安相恤。各官务要视民如子,务施实惠,不得虚文抵塞,徒费钱粮,无救民患。②

---

① 《王阳明全集》,第 684 页。
② 《王阳明全集 新编本》,第 1987 页。

从此可知,王阳明再次要求各个官员务要亲至乡村踏勘水灾,验明极度困难户,用船装载稻谷,再募人夫挑担上门,给急困民户几升或一斗粮食,暂救目前之急,待后再行救济。王阳明《批吉安府救荒申》中载:

> 近据崇仁县知县祝鳌申,要将预备仓谷,凶荒之时则倍数借给,以济贫民;收成之日则减半还官,以实储蓄;颇有官民两便,已经本院批准照议施行。……仰布政司酌量缓急,分别重轻,略定征收先后之次,备行各属,以渐而行,庶几用一缓二之意,少免医疮剜肉之苦。①

救荒就是将各县粮仓中储备的稻谷,先借给灾民食用,救济贫民,等秋收后,让灾民减半还官,即先借一斗,后返还给官府五升。这个方法既救助了灾民,减轻了农民负担,又收回部分稻谷作储备,一举两得。

嘉靖七年(1528)四月,王阳明在广西南宁时,看到前来南宁府屯住防守的汉土官军民,因有三月大旱,庄稼未下种入土,男子不得耕种,妇女不得织布,军民多缺食物,诚可悯念!于是令同知史立诚遍查停歇湖兵之家,开报相应量行赈给。看到阳明统计之数,10名以上71家,5名以上356家,5名以下454家,各给米多少石,鱼多少斤,统计数是多么仔细精确。他在《赈给思田二府》中载:

> 今虽地方平靖,湖兵已回,然疮痍未起,困苦未苏,况自三月已来,天道亢旱,种未入土,民多缺食,诚可悯念!已经行仰同知史立诚遍查停歇湖兵之家,开报相应量行赈给。为此牌仰南宁府着落当该官吏,专委同知史立诚即将十名以上七十一家,各给米二石,咸鱼二十斤;五名以上三百五十六家,各给米一石三斗,咸鱼十三斤;五名以下四百五十四家,各给米一石,咸鱼十斤;就于该府军饷米鱼内支给开报。其余大小军民之家,谕以本院心虽无穷,而钱粮有限;各宜安心生理,勤俭立家,毋纵骄奢,毋习游惰,比之丰亨豫

---

① 《王阳明全集》,第662页。

大之日虽不足,而方之兵戈扰攘之时则有余矣。①

嘉靖七年(1528)七月,王阳明在南宁听人报告说,宾州(今宾阳)屯住防守的三省汉土官兵,因三个月未下雨,到五月时,农田龟裂,撒籽栽种延迟。正值青黄不接,民多缺食。王阳明委托判官杨耀查实,量行给以赈济。并告诉这些官兵,地方目前已经无盗贼之患,赈济比之丰亨豫大之日虽未足,而比之前兵戈扰攘之时已有余。于是颁布《告谕宾州军民》,其中载道:

> 军民大小,男不得耕,女不得织。而湖兵安歇之家,骚扰尤甚。今虽地方幸已平靖,湖兵亦已放回,然疮痍未起,困苦未苏。况自三月不雨,至于五月。农田龟坼,布种大迟。即今正值青黄不接,民多缺食,诚可悯念。当委判官杨耀遍历城郭内外,查报停歇湖兵之家,大小共计一千四家,合就量行赈给。已经牌仰宾州官吏行委判官杨耀,将大家给米一石,小家给米六斗。就于该州仓贮军饷等米内照数支给,略见本院存恤之意。②

八月初十日,王阳明又牌仰本道官吏会同分巡道即行南宁府,备查府城内外大小人户,照依后开等第,对乡官、举人、监生、生员、贫难小官之家通行查出,量分差等,给予赈济。必须使各沾实惠,不得容奸吏、官仓、局院役吏等人作弊克减,使赈济有名无实。他在颁行《行左江道赈济牌》中载道:

> 为此牌仰本道官吏,会同分巡道,即行南宁府,备查府城内外大小人户,照依后开等第,就于军饷米内照数通行赈给。务使各沾实惠,毋容奸吏斗级人等作弊克减,有名无实。事完开报查考。计开:乡官、举人、监生之家,每家三石;生员每家二石;大小人户每家一石。贫难小官,通行查出,量分差等,呈来给赈。③

---

① 《王阳明全集》,第 700 页。
② 《王阳明全集 新编本》,第 2018 页。
③ 《王阳明全集》,第 1234 页。

以上仅是一部分王阳明清正廉洁,勤政亲民,关心民众疾苦的具体事例。从中可看出他是何等关心民众困难,为老百姓着想,解决民众困苦的。以前曾有批判王阳明是镇压农民和少数民族起义的刽子手。不用去驳斥,若真是一个镇压农民起义,镇压少数民族起义的刽子手,绝对不会去做这些救助灾民、勤政爱民的事情,且不会受到百姓的尊重。

康熙初经学家、明史馆纂修官绍兴府萧山人毛奇龄在《王文成传本》卷二中载:"初,公(阳明)丧归时,世宗不谕祭,而民间之私祀者遍天下。及穆宗赐祀而前,此之私祀者,悉改官祭。凡祠祀、书院,合不下数百所,亦极盛矣。《勋贤祠志》云:'书院七十五所,祠四百二十所。'"可知嘉靖、隆庆之间,祭祀王阳明的祠堂、书院如此之多。廉政亲民的王阳明,受到广大百姓的敬仰。

四、结语

在阳明心学中,主要是讲道德行为与规范、道德意识与道德修养问题,强调人们做任何事情,都要按照道德规范和准则去思去做。王阳明在每个地方工作和生活,都能与当地群众和睦相处,而且乐于助人。他体恤民情,减免赋税,抗击瘟疫,防范火灾,扼制盗贼,赈恤水灾,救助难民,洁清自矢、秉正无私的这些事例及精神激励着一代又一代人。王阳明被贬谪龙场、庐陵任职,平定南、赣、汀、漳之乱事,平定宁王朱宸濠反叛,以及平定思、田之乱,及平定八寨、断藤峡之乱事中,有很多反贪腐、倡清廉、维公德、廉政及亲民的做法,这些事迹很值得人们学习。王阳明的廉政及亲民思想,对于当代加强社会公德、职业道德,维护公共利益,保持社会稳定,遵纪守法,诚实守信等思想道德建设和行为规范教育来说,仍然是适用的。弘扬阳明文化,就是要把优秀的传统文化与社会主义核心价值观结合起来,就是要与当前廉政建设、乡村振兴、社会治理和现代化强国建设结合起来,才更有现实意义和价值。

从廉心发现到发用廉政的致良知过程刍议

湖南文理学院教授

文　平

良知这个概念最早源自孟子。《孟子·尽心上》："人之所不学而能者，其良能也；所不虑而知者，其良知也。"①孟子是说，"良知"先天就在每个人心里，是一种道德情感，是一种能力，这种能力每个人都有。大致说来，这个良知，就是我们经常所说的良心。王阳明承续孟子的说法，但在内涵上涉及更多，在表达上也更为灵活。总体说来，良知是对道德是非的整体把握，是王阳明所说的"心"，此"心"诉之于理，则为道德判断；发之于情，则为道德情感。此心诉之于"廉"，即为廉心。廉心应之于事，即为廉洁品行；应之于政事，即为廉政；应之于社会，则为廉明。廉明是一个社会之主体间相互呼应的最高境界。

一、发现此心有廉洁

关于廉洁与良知的关系及如何致良知的问题，要从廉本身说起。廉本身即有正直的意思，与贪腐相对，是一种道德品行，因而又称之为廉洁。《说文解字》："廉，仄也。堂之侧边曰廉，故从广。"②引申出边，与角相对。再引申出正直、清廉、考察等，因此"廉"是从堂屋的侧边即廉隅也就是棱角，引申而出品行端方，有气节的意思的。其内涵包括两点：(1)与人交道方面，廉是正直的品格，即廉正；(2)对待财物方面，廉是不贪污。两者相合即为廉洁。

---

① 《孟子·尽心上》。
② 许慎：《说文解字》，中华书局 1963 年版，第 192 页。

在王阳明心学中,心的本体只是这个良知,通过意念的发动,至于事事物物,便有一个天理,灵明就是对这个天理的认识,这就是良知。良知的内涵只是一个是非,表现为心灵则为是非之心。廉洁只是个是非之心,是对外在财货的不贪取,在行为上往往是一种正直的品行。因此,可以说,廉洁作为良知,本就在心之中,并不是外在的东西强加给你的。把廉洁的准则施行于个体的心的过程,就是"致良知"。

王阳明在一段话中清楚地说明了良知是什么的问题:"夫人者,天地之心,天地万物本吾一体者也。生民之困苦荼毒,孰非疾痛之切于吾身者乎?不知吾身之疾痛,无是非之心者也;是非之心,不虑而知,不学而能,所谓良知也。良知之在人心,无间于圣愚,天下古今之所同也。世之君子惟务致其良知,则自能公是非,同好恶,视人犹己,视国犹家,而以天地万物为一体,求天下无治,不可得矣。"[1]良知的内涵无非三点:第一,良知是是非之心;第二,良知人人都有;第三,按照良知去做,人人都可以达到圣贤的境界,国家就可以得到好的治理。其中,王阳明提到的是非之心,就是人们心中的道德判断,其实就是良心。人们常说做事要讲良心,就是指通过良心的机制达到自律,知道什么能做,什么不能做,一个人事事处处都遵从良心的召唤,那么他就是一个正直的人,一个堂堂正正的有尊严和人生价值的人。王阳明在这里通过推己及人的方法阐述了良知不同于科学的认知,同时也揭示了良知为我们提供是非善恶的标准,这个标准潜移默化在人的心理活动和生活实践之中,并强调这个标准人人都有。当人在做了一件好事或者说对的事的时候,他会感到快乐,而当他做了一件不应该做或者说是不对的事情的时候,他会感到内疚、羞愧、内心不安甚至罪恶感,这说明良知一定会体现为心理和情感的体验,良知也就是这样规范人的内心和行为的。

由于人有情欲,所以才须要良知发动:"要认得良知明白。比如日光,亦不可指着方所,一隙通明,皆是日光所在。虽云雾四塞,太虚中色象可辨,亦是日光不灭处。不可以云能蔽日,教天不要生云。"[2]七情六欲是自然的人性,但要把良知看得清楚。就好像太阳光,没有一个固定的处所,哪怕看到

---

① 王守仁:《王阳明集》,王晓昕、赵平略点校,中华书局 2016 年版,第 74 页。

② 《王阳明集》,第 103 页。

一线阳光,那也是阳光。尽管有乌云蔽日的时候,但只要在天上认得清东西,那就说明阳光还在。总不能因为乌云能够遮蔽太阳光,就要求老天别让乌云出来。这个比喻形象地说明了,虽然良知人人都有,但不是现成的、马上就可以拿来用的东西,它还须要去除乌云的遮盖,回复到那个本心。这个工夫,就是致良知的过程,一旦"拨开云雾见青天",光明就普照了,境界自然就上去了。由此可见,良知和致良知有着天然的联系。致良知也是个人"成人成己"的自家事,别人代替不得:"尔那一点良知,是尔自家底准则。尔意念着处,他是便知是,非便知非,更瞒他一些不得。尔只不要欺他,实实落落,依着他做去,善便存,恶便去,他这里何等稳当快乐。此便是'格物'的真诀,'致知'的实功。若不靠着这些真机,如何去格物?我亦近年体贴出来,如此分明,初犹疑只依他恐有不足,精细看无些小欠阙。"①在这里,心学把心和理统一起来,这种统一已经落到与事物打交道的方方面面,格物的实功又时时刻刻受着良知的感应和照射。心学的个体道德原则和个人意识高度合一,这种合一的过程,既是逻辑上的,也是事实上的,"自家的准则"也就表现出每种道德境遇的道德准则了。良知是由自己发现的,是个体在意识的发用,格物的展开之中自身予以呈现的,是在与事物发生关系的过程中的流动的呈现,道德判断虽然要考虑到外在事物和条件的制约,但究其根本则是"自家的准则",是内在意识的自我体悟以及道德理性的权衡考量。

反过来看,因为有外物的制约,导致有外欲的诱惑。欲望是外在之物引发而传导至内在的,在这个时候,良知暂时被蒙蔽。被蒙蔽的良知处于潜藏的状态,意识也就被外欲导引着走,必然导致个人的私欲、私心、私念。排除个人的私意,应该是良知和致良知的题中应有之义,也就是说,道德判断的主体虽然还是依据个体,但是道德判断的标准应该从逻辑上延伸到"他者的自我"或者说是"自我的他者",即普遍性原则。不然,你有你的道理,我有我的标准,在道德生活中就有无所适从之感,自我和"他者的自我"的沟通有认识论上的内容,但放在中国传统感应的文化中更好理解,即所谓人同此心、心同此理。因此,道德判断的内容必须要兼顾到两个方面,一是个体在排除私意的良知呈现的状态下做出的思考和行为;二是这种思考和行为在他者

---

① 《王阳明集》,第 86 页。

看来也是普遍适用的。因此,内在于良知的廉洁,因良知发动而显现。由于人有私欲,需要有正心诚意的态度来保持这个"现"。人有气质熏染,所以要诚意,良知的呈现要落到与他者相关的事上,要与事事物物打交道,所以要正心。而诚意正心在事上练的过程即是致良知,致良知的关键是去私欲,就廉洁而言,即是祛贪欲。

对于如何致良知的问题,王阳明主张,致良知作为一个不断展开的过程,是一个在事上练的过程,是一个"知致合一"的过程,是一个"知行合一"的过程,是一个无关乎成功而关乎成长的过程,因而也是一个否定之否定的过程,是一个不断发现良知的过程,是一个合万物的过程。这个过程可以经由静心和集义达到。"问:静时亦觉意思好,才遇事便不同,如何? 先生曰:是徒知静养而不用克己工夫也。如此临事,便要倾倒。人须在事上磨,方能立得住;方能静亦定、动亦定。"①在这段怎样才能静心的对话中,陆澄问道:"心里安然,泰然自若也就是清净了,问题是一到有事情发生的时候,心又不一样,又乱了,遇到事情应该怎么办?"王阳明回答说:"静养不能截开来做,对任何事都要从根本上下功夫,即不断克除私念私欲。不然的话,心依外在的事来定就会反复导致不安。"一定要结合事情去磨炼,才会清静时也安定,变动时也安定。王阳明讲的静,是与动结合起来的,静心与事上练结合,其目的是达至心有所定的状态。"无欲故静,是静亦定,动亦定的定字,主其本体也。戒惧之念是活泼泼地,此是天机不息处。"②在王阳明心学中,静心只是一个定,心有所定方能去除私念,才能回复到廉、廉洁的本心状态。王阳明多处提到,静心的"静"不必与"动"硬生生地隔离开来,两者是统一的。而所谓集义,也是致良知,它是孟子提出来的,实际上是不断地养"吾浩然之气"的意思。"孟子集义工夫,自是养得充满,并无馁歉;自是纵横自在,活泼泼地:此便是浩然之气。"③把静心和集义结合起来一以贯之也就是活泼泼的致良知的过程,而这个过程的实质就是事上练、事上磨、不断地在事上磨。"先生曰:吾在省时,权竖如许势焰疑谤,祸在目前,吾亦帖然处之。此何足

---

① 《王阳明集》,第 12 页。

② 《王阳明集》,第 85 页。

③ 《王阳明集》,第 99 页。

忧？吾已解兵谢事乞去，只与朋友讲学论道，教童生习礼歌诗，乌足为疑！纵有祸患，亦畏避不得。雷要打，便随他打来，何故忧惧？吾所以不轻动，亦有深虑焉尔。"①雷打也不动！这便是王阳明稳如泰山的圣人气象。纵有千万磨难坎坷，虽千万人吾亦往之，便是王阳明一生事上磨的必然结果。王阳明心学中的事上磨方法，大致说来，都以知为基础，均含有心性工夫和实践工夫。心性工夫就是悟，悟展开为行，行就是悟；实践工夫就是行，行中有悟，悟就是行，悟和行是统一的。知，光是理性认识还不够，要通过悟，继而落实到行，行同时反哺知。因此，悟行，才是真知；真知，才能悟行。

可见，无论知致合一还是知行合一，都是这个"一"，二者表述不一而内涵大体一致，都是致良知——知善知恶的良知就是这个"一"，致良知要"致"的也是这个"一"。有了良知就可以致良知吗？这个"一"告诉你，这不只是道德自律的问题，光有良知，并不能引导你建立一个优良的人生格局，并不能指引你人生的成长。说到底，还需要在事上有灵性和智慧的圆融，达到"此心安处是吾乡"②的境界。而这个境界，便是"天地与我并生，而万物与我为一"③的和合万物的过程。在这个层面来理解廉心的知善知恶、为善去恶，其实就是讨论"廉""廉洁"怎么落实的问题。

二、发用职守为廉政

致良知不同于良知，它是"知行合一"的"一"，这个"一"是贯穿于王阳明所有思想的核心，从知善知恶到为善去恶，从廉洁之心到廉政，是一个本心发用于职守，不断"发现"的过程。

如前所述，在王阳明心学中，为善去恶以良知为本，此良知为廉，便是廉的良知，良知可以表现为廉洁之心，廉洁之心可以带来真正的快乐。如何求得这种不同于物质利益带来的天地之乐呢？王阳明的答案是致良知，他认为在致良知的过程中，廉者自有一种真正的快乐。这种快乐欲感发于人，颇

---

① 《王阳明集》，第 11 页。

② 苏轼：《定风波·南海归赠王定国侍人寓娘》。

③ 《庄子·齐物论》。

同于"独乐乐不如众乐乐",由独乐而至众乐的途径便是廉政。廉政不同于个人的廉洁,又以个人的廉洁为基础,还表现为其他的能力。在长期的致良知过程中,"廉"与"政"相互涵养。此涵养的基础是袪除私念的廉洁奉公,进而为举直错枉的仁心仁政,直至亲民爱物、万物一体的美政。

王阳明一生不向当权者送礼,也不收受谁的礼物,始终保持着廉洁奉公、清正廉明的作风。贬谪在龙场住阳明洞期间,生活特别艰苦。"水西安宣慰闻先生名,使人馈米肉,给使令,既又重以金帛鞍马,俱辞不受。"①安贵荣时任贵州宣慰使,他了解了这个情况后,多次接济王阳明,除了必需的生活日用品,还送了一些金银、马匹等等。阳明先生推辞不受,后来碍于情面只收了一点简单的米粮等生活必需品,贵重的物品全部送还了。正德十三年(1518)六月,王阳明升任都察院右副都御史。"六月,升都察院右副都御史,荫子锦衣卫,世袭百户。辞免,不允。"②另荫其子锦衣卫,世袭百户。王阳明多次上书请求免去封荫,朝廷不允。正德十六年(1521),王阳明因平定匪患和擒宁王有功,于六月升任南京兵部尚书,紧接着于十二月又被封为新建伯,特进光禄大夫柱国,照旧参赞机务。"十二月,归越城为父王华祝寿,封新建伯,特进光禄大夫柱国,兼两京兵部尚书。"③(嘉靖)正月,王阳明上书辞爵,七月,又疏辞爵位。"七月,再疏辞封爵。"④王阳明几次请辞,展现的是"苟利国家生死以,岂因祸福避趋之"⑤的高尚气节,并不是为了成就功名,更不是为了物质利益。《明史·王守仁传》载,王阳明封爵并岁支禄米一千石,三代并妻一体追封。当朝皇帝还特别派遣官员专程慰问和犒劳王阳明,赐以银币、丝绸、羊酒等物,然而王阳明把这些物品全部都分给了部下和有功人员。这不得不说是阳明先生清正廉洁、一心为公的精神体现。王阳明一生为官近三十年,历任大小官职无数,晚年更是官至南京兵部尚书、都察院左都御史,可谓位高权重。如果他想利用手中掌握的权力贪污腐败,简直太容易不过了,机会无时不有,贪多贪少估计也没有几个人知晓。但事实却是

---

① 《王阳明集》,第 1031 页。

② 《王阳明集》,第 1053 页。

③ 《王阳明集》,第 1079 页。

④ 《王阳明集》,第 1079 页。

⑤ 林则徐:《赴戍登程口占示家人》。

他不惜重金奖赏英勇善战的官兵和勤政廉洁的地方官员,从不假公济私、中饱私囊,以至于在他去世的时候,没有几件像样的家产留给子嗣,两岁多的儿子也不得不托付给自己的弟子来帮助抚养。可见,从思想深度、见识水平、军事谋略、治理能力到洁身自好的坚守程度与讲学教化影响,正是这些全方位的综合能力,才成就了王阳明廉政上的"致良知"境界,"真三不朽"才实至名归。

王阳明清正廉洁,其弟子也深受影响。据《明史·王守仁传》载,正德十二年,王阳明到江西平乱,宁王朱宸濠故意写信求教学问,王阳明便派冀元亨前去讲学,朱宸濠很佩服,准备厚礼让冀元亨带着回家去,冀元亨知道朱宸濠的心术不正,把这些厚礼都上交给官府了。以上事迹体现了王阳明持廉守正的品格以及对门人的深远影响。其实,《阳明先生年谱》有大量对先生仁爱、仁义事迹的记载,这些事迹都是以廉洁、廉政为底色的。廉洁奉公关键在于祛除私念,没有了私念境界自然就上去了。如前所述,廉就是一种"羲皇上人"的境界,即清明境界。王阳明主张,致良知能达到这种"羲皇上人"的境界,而且不分贤愚,人人皆可成圣贤。"在虔,与于中、谦之同侍。先生曰:人胸中各有个圣人,只自信不及,都自埋倒了。因顾于中曰:尔胸中原是圣人。于中起,不敢当。先生曰:此是尔自家有的,如何要推?于中又曰:不敢。先生曰:众人皆有之,况在于中?却何故谦起来?谦亦不得。于中乃笑受。又论:良知在人,随你如何,不能泯灭,虽盗贼亦自知不当为盗,唤他作贼,他还忸怩。于中曰:只是物欲遮蔽,良心在内,自不会失。如云自蔽日,日何尝失了?先生曰:于中如此聪明,他人见不及此。"[①]

这段对话意在指出,每个人都要善于发现自己心中的那个圣人,这不是谦虚的问题。王阳明的弟子于中"乃笑受",于中笑着接受了自己本心是圣人的道理。这个"笑",不是一种给自己打圆场的笑,是发自内心的真正快乐的笑。于中后面的回答,王老师还夸他聪明,说明他是明理了,理的太阳发出了光明。于中为什么会笑?是王阳明引导和传递的。记载的场景虽然没有说王阳明笑了,但是根据上下文,我们能想象出当时情景:王阳明始终微笑着说着,其他同学也都笑着领悟了王阳明的话。王阳明为什么会笑?因

---

① 《王阳明集》,第86页。

为他到了"羲皇上人"的境界。王阳明的笑为什么能够引导和传递？因为人人心中都是圣人，人人心中都有"羲皇上人"的境界。正如于中所言："良心在内，自不会失。如云自蔽日，日何尝失了？"原来王老师是在同学们心中做了一件"拨开云雾见青天"的事情而已。

俗语云："一儒一道一释流，三子各话万千秋。到底说了什么话？一字真言笑不休。"为什么到了境界的儒生、道士、和尚都"笑不休"呢？因为他们快乐，为什么他们快乐呢？因为他们各自得了自己的"道"。如果我们发现身边的人，亲戚朋友、老师同学、领导同事有这个笑，特别是在身体遭受痛苦、生活遭遇困苦的时候，他还能笑得出来，还能真笑，发自内心地笑，浑然圆成、如沐春风地笑，表明他得道了！这个"笑"和一般人的快乐究竟有什么不同？这要看一字真言的这个"一"字。显而易见，这里的"一"不能一般去理解，不可能仅仅指"笑"这个字，"笑"这回事，而应理解为作为"道"的"一"，即老子所谓"道生一"的"一"。释家、儒家自有各自的"一"，在王阳明心学中，这个"一"就是一以贯之的"心""良知"。就本文主题而言，这个"一"就是"廉"。廉即良知，因此，廉者自乐。我们常常说的"安贫乐道"就是这个意思——能安于贫，当然是廉洁的表现。廉洁是内心良知的照射，廉洁又回复到内心，而这个内心，便是"羲皇上人"的快乐境界，这就是乐道。廉洁的发现，因回归本心而导致快乐的心理体验，而廉政的发用，则将自己的快乐感染到他人。这个时候，自己的快乐便与他人的快乐共振起来，他人也会因为回归本心而快乐。

中国是一个讲究道德传统的国家，所以历来都有以孝治天下、以德治国的思想，历史上还有举孝廉的制度。这个思想和制度的基础就是道德人心，就是王阳明所说的良知和致良知的理路。现实中我们有时候可以做到按良知做事，也就是致良知，可是为什么我们有时候比较难做到致良知呢？王阳明认为，除了我们有私欲之外，还因为我们对于快乐的认识不够，我们对于什么是真正的快乐体验不足，我们对于较高的人生境界领悟不到。就廉政而言，这个原本可以快乐的心因政事的烦琐而遮蔽："有一属官，因久听讲先生之学，曰：'此学甚好，只是簿书讼狱繁难，不得为学。'先生闻之，曰：'我何尝教尔离了簿书讼狱悬空去讲学？尔既有官司之事，便从官司的事上为学，才是真格物。如问一词讼，不可因其应对无状，起个怒心；不可因他言语圆转,生个喜心;不可恶其嘱托,加意治之;不可因其请求,屈意从之;不可因自己事务烦冗,随意苟且断之;不可因旁人谮毁罗织,随人意思处之。这许多意思皆私,只尔自知,须精细省察克治,惟恐此心有一毫偏倚,枉人是非,这便是'格物致知'。簿书讼狱之间,无非实学。若离了事物为学,却是着空。'"①

有位官员说先生讲得很精彩,只是我的工作性质要处理大量的文书和断案工作,根本没有时间致良知啊。王阳明说,我并没有教你放弃你的工作去致良知啊,你该批文书批文书,该断案断案,只是在工作中就是致良知啊,这才是真的"格物"。在断案时,不要因为对方无礼就迁怒于他;不要因为对方言辞中听就心生高兴;不要因为有人请托就刻意刁难他;不要因为对方的哀求就屈从私意;不要因为工作繁忙就草率为之;不要因为有人诽谤而随意判定。在工作中致良知肯定有因私而断,其实你的良知会告诉你。所以一定要认真对待,不要有所偏倚,这便是"格物致知"了。文书和断案都是实实在在的学问。假如把工作和致良知截为两段,那就不着调了。王阳明的意思是并没有一种专门的活动叫作致良知,致良知其实就在日常生活和工作中,就在为官一任的具体事务中,就在理想和现实中,可见个人的廉洁和为政者的廉政是统一的。不过,在具体内容和要求程度上,个人廉洁和为政者的廉政还是有些区别。"簿书讼狱之间,无非实学"②,为政者的廉洁自律只是个基本要求,要想把政事搞好,还需要指向"勤政""智政""能政",即不懒政,要把聪明才智运用到政事中有所作为。廉即良知,廉政即磨炼,廉洁是心中有廉之后在事事物物上磨的道德品性。有了这个底色,廉政就会再进一步,指向美政。

三、亲民爱物养美政

关于廉政的养成,王阳明与弟子有段生动的对话:"门人有言邵端峰论童子不能格物,只教以洒扫应对之说。先生曰:'洒扫应对,就是一件物。童

---

① 《王阳明集》,第 88 页。
② 《王阳明集》,第 88 页。

子良知只到此。便教去洒扫应对，就是致他这一点良知了。又如童子知畏先生长者，此亦是他良知处。故虽嬉戏中，见了先生长者，便去作揖恭敬，是他能格物以致敬师长之良知了。童子自有童子的格物致知。'又曰：'我这里言格物，自童子以至圣人，皆是此等工夫。但圣人格物，便更熟得些子，不消费力。如此格物，虽卖柴人亦是做得，虽公卿大夫以至天子，皆是如此做。'"①

王阳明的弟子中有人认为，邵端峰以为小孩子是不能格物的，只要教会他洒扫和待人接物的礼数之类就行。阳明先生却说，洒扫应对的事情在格物看来就是一件事，因为是小孩子，教会他洒扫应对，这也就是对于小孩子的致良知。又比方说，小孩子看见长辈有敬畏之心，这其实就是小孩子的良知表现，因此在玩闹中看到先生，也要跑过去作揖以示恭敬，这当然是尊敬师长的致良知了。小孩自有小孩的格物致知。王阳明进一步教导，所谓的格物，工夫都是一样的，不管是小孩还是圣人，只是圣人格物张弛有法，不费力气。因此格物不因人而异，即使是一个砍柴的人也能做到，公卿、大夫，直至天子，格物的工夫其实都在事上。这里的意思是格物不分大事小事，就在所做的事情上用功就行，做廉政的事，就要在与廉政相关的事情上用心体会，达到事与人、人与事的高度融合。另外，还要做到看菜吃饭、量体裁衣，要充分注意到"能"与"廉"、"能"与"政"、"政"与"廉"的关系，这样，廉政才能奠基在坚实的基础之上，也会因长期的打磨而提升廉政的品质。因此格物致知的致良知过程是一个能合能分、可合可分的过程。王阳明在这里强调的是，廉洁心可以在生活中养成，也可以在从事廉政的工作中养成。致良知就是在你从事什么就是什么中明觉自己的良知，要从小事做起。每个人带着这个良知待人处事，则人人光明，事事磊落。带着这个良知去行廉政，则政政相通，人人相和。

廉政之于廉洁的作用，便如王阳明的仁政之于仁心。仁政主要体现在王阳明的"亲民"思想中。"明明德者，立其天地万物一体之体也。亲民者，达其天地万物一体之用也。故明明德必在于亲民，而亲民乃所以明其明德也。"②一

---

①　《王阳明集》，第 111 页。

②　《王阳明集》，第 823 页。

个亲民的为政者,心中就有明德。明德本是与天地万物为一体的,而亲民,则是万物一体这个本体运用于政事罢了。"亲民犹孟子亲亲仁民之谓,亲之即仁之也。百姓不亲,舜使契为司徒,敬敷五教,所以亲之也。尧典克明峻德,便是明明德;以亲九族至平章、协和,便是亲民,便是明明德于天下。又如孔子言修己以安百姓,修己便是明明德,安百姓便是亲民。说亲民便是兼教养意,说新民便觉偏了。"①王阳明这里对朱熹的"新民"的解释提出了批评,指出"亲民"即是亲爱人民,而亲爱人民就是仁,就是仁政。一个仁者,一个为政者,不仅要自己明明德,更要明明德于天下,这里指出了个人之仁与为政者之仁的区别:个人之仁只是停留在个人,还不是普遍的仁;将个人之仁扩充于天下,即是为政者之仁。为政之仁,既是个人修养,也是职责所在。"修己便是明明德,安百姓便是亲民"②,个人修养与为政是统一的,这个统一,便是在行为的为善去恶上。区别只是两者的为善去恶中,心之所接,事物不同,一个是个人的事,一个是政事,但是本心是完全一样的。《新唐书·循吏传》载,晚唐时,何易于任四川益章县县令。他是一个一心为公、勤政爱民的人。有一次,利州刺史崔朴乘船游览,需要更多人手拉纤才能使官船通行。船走到益章,有人发现在拉纤的人中竟然有县令何易于,崔朴知道后很纳闷,也很奇怪,就问他为什么亲自拉纤。何易于回答说,现在是春季,百姓们都忙于农务,没有时间来拉纤,为了不耽误大家,我就自己来了。他话未说完,崔朴等人却羞得满脸通红,连忙下船,骑马走了。崔朴之所以脸红,因为他心里还有廉洁,还有良知,还有本心,只是一时被逸乐遮障。而何县长的行为既是一种高洁的个人修养,又贯穿着合理处理官民矛盾的聪明睿智,因而是勤勉为政的廉政之举,既教育了崔朴,又安抚了百姓。究其根本,乃是何易于的廉洁之心在政事上不断磨炼的结果。可见,个人廉洁和为政者之廉都要从生活之事入手,持之以恒,间或领悟,更要精进。这个"持"的过程,就是"养","养"体现为心的"恒",廉洁扩充而为廉政,廉政事功回复为廉洁,这就是"互养"。孟子说"吾善养吾浩然之气"③,可见正气需养。

---

① 《王阳明集》,第 2 页。
② 《王阳明集》,第 2 页。
③ 《孟子·公孙丑上》。

"养"就是培育,以至于类乎夜气的清明状态。这个时候,还不能说领悟了良知,只是看见而已。就像树木的幼苗,要懂得培育爱护,让它长成参天大树,这个过程便是"养",用孟子的说法,便是"集义"。此"义"需要一点一点地"集",今天洒水,明天剪枝,都是一个工夫,"集义"只是致良知。但是这个养并不同于消极的静养——后者只得一个住相的安静,并不是致良知。

王阳明可谓良知导人的典型,这与他具有悲天悯人的情怀、人事合一的人生态度分不开的。明正德四年(1509)秋天,一吏目携其子和随从,从京城而来往南赴任,走到龙场(今贵州省贵阳市修文县境内)附近的蜈蚣坡时,由于长途跋涉、贫病交加,先后死去,曝尸荒野。王阳明听说后,恻隐之心油然而生,便带着两个仆人到蜈蚣坡将这三具尸体掩埋,并作《瘗旅文》祭奠。这一名篇表达了作者对素不相识的这几人的同情,也寄寓了作者对人生无常、对自己身世的无限感伤。① 贵州宣慰使安贵荣担心水西驿传②被朝廷所控制,于己不利,于是想减去龙场九驿,王阳明去信分析道:"夫驿,可减也,亦可增也;驿可改也,宣慰司亦可革也。"③安贵荣领会其意,遂不令减驿。水东苗族酋长率部众造反,直接威胁到贵阳,安贵荣按兵不动,王阳明再次写信给他:"今播州有杨爱,恺黎有杨友,酉杨、保靖有彭世麒等诸人,斯言苟闻于朝,朝廷下片纸于杨爱诸人,使各自为战,共分安氏之所有,盖朝令而夕无安氏矣。"④终于使安贵荣出兵,平息了这场叛乱,使当地百姓避免战祸,维护了民族团结和国家统一。王阳明虽不在其位,但他始终能做到知行合一,凡事从大局着眼,为边民团结做出了贡献。他伟岸的人格、高超的智慧、致良知的身体力行也受到了当地人民的景仰。正德十二年(1517)五月,王阳明在征伐龙南三浰时,发现造反的民众事出有因,有的是豪强侵占、有的是官逼民反,有些人为了保护自己不得已才出来做土匪。"此等苦情,亦甚可悯。"王阳明于是采取重在安抚而征剿次之的方略,把造反的人围在山上或者山洞中,还派人送去米粮等生活用品。同时张贴布告,对民众造反做出合理分

---

① 《王阳明集》,第 808 页。
② 中国古代由政府设置,供使臣出巡、官吏往来和传递诏令、文书等使用的交通组织系统。
③ 《王阳明集》,第 705 页。
④ 《王阳明集》,第 706 页。

析,动之以情晓之以理,感动了很多所谓土匪、乱民,致使很多土匪投诚。①
王阳明爱民如子,也要求他的部下善待民众。总督广西军务之时,他写下了
《行浔州府抚恤新民牌》:"各官务要诚爱恻怛,视下民如己子,处民事如家
事,使德泽垂于一方,名实施于四远,身荣功显,何所不可。如其苟且目前,
虚文抵塞,欺上罔下,假公营私,非但明有人非,幽有鬼责,抑且物议不容。"②
他处理思田之乱,便是本着这样的民本思想,总是战抚兼顾,一般以招抚为
主。他当然知道自己的所作所为必为朝廷所忌,不符合朝廷主事者的意图,
但他仍然认为杀掉那么多无辜的被蒙蔽的人,以此成全自己的功业,不是仁
者所为,依旧按照自己的原则处理战事。

王阳明这些仁爱廉明之举,即是以廉洁、良知作为底色的。阳明先生认
为,自始至终都不应该失掉那个真我,即良知呈现的我,不能因外在的货财
失掉本心,也不能因为一时的困苦而垂头丧气。他也常说能克己,方能成
己,要胜私复理,必先廉洁自律。人必须要有追求自我完善的心,才能克制
私欲,修身律己。也只有克制私欲,修身律己,才能完善自我,达到至善境
界。根据王阳明心学不难理解,我们平常所说的为了自己好,其实并不是真
正为自己好。贪图美色也好,喜听靡靡之音也好,喜欢爽口的美味也罢,表
面上看满足了自己身体的需要,其实这种对于感官的放纵,恰恰伤害了自己
的眼睛、耳朵和嘴巴,这是把欲望当作本体和天性。我们以为享受声色犬马
是对自己好,其实欲望就是身心之贼,就是损耗身心的元凶——现代人多少
身体疾病都是因为贪图美食美色引起,多少心理疾病都是因为贪图名利功
业引起。要想真正为自己的身体好,真正为自己好,就应该非礼勿视、非礼
勿听、非礼勿言、非礼勿动才对!而能够做到这些,必须明了自己这颗心,明
了天理即良知,因为主宰身体的就是心。修为了心,就能克服各种私心杂
念,成就那个顶天立地、无比自在的"大人"。有了克己的工夫,才能廉而明
之,才能去开导别人,致力于廉政、仁政。公道要靠致良知、扬善止恶来达
到,对为政者而言,做到发扬廉明,清正、正直,公道就自在人心了。公是个
会意字。根据公的小篆字形,上面是"八",表示相背,下面是"厶"("私"的本

---

① 《王阳明集》,第 509 页。
② 《王阳明集》,第 944 页。

字），合起来表示"与私相背"，即"公正无私"的意思。所以公的本义就是公正，无私。公道意思是大公无私，也即不偏不倚、公平合理。所谓"公道自在人心"，其实是人心中自有公道，但有待发明。为政者有廉，发扬光大，就能以自明而明天下，这就是廉而明之，就是廉明，因而我们说廉明也是一种气象。此气象由一人而至万人，就成为万人之气象，万人之气象也就是社会的风清气正。这里的气象是指经过长期修养达至的一种气度，一种大气的境界。这个境界，语言不能尽言，只能诉之于直觉和情感，即前述"羲皇上人"的境界。这个境界，要靠扬善止恶达到。扬善的善，是以百姓利益为目的。这里需要特别强调的是，止恶不同于制恶，制恶主要的意思是从外在制止，靠的是法制，而止恶主要指从内心制止，靠的是道德。

四、结语

由发现廉洁、发用廉政到发扬廉明，即是由知善知恶到为善去恶，再到扬善止恶的过程。它贯穿于个人、政治和社会诸环节，这个过程以廉洁之心为底色，这个底色落实在修身齐家治国平天下之中，才有光照、平衡和一体流动。良知致人，社会才有公道，才有清正廉明的气象；为政以德，才有公正和法度；人人都能致良知，本心才能真正被发现，发现就是发而现之、现而发之，直至回归廉洁之心的心之本体，而万物一体、一体万物的本心流动，就通达了正义的康庄大道。因此，致良知落实在亲民的政治理念中，还有待升华为社会的公正廉明。公道、公正、正义及其与廉明的关系，主要体现在三个方面：不在其位而能良知导人，社会愈能彰显公道；在其位的权衡轻重愈能扬善止恶；而在这两者的基础上，人人能致良知，良知一心流动，社会便能风清气正。

王阳明良知绝对论

——范畴、逻辑与根据

浙江工贸职业技术学院现代管理学院教授

邱旭光

王阳明发现"良知"这个最高理念,使人得以尊崇理念而不隶于"唯圣唯典",使人从圣人的"役使"下解放出来,以良知为准则,独立思维,自主选择。这是阳明心学的贡献。良知作为最高理念不同于天理作为最高理念的区别在于:天理是外求的,对它的服从是一种教条的人性约束;良知是内求的,是自主的源于人的本性的判断。在王阳明这里,良知是旧儒学的终点,也是新儒学的起点。童心说是良知"未发之中"的近似解。良知或天理或自由,是一个问题的不同表达,是纯粹,也是绝对。心即理、格物论、知行论、致良知是王阳明体系的实体范畴,传统研究大多在这些范畴定势中演绎,穿越这些实体,借助"范畴、逻辑、根据"这些工具,它们会把我们带向王阳明"发现良知"之途和他的心灵之微。

一、心即理:心论是良知绝对论的理论基础

(一)心的概念转化:由认识论范畴到价值论范畴

王阳明认为:"且如事父,不成去父上求个孝的理? 事君,不成去君上求个忠的理? ……都只在此心,心即理也。"①也就是说,事父不是依据孝,不是依据"孝的理"这个外在的规定性;事君不是依据忠,不是依据"忠的理"这个

---

① 王阳明:《传习录》,长江文艺出版社 2015 年版,第 5 页。下文引用此书,文中夹注页码。

外在的规定性,那么依据什么?——依据"心",也就是良心、良知。"心"成为事父、事君等等一切共同("都只在")的依据、判断的标准,即"理"。"以此纯乎天理之心,发之事父便是孝,发之事君便是忠,发之交友治民便是信与仁。"(第5页)用这样的心去"事父"就是孝,去"事君"就是忠,去"交友治民"就是信与仁。这是以"纯乎天理之心"作为衡定行为是非善恶的标准,不是对具体的行为类型定标准(哪些行为、什么样的程度属于孝、忠、信、仁等),只要有一颗"标准的心"就可以。这是一种简练的方法。王阳明找到了一条简便、有效的修养人心、匡正伦理的途径——即心正则行正。在此他"突破了"两千年以来儒家的基本伦理准则:孝悌、忠信、仁义等——虽然他仍然将此作为他的天理的具体内容,而将"心""良知"提到最高准则的地位。这是一种大变化,类似基督教神学在近代进行改革的那种努力。

他把心从思想的主体变成了思想的、道德意识的标准,变成了评判的准则,即理,从而撇开了心既作为思想的主体又作为思想的客体(心即理,理为思想的对象)的矛盾。如此,心既然成为"价值准则",即心由价值的评断主体变更为价值观(标准本身),实现了"主体"向"内容"的形式与逻辑转化,也就是"理"化,或者天理(道德法则)意识化,那么心外(即价值观外或"理之外")自然"无理"了。在这里,心和理一样成为最高概念、绝对理念。而按朱熹的解释,格物穷理,物是对象,理也是对象,那么心必然是主体,"心之官则思",心担当的是主体的功能。这是王阳明与朱熹的争论点之一。若依据朱熹的视角:主体与客体的视角,物与理是对象,则心与物(理)是二元的。只要王阳明不否认"心之官则思"——心的这种功能性,就无法否定心的主体性,也就无法否认朱熹的视角。但王阳明对朱熹与自己的"区别"的否定,实际是否定了主体的存在,即用价值论否定了认识论。

王阳明不能意识到,他与朱熹的区别是概念范畴的转换带来的概念内涵的变异,即王阳明的"心"已经是指价值观、是指判断标准,即价值论范畴;而朱熹的"格物致知"是立足在主体与客体关系的角度"穷究",即认识论范畴。王阳明不能意识到"概念范畴的变化",但他体察到宋儒天理的具体内涵已经不能解决当时的发展了的哲学问题(虽然他仍然大量使用"天理"概念以及孝悌忠义等传统话语),他的解决方案是"良知",且必须是"致良知"。他将良知绝对理念化,成为他的哲学的最高概念。心,是良知的另一种表达。

（二）心物一体：对逻辑的超越

正因为王阳明不能意识到概念范畴的变换，心的主体性不能否定。"心＝理"或心外无理如何证实，是一个难题。在陈九川问及"物在外，如何与身、心、意、知是一件？"时，王阳明回答："耳、目、口、鼻、四肢，身也，非心安能视、听、言、动？心欲视、听、言、动，无耳、目、口、鼻、四肢亦不能。故无心则无身，无身则无心。但指其充塞处言之谓之身，指其主宰处言之谓之心，指心之发动处谓之意，指意之灵明处谓之知，指意之涉着处谓之物，只是一件。意未有悬空的，必着事物，故欲诚意，则随意所在某事而格之，去其人欲而归于理。"（第183页）王阳明确切指明心是主宰，而意有"涉着处""必着事物"，且可"格之"，则无法排除"对象"的存在。主体和对象的存在，要证明身、心、意、知、物为"一件"，实在是一个难题。王阳明进一步的证明，是借助宇宙论，在定性"心外无物、心外无理"的前提下，以果推因，从心与天地万物的关系进行推演。"人者，天地万物之心也；心者，天地万物之主也。心即天。"[1]"道即是天。……若解向里寻求，见得自己心体，即无时无处不是此道，……心即道，道即天，知心则知道、知天。"（第47页）内求于心，心即是道，道即是天，此解直接诠释了陆象山"宇宙便是吾心，吾心即是宇宙"[2]的思想。故"可知充天塞地中间，只有这个灵明。人只为形体自间隔了。我的灵明，便是天地鬼神的主宰。天没有我的灵明，谁去仰他高？地没有我的灵明，谁去俯他深？……天地鬼神万物，离却我的灵明，便没有天地鬼神万物了；我的灵明，离却天地鬼神万物，亦没有我的灵明"（第252页）。心与天地万物一体，一切唯心。在这里，"我的灵明""心"，不再是作为判断准则的良知，而是南镇之花树，花的存在与知觉同在，亦即宇宙的存在依人（心）而同在。于此遂归于纯粹的万物唯心，并带来了"我"的存在。张岱年谓其论证"都是十分荒谬的"[3]，便是因此。王阳明由此实现了心的概念转化，但他的推论依据也由此失去了内在的逻辑性。

---

[1]　王守仁：《王文成公全书》，中华书局2015年版，第259页。

[2]　陆九渊：《陆九渊集》，钟哲点校，中华书局1980年版，第273页。

[3]　张岱年：《中国哲学大纲》，昆仑出版社2010年版，第80页。

(三)心外无物:心即理的本体论支持

王阳明不分割心与理(物),却分割了认识论中对精神世界与非精神世界的共同认知,即他排斥了非精神世界(客观世界)的存在,将认知的范畴(意的对象)仅仅对准伦理道德世界(物者,事也)。凡意之所发,必有其事,意所在之事谓之物①。他所谓的"物"是指"事",即人的活动,而非"自然物质"的"物"。就其宇宙论而言,他认为人与"天地万物为一体",且"草木犹有生意者也,见瓦石之毁坏,而必有顾惜之心焉,是其仁之与瓦石而为一体也"②。此处的"物"只能是"自然物质"的"物",如此,则与"物者,事也"显然矛盾。王阳明没有解释。然而细究《大学问》,其旨在"明德",言"物"在言"仁",仁之所及,及天及地及万物,实际是扩及了人所具有的"仁"的"共情"功能。用这种夸张了的共情功能(王阳明没有去证明草木、木石如何共情,在人类当下暂时也无法证明)证明人与"天地万物为一体",也就是人有"与天地万物同体"之心(仁心)。这种证明的逻辑,事实上是人心所及,本质上仍在"人的活动"这个范畴之内。就这一点而言,王阳明通过调整认知的范畴,消除了逻辑矛盾,圆通了物不在心外。

王阳明认为晦庵所谓"人之所以为学者,心与理而已"是"未免已启学者心、理为二之弊",其"即物穷理"是"析'心'与'理'为二"(第96页)。其结果是"外心以求理,此知行之所以二也"。(第92页)认为朱熹的"即物穷理"是于事事物物上求其"定理",这是将评判标准(理)置于评判对象(事事物物)身上,以评判对象的合理性确定主体的行为。如此,则主体自身的行为修养被忽视。相反,心即理是心有良知,遵"理"而行,是主体自身("心")依据自在的标准"鄙夫自知的是非,便是他本来天则"(第229页),自主行动,标准(也就是"心")与主体行为合一,达到"心、理、行"三位一体,"物"——对象便自然消失了。因此说"求理于吾心,此圣人知行合一之教"(第92页)。于是明言:"夫物理不外于吾心,外吾心而求物理,无物理矣。"(第92页)如此,则主体自身的行为修养(修身)是唯一追求,强调了伦理道德修养的主体自发。

---

① 《王文成公全书》,第128页。
② 《王文成公全书》,第123页。

至此,王阳明为伦理道德建设找到了一条简便而高效的通道。虽然在思维认知的道路上,他干脆地把思维的对象和思维的主体"合一"了,使思维系统只剩下主体一维。

王阳明游南镇,花自开,心自静;心在花在。世上并非没有花的存在,而是非精神世界被排斥,唯有花与心一体,理与心相融。恰如维特根斯坦所谓"世界是我的世界"。以此,或可解开张岱年所谓"荒谬",并内蕴天理的"人化"倾向。

(四)理之静:"理学"的内涵"破茧"

如果将"理"客观化,"理"都将在不同的历史时期定义进"历史的内涵",在不同的文化背景中定义进"文化的背景",从而使"理"永远是相对的。王阳明寻求"理之静"即是要寻求"理的绝对化"。朱熹的天理不外乎孝悌、忠信等,王阳明的天理也不外乎孝悌、忠信(或称"明德")等,天理即使被赋予了核心的内涵,但孝悌、忠信等,孔子有孔子的解法,孟轲有孟轲的解法,后儒有后儒的诸多解法,"理"虽存而"行"不轨,这就是王阳明求"理之静"的目的所在。王阳明反复申明要知行合一,就是要将天理这个"知"付诸"行"。知与行的合一的具体体现是天理在心,也就是天理人人生而有之,这个人人生而有之的天理就是良心、良知。至此,王阳明的理是永恒的、绝对的理,即"理之静"——是不变的。这是他在龙场沉思之后,找到(发现)的既适合本区域文化心理意识,又破解了真理的"相对主义"的"绝对理念"。礼,采用非政治(权力控制)的方式约束社会;理,使礼哲学化;良知使哲学化的"理"人性化,即"心之体,性也,性即理也"(第92页)或"心即性,性即理"(第33页)。良知即天理,从而完成了理学到心学的转化,实现了从治理社会到人的自治,由治人到人的自觉的转化,良知作为绝对理念而被天下人所拜受。

二、格物论:理念范畴的转换为良知论的确立提供可能

(一)"物之理"到"人之理":伦理的再回归

王阳明的格物论是针对朱熹关于格物的解释而主张的,是从"物之理"回归"人之理",从包含物的世界回到仅属人的世界。由于王阳明将"格"的

对象的范畴实行了转换,由对存在物(其中包含自然物)之"理"的探索转换为对伦理道德的坚守,也就顺利地由认识论范畴转向了伦理学范畴,用实践理性、恪守伦理拆换了分析探究,消弭了"扩知"穷理。

朱熹在《大学章句》"格物补章"中补释:"所谓致知在格物者,言欲致吾之知,在即物而穷其理也。盖人心之灵莫不有知,而天下之物莫不有理,惟于理有未穷,故其知有不尽也。"①按照朱熹的表述,人心之灵,是主体,都有"知"(或"识");天下之物,是客体(或对象),都有"理"(阶砖、竹椅也有"理"②)。"物,犹事也",理则为"事理"。格物,就是"穷至事物之理"。物格、知致,事理通达,所知无所不至。在这里,朱熹至少传达出三个信息:(1)物是存在的,"天下之物"包括自然之物,也包括"事";(2)万物有理,致知需要穷"物之理";(3)他将穷理与"明德"进行了关联("知既尽,则意可得而实矣;……修身以上,明明德之事也"③)。按朱熹的解释,达到"物格知致"的境界,可以实现后续的三个"事实":意诚、心正、身修。穷理与知之间的逻辑关联是明确的;这里要解决的问题是"知"与伦理道德之间的逻辑关系,但朱熹不可能意识到它们之间的必然性是否为真。朱熹的价值是促成人们对"天下之物"之"理"的探究,敲打了探索万物之理的大门,且及于"无情"之物,如"舟只可行之于水,车只可行之于陆"④等,这里触及对自然世界的思考,有由"人之理"而入"物之理"的"模糊"倾向。朱熹的穷理包括穷自然之理与道德伦理之理,是包含两个范畴的,有向自然之理拓展的趋势。

王阳明的格物论始终围绕《大学》三纲领的主旨:明明德。格物是"正"事,也是"正"人的行为;致知是"致吾心之良知"。"物者,事也,凡意之所发,必有其事,意所在之事谓之物。格者,正也,正其不正以归于正之谓也,正其不正者,去恶之谓也'归于正者,为善之谓也'。夫是之谓格。"⑤"格"有"至、正、推究、探究"等义项,王阳明从多个义项中选择与"德"相关的"正",将"格物"从"穷理"的认识论再引回到守正伦理道德这个"本"道。王阳明在《传习

---

① 朱熹:《四书章句集注》,中华书局 2011 年版,第 8 页。
② 黄士毅:《朱子语类汇校》,徐时仪、杨艳江校,上海古籍出版社 2016 年版,第 73 页。
③ 《四书章句集注》,第 5 页。
④ 《朱子语类汇校》,第 74 页。
⑤ 《王文成公全书》,第 128 页。

录》中进一步将格物解为"去其心之不正,以全其本体之正"(第 13 页),也就是存天理,或叫"穷理",如此"天理即是'明德',穷理即是'明明德'"(第 13页),自然地将格物"界定"在道德论范畴之内。格物是致知的方法,致知的目的是明善恶,"然意之所发,有善有恶,不有以明其善恶之分,亦将真妄错杂,虽欲诚之,不可得而诚矣。故欲诚其意者,必在于致知焉"①。明善恶的目的决定了"致知"的内涵不是增进知识,而是判别是非,找到评判的标准,因此王阳明明确表述:"'致知'云者,非若后儒所谓充扩其知识之谓也,致吾心之良知焉耳。良知者,孟子所谓'是非之心,人皆有之'者也。"②即:致知就是"致良知",知,即是"良知"。格物是修身的工夫,是《大学》之实下手处",
"夫'正心诚意''致知格物',皆所以'修身'"(第 156 页)。《大学》格物致知的本义该当如何,至此已经不再重要,王阳明用他的逻辑已经证明了他的观念,达到了他的匡正伦理的目的。

(二)伦理性思维的哲学惯性遏止了"理学"的范畴"开拓"

格竹,是王阳明格物论的一段花絮,也是他脱离《大学》文本后的格物论"实证"体验——"用"。格亭前竹子七日,"亦以劳思致疾","及在夷中三年,……方知天下之物,本无可格者"(第 244 页)。卢克来修在《物性论》中谈除原子和虚空外,无物自存,谈原子的特性和运动,谈宇宙和文明的起源,还有情欲。王阳明是个实在人,用"行"去证实,七天无果,于是领悟物无理,理在心中,心外无物。卢克来修面对原子能够保有并产生浓厚的兴趣,或者他的"植物和动物生命的起源"能启发王阳明研究竹子,使他不至于陷入绝望,但王阳明看不到这个,产生不了这样的思维。这是哲学传统与文化思维共同作用的结果,更彰显宇宙观对哲学思维的制约,朱熹将格物解为"穷理"也是如此。"樊迟问仁。子曰:'爱人。'问知。子曰:'知人。'"③王阳明如子夏一般执着,而朱熹则落入了如樊迟般的"窠臼",思维使然。

"然后物无不格,吾良知之所知者,无有亏缺障蔽,而得以极其至矣。……

---

① 《王文成公全书》,第 127 页。
② 《王文成公全书》,第 127 页。
③ 《论语》,中华书局 2016 年版,第 162 页。

夫然后意之所发者,始无自欺,而可以谓之诚矣。"①在王阳明这里,"物格"然后"蔽"去;格物是实现良知的工夫。王阳明通过对格物的诠证,实现了两个目标:在内涵上,证明格物即工夫,格物是通达"明德"的路径,格物论即工夫论;在证法上,证格物是为了否证"理"是自然之理、知是自然(物)之知。通过这种诠证,实现了再向道德伦理恪守的回转(回向圣人之境),实现"物格"而"知(良知)致",即修养工夫到了,良知的实践也就实现了。

王阳明停留在伦理的思维范畴之中,"穷理"的认知思维在他脑海中无法萌发。朱熹试图走出单纯"伦理道德"或"伦理政治"的儒家传统思维范畴(虽然其议题仍然在伦理儒学的范畴),王阳明又极力把朱熹的这种努力拉了回去,回到单纯的伦理一维。

王阳明逆起于此,中止了朱熹可能拓展自然之理的倾向,将对理的探索拉回到伦理道德范畴。

三、良知论:绝对标准、绝对根据与伦理实践

(一)良知即标准

良知论源于"性论",或者说"性论"引出了良知论。良知论则为"性论"确立了标准。

人一直都在关心着自己。性论是中国传统哲学的核心议题之一。孔子没有给"性"定义,这为后世留下了可以论争的空间。善恶之外,还分三品(性三品说折中了善恶说)等。孟子以"恻隐之心"证明性善。告子等关于性的观点见于《孟子》:"人性之无分于善与不善也","性无善无不善也。"或曰:"性可以为善,可以为不善。"这里,唯有"性无善无不善"是纯粹的,如同白板;其他都或善或恶或兼而有之,"无分"也未必"无"。宋儒对性论进行了细分,引入理与气,理为共性,气为差异。王阳明以心、性、气、理的合一["心之体,性也,性即理也。"(第92页)"若见得自性明白时,气即是性,性即是气,原无性、气之可分也。"(第127—128页)]否定了前此的人性之论,以良知为

---

① 《王文成公全书》,第128—129页。

"性"之唯一。"夫心之本体,即天理也。天理之昭明灵觉,所谓良知也。"(第281页)"心一也,未杂于人谓之道心,杂以人伪谓之人心。人心之得其正者即道心,道心之失其正者即人心;初非有二心也。"(第15页)良知只有一个,这个"道心"便是天理之心,也就是良知;这个"人心"是原来那个纯粹的唯一的心(那个心之本体,那个原初的人性)受到了人世的污染(即文化的、社会的影响),也就是"杂以人伪"了。于是,在现实的社会,那颗本来的心,是看不见了,但心还是那颗心,"虽妄念之发,而良知未尝不在,但人不知存(存养)"(第129页)。良知本就是"端",就是渊源,就是标准。

没有标准,世界将永远处于漂浮不定的状态,即使能找到人心之外的世界的规律。这个标准是什么?是道?是自由?……王阳明认为是良知。"尔那一点良知,是尔自家底准则。"(第188页)"良知只是个是非之心,……是非两字是个大规矩。"(第225页)"是非之心,不虑而知,不学而能,所谓'良知'也。良知之在人心,无间于圣愚,天下古今之所同也。"(第162页)良知是先验的、自明自知的。王阳明没有将后天社会的标准作为标准,也就是没有采用随着社会的变化而变化的标准,也没有使用等级标准。"定者心之本体,天理也。"(第36页)

良知(良心)是一个伦理情感化的概念。本于亲情(孝悌)、同情(恻隐),终于诚意,泛化为自己的内心准则(价值判断的标准),并使抽象概念(天理)具象化,获得了广泛的接纳性(如民众大街吵架,质问良心)和可传播性。当良知成为人心的本体,他自然会在一切的行为(事父、事君、交友治民或见孺子入井等等)之中自发地体现出善行(孝悌、忠信、仁义等)。王阳明认为这种良知(天理)是生而有之的,存在于每一个人心中的。在"明明德"(伦理)与"天下平"(为政)的关系中,王阳明抓住了"治理"的核心环节,即人心正则"自治",将全部的力量用于心的治理上——这是一个化繁为简的思维,虽然这是"理想性"的。天理生而知之,是先验的或者主观的;但自人成为人以后,人与动物的区别不仅仅表现在是否有"思"(如我思故我在)上,而且表现在文化积累的生理化或文化遗传(如人不受生理周期的制约而受心理因素的影响)上。王阳明认为天理存于"未发之中",生而知之,从教化的视角来看,他沿袭了孟子的道路;而对于"常人",则用"致知格物之功","去其不正以全其正"。在这一点上,王阳明提高了"治化"的有效性,这是阳明心学的贡献。

儒家早期哲学没有提出一个涵盖一切的概念,虽然《论语》中有"仁",孟子有性善,但孔子更关注的是礼,孟子在讲五伦、四端之时,更关注的是王道。宋明后儒提出"天理"概念,将儒家的思想体系括在这一理念之下。"理",宛如后儒的"天";王阳明用良知取代了这个"天",而成为一切人的"天"。良知成为"绝对的理"、最高的理,心外无理。

(二)良知的根据:人性本质论与人性本源论

维特根斯坦说:"逻辑是先天","我们不能不合逻辑地思维。"①一切哲学家都为了这个事实而寻找根据。王阳明从人性的本质(性论)和人性发生的起点(本源论)两个维度有意识地较为系统地证明良知的绝对性。他明确表示:心的本体是无善无恶的,良知是天性,即源于未发之中。

无善无恶是心之体——王阳明的人性本质论。到纯粹的自然之中,无法找到善与恶的东西,善和恶只能是社会的产物。因此,追索到人与动物世界的界限时,无分善与恶(即如花间之草)。探查人类与动物的分界线,追索未打上文化烙印的人类与"文化人类"的界限,探问在成为人之前,"人"是什么,是哲学的好奇,也是哲学的企图。王阳明将"未发之中"定为无善无恶,"性之本体,原是无善无恶的,"(第234页)而一旦成为"人"——面对现实的人,就有善有恶(意之动)。他把"性"分为两段来思考,一段是原初的,纯粹的——事实上是假设的;一段是现实的,是人成为人以后的打上"人世"印记的。他将传统"性论"的时间节点向前推进了一步,从"人之初"推进到"是人,但又还没有受到人世的污染或出生之前"。这是传统哲学不能意识的。王阳明前进到了这里,但他不能明确地"界定"。"'人生而静,以上不容说',才说'气即是性',即已落在一边,不是性之本原矣。"(第127页)气本是性,但各有分担,气为表,性为里,本都是一个纯粹。但当气一出现时,它就受到现实的感染,它就已经发生变化,不是原来的性,而是发生变化的性的表现。也就如一个人在出生之前,他是纯粹的,但自他降临人世的那一刻开始,他就感染了人世的东西,就不是原来的纯粹了。这根分界线是善恶有无的界

---

① 维特根斯坦:《逻辑哲学论》,韩林合译,商务印书馆2013年版,第76页。

限。纯粹的保持,是王阳明最高的理念,也就是良知。"无善无恶者理之静,有善有恶者气之动。不动于气,即无善无恶,是谓至善。"(第64页)"盖心之本体本无不正,自其意念发动而后有不正。"①假设意或气不动,则还是性之本原。意或气是王阳明"性论"两段法的界限。王阳明在实践中探索了思维的界限或思想的界限。由于界限的清晰表达,使得先儒(孟子)与后儒(王阳明之外的一切儒者)们的"性论"之争,至此而豁然开朗:良知才是至善。良知是绝对的、永恒的。"心之本体原自不动。心之本体即是性,性即是理,性元不动,理元不动。集义是复其心之本体。"这个原初,王阳明没有说,但他认为有那么一个本原存在着。他将这个本原的状态与现实的人隔开。

未发之中——王阳明的人性本源论。王阳明的本心,在侧重推究人的原初性,但人已经是文化的产物,并在文化的不断生产中再生产,王阳明意识到原初本心在现实中难以存在,人一旦成为"人",就不是原来的"性",而是文化的"人"。但还是要有一个理论假设,要有一个起点,这个起点是能明确界限的,这个界限之内他用"未发之中"来标示,而纯粹良知就寓于其中。"性无不善,故知无不良。良知即是未发之中,即是廓然大公,寂然不动之本体,人人之所同具者也。"(第131页)前提是:"须是平日好色、好利、好名等项一应私心,扫除荡涤,无复纤毫留滞,而此心全体廓然,纯是天理,方可谓之'喜怒哀乐未发之中','方是天下之大本'。"(第52页)王阳明援引《中庸》"喜怒哀乐之未发,谓之中",但他强调这个"中"不是单纯的"中庸"的"中",而是绝对的纯净、纯粹。这个纯净、纯粹才是他的"天理";仁、义、礼、智只是"表德"(第34页),具体的"德"。王阳明是面对现实的,他承认作为现实的人,"平日好色、好利、好名之心,原未尝无"(第52页),人是有"欲"的——这是"已发"的状态。那么,他的"良知即是未发之中"也就只能是一种理论假设。正因为如此,他才要致力于这种假设——即"致良知"。有了这种良知,才能够"遇父"便有孝,"遇君"便有忠——这也是他强调在"性"上用功夫["人只要在性上用功"(第34页)],而不是在"表德"上用功的原因。前提中的这个"须"字确证了"未发之中"是他的理论假设。这个假设的"理想的"状态,也就是心之体的无善无恶的状态。

---

① 《王文成公全书》,第127页。

（三）知行论：实际是伦理实践论

王阳明的知行论旨在致良知。他的知行合一便是要实践致良知的"致"，或是将天理付诸"行"。他的目的是明确的，即指向伦理实践。因为他切实体验到：现实世界缺乏道德，现实世界需要伦理。"天下之人用其私智以相比轧，是以人各有心，而偏琐僻陋之见，狡伪阴邪之术，至于不可胜说……则无怪于纷纷籍籍，而祸乱相寻于无穷矣。"（第163—164页）山中贼如是，心中贼亦如是。

胡塞尔认为"自然认识以经验开始，并始终存于经验之内"①。维特根斯坦认为"逻辑先于每一种经验——某物是如此这般的"②。在认识论上，我们既无法否定胡塞尔，也无法否定维特根斯坦，这已经不需要证明。王阳明认为："知是行的主意，行是知的功夫；知是行之始，行是知之成。"（第8页）"今人却就将知行分作两件去做，以为必先知了，然后能行。"（第9页）若将王阳明此论归入认识论范畴，则胡塞尔和维特根斯坦是应当被否定的；若归入实践理性之中，知和行都是工具或方法，目的是伦理，也就是孝、悌、忠、信、仁等儒家伦理观念，即天理。如此，他的知行论在伦理范畴内，通过知与行的统一，实现以知行论服务良知论的目的；也实现了从认识论到伦理的再转换。

四、良知即天理：实现了心学对理学的"代换"和天理入良知

（一）选择"良知"作为其最高理念归属

王阳明将天理极端化，并寻求落实。良知即天理，则致良知本质上也就是"致天理"，即落实天理。《传习录》上卷的主旨翻来覆去讲的是"存天理、去人欲"，在这里可以清晰地看出王阳明将天理极端化的倾向，此其一。其二，王阳明体系的终极概念，最终归结为"良知"这一表达。王阳明认为"天

---

① 胡塞尔：《纯粹现象学通论》，李幼蒸译，中国人民大学出版社2013年版，第9页。

② 维特根斯坦：《逻辑哲学论》，韩林合译，商务印书馆2013年版，第88页。

理""良知"这两个概念本来是相同的,但最后他还是选择了使用"良知"这个概念。他没有说为什么,至今也没有人问为什么。其三,王阳明的天理的内涵沿袭的仍然是传统儒家伦理理念的基本内涵——仁义礼智(一如朱子);但其"良知论"所传达的基于"心"的理念,却散发出一些"异样"的气息。这些气息,或许就是王阳明改用"良知"概念的原因,但即便他自己也无从说明或不完全认可这一点。这就是现有的王阳明,这是潜意识时代律动与意识中"现存文化"影响的表达的结果,是一种践旧萌新的状态。如此,则"即"字的两边并非"全等",即形似而质异;如此,也就可以理解《传习录》中他何以处处针对理学之朱子。

"天理",在王阳明思想中被推到极致,也成为他的绝对意识。张岱年说他"甚注重存天理去人欲"①。《传习录》首提天理是《徐爱录2》援引朱子之注"本注所谓'尽夫天理之极,而无一毫人欲之私'者得之"(第4—5页)。《传习录》上卷三《录》,各节绝大部分均论及"天理"。王阳明论天理,多为直陈,少见内涵的解析,大概彼时"天理"已是"主流意识"。"心即理也。此心无私欲之蔽,即是天理。"(第5页)"必欲此心纯乎天理,而无一毫人欲之私,此作圣之功也。"(第136页)"只要去人欲、存天理,方是功夫。静时念念去人欲、存天理,动时念念去人欲、存天理。"(第30页)"去得人欲,便识天理。"(第52页)"一者天理。主一是一心在天理上。"(第74页)时时刻刻,一切皆是。王阳明的天理是先验的,有了天理之心,便自然会行天理之事,"此心若无人欲,纯是天理,是个诚于孝亲的心,冬时自然思量父母的寒,便自要去求个温的道理"(第5页)。在这一点上,将天理换作良知,是一致的。

良知即天理,既是形式概念的相"即",也有内涵的沿袭。"吾心之良知,即所谓'天理'也。"(第97页)"天理即是良知,千思万虑,只是要致良知。"(第223页)"夫心之本体,即天理也。天理之昭明灵觉,所谓良知也。"(第281页)两者都是最高准则,都是理念之一般,是伦理的抽象。"尔那一点良知,是尔自家底准则。"(第188页)在这个范畴,两者可以自由互换。内涵的沿袭表现在目的论上:"且如事父,不成去父上求个孝的理?……"(第5页)"都只在此心,心即理也。此心无私欲之蔽,即是天理。"(第5页)"以此纯乎天理之

① 《中国哲学大纲》,第278页。

216

心,发之事父便是孝,……"(第5页)"天理即是'明德',穷理即是'明明德'。"(第13页)一方面,王阳明的天理高于"孝悌忠信仁义",天理是一般概念,孝悌忠信仁义成为具体,前者是形而上,后者成为形而下;另一方面,其旨归还是落在孝悌忠信仁义,是对儒家传统的沿袭。良知传达的目的也是如此:"知是心之本体。心自然会知:见父自然知孝,见兄自然知弟,见孺子入井自然知恻隐,此便是良知。"(第13页)

(二)绝对良知使宋儒理学生出"人的气息"

当越过"形式概念"和"内涵"这两个范畴时,王阳明的表达是微妙的。"知是理之灵处。就其主宰处说,便谓之心;就其禀赋处说,便谓之性。"(第75页)"良知是天理之昭明灵觉处,故良知即是天。"(第148页)他强调天理,但这个天理不是外在的准则,而是天理在心,化而为良知。这也是他强调只有一个心,心、理不为二的缘故。"心一也,未杂于人谓之道心,杂以人伪谓之人心。人心之得其正者即道心,道心之失其正者即人心,初非有二心也。程子谓'人心即人欲,道心即天理',语若分析,而意实得之。今曰'道心为主,而人心听命',是二心也。天理人欲不并立。"(第15页)王阳明提出了一个原始而纯粹的心,这个心原本是所有人都一样的,且只有一个。人心与道心、天理与人欲的出现,是由正与不正所决定的。他认为朱熹是把道心和人心作为两个原始的概念,即最初就有一个人心、一个道心,有一个天理、一个人欲,从而将两者对立起来,即天理在"人之外,或心之外",而"心"则是有"人欲"的心;从而也导致心与理的对立。在这个意义上,王阳明以"一个心",还原了人的存在的本真,并且为人的教化提供了确切可行的理论依据。

正是在这个微妙的变化上,他的"良知"包含着天理的"人化"倾向,使"良知"隐含着某种企图突破天理的气息。"你未看此花时,此花与汝心同归于寂。你来看此花时,则此花颜色一时明白起来,便知此花不在你的心外。"(第219页)"可知充天塞地,中间只有这个灵明,人只为形体自间隔了。我的灵明,便是天地鬼神的主宰。……天地鬼神万物离却我的灵明,便没有天地鬼神万物了。"(第252页)冯友兰认为"你的心""我的灵明"等,所说的心是个体的心①。"镇南之花"把"人"带入了"理"的世界,也把人带入了如同维特根斯坦的"我的世界",不自觉地承认了个体"人"存在的价值。王阳明这个加入了"人"的"理",才是可以和良知"全等"的"天理",而不再是朱熹的纯粹的"理",实现了由天理人良知。引入"心"之后,使得朱熹以来天理的逻辑范畴的界限发生了变化,这个变化就是对"人"的态度的改变。这是心学的价值之所在。正是基于对人的态度变化的认知,王阳明的"良知"不再是圣人的专利,而是每一个人都有的东西。"良知即是未发之中,即是廓然大公,寂然不动之本体,人人之所同具者也。"(第 131 页)"自己良知原与圣人一般,若体认得自己良知明白,则圣人气象不在圣人而在我矣。"(第 124 页)良知具而"我在",本于良知而决于"我",从而使"我"的选择不再取决于"他人(如圣人)",而是"在我",使"我"获得了"意志自我支配"的根据——良知成为最高的、绝对的理念。绝对良知使人服从于良知而非人,使个体在属人的世界具有了独立性——人是第一位的,是人在看世界,而不是世界在俘虏人,人是世界的主人而不是世界的工具(这个世界包括人自己创造的世界,如规则的世界)。但王阳明本在说良知,而非说意志,意志的自决,是他自己没有意识到的"副产品"。他只是为"人的意志自主"提供了理论依据。这个自由意志,用王阳明的表达方式:即良知自知。"凡意念之发,吾心之良知无有不自知者。"②

朱熹的天理范畴之中本包含正常的人欲之需(朱子:"饮食者,天理也。"③),然其"存天理、灭人欲"的话语表象,事实上泛化了人欲的外延,将天理人欲的对立推向极端化。王阳明的本意是将天理内化,维护天理、落实天理是他的本来目的,但其方法论——心学途径和他自创的["仆诚赖天之灵,偶有见于良知之学。"(第 164 页)]最高理念——良知,这两者带来了他不曾意识到的人的主体自主意识(甚至这个意识就是与他的本旨——维护天理、落实天理——是相反的)。这便造成了他的有意与无意的历史的必然——有意于绝对天理之内化,"无意"导致了自主之创生。

---

① 冯友兰:《中国哲学史新编》下卷,人民出版社 2007 年版,第 211—212 页。
② 《王文成公全书》,第 127 页。
③ 《朱子语类汇校》,第 241 页。

五、结论

王阳明通过心的概念转化,将作为"思想主体"的心变成了"评判准则"的心,从逻辑上打通了心与理之间的"隔膜"——思维主体与根据之间的非关联性,构建了"心即理"的心学体系;同时,通过与朱熹"格物致知"的论辩,完成了儒学思想从天理到良知的理念蝶变,从而也实现了儒家"哲学"重新回到单纯伦理的范畴。他并没有在思想宗旨(即存天理、灭人欲)上与朱熹对立,"然吾之心与晦庵之心,未尝异也"(第61页)。仅在达到这个目的的方法、途径(入门下手处)上与之存在差异。即他继承并绝对化"存天理、灭人欲",并以"良知即天理"在基本内涵、思想宗旨上表明了态度,既实现形式概念的替换,又实现内涵的衔接沟通及社会意识的接纳认可。差异的显性表达即是所谓"理学"与"心学"的对立,这种对立本质上是方法论的差异,但正是这种另辟蹊径的方法、途径选择,给王阳明的良知理念带来了新鲜的气息——"人化"的倾向。人化倾向是王阳明无意识的产物,是源于方法论而不是思想内涵或理念的进化发展。恰是这种无意识为王阳明之后的东方哲学播下了光明的种子。

以"心药"治"心病"

——王阳明廉洁思想的当代价值探析

贵州财经大学阳明廉政思想与制度研究中心主任、教授

王　伟

虽然无论王阳明本人还是其门徒并无当下人们熟知的廉洁专论,不过在其赖以存在的传统话语体系中观照,"心即理""知行合一""致良知"等命题的提出、阐释及论证,都不同程度涉及国家、社会、个人等不同层面的廉洁问题,并且无论从宏观的政德政风、政策、政制到微观的官德修养、民众教化,廉洁思想在阳明心学文献中随处可见。我们有理由从一个包括政府廉政、社会廉明、个人廉洁等诸多层面的广义的廉洁视域,来发掘和梳理阳明心学中的廉洁思想,我们可以从恢宏磅礴的阳明心学世界中,解读出丰富多彩的廉洁基因,汲取源远流长的廉洁养分。

一、"破心中贼"是不想腐的"不二法门"

未经过思考的生活是不值得过的,不发自内心的廉洁是靠不住的。2016 年 1 月 12 日,在第十八届中央纪律检查委员会第六次全体会议上,习近平总书记在讲到"坚定不移推进全面从严治党"时明确要求:"坚持高标准和守底线相结合。全面从严治党,既要注重规范惩戒、严明纪律底线,更要引导人向善向上,发挥理想信念和道德情操引领作用。"并特别引述王阳明的"身之主宰便是心",指出:"'本'在人心,内心净化、志向高远便力量无穷。对共产党人来讲,动摇了信仰,背离了党性,丢掉了宗旨,就可能在'围猎'中被人捕获。只有在立根固本上下功夫,才能防止歪风邪气近身附体。"[①]无论

---

　　① 习近平:《在第十八届中央纪律检查委员会第六次全体会议上的讲话》,《人民日报》2016 年 5 月 3 日。

是反腐败斗争新形势对党风廉政建设的新挑战,还是不敢腐、不能腐、不想腐一体推进的新要求,都决定了相对于"重遏制、强高压、长震慑"的外在约束,发自内心的廉洁自律处于更为基础和关键的地位。就问题导向而言,如何医治腐败分子"初心"与"贪心"此消彼长的"心病",如何破解每个共产党人都应未雨绸缪和有则改之的"心中贼",无疑是党风廉政建设和反腐败斗争必须面对和亟待解决的要害问题。

(一)腐败分子的"心病"

党的十八大以来,尽管党风廉政建设和反腐败斗争取得了历史性成就,但形势依然严峻复杂。近年来腐败行为日益隐蔽复杂,"同生共腐"利益共同体导致的系统性腐败、区域性腐败、塌方性腐败、家族性腐败多有发生。与此同时,"上有政策,下有对策"的人和事在落实党风廉政建设责任制的过程中层出不穷。在这种态势下,无论是"不敢腐"震慑的强化还是"不能腐"笼子的扎牢,对"上级监督太远、同级监督太软、下级监督太难"的"一把手"和领导班子,对相关反腐举措"心知肚明"的"老虎""硕鼠""蛀虫""内鬼",事实上都存在边际效用递减的问题,换个角度也是边际成本递增的问题,屡见不鲜的前"腐"后继现象即为明证。

腐败分子在身处的"一亩三分地"中,或者因位高、权重而肆无忌惮、顶风作案,或者因熟谙制度漏洞、监督失位缺位错位不到位等可乘之机,对被发现和被查处心存侥幸而以身试法。如果腐败是一种病,位高、权重、可乘之机是外在诱因,那么肆无忌惮、心存侥幸则是腐败病的内因。常言道:"三分身病,七分心病。"从内因起决定性作用的角度讲,腐败可谓一种"心病"。在中央纪委国家监委网站披露的落马党员干部忏悔反思材料中,这种"心病"的病症一目了然。原广州市纪委书记王晓玲将落马领导干部的"心路历程"总结如下。"一是信念动摇。心理不平衡,抵御不住诱惑,一点点打开贪腐缺口;二是政治蜕变。背离党的宗旨,与人民离心离德,并逐渐忽视做人底线,不知廉耻,不分曲直,不辨善恶;三是心存侥幸。认为天知地知、你知我知,自己不会那么'倒霉';四是无所敬畏。觉得长期没有出事,开始胆大妄为,即使在目前的高压态势下,仍然不收敛、不收手;五是担惊受怕。听到风吹草动开始忐忑不安,上蹿下跳打听消息,疯狂活动找人'摆平';六是后悔不已。事发后深刻忏悔,早知今日,何必当初!"①在这"六部曲"的腐败病理中,最根本和最普遍的症结在于理想信念的缺失。尽管违法乱纪方式和落马过程各不相同,"背离初心""理想信念动摇"已经成为腐败分子"堕落轨迹的共同起点"②。因此不难理解,在各级纪检监察官网公开的落马党员干部忏悔材料中,"理想信念缺失"几乎出现在每一篇忏悔录中③。可见,理想信念缺失、动摇、不坚定,是违法乱纪、腐败堕落的党员干部的最大"心病"。

(二)党员、干部廉洁自律须破"心中贼"

"心中贼",语出王阳明"破山中贼易,破心中贼难"④,指人的过度或者非分的名、利、权、色贪念或执念。不言而喻,这种意义上的"心中贼",可谓人皆有之。我们在不同情况下及不同程度上的贪、嗔、痴、慢、疑等私心杂念,都是王阳明所谓的"心之贼"。可见,"破心中贼"的"破"与反腐败的"反"本质上异曲同工,"不想腐"与王阳明主张"去私欲"的含义也颇多重叠。鉴于"破心中贼"与我们当前亟待筑牢的"不想腐"堤坝,无论在反腐倡廉的对象、范围、内容上,还是在理念、路径和方法上都有很大程度的同质性,因此,以"破心中贼"为重要取向的阳明心学,有必要也有可能在当下的反腐败斗争和党风廉政建设、公民廉洁自律道德建设中古为今用。

习近平总书记在"不忘初心、牢记使命"主题教育工作会议上发表讲话,指出:"党内存在的一些突出问题,从根源上说都是思想上的问题。从延安整风运动以来,我们党开展历次集中性教育活动,都是以思想教育打头。"⑤中国共产党一直高度重视"心学""必修课",始终强调这门课程的问题导向

---

① 林洪浩:《广州女纪委书记:官员堕落多经历6个心路历程》,《中国日报》中文网,http://cnews. chinadaily. com. cn/2015-06/11/content_20971146. htm。

② 王卓:《丢掉初心　他们走上不归路——透视忏悔录中落马官员的堕落轨迹》,《党员文摘》2019年第8期。

③ 韩思宁:《"理想信念缺失"的忏悔警示了什么》,中央纪委国家监委网站,https://www. ccdi. gov. cn/pl/202010/t20201028_16827. html。

④ 王守仁:《王阳明集》,王晓昕、赵平略点校,中华书局2016年版,第152页。

⑤ 习近平:《在"不忘初心、牢记使命"主题教育工作会议上的讲话》,新华网,http://www. xinhuanet. com/politics/leaders/2019-06/30/c_1124690900. htm。

和目的导向的学习过程与效果。不过,新形势下这门课并不好上。习近平总书记在"不忘初心、牢记使命"主题教育总结大会上发表讲话,指出:"在党长期执政条件下,各种弱化党的先进性、损害党的纯洁性的因素无时不有,各种违背初心和使命、动摇党的根基的危险无处不在,党内存在的思想不纯、政治不纯、组织不纯、作风不纯等突出问题尚未得到根本解决。""当前,少数党员、干部自我革命精神淡化,安于现状、得过且过;有的检视问题能力退化,患得患失、讳疾忌医;有的批评能力弱化,明哲保身、装聋作哑;有的骄奢腐化,目中无纪甚至顶风违纪,违反党的纪律和中央八项规定精神问题屡禁不止。"为此,习近平总书记借用古语"天下之难持者莫如心,天下之易染者莫如欲"一针见血地指出,共产党人"一旦有了'心中贼',自我革命意志就会衰退,就会违背初心、忘记使命,就会突破纪律底线甚至违法犯罪"①。

就廉洁自律而言,党的二十大报告关于"坚持思想建党和制度治党同向发力"的要求极具针对性和现实性。《中国共产党廉洁自律准则》开宗明义,在导语中面向党员、党员领导干部重申和强调党的理想信念宗旨、优良传统作风,将这方面的"四个必须"的原则要求与对党员的"四个坚持"和对党员领导干部的"四个廉洁""四个自觉"的行为标准有机结合。正是将廉洁自律建立在共产党员的自觉基础上,使廉洁自律首先成为基于理想信念和道德情操的自我要求,廉洁自律才可能真正内化于心、外化于行。在反腐败斗争问题上,是魔高一尺道高一丈,还是道高一尺魔高一丈,在很大程度上取决于事半功倍的"筑牢不想腐的思想堤坝",取决于共产党人能否"破心中贼"。这无疑是从"心"开始的党风廉政建设必不可少的固本培元的"心学""必修课"。

二、"知行合一"是新时代党的自我革命的"试金石"

习近平总书记吸收借鉴阳明心学知行合一的理论和方法,提出共产党人最有效的理论学习办法是"往深里走、往实里走、往心里走,把自己摆进

---

① 习近平:《在"不忘初心、牢记使命"主题教育总结大会上的讲话》,中国共产党新闻网,http://cpc. people. com. cn/n1/2020/0630/c64094-31765104. html。

去、把职责摆进去、把工作摆进去,做到学、思、用贯通,知、信、行统一"①。将知行合一应用于党的自我革命重要思想的学习贯彻,不仅要求全体党员特别是领导干部力戒形式主义、官僚主义,将自我革命的学习重心放在是否真正入脑入心,是否真知真信,而不是在学习形式、过程留痕等应付检查考核或者作为应景造势的政绩上做表面文章;而且要求全体党员特别是领导干部将自我革命的贯彻重心放在自己身上而不是别人身上。也就是说,要"刀刃向内",严于律己,以身作则,而不是"只看见别人眼中的刺,不见自己眼中的梁木",更不是做表里不一、口是心非的"伪君子",说一套做一套、当面一套背后一套的"两面人"。

(一)党员干部自我革命为什么要"知行合一"

从某种意义上讲,是否真知真行可以视作检验共产党人是否真正自我革命的唯一标准。当前"反腐败斗争取得压倒性胜利并全面巩固",但同时也存在"一些党员、干部缺乏担当精神,斗争本领不强,实干精神不足,形式主义、官僚主义现象仍较突出;铲除腐败滋生土壤任务依然艰巨"②等问题,从这些党员、干部的实际情况看,他们之所以心怀侥幸甚至胆大妄为,究其根本并非对党的理想信念宗旨无知,而是不真知真信,往往表面上言之凿凿、信誓旦旦,实际上阳奉阴违、投机取巧。同样地,一些党员干部,喜欢造声势、出风头、搞花架子,急功近利、追求政绩,面对困难和挑战时不担当不作为,甚至欺上瞒下、以权谋私,他们并不是不知道关于党性党风党纪的理论知识,并不是不清楚有关合格党员的初心使命要求和国法政令党纪红线。恰恰相反,他们中的绝大部分人对这些外在要求了然于胸,对如何规避相关监督执纪问责自以为是,以致为所欲为,最终玩火自焚。

虽然许多反腐倡廉的规章制度措施三令五申,相关主题教育、培训活动

---

① 习近平:《习近平在中央党校(国家行政学院)中青年干部培训班开班式上发表重要讲话》,共产党员网,https://www.12371.cn/2019/03/01/ARTI1551446299677980.shtml。

② 习近平:《习近平:高举中国特色社会主义伟大旗帜 为全面建设社会主义现代化国家而团结奋斗——在中国共产党第二十次全国代表大会上的报告》,求是网,www.qstheory.cn/yaowen/2022-10/25/c_1129079926.htm。

不胜枚举,但一些地方和部门往往用会议落实会议,用文件传达文件,实施效果不如人意,一些党员干部对此也习惯于"跟形式""随大流"。关键就在于这些外在的约束和要求并未入脑入心,主事者和参与人并未知行合一。因此,学习贯彻习近平总书记关于党的自我革命的重要思想,关键就在于知行合一,即学以致用,真知真信真行。否则,有些地方、有些部门的学习贯彻自我革命思想活动就会成为一种群众所讲的"认认真真走过场"的行径,有些党员干部就会沿用"口号式、表态式、包装式落实的做法",有些领导干部的自我革命甚至会异化为以自我革命之名行"七个有之"之实。

(二)党员干部自我革命怎样"知行合一"

知行合一的重心在于行,用阳明心学的话讲就是:"未有知而不行者,知而不行,只是未知。"[1]与之相应,党员干部自我革命的"知行合一"的着眼点和落脚点应该也只能是内化于心、外化于行的"真抓实干"。这种"知行合一"可以从如下三个主要方面深入推进。

首先,以能否真正做到不谋私利作为评价党员干部自我革命的"标尺"。习近平总书记指出:"我们党之所以有自我革命的勇气,是因为我们党除了国家、民族、人民的利益,没有任何自己的特殊利益。"[2]具体到党员干部,也只有不谋私利,才能进行自我革命。这里的私利除了不正当甚至不合法的物质利益,还包括与共产党员先进性、纯洁性相背离的各种私心杂念、歪风邪气。很明显,只有真正的共产党员才能做到一心为公、大公无私、公而忘私。因此,评判党员干部自我革命的学习贯彻成效,不仅要听其言,更要观其行,看在事关其切实利益的考验上能否做到时时不谋私利,事事出于公心。特别是在领导干部与党员之间、党员与群众之间,能否做到荣誉面前不争功、利益面前不计较、困难面前不躲闪、责任面前不推卸,真正践行"全心全意为人民服务"的根本宗旨。

---

① 《王阳明集》,第4页。

② 习近平:《习近平在省部级主要领导干部学习贯彻六中全会精神研讨班开班式上发表重要讲话》,中国政府网,https://www.gov.cn/xinwen/2017-02/13/content_5167-658.htm。

其次，以党内自我监督建构党员干部自我革命的"防护网"。"冰冻三尺，非一日之寒"，在中央纪委国家监委网站披露的落马党员干部忏悔反思材料中，贪腐分子的"心路历程"大同小异，都是从信念动摇、心理不平衡开始，政治逐渐蜕变，不辨善恶、不知廉耻，然后心存侥幸、无所敬畏，既胆大妄为又担惊受怕，事发则悔不当初。有鉴于此，在监督执纪"四种形态"中，纪检监察部门在第一阶段的介入至关重要，也最为困难。不仅难在将相关监督对象存在的倾向性问题、潜在性问题、萌芽式问题、苗头性问题、笼统性问题梳理出来要做大量艰苦细致的工作，对纪检监察人员的能力和素质提出了相当高的要求，而且要对人们习以为常的"鸡毛蒜皮"的小事小节小错真抓严管，对天天"低头不见抬头见"的同志"咬耳扯袖、红脸出汗"，更具挑战性，既须要纪检监察人员以大公无私的精神进行自我革命，也须要被监督对象进行思想观念行为习惯的自我革命。而要真正使廉洁修身、廉洁从政的宣传教育和监督提醒内化为被监督者的自觉信念和自律行为，监督者必须在带头遵纪守法和自觉接受监督上到知行合一。

最后，以人民监督促进党的自我革命。习近平总书记强调："我们不能关起门来搞自我革命，而要多听听人民群众意见，自觉接受人民群众监督。"①如何真正解决各级纪委对同级党委特别是对"一把手"这个"关键少数"中的"关键少数"不敢监督、不愿监督、不会监督的问题，如何真正把权力关进"制度的笼子"，如何使"监督者先要和更要接受监督"规范化、常态化，如何切实解决传统监督体系运行难度大、成本高、效果不如人意的问题，都必须着力发展全过程人民民主。在网络时代，特别须要充分运用新媒体、新技术，充分释放人民群众和各类媒体监督的正能量，使党内党外、线上线下形成无处不在的监督网络，增强举报人的安全感和获得感，以人民群众高不高兴、满不满意、答不答应作为检验党员干部自我革命成效的至高标准。总之，在相信和依靠群众、走群众路线上知行合一，无疑是从源头入手推进党的自我革命的不二法门。

---

① 习近平：《习近平在中央政治局第十五次集体学习时强调 全党必须始终不忘初心牢记使命 在新时代把党的自我革命推向深入》，央广网，http://news.cnr.cn/native/gd/20190625/t20190625_524663621.shtml。

三、廉洁自律重在"立志"

心病还须心药医,在阳明心学廉洁思想修炼"工具箱"中,立志是可借鉴、传承和创新的治疗腐败分子"心病"和破党员干部"心中贼"最对症的心药。很明显,这里有关立志与廉洁的有机联系,是对成说于五百年前的阳明心学的一种创造性转化和创新性发展。

(一)廉洁自律须立"恳切之志"

立志,既是贯穿阳明心学始终的核心思想,也是王阳明本人终其一生身体力行做圣贤的"思想红线"。王阳明从少年立志"读书学圣贤"①到临终达致"此心光明,夫复何言"②之圣人境界,可谓求仁得仁。这种将立志作为为学、做人、致良知的根本途径和工夫的思想,无论是在对弟子的耳提面命时,还是在针砭时弊和教化民众时,都充分体现在其谈话、诗文、家书等各类著述中。王阳明的立志在目的取向上是指必为"圣人之志"③,廉洁自然是圣人"内圣外王"的应有之义;在要求标准上是指"恳切之志"④,阳明心学之"志"要求"立"于时时处处、事事物物,廉洁内在的实践向度尽在其中。立清廉志不仅是阳明心学中立圣人之志的内容主体,也是其恳切之志"心上体认"⑤"事上磨炼"⑥的修养关键。二者之间的这种互为表里、相辅相成的关系主要体现在:

首先,立志是学做圣贤和廉洁自律的必要条件,是这二者实现的基石和根本。王阳明从正反两方面论述了立志的极端重要性,主张"志不立,天下无可成之事,虽百工技艺,未有不本于志者"⑦。清廉自然也不例外。同时,

---

① 《王阳明集》,第 1025 页。
② 《王阳明集》,第 1117 页。
③ 《王阳明集》,第 97 页。
④ 《王阳明集》,第 848 页。
⑤ 《王阳明集》,第 20 页。
⑥ 《王阳明集》,第 86 页。
⑦ 《王阳明集》,第 828 页。

王阳明借用宋代学者徐积的话即"昔人有言":"使为善而父母怒之,兄弟怨之,宗族乡党贱恶之,如此而不为善,可也。为善则父母爱之,兄弟悦之,宗族乡党敬信之,何苦而不为善、为君子? 使为恶而父母爱之,兄弟悦之,宗族乡党敬信之,如此而为恶,可也。为恶则父母怒之,兄弟怨之,宗族乡党贱恶之,何苦必为恶、为小人?"①从反面表明如果不立志,则如"无舵之舟,无衔之马",无主见无定见,从众随俗甚至同流合污。清廉之志不立,无疑是所谓"身不由己""被动腐败"的不可忽视的主观成因。

其次,二者主体相同,都是人人应立且可立之志。在阳明心学中,圣人并非仅指司马光在《资治通鉴》中所指的万人敬仰、高不可攀的"才德全尽"②的偶像和楷模,王阳明提出"心之良知是谓圣"③,而良知对于任何人,无论圣贤还是凡夫俗子,即使"愚不肖者,虽其蔽昧之极,良知又未尝不存也。苟能致之,即与圣人无异矣。此良知所以为圣愚之同具,而人皆可以为尧舜者"④。在现实生活中,每个人都有一些自己占主导或者优势地位的"地盘",都有自己说了算的时候,都有自己可以获取非分甚至非法利益的机会或者面临损人利己、损公肥私的诱惑的时候,因此,每个人都应立清廉之志,而不仅仅是对具有公共职务或者行使公共权力的人员的特别要求。只有这样,从普通社会成员的廉洁修身到位高权重的"关键少数"的廉洁从政才可能水到渠成,社会风气与党风、政风之间才可能呈现一种水涨船高的良性互动态势。

再次,二者的内容一致。王阳明主张立志的志其实就是知善知恶、为善去恶——"善念发而知之,而充之;恶念发而知之,而遏之。知与充与遏者,志也"⑤。亦即阳明心学中的志既是能体认善念、恶念的良知概念,又属于为善去恶的格物范畴,用王阳明念兹在兹的就是"纯乎天理而无人欲之私"⑥。王阳明这里的"天理"指的是与生俱来、人皆有之的道德意识,之所以称之为

---

① 《王阳明集》,第 828 页。

② 司马光:《资治通鉴》,邬国义校点,上海古籍出版社 2017 年版,第 5 页。

③ 《王阳明集》,第 190 页。

④ 《王阳明集》,第 249 页。

⑤ 《王阳明集》,第 20—21 页。

⑥ 《王阳明集》,第 231 页。

"天理",在于强调其良知的普遍性即"良知之好,真吾之好也,天下之所同好也"①。"人欲"则指过度、非分的欲望,而对于人发于自然、合乎天理的七情六欲、功名利禄,王阳明不仅不反对,还主张但求无妨,他批评的是为功名所累玩物丧志和好高骛远空谈道德,至于汲汲于仕途甚至不择手段唯利是图自然在其深恶痛绝之列。他在寄闻人邦英和闻人邦诠兄弟的信中就主张"家贫亲老,岂可不求禄仕?求禄仕而不工举业,却是不尽人事而徒责天命,无是理矣。但能立志坚定,随事尽道,不以得失动念,则虽勉习举业,亦自无妨圣贤之学。若是原无求为圣贤之志,虽不业举,日谈道德,亦只成就得务外好高之病而已。此昔人所以有'不患妨功,惟患夺志'之说也"②。撇开不同时代、不同社会、不同身份地位的外在的角色期待和礼法纲常,仅就德性原则内容看,阳明心学中的圣人之志与通常意义上的清廉之志并无二致。

最后,二者的修养工夫可以相互借鉴甚至共用。王阳明强调立志贵专一恳切,多次以种树类比:"立志用功,如种树然。""但不忘栽培之功,怕没有枝叶花实?"③"学者一念为善之志,如树之种,但勿助勿忘,只管培植将去,自然日夜滋长,生气日完,枝叶日茂。树初生时,便抽繁枝,亦须刊落。然后根干能大。"④王阳明对弟子顾惟贤将恳切之志比拟为精神食粮的说法深以为然:"正如饥者之求食,若一日不食,则一日不饱。"⑤同时,好色之所以没有困惑和遗忘的问题,就在于其欲念真切;反之,立志出现困、忘的毛病,其实是立志不真切的表现——"所谓困忘之病,亦只是志欠真切。今好色之人未尝病于困忘,只是一真切耳"⑥。在阳明心学中,立志的立不仅包括我们通常所指的树立、确立的意思,还包括坚持、秉持的含义——"持志如心痛,以心在痛上,岂有工夫说闲话、管闲事"⑦。王阳明在写给其胞弟王守文的《示弟立志说》中将时时刻刻和聚精会神的持志要求和自省表述为:"如猫捕鼠,如鸡

---

① 《王阳明集》,第 222 页。
② 《王阳明集》,第 131 页。
③ 《王阳明集》,第 14 页。
④ 《王阳明集》,第 30 页。
⑤ 《王阳明集》,第 848 页。
⑥ 《王阳明集》,第 54 页。
⑦ 《王阳明集》,第 12 页。

孵卵,精神心思,凝聚融合,而不复知有其它,然后此志常立。""故凡一毫私欲之萌,只责此志不立,即私欲便退;听一毫客气之动,只责此志不立,即客气便消除。""故责志之功,其于去人欲,有如烈火之燎毛,太阳一出,而魍魉潜消也。"①王阳明对立志之功坚信不疑,乐观如斯:立志如源泉,"源泉混混,不舍昼夜,盈科而后进"以致"放乎四海"②;立志如植根,"此念如树之根芽,立志者长立此善念而已。'从心所欲,不逾矩',只是志到熟处"③。立志如此恳切、专一和尽心,圣人境界可达,何愁清廉不得?!

同样,如果我们每个党员、干部在党性的修养和教育上,借鉴阳明心学的"立志"工夫,像习近平总书记在"不忘初心、牢记使命"主题教育总结大会上的讲话中要求的那样,"时刻保持警醒,经常对照检查、检视剖析、反躬自省"④,初心必然难忘,使命当然牢记,廉洁自律自然不在话下!

(二)立清廉志务必双管齐下

五百多年前,身处一个君主专制集权达到顶峰、社会生活物欲横流、世风日下遍地贪腐的时代,王阳明高举道德自律的大旗,既事出有因,也实属无奈。明王朝建政之初,其反腐败制度措施的残酷惨烈程度可谓空前绝后,但到明中后期,其效果却事倍功半及至虎头蛇尾,导致帝国千疮百孔,病入膏肓。在这种环境下过于强调个人修养、社会教化,无相应行之有效的权力制约、监督、问责等他律配套措施,难免流于空谈。与之相反,我们当前"经过新时代十年坚持不懈的强力反腐,反腐败斗争取得压倒性胜利并全面巩固"⑤。在这种有利条件下,特别是中央已经将"三不"一体推进作为党风廉政建设和反腐败斗争的战略目标,将监督执纪"四种形态"的他律与"立清廉志"的

---

① 《王阳明集》,第232页。

② 《王阳明集》,第153页。

③ 《王阳明集》,第18页。

④ 习近平:《在"不忘初心、牢记使命"主题教育总结大会上的讲话》,中国政府网,https://www.gov.cn/xinwen/2020-06/30/content_5522900.htm。

⑤ 习近平:《习近平在二十届中央纪委三次全会上发表重要讲话强调 深入推进党的自我革命 坚决打赢反腐败斗争攻坚战持久战》,求是网,www.qstheory.cn/yaowen/2024-01/08/c_1130055638.htm。

自律相结合，使其相辅相成，形成良性互动，这不仅是党风廉政建设切实有效做到"知行合一"的关键，也是上好共产党人廉洁自律"心学课"的抓手。

"人非圣贤孰能无过"，并且很多时候"不识庐山真面目，只缘身在此山中"，非得良师诤友的劝导、领导同事的提醒，无法自觉和自省。因此，监督执纪"四种形态"的必要性毋庸置疑。特别就党风廉政建设的专责机关而言，针对前述腐败心路历程的共性问题，纪检监察部门在第一阶段的介入至关重要，也最为困难。困难不仅在于将相关监督对象存在的倾向性问题、潜在性问题、萌芽式问题、苗头性问题、笼统性问题梳理出来须要做大量艰苦细致的工作，对纪检监察人员的能力和素质提出了相当高的要求；而且对人们习以为常的"鸡毛蒜皮"的小事小节小错真抓严管，对天天"低头不见抬头见"的同志"咬耳扯袖、红脸出汗"，既要破监督对象的"心中贼"，更须破纪检监察人员自己的"心中贼"，使"严管就是厚爱""监督就是保护"真正成为监督者和被监督者的共识，才能使廉洁修身、廉洁从政的宣传教育和监督提醒切实内化为自觉的信念、自律的行为。

总之，共产党人廉洁自律"心学课"与阳明心学廉洁思想之间，无论从内容到形式、从路径到方法都有不同程度的共性，更有思想、文化、制度等方面的渊源。因此，我们应该立足中华优秀传统廉洁文化与时俱进的滋养，同时借鉴和汲取世界其他国家和地区廉洁建设经验，使党风廉政建设和"不敢腐""不能腐""不想腐"的反腐败斗争系统工程落地生根、行之有效，将中国特色社会主义廉洁的道路自信、理论自信、制度自信、文化自信坚持到底。

良知与廉行

——阳明心学对当代廉政建设的启示

东南大学马克思主义学院教授

陆永胜

王阳明生于明代中后期,他以"心即理""知行合一""致良知"的药方来医治日渐腐朽的明王朝,形成了其廉政建设的思想基础,并通过以身作则的身体力行来实践廉政建设,取得了良好的社会效果,其思想与实践可为当代廉政建设提供思想资源与实践启示。阳明心学以"心"为道德本体,认为"圣人之道,吾性自足",吾心即天理,心外无理,心外无物,心外无事。"心"就是可以进行是非判断的"良知"。"良知"作为内心判断是非之准则,具有普遍性,其与追求纯净无瑕和规整性的"廉"似有一定的相通性。阳明心学并非不切实际的空疏之学,从体用论出发,它一方面强调德性与德行的统一,另一方面强调心对物的涵摄,从而建构起一个以"心"为中心、兼摄内外的意义世界。在此意义世界中,作为传统德目的"廉"及其"廉行"得到以道德—价值关系为中心的逻辑建构,由此体现出四层意涵:第一,良知与廉的关系建构;第二,致良知工夫与廉行的关系建构;第三,知行合一维度下的廉与廉行的辩证关系建构;第四,心物合一视域下物(外在规范)对心(廉)的验证(规定性)和论证。在此意义上,从王阳明的良知主体性出发,阳明心学可谓是侧重理性自觉和自律的积极的廉政思想,但王阳明也未否认外在制度约束的他律对于廉政建设的作用。因此可以说,阳明心学不仅能够为当代廉政建设提供思想资源,同时也能够提供方法论资源。

一、"良知"与"廉"

"廉"是中华传统文化中的优秀品德之一,其主要用于形容为官者清廉刚正。在《晏子春秋·内篇杂下》中,晏子提到"廉者,政之本也",西汉桓宽的《盐铁论疾贪》中也提到"欲影正者端其表,欲下廉者先己身"。可见,"廉"字自古以来便与为官之道密不可分。无论是古代,还是当下社会对于"廉"这一重要的道德品质都推崇备至。

那么,"廉"的本义到底为何? 它最初是否便与为官之德相连呢? 任松峰在《儒家廉德思想研究》一文中对"廉"的本义进行过考证。"从词源学的角度来看,'廉'是一个形声字,即形符为'广',声符为'兼'。"①而"广"在汉字中多用于表示建筑物,于是作者进一步推论"廉"的本意可能与建筑物有关,并结合徐灏《说文解字注笺》、段玉裁《说文解字注》等文献,指出"廉"字的本意是指堂屋的侧边②。堂屋的侧边整洁平整且棱角分明,故引申为清正廉明、洁身自好的品质。"廉"不仅是为官之德,也是一种自我监督的道德操守,前者是从治国理政者的角度来解释"廉",后者是从个体道德修养的角度来解释"廉",在根本的德性层面,二者皆可与廓然大公且具有明辨是非能力的"良知"联系起来。无论"廉"指个体道德修养,还是治国思想,都离不开一个"清"字。何以能够拥有"清",那便需去人欲存天理,清除内心之私欲,破除形形色色物欲的诱惑,探求内心之"良知",以内心本然之"良知"去应对世间万物。

> 孟源有自是好名之病,先生屡责之。……因喻之曰:"此是汝一生大病根。譬如方丈地内,种此一大树,雨露之滋,土脉之力,只滋养得这个大根。四傍纵要种些嘉谷,上面被此树叶遮覆,下面被此树根盘结,如何生长得成? 须用伐去此树,纤根勿留,方可种植嘉种。不然,任汝耕耘培壅,只是滋养得此根。"③

---

① 任松峰:《儒家廉德思想研究》,曲阜师范大学博士学位论文,2015年。
② 《儒家廉德思想研究》,2015年。
③ 王阳明:《传习录》,陆永胜译注,中华书局2021年版,第61—62页。

在王阳明看来，私欲如大树，嘉种似良知，树根结于心中，良知之善念难以立身，树冠遮蔽心体，良知难以发用。所以，私欲杂念要时时克除，方能存养扩充良知，达到廓然大公、中和清正的状态。这里，王阳明从工夫的角度区分了私欲与良知的不同，良知作为本体之心是至善无恶的，它超越了经验层面的有区别对待的善与恶，从而可以成为一种普遍的评价标准。"廉"在"清"的状态上和良知是一致的，但要达到或保持清廉，就要做去私存廉的工夫。从阳明心学出发，这种去私存廉的工夫首要的是一种道德理性的要求，而非外在的强加，这就在某种意义上体现了为"廉"的主体性和自觉性，从而把基于自觉的真正的"廉"与行为上符合廉洁纪律要求的"廉"区别开来。这种区别意味着在实践中，我们必须把作为德目的"廉"的道德意向性与作为行为的"廉"的合法性统一起来，真正做到知行合一。这种统一直接指向"不想腐"的廉政建设目标。

道德内含着价值确认，"廉"不仅是道德的状态，亦是对"行"的价值判断标准，符合"廉"之要求的则为是（对）的，违背"廉"之要求的则为非（错）的，这就为"廉行"的正当性做出了理论论证。需要指出的是，作为价值标准的"廉"并不是外在物化的，在根本上，它是基于良知的。"良知"是心之本体，无论人的心中是否存有"妄念"，"良知"就在那里，不增不减，不生不灭，如果"良知"不见了，它并不是真的不见，而是被数不清的妄念遮蔽了，"虽有时而或蔽，其体实未尝不明也，察之而已耳"，"良知"不会消失，只要下功夫体察，便可得见"良知"。"廉"亦是如此。

随着我国改革开放的深入，社会主义市场经济的发展，资本的力量不断显现，触及各个领域、各个角落，对普通百姓、政府官员的精神世界都产生了巨大的冲击，对他们自我监督、自我检查、自我反省、自我克制的素养提出了更高的要求。如果一名普通的企业从业者无法抵挡住眼前利益与潜在利益的诱惑，损害的可能是企业的名誉、企业的利益以及受到利益诱惑之人的个人名誉。如果一名公职人员无法抵挡"糖衣炮弹"的诱惑，最终堕入违法犯罪的深渊，其行为可能造成这一行业的信任危机。例如近年曝光出来的一系列"高考冒名顶替"事件，人们讨论的不仅仅是案件本身如何，案件中的人员是如何的利欲熏心、道德败坏，而是上升到对整个招生环节与体制的不信任。所以，如果公职人员不能认识到自己本有的"良知"之心，不能依"廉"而行,不仅会对自己、对家庭产生负面影响,更会对自己所在的行业,乃至国家利益造成巨大损失。因此,恢复被遮蔽的"良知",正确认识"廉",提高自身的思想道德素养是至关重要的。

二、"亲民"以为廉

《旧唐书·魏徵传》说:"夫以铜为镜,可以正衣冠;以史为镜,可以知兴替;以人为镜,可以明得失。"廉政建设亦是如此,需要从我国历史上的反腐实践中汲取经验。习近平总书记在中央政治局第五次集体学习时就强调指出:"深入推进党风廉政建设和反腐败斗争,需要坚持发扬我们党在反腐倡廉建设长期实践中积累的成功经验,需要积极借鉴世界各国反腐倡廉的有益做法,也需要积极借鉴我国历史上反腐倡廉的宝贵遗产。研究我国反腐倡廉历史,了解我国古代廉政文化,考察我国历史上反腐倡廉的成败得失,可以给人以深刻启迪,有利于我们运用历史智慧推进反腐倡廉建设。"[①]那么,阳明心学可以给我们哪些启迪呢?王阳明于弘治十二年(1499),以会试二甲第七名进入工部当差,其主要的从政生涯是在明武宗朱厚照时期。武宗朱厚照素来以"爱玩"著称,宦官集团在此时便开始兴起。在宦官刘瑾把持朝政下,朝政一片混乱。各地官员凡是进京面圣或是汇报工作都需向刘瑾交纳一大笔好处费。下级官员为了升迁,对上级官员更是极尽讨好之能事。而王阳明却在欲望泛滥、官场腐败、民心尽失的情况下创下了立德、立功、立言的"兼三不朽"功绩。王阳明立下此等功绩很难将其与阳明心学的思想相脱离。王阳明何以能够如此?阳明心学思想可以为我们现在的廉政建设提供诸多的思想与方法论启迪。

《大学》曰:"大学之道,在明明德,在亲民,在止于至善。"程颐指出此处的"亲"当作"新"。朱熹认同了程颐的观点,并以《大学》后文中的"康诰曰:作新民"为依据,做了进一步的阐释:"新者,革其旧之谓也,言既自明其明

---

① 习近平:《习近平在中共中央政治局第五次集体学习时强调 积极借鉴我国历史上优秀廉政文化 不断提高拒腐防变和抵御风险能力》,《人民日报》2013年4月21日。

德,又当推以及人,使之亦有以去其旧染之污也。"① 王阳明的弟子徐爱便在此基础上询问阳明为何主张应以旧本中的"在亲民"为依据。王阳明回答:

> "作新民"之"新",是"自新之民",与"在新民"之"新"不同,……"亲民"犹孟子"亲亲仁民"之谓,"亲之"即"仁之"也。"百姓不亲",舜使契为司徒,"敬敷五教",所以亲之也。尧典"克明峻德"便是"明明德","以亲九族"至"平章""协和",便是"亲民",便是"明明德于天下"。又如孔子言"修己以安百姓","修己"便是"明明德","安百姓"便是"亲民"。说"亲民"便是兼教养意,说"新民"便觉偏了。②

王阳明不认可朱熹在"改本"中将"亲民"改为"新民",主张坚持"古本"的"亲民",认为"新"是自新之民的意思,内有自我觉醒之意,而"在亲民"的"亲"含有《孟子》"亲亲仁民"的含义,"亲之"即"仁之","亲民"便有了教养的含义。其实,从传统教化儒学出发,教养之义是二者兼有的。二者的本质区别在于两个方面。

第一,对主体性的肯定,此中包含着内在动力与标准的统一。朱熹肯定民之自新,但标准是外在天理。故"自新"其实是"他新",这就在某种意义上取消了本体意义上的主体性;王阳明强调"亲""仁"互释,意在从仁的由己推人中阐释出亲的内在源发性和由亲己到亲民爱物的自觉性,从而在良知本体的意义上呈现出亲民的主体性。在此意义上,"亲民"是一种理性自觉,良知既是理性之使然,亦是亲之标准,二者是合一的。

第二,对体用论的贯彻,即本体与工夫的体用合一关系建构。朱熹强调向外格物以存天理,那么"明德"和"民"的对象属性就很明晰了,这就在根本上取消了二者由体达用的关系。王阳明肯定亲之即仁之,即是强调亲而亲之,明明德而修己、成己,亲民是明德之发用,即成人成物。"虽亲民,亦明德事也。明德是此心之德,即是仁。仁者以天地万物为一体,使有一物失

---

① 朱熹:《四书章句集注》,中华书局 2012 年版,第 3 页。
② 《传习录》,第 11 页。

所,便是吾仁有未尽处。"由此,明德与亲民的体用关系得以建构,亲民获得了本体论依据。正是在此意义上,王阳明将民视作一体者,通过"亲之"的教化使其内在的德性获得转变;而王阳明的廉政思想便是在此基础上进行展开的。

基于上文所论,良知即廉,明明德即德性层面的为廉,亲民即是廉行。为廉并不是静守一个廉的德目,知而不行,而是要依廉而行,推廉德及人于世,善俗化民,建构良序。王阳明弟子南大吉在治越期间,曾问政于阳明。

> 南子元善之治越也,过阳明子而问政焉。阳明子曰:"政在亲民。"……曰:"何以在亲民乎?"曰:"德不可以徒明也。人之欲明其孝之德也,则必亲于其父,而后孝之德明矣;欲明其弟之德也,则必亲于其兄,而后弟之德明矣。君臣也,夫妇也,朋友也,皆然也。故明明德必在于亲民,而亲民乃所以明其明德也。故曰一也。"①

王阳明认为为政的关键在于"亲民","亲民"的根本在于"明德",明德与亲民是统一的。以此为基础,则"三才之道举",便可得天下平。

> 曰:"亲民以明其明德,修身焉可矣,而何家、国、天下之有乎?"曰:"人者,天地之心也;民者,对己之称也;曰民焉,则三才之道举矣。是故亲吾之父以及人之父,而天下之父子莫不亲矣;亲吾之兄以及人之兄,而天下之兄弟莫不亲矣。君臣也,夫妇也,朋友也,推而至于鸟兽草木也,而皆有以亲之,无非求尽吾心焉以自明其明德也。是之谓明明德于天下,是之谓家齐国治天下平。"②

由此可见,为官者如果将为政治理视作自己的事情,就像"亲吾之父""亲吾之兄",并在此基础上"推而至于鸟兽草木也",便可做到政治清明。这

---

① 吴光、钱明、董平、姚延福编校:《王阳明全集 新编本》第1册,浙江古籍出版社2011年版,第267页。

② 《王阳明全集 新编本》第1册,第267页。

种明德—亲民—爱物的为政之方正是基于阳明心学由体达用的体用论逻辑，其结果便是臻于"万物一体""天下平"的政治理想。在此逻辑范式下，王阳明的思想是一以贯之的，无论是为学还是为政，其都是在践行阳明心学。从阳明的实践结果可以看出其思想中内含着隐微的廉政思想，需要我们进行挖掘。

"亲民"并非停留于口头上的表面文章，而是以为官者的自我修养为基础。"昔之人固有欲明其明德矣，然或失之虚罔空寂，而无有乎家国天下之施者，是不知明明德之在于亲民，而二氏之流是矣；固有欲亲其民者矣，然或失之知谋权术，而无有乎仁爱恻怛之诚者，是不知亲民之所以明其明德，"①只知明德而不知将其推之于实践，那也只能是"虚罔空寂"，知道亲民却失之于谋权术，认为亲民是玩弄权谋之术的一个手段，缺少"仁爱恻怛之诚"，那也只能是以官谋利之辈。王阳明在《裁革文移》中告诫为官者，"凡我有官皆要诚心实意，一洗从前靡文粉饰之弊，各竭为德为民之心，共图正大光明之治。"②为官者要一洗之前"靡文粉饰之弊"，怀有"为德为民之心"，为民谋实事，"亲民"才不是一句空话，而是一句暗含着实事的实话。王阳明深知廉政便是"亲民"行为，为官者既要明心中之德，以诚待民，还需克勤细务，以实心修举，则"下民焉有不被其泽，风俗焉有不归于厚者乎"③。

从阳明心学出发，"廉"是心之条理，自然也是良知本有之义。明明德即是要明廉德，廉德之明是要体现在廉行中的，否则便是有体无用，知而不行。在此意义上，"亲民"正是明廉德的用功之地，为官之廉正是要在"亲民"中体现出来。现实生活中，为了保持廉洁形象，避免违纪而不作为，恰恰是"行"的缺失，"真知必能行"，知而不行，非真知也。不在为人民服务中去践行的"廉"，则不是真正的"廉"，而只是一个概念的"廉"而已。当然，不明廉德，而去行廉，也必然造成执行二分。"世间有一种人，懵懵懂懂的任意去做，全不解思惟省察，也只是个冥行妄作，所以必说个知，方才行得是；又有一种人，茫茫荡荡悬空去思索，全不肯着实躬行，也只是个揣摸影响，所以必说一个

---

① 《王阳明全集 新编本》第 1 册，第 26—268 页。
② 《王阳明全集 新编本》第 2 册，第 674 页。
③ 《王阳明全集 新编本》第 2 册，第 669 页。

行,方才知得真。"①"揣摸影响""冥行妄作"正是知行二分的结果,这也从反面阐明把良知与廉行,明廉德与为政爱民结合起来的重要性。

在我国目前构建"不敢腐、不能腐、不想腐"的反腐败制度体系中,反腐败斗争已进入深水区,此时此刻,"亲民"对于廉政建设可能具有另一番特殊的意义。在反腐倡廉的高压下,守住"底线",远离"红线",不碰"高压线"成为基本行政规范。于是,在部分干部中出现了"不敢为""不作为""不想为"的思想和行为,认为"不为"就可以不触"线",就是"廉"了。殊不知,"廉"作为一种高尚的"政德"是和"政行"分不开的。廉政建设不是画地为牢、不是坐地论道,更不是"不为"而"为"。无论是成就个体的廉德,还是构建廉政制度,都不能忘了全心全意为人民服务的宗旨和初心,因此,明廉德,为廉政就必须"亲民",在为民所想,急民所急,为民办事中实现"德""业"并进。正如王阳明之"明明德"与"亲民"的体用关系一样,"亲民"也是成就"廉"之用,"廉"是"亲民"之德性要求。廉与"仁智勇"三达德密切相关,也和"公平""正义"等核心价值理念相连。如果没有"廉",更无论"亲"民了。从阳明心学出发,或可以说,"亲民"以为廉,这正是王阳明关于"亲民"的有关论述对我们思考和解决当前廉政建设中出现的问题和现象的有益启示。

三、"知行合一":廉政建设的规范要求

在王阳明看来,"亲民"与"明明德"是统一的,但仅仅了解、知晓是远远不够的,还须将其付诸实践当中,"亲民"是王阳明施行廉政建设的实践基础,那么"知行合一"便是王阳明将"亲民"的廉政落到实处的规范、要求、手段与途径。在阳明心学,"知行合一"的"知"便是"良知",是本体之心,而非局限于知识上的了解、知道。"良知"是至善无恶的,天然含有辨别是非的能力,但这种能力在后天可能受到遮蔽,无法显示其本有的辨别能力。王阳明认为,人后天所受的遮蔽皆来自"意"的影响,"意"有两层含义,一是"心之所发便是意",二是"其虚灵明觉之良知应感而动者,谓之意"。前者是从内心发出的心之欲,后者是受物感召而产生的物欲。但需要注意的是,从心所发

---

① 《传习录》,第 24 页。

的欲,是依"良知"而行的,而非超出自己所需的欲,如"好好色,恶恶臭"等,是"良知"的自然发用,并非不应有之欲。在王阳明看来,"一念发动处,便即是行了",知中蕴含着行,行中蕴含着知,"知是行之始,行是知之成",知了便是行了。因此要时常自检、自觉,如若心中存有一处恶念便须及时去克除。王阳明的弟子徐爱曾经问王阳明,现在很多人都知道孝悌,却做不到孝悌,以此看来知行是否可以二分? 王阳明回答道,这是被私欲所隔断了,不是知行的本然状态了,"未有知而不行者。知而不行,只是未知"。如果知而未行,那么便不是真知,唯有真知、真行方为"知行合一"。

王阳明强调将"知行合一"贯彻于事上磨炼的工夫之中。心学工夫离不开事事物物,而非只求静养,若只求静养明心便只会"徒知存心之说,而未尝实加克治之功,故未能动静合一,而遇事辄有纷扰之患"①。日用行常皆是做"知行合一"工夫的好场所。故当一位为官的弟子对王阳明说:"此学甚好,只是簿书讼狱繁难,不得为学。"王阳明便直言道:"簿书讼狱之间,无非实学。若离了事物为学,却是着空。"②若有官司之事,便在官司上为学,不可因其"应对无状""言语圆转""恶其嘱托""因其请求""事务烦冗""潜毁罗织"等私意对其随意处置,而应对一思一念细细地进行省察克治,这才是格物,如此,"簿书讼狱"便都是实学。

王阳明除了对问政者、问学者教之以"知行合一"的思想,其自身也是"知行合一"思想的践行者。王阳明在二十九岁时出任刑部云南清吏司主事,年五十七岁之时于任上离世,为官几十年坚持践行"知行合一"的为学宗旨,去民之所恶,补民之不足,从民之所好,做到了"知之真切笃实处,便是行;行之明觉精察处,便是知"③。在王阳明的政治实践中,十分注重对官员或百姓的教化,对于官员使其发现本有之良知,正其心,诚其善念,去其私欲,在潜移默化的教化下使其推行仁政;对于百姓开设学堂,订立教约,以"良知"施教,晓之以理,动之以情,端正人心,正家风,移民风,使百姓可以安居乐业。从阳明心学出发,这都是廉政的体现。

---

① 《王阳明全集 新编本》第 1 册,第 168 页。

② 《传习录》,第 419 页。

③ 《王阳明全集 新编本》第 1 册,第 46 页。

我们当今的社会教育、物质条件较之于古代确实有了很大的发展,但我们所面临的欲望也更多了,名利、权势、金钱、美食等无一不是诱惑,且其诱惑性更强,因为社会上的多数人对此都是趋之若鹜,在这种情况下想要独善其身似乎显得有些理想主义。但是廉政真的只能依靠外在的制度与规矩进行强有力的约束吗?如果只是依靠外界的强作用力,社会可能最终演变成死气沉沉的照章办事的机械廉洁社会。从阳明心学的主体性出发,"廉"是一种活泼泼的德性,具有生生之意,由廉德而廉行,是主体道德素养提升和理性自觉的表现。因此,如要构建健康的、积极意义的廉洁社会离不开对公职人员内心"良知"的唤醒,离不开坚持"知行合一"的执行者。如果只是机械地、毫无知觉地应付了事,就会如王阳明所例举的"戏子"那样,"无心"为事,而不是顺心为事,就只有"行为的合法性",而无"意向的道德性"。当然,仅仅有真知、真行的信念也是不够的,还需在事事为为中时刻坚持"知行合一"的原则,才能保证廉政建设的方针政策的具体落实。

四、王阳明廉政制度建设的心学实践启示

阳明心学不仅在思想理论上,而且在心学践行方面为当代廉政建设提供了有价值的借鉴。王阳明任南赣巡抚时推行的《南赣乡约》,坚持公正廉明的思想,整顿秩序,教化人心,成为明代地方基层治理、教化百姓的成功案例。

明孝宗弘治十年(1497),江西官员上书朝廷,奏请将赣闽粤湘四省边界地区的八府一州组成一个新的行政地区即南赣省,以利于当地的社会治理。然而,南赣省因其特殊的地理位置,地广人稀,原住民较少;但同样由于这一特殊的地理位置,周边省的流民涌入其中。在这种情况下,原住民与涌入的流民混居于此,形成了一个成分十分复杂,流动性极强的社会。由于人员复杂、利益交杂,劫掠之事时有发生,严重影响了当地的社会秩序,引发了诸多的社会问题。直至正德十年(1515),匪乱不仅未平,反而有愈演愈烈之势。正德十一年(1516),王阳明升任都察院左金都御史,巡查南赣汀漳等处,此时的局面依旧不容乐观。在了解了当地情况之后,王阳明迅速制定了战略

方针,首先推行《十家牌法告谕父老子弟》,收集当地居民信息,并对其行为进行记录与监视,如遇隐瞒,一旦发现,十家同罪。如果家中窝藏匪徒或家人为匪且不能使其限期回家的,十家同罪。此种举措虽然严厉,却十分有效,不仅短时间内切断了百姓与匪徒之间的联系,使山贼军心涣散,更是将百姓变为自己手下的兵。王阳明在《绥柔流贼·五月》中便提到此法的妙处,"诚使此法一行,则不待调发而处处皆兵,不待屯聚而家家皆兵,不待蓄养而人人皆兵。无馈运之劳而粮饷足,无关隘之设而守御固。习之愈久而法愈精;行之弥广而功弥大"①。有此为基础,王阳明便开始召集民兵组织"团练",以培养当地民兵力量,并上书朝廷扩大盐税的征收范围及税率,并主张在平定匪乱之前将盐税所得归于军费,为军费支出提供了稳定的经济来源,最终王阳明通过剿抚并施的方针平息了多年无法平定的匪乱。虽然军事上很快便取得了胜利,但现实情况依旧严峻,王阳明深感"破山中贼易,破心中贼难",如果不改变现有的民风,山贼必将重来。于是,王阳明借鉴宋代《吕氏乡约》,提出了《南赣乡约》,他在第一部分就对乡约的建设提出了明确的规定,推动了当地的基层治理,重新构建了廉洁有力的基层组织,教化了百姓,整顿了民风。王阳明以官方乡约的形式来教化民众,廉洁政府,提高政府执行力,达到了正风俗,安百姓,稳秩序的目的,为明代及我们当前的基层地方治理提供了丰富的经验。由上可知,王阳明所有策略的根本内核即是"致良知",无论是"十家牌法",还是《南赣乡约》,都是强调要去私欲,达到内心世界与社会治理的风清气正,和谐有序,这和"廉"的要求是一致的。

王阳明的廉政制度建设在当时也发挥了显著效用,但由于其上奏朝廷期望将此法推广到全国的奏疏并未获得批准,因而无法建立长期有效的实施,这也导致了其廉政思想无法稳定持久地发挥效用。关于"制度",各个领域的学者对其都有不同的界定,但无论怎样对"制度"进行界定,都强调了制度对人的约束作用,制度文明也是我国古代政治建设的重要特点。儒家向来注重"礼","礼"有两种含义,一是进行自我约束的道德原则,"不知礼,无

---

① 《王阳明全集 新编本》第 2 册,第 690 页。

以立"①;二是国家的制度,"名不正,则言不顺;言不顺,则事不成;事不成,则礼乐不兴;礼乐不兴,则刑罚不中;刑罚不中,则民无所措手足"②。虽然儒家对"礼"非常重视,并提出了丰富的思想作为理论支撑,但一旦涉及实践层面,其效用就开始大打折扣,其原因主要是古代社会是"人治"而非"法治"。在中国古代,法的作用始终不及人的权势与地位重要,像商鞅那样坚持"天子犯法与庶民同罪"思想的人是很少的,加之传统社会固有的人情化特征,在古代保持廉洁,坚决执法的官员就更是少之又少了。但是,我们现在的境况有了明显的改善,法治成为社会公认的基本准则。我们可以通过完善法治,发挥制度优势,通过科学合理的制度规范来推进廉政建设。虽然阳明心学更多地强调良知的主体性和自觉性,视"物"为其次,但王阳明并无忽视"物"的重要性。从心物关系出发,"心""物"之间是一种主体间性的关系,"物"对"心"也具有反作用,它一方面是"心"呈现自身的参照,是"心"之善性的试金石;另一方面,"物"也界定了"心"活动的边界(有限性)。在此意义上,作为"物"的层面的廉洁制度在根本上仍然是"廉"的体现,而且它在实践的层面为"行"划定了范围。在根本目的上,廉洁制度是要保证廉德与廉行的统一。因此,当主体对廉洁制度有了理性认同,便会有积极的意义,否则,制度就成了"异己"之物,便会产生消极意义的廉政治理。

习近平总书记在十九届中央纪委六次全会中指出,党的十八大以来,全面从严治党取得了历史性、开创性成就,产生了全方位、深层次影响,必须长期坚持、不断推进。③ "腐败和反腐败较量还在激烈进行,并呈现出一些新的阶段性特征……清理系统性腐败、化解风险隐患还任重道远。"④为此,我们需要深入开展廉政建设,建立起一套完善、细致、行之有效的体制机制。这就需要我们一方面学习古代以德取士的经验,完善公职人员的聘用与晋升的考核体系,把公职人员的个人道德素养,尤其是对"廉"德的考察纳入考核

---

① 杨伯峻:《论语译注》,中华书局1980年版,第211页。

② 《论语译注》,第133—134页。

③ 习近平:《习近平在十九届中央纪委六次全会上发表主要讲话强调 坚持严的主基调不动摇 坚持不懈把全面从严治党向纵深推进》,《人民日报》2022年1月19日。

④ 习近平:《习近平在十九届中央纪委六次全会上发表主要讲话强调 坚持严的主基调不动摇 坚持不懈把全面从严治党向纵深推进》,《人民日报》2022年1月19日。

指标,在道德上对公职人员提出更高的要求,提高公职人员的道德准入门槛;另一方面要发挥制度优势,建立健全职权的监督机制,避免因权力的任性而陷入贪腐的泥潭无法自拔。因此,对于权力的监督机制是必不可少的。同时,道德约束与监督都需要制度规范作为保障,只有建立和完善相关的体制机制,制定健全的官员廉洁从政的制度,把制度的"笼子"扎紧,才能真正实现以制保廉。

习近平在参加十二届全国人大二次会议贵州代表团审议时指出:"王阳明的心学正是中国传统文化中的精华,也是增强中国人文化自信的切入点之一。"在新时代民族复兴的征程中,阳明心学以有益资源助力当代廉政建设,为"四个自信"建设和第二个百年奋斗目标的实现开创风清气正之局面,是中华优秀传统文化的时代使命之所在。

王阳明心学本体论思想的廉政意蕴

——以"心即理"为核心的考察

贵州财经大学阳明廉政思想与制度研究中心教授

冀志强

王阳明承接陆九渊的"心即理",并阐发了系统而深刻的心学思想。"心即理"是阳明心学的本体论基础。其核心意旨是,本心是人之德性的根源,本心的彰显就是道德的实现。① 当然,本心的彰显需要一个前提,就是私欲的祛除。人私欲的本质就是想获取占有本不属于或不该属于自己的利益,这就是贪。许慎《说文解字》释:"贪,欲物也。"不贪则为廉。段玉裁注《说文》释"廉":"清也,俭也,严利也。"刘向《说苑》中说:"义士不欺心,廉士不妄取。"②"廉"就是"不妄取"。廉不妄取,或是慎思而为,或是本然而为。王阳明心学的目标就是教人努力从思虑达到本然地不以私欲为事,这也是廉德的实现。以此廉德为政,则有廉政。廉政不仅要靠体制的保证,还要有一种对本心的坚守。所以,王阳明心学思想中本然地蕴含着廉与贪的问题,廉政是阳明心学的题中应有之义。王阳明有四句教说:"无善无恶是心之体,有善有恶是意之动,知善知恶是良知,为善去恶是格物。"③这是我们理解其心学思想的一个总纲,其中前三句主要涉及心体良知的本体论问题,第四句则主要探讨致知格物的工夫论。本文围绕"心即理"这一核心命题,以前三句为逻辑线索,从本体层次阐发阳明心学所蕴含的廉政主体之根基问题。

---

① 王阳明所说的"本心"有两种用法:一是从逻辑上说,指心的本来样子,也就是纯粹的心体,即良知本体;二是从时间上说,指人本来的一种想法,不具有形上之意。当然,前一方面内涵是其心学所着重要阐发的。

② 刘向撰,向宗鲁校证:《说苑校证》,中华书局 1987 年版,第 393—394 页。

③ 王守仁:《王阳明集》,王晓昕、赵平略点校,中华书局 2016 年版,第 109 页。

一、廉也是心之本体

王阳明在贵阳龙场悟道后,开始明确继承陆九渊的"心即理"思想,并进一步阐发其深旨,强调道德之根本不在人的心外。他在晚年天泉证道时提出的"四句教"是对其心学思想所作的整体提炼,其中第一句"无善无恶心之体"强调了心体的特征,这是从本体方面对"心即理"内涵的进一步阐发。

首先,"心即理"就是强调心、理不二。王阳明说:"心之体,性也,性即理也。故有孝亲之心,即有孝之理;无孝亲之心,即无孝之理矣。有忠君之心,即有忠之理;无忠君之心,即无忠之理矣。"①"理"之所以是这样一个"理",其根源在于"心","理"离开了"心"就不成其为"理",这就是"心即理"的要义所在。这样,行所谓孝亲之事,还必须要有孝亲的心,才是真正的孝亲;没有孝亲的心,单有外在事亲的事,那不是真正的孝亲,也就谈不上孝亲的"理"。《论语》中记载子游向孔子问孝,孔子说:"今之孝者,是谓能养。至于犬马,皆能有养,不敬,何以别乎?"②没有发于内心的恭敬,只是给父母吃的喝的,这种赡养老人的方式与养狗养马没有什么本质区别。

在阳明心学中,心由各种理构成,这是具有普遍意义的。在我们的各种社会交往中,都有道理存在,处理政事当然也有一理。按照王阳明的逻辑,廉政的理当然也在行政者的本心之中,这是从根本层面而言的。如果行政者没有廉洁的心,不行廉政的事,自然也就没有廉政的理。迫于制度的压力,按照规则做事,虽有廉政,但并不能体现根本上的廉政之"理"。一个官员在行政中所体现的"廉"要始终出于自己的本心,而不仅仅是出于对制度的畏惧或道德的压力。在王阳明这里,忠、廉等良好品德的根基皆在于"心",但这个"心"是人的"本心"和"良知",而达到这个"心"需要一个前提就是"无私意"。王阳明说:"都只在此心,心即理也。此心无私欲之蔽,即是天理,不须外面添一分。"③一个官员在执行政令的时候,只要抛开了个人的私

---

① 《王阳明集》,第39页。
② 朱熹:《四书集注》,王浩整理,凤凰出版社2008年版,第53页。
③ 《王阳明集》,第2页。

意,自然就有了廉政的气象。

其次,四句教涉及了心体的原初本性。王阳明提出了两种仿佛矛盾而实则内在统一的看法。四句教中说"无善无恶心之体",但他还说"至善是心之本体"。也就是说,这个"无善无恶"的心体又是"至善"的。他明确讲:"无善无恶者理之静,有善有恶者气之动,不动于气,即无善无恶,是谓至善。"①心体本是无善无恶的,但是,从心体而来的行为却符合应然的道德规范,所以,它就是至善的。也就是说,这种无善无恶的心体在其发扬的结果上必然是善的。

王阳明认为,要彰明和保持本心,就不应该在心里有执着的念头。"这一念不但是私念,便好的念头,亦着不得些子。如眼中放些金玉屑,眼亦开不得了。"②恶的念头,心中自然不应该有;但即便善的念头总是存于心头,也会遮蔽本心良知。当然,心中无执念是一种极高的境界。对于普通人来说,倒是需要向善的立志,并进而使善的工夫成为一种习性和出于本然的行为。孔子说自己:"七十而从心所欲,不逾矩。"③良知本体的彰显就是这样一种"随心所欲不逾矩"的状态,而对物也做到"欲不逾矩",就是廉的品质。王阳明倡导的理想境界就是这样一种不加选择而自然符合道德的状态。

王阳明不仅用"无善无恶"和"至善"规定心体的伦理本性。与此相关联,心体还有"诚""定""乐"这几个本质特点,王阳明也称其为"本体"。

其一为"诚"。"诚是心之本体,求复其本体,便是思诚的工夫。"④心学要义在于复归良知本体,也就是要复归"诚"的品质,实现一种普遍性的诚意。祛除妄心,复归诚心,也就不会存有对名利的贪婪,这当然就是一个廉者的状态。用一种"诚"的态度处理政务,就有了廉政的基础。从根本上说,廉政的践行源于自己以"诚"的本心来行政。

其二为"定"。如果心实现了"诚",也就有了"定"的状态,因为这二者同是天理的体现。"定者,心之本体,天理也。动静,所遇之时也。"⑤"定"作为

---

① 《王阳明集》,第 27 页。
② 《王阳明集》,第 114 页。
③ 《四书集注》,第 52 页。
④ 《王阳明集》,第 33 页。
⑤ 《王阳明集》,第 15 页。

心的本体,就是本心恒定不变的品质,它可以应对千变万化的现实状况。本心彰显时,人在不同境遇中的有所动或有所静,都能够显现出心体的恒静。考量一个人是否有廉心,尤其是看他在掌握权力的时候能否保持一种定力。有了这种定力,一个官员就不会起心动念以权谋私,也就有了廉政。

其三为"乐"。如果一个人做到了"诚",内心达到了"定",就能够获得一种极致的"乐"。"乐是心之本体,虽不同于七情之乐,而亦不外于七情之乐。虽则圣贤别有真乐,而亦常人之所同有。"①"乐"是心体必然的外在表现。这种"乐"不是一般意义上哀乐的"乐",而是一种来自心体的终极之"乐",它不与一般的"哀"相对应。虽然它也以通常的"乐"的形式表现出来,但却是一种具有超越性的且不易消散的真正的"乐",正如《论语》中所说的"孔颜之乐"。

在这三者中,心的"诚"与"定"内在地包含了对他人不欺、对外物不贪的特质,因此这二者本身就体现了解"廉"的品质。能够出于本然地消解对于物质过分的欲望,这本身就是"廉"的表现。所以,我们完全可以根据王阳明的理论逻辑说,"廉"也是"心之本体",本然的心自然没有那种对外物过分的欲望。有此廉心以行廉政,就是简简单单的事了。如此,一个人在行使权力、处理政事的时候不违背本心的那种"诚""定""廉",就能够获得一种深层的"乐"。由廉心而来的快乐,没有因违背良知而产生的压力和负担,因此更容易达到一种放松和洒脱的境界。

二、心发于政则有廉

根据阳明心学,既然每个人的心体都是无善无恶且至善的,那么为什么现实生活中的人却总有善恶之别呢? 从行政方面说,为什么并不是每个为政者都能廉洁从政呢? 四句教中第二句"有善有恶意之动"就是在回答这样的问题。这涉及了"心"与"意"的关系。

王阳明说:"身之主宰便是心,心之所发便是意,意之本体便是知,意之所在便是物。"②"意"是"心之所发",并且"心"总要外发为"意","意"也必然

---

① 《王阳明集》,第 64 页。
② 《王阳明集》,第 6 页。

与物相关联。"心"与"物"通过"意"产生了一种意向性关联,"心"使得物成为这样的"物",使得物的理成为这样的"理"。王阳明所说的"物"的意义非常宽泛,它不仅包括通常所指的外在客观事物,还特别指人的各种社会行为和道德实践。他说:"如意在于事亲,即事亲便是一物;意在于事君,即事君便是一物;意在于仁民爱物,即仁民爱物便是一物;意在于视听言动,即视听言动便是一物。"①

所以,"有善有恶意之动"是说,人的善恶是由心所发之"意"而形成。王阳明说:"性之本体原是无善无恶的,发用上也原是可以为善,可以为不善的,其流弊也原是一定善一定恶的。"②"心"的发用即为"意",这"意"所引起的选择就是产生善恶的根源。在这种选择中,一个人能够不妄取,对本不属于或不该属于自己的物做到不动心,就实现了廉的品质。《淮南子》中讲:"利不动心。"③这也是一个人成为廉者的全部秘诀。

王阳明说:"以此纯乎天理之心,发之事父便是孝,发之事君便是忠,发之交友治民便是信与仁。"④这个外发的"心"是本心而非通常的心。⑤ 如果心所发的"意"是顺应良知本心的,那么,由此而来的行为自然符合道德规范。王阳明多论"孝""忠",但他当然不会将良知的发用局限于这两种道德品质,因为心之所发,"千变万化,至不可穷竭"。良知发于不同的境遇,就有不同的道德体现。由此,心发于政,则有廉政。如果不是依本心所发,一个为政者当然可以因遵守规则或因制度震慑做到廉洁,但也有可能为私欲而突破规则违背公义造成恶政。

所以,"恶"也是选择的结果。王阳明说:"恶人之心,失其本体。"⑥这个"失",其实是私欲、物欲的遮蔽。人有意志自由,当心发为意后就有可能被

---

① 《王阳明集》,第 6 页。

② 《王阳明集》,第 107 页。

③ 刘安:《淮南子》,上海古籍出版社 2016 年版,第 358 页。

④ 《王阳明集》,第 2 页。

⑤ 王阳明讲到"心"时,有时是指一般性的"意识",有时是指特殊性的"本心"。但他并没有将这两个意思明确地区分开。作为意识的"心之所发",表现出的是一种意向性;而作为本心的"心之所发",更加突出的是它的伦理性。

⑥ 《王阳明集》,第 14 页。

一己之私左右，意图占有本不属于自己的东西，这就有了贪心、失了廉心。良知天理深藏于人心之深处，它不是一种经验性的存在。心发为意，是先验的本体表现为经验的行为，这就有了天理与人欲的差别。朱熹曾言："圣贤千言万语，只是教人明天理，灭人欲。"①王阳明也说："只在此心去人欲、存天理上用功便是。"②但儒家所反对的人欲，不是指人的一切欲求。对儒家来说，人的欲求表现为两种：一种是符合天理的，这是善的；另一种是违背天理的，那是恶的。这后者才是儒家所说的"人欲"。也就是说，"人欲"是指不合"理"的欲望，并不是说人的一切欲望都是不合理的。

当然，欲求所合的"理"，也并非一成不变。朱熹说："饮食者，天理也；要求美味，人欲也。"③饮食是每一个人生存的必需条件，所以这是符合天理的，但至于对美味的追求，却不能一概而论。杜甫诗云："朱门酒肉臭，路有冻死骨。"④官僚、贵族们在人民水深火热之时享受美味、穷奢极欲，这当然有悖天理。相反，现在经济生活水平提高了，普罗大众也有了享受美味的条件，凭借自己的辛苦所得，在繁忙之余享受一下美味，这当然是符合天理的。

在生活中，如要顺应良知本体做事，势必就要努力克服自己的私欲。克服了对物的贪欲，就是一个廉者。所以，廉政主体的实现在根本上就是"去私意"。为政者处在一个有权力的位置上，经常会受到各种利益的诱惑。权力与欲望之所以关系密切，就是因为权力经常与对"利"的掌握密切相关。有了权力，通常就有了获得"利"的条件。所以，一个人能否成为廉者，权力对他的考验是很大的。

消除为政者欲望的途径有二：一是从心学理想层面讲，主体能够积极地从内心克服对物质的过度欲望；二是从现实层面说，需要用制度对权力进行约束，因为现实中并不是每个人都能克己制欲。对于防治贪腐，制度约束当然非常重要，但如果手握权力的官员不努力克制自己的私欲，他多半会心存侥幸，想尽办法在制度中寻找漏洞，而那些敢于铤而走险的就更不必说了。

---

① 黎靖德：《朱子语类》，王星贤点校，中华书局 1986 年版，第 207 页。

② 《王阳明集》，第 2 页。

③ 《朱子语类》，第 224 页。

④ 杜甫：《杜甫诗选》，中州古籍出版社 2011 年版，第 6 页。

所以,廉政建设在体系建设不完善时还需要加强廉政主体的道德自律。

人们在处理各种关系时,难免夹杂一些私欲在其中。尤其是一个人手握权力时,更容易有一些亲朋好友提出不正当的要求,而这可能比从自己利害出发更容易造成欲望的增长。诸如此类的私欲,都会成为手握权力者的"心中贼"。只有破除了这些心中之贼,他才有可能成为一个真正意义上的廉者。当然,一个廉洁的官员,履行自己的职责,并不意味着不能讲报酬。对于他的付出,也要有相应的回报,这种回报就是天理。王阳明也经常上疏向皇帝提出自己的要求。当然,他的要求是符合常情常理的。两袖清风、不计报酬的行为,也有出于本心和出于妄心之分,后者的做法实际上是沽名钓誉,这也是一种"心中贼"。真正的"廉",要出于自己的本心,让自己的廉行形成一种自然习惯,而不是刻意地想让别人知道。

三、知廉知贪是良知

对于王阳明来说,良知本心是道德的根基。为忠的事、为孝的事,在根本上就是依赖于本心的发用。那么,一个人如何知道自己是否做到了忠、做到了孝呢? 一个行政者如何判断自己在处理政务中,是否做到了廉洁从政呢? 四句教中第三句"知善知恶是良知"是说,判断的依据就是"良知"。良知能够判断"心"所外发的"意"及其引起的行为是善的还是恶的。这也是其"心即理"的一层意义,"良知"作为"理"就是判断的准则。从廉政的角度说,一个为政者的良知可以判断他在行政过程中的行为是廉的还是贪的。所以,我们也可以说:知廉知贪是良知。

作为阳明心学核心概念的"心",其基本含义有两个方面:一是指作为通常意识的"灵明",也即"虚灵明觉",它是没有善恶之分的;二是指作为善的"本心"和"本性"的"良知",也即"真诚恻怛"。但王阳明也经常将这两层含义表达在一起而不加区分。他说:"心者身之主也,而心之虚灵明觉,即所谓本然之良知也。"[①]良知尤其是指人的道德意识,人的分善恶、辨廉耻的能力就蕴含在这种道德意识之中。并且,王阳明非常强调"良知"作为道德意识

---

① 《王阳明集》,第 44 页。

的本然性与自觉性。"知是心之本体,心自然会知:见父自然知孝,见兄自然知弟,见孺子入井自然知恻隐,此便是良知,不假外求。"①"知"也是"心"的本质规定性。正因为心可以达到对自己的认识,并且这种认识是一种道德的自知,所以它被称为"良知"。

因为良知就是天理,所以,王阳明也说"知是理之灵处"。心即理,不仅是说心是道德准则的根源,而且这种道德准则自身就具有一种自我确认的能力,所以说"良知本来自明"。心能够对行为是否与它相符合进行判断,这种判断就是通过它的良知本体来实现的。王阳明说:"尔那一点良知,是尔自家底准则。尔意念着处,他是便知是,非便知非,更瞒他一些不得。尔只不要欺他,实实落落依着他做去,善便存,恶便去。"②"良知"作为一种"知",其主要内容不是我们通常所说的理性认知,而是一种先验的道德理性。

这种"知"是具有普遍性的。王阳明说:"良知在人,随你如何不能泯灭,虽盗贼亦自知不当为盗,唤他做贼,他还忸怩。"③盗贼其实也知道偷盗是不对的,因为他内心也有良知在。从行政角度来说,贪官其实也知道自己是贪的,但贪官之所以成为贪官,就是由于他们的贪欲不再依从良知的判断。所以,要真正成为一个有良好德性的人,就不能欺骗自己的良知,而是要实实在在地按照良知的倾向去做,此之谓"良知发用之思"。从良知本身产生的想法本来是"明白简易"的。

但是我们通常的思虑却是一种"私意安排之思",这种思虑源于一己之私从而遮蔽了良知。别人有求于我,送我礼物,我对这个事情反复衡量,最后理性战胜了对这个礼物的欲望。这个事情尽管从结果看是做对了,但不是出于良知的发用。对于这种"私意安排"的思想,良知自然也能够分别开来。所以,就廉政的实现来说,制度只是一种外在的制约。对于一个愿意真正践行廉政的人来说,他不需要这种外在的制约,因为他的良知会使他做出符合廉政的行为。但事实上,并不是每一个人都能从自己的良知出发,所以也就必然需要外在的制度约束。同样,制度不可能规定人的每一种行为,如

---

① 《王阳明集》,第6页。
② 《王阳明集》,第86页。
③ 《王阳明集》,第87页。

果没有廉的自觉,他就很可能不断去钻制度的空子。

在社会生活中,一个人所面临的境遇是千变万化的,所以不可能有固定的标准来规定我们在每一种情境中的具体行为。如何在千变万化的情境中确定自己的行为? 王阳明说:"中只是天理,只是易,随时变易,如何执得? 须是因时制宜。难预先定一个规矩在。"①这个"中",就是"未发之中",就是指人的良知本体。"良知"自己知道那个合适的分寸。过与不及,都是因为有私意的影响;而良知天理是随时变易的,它也因此才能够应对万方。

如果良知没有固定的规则,我们如何确定它是否在自己身上得到彰显? 良知的发用表现为两种心理状态,一是"真诚恻怛",二是"戒慎恐惧"。

王阳明说:"盖良知只是一个天理自然明觉发见处,只是一个真诚恻怛,便是他本体。故致此良知之真诚恻怛以事亲,便是孝;致此良知之真诚恻怛以从兄,便是弟;致此良知之真诚恻怛以事君,便是忠:只是一个良知,一个真诚恻怛。"②尽管这些德性的具体表现不一样,但它们都表现出同样的真诚恻怛。以这样的真诚恻怛对待外物、对待他人的利益,自然就能够达成廉的品格。从其自然达成的意义上说,这种真诚恻怛就是廉耻之心,也就是廉的本身。以真诚恻怛之心处理政务,也便能够实现廉政。

王阳明还说:"能戒慎恐惧者,是良知也。"③"戒慎恐惧"是人的良知本体在面对他人受到伤害时本然的发见流行,也是因担心他人——包括与自己完全无关的陌生人——受到伤害而产生的同情。所以,这句话非常适合于手握权柄的官员,因为最不容易做到"戒慎恐惧"的,往往就是手中有一定权力的人。很多手握权柄的人,只担心自己的权力会丧失,却不同情普通民众受到的伤害。由此,他们身上也就容易滋生权力的傲慢,而这也是官员腐败的内心根源。

所以,王阳明强调:"须是平日好色、好利、好名等项一应私心扫除荡涤,无复纤毫留滞,而此心全体廓然,纯是天理,方可谓之喜怒哀乐未发之中,方

① 《王阳明集》,第 18 页。
② 《王阳明集》,第 78 页。
③ 《王阳明集》,第 60 页。

是天下之大本。"①官员们的贪欲总是与美色名利连在一起。心中坦然无私，自然成为廉者；心中廓然大公自然无私意。在培养良知的路上须要不断地"事上磨炼"。去得一点私欲，就得一点良知，就成一点清廉。我们的行为都要遵守良知的指引，因为良知才真正是一个人的"明师"。官员在处理政事中，只要依照良知本性的指引，自然能够达到廉洁从政的境界。"良知原是完完全全，是的还他是，非的还他非，是非只依着他，更无有不是处。"②从根本意义上讲，廉政其实并不是一件特别困难的事；但是从现实层面上说，人们经常难以抵挡妄念与私欲的诱惑。所以，用制度来进行约束和惩戒是非常必要的，并且这种制度也需要不断地加强和完善。

四、结语

在王阳明的"心即理"中，"理"内在地包含了"廉"的品质。首先，从个人修养的层次讲，"廉"是一种人格品质，是人内心的一种清明境界，也就是"礼义廉耻"之"廉"。从阳明心学来说，它包含在本心的良知之理中，只要人能够从良知出发，做事就能够达成廉的品性。其次，从为政修养的层次讲，"廉"是一种政治品质，它的展开就构成了廉政。不过，廉政有两条生成路径：一条源于外在的体制约束，另外一条就是源于内在的廉心发扬。王阳明的心学思想有一个重要目的就是从主体的角度给人的修养提供信心，但事实上并不是每一个人都能在面对利益诱惑时充分发挥主体的道德自律，也并不是每一个人都能按照心学的路径进行自我修养，所以，个人修养不能成为廉政建设的全部内容，通过体制的架构对权力进行制约是不可缺少的，对行政者的贪腐惩戒也是必不可少的。不管是道德主体的建构，还是廉政主体的建构，都需要不断地进行"事上磨炼"，而这种磨炼的过程，也就是阳明四句教中的"为善去恶是格物"。在通向廉政的路上，不仅需要主体自我进行积极的"为善去恶"，也需要通过制度约束每一个行政者使其进行不断的"事上磨炼"。

---

① 《王阳明集》，第 22 页。
② 《王阳明集》，第 98 页。

王阳明"破心中贼"思想辨析

中共绍兴市委党校四级调研员

雷泳仁

"破山中贼"思想在阳明心学体系中具有重要地位。相对于"山中贼",王阳明提出了"心中贼"概念。关于什么是"心中贼",学术界存在不同观点。本文在辨析"心中贼"概念的基础上,较为深入地探讨了"破心中贼"的途径、困难,并从"自我革命"的个体维度对"破心中贼"思想的时代价值略做分析,以求教于同仁。

一、"心中贼"何所指

"心中贼"概念是王阳明任南赣巡抚期间提出的,原文是"破山中贼易,破心中贼难"。正德十一年(1516)九月,王阳明被任命为都察院左佥都御史,巡抚南、赣、汀、漳等处。第二年正月十六日,王阳明抵达赣州开府。南赣巡抚辖八府一州,即江西南安府、赣州府,福建汀州府、漳州府,广东潮州府、惠州府、南雄府、韶州府,以及湖广郴州。当时,由于山寇作乱,南赣巡抚辖区内社会动荡不安,巡抚换了数任,山寇危害却越来越严重。王阳明到任后,经过一年多时间,先后经过"漳南之役""横水桶冈之役""浰头之役",剿灭了危害几十年的寇患。在正德十三年(1518)正月初九至三月初八的"浰头之役"过程中,王阳明给弟子薛侃写了一封信,信中写道:

"即日已抵龙南,明日入巢,四路兵皆已如期并进,贼有必破之势。某向在横水,尝寄书仕德云:'破山中贼易,破心中贼难。'区区剪除鼠窃,何足为异。若诸贤扫荡心腹之寇,以收廓清平定之功,此诚大丈夫不世之伟绩。数日来谅已得必胜之策,捷奏有期矣。何喜如之!"①

根据信的内容,可知"破山中贼易,破心中贼难"这一重大命题是正德十二年(1517)十月至十二月的"横水桶冈之役"期间,王阳明给弟子杨仕德的信中首先提出来的。王阳明此番重提,足见其对"破心中贼"的重视。此前给杨仕德的信未被收录于《王阳明全集》,但在给薛侃的信中包含了给杨仕德信的重要内容,该信被收入全集,题为"与杨仕德薛尚谦书"。当然,束景南在《阳明大传:"心"的救赎之路》中卷中认为王阳明的信本是写给薛侃、杨仕德两人的,但董平在《王阳明的生活世界:通往圣人之路》中认为这封信只是写给薛侃的,笔者从董平说②。

由于"破山中贼易,破心中贼难"之说大致概括了王阳明一生的主要业绩,特别是"破心中贼"思想在阳明思想体系中具有重要地位,这一命题引起学者的持续关注。但是,在何为"心中贼"问题上,却异见纷呈。

关于"心中贼"具体和所指的不同观点,概而言之,可以分为两类。第一类把"心中贼"看作像"山中贼"一样的人,第二类是指思想观念。在这两类观点中,每一类又同中有异,出现了不同看法。

在把"心中贼"看作人的观点中,有两种不同意见。其一,认为"心中贼"是指刘瑾权阉集团。柯兆利的《阳明"破心中贼"新解》认为"由于刘瑾弄权既久,羽翼颇丰,故阳明信中有'破心中贼难'之叹"③。其二,认为"心中贼"是指当时正在图谋叛乱的江西宁王。陈卫平在《王守仁的"破心中贼难"应作何解?》一文中就持这种观点④。下文首先就这两种观点做个辨析。

王阳明提出"破心中贼难"时,刘瑾已被处决七年了。刘瑾被处决之后,虽然宦官势力仍强大,但已大不如从前,"真正得宠专权者,并非司礼监太监,而是佞幸"⑤,武臣钱宁、江彬,优人臧贤等替代了刘瑾而得宠擅权。

---

① 王阳明:《王阳明全集 新编本》第 1 册,浙江古籍出版社 2011 年版,第 181 页。

② 束景南:《阳明大传:"心"的救赎之路》中写道:"到达龙南后,他立即写信给薛侃、杨骥。"董平《王阳明的生活世界:通往圣人之路》写道:"'破山中贼易,破心中贼难'这一名言,是阳明在征横水时提出来的,正德二年末在龙南时寄书薛侃而再提此语"。

③ 柯兆利:《阳明"破心中贼"新解》,《厦门大学学报(哲社版)》1990 年第 4 期。

④ 陈卫平:《王守仁的"破心中贼难"应作何解?》,《江西社会科学》1983 年第 4 期。

⑤ 胡丹:《明代宦官制度研究》,浙江大学出版社 2018 年版,第 382 页。

宦官中最有权势的是张永,此人在处决刘瑾中起了重大作用,但从后来王阳明平定宁王朱宸濠叛乱之后宁愿把朱宸濠交给张永来看,王阳明当不会把他当作"心腹之寇"。因此,认为"心中贼"是指刘瑾权阉集团,缺乏事实依据。

陈卫平文中认为,王阳明就任南赣巡抚肩负两大使命,除了剿匪之外就是如何对付图谋叛乱的宁王朱宸濠。相较而言,前者易而后者难。因此,王阳明才说"破山中贼易,破心中贼难",朱宸濠是王阳明赴任南赣巡抚之后心中念念不忘要对付的"贼"。这种说法也缺乏事实依据。从当时朝廷任命王阳明为南赣巡抚的目的看,是为"紧急贼情事","见今盗贼劫掠,民遭荼毒。万一王守仁因见地方有事,假托辞免,不无愈加误事"。前任巡抚文森因为匪情严重不敢赴任,朝廷担心王阳明也会找理由不去,所以下令:"既地方有事,王守仁着上紧去,不许辞避迟误。"①况且此时宁王朱宸濠谋反面目尚未全然暴露,甚至宁王还曾推荐王阳明出任江西巡抚以代替孙燧。赴任南赣巡抚之后,王阳明一再萌生去意。正德十二年(1517)二月,王阳明抵达赣州后不久,即在《与徐曰仁书》中表示:"过此幸无事,得地方稍定息,决须求退。"②同年五月,在平定漳南匪乱之后,他在给兵部尚书王琼的信中说:"秋冬之间,地方苟幸无事,得以归全病喘于林下。"还是表达了辞官回家的意愿。正德十三年(1518)三月初四,在即将完成剿平浰头山寇使命之际,王阳明专门上《乞休致疏》,请求"准令旋师之日,放归田里"。正德十四年(1519),王阳明在给好友湛甘泉的信中说,他已经三次请求朝廷准许致仕,"日夜思归阳明,为夕死之图,疏三上而未遂"③。如果像陈卫平文中所言"王琼是向王守仁交待过提防宁王这一任务的",王阳明当不会一再打算辞去南赣巡抚之职。

"心中贼"既不是指刘瑾宦官集团,也不是指图谋叛乱的宁王。实际上,在王阳明的著述中,"贼"不一定是指"人",而是指思想观念。"省察克治之

---

① 《王阳明全集 新编本》第 2 册,第 371 页。

② 束景南、查明昊编辑:《王阳明全集补编(增补本)》,上海古籍出版社 2021 年版,第 152 页。

③ 《王阳明全集 新编本》第 1 册,第 187 页。

功,则无时而可间,如去盗贼,须有个扫除廓清之意。无事时将好色、好货、好名等私逐一追究,搜寻出来,定要拔去病根,永不复起,方始为快"①,王阳明这里就把好色、好货、好名等私欲比作盗贼。同样,"心腹之寇"也可以是指思想观念。嘉靖六年(1527),王阳明把官员"各怀谗嫉党比之心"视作"腹心之祸","东南小蠢,特疮疥之疾,群僚百司,各怀谗嫉党比之心,此则腹心之祸,大为可忧者"②,"腹心之祸"也就是"心腹之寇"。

除了少数学者持"心中贼"是指人的观点之外,多数学者认为"心中贼"是指思想观念,但关于到底是什么人的思想观念又存在不同认识,主要有三种观点:第一种观点认为,"心中贼"是指民众的思想观念。任继愈、史宏、汤纲、南炳文、任健、赵岩等持此种观点③。第二种观点认为,"心中贼"是指统治阶级的思想观念。周术槐认为所谓"心中贼"主要是指统治者的徇私败公、道德沦丧,这种"心中贼"是引发社会动荡的根源所在,也最难破除④。第三种观点认为,"心中贼"是指所有人的思想观念,持这种观点的学者最多。董平认为"心中贼"即心中之私欲⑤。方志远认为"心中贼"存在于"山中贼"、诸贤、大丈夫、所有人包括最高统治者的心中⑥。周月亮认为"心中贼"包括人人心中不可告人的毛病⑦。李明德认为"心中贼"就是指私欲、物欲、人欲和习气,王阳明所说的"破心中贼"就是要破除这类思想念头⑧。许怀林认为"心中贼"是人的恶劣思想意识⑨。王伟认为"心中贼"涵盖人皆有之的名利

① 《王阳明全集 新编本》第 1 册,第 17 页。
② 《王阳明全集 新编本》第 3 册,第 868 页。
③ 任继愈主编:《中国哲学史》第 3 册,人民出版社 1964 年版;史宏:《牧师与刽子手——从王阳明血腥镇压大藤峡、八寨地区瑶、壮各族人民的罪行看儒家的反动面目》,《广西师范大学学报(哲学社会科学版)》1975 年第 4 期;汤纲、南炳文:《明史》(下),上海人民出版社 2003 年版;任健:《王阳明廉政思想论析》,《贵州师范学院学报》2015 年第 10 期;赵岩:《"两个结合"视域下将阳明文化融入贵州干部教育探析》,《领导科学论坛》2023 年第 6 期。
④ 周术槐:《浅析王阳明"破心中贼"的主旨》,《贵州文史丛刊》1999 年第 4 期。
⑤ 董平:《王阳明的生活世界:通往圣人之路》,商务印书馆 2018 年版,第 165 页。
⑥ 方志远:《王阳明:心学的力量》,商务印书馆 2019 年版,第 115 页。
⑦ 周月亮:《王阳明心学》,北京联合出版公司 2018 年版,第 203 页。
⑧ 李明德:《王阳明的破山中贼与破心中贼》,《孔子研究》1995 年第 5 期。
⑨ 许怀林:《境由心生:三写王守仁的体会》,《赣南师范大学学报》2017 年第 1 期。

权色等各种过度和非分的贪欲、执念。①

就《与杨仕德薛尚谦书》的文本内容而言,除了讲剿匪之事外,主要还是讲"学",包括肯定梁日孚、杨仕德能共学,同时希望薛侃督促其继子正宪的学习。就王阳明的思想和讲学历程来看,从南京以来,他讲学的重点就是"去人欲","故南畿论学,只教学者'存天理,去人欲'为省察克治实功"②。而"去人欲"也就是"破心中贼"。《与杨仕德薛尚谦书》这封信反映了他的主要讲学精神,"心中贼"是泛指人的私欲。作为思想观念,把"心中贼"局限于民众的或者统治阶级的,实际上均窄化了这一概念。不管是普通民众,还是统治阶级,都存在"心中贼"。"心中贼"是适应所有人的思想观念,这种观点才最符合阳明心学精神。阳明心学从心即理的理论前提出发,认为"人胸中各有个圣人"③"个个心中有仲尼"④。王阳明发展了孟子"人皆可尧舜"的思想,提出"满街都是圣人"的理念。心之良知即是圣,"这良知人人皆有"⑤,主张良知是人人具有的普遍性存在。但是,王阳明同时又认为:"夫过者,自大贤所不免。"之所以大贤也难避免过失,是因为有私欲。这样,人人都可能成为圣贤,又人人都有可能沦为私欲的俘虏。这私欲就是"心中贼"。

二、何以"破心中贼"

前文辨析了"心中贼"何所指,关键是如何"破心中贼"。关于如何"破心中贼",王阳明有丰富的论述,概而言之,主要有三个方面,即道德教化、物质保障和个体"心上做工夫"。

---

① 王伟:《王阳明心学廉政思想阐释及其当代价值》,《四川理工学院学报》(社会科学版)2019 年第 5 期。

② 《王阳明全集 新编本》第 4 册,第 1243 页。

③ 《王阳明全集 新编本》第 1 册,第 102 页。

④ 《王阳明全集 新编本》第 3 册,第 826 页。

⑤ 《王阳明全集 新编本》第 1 册,第 105 页。

(一)道德教化

王阳明对于道德教化的功能有着深刻的认知,非常重视道德教化在社会治理中"破心中贼"的作用。他曾经说过:"照得有司之政,风俗为首,习俗侈靡,乱是用生。"①这句话包含了两层意思,一是"习俗奢靡,乱由是生",指奢靡的社会风气导致社会失序;二是"有司之政,风俗为首",强调改良社会风气应成为社会治理的首要任务。前者强调了道德教化的必要性,后者突出了道德教化的重要地位。在王阳明看来,"心中贼"的形成,固然有各种原因,但其中一个重要因素就是道德教化的缺失。"往者新民盖常弃其宗族,畔其乡里,四出而为暴,岂独其性之异,其人之罪哉?亦由我有司治之无道,教之无方。尔父老子弟所以训诲戒饬于家庭者不早,薰陶渐染于里者无素,诱掖奖劝之不行,连属叶和之无具,又或愤怨相激,狡伪相残,故遂使之靡然日流于恶,则我有司与尔父老子弟皆宜分受其责。"②他认为新民这一特殊人群之所以为暴,与官方和家庭的道德教化缺失密切相关。按此逻辑,加强道德教化自然就是改造此类特殊人群并去其"心中贼"的题中应有之义。

在南赣巡抚任内,王阳明曾经颁布过《谕俗四条》来劝导、教化百姓,"为善之人,非独其宗族亲戚爱之,朋友乡党敬之,虽鬼神亦阴相之。为恶之人,非独其宗族亲戚恶之,朋友乡党怨之,虽鬼神亦阴殛之"③。每个人为善,每个人都为他人所爱,社会充满爱。反之,为恶的人多,人们的心中有着怨恨。王阳明认为上古时期,人们的德性高尚,"当是之时,人皆君子而比屋可封"④。但是,"后世良知之学不明,天下之人用其私智以相比轧,是以人各有心,而偏琐僻陋之见,狡伪阴邪之术,至于不可胜说"。人们不仅失去了德性之高贵,而且导致"祸乱相寻于无穷"。王阳明自少年时期便立志要做圣贤,这一志向终生不渝,他也希望通过道德教化来教人做圣贤,以此改造社会,使天下大同,"今诚得豪杰同志之士扶持匡翼,共明良知之学于天下,使天下

---

① 《王阳明全集 新编本》第 2 册,第 599 页。

② 《王阳明全集 新编本》第 2 册,第 635 页。

③ 《王阳明全集 新编本》第 3 册,第 961 页。

④ 《王阳明全集(新编本)》第 1 册,第 273 页。

之人皆知自致其良知,以相安相养,去其自私自利之蔽,一洗谗妒胜忿之习,以济于大同"①。

正是基于对道德教化的深刻认识,才能对其产生强烈的责任感、使命感,才能满腔热情地去做。当时有人称赞阳明先生说:"古之名世,或以文章,或以政事,或以气节,或以勋烈,而公克兼之,独除却讲学一节,即全人矣。"历史上的著名人物,之所以著名于世,有的是因为文章,有的是因为政绩,有的是因为节操,有的是因为军功,而王阳明先生在这些方面都卓越,只是讲学这点除外。因为他讲学的内容不同于当时居于主流地位的朱子学,颇受非议。但是王阳明却认为"某愿从事讲学一节,尽除却四者,亦无愧全人"②,即没有上述四个方面的成就,仅仅做好讲学这一条,也无愧做一个"全人"。可见王阳明对讲学布道的重视程度。在贵州龙场那样恶劣的环境下,他聚集门生讲学,还赋诗曰"讲习有真乐"③。在庐陵知县任内,"为政不事威刑,惟以开导人心为本。……在县七阅月,遗告示十有六,大抵谆谆慰父老,使教子弟,毋令荡僻"④。在南赣巡抚任内,大力推动道德教化,期望"礼让日新,风俗日美"⑤。在《赣州书示四侄正思等》中说:"读书讲学,此最吾所宿好。"⑥王阳明自少年时期立圣贤之志到中年同好友湛甘泉"以昌明圣学为己任",终其一生,充满了传道者精神,正如钱德洪对王阳明的称颂:"平生冒天下之非诋推陷,万死一生,遑遑然不忘讲学,惟恐吾人不闻斯道,流于功利机智,以日堕于夷狄禽兽而不觉;其一体同物之心,譊譊终身,至于毙而后已。"⑦正是基于这种精神,王阳明才强调"破山中贼易,破心中贼难",他把破除"心中贼"看作比剿除山寇更为艰难也更为宏伟的事业。他致力于道德教化就是要破心中贼。"阳明一生的活动,实际上是围绕讲学和社会教化而展开的。"⑧

---

① 《王阳明全集　新编本》第1册,第87页、88页。

② 邹守益:《阳明先生文录序》,《王阳明全集　新编本》第6册,第2082页。

③ 《王阳明全集　新编本》第3册,第737页。

④ 钱德洪:《年谱》,《王阳明全集　新编本》第4册,第1236页。

⑤ 《王阳明全集　新编本》第2册,第647页。

⑥ 《王阳明全集　新编本》第3册,第1036页。

⑦ 钱德洪:《传习录中·序》,《王阳明全集　新编本》第1册,第44页。

⑧ 郭齐勇:《王阳明治国理政的智慧》,《文化软实力研究》2018年第4期。

（二）物质保障

在致力于道德教化的同时,王阳明极为重视物质保障。王阳明深刻认识到"财者,民之心也,财散则民聚"①。同时,他坚信天下无不可化之人,但是要给予相应的物质保障,才能让坏人有"回心想化之心",并且"益坚向善之心"②。明朝进入中期以后,社会问题日益复杂化,老百姓日趋贫困,正如王阳明所言:"今灾害日兴,盗贼日炽,财力日竭,天下之民困苦已极。"③王阳明在地方治理中,一向注重减轻老百姓的各种负担。在短短的庐陵知县任内,"绝镇守横征"④,免除明宫廷税务特派员（镇守中官）强加给庐陵县的不合理负担。后来在南赣巡抚、江西巡抚任内,王阳明在平乱之余,仍是努力减轻民众的不合理负担,"功微不愿封侯赏,但乞蠲输绝横征"⑤。在南赣完成剿匪三大战役并对"新民"进行改造的过程中,王阳明特别重视物质保障。他在《牌行招抚官》中规定:"看得新民廖成等诚心投抚,……就于横水新建县城内立屋居住,分拨田土,令其照例纳粮当差。……及照见今农时已逼,新民人等牛具田种,尚未能备,今特发去商税银一百两,就仰本官置买耕牛农器,分给各民,督令上趁时布种。其有见缺食用者,亦与量给盐米。"⑥对于接受招抚的"新民",要保证他们住有所居,分配给他们土地,给他们购买耕牛农器,特别困难而缺少粮食的,还资助给他们粮食和食盐。在《行龙川县抚谕新民》中要求"将新民卢源、陈秀坚、谢凤胜等安插和平及拨田地耕种"⑦。在《绥柔流贼》中特别强调:"若彼贼果有相引来投者,亦就实心抚安招来之,量给盐米,为之经纪生业,亦就为之选立酋长,使有统率,毋令涣散。"⑧他还注重促进经济发展。王阳明赴任南赣巡抚时,南赣地区各地互设

---

① 《王阳明全集 新编本》第2册,第454页。
② 陈立胜:《王阳明"万物一体"论:从"身—体"的立场看》(修订本),北京燕山出版社2018年版,第136页。
③ 《王阳明全集 新编本》第2册,第313页。
④ 钱德洪:《年谱》,《王阳明全集 新编本》第4册,第1236页。
⑤ 《王阳明全集 新编本》第3册,第788页。
⑥ 《王阳明全集 新编本》第2册,第672页。
⑦ 《王阳明全集 新编本》第2册,第602页。
⑧ 《王阳明全集 新编本》第2册,第690页。

关卡,货物流通得缴纳重税,导致货源不足,物价高。尤其是属于生活必需品的食盐供给不足,于民不便。当时南赣地区食盐供应主要有两条运输线,一是闽广(福建、广东、广西的统称)运输线,食盐运到赣州后,可沿赣江运至吉安、袁州及临江等地,明朝初年就是采用这条运输线,但由于种种原因,当时官方已不准通行。另一条是两淮(北方淮河周边地区)运输线,吉安、袁州、临江地区的食盐当时由两淮地区供应。闽广运输线所经之地地势较为平坦,水路运输便利,相对成本较低,而通过两淮运输线成本要高得多,"当食盐运抵吉安、袁州及临江后,价格翻了好几倍"[①]。王阳明一再上奏朝廷,要求降低商品流通税,禁止重复征税,并且放开市场,让货物自由畅通。只有发展经济,为民众提供应有的物质保障,才能让民众过上有道德的生活。

在廉政建设方面,王阳明注重加强物质保障。这里有一篇公文,王阳明在公文里要求对官员的工资收入情况进行调查,并且强调要保证官员们拥有一定的收入水平。王阳明认为:"夫忠信重禄,所以劝士,在昔任人,既富方谷,庶民在官,禄足代耕,此古今之通义也。朝廷赋禄百司,厚薄既有等级,要皆使各裕其资养,免其内顾,然后可望以尽心职业,责以廉耻节义。"对忠信的人,加厚俸禄,这是用以奖劝士人的。古代任人为官,给予丰厚的俸禄,平民百姓出任为官的,所得俸禄足以代替耕种,这是自古至今的通例。朝廷给官员发俸禄,虽然等级不同,俸禄有多有少,但关键是让官员们生活富裕,免除他们的内顾之忧,这样才可以期望官员们尽心尽职,同时应教育官员要讲廉耻、重节操。王阳明明白薪俸过低是导致贪腐泛滥的客观原因,因此他主张保障官员的薪俸收入,使其足以过上富裕的生活,从而减少官员贪腐现象。

(三)个体心理建设

上述关于道德教化和物质保障是从宏观方面来讲,但"破心中贼"最终还是要落实到个体上。在个体微观方面,阳明心学具有极为丰富的方法论内容。王阳明讲:"我说个心即理,要使知心理是一个,便来心上做工夫。"他主张心即理,就是要把人引向身心上来,做个"克己向里德上用心的人"。

---

① 冈田武彦:《王阳明大传》,杨田等译,重庆出版社2014年版,第216页。

如何从自身心地上做呢？第一，立志。王阳明主张立志具有根本性，"夫志，犹木之根也"①"立志者，其本也"②。他认为"大抵人非至圣，其心不能无所系著。不于正，必于邪；不于道德功业，必于声色货利，故必须先端所趋向，此吾向时立志之说也"③。人们的精神通常有所寄托，这种寄托不是正面的，就是负面的。不是追求道德和建功立业，就是向往"声色货利"，因此首先必须"端所趋向"，所谓"立志而圣则圣矣，立志而贤则贤矣"④。王阳明特别重视仕途中人的立志问题，强调"夫志于利，虽欲其政之善，不可得也。志于行道，虽欲其政之不善，已不可得也"⑤。如果目的是捞取利益，想要做好官是不可能的；如果立志替天行道，想要做不好的官，也是不可能的。总开关（世界观、人生观、价值观）是关键。总开关没有问题，廉洁从政也没有问题。

第二，诚意。"圣人之学，只是一诚"⑥，王阳明认为圣贤之道的关键是"诚"。他把诚意置于极为重要的地位，"若诚意之说，自是圣门教人用功第一义"⑦。王阳明为什么把诚意放在这样重要的地位上呢？他在《大学问》做了解释，"欲修其身者，必在于先正其心也。然心之本体则性也。性无不善，则心之本体本无不正也。何从而用其正之功乎？盖心之本体本无不正，自其意念发动而后有不正。故欲正其心者，必就其意念之所发而正之"⑧。人人都具有良知，但为什么有的人为善，有的人作恶呢？是在哪个环节出现了问题呢？是在"意"这个环节，"恶"出现在"意"这个环节上面。"必就心之发动处才可着力也。心之发动不能无不善，故须就此处着力，便是在诚意。"因此，心上做工夫关键在于诚意，"工夫到诚意，始有着落处"⑨。

---

① 《王阳明全集 新编本》第 3 册，第 1074 页。

② 《王阳明全集 新编本》第 1 册，第 183 页。

③ 《王阳明全集 新编本》第 5 册，第 1807 页。

④ 《王阳明全集 新编本》第 1 册，第 1021 页。

⑤ 《王阳明全集 新编本》第 3 册，第 1097 页。

⑥ 陈荣捷：《王阳明〈传习录〉详注集评》，重庆出版社 2017 年版，第 326 页。

⑦ 《王阳明全集 新编本》第 1 册，第 45 页。

⑧ 《王阳明全集 新编本》第 3 册，第 1018 页。

⑨ 《王阳明全集 新编本》第 1 册，第 131 页。

第三，寡欲。王阳明主张"圣人之学，以无我为本，固勇以成之"①。以无我为本，"无我"当然要求去人欲。"吾辈用力，只求日减，不求日增。减得一份人欲，便是复得一份天理"②，去人欲是做减法，要在日常去做，直至减无可减方可，"无事时，将好色、好货、好名等私，逐一追究搜寻出来，定要拔去病根，永不复起，方始为快。常如猫之捕鼠，一眼看着，一耳听着，才有一念萌动，即与克去，斩钉截铁，不可姑容，与他方便，不可窝藏，不可放他出路，方是真实用功，方能扫除廓清。到得无私可克，自有端拱时在"③。

第四，经典学习。王阳明十分重视儒家经典的学习。在《示弟立志说》中说："圣贤垂训，莫非教人去人欲存天理之方，若五经、四书是已。吾惟欲去吾之人欲，存吾之天理，而不得其方，是以求之于此。"④这里的"人欲"不是指人所有欲望，是指超过人的正常需要之外的欲求，是违反自然的过度欲求。圣贤留下的教导，都是教人去人欲存天理的方法，比如五经四书。要去人欲存天理而不知道怎么办，就去读五经四书，从中找方法。当然，王阳明特别反对死读经典，反对把经典当作教条。他晚年在《稽山书院尊经阁记》中对经典的心学化解读未必完全正确，但是注重经典内含的精神，不无可取之处。

第五，静坐体悟与事上磨。王阳明在绍兴宛委山龙瑞宫旁筑室，进行静坐体悟，"自谓尝于静中，内照形躯如水晶宫，忘己忘物，忘天忘地，与空虚同体，光耀神奇，恍惚变幻，似欲言而忘其所以言，乃真境像也"⑤。龙场悟道也得益于静坐体悟，"日夜端居默坐，澄心精虑，以求诸静一之中"⑥。通过静坐，排除了种种思虑、欲求，减除任何经验的内容，只剩下纯粹的意识本身，追求一种与外部世界融为一体的无我境界。

王阳明不但自己有静坐体悟的丰富体验，而且把静坐体悟作为一种教

---

① 《王阳明全集 新编本》第1册，第247页。
② 《王阳明全集 新编本》第1册，第31页。
③ 《王阳明全集 新编本》第1册，第17页。
④ 《王阳明全集 新编本》第1册，第276—277页。
⑤ 吴震编校整理：《王畿集》，凤凰出版社2007年版，第33页。
⑥ 黄绾：《阳明先生行状》，《王阳明全集 新编本》第4册，第1427页。

学手段。"这是我医人的方子,真是去得人病根"①,他把静坐体悟当作"医人的方子",当然是用于医治人们德性上的毛病。这一方子在初学入门时特别有效,"初学时心猿意马,拴缚不定,其所思虑都是人欲一边,故且教之静坐、息思虑"②。

但是,王阳明后来意识到静坐会养成"喜静厌动"的毛病,所以更强调事上磨炼。通过在事上磨炼,在具体、复杂的实践中锻炼意志、去人欲。有学生问:"静时亦觉意思好,才遇事便不同。如何?"静守时感觉不错,但遇到事情就感觉不同。为何会这样?"是徒知静养,而不用克己工夫也。如此,临事便要倾倒。人须在事上磨,方立得住,方能'静亦定,动亦定'"③,王阳明认为这是因为只知道在静守中存养,这样一来,遇到事情就会动摇。人必须在事情上磨炼自己,这样才能立得住。

第六,集体修炼。王阳明一再强调集体修炼的重要性,"趋向既端,又须日有朋友砥砺切磋,乃能熏陶渐染,以底于成。弟辈本自美质,但恐独学无友,未免纵情肆志而不自觉。李延平云:'中年无朋友,几乎放倒了。'延平且然,况后学乎?吾平生气质极下,幸未至于大坏极败,自谓得于朋友挟持之力为多。古人'蓬麻之喻',不诬也"④。树立了正确的志向之后,还需要有朋友之间"砥砺切磋"的集体修炼,才能达到自己的志向。所谓"蓬麻之喻",就是"蓬生麻中,不扶而直",强调集体修炼对于个人成长的重要性。他在《答懋贞少参》中说:"朋友之内,安得如执事者数人,日夕相与磨砻砥砺,以成吾德乎?"⑤体现了他对集体修炼的热切期望。他认为"离群而索居,志不能无少懈"⑥,缺少了集体修炼,人的精神就会懈怠。

王阳明每到一地,总是建立学习小组,加强集体修炼。他当年回到余姚,即形成以他为中心的学习小组,"承诸君之不鄙,每予来归,咸集于此,以

---

① 《王阳明全集 新编本》第1册,第119页。
② 《王阳明全集 新编本》第1册,第17页。
③ 《王阳明全集 新编本》第1册,第13—14页。
④ 束景南、查明昊辑编《王阳明全集补编》(增补本),上海古籍出版社2021年版,第142页。
⑤ 《王阳明全集 新编本》第5册,第1778页。
⑥ 《王阳明全集 新编本》第1册,第285页。

问学为事"。同时,他希望在他离开余姚时,这样的学习小组能坚持下去,"予切望诸君勿以予之去留为聚散。或五六日、八九日,虽有俗事相妨,亦须破冗一会于此"。学习小组主要是做什么呢? 其宗旨是"务在诱掖奖劝,砥砺切磋,使道德仁义之习日亲日近,则世利纷华之染亦日远日疏,所谓'相观而善,百工居肆以成其事'者也"①。无论是北京、贵州龙场,还是在南京、江西,或是在绍兴,王阳明一生都重视集体组织教育和集体修炼。

三、何以"破心中贼难"

关于何以"破心中贼难",可以从微观和宏观两个维度进行分析。

从微观上看,人们要破心中贼,首要的是立志。王阳明认为:"夫恶念者,习气也;善念者,本性也;本性为习气所泪者,由于志之不立也。"②如果不立志,人们善良的本性往往就会为恶念习气所侵蚀。当然,所谓立志,是立圣人之志。如果有必为圣人之志,则"志立而习气渐消"。所以,王阳明告诫他的学生:"务要立个必为圣人之心。"③而"圣人之所以为圣人,惟以其心之纯乎天理而无人欲",所以,"圣人之志"就是"欲此心之纯乎天理而无人欲"之志。如果真有使"此心纯乎天理而无人欲"的圣人之志,那么"一有私欲,即便知觉,自然容住不得矣。故凡一毫私欲之萌,只责此志不立,即私欲便退"④。所以,王阳明说:"你真有圣人之志,良知上更无不尽。良知上留得些子别念挂带,便非必为圣人之志矣。"⑤然而,世人真正有"求为圣人之志"的实为罕见,故而"良知上留得些子别念挂带",人们的善恶总是处于变动之中,"毋自恃为良民而不修其身,尔一念而恶,即恶人矣;人之善恶,由于一念之间"。人们善恶的变动性也相应增加了"去心中贼"的难度。

更重要的是,人们无时无处不受社会环境的影响,正如王阳明在《南赣乡约》中所言:"昔人有言:'蓬生麻中,不扶而直;白沙在泥,不染而黑。'民俗

---

① 《王阳明全集 新编本》第 1 册,第 296 页。
② 《王阳明全集 新编本》第 3 册,第 1031 页。
③ 《王阳明全集 新编本》第 1 册,第 135 页。
④ 《王阳明全集 新编本》第 1 册,第 276、277 页。
⑤ 《王阳明全集 新编本》第 1 册,第 115 页。

之善恶,岂不由于积习使然哉!"在一个人欲横行的社会环境中,如何要求人们能够去"心中贼"?

从宏观维度看,在漫长的原始社会,人们虽然在为生存而斗争,但是人们共同生产、共同拥有,没有现今人类所出现的种种私欲。然而,在生产力发展的基础上,随着家庭、私有制和国家的形成,人们各种各样的私欲涌现出来,并且正是这些卑劣的私欲往往成为推动历史前进的动力。一方面,具体到王阳明所生活的时代,明王朝正处于由盛转衰的中期,面临内忧外患的严重危机。社会分化严重,皇室、宦官、勋臣大建庄田,地主乘机掠夺民田,土地兼并日益激烈,越来越多的农民失去土地。皇帝荒淫,宦官擅权,政治腐败,"仕途如市,入仕者如往市中贸易,计美恶,计大小,计贫富,计迟速"①。另一方面,明代到了中期,商品经济有了较大发展,市民阶层慢慢成长起来,社会越来越多元化,功利主义渐渐形成一股强大的思潮,削弱了当时主流意识形态即程朱理学维系人心的作用。程朱学说成了士人应付科举考试的工具。人欲横行,整个社会出现士风败坏、道德沦丧的局面。对于当时这种风气的描述,在王阳明的文集中多有体现。他在《策五道》中写道:"盖今风俗之患,在于务流通而薄忠信,贵进取而贱廉洁,重偿狡而轻朴直,议文法而略道义,论形迹而遗心术,尚同和而鄙狷介。"②在《答顾东桥书》中写道:"圣人之学日远日晦,而功利之习愈趋愈下。其间虽尝瞀惑于佛老,而佛老之说卒亦未能有以胜其功利之心;虽又尝折衷于群儒,而群儒之论终亦未能有以破其功利之见。盖至于今,功利之毒沦浃于人之心髓。"③他甚至在《答储柴墟二》中认为:"今天下波颓风靡,为日已久,何异于病革临绝之时?"④他忧心忡忡,分析危机的原因,认为根源在于社会道德破坏,而社会道德之所以破坏,是由于学术不明,"今夫天下之不治,由于士风之衰薄;而士风之衰薄,由于学术之不明"⑤。王阳明把社会危机归因于社会道德败坏,归之于学术,归之于思想理论。王阳明认为士习日偷,风教不振、人心陷溺的根本原因在于学

---

① 计六奇:《明季北略》,中华书局 2006 年版,第 236 页。
② 《王阳明全集 新编本》第 3 册,第 907 页。
③ 《王阳明全集 新编本》第 1 册,第 61 页。
④ 《王阳明全集 新编本》第 3 册,第 852 页。
⑤ 《王阳明全集 新编本》第 3 册,第 926 页。

术不明,并因此而努力于学术的重新建构,为中华传统文化贡献了阳明心学。学术问题固然对上述状况的形成有"责任",但是学术与其说是"原因",毋宁说是"结果"。不是所谓的学术不明导致了士习日偷、风教不振、人心陷溺。对于破心中贼,王阳明开错了"药方",实际上在他那个时代也无药可治,因此也难怪他长叹:"破心中贼难。"

四、"破心中贼"思想的学术意义和时代价值

"破心中贼"思想的学术意义可见之于王阳明致良知学说的形成,其时代价值可见之于个体维度的自我革命。

(一)"破心中贼"思想与致良知学说

"吾平生讲学,只是'致良知'三字"①,王阳明用"致良知"来概括自己的心学思想,并强调"致良知之外无学矣"②,因此阳明心学可称之为致良知学说。王阳明的致良知学说以"心即理"为理论前提,"心即理"还是一种静态的、具有普遍性的抽象原则,而从静态转化为具体的实践就是"知行合一"。知行合一的"知"就是"心即理"的"理"。"知行合一"是"心即理"的呈现。但是,这个呈现过程往往受到私欲的妨碍。徐爱曾就"知行合一"问题请教王阳明:现在人们都知道对父母要孝、对兄长要悌,但有人做不到孝、也做不到悌,说明"知"与"行"是两件事。王阳明说:"此已被私欲隔断,不是知行的本体了。未有知而不行者,知而不行,只是未知。"③这个妨碍"心即理"之呈现,即"知行合一"的"私欲"就是王阳明所说的"心中贼"。因此,龙场悟道彻悟"心即理"、倡导"知行合一"之后,王阳明思想发展的自然逻辑就是主张去私欲,即"破心中贼"。

钱德洪曾把阳明心学的发展分为三个阶段,"居贵阳时,首与学者为'知行合一'之说;自滁阳后,多教学者静坐;江右以来,始单提'致良知'三字,直

---

① 《王阳明全集 新编本》第3册,第1039页。
② 《王阳明全集 新编本》第1册,第298页。
③ 《王阳明全集 新编本》第1册,第4页。

指本体,令学者言下有悟",其中第二个阶段"多教学者静坐",就是主张通过静坐以去私欲,"初学时心猿意马,拴缚不定,其所思虑都是人欲一边,固且教之静坐、息思虑"①。王阳明自己也曾说过:"南畿论学,只教学者'存天理,去人欲',为省察克治实功。"②

在 1520 年王阳明鲜明提出"致良知"概念之前,"去人欲"即"破心中贼",是王阳明思想活动的一个焦点。实际上,正是在"心即理""知行合一""破心中贼"(去人欲)的思想基础上,王阳明得以提出"致良知"学说。

正如张学智教授所言,致良知是个双向运动。所谓双向,就是指包括由内而外和由外而内两个方向,顺着"心即理""知行合一"这个方向去致良知,就是由内而外的方向。但是,这个方向有个前提,就是不存在私欲的妨碍。如果有私欲的妨碍,出现了"心中贼",就首先要破"心中贼",这个破"心中贼"的方向就是由外而内。正是在这样的双向运动中,通过对"心即理""知行合一"和"破心中贼"思想的进一步概括和提炼,王阳明建构了自己的"致良知"学说。因此,可以说"破心中贼"思想是王阳明致良知学术即阳明心学的不可或缺的重要组成部分。

(二)"破心中贼"思想与自我革命

王阳明"破心中贼"思想对于我们进行自我革命具有积极的借鉴作用。自我革命可以从宏观和微观两个层面来认识。宏观层面是就全党而言,而微观层面是就党员个体而言。王阳明"破心中贼"思想的借鉴作用主要体现在微观层面,对于党员个体提高自我革命的认识,增强自我革命的信心,积极进行自我革命具有启示意义。下面从为什么要自我革命、为什么能进行自我革命和如何进行自我革命三个方面略做分析。

"夫过,自大贤所不免"③,王阳明认为"心中贼"的出现就是圣贤也难以避免。所谓"无善无恶是心之体,有善有恶是意之动"④,人人都可以成为圣

---

① 《王阳明全集 新编本》第 1 册,第 17 页。
② 钱德洪:《年谱》,《王阳明全集 新编本》第 4 册,第 1243 页。
③ 《王阳明全集 新编本》第 3 册,第 1022 页。
④ 《王阳明全集 新编本》第 1 册,第 129 页。

人,但人们生活在复杂的社会环境中,既可能出现善念,也可能产生恶念。正因为会产生恶念,所以就要求进行为善去恶的格物工夫。在市场经济大潮中,社会分化日趋严重,面对种种诱惑,党员个体也可能出现"心中贼"。从大大小小的腐败分子的忏悔录来看,无不是因为滋生了"心中贼",并任由"心中贼"作祟,最终走上了违法犯罪的不归路。"人孰无善,亦孰无恶"①,王阳明"破心中贼"的思想能够帮助党员个体更好地理解为什么要进行自我革命。

王阳明从"人生初时,善原是同的"②理论前提出发,一再强调良知是人人具有的普遍性存在,"人胸中各有个圣人""良知在人,随你如何,不能泯灭"③"个个心中有仲尼"④"此良知所以为圣愚之同具,而人皆可以为尧舜者,以此也"⑤。良知的普遍性存在是人们能进行自我革命的心性基础。同时,王阳明对"格物致知"的"格物"进行了创新解读,把"格"解读为"正",将"物"解读为"事",格物不是要格天下之物,是在做事过程中正心诚意。"若如此格物,人人便做得,'人皆可以为尧、舜',正在此也"⑥,"人人便做得"可以从工夫论的维度增强自我革命的信心。

王阳明主张"勿以无过为圣贤之高,而以改过为圣贤之学"⑦。问题不在于有没有"过",而在于改过,"人孰无过?改之为贵"⑧。王阳明关于如何"破心中贼"的论述对于党员个体怎样进行自我革命具有重要的方法论启示。阳明心学引导人们来心上做工夫,前述诸如立志、诚意、寡欲、慎独、静坐、经典学习、集体修炼等心上工夫,对于党员个体进行头脑建设,筑牢不想腐的思想防线可资借鉴。

---

① 《王阳明全集 新编本》第2册,第639页。
② 《王阳明全集 新编本》第1册,第135页。
③ 《王阳明全集 新编本》第1册,第102页。
④ 《王阳明全集 新编本》第3册,第826页。
⑤ 《王阳明全集 新编本》第1册,第298页。
⑥ 《王阳明全集 新编本》第1册,第131页。
⑦ 《王阳明全集 新编本》第3册,第848页。
⑧ 《王阳明全集 新编本》第3册,第185页。

王阳明廉洁思想对当今廉洁文化建设的启示

平湖市陆稼书研究会秘书长

金卫其

在中国封建社会,官员是否廉洁,历来是检验政府吏治好坏的试金石,同时也是关系国家治乱兴衰的关键所在。

王阳明(1472—1529),字伯安,号阳明,浙江绍兴府余姚县(今属宁波余姚)人,明代杰出思想家、哲学家、文学家、军事家、教育家。他的一生波澜壮阔,充满传奇色彩。早年便展现出非凡的才智,通过科举进入仕途后,并未被官场浮华所迷惑,而是坚守初心。

王阳明是中国历史上为数不多的既"立德""立言",又"立功"的大儒。他的思想经历了"出入释老"又"归本孔孟"的历程,至正德三年被贬贵州龙场,历经百死千难终于悟道。以此为起点,他相继提出"心即理""知行合一""致良知""四句教""万物一体"等哲学思想,形成了他的心学体系,开创了中国哲学史上极为重要的心学时代。他在坎坷的仕宦生涯中,不忘讲学论道,学政合一,是儒家"修己以安百姓"的履践躬行者。王阳明的廉政思想中既包含道德主体的形上学基础,也具有修齐治平实践理性之精神。其"心学"思想指引下的"致良知"使廉政思想获得了坚实的哲学本体论支撑,以内省为主导而又不离实践的道德修养工夫——"正心""诚意""修身""亲民""知行合一",对当政者廉洁自律、克己奉公、勤政爱民有着极为重要的意义。

"以史为鉴,可知兴替",习近平总书记强调要积极借鉴我国历史上优秀廉政文化,不断提高拒腐防变和抵御风险的能力。研究我国反腐倡廉历史,了解我国古代廉政文化,有利于我们运用先贤智慧推进廉政文化建设。

王阳明有很多廉政、和谐、亲民的思想,这些思想与孔子、老子、庄子、墨子、管子、孟子等先哲的理念往往是一致的,值得我们借鉴。

一、王阳明廉洁思想

（一）和睦相处，乐于助人

王阳明谪居龙场期间，与地方官员关系融洽，和当地民族也友好相处。民族朋友帮助整修石洞，伐木割草修建了龙岗书院。他在《何陋轩记》中高度赞扬少数民族"就像一块没有经过雕饰的璞玉，没有经过衡量的木材，虽然显得粗粝顽梗，但是椎斧还可以对他们进行加工、取用"。他认为不可以说他们鄙陋，通过教化，他们可以成为对社会有用的人才。他在龙岗书院一边给弟子们讲授研究事物深奥微妙的方法，以及了解宇宙万物的本原和事物发展的规律，一边还教民族青年学习汉语、认识汉字，学习礼仪，深受当地民族的爱戴。

王阳明乐于助人，受贵州宣慰使安贵荣之请，为水西彝族人民修复的象祠作《象祠记》；受贵州提学副使席书之聘，到贵阳文明书院授课；为按察副使毛科写《远俗亭记》，为监察御史王济写《文章轨范序》，为总兵施怀柔写《气候图序》；为阳朔知县杨尚文写墓志铭；等等。他与贵州许多政界人士都有友好的交往，有诗唱和。

王阳明很尊重龙场人民，龙场人民也因他的人品风范而十分崇敬他。在生活中，他不向附近民族朋友索要任何物品，自己亲自种地、浇园、砍柴、担水、做饭，并照顾生病的随从二人，生活虽然困苦，但其精神状态却很乐观。

（二）悲天悯人，圣人情怀

王阳明具有悲天悯人的圣人情怀，明正德四年（1509）秋天，一吏目带其子和仆人，自京城来准备去南边上任，先后死于蜈蚣坡。王阳明听说后，想到三具暴露的尸体无人收殓，恻隐之心油然而生，便带领两个童子拿着畚箕、铁锸、鸡一只、饭三钵，亲自到蜈蚣坡将三具尸体掩埋，并作《瘗旅文》凭吊。

正德十二年（1517）五月，王阳明在征伐龙南、三浰时，深知造反的"乱民"或是被官府所迫，或是被大户所侵，或是被豪强所夺，使得民不聊生，一时错起念头,误入其中,才起来到山中造反抢劫。王阳明在《告谕浰头巢贼》中说道:"乃必欲为此,其间想亦有不得已者,或是为官府所迫,或是为大户所侵,一时错起念头,误入其中,后遂不敢出。此等苦情,亦甚可悯。"于是采取"重抚轻剿"的方略,将造反的"乱民"包围在山中围而不剿,又派人送去米粮、酒肉、银钱、布匹等物品进行安抚。并张贴告示,对造反的"乱民"动之以情,陈之以利害,使很多"乱民"颇受感动,致多部头领率部投诚。

王阳明要求部属视民如子,他在《行浔州府抚恤新民牌》中说:"各官务要诚爱恻怛,视下民如己子,处民事如家事,使德泽垂于一方,名实施于四远,身荣功显,何所不可。"正是从这样的思想出发,他处置广西思恩、田州之乱,极力主张招抚,他认为"然欲杀数千无罪之人,以求成一己之功,仁者之所不忍也"。

(三)体恤民情,减免赋税

王阳明认为,人民是国家的根本,作为统治者,应体恤人民生活的艰难,解民倒悬。王阳明到江西庐陵上任知县的第一天,县衙门前突然涌现上千人,一片喧哗,情绪激动。当时有官员要找衙役把这些百姓赶出县衙,但是王阳明想,老百姓到县衙来,或许是遇到了困难,或许是蒙受了冤屈,自己是当地的"父母官",老百姓到县衙来,就好比回到父母家一样,怎么能将他们赶走呢?应该开门接待他们,了解是什么情况再说。

王阳明找了几位老成持重的人了解情况,才知道事情的原委,原来在正德二年(1507)的时候,朝廷派来了一位姓姚的太监为钦差大臣,临时加派杂项赋税折算成银子约3500两,但到了正德五年(1510),这项银子增加到了1万多两。老百姓实在是困苦到了极点,他们知道来了新县令,就集体上访,要求政府减免赋税。王阳明了解详细情况后,清楚地认识到,如果这种情况不及时改变,不久将酿成大祸。于是当即宣布:今年不仅新增的葛布钱不要交了,而且所有赋税全免了。他认为如果"坐视民困而不能救,心切时弊而不敢言",还要自己坐到知县的位置上干什么呢?他将免除庐陵县全部赋税的情况写成公文交到府台,公文的最后说:如果因为免除了庐陵县全部赋税,朝廷怪罪下来,那么就由我本人来承担全部责任,可以立即将我罢官,开除出政府队伍,让我回乡下去种田,我也是心甘情愿,不会有任何怨言的。

最后庐陵县当年全部赋税得以免除,原因是这些赋税是地方政府强加给老百姓的,若不免除,将会引起民众造反。

王阳明在任江西庐陵知县时,把"肃静、回避"署牌改为"求通民情、愿闻己过"的牌子。执政期间,为政不用威势和刑罚,只是把开导人心作为根本。执政时间虽短,却收到良好的效果。这是他龙场悟道后首次践履之成果。

以上事例完全可以说明,王阳明在江西庐陵当知县时,就非常注重民生。没有了疾疫、火灾、盗贼,解决了老百姓集体上访问题,人民安居乐业,社会也就和谐了。

(四)洁清自矢,秉正无私

王阳明一生不向当权者送礼,也不收受谁的礼物。弘治十二年(1499)秋,王阳明奉朝廷之命在河南浚县督造威宁伯王越之墓时很尽心,墓竣工后,威宁伯家人非常满意,用一些金银绸缎感谢他,都被他拒绝不受。在朝廷政治腐败、贪污索贿之风盛行时,他表现出了清正廉洁的品德。

贬谪在龙场住阳明洞期间,王阳明的生活特别艰苦,贵州宣慰使安贵荣知道后,多次派人奉送衣食住行等所需物品和金银、布匹、鞍马等贵重物品。王阳明再三推辞不过,只好收下油、盐、柴、米供龙岗书院弟子生活所用,把金银、布匹、鞍马如数送还。

王阳明以他的坚定和正直,拒绝了安贵荣的送礼,展现了他作为一个伟大思想家的风骨和品格。同时,也传递了一个深刻的道理:在人生的道路上,我们应该坚守自己的原则和底线,不受外界的诱惑和干扰,活出真正的自我。

王阳明多次上疏请求辞免皇帝的赏赐,正德十三年(1518)六月,王阳明升任都察院右副都御史,荫子锦衣卫,世袭百户。王阳明上疏要求辞免。正德十四年(1519)九月,王阳明把擒获的宁王朱宸濠带到杭州,提督东厂江彬为夺功绩,派遣一锦衣卫去杭州要人。王阳明已把朱宸濠送到了太监张永那里,锦衣卫来人就要钱,王阳明给了五两银子。锦衣卫看着这点银子,极为愤怒,把银子砸在地上,扬长而去。王阳明却说:"我怕阁下来去辛苦,特备薄礼,没想到阁下竟如此廉洁,居然分文不取!我这个人没有别的用处,就是会写文章,今后必定为阁下写一篇文章,让天下所有的人都知道阁下的高风亮节!"所谓"阁下如此廉洁"是给他台阶下,照顾其面子。所谓"我没有别的长处就是会写文章"是警告他,若敢乱来,就写一篇骂你的文字,让天下人都知道你的恶行。面对要么送礼,要么挨整的困局,王阳明用妥善的方法解决了这一难题。

二、王阳明廉洁思想对当今廉洁文化建设的启示

习近平总书记指出:"深入挖掘中华优秀传统文化蕴含的思想观念、人文精神、道德规范,结合时代要求继承创新,让中华文化展现出永久魅力和时代风采。"

王阳明的廉洁思想作为优秀传统廉政文化中的重要组成部分,弘扬王阳明文化、培育廉洁理念,对于当前加强新时代廉洁文化建设,引导广大党员干部坚定理想信念,增强拒腐防变能力,具有一定的借鉴意义和启示价值。具体来说,有以下几点启示。

(一)净化政治生态,从严治吏用人

明朝中后期,朝政荒废、吏治败坏,政治生态的恶化混沌导致官员贪欲滋长、腐化横行。在整饬吏治上,王阳明主张从严治吏,对贪污腐化现象"零容忍";在选人用人方面,王阳明强调选才须以德为先,指出要"用人之仁,去其贪;用人之智,去其诈;用人之勇,去其怒",严格按照选人用人的标准蓄才以备急用,不用"庸劣陋下"之才;在监督管理方面,王阳明主张领导干部应当"身率之教"带头示范引领,加强对下属的监督和管理,并鼓励百姓对领导干部进行监督。王阳明所实施的从严治吏、严格选人用人、强化监督管理等净化政治环境的廉政举措,对于当前全面从严治党具有重要的借鉴意义。

当前,我们也要大力整治吏治腐败,要以"零容忍"的态度治腐,坚持"严"的主基调不动摇,加大对腐败的惩治力度,做到执纪必严、违纪必究,确保对腐败行为形成威慑力。在选人用人上,应更加注重干部的政治纪律和道德品行,选拔政治过硬、德才兼备、作风正派的优秀干部,让敢于担当、真抓实干的干部得到重用,坚决杜绝带病提拔、跑官要官等恶劣行为;在干部的监督管理上,要建立健全干部考核评价机制,通过综合考核,对清正廉洁、务实为民的党员干部及时给予奖励,树立鲜明的用人导向。

（二）倡导知行合一，提高制度执力

明朝自朱元璋以来，先后制定了《大明律》《御制大诰》《大诰武臣》等严刑峻法，用以遏制官场的歪风邪气，可以说是制度健全、法网严密。但明中期后，由于皇帝昏庸、朝政失衡等因素，出现制度失灵、廉政机制瘫痪的状况，其主要原因在于相关人知行脱节，造成不想落实、不愿落实、不会落实的现象，影响了廉政机制的长效运行。王阳明在其治军治政的实践中，坚持用"心"主导制度的贯彻落实，追求"知行合一"，从而使制度发挥了巨大作用。

制度的生命力在于执行。推进廉政建设，尤其需要狠抓制度执行、注重落实，不断提高制度执行力。领导干部要强化制度意识、发挥表率作用，带头执行制度。同时，要建立健全制度落实的监督、问责与惩戒机制，坚决杜绝搞变通、打折扣，有令不行、有禁不止的现象。

（三）注重教育引导，培育廉洁新风

清正廉洁是王阳明勤政为民的重要的基础，数年的为官生涯，绝非为功名富贵。习近平总书记多次强调党员干部要讲修养、讲道德、讲廉耻，要追求积极向上的生活情趣。当前腐败问题越来越年轻化，有的"90后"干部因腐败被查处，本应是青春阳光的"90后"却与腐败分子的身份重叠，难免让人感到惋惜。因此，坚持党员清正廉洁作风依然是建设廉政文化的重要一环，只有永葆共产党人清正廉洁的政治本色，才能真正做到为人民服务。

王阳明的廉洁文化继承并发扬了儒家政以德立的传统，认为良知原本就是存在于每个人内心的光明精神力量，之所以难以做到廉洁自律，在于人有私欲，对此需要加强廉耻教育，教育引导民众以"廉"的良知为约束，对有腐败念头和想法的人及时提醒，遏制贪念和个人私欲。

新时代推进清廉建设，必须坚持把教育作为廉政建设的基础，引导党员干部多思"贪欲害"、常破"心中贼"，培养廉洁自律道德操守。要加强道德教育，在党员干部中经常性开展党章党规党纪、廉政法律法规和廉政道德教育，使广大党员干部牢固树立廉政思想，积极营造廉洁自律氛围，筑牢拒腐防变防线，使广大群众增强廉政意识，自觉监督干部。同时，还要树立廉政道德榜样,发挥道德标杆作用,不断凝聚社会正能量,在全社会形成崇廉拒腐的良好社会风尚。

(四)坚持以民为本,践行勤政爱民

王阳明入仕即践行以民为本的理念,每到一处总是"期以兴利除害,广施德政仁政"。中国共产党自成立之日起就坚持群众观点,走群众路线。今天,在全面建成小康社会的关键之年,更要重视与人民群众的血肉联系。目前,一些消极腐败现象的存在成为损害党的形象、恶化党群关系的重要原因。习近平总书记多次强调要坚持"从群众中来,到群众中去"的路线,要广泛听取群众的意见和建议,尤其要对群众最关心的问题抓住不放,积极主动地调研。"朝廷设官分职皆为治民,而于民最亲莫如州县。"只有一心为民勤于政务,才能"本固则邦宁"。

(五)主张求真务实,强调脚踏实地

王阳明一生主张经世致用,认为学得的知识,要真正地用到实处,反对那些只知空谈的读书人。2018年,习近平在北京大学师生座谈会上发表讲话,他指出"纸上得来终觉浅,绝知此事要躬行",学得的知识要真正地落实到行动上才行,正所谓"知者行之始,行者知之成"。当前,部分党员干部把下乡当作一项任务,"隔着窗户看,坐着轮子转"搞搞过场,走走形式,不真抓实干,不心怀群众,这种行为严重地损害了党员干部在群众心中的形象。我们要始终坚持中国共产党人的初心和使命,就是为中国人民谋幸福,为中华民族谋复兴。党员干部要不忘初心,牢记使命,脚踏实地,一点一滴为实现中国梦而努力前行。

(六)奉行依法行政,严守司法公正

依法行政是依法治国方略的重要内容,王阳明廉洁思想坚持把法治作为行政安民的一项重要的措施。奉法循理,依法行政。王阳明认为"为政之要在于振纲饬纪,移风易俗"。面对为官期间各个地方的政务,他坚持"法""理"并用,使得地方渐渐人心信服,趋于安宁。党的十八大以来,我国法治政府建设已取得显著的成效。在新的历史时期,依法治国依然是中国特色

社会主义政治制度不断完善和发展的必然要求。贯彻落实依法治国的理念，关键还是在于依法行政。具体到党员干部来说，还是要加强学习的自觉性，增强法治观念，完善制度建设，切实依法行政，杜绝人情大于法治的现象；另外还要自觉地接受监督，把权力关在制度的笼子里。

严宽相济，司法和谐。古代的地方官往往是集行政和司法于一体的，王阳明既做到了公正执法，也能够亲自参与司法实践。举优劾贪，定章立制，为人所敬。构建社会主义和谐社会，是我们党从建设中国特色社会主义事业总体布局和全面建成小康社会全局出发提出的重大战略任务。严格落实"宽严相济的刑事司法政策"，最大限度地减少社会不和谐的因素，自然也是构建和谐社会的重要手段。

三、结语

王阳明的仕途充满坎坷，正是心中保持着对"良知"的重视，才从未放弃对清正廉洁的坚守。

人的一生要面临无数选择，清廉是一条不可触碰的底线、高压线，要对此保持清醒的头脑和坚定的信念。王阳明说，每个人都有良知，本身能判别善恶是非，因而人生中遇到类似选择时，是必须要坚决果断的。在顺境之中，面对蝇头小利守住良知、践行廉洁或许不难，但王阳明身处偏远荒芜的龙场，依然做到不忘本、守良知，则更能体现一名官员对于廉洁的坚守。"不能胜寸心，安能胜苍穹。"只有把对廉洁的追求奉为信仰，做到毫不动摇地坚持，知行合一、格物致知才会成为一种本能，让廉洁伴随一生。

数百年已过去，王阳明的廉洁自律精神警醒我们，权力是一把双刃剑，可以用来为人民谋利益，也可能是腐败之源。守住廉洁的底线，需要我们敢于旗帜鲜明地反对邪恶，树立正确的权力观念，不为权势所动，始终做到将手中权力用来为人民谋幸福。

"良知之外更无知，致知之外更无学。外良知以求知者，邪妄之知矣；外致知以为学者，异端之学矣。"我们的行为要对得住心中的良知，在充分理解王阳明廉洁思想内涵的基础上将其付诸实践，使自身行为契合廉洁原则，在新时代背景下，大力推进清廉建设和廉洁文化建设。

王阳明的廉政事略

余姚市文物保护管理所副研究员

诸焕灿

入仕为官,治国理民,最讲究的即是"廉政"。"廉政"一词最早见于《晏子春秋·问下四》:"廉政而长久,其行何也?"晏子即晏婴,是春秋后期的政治家、思想家和外交家,以有政治远见和外交才能、作风朴素而闻名。他爱国忧民,敢于直谏,在诸侯和百姓中享有极高的声誉。他也是中国历史上第一个提出"廉政"概念的人。《晏子春秋·问下四》中记载了齐景公与晏子关于"廉政"的一段著名对话:"景公问晏子:'廉政而长久,其行何也?'晏子对曰:'其行水也。美哉水乎清清,其浊无不雩途,其清无不洒除,是以长久也!'"①这里,晏子以水为喻,水以柔为性,犹人之有廉政之质。可见,廉政就是为官者在执政时的廉洁公正,其反义词即为"腐败"。现在所说的"廉政"主要指政府工作人员在履行其职能时不以权谋私,办事公正廉洁。

廉字,按义为"不贪、不苟取、清白高洁"。一旦与"政"相连,即表示在处理政事时应以廉正之心保持洁白廉公之行为,一切以民众之心为心,民众之事为意。如果与政事无关,仅仅作为个人行为,那便只是有气节、不苟取、不率意浪费之廉士而已。正如《庄子·刻意》中所言:"众人重利,廉士重名。"②这就是所谓的"公私分明"。古代"政"与"正"相通,《论语·颜渊》中曾说道"政者,正也"。从这个意义上说,廉政就是廉洁正直。这也表明,"廉政"两字就是对为官者而言。

战国时期的孟子明确地把为官者的廉洁与腐败两种行为联系起来考

---

① 《二十二子·晏子春秋·问下四》,上海古籍出版社 1986 年影印版,第 569 页。

② 《二十二子·庄子·刻意》,上海古籍出版社 1986 年影印版,第 49 页。

察,他说:"对不义之财,'可以取,可以无取,取伤廉'。"①孟子认为,为官者不取不义之财,即为廉;相反,若取了不义之财,就是伤害了廉。"伤廉"小则身败名裂,大则国亡族灭,阐明了廉与贪的道德价值取向。古代对官吏的控制是严的,自周代始即有一年小计(考),三年大计(考)的规定,《周礼》规定:"三年则大比,考其德行道艺,而兴贤者能者。""三年大比,则大考州里,以赞乡大夫废兴。"②"三年大比,则以考群吏,而以诏废置。"③考核的标准有"六计",并均以"廉"为核心。《周礼·小宰》上说:"以听官府之六计,弊群吏之治。一曰廉善,二曰廉能,三曰廉敬,四曰廉正,五曰廉法,六曰廉辨。"④这表明,考察大小官吏的治绩包括善、能、敬、正、法、辨等六个方面,都是以"廉"为根本,都要体现"廉"的基本精神。在治理政务过程中,处处做到公正、公平、不苟取,正直、清白、不奢华,即是体现了"廉"的基本精神。中国历代王朝即以此作为防范官场腐败的警示牌,也是历代统治者维持统治稳固的治吏方术之一。

人心趋利,这是老天爷生就的秉性使然,为官者也是人,也有趋利之心。要他做一个廉政之官,要他少谋私利,至少在与民众之利发生冲突时,他应该将利让给民众,这是比较难以做到的。因为"人心惟危,道心惟微,惟精惟一,允执厥中"⑤。春秋时的政治家子产曾说:"人心之不同。如其面焉。吾岂敢谓子面如吾面乎? 抑心所谓危。"⑥要想做到廉政,就得有"良知"之心。一生以"致良知"三字来教育他人的王阳明,正是凭着"良知"之心,宁可自己失掉一定的利益,也要让民众得利。这是何等之心哉,这就是"致良知"。

刚进入仕途的王阳明,就是出于公心之考虑,以一小小兵部主事(正六品)的身份上疏力救南京言官,一份《乞宥言官去权奸以章圣德疏》,触犯了权宦刘瑾,受到廷杖、贬官的处置。《王文成公年谱》载:

---

① 《十三经注疏·孟子注疏·离娄章句下》,中华书局 1980 年影印版,第 2729 页。
② 《十三经注疏·周礼注疏·乡大夫·州长》,中华书局 1980 年影印版,第 716—718 页。
③ 《十三经注疏·周礼注疏·县师》,中华书局 1980 年影印版,第 727 页。
④ 《十三经注疏·周礼注疏·小宰》,中华书局 1980 年影印版,第 654 页。
⑤ 《十三经注疏·尚书正义·虞书》,中华书局 1980 年影印版,136 页。
⑥ 《十三经注疏·春秋左传正义·襄公》,中华书局 1980 年影印版,2016 页。

武宗正德元年丙寅,先生三十五岁。在京师。

二月,上封事,下诏狱,谪龙场驿驿丞。

是时武宗初政,奄瑾窃柄。南京科道戴铣、薄彦徽等以谏忤旨,逮系诏狱。先生首抗疏救之,其言:"君仁臣直。铣等以言为责,其言如善,自宜嘉纳;如其未善,亦宜包容,以开忠谠之路。乃今赫然下令,远事拘囚,在陛下不过少示惩创,非有意怒绝之也。下民无知,妄生疑惧,臣切惜之!自是而后,虽有上关宗社危疑不制之事,陛下孰从而闻之?陛下聪明超绝,苟念及此,宁不寒心?伏愿追收前旨,使铣等仍旧供职,扩大公无我之仁,明改过不吝之勇,圣德昭布,远迩人民胥悦,岂不休哉!"疏入,亦下诏狱。已而廷杖四十,既绝复苏。寻谪贵州龙场驿驿丞。①

对于无廉政之心的官员来说,南京科道官员被逮,与我何干系哉!我犯不着去白白地挨顿廷杖。而且我只是一名六品的小主事,朝中有那么多的高官大员,他们在那里袖手作壁上观,不出声,哪里轮得到我这小主事多嘴呢?若王阳明当时也不出声,绝对无人说他一个"不"字。但是,王阳明却不肯沉默,他要说,他"首抗疏救之",这下好,被打入天牢(诏狱)。于此时节,其父王华时任礼部左侍郎,刘瑾心中也敬慕王华,曾暗中派人告诉王华,希望王华到刘瑾门下为儿子求情,"若一见可立跻相位",儿子王阳明也可获释、升迁待用。但王华刚直不阿,说:"我儿为弹劾刘瑾而获罪,理直名香。"其始终不见刘瑾,这就是明代典型的士大夫气节。由于王华不愿求见刘瑾,刘瑾极为恼怒,就将王阳明"廷杖四十,既绝复苏。寻谪贵州龙场驿做驿丞",并将王华外调到南京去任清闲的南京吏部尚书,不久即传令致仕。事见《王文成公全书·世德纪·海日先生行状》。

由此事件中,王华与阳明父子俩,没有依从世俗"人心趋利辟害"的观念,甘愿"趋害"而不顾,他俩为什么要这样做?不正是为了坚守做人的"气节",不正是彰显了每一个正直官员的所应该具备的"廉"和"正"吗?

王阳明因此触犯了权宦刘瑾,被廷杖四十,贬谪贵州龙场驿做驿丞。他

---

① 《王文成公全书》,上海中华书局"四部备要"排印本,第445页。

在穷荒之地三年,以一驿丞而大启西南之教,开启黔贵文明。他时刻反思以往的人生经历,在险恶的境遇里不断进行自我扩充,表现了作为伟大哲学家的旷达的气度和风范。四周的客观事物都成了他陶冶性情、锤炼意志、追求圣人境界的资藉。他怀着困境不堪其忧,圣人不改其乐的意念,潜思彻悟,超脱于生死荣辱之外。

他经受"石棺悟死",终于透彻觉悟,发挥"良知"的能动性,按儒家的圣贤观念去改造环境,去追求成圣之路,逐渐自成体系。自经历"龙场悟道"之后,正德五年(1510)三月,王阳明赴江西庐陵(今吉安)县任知县。在县七个月,王阳明以学术施行于政事,万事以开导人心为本,劝谕百姓敬老扶幼;惩治贪恶,审决积案,疏清邮驿,畅通商贾;杜绝苛捐横征,禁止迷信神会;选举三老,设立保甲,民间小案细事即由三老和保甲予以处理,较大案件才可以告县衙审理。仅几个月时间,庐陵即达到政清民乐。

王阳明在任庐陵知县和巡抚南赣时,通过乡约、牌法、保甲等措施预防和治理吏胥贪腐,对吏胥进行严格的监督和控制。王阳明认为地方不治、流贼横行的症结在于地方官吏执行力不够,其根本在于吏治腐化,于是推行"十家牌法",强调"据法即当究治"①。

王阳明始终认为,人若无良知的指引,便会沉溺于名位、利欲、声色及感官的愉悦和享受中,就会像脱缰的野马,收拾不住,处名利场则会走向堕落腐化。良知本明澈无染,因受私欲遮蔽而失去本真。若要恢复其本然明澈则需"致",王阳明提出向内和向外两种致良知工夫:向内工夫包括正心诚意、存理去欲、居敬存养、省察克治等,向外工夫则通过"事上磨炼"。

克制私欲需从存养心性着手,王阳明认为"居敬"是存养仁心善性的工夫,"存"需时时处处进行,不能停留,就像擦拭镜上灰尘一样,一日不擦则厚积一层,日积月累愈益积厚,久之则难以擦净。他说:"纷杂思虑,亦强禁绝不得。只就思虑萌动处省察克治,到天理精明后,有个物各付物的意思,自然静专,无纷杂之念。"②省察克治的要旨在于不间断性和彻底性,即"无时而可间,如去盗贼,须有个扫除廓清之意。无事时,将好色、好货、好名等私,逐

---

① 《阳明先生集要》,中华书局 2008 年版,第 613 页。
② 《王阳明全集》,上海古籍出版社 1992 年版,第 982 页。

一追究,搜寻出来,定要拔去病根,永不复起,方始为快"①。对私欲杂念,应
"扫除廓清",从病根上下手彻底整治。

由此可知,王阳明"致良知"的内外工夫是相互作用,相互促进的。内以
正心修德、存理去欲、省察克治等途径净化内心,革除私欲;外以事上磨炼,
在事亲、交友、治民等社会政治活动中,以"良知"为准绳,践行孝悌忠信、勤
政为民、廉洁奉公。落实到廉政实践中则体现为内以培养官吏廉洁的道德
意识,外以督察吏胥清正廉洁的为政行为。通过内外两个方面的修为和磨
炼达到抑制贪腐的目的,要求把本然明澈的良知扩充至极于治政安民的实
践。这实际上是良知之知与廉政之行的统一,此乃王阳明"致良知"以治贪
腐的意蕴。

王阳明在地方任职时,一改其他官员出巡时必高举"肃静""回避"牌之
惯例,叫人高举高脚牌,牌上改写成"求通民情""愿闻己过"字样,希望老百
姓来官衙畅所欲言,以便其为民做主。王阳明的这一做法为的是什么?

"肃静""回避",这是官与民之间的一道铁网、高墙,而王阳明不希望与
民众隔离,他要打破这道铁网,推倒这道高墙。而从他所改写的"求通民情"
"愿闻己过"中更可以看到,王阳明迫切地希望与百姓对话,让民众提出意
见,更希望听到民众针对自己的意见。王阳明认为:"吾于是益有以信人性
之善,天下无不可化之人也!"②百姓只求事情的处理完善,绝不会另有无理
之求。故此,王阳明提出"政在亲民"。

王阳明的"政在亲民",是有他的依据的。他曾写有一篇《亲民堂记》,记
载了他与学生南元善的一段关于"亲民"的对话,说得非常明晰:

> 南子元善之治越也,过阳明子而问政焉。阳明子曰:"政在亲
> 民。"曰:"亲民何以乎?"曰:"在明明德。"曰:"明明德何以乎?"曰:
> "在亲民。"曰:"明德、亲民,一乎?"曰:"一也。明德者,天命之性,
> 灵昭不寐,而万理之所从出也。人之于其父也而莫不知孝焉,于其
> 兄也而莫不知弟焉,于凡事物之感,莫不有自然之明焉。是其灵昭

---

① 《阳明先生集要》,第53页。

② 《王阳明全集》,上海古籍出版社1992年版,第894页。

之在人心,亘万古而无不同、无或昧者也,是故谓之明德。其或蔽焉,物欲也。明之者,去其物欲之蔽,以全其本体之明焉耳,非能有以增益之也。"曰:"何以在亲民乎?"曰:"德不可以徒明也。人之欲明其孝之德也,则必亲于其父,而后孝之德明矣。欲明其弟之德也,则必亲于其兄,而后弟之德明矣。君臣也,夫妇也,朋友也,皆然也。故明明德必在于亲民,而亲民乃所以明其明德也。故曰一也。"曰:"亲民以明其明德,修身焉可矣,而何家、国、天下之有乎?"曰:"人者,天地之心也;民者,对己之称也。曰民焉,则三才之道举矣。是故亲吾之父以及人之父,而天下之父子莫不亲矣;亲吾之兄以及人之兄,而天下之兄弟莫不亲矣。君臣也,夫妇也,朋友也,推而至于鸟兽草木也,而皆有以亲之,无非求尽吾心焉以,自明其明德也。是之谓明明德于天下,是之谓家齐、国治、天下平。"①

王阳明说得多好啊!尤其是他提出"人者,天地之心也;民者,对己之称也"。这就说明,无民何以有官,有民才有官,做官只能为民服务,这才是官员之职责。否则要官何用? 王阳明正是替民考虑得多,为己考虑得少。他始终认为,自己既然做了官,就得替民办事,为民谋利益。

王阳明在任期间,每当看到上天不下雨,禾苗枯死,即"尽心安戢,许乞优恤",及时"请宽租";一旦发生水涝,"漂溺公私庐舍,田野崩陷",即上疏自劾。此外,王阳明凡是向民众发布告示,都亲自撰稿,出之于情,动之以心,明之以礼,说之以理,谆谆告诫,有时还把罪责揽于自身,从中可见他的体察民情之心。例如《告谕庐陵父老子弟》,他是这样写的:

　　庐陵文献之地,而以健讼称,甚为吾民羞之。县令不明,不能听断,且气弱多疾。今与吾民约,自今非有迫于躯命,大不得已事,不得辄兴词。兴词但诉一事,不得牵连,不得过两行,每行不得过三十字。过是者不听。故违者有罚。县中父老谨厚知礼法者,其以吾言归告子弟,务在息争兴让。呜呼! 一朝之忿,忘其身以及其

---

① 《王文成公全书》,上海中华书局"四部备要"排印本,第131页。

亲,破败其家,遗祸于其子孙。孰与和巽自处,以良善称于乡族,为人之所敬爱者乎? 吾民其思之。

今灾疫大行……今吾无辜之民,至于阖门相枕藉以死。为民父母,何忍坐视? 言之痛心。……谕告父老……吾所以不放告者……以今农月,尔民方宜力田,苟春时一失,则终岁无望,放告尔民将牵连而出,荒尔田亩,弃尔室家,老幼失养,贫病莫全,称贷营求,奔驰供送,愈长习风,为害滋甚。……今天时亢旱,火灾流行……实由令之不职,获怒神人,以致于此。不然,尔民何罪……县令政有不平,身有缺失,其各赴县直言,吾不惮改……县令到任且七月,以多病之故,未能为尔民兴利去弊。中间局于时势,且复未免催科之扰。德泽无及于民,负尔父老子弟多矣。①

又如《庐陵县公移》,为贡送朝廷葛布事由,不仅写得具体,明理明情,细微入理,从中可见王阳明替民着想的拳拳之心:

庐陵县为乞蠲免以苏民困事……正德五年三月十八日,本职方才到任,随蒙府差该吏郭孔茂到县守,并当拘粮吏陈江等,著令领价收买。据各称,本县地方自来不产葛布,原派岁额,亦不曾开有葛布名色。惟于正德二年,蒙钦差镇守太监姚案行本布政司,备查出产葛布县分,行令依时采办,无产县分,量地方大小,出银解送收买。本县奉派折银一百五两。当时百姓呶呶,众口腾沸。江等迫于征催,一时无由控诉,只得各自出办赔贴。正德四年,仍前一百五两,又复忍苦赔解。今来复蒙催督买办,又在前项加派一百五两之外。百姓愈加惊惶,恐自此永为定额,遗累无穷。兼之岁办料杉、楠木、炭、牲口等项,旧额三千四百九十八两,今年增至一万余两,比之原派,几于三倍。其余公差往来,骚扰刻剥,日甚一日。江等自去年以来,前后赔贴七十余两,皆有实数可查。民产已穷,征求未息……今来若不呈乞宽免,切恐众情愁怨,一旦激成大变。为

---

① 《王文成公全书》,上海中华书局"四部备要"排印本,第394页。

此连名具呈,乞为转申祈免等情……参照本职自到任以来,即以多病不出,未免有妨职务。坐视民困而不能救,心切时弊而不敢言,至于物情忿激,拥众呼号,始以权辞慰谕,又复擅行蠲免,论情虽亦纾一时之急,据理则亦非万全之谋……合关本县当道垂怜小民之穷苦,俯念时势之难为,特赐宽容,悉与蠲免。其有迟违等罪,止坐本职一人,即行罢归田里,以为不职之戒。中心所甘,死且不朽等因。备关到县,准此,理合就行。①

领兵者率军征剿匪盗,当然希望斩获越多越好,因为斩获越多功劳越大,还可借此晋官加爵,奖金赏银,以致发生杀良冒功的缺德事。但是王阳明却另有想法,每当他出发征剿匪盗之前,为了不致造成滥杀无辜的后果,要预先发布告谕,规劝从匪的人回头是岸,以招抚少杀为念。此类告谕在《王文成公全书》中为数不少,我们也能从中看出王阳明对匪徒的关注之心。下录《告谕浰头巢贼》(正德十二年五月),让我们来共同体味王阳明的心情:

本院巡抚是方,专以弭盗安民为职……自吾至此,未尝遣一人抚谕尔等,岂可遽尔兴师剪灭,是亦近于不教而杀,异日吾终有憾于心……人情之所共耻者,莫过于身被为盗贼之名;人心之所共愤者,莫甚于身遭劫掠之苦。今使有人骂尔等为盗,尔必怫然而怒。尔等岂可心恶其名而身蹈其实?又使有人焚尔室庐,劫尔财货,掠尔妻女,尔必怀恨切骨,宁死必报。尔等以是加人,人其有不怨者乎?人同此心,尔宁独不知;乃必欲为此,其间想亦有不得已者,或是为官府所迫,或是为大户所侵,一时错起念头,误入其中,后遂不敢出。此等苦情,亦甚可悯……尔等久习恶毒,忍于杀人,心多猜疑。岂知我上人之心,无故杀一鸡犬,尚且不忍;况于人命关天,若轻易杀之,冥冥之中,断有还报,殃祸及于子孙,何苦而必欲为此……尔等今虽从恶,其始同是朝廷赤子;譬如一父母同生十子,八人为善,二人背逆,要害八人;父母之心须除去二人,然后八人得

———————————

① 《王文成公全书》,上海中华书局"四部备要"排印本,第396页。

以安生;均之为子,父母之心何故必欲偏杀二子,不得已也;吾于尔等,亦正如此。若此二子者一旦悔恶迁善,号泣投诚,为父母者亦必哀悯而收之。何者?不忍杀其子者,乃父母之本心也;今得遂其本心,何喜何幸如之;吾于尔等,亦正如此。

闻尔等辛苦为贼,所得苦亦不多,其间尚有衣食不充者。何不以尔为贼之勤苦精力,而用之于耕农,运之于商贾,可以坐致饶富而安享逸乐,放心纵意,游观城市之中,优游田野之内。岂如今日,担惊受怕,出则畏官避仇,入则防诛惧剿,潜形遁迹,忧苦终身;卒之身灭家破,妻子戮辱,亦有何好?尔等好自思量,若能听吾言改行从善,吾即视尔为良民,抚尔如赤子,更不追咎尔等既往之罪……尔等苦必欲害吾良民,使吾民寒无衣,饥无食,居无庐,耕无牛,父母死亡,妻子离散……吾今特遣人抚谕尔等,赐尔等牛酒银两布匹,与尔妻子……尔等好自为谋,吾言已无不尽,吾心已无不尽。如此而尔等不听,非我负尔,乃尔负我,我则可以无憾矣。呜呼!民吾同胞,尔等皆吾赤子,吾终不能抚恤尔等而至于杀尔,痛哉痛哉!兴言至此,不觉泪下。①

这仅是一例,在《王文成公全书》中,此类文告、奏疏、公移是极多的。王阳明不仅对普通百姓以诚相待,即使对从贼为匪之徒,仍然真心相劝,动之以情,送上牛酒银两布匹,希望他们返回故里,尽力于农事,回归"良知"。从中流露出他对百姓、对被迫从匪之人的关爱之心。

王阳明在其战无不胜的治军生涯中,制定了系统的军规军令,对军队贪腐提出了严厉的惩治措施。如他在《行岭北道申明教场军令》中列出了十二条军规,其中三条就是从刑罚的角度提出了惩治军队贪腐的措施,仅举一条:"各兵但有管哨官总指称神福,馈送打点等项名色,科派银物,自一分以上,俱许赴该道面告究治。"②

王阳明提出的乡约、牌法、保甲、军规等,从良知仁性着手使顽民、流贼

---

① 《王文成公全书》,上海中华书局"四部备要"排印本,第249页。
② 《阳明先生集要》,第633页。

和贪腐之官吏归于善,从源头上抑制贪欲的萌动和贪腐的发生,只有当劝谕之方不能发挥作用时,阳明才采取惩罚措施,这实际上是以德为主、刑罚为辅的"礼治"思想在政治实践中的体现,其礼刑思想和措施对稳定社会秩序和抑制贪腐发挥了一定作用。

如果说这些尚属王阳明职责范围内的官样文章,不用担心自己的头颅问题,那么下面一则事件,却是关乎王阳明性命的大事,且看王阳明是如何考虑的,是自己的头颅和前程重要,还是民生灾难重要?

正德十四年(1519)年八九月间,当王阳明平息了宁王朱宸濠的谋叛并俘获朱宸濠后,捷音送达朝廷。喜好游荡的武宗好大喜功,视战争如儿戏,将百姓性命玩弄于掌股之上,他竟然违背常理地下旨,要王阳明将朱宸濠重新放归鄱阳湖,以便由他自封的"朱寿大将军"到江南来重新打一场捉获叛王的大仗。对此,明人冯梦龙是这样写的:"阳明既擒逆濠,囚于浙省。时武庙南幸,驻跸留都,中官诱令阳明释濠还江西,俟圣驾亲征擒获,差二中贵至浙省谕旨。"①当此时节,不将朱宸濠放归鄱阳湖,那是抗旨,是要被杀头的。如果遇到只顾保全自己乌纱帽的官员,他们可能会想:"你万岁爷想御驾亲征就亲征好了,反正遭二遍战争之苦的是老百姓,我做官的不会因此受牵连,不如将朱宸濠放归湖中,逢场作戏,一切听命于上头,或许还能分得些功劳,得到些赏赐。"或遵旨以了事,或冒杀头风险抗旨,这两条路都非同小可,怎么选?

但王阳明心中有民心,他所想的是老百姓的苦难,而不是自己的头颅和前程。他可能也权衡过,若能用自己的一颗头颅换得江西全省百姓的性命,那也是一笔值得的买卖。王阳明决定冒抗旨之罪,将俘虏直接押送杭州,移交给较为正直的宦官张永,由其转送至武宗御前。同时,他恳请张永规劝武宗回京,使江西百姓免遭第二场战争之苦。

对此,《王阳明年谱二》有如下记载:

> 正德十有四年己卯……九月十一日,先生献俘发南昌。忠、泰等欲追还之,议将纵之鄱湖,俟武宗亲与遇战,而后奏凯论功。连遣人追至广信。先生不听,乘夜过玉山、草萍驿。张永候于杭,先

---

① 《智囊全集·王守仁》,中华书局 2007 年版,第 135 页。

生见永谓曰："江西之民,久遭濠毒,今经大乱,继以旱灾,又供京边军饷,困苦既极,必逃聚山谷为乱。昔助濠尚为胁从,今为穷迫所激,奸党群起,天下遂成土崩之势。至是兴兵定乱,不亦难乎?"永深然之,乃徐曰："吾之此出,为群小在君侧,欲调护左右,以默辅圣躬,非为掩功来也。但皇上顺其意而行,犹可挽回,万一若逆其意,徒激群小之怒,无救于天下大计矣。"于是先生信其无他,以濠付之,称病西湖净慈寺。

武宗尝以威武大将军牌遣锦衣千户追取宸濠,先生不肯出迎。三司苦劝。先生曰："人子于父母乱命,若可告语,当涕泣以从,忍从谀乎?"不得已,令参随负敕同迎以入。有司问劳锦衣礼,先生曰："止可五金。"锦衣怒不纳。次日来辞,先生执其手曰："我在正德间下锦衣狱甚久,未见轻财重义有如公者。昨薄物出区区意,只求备礼。闻公不纳,令我惶愧。我无他长,止善作文字。他日当为表章,令锦衣知有公也。"于是复再拜以谢。其人竟不能出他语而别。奉敕兼巡抚江西。

十一月,返江西。先生称病,欲坚卧不出,闻武宗南巡,已至维扬,群奸在侧,人情汹汹。不得已,从京口将径趋行在。大学士杨一清固止之。会奉旨兼巡抚江西,遂从湖口还。①

从这段文字中,我们可以看出,在当时"群奸在侧,人情汹汹"之际,稍有差池,王阳明的头颅就不保了。但王阳明还是凭着自己的智慧,巧妙地抗拒了武宗圣旨,既保存了自己的头颅,又保护了江西百姓不受第二遍战争之苦难。这不仅需要大智大勇,更重要的还在于王阳明心中有民,展现了他真正的廉政行为。

王阳明还将此事写入诗中。古人常说"诗言志",世人往往可以从诗中体察作者之心。王阳明留下的六百余首作品,大多是他真情的流露,理念的形象阐发。这里只举《书草萍驿二首》之一,当时王阳明平息了宁王朱宸濠谋叛并俘获朱宸濠后,正欲北上献俘,途经草萍驿,书之于壁间:

---

① 《王文成公全书》,上海中华书局"四部备要"排印本,第460页。

一战功成未足奇，亲征消息尚堪危。

边烽西北方传警，民力东南已尽疲。

万里秋风嘶甲马，千山斜日度旌旗。

小臣何尔驱驰急，欲请回銮罢六师。①

　　战争本是残酷之极的，是政治的最高手段，但武宗皇帝却视之如儿戏。此时的王阳明虽然是都察院左佥都御史巡抚南、赣、汀、漳等的四品大员，但对皇帝来说，王阳明只不过是一只小小的螳螂而已，螳螂之臂如何能阻挡皇帝的銮驾。但为民之心充斥于胸的王阳明，顾不了许多，竟然举起他的螳螂之臂去阻挡皇帝的銮驾，王阳明是把百姓看得大大高于自身的。

　　王阳明在赣南担任巡抚期间，大大小小打了许多仗。打仗必须要有军费的保障，"军马未动，粮草先行"，这是历来的老话了。历史上，许多军队统领者在军事行动时，首先考虑的必然是军饷问题。当军饷不足时，当然是去向百姓要，要不到就抢，战争第一呀！然而，王阳明不仅需要解决军饷的问题，同时仍然注重百姓的生计问题，他打仗是为了安定社会，是为了给百姓创造一个安宁的生活环境，是出于民心的考虑。百姓生计，更是直接关系到民心。王阳明一边率领军兵在打仗，一边仍在考虑百姓的乡情，建社学、立乡约、乞免赋税、疏通盐法。军饷的巨额开支，尽量不向百姓收取，而是从盐税中支出，尽力减轻百姓的负担。王阳明曾有多次请求疏通盐法的奏疏，这里不赘述，仅从《年谱》所载，来看王阳明的爱民心态。

　　正德十三年（1518）十一月，再请疏通盐法：

　　据户部覆疏，所允南、赣暂行盐，税例止三年。先生念连年兵饷，不及小民，而止取盐税，所谓："不加赋而财足，所助不少。且广盐止行于南、赣，其利小，而淮盐必行于袁、临、吉，以滩高也。故三府之民，长苦乏盐。而私贩者水发，舟多蔽河而下，寡不敌众，势莫能遏。乃上议以为：广盐行，则商税集，而用资于军饷，赋省于贫民。广盐止，则私贩兴，而弊滋于奸宄，利归于豪右。况南、赣巢穴

---

① 《王文成公全书》，上海中华书局"四部备要"排印本，第309页。

虽平,残党未尽,方图保安之策,未有撤兵之期。若盐税一革,军饷之费,苟非科取于贫民,必须仰给于内帑。夫民已贫而敛不休,是驱之从盗也;外已竭而殚其内,是复残其本也。臣窃以为宜开复广盐,著为定例。"朝廷从之,至今军民受其利。①

王阳明经过的多次疏通盐法请求,不仅解决了赣南地区百姓的吃盐问题,还同时解决了军饷的难题,正如谱文所言"朝廷从之,至今军民受其利",这真是一举而两得之大好事。如果没有民心之考虑,打仗时就必然一味地向百姓征收军饷,或者向朝廷索要军饷,如果朝廷下拨不及时,百姓收缴不够数,就得向百姓去抢劫掠夺,这不仅会让百姓受苦,还可能会引发更为重大的民变事故。

正是由于王阳明一切出于民心之考虑,才能够将事情做得如此完善,既不惊动朝廷,又使军民同受其惠。

王阳明认为为官者清廉与否在于是否符合"良知"的考量,依良知而为、循礼而行则廉,反之则伤廉。王阳明生活的明代中叶,官风世风颓废,为官者不以民之疾苦为念,竭尽搜刮之能事,陷民于水火,贪腐现象严重。王阳明对贪吏横行的原因做了主客观两方面的分析:从主观上看,是由于官员良知被遮蔽,不惜牺牲民众利益以满足一己之私;从客观方面看,薪俸过低、接应送礼繁杂,贪腐之社会风气蔓延。有鉴于此,王阳明对官吏道德素质的修养提出了具体路径:"道德以为之地,忠信以为之基,仁以为宅,义以为路,礼以为门,廉耻以为垣墙,六经以为户牖,四子以为阶梯。"②希望以此培养官员的德性品质以抑制或去除声色货利之私欲,此乃治理吏治腐败的根本。

针对明代薪俸过低、接应送礼繁杂的实际情况,王阳明提出了两条解决办法。一是提高官吏的薪俸以改善其物质生活水平,以"忠信重禄"养官吏之廉洁。"夫忠信重禄,所以劝士,在昔任人,既富方谷,庶民在官,禄足代耕"③;二是裁减折色。折色是指用布帛或物品折合银两抵扣薪俸,折色减少

---

① 《王文成公全书》,上海中华书局"四部备要"排印本,第456页。
② 《王阳明全集》,上海古籍出版社1992年版,第900页。
③ 《阳明先生集要》,第616页。

了,银两发放自然增多,这实际上是间接提高官吏的薪金。

官场礼数多而杂,为了保住官位,官吏须向上级送礼,随后又盘剥下级填补亏空。为此,王阳明颁布禁令,惩治请客送礼的贪腐现象,不许以任何理由请客送礼,收受钱财,违者严加究治。他规定:"各兵但有管哨官总指称神福、馈送打点等各项各色,科派银物,自一分以上,俱许赴该道面告究治。"①为了更好地防治收受贿赂的恶习,他还鼓励哨官和兵夫对请客送礼、科派银物之人,向军政机关告发。并对军政人员借公差机会向当地索求财物的行为做出惩治:"若揽差下乡,索求赍发者,约长率同呈官追究。"②此外,对赃官酷吏,豪奸巨贼,虐众殃民之官吏,可告到官府,由官府严肃处理,决不轻贷。对利用手中的权力,不遵守法令,"私宅接受词讼,榨取财贿纸米,或捕获一贼,则招攀无干之人,乘机诈骗"或"索要年例""索要折干,刻取酒食"③之官吏,一律免职,以保证官吏内部之忠信廉洁。

正因为王阳明一心为民,无论是行军打仗,还是治政审案,都以官心与民心相连,以致治政、治军同创勋绩。老百姓对王阳明也真心相待,这在《回军九连山道中短述》诗中可见:

> 百里妖氛一战清,万峰雷雨洗回兵。
>
> 未能千羽苗顽格,深愧壶浆父老迎。
>
> 莫倚谋攻为上策,还须内治是先声。
>
> 功微不愿封侯赏,但乞蠲输绝横征。④

战争获胜,对军队的指挥者来说,当然是最值得欣喜之事。在军事行动中没有侵扰百姓,当然也得到百姓的拥戴,自然会"壶浆父老迎"。然而,王阳明当此时节,他所想到的却是"莫倚谋攻为上策,还须内治是先声"。希望"功微不愿封侯赏,但乞蠲输绝横征"。这是真正爱民、亲民的心态。

---

① 《阳明先生集要》,第633页。

② 《阳明先生集要》,第633页。

③ 《阳明先生集要》,第633页。

④ 《王文成公全书》,上海中华书局"四部备要"排印本,第308页。

为民办好事,自有历史证据在。王阳明在处理山民暴动问题时,既严厉处置为匪首恶以及地方恶吏,又尽力做到不杀或少杀,努力解决百姓的善后问题,由此受到当地百姓的真心爱戴,百姓将他率领的军队称为"仁义之师"。1989年,笔者为研究之需要,曾远赴贵州、江西,沿王阳明生前行迹进行实地考察,发现凡是王阳明生前所到之处,当地群众对他均有极高的评价,大多数地方称他为"阳明菩萨"。

群众喜清官、爱廉吏,希望清官长生,这就是民心;廉政之官员心中有百姓,这才是官宦所应该具备的官心。王阳明在各地群众心目中的地位,正是他作为一位廉政官员的最好证明。

早在《周礼·天官冢宰》中就提出"六廉":"以听官府之六计,弊群吏之治,一曰廉善,二曰廉能,三曰廉敬,四曰廉正,五曰廉法,六曰廉辨。"从官吏的道德修为、执政能力、敬业精神、廉洁公正、遵纪守法、辨别能力等六个方面对官员进行考核。王阳明的廉政思想即涵盖了"六廉",他要求官吏修养德性、提升能力、正直端方、勤政守职、廉洁奉公、辨别是非。概括起来,王阳明的廉政思想有以下特点:第一,以良知为倡廉抑欲之根基;第二,以致良知为行廉治政之方法;第三,以礼主刑辅为惩贪治污之途径。

王阳明的廉政思想对治理德性丧失、人心浇薄、道德失范、政风腐败发挥了一定的作用,他的"从政致良知"的理念,对净化当前的党风、政风、民风同样有着极大的教化作用。

王阳明抗灾济民事迹述略

贵州省修文县阳明文献研究中心研究员

杨德俊　韦　展

被誉为"真三不朽""名世真才"的王阳明,一生清正廉洁、亲民和谐,是古代官员中执政为民的典范。他称赞龙场少数民族就像一块没有经过雕饰的璞玉,没有经过加工的木材。他一生不向当权者送礼,也不收取任何人送的礼物,贵州宣慰使安贵荣奉送给他金帛、鞍马,王阳明如数送还。他多次请求辞免皇帝的封爵和赏赐,被封为"新建伯"后,皇帝遣官前去奖赏慰劳,赏赐予银币、丝绸,犒赏以羊酒,王阳明把它们都分给了下属将士。在学术思想上,他有著名的"知行合一"和"致良知"理论,事功上有平定江西、广西民乱的功绩。在两地平乱时,践履知行合一,彰显良知道德,为当地困苦百姓减免赋税,抗疾疫、防火灾、抗水灾、旱灾,救济民困,解民倒悬,他的这些廉政亲民事迹,值得我们学习借鉴。

一、庐陵免杂税　抗疾疫　防火灾

正德五年(1510)三月十八日,王阳明到江西庐陵正式就任知县,上任后,首先着手解决集体上访问题,清理积压多年的案件,杜绝苛捐杂税和横征暴敛的行为。他对老百姓集体上访,要求减免加派的杂项税费问题了解到真实情况,经过思考后当即宣布:今年新增的税费不要交了,而且所有赋税全免了。他认为如果"坐视民困而不能救,心切时弊而不敢言",还要自己坐到知县的位置上干什么?他将免除庐陵全部赋税的情况写成公文交到府台,公文的最后说:若是免除庐陵县今年的赋税,朝廷如果怪罪下来,那么就由我本人来承担全部责任,可以立即将我罢官,让我回乡下去种田我也心甘情愿,不会有任何怨言。最后庐陵县当年的赋税得以免除,原因是这些赋税是地方官员强加给老百姓的,若不免除,将会引起民众造反。

其次是救助疾疫病人。这年庐陵发生疾疫,城乡流行,王阳明以德相倡导,要求有病人的家庭必须骨肉相保,不可离弃;并号召各家用生石灰洒扫室内室外、厕所、畜圈,将病死的人及时掩埋,做好环境卫生工作;号召富户人家出钱出粮,对病人施以医药,相互扶持;由县政府组织医生到各乡行医,及时救助病人。他作《告谕庐陵父老子弟》,说到对疫情的防治:

> 今灾疫大行,无知之民惑于渐染之说,至有骨肉不相顾疗者。汤药馆粥不继,多饥饿以死。乃归咎于疫。夫乡邻之道,宜出入相友,守望相助,疾病相扶持。乃今至于骨肉不相顾。县中父老岂无一二敦行孝义,为子弟倡率者乎?夫民陷于罪,犹且三宥致刑。今吾无辜之民,至于阖门相枕藉以死。为民父母,何忍坐视?言之痛心。中夜忧惶,思所以救疗之道,惟在诸父老劝告子弟,兴行孝弟。各念尔骨肉,毋忍背弃。洒扫尔室宇,具尔汤药,时尔馆粥。贫弗能者,官给之药。虽已遣医生,老人分行乡井,恐亦虚文无实。父老凡可以佐令之不逮者,悉已见告。有能兴行孝义者,县令当亲拜其庐。凡此灾疫,实由令之不职,乖爱养之道,上干天和,以至于此。县令亦方有疾,未能躬问疾者,父老其为我慰劳存恤,谕之以此意。①

阳明曾在《告谕》中说:"病者宜求医药,不得听信邪术,专事巫祷。嫁娶之家,丰俭称赀,不得计论聘财妆奁,不得大会宾客,酒食连朝。"②他在《答周纯仁》中说:"闲中无事,固宜谨出,然想亦不能一并读得许多。似此专人来往劳费,亦是未能省事随寓而安之病。又如多服燥热药,亦使人血气偏胜,不得和平,不但非所以卫生,亦非所闲退之意胜,而飞扬燥扰之气消,则治心养气、处事接物自然安稳,一时长进,无复前日内外之患矣。"③阳明说"病者

---

① 王阳明撰,吴光、钱明等编校:《王阳明全集》,上海古籍出版社 2011 年版,第 1131 页。
② 《王阳明全集》,第 628 页。
③ 《王阳明全集》,第 151 页。

宜求医药,不得听信邪术",认为驱邪治病是不可相信的,还是要靠药物治疗。从病者不宜"多服燥热药",多服"使人血气偏胜"等,可以看出阳明对病理是有一些研究的。

最后是防范火灾发生。他认为火灾频发是由于街道狭窄,房屋密集,建筑高大,且没有"风火墙"阻隔的原因。他在组织群众重建家园时,对房屋结构和街道进行了新的规划。要求重建房屋时各家退地三尺以拓宽街道,相邻房屋之间各家让地二尺以断风火,同时在县城一些地方修建储水池以防火灾,这些措施对庐陵的火灾防范起到实际作用。针对盗贼横行的情况,他在城乡全面实行了"保甲法"。乡村居民彼此之间讲信修睦,和谐邻里,相互帮助,有盗贼来打劫,则相互救援。"保甲法"的实施,实现了民间的自防与联防,对盗贼横行起到了实际的遏制作用。

二、南昌、临江、吉安等地抗水灾

正德十五年(1520)五月,丰城、新喻等县发生水灾,毛家㙫等处被大水冲毁决堤,灾情极其严重,若不及时修筑,秋天水势必将再次泛滥,受害灾民生活将极端艰难痛苦。六月初九日,王阳明颁布《案行湖西道处置丰城水患》令记载:

> 近该本院抚临该县,督同巡守该道副使顾应祥、参议周文光、知县等官顾似等,看得前项决堤渐侵县治,委系紧急民害。但正当水冲,欲便筑塞,必须依做水帘椐子之法,用大船数十装载砖石沙土,阻遏水势,方可施工。……为照丰城县即今见要破损大船阻水势,所据前项船只,合行查处变卖,以济急务。①

从此段文字可知,阳明要求当地官员购买破损不能再继续使用的船只,用以装载整船砖石沙土,沉入决堤处,以阻遏水势。现在发生大的决堤事

---

① 王阳明撰,吴光、钱明等编校:《王阳明全集 新编本》,浙江古籍出版社 2011 年版,第 1984 页。

故,一般的大石块放下去阻遏不了水势,就用大汽车装载数十吨石块运来,连同汽车一起沉入决口,以此阻遏水势,与阳明当年使用治水的方法基本一样。老百姓遭受了水灾,生活极度困难,急需救济。南昌地区水灾尤为严重,该怎么办呢?阳明颁行《赈恤水灾牌》,其中记载道:

> 为此仰分守巡南昌官吏,即便分督该府县官于预备仓内米谷,用船装运,亲至被水乡村,不必扬言赈饥,专以踏勘水灾为事,其间验有贫难下户,就便量给升斗,暂救目前之急。给过人户,略记姓名数目,完报查考,不必造册扰害。所至之地,就督各官申严十家牌谕,通加抚慰开导,令各相安相恤。仍督各官俱要视民如子,务施实惠,不得虚文搪塞,徒费钱粮,无救民患,取罪不便。①

阳明要求官员将米谷亲自送到乡村受灾贫难民户家中,适当救济,并要略记数目以备查考。要求各位官员要视难民如己子,一定要务施实惠,不准虚文搪塞,徒费钱粮,无以救助民患,工作做得非常细致。

在南康、建昌、宜黄、横水等县,水灾也非常严重,阳明要求赣州府和南安府下属各县官员:"已行二府各委佐贰官,及行所属被水各县掌印等官,用船装载谷米,分投亲至被水乡村,验果贫难下户,就便量行赈给。"要求各县官员必须亲自到乡村踏勘,根据实际情况,对贫困灾民进行适当救济。为了不流于形式,把赈灾工作落到实处,阳明颁布《牌行江西临江府赈恤水灾》,其中载道:

> 据临江府新喻县申称,今年自春入夏,淫雨连绵,田地冲成江河,沙石积成丘陵。即今四野一空,秋成绝望,要将本县在仓稻谷赈济缘由。为照临江一府,被水县分恐亦非止新喻,合就通行。为此牌仰本府官吏,即便分委佐贰等官,及行所被水各县掌印佐贰等官,将在仓稻谷用船装载,或募人夫挑担,亲至乡村踏勘水灾。验果贫难下户,就便量给升斗,暂救目前之急。就各申严十家牌谕,

---

① 《王阳明全集》,第684页。

通加抚慰开导,令各相安相恤。各官务要视民如子,务施实惠,不得虚文抵塞,徒费钱粮,无救民患。①

从此文中可知,阳明再次要求各个官员务必要亲至乡村踏勘水灾,验明极度困难民户,用船装载稻谷,再募人夫挑担上门,给极困民户几升或一斗粮食,暂救目前之急困,待后再行救济。再据阳明《批吉安府救荒申》中载道:

> 近据崇仁县知县祝鳌申,要将预备仓谷,凶荒之时则倍数借给,以济贫民;收成之日则减半还官,以实储蓄;颇有官民两便,已经本院批准照议施行。……其一应科派物料等项,当兹兵乱之余,加以水灾,民不聊生,岂堪追并,仰布政司酌量缓急,分别重轻,略定征收先后之次,备行各属,以渐而行,庶几用一缓二之意,少免医疮剜肉之苦。②

这个办法就是将各县粮仓中储备的稻谷,先行借给灾民食用,救济贫民,以便民众能种植生产。然后在秋收时,由灾民减半返回,即先借一斗,后返还给官府五升。这个方法既救助了灾民,减轻了农民负担,又收回部分稻谷作储备,一举两得。

正德十四年(1519)和十五年,江西先发生旱灾,后发生水灾。正德十四年七月二十日,阳明在《旱灾疏》中描述旱灾时说道:

> 本年自三月至于秋七月不雨,禾苗未及生发,尽行枯死。夏税秋粮,无从办纳,人民愁叹,将及流离。理合申乞转达、宽免等因到臣。节差官吏、老人踏勘。委自三月以来,雨泽不降,禾苗枯死。……虽富室大户不免饥馑,下户小民得无转死沟壑,流散四方乎?设或饥寒所迫,征输所苦,人自为乱,将若之何?如蒙乞敕该部,暂将江西

---

① 《王阳明全集 新编本》,第 1987 页。
② 《王阳明全集》,第 662 页。

正德十四年分税粮通行优免,以救残伤之民,以防变乱之阶。伏望皇上罢冗员之俸,损不急之赏,止无名之征,节用省费,以足军国之需,天下幸甚。①

正德十五年(1520)五月十五日,阳明又在《水灾自劾疏》中说道:

臣以匪才,缪膺江西巡抚之寄,今且数月,曾未能有分毫及民之政。而地方日以多故,民日益困,财日益匮,灾变日兴,祸患日促。自春入夏,雨水连绵,江湖涨溢,经月不退。自赣、吉、临、瑞、广、抚、南昌、九江、南康沿江诸郡,无不被害,黍苗沦没,室庐漂荡,鱼鳖之民聚栖于木杪,商旅之舟经行于闾巷,溃城决堤,千里为壑,烟火断绝,惟闻哭声。询诸父老,皆谓数十年来所未有也。②

说明江西这两年的旱灾、水灾非常严重。此年又遇到宁王朱宸濠叛乱,发生战争,老百姓生活极度困难。阳明曾上疏请求免除江西全省的税赋。据正德十五年(1520)三月二十五日,他在《乞宽免税粮急救民困以弭灾变疏》中提出,应免除江西一省之税赋,并写道:

夫免江西一省之粮税,不过四十万石,今吝四十万石而不肯蠲,异时祸变卒起,即出数百万石,既已无救于难矣。此其形迹已见,事理甚明者。臣等上不能会计征敛以足国用,下不能建谋设策以济民穷,徒痛哭流涕,一言小民疾苦之状,惟陛下速将臣等黜归田里,早赐施行,以纾祸变。③

十一月十五日,王阳明又在《批追征钱粮呈》中说:"目击贫民之疾苦而不能救,坐视征求之患迫而不能止,徒切痛楚之怀,曾无拯援之术,伤心惨

---

① 《王阳明全集》,第452页。
② 《王阳明全集》,第479页。
③ 《王阳明全集》,第476页。

目,汗背赧颜,此皆本院之罪,其亦将谁归咎? 各府州县官务体此意,虽在催科,恒存抚字,仍备出告示,使各知悉。"①他曾三次向皇帝疏请放宽租税,说此时四十万石粮税朝廷都不肯免掉,若是,老百姓实在无法生活群起抢劫造反,到时即使出数百万石粮食,也难平息战乱。说自己"不能建谋设策以济民穷,徒痛哭流涕"。但他上疏请求放宽租税的奏章未获得朝廷批准,于是把宁王朱宸濠侵占的老百姓的田地、房屋财产归还本主,变卖余下土地财产等救助饥民和替代灾民交税,真是既为朝廷担责,又为百姓着想。

王阳明在赣州时,也非常关心民众疾苦,他减收部分商税,免去部分农产税,若是有人违令,照例问罪。他在《禁约榷商官吏》中,要求收税人员不准许多取分毫,农民自己生产的木炭、鸡鸭之类,不得收税,不得擅自登上商船,侵凌骚扰百姓,违犯者要追究责任,其中载道:

> 即便备行收税官吏,今后商税,遵照奏行事例抽收,不许多取毫厘;其余杂货,俱照旧例三分抽一,若资本微细,柴炭鸡鸭之类,一概免抽;桥子人等止许关口把守开放,不得擅登商船,假以查盘为名,侵凌骚扰,违者许赴军门口告,照依军法拿问。其客商人等亦要从实开报,不得听信哄诱,隐匿规避,因小失大,事发照例问罪,客货入官。②

阳明还奖励为官清廉而生活有困难者,他听说赣县致仕县丞龙韬,为官一直廉洁谨慎,年老致仕归家后,却因生活贫困难以生存,在浮薄的风俗影响下,愚昧鄙陋之人反而讥笑他。那些贪官污吏生活奢侈豪华,洋洋得意自以为成功人士,愚昧无知之人争相羡慕;然而那些清廉谨慎的贤士,却因生活困顿而无以为生,乡族邻居不但不去周济抚恤,反而讥笑他。风俗轻薄不淳朴达到如此程度,当地官员是难以推脱其过失的。王阳明在《优奖致仕县丞龙韬牌》中说道:

---

① 《王阳明全集》,第 658 页。
② 《王阳明全集》,第 629 页。

为此牌仰赣州府官吏,即便措置无疑官银十两,米二石,羊酒一付,掌印官亲送本官家内,以见本院优恤奖待之意。仍仰赣县官吏,岁时常加存问,量资柴米,毋令困乏。呜呼!养老周贫,王政首务,况清谨之士,既贫且老,有司坐视而不顾,其可乎?远近父老子弟,仍各晓谕,务洗贪鄙之俗,共敦廉让之风。①

以上仅是王阳明在江西施政过程中,关心民众疾苦、勤政亲民的一部分具体事例,其中可看出他是何等关心民众困难,为老百姓着想,解决民众困苦的,所以南昌、吉安、赣州、南安等地都建有阳明祠祭祀王阳明先生。

三、南宁抗旱灾

嘉靖七年(1528)四月,王阳明在思恩、田州府兴办学校,改田州府学,使各处儒生附籍入学,并亲自选拔委任教官。十一日,在颁布《行浔州府抚恤新民牌》中载道:"各官务要诚爱恻怛,视下民如己子,处民事如家事,使德泽垂于一方,名实施于四远,身荣功显,何所不可。如其苟且目前,虚文抵塞,欺上罔下,假公营私,非但明有人非,幽有鬼责,抑且物议不容。"②正是从这样的思想出发,他处置广西思恩、田州之乱事,极力主张招抚。他曾在《答方叔贤书》中说:"思、田事,贵乡往来人当能道其详。俗谚所谓生事事生,此类是矣。今其事体既已坏,尽欲以无事处之,要已不能,只求减省一分,则地方亦可减省一分劳攘耳。鄙见略具奏内,深知大拂喜事者之心,然欲杀数千无罪之人,以求成一己之功,仁者之所不忍也!"③这体现了王阳明践履"知行合一"和"致良知"思想。

是年四五月,王阳明看到湖南地区前来南宁府屯驻防守的土官军民,因连续三个月大旱,庄稼无法播种,男子不能耕种,妇女无法织布,很多军民缺少食物,他不禁心生怜悯。于是命令南宁府同知史立诚,要遍查停歇在南宁

---

① 《王阳明全集》,第632页。
② 《王阳明全集》,第1220页。
③ 《王阳明全集》,第913页。

的湖兵之家,开报后相应量行赈给。看阳明统计之数,10 名以上 71 家,5 名
以上 356 家,5 名以下 454 家,各家给米多少石,鱼多少斤,统计数是多么仔
细精确。他在《赈给思田二府》中记载道:

> 近因思、田二府攘乱,该前总镇等官奏调三省汉土官军兵快人
> 等,前来南宁府屯住防守,军民大小,男不得耕,女不得织,而湖兵
> 安歇之家,骚扰尤甚。今虽地方平靖,湖兵已回,然疮痍未起,困苦
> 未苏。况自三月已来,天道亢旱,种未入土,民多缺食,诚可悯念!
> 已经行仰同知史立诚,遍查停歇湖兵之家,开报相应量行赈给。
> 为此牌仰南宁府着落当该官吏,专委同知史立诚,即将十名以上
> 七十一家,各给米二石,咸鱼二十斤;五名以上三百五十六家,各
> 给米一石三斗,咸鱼十三斤;五名以下四百五十四家,各给米一
> 石,咸鱼十斤;就于该府军饷米鱼内支给开报。其余大小军民之
> 家,谕以本院心虽无穷,而钱粮有限;各宜安心生理,勤俭立家,毋
> 纵骄奢,毋习游惰,比之丰亨豫大之日虽不足,而方之兵戈扰攘之
> 时则有余矣。①

王阳明不是对乱民进剿后就放任不管,而是对乱民地区的民众加强管
理,使其恢复生产生活。五月,对位于平南、桂平两县的古陶、白竹、石马等
处招抚新民加以施行抚谕,以安其心。令南宁知府程云鹏和指挥周胤宗,及
各县知县等官,亲自到已破贼巢邻近良善村寨,加厚抚恤,犒以鱼肉,量给盐
米,待以诚信,敷以德恩,推选大众所信服者为酋长,使村寨有人统率,新民
有组织纪律,不得涣散。民众有饭吃,有衣穿,生活有最低保障,就不会起来
造反,地方才能安定。阳明在广西平乱时,为民众做了很多好事,所以在南
宁、隆安、武鸣、迁江、马山等地,都建有王文成公祠祭祀阳明先生。

---

① 《王阳明全集》,第 700 页。

四、结语

以上仅是一部分王阳明关心民众疾苦，勤政亲民的具体事例，其中可看出阳明是何等关心民众困难，又是如何为老百姓着想，解决民众困苦的。他对待难民和乱民的原则，是困难的饥民必救，顽固的乱民必斩，难民不救没有良知，乱民不斩不平民愤。现在仍有部分人说，王阳明在南、赣、汀、漳平乱是镇压农民起义，在广西八寨、断藤峡平乱是镇压少数民族起义。不用再去驳斥，若真是一个镇压农民起义，镇压少数民族起义的刽子手，是绝对不会去做这些救助灾民、勤政爱民的事情，且不会受到百姓尊重的。

王阳明每到一处，都与当地士民和少数民族和睦相处，且乐于助人，展现出悲天悯人的圣人情怀。其体恤民情，减免赋税，抗击瘟疫，防范火灾，扼制盗贼，赈恤水灾，救助难民，他的洁清自矢、秉正无私的精神激励着一代又一代人。王阳明在龙场悟道、庐陵任职期间，以及在平定南、赣、汀、漳的乱事，平定宁王朱宸濠反叛之乱，平定思恩州、田州，及平八寨、断藤峡之乱的过程中，采取了很多反贪腐、倡清廉、亲民、爱民、廉政与和谐的措施，这些做法值得当政者和阳明文化爱好者学习借鉴。

王阳明廉政思想的现代性价值与发生学考察

浙大宁波理工学院马克思主义学院讲师

浙江大学马克思主义学院博士生

刘　杰

一、"不想腐"背后思想动因的剖析

反对贪污腐败建设廉洁政治,是党和国家一贯坚持的鲜明政治立场。然而,随着社会的发展和技术的进步,腐败分子千方百计地企图逃脱罪责、逍遥法外,导致出现了很多新型腐败和隐性腐败。各地纪检干部在办案中总结出新型腐败和隐性腐败的三个特点:一是多发于新兴事物、新兴领域,由于监管机制不成熟、不严密,成为腐败分子新的作案目标。二是贪污受贿手段变得隐蔽。领导干部隐身幕后进行操纵,由亲属和特定关系人代言办事或收钱得利,隔断办事和收钱的直接联系,如通过"夫人路线""衙内腐败"以及"白手套"等手段实现违法目的。三是利益实现方式更趋隐蔽,合作经商、民间借贷、买卖物品等经济活动也成为行受贿的"保护罩",出现低买高卖的交易型受贿,委托理财获取高于正常水平收益的委托理财型受贿等。[①] 无论腐败形式怎么千变万化,"云遮雾罩",但是其权钱交易、以权谋私的本质是没有改变的,所以反腐败斗争必须永远吹响冲锋号,保持高压态势。但与此同时,纪检反贪部门在查处这些新型腐败和隐性腐败的过程中存在的发现难、取证难、定性难等问题,又无形中提高了反腐的成本。

党的十八大以来,新一届党中央把惩治腐败作为当前重要任务,习近平

---

① 陈瑶:《坚决查处新型腐败和隐性腐败》,中央纪委国家监委网站,2023 年 1 月 28 日。

良知·廉行

——阳明心学与新时代廉洁文化建设

总书记在十八届中央纪委第三次全会上指出,加大查办违纪违法案件力度,保持惩治腐败高压态势,形成不敢腐、不能腐、不想腐的有效机制,努力取得人民群众比较满意的进展和成效。[①] 着重点明了"不想腐"在构筑反腐败治理生态中的关键作用,其后中共中央办公厅印发的《关于加强新时代廉洁文化建设的意见》指出:"全面从严治党,既要靠治标,猛药去疴,重典治乱;也要靠治本,正心修身,涵养文化,守住为政之本。"从政策层面再一次强调面对腐败丑恶现象,廉政建设要从正心修身出发,不断涵养领导干部清廉德性,坚守为政根本,从源头确保"不想腐"的首要意义。无论是从反腐制度体系建设还是从涵养全社会清正廉洁风气的方面考量,怎样促进领导干部在理想信念上坚决攻破"腐败心中贼",在日常工作中勇敢击碎"腐败迷梦",在文化建设上大力倡导"公生明廉生威"的价值准则,无疑都是反腐成本最低且社会综合效益最高的方式。 一言以蔽之,推进领导干部"不想腐"犹如春秋时期的名医扁鹊治未病,领导干部在发生腐败行为之前,就能以其深厚的文化道德涵养、坚定的理想信念将财货、人情之私的念头一一"克"去、"刮磨"殆尽,那么在这种"致良知"的反复磨炼中,无论是领导干部个人层面抗腐拒变的心性修养,还是整个干部队伍清正廉洁的精神风气,都会得到有效的促进。

帕斯卡认为人之所以伟大就在于人能够思想,这是人与动物的根本区别。他在《人是一根会思考的芦苇》一书中对人的思想展开了精彩的描述:"人不过是一根芦苇,是自然界最脆弱的东西,但他是一根会思考的芦苇。不需要整个宇宙武装起来才能毁灭他,一口气、一滴水就足以剥夺他的生命。因为宇宙要毁灭他,他也比致他于死地的宇宙要高贵得多,因为他知道自己将要死亡,他知道宇宙相对于他的优势,而宇宙对此一无所知。"[②]他进一步强调:"我们所有的尊严就在于思想。正是因为它,我们才可以鼓舞自己,而不是通过我们所无法填充的空间和时间。所以,让我们努力好好思

---

① 孙志勇:《不敢腐、不能腐、不想腐——"三不腐"有效机制探析》,《中国纪检监察报》2014 年 12 月 16 日。

② 帕斯卡著,郭向南译:《人是一根会思考的芦苇》,北京联合出版公司 2017 年版,第 82 页。

想,这是道德的原则。"当然也正因为人的思想的独一无二的伟大,也决定了人的思想在自我转变以及受他人改变之时的那种复杂与矛盾:有时人的思想在不同的时间阶段自己就会发生剧烈的变化,有时人的思想任凭他人施加怎样的影响乃至受到外力的威胁逼迫也毫不改变。回溯人类历史,无论是孔子"加我数年,五十以学《易》,可以无大过矣"的慨叹,还是布鲁诺面对熊熊大火依然坚持"日心说"的勇敢,都为我们呈现了人的思想的极端复杂性。但是另一方面,人趋利避害的本性使得整体意义上人的思想总是又朝着"自私自利"的方向滑落。正如畅销书《自私的基因》中所言:"我们必须把利他主义的美德灌输到我们子女的头脑中去,因为我们不能指望他们的本性里有利他主义的成分。"而"自私自利"也可以说是腐败行为发生的原始动力。

如何克服这种内心深处"自私自利"的思想,以及因这种思想的蔓延而滋生的腐败,是廉政建设当中至关重要的一环。对此,从毛泽东到习近平都有着非常重要的论述,反映了中国共产党人对于腐败现象的深刻认识。毛泽东在《中国共产党在民族战争中的地位》的报告中,从优秀共产党员的境界与修养的角度指出:"共产党员无论何时何地都不应以个人利益放在第一位,而应以个人利益服从于民族的和人民群众的利益。因此,自私自利,消极怠工,贪污腐化,风头主义等等,是最可鄙的;而大公无私,积极努力,克己奉公,埋头苦干的精神,才是可敬的。"①习近平则从"自私自利"思想蔓延之后的反面视角强调:"对党员、干部来说,思想上的滑坡是最严重的病变,'总开关'没拧紧,不能正确处理公私关系,缺乏正确的是非观、义利观、权力观、事业观,各种出轨越界、跑冒滴漏就在所难免了。思想上松一寸,行动上就会散一尺。思想认识问题一时解决了,不等于永远解决。就像房间需要经常打扫一样,思想上的灰尘也要经常打扫,镜子要经常照,衣冠要随时正,有灰尘就要洗洗澡,出毛病就要治治病。"②党和国家领导人对于腐败产生的思想根源进行了鞭辟入里的揭示。

---

① 　毛泽东:《毛泽东选集》(第二卷),人民出版社 1991 年版,第 103 页。

② 　习近平:《在党的群众路线教育实践活动总结大会上的讲话》,人民出版社 2014 年版,第 14 页。

二、王阳明廉政思想的成立及其现代性价值的探索

关于腐败思想的深刻认识充分反映了中国共产党人以马克思主义魂脉为指导不断推进反腐工作的态度和决心。2023年习近平总书记在文化传承发展座谈会上从5个方面系统阐述"两个结合"的丰富内涵和精髓要义,成为习近平新时代中国特色社会主义思想最显著的特征,实现了马克思主义中国化新飞跃。对于怎样解决领导干部"不想腐"的问题,中国优秀的传统文化"根脉"中蕴藏着非常丰富的资源,其中阳明文化中所蕴含的立志、亲民、致良知、知行合一、破心中贼、万物一体之仁等思想尤其对促进领导干部"不想腐"有着针对性的作用。因此从"两个结合"的角度出发,研究王阳明廉政思想的生发过程、当代启示,对于推动优秀传统文化的"双创",有效地扩充当下领导干部"不想腐"的思想武器库有着重要的现实意义。

古今的名臣良将大儒很多,他们都为后世留下了弥足珍贵的精神财富,为什么王阳明的廉政思想得以成立? 值得现代的人们去研究借鉴?

首先,王阳明并不是一个"精致"的闭门造车的书斋学者,他一生讲学、剿匪、平叛、治理地方的经历非常丰富,而且还都达到了常人难以企及的高度,王士祯评价其为有明"第一流人物,立德、立功、立言皆居绝顶",如今余姚的龙泉山上王阳明先生的"真三不朽"碑额仍然赫然而立,无言地诉说着这位曾经"立志成圣"的少年最终果真成为"圣人"的不朽传奇,而且丰富的经历使得王阳明对于世道人心的沧桑巨变有着更深切的体认与洞察,绝对没有一般读书人那种"纸上得来终觉浅"的遗憾与不足。

其次,王阳明有着丰富甚至是跌宕起伏的仕宦经历,先后任刑部、兵部、吏部主事,龙场驿丞、庐陵知县、南京太仆寺少卿、南京鸿胪寺卿、都察院左金都御史、左都御史等职,从中央部门事务性的小官到总揽地方治理的一方首长,从偏远之地的驿丞、马政等虚衔到处理平匪靖乱等军政大员,宦海沉浮使其对于明代官场的风气、官员的习性、通行的规则与陋俗、官员腐败的现象与成因等都有了沉浸其中,并进行观察、思考的机会,所以我们才能看到他在治理庐陵、剿匪南赣、平叛思田时对于各类贪腐的处置不仅有效而且持久,用他自己的话讲既要"针药攻治之方"又需"饮食调摄之道",可以说这

是一个资深官员有效开展廉政工作的"体认之学"。而且更为重要的是,尽管担任过多个不同级别的官职,王阳明却从未因"贪墨行为"而被罢官、囚禁、问罪。相反,他几次被问罪都是因为"直言上书"或"起兵平叛",这不仅没有让人看出他的"贪腐"反而让人看到了整个封建王朝体制的"昏庸"与"腐朽",这也充满了黑色的幽默与戏谑。无奈的是,封建王朝之下的那些正直的、公忠体国的读书人、士大夫,如辛弃疾、于谦、林则徐却常被这种"黑色"所淹没,不亦悲乎?做过高官,又没有贪腐行为,而且处置贪腐的措施又非常有效,这种知行合一、表里一致的风范,本身就值得人们去研究和借鉴以探索其廉政行为和思想之关联。

最后也是最重要的一点,就是王阳明在他人生的百死千难之中所形成的良知心学思想,正如《年谱》中云:"近来信得致良知三字真圣门正法眼藏。往年尚疑未尽,今自多事以来,只此良知,无不具足。譬之操舟得舵,平澜浅濑,无不如意。虽遇颠风逆浪,舵柄在手,可免没溺之患矣。"①透过良知心学再去审视他的"廉政思想",才能真正体会其光照后世的亮度。由此看来,王阳明的"廉政思想"绝非来俊臣之流"请君入瓮"那种简单残暴的威胁恐吓,后者的本质是基于动物"趋利避害"本性的一种条件反射而已,这种反腐与贪腐又有什么本质的区别呢?而王阳明的"廉政思想"则不同,这是建立在其深厚的良知心学根基之上的一种政治行为的"文化自觉"与"思想主动",这种思想让领导干部无论在春风得意时还是百死千难中都能面对腐败的诱惑或者逼迫从容应对,不改初心,从而使得"良知所蕴含的意志、理智、情感诸方面得到了极大的锻炼,其对人生的真谛、人世的本质有了更加通透的理解"②。从而达到"所操益熟,所得益化,时时知是知非,时时无是无非,开口即得本心,更无假借凑泊,如赤日当空而万象毕照"的自如境界。这也是我们今天依然要探索王阳明"廉政思想"现代性价值的真正意义之所在。

关于王阳明廉政思想的主要内容及其现代性价值,很多学者进行了较为深入的研究,他们从脉络传承、核心主旨、理论逻辑、实践反思等不同维度

---

① 王守仁撰,吴光、钱明、董平等编校:《王阳明全集》,上海古籍出版社 2011 年版,第 246 页。

② 张学智:《明代哲学史》,北京大学出版社 2000 年版,第 328 页。

全方位呈现了王阳明廉政思想的现代性价值的"光谱",为其在"两个结合"
与"双创"大背景下更有效地运用打下了坚实的基础。2013 年由中国社会科
学院中国廉政研究中心、国际阳明学研究中心编著出版的《王阳明廉政思想
与行为研究》一书,是目前比较系统地研究王阳明廉政思想的专题著作。该
书从廉政思想、勤廉实践、思想传承三个方面,深入分析了王阳明跌宕起伏
的人生和监察执法实践,并指出现代的领导干部应利用"知行合一"理论增
强行政执行力;以修身养性的方法提高党员干部免疫力;以王阳明反腐败的
有效做法提升廉政管理水平。① 该书初步彰显了王阳明廉政思想的现代性
价值。论文方面,陈时龙最早于 2013 年在第十五届明史国际学术研讨会暨
第五届戚继光国际学术研讨会上提交了有关王阳明廉政思想的论文。他从
政学无二、为政以诚揭示了阳明廉政思想的核心主旨,认为王阳明强调把个
人身心修养与政治作为画等号,强调要以"诚"来对治官场"虚"的陋习。随
后他从监管与奖励、预防与养廉等具体操作的层面,详细论述了王阳明廉政
思想在实践中的展开。不过在结论中作者认为,王阳明的廉政思想绝大部
分是理想化的成分,落实到具体实践中很难。② 对我们如何更冷峻理智地审
视王阳明廉政思想在现代性价值的发挥方面提供了有益的借鉴。魏学勤、
马国栋通过考察王阳明廉政思想及其在江右的实践,总结出了能够被现代
社会廉政治理所借鉴的具体做法:一是正己志道向内求,讲求"心即理",克
治人欲,廉洁自律;知行合一,反对空言,勤慎笃实。二是化人合道向外求,
在社会治理实践中,讲求政学不二,在军政、民政、法政各方面,开明心性,约
束身心,规范日用之常,从本源处直启人心。③ 陆永胜在体用论视域内,厘清
了王阳明廉政思想和实践的当代转化及其价值启示的理论逻辑:指出阳明
心学以"良知"为廉政之基,以"亲民"为廉政建设的用功之地,以"知行合一"
为廉政建设的规范要求,以"乡约"为廉行的外部约束手段,形成了一个心学

---

① 中国社会科学院中国廉政研究中心、国际阳明学研究中心编:《王阳明廉政思想
与行为研究》,中国社会科学出版社 2013 年版,第 167 页。

② 陈时龙:《王阳明的廉政思想》,《第十五届明史国际学术研讨会暨第五届戚继光
国际学术研讨会论文集》(中国知网收录),2013 年。

③ 魏学勤、马国栋:《王阳明廉政思想及其江右实践》,《赣南师范大学学报》2023 年
第 5 期。

化的廉政思想与实践体系，这对于促进现代的各级党员干部洁身自好，真做事、做实事，构建取信于民的廉洁社会具有重要的借鉴意义。① 而在王阳明心学廉政思想的当代或者现代价值的澄清方面，王伟特别指出：王阳明心学中的"破心中贼"与当前正在构筑的"不想腐"堤坝，无论在反腐倡廉的对象、范围、内容上，还是理念、路径、措施上都有很大程度的同质性，而以为善去恶为主要内容的"致良知"，可提供"党性"与"心性"之间的跨时空对话基础，"知行合一"则对研判和治理"两面人""两面派"现象具有重要的借鉴意义。他同时进一步强调这种思想价值的现代性运用：当下借鉴王阳明心学中的廉政思想、理论、方法，彰显个人恻隐之心、羞恶之心、辞让之心、是非之心，对有贪腐念头的人咬耳扯袖、红脸出汗，通过良医治未病、防患于未然，强化每个人道德自律的自尊心和责任感，在全社会形成崇廉知耻的舆论环境和道德压力，既是每个人身体力行为善去恶致良知的当然要求，也是不敢腐的震慑和不能腐的笼子真正全面实现的必要条件。②

综合以上研究成果，我们认为王阳明廉政思想的现代性价值，首先在于其深厚的"良知心学"理论根基，它使得王阳明的廉政思想超越了古代一般性清官廉吏廉洁事迹的简单类比，从而赋予其逻辑演进的强力，王阳明对"心""致良知"的强调与马克思对于实践的揭示，双双都指向了廉政治理中行为主体的自觉自为的重大意义，由此也就使得王阳明的廉政思想在现代社会也具有普遍的抽象力。其次是贯穿王阳明一生的成圣之志及其不懈的追求，极大地涵养了他职业生涯中的清廉境界，丰富了他廉政思想的主题意蕴，也优化了他日常廉政治理中的行为措施。现代社会是个愈发文明的社会，社会对个人的期待和要求，无论在法治层面还是道德层面，比之前的社会都有了更大的提高。个人的廉洁、团体或者组织的廉政也逐渐成为现代文明社会普遍交往的题中之义，然而有时现代"文明"也是个罗网，个人和团体对廉洁、廉政的持守也很容易被技术、制度所俘获、规训而变得"异化"，因

---

① 陆永胜：《良知与廉行——阳明心学对当代廉政建设的启示》，《廉政文化研究》2022 年第 5 期。

② 王伟：《王阳明心学廉政思想阐释及其当代价值》，《四川理工学院学报》（社会科学版）2019 年第 5 期。

此在现代文明的规则丛林中,王阳明对圣人人格的志向与追求,也就使得主体的个人有了勃勃的"心力"搅动"规则"的一潭死水的效用。

三、王阳明廉政思想的发生学考察

通过对"不想腐"背后思想动因的剖析以及王阳明廉政思想现代性价值的揭示,初步明确了王阳明廉政思想在大力推进中华民族现代文明进程中对于创造性地弘扬中华优秀传统廉政文化的重要支撑作用及其对于新时代领导干部廉政建设工作中的思想指引意义。但是马克思主义认为:社会存在决定社会意识,经济基础决定上层建筑。如何使几百年前产生于中国封建社会土壤的这一廉政"思想形态"对当下中国的廉政实践产生针对性的指导,从历史唯物主义的角度,借助发生学的方法系统考察王阳明廉政思想在不同场域的形成、演变、运用,可以进一步激发王阳明廉政思想的时代效用。发生学方法是一种反映和揭示自然界、人类社会和人类思维形式发展、演化的历史阶段、形态和规律的方法,其核心内容是把研究对象作为发展的过程进行动态考察;有分析地注重考察历史过程中主要的、本质的、必然因素。[1]人的本质是社会关系的总和,王阳明廉政思想的发生与形成,除了他本人主体性自我省思之外,更与他的家庭环境、交游网络等社会性活动密切相关,这些文化资本无论是对其潜意识的塑造还是后来完整廉政思想的形成都打下了深深的思想烙印。

(一)家学氛围的滋养与熏陶

家学或者家教是通过长辈的耳濡目染和言传身教达到潜移默化的教化作用,把正确的家庭道德要求、规范、原则灌输到家庭成员的思想中,引导家庭成员行为合乎家庭道德要求;是通过家家户户流传下来的道德风尚和家教传统,是社会最基础、最直接、最有效的教育方式。[2] 中国古代很早就形成

---

[1] 冯契:《哲学大辞典》(修订本),上海辞书出版社 2001 年版,第 317 页。

[2] 孙兰英、卢婉婷:《家风家教是培育和践行社会主义核心价值观的基础》,《思想教育研究》2014 年第 12 期。

了晴耕雨读、耕读传家的传统,重视家庭子女诗书礼义的教育,是中国封建社会千千万万个家庭普遍的追求,现在余姚梁弄镇还存有一块王阳明当年为其学生书写的"家传词翰"的碑额,足见当时对于家学的重视。王阳明也出生于一个家学深厚、文化底蕴丰厚的读书人之家,尽管直到其父亲王华考中状元才入朝为官,但整个家族从其六世祖王纲开始就形成了心怀苍生、矢志圣学、静修养德的风骨。王纲早年是一位隐者,以文学和军事才能闻名于世,在明洪武年间被朝廷任命为兵部郎中,孤身一人远赴潮州平定了叛乱。在回朝复命时,他被当地苗民劫持,忠贞不屈而惨遭屠戮,朝廷当时还为他专门建立了忠孝祠以作纪念,现在增城博物馆还藏有一块"忠孝祠"石匾。

后来从王阳明的五世祖王彦达到其祖父王伦虽未外出做官,但都潜心圣学、勤苦自持,精研《易经》《周礼》等儒家著作,成为当地闻名的品德高洁之士。祖父王伦非常喜爱竹子,被人称为竹轩公,凡有造竹屋的人,他都会说:"此吾直谅多闻之友,何可一日相舍也?"①梅兰竹菊向被中国人称为"岁寒四友"以寄予人们对高洁品德的追求。王阳明儿时与祖父关系密切,其深厚的家学传统以及祖父的言传身教,无疑对其廉洁品性的养成具有深远的影响。后来王阳明谪居龙场之时所写散文名篇《君子亭记》对竹子的君子之德进行了详细的阐发,或许也是其在人生困顿之时对祖父昔年庭训的深刻回应与自我勉励:"竹有君子之道四焉:中虚而静,通而有间,有君子之德。外节而直,贯四时而柯叶无所改,有君子之操。应蛰而出,遇伏而隐,雨雪晦明,无所不宜,有君子之明。清风时至,玉声珊然……挺然特立,不挠不屈,若端冕正笏而列于堂陛之侧,有君子之容。"反思当下,王阳明所论述的"竹之四道"不也是一般领导干部所应谨守的职业操守吗?王阳明的父亲王华,儿时拾金不昧,早年山寺内读书不惧邪人作祟,后来外出任教坚拒美色引诱,考中状元做官后坚守人臣之责,或许因为外出做官的缘故父子之间的交流比祖孙间要少,年谱记载中似乎父亲对儿子天真的想法往往也较多"训斥",但是王华无言的"身教"以及父爱山一样的存在,必定会为王阳明构筑一个崇学向上、清正廉明的人生成长坐标,这些家学都会对一个人的一生产生无可估量的深远影响。

---

① 杜维明:《青年王阳明:行动中的儒家思想》,生活·读书·新知三联书店 2013年版,第 6 页。

（二）士林群体的激励与效仿

如果说家学的熏陶在潜移默化中铸就了一个人正直品行的内在根基，确立了其人生成长的基本航向。那么人自成年之后展开的各类社会交往活动，在自我主体性更加明确的前提下所做的交流、切磋、对比、鉴别、内省、改正等激励与仿效的行为，则是其崇高人格与正直品性养成的有力推动。古代经典《诗经》对此进行了热烈的歌颂"瞻彼淇奥，绿竹猗猗。有匪君子，如切如磋，如琢如磨。瑟兮僩兮，赫兮咺兮。有匪君子，终不可谖兮。"这种切磋琢磨相见恨晚的感情仿佛跃然纸上。王阳明在其早年文章《教条示龙场诸生》写道："'责善，朋友之道'；然须'忠告而善道之'，悉其忠爱，致其婉曲，使彼闻之而可从，绎之而可改，有所感而无所怒，乃为善耳。""凡攻我之失者，皆我师也，安可以不乐受而心感之乎？"在其晚年大会故乡士子的中天阁讲会活动中，也对这种士林间的交流共鉴寄予厚望："务在诱掖奖劝，砥砺切磋，使道德仁义之习日亲日近，则世利纷华之染亦日远日疏，所谓'相观而善，百工居肆以成其事'者也。"无不彰显出广泛性的、针对性的、自励性的社会交往与学习对于一个人的道德仁义养成的重要意义。

抛开《年谱》中那些带有"传奇"色彩的王阳明与奇能异士、方外之人的相遇交流不论，在他光明人格成长的过程中，师友之间的指导与激发对他品性、学问、思想的塑造的影响都是频繁而巨大的。王阳明7岁时迎来了他的第一位启蒙老师——陆恒。陆恒精于程朱之学，人称"姚城名儒"，无论是学识和人品都深为王华所看重，所以请他来做儿子的老师。陆恒是一位塑造灵魂的启蒙老师，专以"孝悌慈"三训教育学生，深深地影响了王阳明的精神世界。① 许多年后，王阳明把"孝悌慈"归纳为"心之条理"，强调知行合一中的"心安理得"。《传习录》云："理也者，心之条理也。是理也，发之于亲则为孝，发之于君则为忠，发之于朋友则为信，千变万化，至不可穷竭，而莫非发于吾之一心。"可以说这既是孝悌之理，也已然揭示其廉政思想生发的内在机理。在王阳明18岁的时候，其新婚返乡时在江西拜谒了当世名儒娄谅，双方交流宋儒格物之学，娄谅告诉他"圣人必可学而至"，这对一个血气方刚、

---

① 蔡亮、陈雪军：《宁波阳明文化》，宁波出版社2019年版，第97页。

勇于探索的十八岁青年来说无疑是一个关于人生成长的巨大鼓励,《年谱》中写道王阳明"遂深契之"。在儒家学说中,圣贤是为天地立心、为生民立命、为往圣继绝学的存在,将圣贤作为"可学而至"的目标,那么品行的廉洁无私则直接就成了最基本的要求了。王阳明在 34 岁宦游京师之时开门授徒,但是他的思想背离当时的主流,以致很多人都觉得他"立异好名",唯有湛若水深与之和,两人"一见定交,共以倡明圣学为事",从此二人成为终生的挚友。对于儒家而言,朋友之谊是培养个人品格这一终生使命中不可或缺的一部分,所谓"君子以文会友,以友辅仁"。寻觅同志不只是一种社会责任,更重要的是一种自我完善的形式。湛若水的友谊对王阳明来说,意味着对他认定的成圣之道的信任,这坚定了他们共同传授圣学思想的责任感。这对于在大众眼中"立异好名"孤独的王阳明来讲,不啻为情感与心灵的有力支撑。除了师友之外,王阳明还有很多弟子,如徐爱、钱德洪等,《传习录》中他们师徒间关于"名利财货"的反复论辩探究,都使得王阳明的廉政思想更加接近每个普通人的生活与心灵,也更加符合整个社会生活状况的实际。

(三)人生之路的挫折与自省

挫折与困顿无疑是对个人成长中境界提升与人格升华的巨大"淬炼"。司马迁的《太史公自序》可以说是其在横遭李陵之祸后忍辱偷生终于完成《史记》巨著后的喟然之叹:"昔西伯拘羑里,演《周易》;孔子厄陈、蔡,作《春秋》;屈原放逐,著《离骚》;左丘失明,厥有《国语》;孙子膑脚,而论兵法;不韦迁蜀,世传《吕览》;韩非囚秦,《说难》《孤愤》;《诗》三百篇,大抵贤圣发愤之所为作也。"①正是因为这些一个个挫折之后的"郁结"之舒、反躬内省与发愤振起,人们才能够走出挫折的"迷雾阴霾",完成一个个伟大的创造。这也是马克思主义关于"辩证法"的真正实质:"辩证法在对现存事物的肯定的理解中同时包含对现存事物的否定的理解,对每一种既成的形式都是从不断的运动中,因而也是从它的暂时性方面去理解;辩证法不崇拜任何东西,按其本质来说,它是批判的和革命的。"②

---

① 司马迁撰,陈曦等译,《史记》,中华书局 2019 年版,第 598 页。
② 本书编写组:《马克思主义哲学史》,人民出版社 2012 年版,第 96 页。

对照明代一个成功的士大夫的生活标准，王阳明的一生可谓挫折不断，用他自己的话讲，算是"百死千难"。少年时期慈母郑氏去世，令其哀伤至极，之后还不时会受到继母的嫉恨。读书进考三次才中，且位列二甲进士出身第七，与其父状元出身显然有着巨大的差距。父亲的背影、家学的延绵、自我的期许，难免会对其形成巨大的精神压力，或许他提出"学做圣人"也是无可奈何中对父亲成功之路的超越性尝试，世俗判断中状元已达到人生的顶峰，还有什么可超越的呢？唯有圣人不朽了。从政之路也是坎坷异常，直言上书被下诏狱、得免死罪却远贬边陲、南昌平叛却深受诬陷，甚至连他的离世也充满悲苦，他在为朝政奔波的路上去世，却还被朝廷指责"擅离职守"，连"老于户牖之下"也成了一场幻梦。然而，正是在这些足以压垮人的身体与意志的挫折与困顿之中，王阳明却通过不断的内省与叩问，知行合一，完成自我境界的升华与思想的凝结。因为上书攻击刘瑾，王阳明被下诏狱，但这种对于恶政的抨击，正是每一个清正廉明的官员应尽的责任与道德使命，无论是在古代还是现代莫不如此。习近平同志强调"要加强对权力运行的制约和监督，让人民监督权力，让权力在阳光下运行，把权力关进制度的笼子"是对这种监督传统的进一步深化。下诏狱之后，面对死亡的恐惧，王阳明却能通过了解《易》以及与狱友间的读书切磋去审视自己行为的正当性，寻找内心的安宁。如在《读易》等诗里他写道"冥坐玩羲《易》，洗心见奥微""愿言无诡随，努力从前哲"。虽然时空异变，但对于现代的领导干部来讲，在危难之时面对恶势力的包围、引诱甚至是禁锢，如何保持不动心，如何坚定理想信念不动摇，王阳明的经历值得借鉴。谪居龙场时，面对恶劣的生存环境，王阳明不怨天尤人，自力更生搞建设、开放平和交土人，赢得当地士民的广泛尊重，终于在对"圣人之道"的自省中，悟出"心即理""知行合一"的思想洞见。对于一个因持守官场"廉明"之道而被贬谪的年轻官员来讲，这不仅是一个学术思想的发现，更是王阳明本人对于在腐败横行的官场生态中如何行廉政之实的思考。

人的廉洁其实不在于外在的表现、言说、包装，而在于内心的认同与践行，如果每个廉洁者都能真正做到知行合一，那么这将构建起一个良好的"廉政生态"，这也正是习近平总书记一直强调的"不想腐"的核心所在。

本文系宁波市阳明文化创造性转化与传播基地项目"阳明文化'双创'的经验模式研究——以宁波为中心的考察"（课题号：JD6—148 阶段性成果）

"知行合一"在廉政实践中的应用研究

余姚市文物保护管理所副所长、副研究馆员

黄　懿

王阳明(1472—1529),名守仁,字伯安,号阳明,浙江余姚人,我国明代著名哲学家、教育家、政治家、军事家,官至南京兵部尚书,封新建伯,谥文成。他崇德尚义,文治武功,勋业卓著。尤其是其创立的"心学"体系,独具特色,冲破当时程朱理学的传统藩篱,在明以后占有重要地位,影响深远。其门徒遍布天下,学术流传至今,堪称学界巨擘、"百世之师"。清代名士王士禛称赞王阳明"立德、立功、立言,皆居绝顶",为"明第一流人物"。

本文通过深入挖掘王阳明"知行合一"思想内涵,并与新时代党员领导干部廉政建设相结合,为当代我国廉政理论与实践建设工作提供思想源泉,以充分体现"知行合一"思想的时代价值与现实意义。

一、"知行合一"的廉政元素

明正德四年(1509),贵州提学副使席书聘请王阳明讲学于贵阳文明书院,经历过生死考验的王阳明,面对明中期"知而不行"的社会风气、学术风气,以及朱熹"知先行后"的知行观,"是年,先生始论知行合一",力求恢复知行本体。

"今人却就将知行分作两件去做,以为必先知了,然后能行。我如今且去讲习讨论,做知的工夫,待知得真了,方去做行的工夫,故遂终身不行,亦遂终身不知。此不是小病痛,其来已非一日矣。某今说个知行合一,正是对病的药,又不是某凿空杜撰。知行本体,原是如此。今若知得宗旨时,即说两个亦不妨,亦只是一个;若不会宗旨,便说一个,亦济得甚事? 只是闲说话。

"知行合一之说,专为近世学者分知行为两事,必欲先用知之之功而后行,遂致终身不行,故不得已而为此补偏救弊之言。学者不能著体履,而又牵制缠绕于言语之间,愈失而愈远矣。行之明觉精察处即是知,知之真切笃实处即是行。足下但以此语细思之,当自见,无徒为此纷纷也。"

对于知行的关系,王阳明多次指出:"知是行之始,行是知之成。若会得时,只说一个知,已自有行在。只说一个行,已自有知在。""知者行之始,行者知之成,圣学只一个功夫,知行不可分作两事。"这是从动态线性的过程来了解知行相互联系、相互包含的关系。意识是知的范畴,但从意识活动是外部行为的开始而言,意识或思想是行为过程的第一阶段,在这个意义上知是行为过程的一部分,从而也就可以说就是行。行为实践本属于行的范畴,但从行为是思想的实现,或实践是观念的完成这一点而言,行也可以看作整个知识过程的终结,即知识过程的最后阶段,因而行也就是知。①

王阳明的"知行合一"观至今仍具有重要的时代价值,习近平总书记在国际、国内多次重要讲话中倡导"知行合一",特别是在党的群众路线教育中更是高度肯定、充分阐释,"开展好教育实践活动,要着力增强思想自觉和行动自觉,引导广大党员、干部提高贯彻执行党的群众路线的自觉性和坚定性,做到以'知'促'行'、以'行'促'知'、知行合一。""群众观点是马克思主义政党的根本观点,群众路线是党的生命线和根本工作路线。贯彻党的群众路线,'知'是基础、是前提;'行'是重点、是关键;必须以'知''促''行',以'行'促'知',做到知行合一。"

邓艾民先生认为:"知"与"行"是一物之两面,既不能分离,也没有先后。与"行"分离的"知",不是真知,而是"空想";与"知"分离的"行",不是笃行,而是"冥行"。"行"时必须"思惟省察",方才"行得是","知"时必须"着实躬行",方才"知得真"。②

那么,当代党员领导干部在新时代廉政建设中,该如何正确理解和把握其精神实质,对个人、对社会、对国家都具有十分重要的现实意义。廉政建设可以由"为善"和"去恶"两个方面进行概括:从"为善"而言,"为善见于

---

① 陈来:《有无之境》,生活·读书·新知三联书店 2009 年版,第 111—112 页。

② 邓艾民:《朱熹王守仁哲学研究》,华东师范大学出版社 1989 年版,第 152—153 页。

行"，知某事为善，必定亲自去躬行实践，才算真知此事；从"去恶"而言，"去恶止于心"，如果知某事为恶，就不能仅仅限于未曾见于行而满足，必须从心上去根除"不善"的念头。这也是新时代廉政建设的重要核心价值。

二、"为善见于行"

王阳明在知行关系中特别强调"行"，也即实践的重要性。他多次提出："知是行的主意，行是知的工夫。""真知即所谓为行，不行不足以谓知。""未有学而不行者，不行不可以为学。""就如称某人知孝，某人知弟。必是其人已曾行孝行弟，方可称他知孝知弟。不成只是晓得说些孝弟的话，便可称为知孝弟。又如知痛，必已自痛了，方知痛。知寒，必已自寒了。知饥，必已自饥了。知行如何分得开？""路岐之险夷，必待身亲履历而后知，岂有不待身亲履历而已先知路岐之险夷者邪？知汤乃饮，知衣乃服，以此例之，皆无可疑。"

面对"世界百年未有之大变局"，我们要走中国式现代化道路，离不开发展、改革、创新等实际行动，习近平总书记就提出："中华民族伟大复兴，绝不是轻轻松松、敲锣打鼓就能实现的。全党必须准备付出更为艰巨、更为艰苦的努力。"新时代，新征程，党员领导干部更要撸起袖子带头干，正所谓"空谈误国、实干兴邦"。

在此过程中，我们一定会遇到各类急流险滩、艰难险阻，党和国家要为党员领导干部的奋斗和拼搏提供坚强的政策支持和保障，为勇于干事的党员领导干部消除后顾之忧。2018 年中共中央办公厅出台了《关于进一步激励广大干部新时代新担当新作为的意见》，其中提到："切实为敢于担当的干部撑腰鼓劲。建立健全容错纠错机制，宽容干部在改革创新中的失误错误，把干部在推进改革中因缺乏经验、先行先试出现的失误错误，同明知故犯的违纪违法行为区分开来；把尚无明确限制的探索性试验中的失误错误，同明令禁止后依然我行我素的违纪违法行为区分开来；把为推动发展的无意过失，同为谋取私利的违纪违法行为区分开来……"各级纪检监察机关也要制定、出台各类制度、措施、实施细则等用以支持和保障在社会发展中涌现出的敢闯、敢拼、敢干的党员领导干部，从而在全社会掀起"干在实处、走在前列、勇立潮头"的局面。

但不可否认的是,在党员领导干部队伍中,目前仍有相当一部分人存在"不作为"的情况,他们思想境界不高、精神萎靡不振、心态安于现状、工作乐于守成,出现了如下不正之风、不良表现、不好影响:如"没好处不办事""爱清闲磨洋工""怕出事拒担责""扮双面做好人""干事多回报少""迷机关缺务实""好开会多套话""喜简单图省事"等庸政、怠政、懒政的现象。

当然,还有一些党员领导干部"怕作为"。一是"怕事",事业心不强,遇事喜欢绕着走,遇到困难不敢直面挑战,主动担当的少,推诿扯皮的多,容易办的就办,不容易办的就拖;二是"怕人",怕触及别人利益,不坚持原则,瞻前顾后,怕讲真话,怕影响关系,怕惹火烧身,事不关己,高高挂起;三是"怕媒体",工作只求"过得去",喜欢听安排、等指示,不敢闯、不敢干、不敢管、不敢创新,生怕惹事被曝光。

更具有隐秘性的是,社会上存在一大批"假作为"的现象。这些党员领导干部看似切切实实在"行",实则并非从解决问题的实际出发,乃是通过走秀场、高曝光,搞形象工程、面子工程、业绩工程。

王阳明也曾将这些注重外在形式、不发自内心的人物比喻为戏子。先生曰:"若只是那些仪节求得是当,便谓至善,即如今扮戏子扮得许多温清奉养的仪节是当,亦可谓之至善矣。"其实,这类"假作为"的现象,较之"不作为""乱作为"更加隐蔽,从长远来看,对党、国家和人民的危害也越深远、越持久。

那么,怎么样的行才是真正的"行"呢?必须要有"诚意"两字。"诚"就是良知。王阳明提出良知"只是一个真诚恻怛,便是他本体。故致此良知之真诚恻怛以事亲便是孝,致此良知之真诚恻怛以从兄便是弟,致此良知之真诚恻怛以事君便是忠,只是一个良知"。可见良知涵盖家庭、社会、政治等一切人际关系,亦即由良知所决定的伦理规范具有普遍的意义。

三、"去恶止于心"

"一念发动处即是行",这是阳明心学"知行合一"说的一大特色。王阳明晚年曾与弟子黄直论学,"今人学问,只因知行分作两件,故有一念发动,虽是不善,然却未曾行,便不去禁止。我今说个知行合一,正要人晓得一念发动处,便即是行了。发动处有不善,就将这不善的念克倒了,须要彻根彻底,不使那一念不善潜伏在胸中。此是我立言宗旨"。

因此,在廉政建设过程中必须高度关注"意"的建设。"夫人必有欲食之心,然后知食,欲食之心即是意,即是行之始矣。食味之美恶,必待入口而后知,岂有不待入口而已先知食味之美恶者邪? 必有欲行之心,然后知路,欲行之心即是意,即是行之始矣。"

党的十八大以来,从绝大多数落马官员的情况看,他们的违法往往都是从违纪开始的,从思想上逐渐淡化党的观念、漠视党的纪律,最终才会滑向违纪甚至违法的深渊。如北京市委原副书记吕锡文在接受组织审查的过程中谈到,她在西城区工作的时候,别人都说她很土,但那时候她的心态是"土就土吧,让他们去说吧"。但是当她地位越来越高,到了市委重要领导岗位的时候,慢慢地就开始在意别人对她的评价——尤其是对她服饰、首饰、皮包等外在东西的评价,也就不甘于那么"土"了。再慢慢地,她就接受了互相馈赠礼品、互相经济往来,进而慢慢地有了巨额的利益输送。

不仅党员领导干部个人如此,一个政党亦是如此。习近平总书记在《在庆祝中国共产党成立 95 周年大会上的讲话》里指出,"志不立,天下无可成之事"。他是站在治党治国的高度,来强调理想信念对于共产党人的重要性的,他提出:"理想信念动摇是最危险的动摇,理想信念滑坡是最危险的滑坡。一个政党的衰落,往往从理想信念的丧失或缺失开始。"因此,他引用王阳明的话:"种树者必培其根,种德者必养其心。"党性教育是共产党人修身养性的必修课,也是共产党人的"心学"。

"良知在人,随你如何,不能泯灭。虽盗贼,亦自知不当为盗,唤他做贼,他还忸怩。"由此可见,常人为常人,不在于没有良知,而在于虽有良知,但只为物欲牵蔽而不能循其时时发见处用之,所谓"人孰无视良知乎? 独有不能致之耳"。党的十八大后,第一个落马的副国级官员苏荣,在他落马前夕的那个春节,中央电视台播放了一档特别节目《家风是什么》。苏荣回忆起当时看到这个节目,直觉反应竟然是不敢看。可惜,良知具有"知善知恶"的功能,并不具有"为善去恶"的能力,这就需要我们自己去"格物",也即所谓的"致良知"。

致良知体现在廉政建设上,就是要求抓早抓小,纪律重于法律,良知早于纪律。根据中纪委反腐纪录片《永远在路上》的报道,我们国家的反腐败已逐渐形成从轻到重的金字塔形的四种形态的全新监督执纪模式:对有问题反映的党员干部及时批评教育、谈话函询;批评与自我批评要经常开展,让咬耳扯袖、红脸出汗成为常态,党纪轻处分、组织处理要成为大多数,对严重违纪的重处分,作出重大职务调整应当是少数,而严重违纪涉嫌违法立案审查的只能是极少数。这体现了我党惩前毖后、治病救人、全面从严治党绝不仅仅是反腐败,而是要把纪律挺在法律前面,靠纪律和规矩管住全党,防患于未然。

当然,无论纪律多么严格,毕竟仍是外在的约束和标准,王阳明则认为"人人皆有良知",内在的良知具有"知善知恶"的能力,那么,作为更高的标准,党员领导干部不仅要把纪律挺在前面,更要把良知时刻彰显,挺在纪律前面,在违反党纪之前先由良知提醒你是非对错,让你自我反省,让良知成为领导干部违纪的第一道防线。但是,要良知通透明白,需要始终保持"格物"的状态,也就是通常所说的,无事时涵养自身,静处体悟;有事时格物致知,事上磨炼。

四、静处体悟

王阳明早期强调"静处体悟"。明正德三年(1508),王阳明在龙场"日夜端居默坐,澄心精虑,以求诸静一之中。一夕,忽大悟,踊跃若狂者",此之谓"龙场悟道"。在随后的教学活动中,他注重于静坐悟道的方法来教育弟子,正德五年(1510),他在辰州与诸生静坐,"使自悟性体,顾恍恍若有可即者";正德八年(1513),他在滁州讲学时,因学者徒口耳讲说无有所得,所以亦教以静坐,"一时窥见光景,颇收近效"。

领导干部在静处需要加强个人自身素质与道德修养的建设。王阳明心学其实很重要的内容就是道德伦理的哲学,注重每个人"立志成圣"的道德目标建设与实践追求。但是,道德高尚纯洁是党员领导干部做事的底线,他们的成长、成熟、成功不能仅仅停留于所谓的"干净",必须体现在为国、为民、为政的具体实践工作中。

同时,党员领导干部无事时,也必须具有"时时放心不下"的责任感,做到"必有事焉",增强忧患意识、保持赶考清醒、增强为民造福意识,唯有如此,面对百年未有之大变局,才能有效预防并妥善应对各类突发事件。正如钱德洪曾在师门问学于王阳明:"用兵有术否?"王阳明回答:"用兵何术,但学问纯笃,养得此心不动,乃术尔。凡人智能相去不甚远,胜负之决,只在此心动与不动之间。"军事战争如此,党员领导干部在社会治理中也是如此,只有平时做好"必有事焉"的心态,才能及时、准确、有效地"行"。

五、事上磨炼

相对于静坐之在静的、无事时的状态中做体悟、涵养的工夫,事上磨炼则是在动的应事接物过程中来体证心性。《传习录》记载陆澄问静:"问:'静时亦觉意思好,才遇事便不同,如何?'先生曰:'是徒知静养而不用克己工夫也。如此临事,便要倾倒。人须在事上磨,方能立得住,方能静亦定,动亦定。'"《传习录》亦载有阳明对陈九川的问答:"又问:'静坐用功,颇觉此心收敛,遇事又断了。旋起个念头去事上省察,事过又寻旧功,还觉有内外,打不作一片。'先生曰:'此格物之说未透。心何尝有内外?即如惟濬,今在此讲论,又岂有一心在内照管?这听讲说时专敬,即是那静坐时心。功夫一贯,何须更起念头?人须在事上磨炼做功夫,乃有益。若只好静,遇事便乱,终无长进,那静时功夫亦差,似收敛而实放溺也。'"

《传习录》有一则故事,具体记载了王阳明开导弟子如何学习心学,如何去事上磨炼。有一属官,因久听讲先生之学,曰:"此学甚好,只是簿书讼狱繁难,不得为学。"先生闻之,曰:"我何尝教尔离了簿书讼狱,悬空去讲学?尔既有官司之事,便从官司的事上为学,才是真格物。如问一词讼,不可因其应对无状,起个怒心;不可因他言语圆转,生个喜心;不可恶其嘱托,加意治之;不可因其请求,屈意从之;不可因自己事务烦冗,随意苟且断之;不可因旁人谮毁罗织,随人意思处之。有许多意思皆私,只尔自知,须精细省察克治,唯恐此心有一毫偏倚,枉人是非,这便是格物致知。簿书讼狱之间,无非实学。若离了事物为学,却是著空。"

可见,王阳明主张的事上磨炼是在具体的事上用功。"致知者,意诚之本也。然亦不是悬空的致知，致知在实事上格。如意在于为善，便就这件事上去为，意在于去恶，便就这件事上去不为；去恶固是格不正以归于正，为善则不善正了，亦是格不正以归于正也。如此，则吾心良知无私欲蔽了，得以致其极，而意之所发，好善、去恶，无有不诚矣。诚意工夫实下手处在格物也。"

王阳明特别指出，物是"意之所在"，意之所在有动有静，静中有思虑萌动，虽未形于行动，但亦是一物，亦须格物；甚而意在于静，静亦是须格之物。所以，格物也就是格事、格心，是无论动中还是静中都须做的工夫。此外，致知在于格物，致知是致极吾心之良知与推致良知于事物统一的这样一个知行一体的过程，而事上磨炼则更加侧重于在具体事情中来磨炼心性，侧重于成己一面。

王阳明在平宁藩后提出"致良知"说，其尝言："吾讲学亦尝误人，今较来较去，只是致良知三字无病。"又称致良知是"真圣门正法眼藏"，其平生所学只此三字，致良知说可谓是阳明晚年的定见。常人良知未物欲牵蔽，虽然不能全体呈露，但是其本体固在。"行之明觉精察处即是知，知之真切笃实处即是行。"因此，一般人在静处体悟、事上磨炼的时候，关键就是省察随时发现的良知并渐次充拓之，最终心体全体显豁，天理流行无碍，正如阳明所言："昏暗之士，果能随事随物精察此心之天理，以致其本体之良知，则虽愚必明，虽柔必强，大本立而达道行，九经之属可一以贯之而无遗矣。"

王阳明君子人格的廉政价值

宁波市文化旅游研究院副院长、研究员

黄文杰

文化的重要功能为以文化人,深刻影响人的行为实践、认知活动和思维特征,丰富人的精神世界、增强人的精神力量和促进人的全面发展。君子人格作为儒家文化所推崇的理想人格,其内涵丰富,包括清正廉洁、胸怀坦荡、重义轻利、见义勇为、正直无私、群而不争、文质彬彬、心存敬畏、诚实守信等品质,这些品质在廉洁方面发挥着重要的作用。阳明先生以"良知之学"丰富君子人格,其深邃洞见凝聚着中国传统文化的核心理念,体现着崇高生命境界的实践智慧,不仅在他所处的时代产生了深远的影响,而且也为后世尤其是当代的廉政建设提供了重要的思想资源和精神支撑。

一、君子人格的历史内涵

不同学派对"君子"的认知不尽一致,甚至相互矛盾,如庄子强调君子合于道而不拘于仁义,顺应自然、保全本性的品质;墨子认为"君子"必须具备廉洁、道义、仁爱、怜悯这四种品质。[①] 儒家"君子"人格的道德内涵,在与诸子学说的讨论与阐释中构建完善并最终确立起来,其内在地展现出以德致位的政治理想,修身达济天下的道德使命,以及仁、义、礼、智、信、忠、孝、廉、悌等众多为人处世的伦理和规范,受到历代政治家、思想家、文人士大夫及普通百姓的广泛认同。[②]

---

① 何李:《先秦"君子":身份标志向道德内涵的延伸》,《光明日报》2017 年 10 月 23 日。

② 钱念孙:《君子人格:中华民族历久弥新的人格基因》,《北京日报》2017 年 11 月 16 日。

(一)气质修养上:博学于文,约之以礼

《论语》开篇便提道:"学而时习之,不亦说乎?"孔子说:"君子食无求饱,居无求安,敏于事而慎于言,就有道而正焉,可谓好学也已。"君子好学,不会过于追求物质上的安逸舒适,而是以学习为重,做事勤敏,说话谨慎,不断向有道德有学问的人学习来匡正自己。"好仁不好学,其蔽也愚;好知不好学,其蔽也荡;好信不好学,其蔽也贼;好直不好学,其蔽也绞;好勇不好学,其蔽也乱;好刚不好学,其蔽也狂。"在孔子看来,好学是纠正自身缺点、加强自身道德修养的有效途径,追求文质彬彬,达到内在精神与外在仪态的统一。荀子则在《劝学》中强调君子需要广博地学习以提升自己:"君子博学而日参省乎己,则知明而行无过已。"君子不仅学识渊博,还以礼来约束自己的行为。孔子说:"君子博学于文,约之以礼,亦可以弗畔矣夫!"孔子将礼作为恭敬、谨慎、勇敢、率直这些德行的前提条件,"恭而无礼则劳,慎而无礼则葸,勇而无礼则乱,直而无礼则绞"。《孟子·公孙丑》谓:"无恻隐之心,非人也;无羞恶之心,非人也;无辞让之心,非人也;无是非之心,非人也。"以礼为范、循礼行事,实践"仁义礼智"四种德性,并让其发扬光大,才能使其人格更加完备。[①]

(二)价值追求上:安贫乐道,先义后利

先秦儒家人格首先强调个人身心的愉悦和满足,"自足其乐",人并非止于物质层面的享乐或者欲望的满足,其"乐"包含着道德精神,即"安贫乐道""自足其乐""乐山乐水"的达观超脱。孔子说:"饭疏食,饮水,曲肱而枕之,乐亦在其中矣。不义而富且贵,于我如浮云。"子贡说:"贫而无谄,富而无骄,何如?"孔子道:"可也;未若贫而乐,富而好礼者也。""君子固穷""君子谋道不谋食","君子忧道不忧贫"君子所追求的不是物质生活的满足,而是道德人格的完美。孔子说:"君子义以为上","君子义以为质"。"义"指公平道义,是君子行事的标准。与"义"相对的概念是"利","君子喻于义,小人喻于利"。把"义"摆在首要地位,君子重义轻利、见利思义,这一义利观对后世有较大的影响。如《孟子》所谓"万物皆有备于我",要"立乎其大","富贵不能

---

① 郭婷:《〈论语〉中的君子品质》,《学习时报》2024 年 3 月 22 日。

淫,贫贱不能移,威武不能屈",通过"心"之向外扩充,使"浩然之气"充塞于天地之间。如诸葛亮《诫子书》所言:"夫君子之行,静以修身,俭以养德。非淡泊无以明志,非宁静无以致远。"宋初理学家周敦颐将此概括为"孔颜乐处",这种俯仰合一、自我超越、乐道安命的天地境界,不是具体的感官快乐,也不执着一般的功名富贵,而是获得一种"内心的和谐"与"文化生命力"。①

(三)社会理想上:以仁为本,博施济众

济世、救世是儒家思想的主旨和核心,也是儒者的道德规范和入世目的。在先秦儒家所称颂的圣人均是修己安人、明明德于天下的理想人格。孔子云:"祖述尧舜,宪章文武。"《论语·雍也》篇:"子贡曰:'如有博施于民而能济众,何如? 可谓仁乎? '子曰:'何事于仁,必也圣乎! 尧舜其犹病诸! 夫仁者,己欲立而立人,己欲达而达人。能近取譬,可谓仁之方也已。'"孟子将建功立业视为君子人生之一部分,他说:"广土众民,君子欲之,所乐不存焉;中天下而立,定四海之民,君子乐之。"在《孟子·梁惠王下》中,孟子将"乐"的精神加以推广和普及,转变成为"独乐乐不如众乐乐""乐民之乐""与民同乐","乐民之乐者,民亦乐其乐,忧民之忧者,民亦忧其忧。乐以天下,忧以天下;然而不王者,未之有也"。《左传·襄公二十四年》:"太上有立德,其次有立功,其次有立言,虽久不废,此之谓不朽。"孔颖达在《春秋左传正义》中疏曰:"立德,谓创制垂法,博施济众,圣德立于上代,惠泽被于无穷;立功,谓拯厄除难,功济于时;立言,谓言得其要,理足可传。""三立"中,立德是根本,立功是重心,立言是对前两者的总结与概括。当然,淑世情怀并不一定要求每个人都能成就立德、立功、立言"三不朽",或者都成王成圣。"独善其身"之时,也能践行社会赋予的责任和义务,在道德修养上提升自我,即所谓"穷不失义",也是一种淑世的行为。《孟子·尽心上》云:"尊德乐义,则可以嚣嚣矣,故士穷不失义,达不离道。穷不失义,故士得己焉。达不离道,故民不失望焉。古之人,得志,泽加于民;不得志,修身见于世。穷则独善其身,达则兼善天下。"

---

① 廉天娇:《论先秦儒家"善"的三重境界》,《高等学校文科学术文摘》2023年第4期。

（四）意志品质上：心存敬畏，志道直前

《论语·季氏》曰："君子有三畏：畏天命，畏大人，畏圣人之言。小人不知天命而不畏也，狎大人，侮圣人之言。"天命指的是上天的安排或自然规律，君子应该敬畏这些不可抗拒的力量，顺应自然规律。《论语·尧曰》云："不知命，无以为君子也。""知命"是君子的一个重要特征。畏大人指敬畏有德行的人，"夫大人者，与天地合其德，与日月合其明，与四时合其序，与鬼神合其吉凶，先天而天弗违，后天而奉天时"。畏圣人之言指君子应该敬畏并遵循圣人的教导。生而为人，必须有所承担。孔子所处春秋乱世，"礼崩乐坏"。为恢复礼乐和德治，孔子奔走列国。受困于匡时，孔子慨然而叹："天之将丧斯文也，后死者不得与于斯文也；天之未丧斯文也，匡人其如予何！""知其不可而为之"，体现了君子自强不息的进取心和厚德载物的承受力。《论语·里仁》云："君子之于天下也，无适也，无莫也，义之与比。"《论语·为政》云："见义不为，无勇也。"《孟子·告子上》："生，亦我所欲也；义，亦我所欲也。二者不可得兼，舍生而取义者也。"君子把"义"作为行为尺度和价值标准。志士仁人，无求生以害仁，有杀身以成仁，君子为维系正道在关键时刻宁可牺牲自己也要坚持原则不退让。如《论语·泰伯章》中曾子所说："士不可以不弘毅，任重而道远。仁以为己任，不亦重乎？死而后已，不亦远乎？"

二、王阳明对君子人格内涵的发展

马克思主义认为，一切划时代思想体系的真正内容，都是由产生这些体系的那个时代的特征和需要构成的。明代中叶，阳明心学思想的产生绝不是偶然，而是有着深刻的政治经济根源和社会历史条件。一方面，皇帝多昏聩无能，宦官趁机弄权，朱子理学逐渐丧失价值引领作用；另一方面，商品经济发展，市民阶层崛起呼唤主体精神，而巨大的商业利润刺激了人们的欲望，尚奢风气滋长、蔓延，民风浇漓、风俗隳坏，又加剧了政治的腐败，影响了经济的发展，促使思想家、哲学家探求如何挽救世道人心、重建社会秩序。阳明心学顺应历史思想解放的潮流，提出"心即理"，强调"圣人之道，吾性自

足""满街都是圣人",提倡"四民异业而同道",给予平民百姓,尤其是工商业者以充分的平等尊严、价值自信。宋代的"得君行道",由良知之教转换为"觉民行道",同时追求精神与物质合一、思维与存在合一、主体与客体合一,积极强调心与理、知与行、道德修养与社会实践的统一,推动了儒家君子人格内涵的充实与发展。

(一)强调"自作主宰":内求于心,独立自主

儒家道德主体性思想是中国文化和中华文明的重要组成部分。春秋战国时期儒家思想学说以道德为基础,提高人主体性的地位。而"心学"进一步强调心的自由,主张让心自作主宰。陆象山强调:"今自立,收拾精神,自作主宰。万物皆备于我,有何之阙。"王阳明在《传习录》中进一步阐释:"身之主宰便是心,心之所发便是意,意之本体便是知,意之所在便是物。"王阳明不再从外物之理探求宇宙终极性的本原,而是转向人心中的良知,将"理"置于内心之中。从中国思想发展的历史角度看,"心学"的出现标志着中国"第一次将个人的尊严与自由掌握在自己手中"①。在王阳明看来,一个人的行为状态本质上是为其心灵状态所决定。一个人的心志,根本上决定了一个人的心灵状态,同时也决定着其行为状态。只有"内心净化、志向高远"才可能有高洁之行。王阳明指出:人世间所有事事物物的是非判断标准,都来自人的良心,而不是来自圣贤书,也不是来自权贵,亦不是来自大众。正如王阳明所说:"我的灵明,便是天地鬼神的主宰。天没有我的灵明,谁去仰他高? 地没有我的灵明,谁去俯他深? 鬼神没有我的灵明,谁去辨他吉凶灾祥?"天地鬼神的主宰是人的心灵,人类也由此是天地的主人。王阳明创造性地发展了儒家的天人之辩,将人类视为宇宙生存的主宰者。因为"道"在心中:"'道固自在,学亦自在,天下信之不为多,一人信之不为少'者,斯固君子'不见是而无闷'之心,岂世之谆谆屑屑者知足以及之乎? 乃仆之情,则有大不得已者存乎其间,而非以计人之信与不信也。"

---

① 荒木见悟:《心学与理学》,《复旦学报(社会科学版)》1998 年第 5 期。

(二)强调"人皆圣贤":以道自任,学必立志

春秋时期,"士"确立了"道",而获得了独立的精神凭借。价值观上的以道自任,意味着行为上的独立倾向,儒士群体整体上的独立精神。而阳明心学则解放了人心,开放了入圣的道路。王阳明提出"心即性,性即理""圣人之道,吾性自足,不假外求"。在阳明看来,良知人人生而俱有,由人人生而拥有良知,即为人人平等地拥有发展自我,完善自身的内在价值提供了理论支持。同时,这一内在价值构成了人们行动的最终目的。"天地虽大,但有一念向善,心存良知,虽凡夫俗子,皆可为圣贤!"王阳明引用程子"有求而为圣人之志,然后可与共学"后进一步阐释道:"人苟诚有求为圣人之志,则必思圣人之所以为圣人者安在?圣人之所以为圣人,惟以其心纯乎天理而无人欲,则必去人欲而存天理。务去人欲而存天理,则必求去人欲而存天理之方。"王阳明紧紧围绕伦理道德、身心修养层面,构筑起了"天理""良知"的体系。王阳明强调追求内在的光明与力量,引导人们通过内省和觉悟来发掘自己内心。"破山中之贼易,破心中之贼难",只要反求诸心,于内心下功夫,做足"致"的工夫,人人都有可能成圣。成为圣贤由此不再是为士绅专有,士、工、农、商只需立足本业本职,"在事上磨"即可。王阳明《传习录》强调:"诸公在此,务必要立个必为圣贤之心,时时刻刻,须是一棒一条痕,一掴一掌血,方能听吾说话句句得力。""心之良知是谓圣。圣人之学,惟是致此良知而已。"

(三)强调"万物一体":仁以爱人,自立立他

致良知学说,核心传承了儒家的仁爱思想。王阳明说:"孔孟之学,惟务求仁,盖精一之传也。"王阳明强调,仁是人心,是人之所以为人之所在,即君子立身之本。他说:"仁,人心也;良知之诚爱恻怛处便是仁。无诚爱恻怛之心,亦无良知可致矣。"在王阳明看来,所谓人心、良知,说到底就是一个仁。无仁就无人心、良知可言。王阳明把仁爱之心推及天地万物。天地万物一体论是王阳明心学中的一个重要观点,认为宇宙间的一切事物都是相互联系、相互依存的整体,包括人与自然、人与社会以及人与自身之间的关系。王阳明强调人与天地万物共构生命有机体,强调"人为天地心",

从而在赋予人以中心地位的同时使人担负着"替天行道"的神圣责任。阳明心学所欲成就的是"以万物为一体"的"大人",其达成路径是"正事",即按照良知的指示去"匡正事物",而"匡正事物"即是使事物按照自身内在的性理,来发展自我、完成自我。不但如此,在王阳明看来,"心无体,工夫所至即是本体"。即"成己"的实现在"成人"与"成物"之中,二者是一体的,完成于"正事"之中,是同一事的不同方面,并在同一事的完成中得以同时完成。①

(四)强调"通经致用":知行合一,事上磨炼

春秋战国是中国经世思想启蒙并走向兴盛的重要阶段。诸子百家无不立足自身立场和角度,阐扬其经世的理念与实践的路径。孔子所说"士志于道",其"道"在某种意义上即是经世的精神,"士志于道"即是不懈努力建构儒家理想的社会秩序。到宋代,经世思想再度兴盛。最具代表性是以叶适等为代表的南宋事功学派兴起,并与理学、心学展开争锋,其关注点聚焦在内圣的工夫上,其经世之道都是力图开辟出一条由内圣而开外王的道路。王阳明强调经世,突出表现在知行合一、力行实践和辨别义利三个方面。王阳明反对把"知"与"行"分割开来,主张知行合一,认为"知是行的主意,行是知的工夫;知是行之始,行是知之成。若会得时,只说一个知,已自有行在,只说一个行,已自有知在"。"知之真切笃实处,即是行;行之明觉精察处,即是知,知行工夫本不可离。只为后世学者分作两截用功,失却知行本体,故有合一并进之说。"王阳明认为,"日用常行间,皆是良知实学","未有知而不行者。知而不行,只是未知"。"盖日用之间,见闻酬酢,虽千头万绪,莫非良知之发用流行,除却见闻酬酢,亦无良知可致矣。""致良知"即是在实际行动中实现"良知",达到"知行合一"。王阳明延续了孟子"先立乎其大者,则其小者不能夺"的道德修养工夫,通过树立其大,端正心性,以"存天理,去人欲",标树高尚的品德,为道德标准日益模糊的人心画了一条底线。王阳明认为,讲"实学"就要摒除功利之心,是一种崇实黜虚的心性道德修养,如果怀着功利之心,读圣贤之书却为求官晋爵,道德仁义却只在嘴上工夫,

---

① 杨道宇:《试论阳明心学的"共享型独立人格"说》,《教育研究》2017 年第 3 期。

这些并非实学。^① 当然,王阳明不是反对所有的"利",将义利对立,王阳明基本观点是义利并重,二者皆不可轻,关键是"破心中贼","格者,正也。正其不正,以归于正也",这是对传统"先义后利"义利观的重要发展与突破。

三、王阳明君子人格对当代廉政建设的文化价值

习近平总书记在讲话中多次引经据典,其中"君子"是出现频次较高的词汇。如"君子义以为质""君子务本,本立而道生""天行健,君子以自强不息""君子之过也,如日月之食焉;过也,人皆见之;更也,人皆仰之"等等,大到国际关系,小到个人修养,都体现出对君子和君子人格的肯定与强调。在中国式现代化的进程中,人既是实践的主体,也是价值的主体。挖掘王阳明君子人格廉洁思想,光大君子文化,对于从政者从中汲取营养、提高自身修养、重塑自身的价值体系、实现人的全面发展具有重要的滋养价值,对于推动社会主义核心价值体系建设,实现中华民族伟大复兴具有重要意义。

(一)廉洁修身:以"圣贤至善",推进固本培元,建树人格感召力

君子为学其关键是要达到"入乎耳,箸乎心,布乎四体,形乎动静",崇敬良师、崇尚礼仪,温柔敦厚、文质彬彬。"德"和"礼"的规范,需要通过自身修炼,达到对外在限制性的超越,呈现出一种身心快乐的境界。王阳明心学,与整个中国传统哲学一样,总体上是一种道德哲学。王阳明提倡"致良知",即通过持之以恒的反省、修炼,清除心中的私欲、杂念,让良知得以恢复和彰显。王阳明提出:"此心无私欲之蔽,即是天理,不须外面添一分。"在王阳明看来,私欲如好色、好利、好名等想法,是闲思杂虑,是要去除的,经过"格"的过程,达到"物来顺应""廓然大公"的境界。这是自我净化的进程,也是一个自我实现的过程,最终实现一种心灵的觉醒和超脱。人只有摆脱外在的束缚和限制,才能获取真正的自由和幸福。这些宝贵的文化资源,形成了独特的思想理念和道德规范,浸润于每个国人心中,构成中国人的独特精神世界

---

① 胡海桃、纪卫东:《王阳明的实学思想及其现代意义》,《太原理工大学学报(社会科学版)》2012 年第 4 期。

和文化基因,成为日用而不觉的价值观,成为社会主义核心价值观的理论滋养,也为当代人类面临的道德难题和所从事的道德建设提供了有益启示。

中国特色社会主义进入新时代,经济社会的持续发展和全面进步为道德的发展进步奠定了坚实基础,注入了强劲的动力,法治建设不断推进对道德建设的保障作用也日益彰显,推动植根于中国特色社会主义伟大实践的道德体系不断完善,社会主义核心价值观日益深入人心,广大人民群众有充分的道德勇气和道德责任感解决道德问题,创造美好生活。① 新时代廉洁文化作为"党自我革命必须长期抓好的重大政治任务",其最突出的特点就是强调道德对筑牢拒腐防变思想防线的根基作用。正如习近平总书记所说:"全面从严治党,既要注重规范惩戒、严明纪律底线,更要引导人向善向上,发挥理想信念和道德情操引领作用。"正是激发道德自律这一主体意识,才能使官员在思想深处筑起一道过硬的防线,抗拒各式各样的物质、金钱诱惑,自觉抵制个人主义、享乐主义与拜金主义,在任何情况下都能不为名利所左右,奉公克己,无欲则刚。官员的威信源于何处? 不是权力、资历,而是人格力量。清正在德,廉洁在志;身存正气,不言而威;有公德乃大,无私品自高。从 20 世纪 60 年代的焦裕禄,到 20 世纪 90 年代的孔繁森,以及新世纪的牧民省长尕布龙,他们以其高尚的道德情操、伟大的人格力量和崇高的精神境界,树立了共产党人的光辉形象,鼓舞和感召着一代又一代党员干部。②

(二)廉洁立志:以"知行合一",坚持事上磨炼,增强理想信仰力

君子独立人格对中国传统文化延续和民族精神传承的作用和影响不容忽视,从孔子的"三军可夺帅也,匹夫不可夺志也"、孟子"富贵不能淫,贫贱不能移,威武不能屈"的"大丈夫"精神,发展到"自作主宰"的自由意志,自主选择自己的人生,主宰自己的命运。③ 灵魂空虚、人欲横流,精神荒芜,人只

---

① 沈永福:《新时代我国道德建设的现实途径》,《光明日报》2018 年 2 月 12 日。

② 李建华:《廉洁是一种永不衰竭的道德力量》,《党建文汇》(上半月)2017 年第3 期。

③ 杜凤娇:《儒家也有一种"个人主义"》,《人民论坛》2012 年第 23 期。

能沉迷于金钱物质欲望和肉体感官刺激中,从而产生各种不安和痛苦。不能胜寸心,安能胜苍穹。阳明君子人格学做圣人有道,弘扬立志、勤学、改过和知行合一的四门功夫。在王阳明看来,立志十分重要。"夫志,气之帅也,人之命也,木之根也,水之源也。源不浚则流息,根不植则木枯,命不续则人死,志不立则气昏。是以君子之学,无时无处而不以立志为事。""大抵吾人为学,紧要大头脑,只是立志。"立什么样的志决定着走什么样的路:"圣学只一个工夫,知行不可分作两事。"知行合一,重在行。王阳明要求学生持之以恒,"吾辈用功,只求日减,不求日增。减得一分人欲,便是复得一分天理"。"人须在事上磨炼做工夫乃有益""人须在事上磨,方能立得住",人只有放在具体的事情上狠磨,才会有克己入定的工夫,外界的动静才不能动摇心性的根基。

如何通过坚持不懈的反腐倡廉建设,确保党永远不变质、不变色、不变味,是大党面临的独有难题之一。为解决这个难题,我们党采取了"一体推进不敢腐、不能腐、不想腐"的反腐败斗争基本方针。"不敢腐""不能腐"主要依靠"硬"措施来实现,"不想腐"则需要通过"软"力量来促成。推进党的自我革命,既要靠治标,以猛药去疴,以重典治乱;同时也要治本,正心修身,涵养文化。习近平总书记在十九届中央纪委第四次全体会议上指出,"'不想'是根本,要靠加强理想信念教育,靠提高党性觉悟,靠涵养廉洁文化,夯实不忘初心、牢记使命的思想根基"。信仰、信念、信心是最好的防腐剂。新时代廉洁文化首要的价值就是通过对党员、干部进行廉洁教育,增强对马克思主义、共产主义的信仰,对中国特色社会主义的信念,对实现中华民族伟大复兴的信心,在为人民服务的实践中砥砺意志、增长本领、探求真理,不断提高政治判断力、政治领悟力、政治执行力;通过正本清源、固本培元,为推进全面从严治党向纵深发展、解决大党独有难题提供了文化支撑。

(三)廉洁从政:以"仁爱民本",敢于担当作为,增强政治领导力

儒家思想以内圣和外王双彰为理路,君子修身的重要目的是为更好地参与公共生活、引导家国天下,通过自我的修养带动整个共同体来创造一个

美好的世界。① "学而优则仕"是孔门之学的落脚处。《尚书·大禹谟》指出："德惟善政，政在养民。水、火、金、木、土、谷惟修，正德、利用、厚生惟和。"《左传》提出："德，国家之基也。"《大学》开篇即言"大学之道，在明明德，在亲民，在止于至善"。王阳明深受儒家治理思想的影响，在理论层面，他吸收了儒家传统的仁政爱民、以民为本、礼乐教化、德主刑辅等治理思想；根据《大学古本》恢复"在亲民"，意即孟子所说的"亲亲而仁民""亲之即仁之"，也就是孔子所说的"安百姓"。在实践方面，他借鉴了传统的家族宗法、长老权威、乡里组织等治理手段，并积极育人兴学，兴发经济。既尊崇儒家的德礼之治与仁爱之治，也吸收了法家的法因时变与赏罚必信，礼与法相辅相成，有效贯彻。② 在治理南赣期间，王阳明告诫官员："凡我有官皆要诚心实意，一洗从前靡文粉饰之弊，各竭为德为民之心，共图正大光明之治。"③

廉洁是为政之要，为民心之所向。在政治领域，廉洁是政府公信力的源泉。一个廉洁的政府，能够赢得人民的拥护与支持，凝聚起强大的力量。相反，腐败则导致民心背离，社会动荡。推进国家治理体系和治理能力现代化是全面深化改革的总目标，也是一次深刻的革命。阳明心学的亲民思想，与中国共产党"把为民造福作为最重要的政绩"的理念不谋而合，以党心和民心立己心，初心与恒心相统一，是共产党员鲜明的人格特征。习近平总书记指出："干部干事创业要树立正确政绩观，有功成不必在我的精神境界、功成必定有我的历史担当"，"干事担事，是干部的职责所在，也是价值所在"。党员干部只有既干事又干净，才能行稳致远，只有做到自身正、自身净、自身硬，才能确保既想干事、能干事，又干成事、不出事，实现以为人民谋幸福、为民族谋复兴的使命抱负。阳明君子人格激励着从政者承继历史，面向未来，当好中国式现代化建设的坚定行动派、实干家，朝着让改革发展成果更多更公平惠及全体人民，朝着实现全体人民共同富裕不断迈进。

---

① 朱承：《彰显君子人格的公共性情怀》，《学习时报》2021 年 5 月 14 日。
② 朱伟：《王阳明基层治理的理论价值》，《宁波日报》2020 年 7 月 9 日。
③ 王守仁著，王晓昕、赵平略点校：《王文成公全书》，中华书局 2015 年版，第 770 页。

（四）廉洁为范：以"人文化成"，涵养清风正气，增强社会向心力。

《论语》有言，"君子之德风，小人之德草。草上之风必偃"；《荀子》亦云，"蓬生麻中，不扶而直；白沙在涅，与之俱黑"。历史上乃至现今，一些地方仍然没有法律制度，但这些地方仍然井然有序，一个重要的原因是，所有人都恪守最基本的道德底线和社会禁忌，社会才得以避免陷入混乱无序的状态。"尧舜三王之圣，言而民莫不信者，致其良知而言之也；行而民莫不说者，致其良知而行之也。是以其民熙熙皞皞，杀之不怨，利之不庸，施及蛮貊，而凡有血气者莫不尊亲，为其良知之同也。呜呼！圣人之治天下，何其简且易哉！"正是心存天理良知，恻隐之心、羞恶之心、辞让之心、是非之心"人皆有之"，社会才有共同遵循的道德。"世之君子惟务致其良知，则自能公是非，同好恶，视人犹己，视国犹家，而以天地万物为一体，求天下无治，不可得矣。古之人所以能见善不啻若己出，见恶不啻若己入，视民之饥溺，犹己之饥溺，而一夫不获，若己推而纳诸沟中者，非故为是而以蕲天下之信己也，务致其良知，求自慊而已矣。"王阳明本身就是"知行合一"廉政思想的履践者，他在治理实践中，尤其注重道德教化，培养官员的德性之知、诚心正念，促其施行仁政、勤政爱民；对百姓施以良知教化，端正人心，净涤家庭伦理与乡里民风。同时，重视以实学治世，平乱安民，救世济民，惩处贪腐，严厉监管，稳定社会秩序。

通过社会共同体风尚的改善，增强主体拒腐防变能力是新时代廉洁文化的战略性考量。正如中共中央办公厅在《关于加强新时代廉洁文化建设的意见》中所指出的，要夯实清正廉洁思想根基，要用中华优秀传统文化涵养克己奉公、清廉自守的精神境界。廉洁文化的建设能够使公共资源的分配更为公正合理，每个人都能在公平的社会环境中竞争和发展，从而实现社会公平正义的目标。良好的廉洁文化能使人们彼此之间的信任和合作更为紧密，社会各阶层之间的联系和互动将会更加密切。所谓"高山仰止，景行行止"。在这样的氛围中，人们将更加关注社会的整体利益，而不是个人私利，从而形成团结一致、共同进步的局面。同时，家庭、家教、家风建设既是家事，也是国事，人文家教是立德树人的重要支点，关系到个人的健康成长、社会的和谐稳定与国家的繁荣发展。习近平总书记高度重视家庭、家教、家风建设,强调"家庭是人生的第一个课堂""家风是一个家庭的精神内核""家风是社会风气的重要组成部分""领导干部的家风是领导干部作风的重要表现"。这些重要论述,对于科学把握家庭、家教、家风与党风、政风、社风的内在关系,推动新时代廉洁文化建设具有重要指导意义。

本文系 2024 年度宁波市社科基地(宁波市阳明文化研究中心)立项课题"王阳明君子人格研究"成果。

从王阳明廉政文化谈新型"亲""清"政商关系的构建

贵州龙场王阳明研究院研究员

胡小康　韦忠将　李小龙

明代中叶,宦官专权,朝政腐败。正德年间,以宦官刘瑾为首的"八虎"把持朝政、祸乱朝纲,形成阉党集团,在朝中争权夺利、排斥异己。一大批忠直之臣如戴铣、薄彦徽等言官因上疏请求罢免权阉,遭打击报复。思想上,社会风气萎靡不振,封建士大夫离经叛道、表里不一,知识分子空谈虚文,所学非所行,知识文章与伦理道德各不相干。正如王阳明在《答顾东桥书》中所说:"功利之毒沦浃于人之心体。""世之学者如入百戏之场,戏谑跳踉,骋奇斗巧,献笑争妍者,四面而竞出,前瞻后盼,应接不遑,而耳目眩瞀,精神恍惑,日夜遨游淹息其间,如病狂丧心之人,莫自知其家业之所归。"①正是在这样一个朝政昏暗、学术不端、思想麻痹的时代,阳明心学如一声惊雷,敲响在明代中叶的夜空。

一、王阳明廉政文化的核心要义与具体实践

(一)王阳明心学体系中的廉政文化

"心即理"是阳明心学体系中建设廉政文化的心之本体。正德三年(1508),王阳明贬谪贵州龙场驿任驿丞,在玩易窝洞中反思"程朱理学",忽于一中夜顿悟"格物致知"之旨,始知"圣人之道,吾性自足,向之求理与事物者误也",从此确立了"心即理"的立场。青年时期,王阳明信奉朱子之学,在

---

①　王守仁著,王晓昕、赵平略点校:《王阳明集》,中华书局 2016 年版,第 38 页。

父亲官邸庭院中"格竹",然未能"格"出竹子的道理,反而大病一场。贬谪贵州龙场,以"向内求"的自觉发出"圣人处此,更有何道"的灵魂拷问,明白天地万物的大道不在于"物",而在于"心","心外无理、心外无物"。王阳明在《传习录》中这样解释"心即理","且如事父,不成去父上求个孝的理;事君,不成去君上求个忠的理;交友治民,不成去友上、民上求个信与仁的理。都只在此心,心即理也"①。在王阳明看来,天理存在于心的本体中,忠、孝、信、仁的"理"不是从客观事物上去寻找,而是要从"心"去发现所求之理,成为自觉遵守的行为准则。王阳明强调道德主体的自律行为,只有通过不断反省自己,在"克己"上下功夫,加强道德修养,在实践中才能克制欲望、约束行为。

　　"知行合一"是阳明心学体系中建设廉政文化的行为准则。宋明以来,朱子学说作为官方正统学说,占据绝对的主导地位,朱熹主张"物有表里精粗,一草一木皆含涵至理",他认为"理"蕴藏在客观事物当中,穷尽天下事物之理,就能达到修身、齐家、治国、平天下,成为圣人。这种"知先行后"的观点一直持续到明代中叶,成为社会主流意识。读书人拿着朱子之书穷理,说一套做一套,言行相悖,表里不一,社会风气败坏。经历了官场的黑暗,王阳明在百死千难中贬谪贵州龙场,其在《何陋轩记》中赞扬龙场老百姓如"未琢之璞,未绳之木""虽粗砺顽梗,而椎斧尚有施也"。在感受到龙场老百姓的淳朴之后,王阳明意识到知识不等同于道德,并对"知行悖离"的现象深恶痛绝,由此萌生了"知行合一"的学说。"知行合一"学说的发展大致经历了三个阶段。第一阶段,正德四年(1509)四月,毛科致仕归里,席书调任贵州提学副使。席书早年信奉"程朱理学",对王阳明讲学传道内容质疑,于是与王阳明讨论"朱陆之学"的异同,王阳明没有正面回答席书所问,而是以"知行本体"为例,证明自己所悟之学。经过数次讨论,席书对王阳明之学深信不疑,于是请王阳明主讲贵阳文明书院,在该书院正式提出"知行合一"的学说。从"知"(本然之知)到"行"(致的工夫),再到"知"(自觉之知),构成王阳明"知行合一"学说最初的框架和结构。王阳明否认了朱熹关于"知先行后"的观点,强调"知行本体""知行工夫",所谓"知",是指德性之知(良知),"行"

---

① 《王阳明集》,第 2 页。

即指道德实践。第二阶段,正德七年(1512),王阳明升南京太仆寺少卿,与弟子徐爱结伴自京师南下归浙省亲,二人一路围绕《大学》宗旨诸问题展开讨论,"知行合一"是其中一个重点。这次讨论,王阳明将"知行合一"学说上升到了一个新的阶段,这一阶段更加注重"知"与"行"不分先后的问题,反复强调"知"的同时已在"行","行"的同时已是"知"。第三阶段,嘉靖元年(1522年)后,王阳明在浙江讲学,他的心学思想也在这时期发展到成熟阶段。王阳明高足钱德洪在编刻先生文录时说:"其余指知行之本体,莫详于答人论学与答周道通、陆清伯、欧阳崇一四书。"此处"答人论学"指答顾东桥书。整句意思是说,关于知行本体的论述,最详细者莫过于回答顾东桥与回答周道通、陆清伯、欧阳崇一等人的四封书信。"知之真切笃实处即是行,行之明觉精察处即是知。知行工夫本不可离,只为后世学者分作两截用功,失却知行本体,故有合一并进之说。"①这是对顾东桥"真知即所以为行,不行不足谓之知"的肯定回答和进一步的解释。

"致良知"是阳明心学体系中建设廉政文化的方法路径。正德三年(1508),王阳明谪居贵州龙场,贵州宣慰使安贵荣在今黔西灵博山重修象祠,祠成,请王阳明为之作记。王阳明受邀写下千古名篇《象祠记》,在记文的最后,王阳明提出"天下无不可化之人"的观点。象,是传说中"五帝"之一的舜同父异母的弟弟,在父亲瞽瞍的支持下,多次企图杀害舜,但都没有得逞。舜不计前嫌,继位后仍封他为有庳国国君。在传统观念中,象是一个被否定的人物,唐代时,道州刺史就曾毁掉当地的象祠。象之所以被苗民祭祀,是因为他在舜的感化下,能够改恶从善,王阳明便借此事宣扬了"人性之善,天下无不可化之人"的观点,即君子应该修身立德、改过向善、德化天下,"致良知"便在此刻开始萌芽。"致良知"是王阳明晚年提出的观点,也是他一生思想的最终总结。王阳明在晚年讲学的时候提出"吾生平讲学,只是'致良知'三字"。"良知"指的是本体,"致"指的是工夫。人人皆有的恻隐、羞恶、辞让、是非之心,这就是良知的发端。王阳明的"致良知"说实际上是一种道德修养,强调时刻都要做反省的工夫。这一时期王阳明对"知行合一"的理解已完全与"致良知"融为一体,"知行合一"的"知"就是"致良知"的

---

① 《王阳明集》,第 39 页。

"良知","知行合一"的"行"就是"致良知"的"致"。如何"致良知","王门四句教"指出了方法路径,就是要"格物",王阳明这里讲的"格物"和"朱子"之"格物"有所区别,王阳明从心的"本体"出发,指出"致良知"的方法论,具体做法就是要"为善去恶"。

(二)新时代廉政文化建设的必要性

廉政文化建设是我们党经久不衰的现实需要。党的十八大以来,党的政治生态总体趋于平稳状态,但面临的"四大考验""四大危险"依然存在。"在一些党员、干部包括高级干部中,理想信念不坚定、对党不忠诚、纪律松弛、脱离群众、独断专行、弄虚作假、庸懒无为,个人主义、分散主义、自由主义、好人主义、宗派主义、山头主义、拜金主义不同程度存在,形式主义、官僚主义、享乐主义和奢靡之风问题突出,任人唯亲、跑官要官、买官卖官、拉票贿选现象屡禁不止,滥用权力、贪污受贿、腐化堕落、违法乱纪等现象滋生蔓延。特别是高级干部中极少数人政治野心膨胀、权欲熏心,搞阳奉阴违、结党营私、团团伙伙、拉帮结派、谋取权位等政治阴谋活动。"[①]这些突出问题无不渗透进政商关系中,成为构建"亲""清"政商关系的严重阻碍。

廉政文化是加强党的政治建设的重要内容。十八大以来,党中央坚持全面从严治党,深入推进党风廉政建设和反腐败斗争,贪污腐败现象得到了有效抑制。与此同时,在高压反腐势态下,一些党政干部表现出不愿为、不作为、不敢为。"十五五"时期是社会主义现代化建设的关键期,建党100周年全面建成小康社会之后,至2049年,中华人民共和国成立100周年实现第二个百年奋斗目标。其中分为两个阶段:第一个阶段,从2020年到2035年,在全面建成小康社会的基础上,再奋斗十五年,基本实现社会主义现代化。第二个阶段,从2035年到21世纪中叶,在基本实现现代化的基础上,再奋斗十五年,把我国建成富强、民主、文明、和谐、美丽的社会主义现代化强国。营造良好的政治生态和清正廉明的政治环境,对于助推经济高质量发展、实现两个百年奋斗目标具有重要的现实意义。

---

① 2016年10月27日,中国共产党第十八届中央委员会第六次全体会议通过的《关于新形势下党内政治生活的若干准则》。

二、构建新型"亲""清"政商关系的现实意义

（一）构建新型"亲""清"政商关系的提出

在中国古代传统文化中，"学而优则仕"是所有读书人的最高理想，在中国封建社会中，"三年清知府，十万雪花银"的现象更是层出不穷，屡见不鲜。自古以来，官商一体、官商勾结似乎成了一条既定的"潜规则"。党的十八大以来，随着党风廉政建设加之反腐败斗争的深入推进，政企勾结的腐败现象得到有效控制。但是，谈"商"色变、官商离心，政府官员不作为、不敢为、不想为的现象又有滋生蔓延之势，严重影响我国政商关系的良性发展。

政商关系是涵盖了多方面关系的复杂的综合体，对经济、政治、社会民生以及党的建设等各方面、各领域都会产生重大影响，政商关系的好坏关系到国计民生的方方面面。针对新形势下的新变化，习近平总书记从政府官员与企业家这两个主体和"亲"与"清"两个角度出发，对我国政商关系做出了新的重要论断，也为我国政商关系的发展指明了方向。习近平总书记向来高度重视我国政商关系的健康发展、良性互动，早在担任浙江省委书记时就时刻强调，各级领导干部一方面要支持民营企业发展，要亲商、富商、安商，另一方面，同企业家打交道一定要掌握分寸，公私分明，君子之交淡如水。[①] 党的十八大以来，在高压反腐势态下，权钱交易、官商合谋的腐败现象得到遏制，"亲而不清"这一畸形的政商关系开始好转。与此同时，政府官员在高压反腐势态下不作为，导致慵懒怠政频发，政商关系开始转向"清而不亲"。面对这一新形势、新变化，2016 年 3 月 4 日，习近平总书记参加全国政协十二届四次会议民建、工商联界政协委员联组讨论时对我国的政商关系有了新的定位。政府官员与企业家们应当如何保持"亲"的关系，习近平总书记指出：对领导干部来说，所谓"亲"，就是要坦荡而又真诚地同广大民营企业接触交往，积极作为、靠前服务，对非公有制经济人士多关注、多谈心、多引导，帮助解决实际困难，真心实意支持民营经济发展；对民营企业家们

---

① 习近平：《之江新语》，浙江人民出版社 2007 年版，第 38 页。

来说,所谓"亲",就是要积极主动地同党和政府多沟通且多交流,说真话,道实情,建诤言,积极支持地方的发展。公职人员与企业家们应当如何保持"清"的关系,习近平总书记指出:对领导干部而言,所谓"清",就是同民营企业家的关系要清白、纯洁,不能有贪心私心,不能以权谋私,不能搞权钱交易;对民营企业家来说,所谓"清",就是要洁身自好、走正道,做到遵纪守法办企业,光明正大搞经营。①

"亲""清"政商关系最大的一个特征就是着眼于微观,通过对政府官员和企业家们行为的规范来促进我国政商关系的健康发展和良性互动,习近平总书记以简洁凝练的语言概括了政府官员和企业家在政商交往过程中应当遵循的原则和底线,既为我国政府官员廉洁奉公、克己自律提供了借鉴,也为广大企业和企业家们的发展指明了方向,含义深刻、寓意深远。

(二)新时期处理好政商关系面临的困境与挑战

政商之间的贪污腐败、利益输送。新时期政商关系明显好转,但还是有一些官员顶风作案,于是产生了更加隐蔽的多样化的政商利益输送方式。在企业家巨大金钱的诱惑下,部分官员逐渐失去初心,一步一步走向贪污腐败的深渊。企业家给官员提供升官发财所需的钱,官员则成了企业的私有"保护伞"。政商之间形成了特殊的利益圈子,同时挤压了其他官员或商人的合法权益。腐败是官商的"双簧戏",双方一唱一和,一个出钱一个出权。因为缺乏对权力的监督与制约,导致政府权力变成部分官员寻求个人利益的工具。为政者面对金钱、权利等诱惑,为商者面对高额回报、高额利润,二者之间狼狈为奸,利益输送,长期以来形成了一些官商利益共同体,一时难以根除,极大地阻碍了公平竞争、优胜劣汰的营商环境的形成,阻碍了"亲""清"政商关系的构建。

"为官不为""懒政怠政"问题的存在。当下一些党政领导干部对企业家表面上很亲近,实际上却有所顾虑,能躲多远躲多远。特别是在新形势下,推进全面从严治党,存在个别领导干部不敢作为,不敢担当,未能完全

---

① 习近平:《毫不动摇坚持我国基本经济制度 推动各种所有制经济健康发展》,《人民日报》2016年3月9日。

肩负起自己身上所承担的责任。习近平总书记在党的群众路线教育实践活动总结大会上的讲话指出："我们做人一世，为官一任，要有肝胆，要有担当精神，应该对'为官不为'感到羞耻，应该予以严肃批评。"①简政放权后，虽然政府部门办事效率有所提高，但有些地区和部门仍存在怠政懒政、避责邀功现象，"门好进、脸好看"但就是"事不办"，这严重阻滞了企业的顺利发展。

公开、公正的监督机制还需进一步优化。权力的高度集中和监督机制的很多漏洞，导致政府对经济过度干预，使得市场在发挥资源配置中的作用受到限制的情况没有得到完善，而权力又没有被有效约束，一些官员就可以为所欲为。同时一些企业家试图减少监管机制的约束，通过收入不入账、虚增成本等手段谋取利益，并希望获得优厚的补贴。他们通过与政府官员搞好关系，造成了以权谋私等问题。政府需要简政放权、转变职能、激发市场和社会活力，让政府更廉洁高效，让权力在阳光下进行，加强行政权力公开透明，建立完备有效的公开、公正监督机制，由此创建良好的政商关系。

三、王阳明廉政文化对构建新型"亲""清"政商关系的当代启示

（一）以王阳明"反求诸己"加强党员领导干部的内在修养

儒家对一个人达到君子的标准为"内圣外王"，"内圣"指的是"格物致知，正心诚意"，"外王"指的是"修身、齐家、治国、平天下"，其中"修身"是党员领导干部的一门必修课，是加强党性教育的重要内容。习近平总书记在2015 年 12 月全国党校工作会议上指出"党性教育是共产党人修身养性的必修课"。共产党员应时刻保持清醒的头脑，"吾日三省吾身""见贤思齐，见不贤而内自省"，在处理政商关系中，党员领导干部应该以"向内求"的心态反省自己，加强自身道德修养，从自我反省到自我改进，最终达到自我完善。

---

① 习近平:《在党的群众路线教育实践活动总结大会上的讲话》,人民出版社 2014年版。

1942年5月,毛主席在延安文艺座谈会上指出:"有许多党员,在组织上入了党,思想上并没有完全入党,甚至完全没有入党。这种思想上没有入党的人,头脑里装着许多剥削阶级的脏东西,根本不知道什么是无产阶级思想,什么是共产主义,什么是党。"①保持共产党员的先进性和纯洁性,就必须加强党性修养,去除私心杂念,坚决抵制庸俗、低俗、媚俗等糟粕。

当人在遭受巨大的人生波折、困苦或是诱惑的时候,精神和心理状态是否能够不为环境的变异或个人得失所影响,这不仅是个人意志是否坚强的问题,也是对一个人精神锻炼、修养程度的检验。一个人能否廉洁自律,最大的诱惑是自己,最难战胜的敌人也是自己,面对人生必然遭遇的酸甜苦辣,王阳明给出的解决路径是修心,即修养人的心性。他认为,人不须要到外部去寻找善恶是非的准则,这个准则是每个人所固有的、相同的,我们所需要做的是在实践中,不断修炼我们自己的道德意识和道德品行。王阳明还特别强调以"自省"来启发人的自觉性,用他的话说就是"反己""克己"。正德十二年(1517),季本、薛侃等人同举进士,阳明先生说:"入仕之始,意况未免摇动,如絮在风中,若非粘泥贴网,亦自主张未得。"②正德十三年(1518),在写给学生陆澄的信中,王阳明把仕途比喻为泥塘,指出人在其中随时有陷溺的危险。他说:"人在仕途,如马行淖田中,纵复驰逸,足起足陷,其在驽下,坐见沦没耳。"③嘉靖六年(1527),王阳明在写给黄绾的信中说:"人在仕途,比之退处山林时,其工夫之难十倍。"④为此,王阳明认为人在仕途时,加强个人道德修养乃是根本。

弘治十二年(1499)七月,王阳明在浚县修造威宁伯王越墓时,尽心尽责,坟墓竣工,王越家人非常满意,用金帛感谢,王阳明辞之不受,体现了他的人格。正德三年(1508),王阳明贬谪贵州龙场,贵州宣慰使安贵荣赠送王阳明马匹、银两及生活物资,王阳明辞之不受,并以书信答谢。正德十三年(1518),王阳明瞻谒龙南文庙,见文庙门庭破败,"山中贼"已平,然而不施内

---

① 1942年5月,《在延安文艺座谈会上的讲话》,《毛泽东选集》第3卷,人民出版社1991年版,第875页。

② 王守仁:《王阳明全集》,上海古籍出版社2015年版,第1242页。

③ 《王阳明全集》,第166页。

④ 《王阳明全集》,第219页。

治,不行教化,则"心中贼"安能除去?王阳明便令随行教谕缪铭负责整修文庙,又听言文庙旧有观德亭,遂作文《观德亭记》。文章阐说了当政者"存心"以"治心"的施政理念,强调通过习射来"正心",心正才能射正。"习射正心"的要点是"去五心,存七心"。去五心即为去"躁心、荡心、歉心、忽心、傲心",存七心即为存"心端、心敬、心平、心专、心通、心纯、心宏"。人若能真正做到"去五心,存七心",像习射一样,长此以往,自然就会具备君子的修养品德。正德十六年(1521)六月,王阳明因平定南、赣、汀、漳匪乱和宁王朱宸濠叛乱有功,升任南京兵部尚书,十二月再封"新建伯",光禄大夫柱国,兼任南京兵部尚书,并岁支禄米一千石,王阳明又疏请免去封爵和赏赐。党员领导干部应该以古之圣贤对标、对表自己,坚守、保持对党忠诚的初心,无论身处何地,应该时刻思考我们的党从何而来,要到哪里去,对党忠诚、恪尽职守,时刻牢记中国共产党人的初心是为人民谋幸福、为民族谋复兴、为世界谋大同。

(二)以王阳明"致良知"把握新型"亲""清"政商关系的"度"

2015年12月,习近平总书记在全国党校工作会议上讲话指出,"种树者必培其根,种德者必养其心",指出"党性教育是共产党人修身养性的必修课,也是共产党人的'心学'"①。这一重要命题的提出,是马克思主义基本原理同中华优秀传统文化相结合的重要成果。王阳明心学作为中国传统文化的集大成,其思想中蕴含的正心修身、存理去欲、抑私制邪、省察克治、事上磨炼等修养之道及其"内向性""实践性"等特点,可为修好共产党人"心学"提供理论资源,厚植文化底蕴。

王阳明的心学正是中国传统文化中的精华,也是增强中国人文化自信的切入点之一。2014年3月7日,习近平总书记参加十二届全国人大二次会议,与贵州代表团审议《政府工作报告》时指出:"王阳明曾在贵州参学悟道,贵州在弘扬传统文化方面有独特优势,希望继续深入探索、深入挖掘,创造出新的经验。"②习近平总书记在二十届中央纪委二次全会上也强调,"要

---

① 习近平:《在全国党校工作会议上的讲话》,《求是》2016年第9期。
② 《习近平总书记参加贵州代表团审议侧记》,《贵州日报》2014年3月10日。

在不想腐上巩固提升，更加注重正本清源、固本培元，加强新时代廉洁文化建设"。这一系列重要论述为加强新时代构建"亲""清"政商关系，从中华优秀传统文化中汲取滋养，筑牢思想道德防线，增强拒腐防变能力，涵养持廉守正的时代新风，推进"亲""清"政商关系的构建指明了方向。

王阳明认为："夫权者，天下之大利大害也。小人窃之以成其恶，君子用之以济其善，固君子之不可一日去，小人之不可一日有者也。欲济天下之难，而不操之以权，是犹倒持太阿而授人以柄，希不割矣。"①主张权力不仅是政治的核心，也是一把"双刃剑"，其使用效果的优劣取决于执行权力者的道德素养。因此，他强调"夫惟身任天下之祸，然后能操天下之权；操天下之权，然后能济天下之患"②。权力和责任相互影响，互为条件，既不能离开权力谈责任，也不能离开责任谈权力。构建"亲""清"政商关系，要守好清正廉洁的底线，做到"不敢腐、不能腐、不想腐"，把握好新型"亲""清"政商的"度"，既不要因"亲"而与企业家勾肩搭背、不清不楚，也不要因"清"而划清界限、拒人千里。2022年3月1日，习近平总书记在中央党校（国家行政学院）中青年干部培训班开班式上强调："守住拒腐防变防线，最紧要的是守住内心"，"要从小事小节上守起"，"正心明道、怀德自重"，"勤掸'思想尘'、多思'贪欲害'、常破'心中贼'，以内无妄思保证外无妄动"。③ 这为新时期构建新型"亲""清"政商关系提供了根本遵循。

（三）以王阳明"万物一体之仁"构建"亲亲仁民"的政商关系

辰州府判官赵仲立向阳明问政时，王阳明说："亲吾之父，以及人之父，而孝之德明矣；亲吾之子，以及人之子，而慈之德明矣。明德，亲民也，而可以二乎？惟夫明其明德以亲民也，故能以一身为天下；亲民以明其明德也，故能以天下为一身。夫以天下为一身也，则八荒四表，皆吾支体，而况一郡之治、心腹之间乎？"④王阳明《拔本塞源论》中指出："天下之人心，其始亦非

① 《王阳明全集》，第676页。
② 《王阳明全集》，第676页。
③ 习近平：《努力成长为对党和人民忠诚可靠、堪当时代重任的栋梁之才》，《求是》，2023年第13期。
④ 《王阳明全集》，第1024—1025页。

有以异于圣人也,特其间于有我之私,隔于物欲之蔽,大者以小,通者以塞。人各有心,至有视其父子兄弟如仇雠者,圣人有忧之,是以推其天地万物一体之仁以教天下,使之皆有以克其私,去其蔽,以复其心体之同……"①在王阳明看来,天下之人起初与圣贤并没有什么区别,只是被自己的私欲所蒙蔽,天下的公心变成自我的私心,通达的心变成有阻碍的心。因此圣人为此感到忧虑,圣人主张以"天地万物一体"的仁心来教育天下,人人都能克除私欲之心,借以恢复人原有的心体。这里,王阳明所指的私心就是功利之心、贪婪之欲,如金钱欲、权力欲等私欲,良知被私欲所蒙蔽。

王阳明的一生心系百姓、匡扶社稷,其为官治政最重要的一方面在于关注民生、体恤民情、顺应民意,并提出"政在亲民",认为治政在于亲民。王阳明在《计处地方疏》中提出,"臣惟财者民之心也;财散则民聚。民者邦之本也;本固则邦宁"。在巡抚南赣期间,为繁荣商贸,其对贩盐所经关口,规定抽税多少,不得任意多抽。正德十二年(1517)六月,王阳明在赣州作《疏通盐法疏》中说:"告示商民,但有贩到闽、广盐课,由南雄府曾经折梅亭纳过劝借银两,止在赣州府发卖者,免其抽税;愿装至袁、临、吉三府卖者,每十引抽一引。闽盐自汀州过会昌羊角水,广盐自黄田江、九渡水来者,未经折梅亭,在赣州府发卖,每十引抽一引。"王阳明将"以民为本"的理念融入地方管理当中。他认为"亲民之学不明,而天下无善治矣",倡导官员"务要治官如家、爱民如子",主张"人君之举动,当以民心为心""要惟民之所欲是从耳""惟吾民之所愿是顺耳"②,始终以德施政、以人为本,想民之所想、急民之所急,解决人民群众关注的热点难点问题。构建"亲""清"政商关系,党政干部要坚持用党的理论创新成果武装头脑、指导实践,坚持将所学的理论知识应用于为人民服务的实践中,并在实践中不断学习和提高科学判断形势的能力、驾驭市场经济的能力、应对复杂局面的能力、依法执政的能力、总揽全局的能力,提高科学决策、处理突发事件、解决具体问题的能力和水平,学中干、干中学,学以致用,不断提高执政能力和执政水平。

---

① 《王阳明集》,第 50 页。
② 《王阳明全集》,第 700 页。

(四)以王阳明"知行合一"构建政府与企业良性互动的政商环境

王阳明主张"知是行的主意,行是知的工夫;知是行之始,行是知之成"。他的"知行合一"说不能简单地理解为"理论与实践的关系","知"与"行"具有实践过程的同一性,这与他后期倡导的"致良知"即本体即工夫,强调通过"事上练"呈现良知,是一致的。学与政、知与行,都是相辅相成的,即王阳明所说:"知之真切笃实处,便是行;行之明觉精察处,便是知。"①王阳明本身就是"知行合一"思想的履践者,他在治理社会的实践中,一方面注重道德教化,培养官员的德性之知、诚心正念,使其施行仁政,勤政爱民;对民众施以良知教化,端正人心,纯化家庭伦理与乡里民风。另一方面又注重以实学治世,平乱安民,淑世济民,惩治贪腐,严格监管,稳定社会秩序。他恪守良知,以孔孟"修己以安百姓"之德治思想为座右铭,屡建事功,真正做到了"内圣外王"。

王阳明强调"知行合一"、真知力行,其目的是要解决封建士大夫阶层道德虚伪、"知行不一"的问题。在今天,王阳明"知行合一"的思想对构建"亲""清"政商关系同样具有重要意义。党的十八大以来,习近平同志在不同的场合多次强调"知行合一",把王阳明"知行合一"思想与马克思主义理论紧密结合,要求广大党员干部要去除私心杂念,才能构建政府与企业良性互动的政商环境,才能构建新型的"亲""清"政商关系。

四、结语

王阳明生活在国势衰微、朝政昏暗的时代,其"心即理""知行合一"等命题的提出,无疑在明代中期思想界产生了强烈震动。日本学者冈田武彦曾说,中国真正的"文艺复兴"始于王阳明。500多年过去了,当今社会是否还需要王阳明,其"经世致用"的学问是否还能为当今社会所用,答案应该是肯定的。改革开放以来,社会经济飞速发展,政府与企业之间、党政干部与企

---

① 王守仁著,王晓昕、赵平略点校:《王文成公全书》,中华书局 2015 年版,第254 页。

业家之间关系错综复杂,处理好二者的关系,对当下构建社会主义和谐社会,实现经济高质量发展而言,迫在眉睫。当下处于两个一百年奋斗目标的关键时期,王阳明的心学,特别是廉政文化内容,对构建新型"亲""清"政商关系,对实现中华民族伟大复兴,有着重要的借鉴价值和参考意义。

阳明廉政文化教育的建构与实践

——以福建省平和县为例

中共平和县委宣传部副部长

张山梁

福建省平和县从无到有，与一代大儒王阳明有着密不可分的历史渊源。可以说，平和既是王阳明建立功业的第一站，也是阳明心学的实践地，更是新时代福建省阳明廉政文化教育建构与实践的示范点。

一、平和阳明文化的传承与发展

500多年前的正德十二年（1517）二月至四月间，王阳明受命巡抚南、赣、汀、漳等地方，打响了他建立功业的第一仗——"漳南战役"[①]。历时两个多月的征讨平乱，先后攻破了象湖山、可塘洞、箭灌、大伞等45座山寨，擒获、斩首"山贼"2700多人，俘获"山贼"家属1500多人，烧毁贼巢房屋2000多间，缴获众多的牛马辎重，肃清了盘踞在闽粤交界山区数十年之久的以詹师富、温火烧为首的山民暴乱，妥善安置了1235名"山贼"、2828名"山贼"家属，让他们安居乐业。可以说，王阳明在"漳南战役"中体现的是"知行合一"思想的具体践履，而两度奏请设立"平和县"[②]，则是其"明德亲民"思想在闽粤交界山区的落地结果。王阳明在平靖漳寇之后，以一个政治家的敏锐眼光、思想家的内圣智慧，抽丝剥茧地分析了闽粤交界的漳南

---

① "漳南战役"的范围大致在今福建省平和县的九峰镇、长乐乡、秀峰乡、芦溪镇，南靖县南坑乡，永定区的湖山乡、湖雷镇，广东省大埔县的大东镇、枫朗镇、百侯镇、西河镇一带区域。

② 王阳明分别于正德十二年（1517）五月二十八日、十三年（1518）十月十五日向朝廷上《添设清平县治疏》《再议平和县治疏》两份奏疏。

地区民众落草为寇、社会动荡不安的根本原因,基于"破山中贼易,破心中贼难"的认知,提出"析划里图,添设新县"的思路,探索了"添设县治,以控制贼巢"的长治久安之策,两度上疏奏请朝廷添设"平和县"。① 从此,平和,就成为中国版图上的一个县份,也因此而成为阳明先生过化之地。正如施邦曜②所评,"(阳明)先生此举(奏请添设县治),不特可以弥盗,亦可以变俗,允为后事之师"。③

正德十二年(1517)五月,王阳明在首份奏请《添设清平县治疏》中,认为漳南地区存在"地理遥远,政教不及,小民罔知法度"的地理、教化、治理等社会问题,明确提出"添设县治,以控制贼巢;建立学校,以移风易俗,庶得久安长治"④之对策,对民众应加强"训以儒理",才能实现"盗将不解自散,行且化为善良"⑤之效,达到"永保地方事理""久安长治"的目的。可见,王阳明对教化民众、启迪思想、诞敷文德是何等重视! 再者,王阳明在首任知县的选录上也颇费心思。在次年(1518)十月的《再议平和县治疏》中,建议朝廷应考虑"新县所属多系新民,须得廉能官员,庶几开新创始,事不烦而民不扰"⑥。从顶层设计上,一开始就坚持"廉能"选才治理的用人观,与今日"德才兼备"的选人用人机制,无不一致。最终,朝廷采纳王阳明的建议,选派了曾经与

---

① 张山梁:《闽中王学研究》,厦门大学出版社 2022 年版,第 231 页。

② 施邦曜(1585—1644),字尔韬,号四明,浙江余姚人。明万历四十一年(1613)进士。历任顺天府武学教授,国子监博士,工部营缮主事,工部员外郎。时奸臣魏忠贤当道,施邦曜不与附和。魏忠贤刁难,不成。迁任屯田郎中,期后迁任漳州知府,善于断案,辑评《阳明先生集要》。迁任福建副使、左参政,四川按察使,福建左布政使,有政绩。历仕南京光禄寺正卿,北京光禄寺正卿;改任通政使。起用为南京通政使。明崇祯十六年(1643)十二月,任用为左副都御史。赠太子少保,左都御史;谥忠介,清朝赐谥忠愍。

③ 王守仁原著,施邦曜辑评,张山梁点校:《阳明先生集要(崇祯闽刻本)》,黑龙江人民出版社 2023 年版,第 352 页。

④ 《阳明先生集要(崇祯闽刻本)》,第 350 页。

⑤ 《阳明先生集要(崇祯闽刻本)》,第 352 页。

⑥ 王守仁著,吴光、钱明、董平、姚延福编校:《王阳明全集》,上海古籍出版社 2011 年版,第 424—425 页。

王阳明的老师娄谅①一起受学、"志圣贤学"的罗伦②仲子——罗干③到平和担纲首任知县,并于明正德十四年(1519)十二月到任,"时方建县之始,百度未饬,干悉心经理"。④ 正因此,平和自肇创以来,文脉源远、文气鼎新,吏治清廉、社会安宁。平和,从此就有了儒学的昌盛和教化的昌明,也有了风俗的淳化和文化的繁荣。平和,曾经"远离县治,政教不及,民众罔知法度"的穷乡僻壤,才变成了"百年之盗可散,数邑之民可安"的美好家园;昔日"盗薮"化外之地,才成为今天"冠裳"有序之区。

在和邑这方热土,从置县至今的500多年间,平和百姓始终感念阳明先生的奏立之功、教化之德,包括阳明廉政文化在内的阳明文化更是始终根植于和邑大地,滋养着平和民众的心灵家园,生生不息,从未中断。

近年来,作为王阳明奏请添设的平和县,始终不忘阳明奏立之德,深入挖掘、阐释、传承包括阳明廉政文化在内的阳明文化内涵和时代价值,构建阳明平和地域文化。在阳明平和地域文化宣传普及方面,将弘扬传承"阳明文化"列入县里的工作要点,以搭建"阳明传习堂"为载体,以"崇德明礼、向善知行"为目标,大力弘扬"知行合一"的治县精神,推动阳明平和地域文化落地生根,增强文化软实力。先后在乡镇、县直机关创办了18个"阳明传习堂",举办传统文化讲座300多场,受众超过2万人次。著名阳明学专家吴光教授实地考察后认为:平和县"阳明传习堂"的做法是全国阳明文化有效落

---

① 娄谅(1422—1491),字克贞,别号一斋,江西广信上饶人。少有志于圣学,尝求师于四方。明孝宗弘治二年(1489)冬,18岁的王阳明,因送新婚的夫人诸氏从南昌归浙江余姚,舟至广信,拜谒娄谅,并从之问学。娄谅授之以宋儒格物之学,谓"圣人必可学而至",王阳明深契之,因此始慕圣学。黄宗羲《明儒学案》说"姚江之学,先生(娄谅)为发端也"。

② 罗伦(1431—1478),字彝正,号一峰,江西吉安永丰人。明成化二年(1466)进士第一,授翰林院修撰,抗疏论李贤起复落职,谪泉州市舶司提举,次年复官改南京,居二年,以疾辞归,隐于金牛山,钻研经学,开门教授,从学者甚众。学术上笃守宋儒为学之途径,重修身持己,尤以经学为务。著有《一峰集》等。

③ 罗干(生卒不详),字定本,江西永丰人,举人。道光《平和县志》记曰:"时建县之始,百度未饬,干悉心经理,胸中具有成画,盖将加意于斯民者,未逾月,死于瘴,民咸哀之。"

④ 罗青霄修纂,陈叔侗点校,福建省地方志编纂委员会整理:万历《漳州府志》,厦门大学出版社2010年版,第1100页。

地的典范。① 在阳明平和地域文化研究方面,先后编辑出版《阳明平和》期刊5期、5000 册;出版了福建省首部阳明地域文化专著《心灯点亮平和》(中国文史出版社 2016 年版),揭示了王阳明与平和的关系,拉开了"闽中王门"的帷幕,呈现了一幅中国地域文化中多姿多彩的历史画卷;②还出版了《王阳明读本——"三字经"解读本》(福建人民出版社 2018 年版)、《王阳明与平和》(中国文史出版社 2018 年版)、《一路心灯》(福建人民出版社 2020 年版)、《闽中王学研究》(厦门大学出版社 2022 年版)等 4 部阳明文化专著,点校整理《阳明先生道学钞》(厦门大学出版社 2021 年版)、《阳明先生集要(崇祯闽刻本)》(黑龙江人民出版社 2023 年版)等 2 部阳明文献。2018 年以来,先后举办了王阳明与平和学术座谈会、首届海峡两岸(福建平和)阳明心学峰会、阳明学与闽南文化学术研讨会、阳明学在福建学术研讨会、阳明学在福建(漳州)论坛等五场学术研讨交流活动,吸引了国内外众多专家、学者到会参加,推动了平和阳明学的传承与发展,使得平和阳明文化活动效果溢出,收到了良好的社会效益。县内的阳明文化爱好者也积极参加全国各地的论坛、研讨会等学术交流活动,加强与国内外专家、学者的交流沟通,接待了前来进行学术考察、田野调查的,来自浙、赣、粤、桂、黔等外地阳明学者 100 多批次、1600 多人,为传承阳明平和地域文化提供了学术支持。此外,明正德年间建设的县衙、文庙、城隍庙以及黄道周撰拜书的《平和县鼎建王文成先生祠碑》等一批阳明遗迹、文物得到有效保护。2023 年,平和县对旧县衙、文庙遗址构件、碑刻进行规整陈列保护,成为"全国阳明史迹保护研究联盟十大阳明文化遗产保护典型案例"之一③。

为了让王阳明以更为直观、立体的形象走进普罗大众的视野,平和县通过建设阳明文化展示场所、阳明公园、阳明立像等不同形式,礼敬阳明先生,传承阳明文化。投资 8000 多万元、占地 160 多亩的阳明公园,位于县城的花山溪畔,于 2015 年建成并向公众开放。"阳明公园"四字系从王阳明书

---

① 张山梁:《闽中王学研究》,厦门大学出版社 2022 年版,第 244 页。
② 张山梁:《心灯点亮平和》,中国文史出版社 2016 年版,序言第 19 页。
③ 《平和旧县衙及文庙遗存构件陈列区建设项目跻身全国十大阳明文化遗产保护典型案例》,《平和新闻》2023 年 10 月 9 日。

法字帖中集字临摹,阴刻于石头之上。2018 年,在公园东南角竖立一尊以"知行合一"为主题、高 8.8 米的王阳明立姿雕像。雕像背靠层林尽染的连绵青山,凝目远眺繁华热闹的县城区,下颚微微上扬,左手握"心学"卷书,象征"知",右手微抬挥行,隐喻"行"。雕像底座正面镌刻"知行合一",后面镌刻生平简介,雕像左、右两侧的弧形纪念墙,分别镌刻《添设清平县治疏》《再议平和县治疏》,再现了王阳明奏请立县的全部思想,让人们感受阳明精神……

2019 年,在山格镇隆庆村建设王阳明生平事迹陈列馆;2021 年,县纪委将其提升扩建为王阳明廉政文化教育中心。2022 年,九峰镇利用中湖祠的场所,兴建王阳明文化长廊。2023 年,在省、市宣传部门的支持下,于阳明公园内建设一个集社科普及、学术研习、文化交流为一体的平和县阳明文化展示中心,其是目前福建省内专业性最强、资料收集最全、学术支撑体系最多的兼具学术性、普及性的阳明文化传播基地。

二、平和阳明廉政文化的建构

受到"阳明热"持续不降的影响,加之 2018 年平和县一年内举办两场阳明学术活动的催化,如何进一步转变语言意境,让包括阳明廉政文化在内的阳明文化进农村、进基层,走进百姓心中脑海,成为普罗大众喜欢接受的文化,成为那时的我时常思考的一个问题。其间,也接触过一些合作机构,最终因对方有太多"利"字掺杂其间,而不了了之。

"天下之患,莫大于风俗之颓靡而不觉。夫风俗之颓靡而不觉也,譬之潦水之赴壑,浸淫泛滥,其始若无所患,而既其末也,奔驰溃决,忽焉不终,朝而就竭,是以甲兵虽强,土地虽广,财赋虽盛,边境虽宁,而天下之治,终不可为,则风俗之颓靡,实有以致之。古之善治天下者,未尝不以风俗为首务,武王胜殷,未及下车,而封黄帝、尧、舜之后。下车而封王子比干之墓,释箕子之囚,式商容之闾。当是时也,拯溺救焚之政,未暇悉布,而先汲汲于为是者,诚以天下风俗之所关,而将以作兴其笃厚忠贞之气也。"①换言之,通过各

---

① 《王阳明全集》,第 954—955 页。

种有形载体、精神育化,在思想意识形态中开展心灵建设、文化影响,以求诞敷文德,破除"心中之贼",实现"善治天下",从而"以天下风俗之所关,而将以作兴其笃厚忠贞之气",维系天地之安宁。① 这一理念得到时任山格镇党委书记的好友林某的鼎力支持,于是,在福建省闽南文化研究会、朱子学会阳明学专业委员会的帮助下,秉持"以学术为基础、以历史为背景、以人民为中心、以创新为化古"的理念,立足平和、面向全省,积极挖掘王阳明在和邑、漳郡、闽地的事迹及阳明后学在漳的思想文化传承,投资近百万元,在山格镇蔡家堡,建成了阳明文化展示场所——王阳明事迹陈列馆。陈列馆分为"王阳明生平""王阳明与福建"两个展厅,图文并茂地展示了一代大儒王阳明少年立志、探索求道、知行合一、此心光明的跌宕起伏的人生经历,回顾了王阳明遁迹武夷、驻节上杭、漳南立功、赴闽戡乱等在福建行经、平乱、过化的事迹以及阳明学在漳州地区的传播影响,彰显王阳明自强不息、知行合一、止于至善的"致良知"精神。陈列馆一开馆,就引起各方的关注,参观者络绎不绝,收到了良好的社会效益。

2020 年下半年,新上任的县纪委书记在参观王阳明事迹陈列馆后,联系到我,让我策划一个在事迹陈列馆原有的基础上,专题展示阳明廉政文化的展厅。接过任务后,我在思考,如何从王阳明的身上去定义廉政的问题? 也就是王阳明廉政文化展厅的站位问题。如果囿于成见,只在王阳明生平事迹、奏疏文移中搜索有关如何拒贿、如何廉洁的案例、文字,那就落入俗套了,也贬低了一代圣贤王阳明的形象。自古以来,不贪不腐是每一位官员的职业操守底线,是最基本的行为规范,不值得赞颂。个人认为,王阳明的"三不朽"伟岸形象体现的廉政文化,应该就是在其建立丰功伟业的过程中,始终坚守良知,做到"无尘可染"。于是,我将阳明廉政文化归纳为"廉洁""担当""为民"三个关键词。

(一)廉洁

以王阳明"即使身陷困苦,也始终坚守内心的戒律与良知的底线,不为丰厚的物质所诱惑,坚辞不受"的二则事例,阐释其廉洁。

---

① 张山梁:《和风》,海峡文艺出版社 2022 年版,第 38 页。

　　明正德三年(1508),王阳明受贬谪而居贵州龙场驿。龙场驿位于贵阳西北处的万山丛棘之中,那里蛇虺魍魉横行,蛊毒瘴疠肆虐,外加语言不通,交通不便,生存环境极其恶劣。王阳明初到龙场时,连一个安全可靠的居所也没有,只得搭个简易茅草棚居住,以致居于洞穴。生活之艰辛,可想而知。

　　龙场驿时为贵州宣慰使安贵荣①的管辖之地。因安氏仰慕王阳明的道德文章,主动与王阳明交往,不但派人赠送谷类、肉类等主副食品,还以钱物、鞍马等重金相送。王阳明始终坚拒不受。对此,王阳明还专门修书一封给安贵荣。信中曰:

> 某得罪朝廷而来,惟窜伏阴崖幽谷之中以御魍魉,则其所宜。故虽夙闻使君之高谊,经旬月而不敢见,若甚简傲者。然省愆内讼,痛自削责,不敢比数于冠裳,则亦逐臣之礼也。使君不以为过,使廪人馈粟,庖人馈肉,园人代薪水之劳,亦宁不贵使君之义而谅其为情乎! 自惟罪人何可以辱守土之大夫,惧不敢当,辄以礼辞。使君复不以为罪,昨者又重之以金帛,副之以鞍马,礼益隆,情益至,某益用震悚。是重使君之辱而甚逐臣之罪也,愈有所不敢当矣! 使者坚不可却,求其说而不得。无已其周之乎? 周之亦可受也。敬受米二石,柴炭鸡鹅悉受如来数。其诸金帛鞍马,使君所以交于卿士大夫者,施之逐臣,殊骇观听,敢固以辞。伏惟使君处人以礼,恕物以情,不至再辱,则可矣。②

　　该封信函书写于明正德三年(1508),即王阳明谪居贵州龙场不久。信中言明退还安氏所赠礼物之理。当时,宣慰使安贵荣派人给王阳明送去了

　　①　安贵荣(生卒不详),彝族,明顺德夫人摄贵州宣慰使奢香夫人第八代孙,贵州宣慰使赐正三品封昭勇将军安观之子。明宪宗成化二十年(1484)袭贵州宣慰使司宣慰使,执贵州宣慰使职二十余年,视政励精图治,类建战功,政绩卓著,是一位深受水西百姓敬仰的重要人物。

　　②　王守仁原著,李贽编,张山梁、张宏敏点校:《阳明先生道学钞》,厦门大学出版社2021年版,第81页。

食物、钱财等礼物。王阳明觉得于礼不妥,当即谢绝,并申明谢绝的理由:"使君不以为过,使廪人馈粟,庖人馈肉,园人代薪水之劳,亦宁不贵使君之义而谅其为情乎!自惟罪人何可以辱守土之大夫,惧不敢当,辄以礼辞。"王阳明婉拒礼品后,安贵荣以为是因为礼轻,故再次派人送来重礼:"昨者又重之以金帛,副之以鞍马,礼益隆,情益至,某益用震悚。"对此,王阳明坚拒重礼,然而使者说什么也不敢拿回去,怕回去交不了差。在这种情形下,王阳明采用变通的办法,以接受"救济"的名义收下了"米二石,柴炭鸡鹅"等生活必需品,其他贵重之物一概退回,算是给使者一个交差的话本。但王阳明为何接受食品,而不接受贵重礼品?这是其为人的原则,即按礼数行事。王阳明接受食物的理由是:"其诸金帛鞍马,使君所以交于卿士大夫者,施之逐臣,殊骇观听,敢固以辞。伏惟使君处人以礼,恕物以情,不至再辱,则可矣。"此话合情合理,既坚持了为人处世、坚守底线的原则,又恪守礼数。送礼与退礼,再送重礼,再退重礼的过程,反映了王阳明处理人际关系的八字:"处人以礼,恕物以情。"同时也反映出王阳明耿介、廉洁的品性。从另一方面来说,王阳明十分顾及民族之间的和谐关系,即便在处理这等事上,也是讲原则、讲情义的。正因为王阳明的礼义思想落实在具体的生活细节之上,因而赢得了土司的尊重与信任。

一个社会,如若只是依靠几个士大夫的廉洁从政是远远不够的,除了在官员队伍中持续厚植廉政文化,以廉养心,还需要在全社会倡导"崇尚清廉"的风气。王阳明廉政文化展厅还以王阳明"优奖居官清谨的致仕县丞"之举为例,倡导荡涤贪鄙之俗,共敦廉让之风,以廉顽立懦,大有补于世教。

> 访得赣县致仕县丞龙韬,平素居官清谨,迨其老年归休,遂致贫乏不能自存。薄俗愚鄙,反相讥笑。夫贪污者乘肥衣轻,扬扬自以为得志,而愚民竞相歆美;清谨之士,至无以为生,乡党邻里,不知以为周恤,又从而笑之。风俗薄恶如此,有司者岂独不能辞其责?孟子云:"使饥饿于我土地,吾耻之!"是亦有司者之耻也。为此牌仰赣州府官吏,即便措置无碍官银十两,米二石,羊酒一付。掌印官亲送本官家内,以见本院优恤奖待之意。仍仰赣县官吏,岁时常加存问,量资柴米,毋令困乏。呜呼!养老周贫,王政首

务,况清谨之士,既贫且老,有司坐视而不顾,其可乎? 远近父老子弟,仍各晓谕,务洗贪鄙之俗,共敦廉让之风。具依准,并措送过。缴牌。①

这份《优奖致仕县丞龙韬牌》是王阳明于明正德十四年(1519)在赣州时,优恤致仕官员龙韬的公文。王阳明得知赣县人龙韬从赣县县丞的岗位上致仕归家,因其在位为官清廉,致仕归家贫穷潦倒,被乡里邻居所嘲笑、讥讽时,深感世风日下,风俗薄恶,着令赣州知府即刻带上"官银十两、米二石、羊酒一付"等钱物,亲临龙韬家中,代表巡抚王阳明进行优恤奖待慰问。同时要求所在地赣县官吏不可坐视而不顾,平日要时常关心慰问,资助柴米等物质,切实解决其生活困乏的问题,在全社会倡导"去贪鄙、敦廉让"之风,营造开明廉政友善的社会氛围。

(二)担当

以王阳明"无论是处置政务军务,还是考虑个人得失,始终以国家利益、民族利益至上的原则,坚持敢于担当、勇于负责的作风,彰显了一名儒者'修齐治平'的追求和情怀"的三则事迹,描述其担当。

明正德年间,江西、福建、广东、湖南等地匪患贼情四起,山民揭竿而起,乱乱相承。朝廷虽多次派兵征讨,但都未能制服,使之归顺,匪患不止反而更加猖獗,肆无忌惮。被任命为都察院左佥都御史,巡抚南、赣、汀、漳等处地方的王阳明,自知责任重大,压力不小,随时准备征剿"山贼",荡平寇乱,整顿南、赣、汀、漳等处的动乱局面。

众所周知,王阳明是正德十二年(1517)"正月十六日,至赣州,开府于虔"②。而早在正德十一年(1516)十一月二十五日、二十六日,就分别向漳南道发出《批漳南道教练民兵呈》《批漳南道进剿呈》两道指令。

《批漳南道教练民兵呈》,正德十一年十一月二十五日:

---

① 《阳明先生道学钞》,第47页。
② 束景南:《王阳明年谱长编》,上海古籍出版社2017年版,第928页。

据兵备佥事胡琏呈："将各县民快，操练教习颇成。"看得，事苟庇民，岂吝小费；功有实效，何恤浮言！参据呈词，区画允当，仰该道依拟施行。再照，兵不在多，惟贵精练。事欲可久，尤须简严。所募打手等项，更宜逐一校阅。必皆技艺绝伦，骁勇出众，因能别队，量材分等，使将有余勇，兵有余资，庶平居不致于冗食，临难可免于败师。批呈缴。①

《批漳南道进剿呈》，十一月二十六日：

据兵备佥事胡琏呈："卢溪等洞贼首詹师富等，势甚猖獗，备将画图贴说，待期攻剿。"看得，兵难遥度，事贵乘时。今打手民快等兵既已募集，仰该道上紧密切，相机剿扑。惟在歼取渠魁，毋致横加平善。其大举夹攻行详议。呈缴。②

　　作为一名未到任官员，王阳明以国家社稷为重，不忘岗位职务的使命担当，即使远在千里之外，也能准确把握南赣地区"八府一州"的时局和客观评断"山贼"的动静，运筹帷幄，做到身未到赣履新，胸中已有征讨良策，积极投身于紧张的平乱指挥之中。从这一点看，王阳明始终以一个圣人的道德情怀，力践道德的修行品格，真正做到在其位谋其职，不枉度每一天、每一刻，体现了一名儒者以"知行合一"之道德自觉在其自身的具体践履，也体现了一名朝廷命官的使命担当和高度责任感。

　　明正德十四年(1519)夏天，福建发生卫所官兵哗变，王阳明奉命前往平乱。六月十五日，当王阳明赶到江西丰城县时，得知朱宸濠于前一天起兵谋变，杀害都御史孙燧、按察司副使许逵等朝廷命官，囚禁了不从之官员，另立朝廷，散布推翻武宗的檄文，改年号为顺德。《王阳明年谱》记曰：

---

①　王守仁著，王晓昕、赵平略点校：《王文成公全书》，中华书局2015年版，第1242页。
②　《王文成公全书》，中华书局2015年版，第1242页。

明正德十四年己卯……六月,奉敕勘处福建叛军,十五日丙子,至丰城,闻宸濠反,遂返吉安,起义兵。①

这突如其来的宗室藩王叛乱,于国家、于民众、于自己,都是生死攸关的棘手之事。王阳明认为"男之欲归已非一日,急急图此已两年,今竟陷身于难。人臣之义至此,岂复容苟逃幸脱"②,以对社稷安危负责的担当精神,当机立断,改变赴闽平叛行程,乘船逆水折返。到达吉安后,分别于六月十九日、二十一日,紧急上疏,向朝廷报告宁王谋反的消息,同时向巡抚辖区内的各州、府、县通报有关情况,阐明大义,调集军马,组织兵力,修理器械舟楫,整饬讨叛备战。仅用43天,便"以万余乌合之众,而破强寇十万之众",创造了军事史的奇迹,成就了文武双全"儒将"的历史声名。

嘉靖七年(1528)二月,王阳明以不折一矢,未戮一卒之功,解决了一场震动朝野数年之久,调集四省之兵,虽屡次征剿而无效的"思田之乱",绥靖平息,救活数万苍生。平息广西"思田之乱"后,王阳明已圆满完成了朝廷所赋予的任务,完全可以凯歌班师回朝,颐养天年。然而,盘踞在八寨、断藤峡等处的贼匪,据险作乱,残害百姓,以致民遭灾祸。为解百姓之倒悬,王阳明不顾身染重疴,勇于担责,于嘉靖七年(1528)四月向朝廷上报《征剿稔恶猺贼疏》:

……照得臣近因思、田之役,奉命前来驻军南宁府地方,与八寨猺贼相去六日之程。朝廷德威宣布,虽外国远夷,皆知震慑向慕,输情纳欵。而此猺贼,独敢拥众千百,四出劫掠武缘等处乡村,杀人放火,略无忌惮。此臣所亲知,即此熖炽桀骜,平时抑又可知。及照牛肠、六寺、磨刀、古竹、古陶、罗凤、仙台、花相、风门、佛子等巢稔恶各贼,自弘治、正德以来,至于今日,二三十年之间,节该桂平等县被害人户李子太等,前后控奏乞行剿除民害,不下数十余次,皆有部咨行令勘议计剿。若不及今讨伐,其为地方之患,终无

---

① 《王阳明全集》,第1388页。
② 《王阳明全集》,第1085页。

底极,诚有如各官所呈者。况臣驻札南宁,小民纷然诉告,请兵急救荼毒,皆谓朝不谋夕。各贼之恶,委已数穷贯满,神怒人怨,难复遣诛。即欲会案奏请,俟命下之日行事,切恐声迹昭彰,反致冲突奔窜,则虽调十数万之众,以一二年为期,亦未易平荡了事。①

王阳明主动请缨,组织兵力,于七月发起奇袭八寨、断藤峡战役,一举歼灭了作恶数十年之久的贼匪,还广西全境以社会安宁。此举,"不惟军机妙用,实由忠诚为国之心为之也。使他人处此,请而后剿,则必多费县官之金钱,多涂百姓之肝脑,而亦未必能成功矣"。② 也正因此,王阳明错过了医治身疾的最佳时间,以致病丧归途,彰显了王阳明为民扫除祸患的担当精神。

王阳明勇于担当,是其良知所发,正如其曾对弟子邹守益所言:"人人有个良知,岂无一人相应而起者?"③这自应是阳明廉政文化的题中之义。

(三)为民

以王阳明"无论是在阳明心学的思想体系中,还是在其治理政务的执政过程中,始终坚持'明德亲民''民之所好好之,民之所恶恶之'的思想理念,体现了儒家'以民为本'的传统和精神"的两则事迹,阐述其为民。

正德五年(1510),王阳明结束谪贬龙场的生涯,被任命为庐陵知县。庐陵是吉安的首县,百姓税赋负担较为繁重,导致民怨沸腾、社会矛盾集中。王阳明坚持以民为本的原则,采取减轻税负徭役、简化诉讼流程、强化教化引导等各种措施,推行多项德政,以儒家道德人文精神教化民众,减少诉讼,使民风归于淳厚,聚拢人心。之前,朝廷下派的"镇守中官"与地方势力相互勾结,增加了木炭、牲口、杉木等多项摊派,苛捐杂税翻倍增加,税赋层层加码,他们乘机中饱私囊。庐陵百姓对这些无理增加的负担和摊派自然不愿承担,他们私下串通联络、彼此约定,拒绝交纳这些苛捐杂税。刚就任知县的王阳明,面对上千名乡民冲进县衙要求减免赋税,沿途的居民呐喊助威的

---

① 《阳明先生集要(崇祯闽刻本)》,第 631 页。

② 《阳明先生集要(崇祯闽刻本)》,第 632 页。

③ 王畿著,吴震编校整理:《王畿集》,凤凰出版社 2007 年版,第 342 页。

情景,不回避矛盾,冒着被罢官处分的风险,当场表示愿为百姓向上申告,要求减免所有加派的税赋。拟制《庐陵县为乞蠲免以苏民困事》,恳言:

> ……既已与民相约,岂容复肆科敛?非惟心所不忍,兼亦势有难行。参照本职自到任以来,即以多病不出,未免有妨职务。坐视民困而不能救,心切时弊而不敢言,至于物情愈激,拥众呼号,始以权辞慰谕,又复擅行蠲免,论情虽亦纾一时之急,据理则亦非万全之谋。既不能善事上官,又何以安处下位?苟欲全信于民,其能免祸于己?除将原发银两解府转解外,合关本县当道垂怜小民之穷苦,俯念时势之难为,特赐宽容,悉与蠲免。其有迟违等罪,止坐本职一人,即行罢归田里,以为不职之戒。①

蠲免税赋事关朝廷财政大事,即使是州、府等上级官员也只能曲以承命,况且阳明先生只是一个七品知县而已,就敢于"直以迟违,引为己罪"的作为,先许与蠲,减免税赋。如果王阳明没有"欲任天下之事,不得辞天下之祸"的为民情怀,哪来这等担当天下的力量?当时的"镇守中官"也被王阳明的真诚所感动,默许王阳明的提议,免去了多年增加的摊派,百姓无不高兴、称赞。

王阳明担任巡抚南赣、率兵入闽平乱之际,适逢大旱,其体恤民情,顺从民意,为民祭天求雨,且作《祈雨辞》曰:

> 呜呼!十日不雨兮,田且无禾;一月不雨兮,川且无波;一月不雨兮,民已为疴;再月不雨兮,民将奈何?小民无罪兮,天无咎民!抚巡失职兮,罪在予臣。呜呼!盗贼兮为民大屯,天或罪此兮赫威降嗔;臣则何罪兮,玉石俱焚?呜呼!民则何罪兮,天何遽怒?油然兴云兮,雨兹下土。彼罪遏遁兮,哀此穷苦!②

---

① 《阳明先生集要(崇祯闽刻本)》,第302页。
② 《王阳明全集》,第733—734页。

辞中，王阳明直述旱情之严重，极言旱灾给老百姓生活带来的困境，可谓是民不聊生。同时，采取"小民无罪、抚巡失职"的自责态度，诉说天灾给老百姓造成的苦难，蕴含对百姓疾苦深切的关注和爱民情怀。说明其心系百姓，将社会安定、人心向善作为施政的头等大事，"祈雨"仅是顺从民意而已。

三、阳明廉政文化在福建省平和县的应用与实践

2021年，平和县在原有的王阳明事迹陈列馆基础上，增设王阳明廉政文化主题展厅，更名为"平和县王阳明廉政文化教育中心"，旨在挖掘运用阳明文化这一平和特色廉洁文化资源，从"廉洁、担当、为民"三个方面阐释、建构、展示阳明廉政文化，教育引导党员干部修炼共产党人"心学"，勤掸"思想尘"、多思"贪欲害"、常破"心中贼"，学思用贯通、知信行统一，坚定理想信念，走好从政路、人生路。自开馆以来，得到上级领导的充分肯定。2021年10月，时任省委常委、纪委书记李仰哲，2022年5月，省委副书记、政法委书记罗东川，2024年4月，省委书记周祖翼、常委吴偕林、副省长江尔雄，2024年5月，省委常委、纪委书记迟耀云等省领导，先后到王阳明廉政文化教育中心调研，给予充分肯定。2023年8月，该中心被中共福建省委省直机关工作委员会确定为"省直机关廉政教育点"。其主要作用体现在如下两方面。

一是成为廉政教育的重要基地。据不完全统计，自开馆以来，接待省、市、县党员干部200多批次、4000多人次观摩学习。如漳州市司法局组织党员干部到王阳明廉政文化教育中心开展警示教育活动，在王阳明廉政文化教育中心，讲解员通过丰富的史料和形象的图片，介绍了王阳明先生在修身、为官、为民、军事、教育等方面的廉政思想和实践。党员干部们依次参观了王阳明生平馆、福建馆和廉洁馆，了解王阳明"知行合一"及廉洁、为民、担当等思想，从优秀传统廉洁文化中涵养精神境界，增强拒腐防变能力。通过此次活动，参加活动的党员干部们一致表示，要以党纪学习教育为契机，坚持把思想和行动统一到党中央的决策部署上来，时刻紧绷纪律之弦，知敬畏、存戒惧、守底线。

二是推动全县阳明廉政文化教育的持续开展。平和县借助王阳明廉政

文化教育中心的示范推动作用,进一步推动阳明廉政文化的持续开展。在机关,创建"知行学堂""阳明学堂"等平台,开展党员干部廉政文化教育培训,引导机关党员干部厚植"崇德明礼、向善知行"理念,培育"清廉为民、知行合一"的机关文化;在乡村,借鉴王阳明的乡村治理做法,用社会主义核心价值观占领农村文化阵地,倡导"良知"新风文明,引导农村社会形成"崇德明礼、向善知行"的新风尚;在学校,借鉴王阳明"兴社学、建书院、教化启迪民众"的做法,编印阳明文化、廉政文化通俗读本,培育"志向高远、品学兼优"的校园文化。通过持续不断的廉政文化教育,营造躬身笃行、遵德守礼、崇德向善的社会新风,推动社会和谐发展。

廉政为民，敢作敢当

——浅谈王阳明廉洁思想实践的当代价值

余姚市教科所中学高级教师

谢玲玲

党的二十大报告提出："加强新时代廉洁文化建设，教育引导广大党员、干部增强不想腐的自觉，清清白白做人、干干净净做事。"加强新时代廉洁文化建设，从中华优秀传统文化、革命文化和社会主义先进文化中汲取养分，将有助于教育引导广大党员、干部正心修身，涵养文化，守住为政之本，并在全社会树立重品行、正操守、养心性的廉洁文化导向。① 2014 年 3 月，习近平在参加十二届全国人大二次会议贵州代表团审议时指出："王阳明的心学正是中国传统文化中的精华，也是增强中国人文化自信的切入点之一。"研究阳明心学中蕴含的廉洁思想及其实践，对教育引导领导干部增强不想腐的自觉，加强新时代廉洁文化建设有现实的启迪和借鉴价值。

一、明德亲民，王阳明廉洁思想实践的根基

阳明心学思想的重要命题包括"知行合一""致良知"。王阳明指出，明德即是良知，明明德即是致良知，良知与亲民本为一体："明德、亲民，一也。古之人明明德以亲其民，亲民所以明其明德也。是故明明德，体也；亲民，用也。"②以民众之心为心，以民众之事为意，始终知行合一践行致良知。王阳明认为治学与为政是一回事，就是明德亲民，止于至善。他提出为官政在亲民，明明德通过亲民来实现。明德亲民是王阳明廉洁思想实践的根基。

---

① 郑海鸥：《锲而不舍建设新时代廉洁文化（文化中国行）》，人民网，2024 年 6 月 30 日。
② 王守仁：《王阳明全集》，上海古籍出版社 1992 年版，第 281 页。

他在《亲民堂记》①中写道:"南子元善之治越也,过阳明子而问政焉。阳明子曰:'政在亲民。'曰:'亲民何以乎?'曰:'在明明德。'曰:'明明德何以乎?'曰:'在亲民。'曰:'明德、亲民,一乎?'曰:'一也。明德者,天命之性,灵昭不昧,而万理之所从出也。人之于其父也,而莫不知孝焉;于其兄也,而莫不知弟(tì)焉;于凡事物之感,莫不有自然之明焉:是其灵昭之在人心,亘万古而无不同,无或昧者也,是故谓之明德。其或蔽焉,物欲也。明之者,去其物欲之蔽,以全其本体之明焉耳,非能有以增益之也。'曰:'何以在亲民乎?'曰:'德不可以徒明也。人之欲明其孝之德也,则必亲于其父,而后孝之德明矣;欲明其弟之德也,则必亲于其兄,而后弟之德明矣。君臣也,夫妇也,朋友也,皆然也。故明明德必在于亲民,而亲民乃所以明其明德也。故曰一也。'曰:'亲民以明其明德,修身焉可矣,而何家、国、天下之有乎?'曰:'人者,天地之心也;民者,对己之称也;曰民焉,则三才之道举矣。是故亲吾之父以及人之父,而天下之父子莫不亲矣;亲吾之兄以及人之兄,而天下之兄弟莫不亲矣。君臣也,夫妇也,朋友也,推而至于鸟兽草木也,而皆有以亲之,无非求尽吾心焉以自明其明德也。是之谓明明德于天下,是之谓家齐国治天下平。'"他在这里阐述了明德亲民是各级地方官员廉政为民的根本,光有明明德而没有亲民的为政实践,这明德是虚伪的形式主义;同样,没有明明德的亲民实践,亲民就会盲目地好心办坏事,做不到真正的亲民。明明德的目的是亲民,只有亲民才能体现明明德,致良知的目的是亲民,只有亲民才能体现出致良知。② 弟子赵孟立为湖广辰州判官,行前问政于老师,王阳明还是两个字——"亲民":"郡县之职,以亲民也。亲民之学不明,而天下无善治矣。"③天下之不治,正是因为"亲民之学不明"。

王阳明之所以提出知行合一,是因为他看到社会上知行不合一,他认为当时社会上最大的知行不合一,是全国上下都学四书、五经,但对待老百姓的疾苦问题,尤其是水旱灾害等事情,就不是按照圣人"亲民"的思想去办的;科举考试中进士当官,都以圣贤思想为标准选拔,但是当了官对待老百

---

① 《王阳明全集》,第 250 页。
② 方志远:《"亲民":王学要义所在》,《光明日报》2020 年 12 月 28 日。
③ 《王阳明全集》,第 1024 页。

姓就不以圣贤思想为标准做事了。如果此类事情不解决,学习圣贤四书五经又有什么用?王阳明提出知行合一正是这个对症的药。① 学生季本为广东揭阳县主簿,开诚心、布公道,立乡约以教民,王阳明大加赞扬:"足见爱人之诚心、亲民之实学。不卑小官,克勤细务,使为有司者皆能以是实心修举,下民焉有不被其泽,风俗焉有不归于厚者乎!"②他称赞季本明德亲民知行合一。

王阳明不同意朱熹把"亲民"改成"新民"。朱熹讲:"大学之道,在明明德,在新民。"王阳明认为,新民,是使令他新,教化他新,引导他新,主客体鲜明,不是自然的,是外加的。亲民,是以情感、情义化民,以友情助民,亲亲仁民而爱物。君民一体,民之所好好之,民之所恶恶之,老百姓喜欢什么就去做什么,反对什么就不做什么,这叫亲。所以比新要好,更进一步。历史上传下来的是亲民,朱熹给改成了新民,王阳明改回来亲民是对的。③ 王阳明提出知行合一明德亲民,对待百姓要真诚讲良心。一事当前,一利当前,考虑老百姓的感情,老百姓怎么看待当官的;当官的怎么样对待老百姓,是否真正做到明明德,合于礼义廉耻否。只有把这些都想明白,才利于致良知;只有时刻反省良知,才能做到诚心诚意,这样才能做到心正,正心才能修身、齐家、治国、平天下。"治国、平天下"就是"明明德";"明明德"就是"亲民"。真正"亲民"、爱民,才是"止于至善",才是修养的最高境界。这就是《传习录》上篇里第一重要的问题。④

吴光认为:"在王阳明良知学的体系里,有丰富的亲民思想。其亲民思想及其政治实践为当代中国建立民主仁政、推行德治、反腐倡廉、建设生态文明和开展官德民风教育等提供了历史的借鉴,具有现实的意义。"⑤《大学》以"亲民"治理民众的主张体现了民的主体性,就思想史的承续而言,先秦儒家多重视民的主体性。孔子主张"为政以德",以仁政规范统治者的行为。其仁政的特质在于尊重民的主体性,杜云由此认为:"仁政的特质不仅是维

---

① 刘兆伟、胡永成:《王阳明与其〈传习录〉之要义》,《理论界》2022 第 4 期。
② 《王阳明全集》,第 632 页。
③ 《王阳明全集》,第 1 页。
④ 刘兆伟、胡永成:《王阳明与其〈传习录〉之要义》,《理论界》2022 第 4 期。
⑤ 吴光:《论王阳明的亲民思想及其当代意义》,《孔学堂》2014 年第 1 期。

护社会秩序,更重要的是它关照到了人的内心世界,仁政是把每一个人当作人来关爱,并非纯粹是着眼于政治效果。"①而《尚书》中的《康诰》篇提出君主应当"如保赤子"。孙星衍《尚书今古文注疏》结合"孺子之入井"对其思想有所揭示。"如保赤子"的内涵在于君主施行刑罚之前应当言明刑罚,"毋令无知陷于罪,如入井也"。② 也就是说,君主不应当随意地对待民众,应如对待赤子一般对待民众,考虑民众自身的条件。可以看出,《大学》中对民众的主体性的重视是孔门德政思想一贯的体现。③ 由此可见,明德、亲民,最终归于"止于至善",而"止于至善"就是尽心、尽性,使自己的本心发现,即"致良知"。

可见,王阳明的"亲民"思想既继承了先秦儒家的"民本"思想,复归古本《大学》本义,又以"致良知"贯通始终,知行合一,影响深远。王阳明不仅澄清了古本《大学》"亲民"的德政重在"养民",不加限制的"教民"不符合《大学》反对暴政的本怀,而且他从心性学的角度构建"明德亲民"的本体和工夫,从仁学立场将"亲民"推广到所有人、推广到社会和国家、推广到天地万物,修己安民,至善仁民,以"达其天地万物一体"之境界,构建"视天下犹一家"的理想蓝图。进而,王阳明将"明德亲民"思想一以贯之融入治理实践活动,知行合一,对后世产生了广泛影响。王阳明"明德亲民"思想不仅是一个古代儒学治理方案的传承和发展,而且蕴涵着积极向上的价值理念和深厚的人文精神,有利于新时代廉洁文化建设实践。④

二、倾听民声,王阳明廉政为民的前提

阳明认为为官要政在亲民,明德亲民程度如何直接影响其为政效果,明德亲民出于公心,克治自己的私心私利,他就会切实去了解广大老百姓的真

---

① 杜云、杨明:《仁道、仁人、仁政——孔子仁学的三重意涵》,《伦理学研究》2017年第1期。

② 孙星衍撰,陈抗、盛冬玲点校:《尚书今古文注疏》,中华书局1986年版,第364页。

③ 陈善江、岳青松:《王阳明"亲民"思想探源——以〈大学问〉为中心的考察》,《中华文化论坛》2023年第3期。

④ 陈善江、岳青松:《王阳明"亲民"思想探源——以〈大学问〉为中心的考察》,《中华文化论坛》2023年第3期。

实需要,会清楚广大老百姓的真正诉求。为此,他注重走访调查倾听广大老百姓的心声,通过设置"求通民情""愿求己过"牌匣,向下属征询各地实情,实地走访乡村,了解情况,倾听民声,体察民情。

一是在官署公告"求通民情""愿求己过"。王阳明到任庐陵知县后,当即就把"肃静、回避"两块署牌改为"求通民情、愿闻己过"的牌子。这是王阳明明德亲民理念的实践举措,他不愿禁阻民声,或者只允许歌功感恩的舆论存在,而是"求通民情"恳切想要真正倾听民声,了解民情民意,真正做到明德亲民;"愿求己过"尤其欢迎各种批评,这就不仅不会出现官民矛盾对立,而且更能在官民一体、同心同德的局面下取得良好的政治效果。如果王阳明只是形式主义摆摆样子,或者钳制民音、压阻舆论并导致官民对立,是不可能取得让广大老百姓满意的政绩,更无法赢得广大老百姓由衷爱戴和称颂的。乾隆《庐陵县志》卷二十五《令属》王守仁条载:"五年春擢庐陵知县,治尚德化,访乡贤者之贤者,列坐旌善、申明二亭,讲论劝善、惩恶之旨,令讼者听乡耆劝解,不则自治之,人多感化。"王阳明在庐陵任职时,做了很多利于广大百姓的事情,如发布告谕送医送药防治疫情,城镇规划建设以防治火灾,等等。在庐陵执政时间虽短,但效果良好,这是他践履知行合一明德亲民之成果。后来"既抵赣,即行牌所属,分别赈济,招抚流民,置两匣于台前,榜曰'求通民情,愿闻己过'"。

二是向下属各级官吏问询情况。正德十二年(1517),王阳明到任赣州。一路上他留心了解情况,认真思考。一些事情要立即开展和落实,一些事情要即刻调研访谈深入了解,还有一些事情需要做一些周密的准备和预排。王阳明迅速行文四省各府,要求务以大局为重,各司所务,详细了解各自职分管辖范围之内的各种实际情况,要求限期呈报。公文的主体部分简直就是一份调研指南,也俨然一份成熟的调查问卷:

"要见即今各处城堡关隘,有无坚完;军兵民快,曾否操练;某处贼方猖獗,作何擒剿;某处贼已退散,作何抚缉;某贼怙终,必须扑灭;某贼被诱,尚可招徕;何等人役,堪为乡导;何等大户,可令追袭;军不足恃,或须别募精强;财不足用,或可别为经画;某处或有闲田,可兴屯以足食;某处或多浮费,可节省以供军;何地须添寨堡,以断贼之往来;何地堪建城邑,以扼贼之要害。姑息隐忍,固非久安之图;会举挟攻,果得万全之策。一应足财养兵、弭寇安民之术,皆宜悉心计虑、折衷推求。山川道路之险易,必须亲切画图;贼垒居民之错杂,皆可按实开注。近者一月以里,远者一月以外,凡有所见,备写揭贴,各另呈来,以凭采择。"①这公文统一思想申明规范,调查研究开拓信息渠道,体现王阳明实事求是、谨慎务实的工作作风。

三是走访乡村老者了解民情民声。王阳明无论是在庐陵当知县,还是在南赣平乱等,他都会走访乡村询问当地老者,以了解民情民声。尤其是在平乱之后,为确保地方百姓的长治久安,王阳明上疏设县,这些举措更是突出。如在上犹县崇义里设县之前,王阳明"亲行踏勘,再四筹度,固知事不可已……但举大事,须顺民情,兵革之后,尤宜存恤……再行拘集地方父老到官,多方询访,必须各县人民踊跃鼓舞,争先趋事,然后兴工"②。而且在《再议崇义县治疏》中他进一步向朝廷建议"惟称新县草创之初,百务鼎新,必须熟知民情土俗之宜者以为县官……或别行咨访暗晓夷情,熟知土俗,刚果有为者,前来开创整理。庶几疮痍之民可以渐起,而反复之地得以永宁矣"③。希望朝廷委派熟悉当地民情,能让百姓休养生息,使地方长久安宁的官员来管理,王阳明是出于明德亲民之公心来上疏建议的。

通过上述征询走访调研,王阳明多渠道真实地了解掌握所管辖区域的各种真实情况,为明德亲民廉洁施政提供了扎实的基础,出于亲民的公心就有足够的底气刚果有为敢作敢当。2023年3月,中共中央办公厅印发的《关于在全党大兴调查研究的工作方案》指出,党中央决定,在全党大兴调查研究,作为在全党开展的主题教育的重要内容,推动全面建设社会主义现代化国家开好局、起好步。调查研究,是做好各项工作的基本功,也是习近平同志多年来一以贯之的坚持:在河北正定任县委书记,他跑遍了所有的村;在福建宁德任地委书记,他提倡"四下基层",深入群众之中;在浙江任省委书记,他调研了全省90个县市区……翻开《之江新语》,第一篇讲的就是如何开展调查研究。在这篇短文里,时任浙江省委书记的习近平同志要求在调研工作中一定要保持求真务实的作风,努力在求深、求实、求细、求准、求效上下功夫。可见,要廉政为民,首先要真正了解民情民声;加强新时代廉洁文化建设,首先要注重调查研究。

---

① 《王阳明全集》,第526页。
② 《王阳明全集》,第351页。
③ 《王阳明全集》,第380页。

三、顺应民意，王阳明廉政为民敢担当

王阳明是我国古代伟大的思想家，他一生从政 30 年，明德亲民知行合一，为我们留存了丰富的廉洁思想成果和实践经验。有学者研究得出结论：王阳明认为是"心中贼"导致了社会的败象，只有"明心返本"，综合运用道德的教化和法律的惩治，才可能让社会走到正常的发展路径。有学者认为，"致良知"是王阳明廉政思想的核心，"知行合一"是其重要原则。还有学者认为"礼主刑辅、奖惩结合、教罚互用、恩威并重"是王阳明廉政思想的特点内涵，通过致良知抑贪念、礼主刑辅治贪行的方法，追求"治贪念、抑贪欲、惩贪行"的目标。总体而言，这些研究均从各自视角出发，明确了王阳明廉政思想的不同内容①。而我们认为王阳明在廉政实践中，明德亲民顺应民意敢作敢当，不是瞻前顾后为自己个人前途，或为小团体的私利，也不是胆大妄为或推卸责任，而是为了广大老百姓的安危，不怕得罪上司甚至皇帝，不顾自己丢官断送前途，甚至不顾自己个人安危，刚果有为敢担当。

一是为民上疏减免苛捐杂税。王阳明在庐陵任职时，遇县民集体上访。他通过调查，才知道是加派的杂项赋税太重，老百姓生活艰难，才到县衙上告，要求减免赋税。他经过思考后就宣布：免除新增的杂项税，当年的赋税全免了。王阳明在《庐陵县公移》公文中说道："民产已穷，征求未息。况有旱灾相仍，疾疫大作，比巷连村，多至阖门而死，骨肉奔散，不相顾疗。幸而生者，又为征求所迫，弱者逃窜流离，强者群聚为盗，攻劫乡村，日无虚夕。今来若不呈乞宽免，切恐众情愤怨，一旦激成大变。为此连名具呈，乞为转申祈免等情。据此欲为备由申请间，蓦有乡民千数拥入县门，号呼动地，一时不辨所言。大意欲求宽贷。仓卒诚恐变生，只得权辞慰解，谕以知县自当为尔等申诸上司，悉行蠲免。众始退听，徐徐散归。"②他将免除赋税的公文交到府台，指出这些赋税是额外强加给百姓的负担，府台也怕闹出大事担责，就同意免

---

① 宋相呈：《破心贼 行方圆 致良知：王阳明廉政思想的当代借鉴》，《廉政文化研究》2022 年第 2 期。

② 《王阳明全集》，第 1131—1032 页。

除这些额外赋税以及当年的赋税。在平定宁王叛乱后,王阳明向朝廷上《乞宽免税粮急救民困以弥灾变疏》:"况军旅旱干,一时并作,虽富室大户,不免饥馑,下户小民,得无转死沟壑,流散四方乎?设或饥寒所迫,征输所苦,人自为乱,将若之何?如蒙乞敕该部,暂将正德十四年分税粮通行优免,以救残伤之民,以防变乱之阶。伏望皇上罢冗员之俸,损不急之赏,止无名之征,节用省费,以足军国之需,天下幸甚。"①他揭示干旱和战乱同时发生在江西,民不聊生,希望朝廷能宽免税粮以救民生预防变乱。希望通过"罢冗员之俸,损不急之赏,止无名之征,节用省费"以保障军费开支,而不是从已经苦不堪言的老百姓头上搜刮。撰写上报这样的奏疏是需要勇气和胆量的,是谁给了王阳明这样的勇气和胆量,是明德亲民的公心,为了江西百姓的生存!然而请免宽租税的奏章未获朝廷准允,他便把宁王朱宸濠侵占百姓的田地、房屋归财产还本主,变卖余下土地财产等救助饥民和替代灾民交税,真是既为朝廷担责,又为百姓着想。

二是违抗皇命智献宁王。正德十四年(1519)六月,南昌宁王朱宸濠举兵谋反,王阳明得知消息后,一边布疑兵之计迷惑宁王朱宸濠,一边各地招募义军,他乘宁王朱宸濠率军攻打安庆,南昌守备空虚之际,率领募集的三万义军攻克南昌,最终双方在鄱阳湖大战,朱宸濠被王阳明生擒。而明武宗以平叛为实现南巡的良机,化名朱寿,自封为威武大将军,领兵数万南下亲征,传圣旨要求王阳明在鄱阳湖边释放朱宸濠,以便让明武宗与其交战,活捉朱宸濠凯旋归朝。当时如果王阳明为了私心私利按照明武宗的圣旨要求释放了朱宸濠,就会得到皇帝的不少封赏,少了后来的许多苦恼和诬陷诽谤;但是王阳明没有自己的私心私利,他心里只考虑当时江西的广大老百姓,老百姓们在遭受水灾、旱灾之后,又受朱宸濠谋反的战乱之苦,生活已经是雪上加霜,如果再任由明武宗如此"游戏",广大老百姓岂不更要遭殃。所以,是明德亲民的公心让王阳明敢于违抗皇命,把朱宸濠交给太监张永,由其转交明武宗。明武宗自然很不高兴,他身边的一些幸臣对王阳明擒获朱宸濠的功劳十分忌恨,又担心王阳明揭发他们与朱宸濠相互勾结、狼狈为奸的罪行,于是编造流言,大肆诬陷王阳明曾与朱宸濠通谋、私吞朱宸濠王府

① 《王阳明全集》,第426页。

财产等等,虽然王阳明由于太监张永的调护得以免祸,但他的弟子冀元亨被张忠等人逮捕施以重刑,企图逼其陷害王阳明。面对这种种诬陷王阳明没有退缩,为了广大江西百姓的生活安宁,他始终忠于职守。

三是禁约官吏亲民廉政。王阳明在赣州时,非常关心民众疾苦,减收部分商税,免去部分农产税。不准收税官吏擅登商船,假以查盘为名,侵凌骚扰客商。若是有违令乱收或加收者,照例问罪。他在《禁约榷商官吏》中说道:"即便备行收税官吏,今后商税,遵照奏行事例抽收,不许多取毫厘;其余杂货,俱照旧例三分抽一,若资本微细,柴炭鸡鸭之类,一概免抽。桥子人等止许关口把守开放,不得擅登商船,假以查盘为名,侵凌骚扰,违者许赴军门口告,照依军法拿问。其客商人等亦要从实开报,不得听信哄诱,隐匿规避,因小失大,事发照例问罪,客货入官。"①王阳明从严治军,他在广西《牌行领官兵》中说道:"仍要禁约目兵人等,所过良民村分,毋得侵扰一草一木。有犯令者,当依军法斩首示众。"②禁止官兵侵扰百姓。

正德十三年(1518)正月,赣县在籴买粮食赈灾时,出现一些弊端。"纳贿受赂,公行无忌""无官不赂遗,无守不盗窃"。王阳明在《批赣州府赈济石城县申》中说,准许富裕户籴粮发放给贫困的人家。而今籴买粮食之人不止两千,但坐等救济的贫民不知有多少,在县城附近者先获救济,远乡贫困户必有得不到实惠,近日赣县发仓救济,可见其弊端。于是"仰行知县林顺会同先委县丞雷仁先,选该县殷实忠信可托者十数辈,不拘生员耆老义民,各给斗斛,候远乡之民一至,即便分曹给散。仍选公直廉明之人数辈在旁纠察,如有夤缘顶冒,即时擒拿,昭议罚治,庶几小民得蒙救急之惠,而远乡可免久候之难"③。这样有公直廉明、殷实忠信的人监督,远近的贫民均可得到救济。当江西临江等多地水灾非常严重时,王阳明颁《牌行江西临江府赈恤水灾》要求各县官员必须亲自到乡村踏勘,要视灾民如己子,务要施行实惠,不得虚文搪塞,根据实际情况,对贫困灾民进行救济,把赈灾工作落到实处。

王阳明在《批岭北道修筑城垣呈》中要求:"各官务要视官事如家事,惜

---

① 《王阳明全集》,第 566 页。
② 《王阳明全集》,第 644 页。
③ 《王阳明全集》,第 567 页。

民财如己财；因地任力，计日验工；役不逾时而成坚久之绩，费不扰民而有节省之美。庶称保障之职，以副才能之举。"①他还奖励为官清廉而生活有困难的致仕县丞龙韬，并在《优奖致仕县丞龙韬牌》中说："为此牌仰赣州府官吏，即便措置无疑官银十两，米二石，羊酒一付，掌印官亲送本官家内，以见本院优恤奖待之意。仍仰赣县官吏，岁时常加存问，量资柴米，毋令困乏。呜呼！养老周贫，王政首务，况清谨之士，既贫且老，有司坐视而不顾，其可乎？远近父老子弟，仍各晓谕，务洗贪鄙之俗，共敦廉让之风。"②

王阳明教导学生明德亲民，自己以身作则，为官数十年坚持知行合一践行明德亲民，以民为本，视百姓为骨肉亲人，体察民间疾苦，尊重民心民意，以明德亲民的公心敢作敢当，解决了一个又一个棘手的社会难题。王阳明克治私心利诱，廉洁为民不想腐的精神，是我们新时代廉洁文化建设的宝贵精神财富。2016 年 1 月 12 日，习近平总书记在第十八届中央纪律检查委员会第六次全体会议上的讲话中，引用了《传习录》中的王阳明语录："全面从严治党，既要注重规范惩戒、严明纪律底线，更要引导人向善向上，发挥理想信念和道德情操引领作用。'身之主宰便是心'；'不能胜寸心，安能胜苍穹'。'本'在人心，内心净化、志向高远便力量无穷。对共产党人来讲，动摇了信仰，背离了党性，丢掉了宗旨，就可能在'围猎'中被人捕获。只有在立根固本上下功夫，才能防止歪风邪气近身附体。"③新时代廉洁文化建设，不仅需要个人树立廉洁用权的意识，培养为官清廉的优秀品质，做到知行合一、不想腐，更需要使个人优秀品质外化到日常的行为当中去，发挥意识形态的指导力量。党员干部要始终不忘初心牢记使命，要对党忠诚、勇于担当、刚正不阿，清清白白做人，堂堂正正做事，自觉做到清白做人、清廉为官、公正办事，加强自身作风建设，形成"头雁效应"。

---

① 《王阳明全集》，第 1083 页。
② 《王阳明全集》，第 570 页。
③ 习近平：《在第十八届中央纪律检查委员会第六次全体会议上的讲话》，《人民日报》2016 年 5 月 3 日。

王阳明廉政思想在大学生廉政教育中的价值与融入

浙大宁波理工学院外国语学院讲师

芦美丽　李炜　谌晓煜

一、大学生廉政教育的意义

（一）青年是反腐倡廉的希望

大学生廉政教育是反腐倡廉的迫切需要，关系到国家的兴衰成败和党执政地位的巩固。目前，由于相关法律法规体系还不健全，使得一些腐败活动有机可乘；在经济建设中，个人主义、拜金主义、享乐主义等腐朽思想有所滋长，反腐倡廉形势严峻。党的十九大报告提出，我国反腐败斗争形势依然严峻复杂，巩固压倒性态势、夺取压倒性胜利的决心必须坚如磐石。青年大学生是国家未来的建设者和接班人，是高层次人才和党政干部的重要来源。他们对廉政教育、廉政意识与廉政观念的认识，直接关系到反腐倡廉工作的成效，关系到党和国家的前途命运，关系到中国共产党执政地位的巩固。

（二）高校思想政治教育工作是廉政教育的基石

邓纯余提出"大学生廉政教育与高校思想政治教育之间具有知识结构匹配、对象特征相同、教育价值相符、实践路径合辙、教育境遇相通等彼此耦合的要素"[①]，加强大学生廉政教育，需要将思想政治教育与大学生廉政教育在组织机制、文化载体、实践教学、评估体系等方面实现同构。2005年，中共

[①] 邓纯余：《大学生廉洁教育与高校思想政治教育的耦合与同构》，《学校党建与思想教育》2010年第17期。

中央关于《建立健全教育、制度、监督并重的惩治和预防腐败体系实施纲要》中也明确要求教育行政部门、学校和共青团组织将廉洁教育作为青少年思想道德教育的重要内容。可以说,在大学生中开展廉政教育,是进一步加强和改进大学生思想政治教育的迫切要求。

(三)文明校园是廉政教育的保障

随着经济体制改革的深入推进,人们的思想观念正逐步发生变化,信仰缺失、拜金主义和个人主义思想滋长,社会责任感淡化,贪图安逸和盲目攀比,考试作弊和作业抄袭,学术腐败,生活作风不良,学生干部队伍"模拟腐败"等不良现象在部分大学生中不断呈现,对大学生的健康成长带来了一定的负面影响。对大学生进行廉政教育,构建理想信念坚定、遵纪守法、诚实守信、艰苦朴素、文明礼貌、勤俭节约、清廉公正、具有社会公德和职业道德的大学生廉政教育理念,对于促进大学生健康成长具有十分重要的意义。

二、王阳明廉政思想内涵

王阳明的廉政思想以"知行合一、修身明德、秉公执守、勤政善政、亲民爱民、崇俭拒奢"[①]为核心,以致良知、抑贪念为理念,以礼主刑辅为治贪方法。总结起来,其廉政的内涵主要体现如下。(1)修身即廉政。主张致良知抑贪念,提出向内"正心诚意、存理去欲、居敬存养、省察克治"[②],注重内心的修养。(2)亲民即廉政。一方面,王阳明认为维护社会秩序应以"礼"的教化为主,辅之以"刑"的惩治,其在江西庐陵和赣州时以礼安民,推行《南赣乡约》、十家牌法、保甲制度,制定军规政令,这些都是其礼主刑辅亲民廉政思想的具体体现;另一方面,王阳明主张向外"事上磨炼"致良知,主张像治病一样从根源上对贪欲彻底整治,反对空谈,强调从实践中致良知,注重行

---

① 吕世忠:《中华民族传统的廉政文化》,《湖南农机》2008 年第 1 期。钱明:《君子之仕以行道——王阳明的入仕之道与其弟子的治世治家理念》,《江南大学学报(人文社会科学版)》2014 年第 1 期。

② 吴光、钱明、董平等:《王阳明全集 新编本》,浙江古籍出版社 2011 年版,第 22 页。

动的践履①。(3)崇俭即廉政。主要体现在王阳明为政江西庐陵、赣州,福建汀州、漳州,上杭,广西思恩、田州及带兵打仗期间所著的文录、公移、告谕、序文及诗赋中,如家训《示宪儿》中注重行为的自律,富含廉政思想。可以说,王阳明廉政思想所表现的教育功能、预防功能和警示功能对开展大学生廉政教育有极强的现实价值。

三、王阳明廉政思想在大学生廉政教育中的价值

(一)王阳明廉政思想的道德价值

王阳明廉政思想的道德价值是大学生社会主义核心价值观内化的有益补充。习近平总书记指出,"一个人能否廉洁自律,最大的诱惑是自己,最难战胜的敌人也是自己",表达廉洁的重点在于自我修养、超越自我、战胜自我。王阳明廉政思想也讲究自我修炼,主张以良知治贪欲和抑贪念,其廉政理论与实践皆围绕"良知"展开,其惩贪治污的第一步骤不是以刑罚惩治,而是晓之以理、动之以情。此外,王阳明兴办社学、新建书院召集门生聚众讲学、化民成俗的内容也以"良知"为理论核心,旨在从官吏"良知"本源入手,革除贪欲,引导官员勤政为民、廉洁奉公。可以说,王阳明的廉政思想为认识廉政文化提供了一个新的角度,是大学生社会主义核心价值观内化的有益补充。

(二)王阳明廉政思想的教育价值

王阳明廉政思想的教育价值是大学生廉政教育的丰富素材来源。王阳明在训子家书《示宪儿》中将"先立志、勤读书、学谦恭、慎交友、厚亲邻"作为家规教育的重中之重,具有很强的教育意义。其以"知行合一、修身明德、秉

---

① 任健:《王阳明廉政思想论析》,《贵州师范学院学报》2015年第10期。陈时龙:《王阳明的廉政思想》,《中国明史学会第十五届明史国际学术研讨会暨第五届戚继光国际学术研讨会论文集》,2013年,第65页。王胜军:《王阳明书院理念与朱熹之比较——以〈教条示龙场诸生〉与〈白鹿洞书院揭示〉为例》,《教育文化论坛》2013年第3期。

公执守、勤政善政、亲民爱民、崇俭拒奢"为核心的廉政思想与王瑞兰提出的
"我国大学生廉政教育的主要内容包括法制和诚信教育、社会公德、职业道
德和家庭美德教育、党和国家关于党风廉政建设和反腐败方面的方针政策、
法律法规等"①具有相通之处,可为大学生廉政教育提供丰富的教育素材。

(三)王阳明廉政思想的实践价值

王阳明廉政思想的实践价值是大学生廉政教育效果评估的有效借鉴。
王阳明注重知行合一,认为复知行本体,需要知行辩证统一。一方面他坚持
"廉洁、勤政守职、勇于担责、忠诚不二以及谦和包容"的为官思想;另一方面
又把这些思想持之以恒地落实到实践中②。大学生廉政教育,也需要注重实
践培育,让学生在实践体验中进行效果评估,从而引导他们形成"敬廉崇洁"
的思想品质,真正实现知行合一。

四、王阳明廉政思想与大学生廉政教育的融入

(一)融入课堂教学,思政课成为大学生廉政教育的主阵地

一方面,将王阳明廉政思想融入大学生思想政治理论课③,把廉政教育
同大学生人格教育、价值观教育、品德教育、纪律教育、诚信教育、法治教育、
荣辱观教育相结合④。另一方面,开设"阳明文化与大学生廉政教育""王阳
明廉政思想"等公共选修课或廉政教育专题讲座,深入挖掘王阳明从小立志
做圣贤、不畏权势大胆谏言、勋业卓著清廉一生等素材,充实廉政教育内容,

---

① 王瑞兰:《大学生廉洁教育的定位分析与路径设计》,《思想理论教育导刊》2016
年第 1 期。
② 蒋来用:《私欲去方有廉——王阳明"去私欲"哲学思想的廉政价值》,《中国纪检
监察报》2015 年 12 月 18 日。
③ 夏咏梅:《大学生廉洁教育的课堂载体建设探索》,《教育与教学研究》2012 年第
9 期。
④ 张晓娟:《大学生廉洁教育的问题分析与对策思考》,《思想理论教育导刊》2015
年第 8 期。

用生动的案例故事把廉政要求内化为大学生自身的要求,提升廉政教育的说服力和感召力,让其自觉形成廉洁自律的行为习惯。

(二)融入人文环境,廉政文化成为大学校园文化的主旋律

打造王阳明廉政文化教育基地,开设王阳明廉政思想宣传橱窗等展示窗口,用丰富的史料、形象的图片、简明的文字,以王阳明在修身、为官、为民等方面的廉政思想和实践,对大学生进行廉政教育与宣传;通过阳明学堂、阳明雕像、阳明心亭、阳明文化走廊等校园建筑、景点、雕塑等物质文化建设,让学生随处感受到廉政文化气息,促进廉政思想内化于心、外化于行,使大学生自觉参与到廉政工作中去。

(三)融入文化活动,大学生成为廉政教育的主力军

一是举办王阳明廉政思想主题讲座、廉政家训研讨会、廉政知识竞赛等丰富多彩的科研活动,增强大学生廉政教育的理论性与专业性。二是举办"阳明文化日"等主题活动,通过开展王阳明廉政书画展、王阳明廉政诗歌朗诵会、"知行合一、廉政报国"演讲比赛、廉政文艺晚会、廉政小品大赛、《王阳明》视频展播、"王阳明传说"故事会、"致良知与廉政"微信大赛等特色鲜明的纪念活动,大力宣扬阳明思想和廉政文化,增强廉政教育的艺术性和趣味性,使大学生自觉接受廉政文化的熏陶。三是组织王阳明廉政思想宣讲进课堂、进寝室活动,通过短小精悍、触动人心的现场宣讲活动,让青年大学生在耳濡目染中自觉接受廉政教育,增强廉洁自律的意识,起到潜移默化的作用。①

(四)融入网络宣传,新媒体成为传播廉政思想的主渠道

网络媒体是当代大学生学习和生活的重要组成部分,深刻地影响着大学生的思想观念和价值取向。刘碧强等在基于微博平台的大学生廉洁教育调查研究中提出"在新形势下要以微博为平台,以社会主义核心价值观教育

---

① 蒋思:《国内外大学生廉洁教育的比较及经验启示》,《科技视界》2014年第2期。

为契机,积极开辟并占领网络廉洁教育的新阵地"①。因此,要发挥网络媒体对王阳明廉政思想融入大学生廉政教育的积极作用。以王阳明人物故事、格言、警句、家训等为切入点,建设王阳明廉政文化网站网页,开辟王阳明廉政思想论坛与博客,建立王阳明廉洁自律短信平台,设立王阳明廉政思想微信公众号和微信专题,将廉政建设法律法规与王阳明廉政思想、大学生廉政教育相结合,帮助大学生树立正确的理想信念,增强拒腐防变的能力,营造良好的校园廉政文化氛围。

---

① 刘碧强、王丹炜、鲍轶凡等:《基于微博平台的大学生廉洁教育调查研究》,《中国轻工教育》2015 年第 5 期。

中国廉洁人物附论篇

道生廉

——《老子》的勤廉思想及其现代解读

湖州师范学院人文学院讲师

张　剑

学界对于《老子》的研究，可谓丰厚。陈鼓应[①]、熊铁基[②]、楼宇烈[③]、高亨[④]等诸多名家，珠玉在前，然将《老子》与廉洁思想相联系的相对较少，目前只有刘笑敢[⑤]、张松辉[⑥]、李俊[⑦]等学者涉及，有提升补充之空间，特别在《老子》与勤廉思想的链接方面更是大有可为。据笔者查阅，"勤廉"两字连写，始于宋代。如在《端明集》中就提及"职居尚勤廉"[⑧]，再如《建炎以来系年要录》卷一百八十四中有"勤廉明治"[⑨]的记载，又如《龙图陈公文集》卷二十二中有"遇事勤廉"[⑩]的记录，此类记录仅有宋一代就有 51 条记录，其意大都为勤于政事，廉洁奉公。可见"勤廉"二字在中国至少有千年的历史。事实上，在中国的历史长河中涌现出诸如人文初祖——黄帝、治水英雄——大禹、大宋名臣——包拯等历史人物，勤廉思想也被记录在儒家的四书五经等历史典籍之中。事实上，《老子》一书中亦有勤廉思想之内容。《老子》是中国古代道家哲学的经典之作，其中蕴含的勤廉思想体现了对人生、社会和国家治

---

① 陈鼓应：《老子注译及评介》，中华书局 2015 年版。

② 熊铁基、肖海燕：《老子思想研究》，湖北人民出版社 2008 年版。

③ 楼宇烈：《老子道德经注校释》，中华书局 2008 年版。

④ 高亨：《老子正诂》，清华大学出版社 2011 年版。

⑤ 刘笑敢：《论老子之"道"与"无为而治"》，《中国哲学史》2006 年第 1 期。

⑥ 张松辉：《论老子的廉政思想》，《船山学刊》2011 年第 1 期。

⑦ 李俊：《老子中的勤廉思想及其现代价值》，《道德与文明》2018 年第 2 期。

⑧ 蔡襄：《端明集》卷第十二《莆扬居士蔡公文集·刘庆李日新王昭序并中书省主事》，清抄本，第 87 页。

⑨ 李心传：《建炎以来系年要录》卷一八四，清抄本，第 2106 页。

⑩ 陈宓：《龙图陈公文集》卷二十二，清抄本，第 301 页。

理的深刻洞察。《老子》一书中的勤廉思想至少包含以下四个方面:其一是无为而治与廉洁奉公。《老子》主张"无为而治"①,即顺应自然、不强行干预。这种思想在政治领域表现为廉洁奉公、不图私利、以民为本、顺应民意。老子认为对人民的管理最好的方式就是让人民感受不到管理者,正是所谓的"太上,不知有之"②。这种理念强调了廉洁和公正的重要性,认为统治者应该以身作则,通过自身的廉洁行为来树立榜样,而不是通过强制和贪婪来剥削人民。其二是知足不辱与廉洁自律。老子强调"知足不辱"③,认为人们应该满足于自己所拥有的东西,避免贪婪和过度追求。这种思想有助于遏制贪婪和腐败,使人们能够坚守廉洁自律的原则。老子认为,贪婪是一切祸患的根源,只有知足才能长久。因此,他倡导人们要减少私欲,保持内心的平静和满足,从而避免陷入腐败的泥潭。其三是贵柔守弱与廉洁坚韧。老子在论著中时常突出"贵柔守弱"④的思考,即认为以柔弱可以胜刚强。这种思想在勤廉方面的表现为,廉洁之人往往能够以柔和、坚韧的态度面对困难和挑战,不轻易屈服于外界的诱惑和压力。他们懂得守静、守柔,以超然的态度面对生活中的各种诱惑和考验,从而保持廉洁自律的品质。其四是自然法则与廉洁从政。老子的核心观点是"道",这种符合万事万物本源的"道"自然能够衍生出"廉"。因而在勤廉思想方面,这种自然法则表现为管理者应遵循"道"的原则,以公正、廉洁的态度从政。他们应该像"道"一样无私、无为、自然,不过度干预和剥削人民,而是以人民的利益为出发点和落脚点。

综上所述,《老子》中的勤廉思想强调了无为而治、知足不辱、贵柔守弱以及自然法则等理念。这些理念为现代社会中的个人修养、国家治理和社会和谐提供了重要的启示和指导。通过深入理解和传承《老子》中的勤廉思

---

① 焦竑:《老子翼》卷七附录,清光绪十六年至二十四年桐庐袁氏刻浙西村舍丛刊本,第539页。

② 魏源:《老子本义》卷上,清光绪十六年至二十四年桐庐袁氏刻浙西村舍丛刊本,第81页。

③ 老聃撰,王弼注:《老子道德经》下篇,清乾隆武英殿木活字印武英殿聚珍版书本,第102页。

④ 河上公注:《老子河上公注》,天禄琳琅丛书第一辑,景宋麻沙刘氏仰止堂本,第43页。

想,我们可以更好地面对生活中的各种挑战和诱惑,以廉洁自持的原则和行动方式,为建构更为和谐的社会和国家而不懈努力。

一、《老子》中勤廉思想的现代解读

《老子》作为道家经济著作,历代学者对其有不同的解读,且在解读过程中将《老子》的勤廉思想做了多面向的阐释,笔者目力所及,将相关阐释列表1如下:

表 1 历代学者对《老子》勤廉思想的阐释

朝　　代	内　　容
西汉	廉而不害。圣人廉清,欲以化民,不以伤害人也。今则不然,正己以害人也①
曹魏	以方导物,舍去其邪。不以方割物,所谓大方无隅。廉而不刿,廉,清廉也;刿,伤也。以清廉清民,令去其邪,令去其污,不以清廉刿伤于物也②
北宋	夫我有三宝,持而宝之。一曰慈,二曰俭,三曰不敢为天下先。道以不似物为大,故其运而为德亦闷然,以钝为利,以退为进,不合于世俗。今夫世俗贵勇敢,尚广大,夸进锐,而吾之所宝则慈忍、俭约、廉退,此三者,皆世之所谓不肖者也③
明代	惟圣人之为道,虽有方而无隅,虽有廉而不刿,虽直而不可伸,虽光而不见其耀,割削也。无隅则不削矣,廉上廉远地之廉,不刿不伤也。廉利则易伤肆伸也,不伸不见其直也,耀光之焰者也,此者藏有于无之意④
	建德者,内立自性。自性有立,则接物必简,故曰若伦。质真者,不徇于外,外不徇则惟吾所之,故曰若变。大方无隅,非廉隅可得而察也。大器晚成,非成不成可得而尽也。大音希声,非声音可得而知也。大象无形,非形器可得而执也⑤

---

① 河上公注:《老子河上公注(老子道德经章句)》,天禄琳琅丛书第一辑,景宋麻沙刘氏仰止堂本,第 69 页。

② 老聃撰,王弼注:《老子道德经》下篇,武英殿聚珍版书本,第 131 页。

③ 苏辙撰:《宝堂订正老子解》卷四,明万历间绣水沈氏尚白斋刻宝颜堂秘籍本,第 169 页。

④ 林希逸撰,张四维补:《老子鬳斋口义》卷下,明万历五年何汝成刻三子口义本,第 101 页。

⑤ 焦竑:《老子翼》卷四下,清光绪十六至二十四年桐庐袁氏刻浙西村舍丛刊本,第 288—289 页。

续表

朝　代	内　容
明代	是以圣人,方而不割,历而不□,也而不□,光而不□,四者,皆圣人恭己体道之事,廉廉□也,□亦割也①
	是以圣人方而不割,廉而不刿,直而不肆,光而不耀。刿,姑卫反。廉,稜也,刿,割也,皆谓芒利伤物也。圣人之治,虽至公至明而不失含宏宽厚之体,不尔则克核太甚,而流于察察之弊矣②

　　从上表中可以看到,历代学者对于《老子》中的勤廉思想阐释大体包含"圣人勤廉"和"民众勤廉"。所谓"圣人勤廉",即"圣人廉清,欲以化民",也就是圣人的勤廉核心是"化民",即教育、教导、教化民众之责任,达到"令去其邪,令去其污"的社会目的,同时"圣人勤廉"是"圣人方而不割,廉而不刿,直而不肆,光而不耀",即在社会治理中应保持且饱含"至公至明而不失含宏宽厚之体"之心态与行为,避免"流于察察之弊"的窠臼。这种"圣人勤廉"的思维和行为准则,其核心乃是老子思想中对于"道"的理解和阐释,也是笔者在前文中多次强调的"道生廉",正是老子对"道"的理解和认识,让"廉"能够在"道"的土壤中生根发芽,进而产生"圣人勤廉"的思考。所谓"民众勤廉",即所谓"吾之所宝,则慈忍、俭约、廉退",这种阐释是苏辙对"圣人勤廉"思想的深化和扩展,即在"圣人勤廉"思想的基础上,综合宋代市民社会逐渐形成的时代背景和宋代士大夫对于自身命运的认识而产生,是对"圣人勤廉"思想的补充。事实上"民众勤廉"在《老子》思想中亦有展现,如"大方无隅,非廉隅可得而察也。大器晚成,非成不成可得而尽也。大音希声,非声音可得而知也。大象无形,非形器可得而执也"③,再如老子推崇了的"仲子之廉"④

---

①　陆西星:《老子道德经玄览》卷二,民国四年(1915)郑观应据明刊重刻《方壶外史全集》本,第117页。

②　薛蕙:《老子集解》卷下,清光绪二十二年(1896)长沙刻惜阴轩丛书本,第84页。

③　焦竑:《老子翼》卷四,清光绪十六至二十四年桐庐袁氏刻浙西村舍丛刊本,第288—289页。

④　焦竑:《老子翼》卷二,清光绪十六至二十四年桐庐袁氏刻浙西村舍丛刊本,第171页。

"大方正之人,无委曲廉隅"①"建德若偷,质真若渝,大方无隅"②等,皆为"民众勤廉"的注脚。需要说明的是,不管是"圣人勤廉",还是"民众勤廉"都与《老子》的"无为而治"③这一思想有深度链接。这一理念强调顺应自然、不强行干预的重要性,为人们在纷繁复杂的世界中找到了一种从容应对、回归本真的生活态度。同时,这种理念也在勤廉品质的培养方面发挥了积极的引导作用。

(一)《老子》中的"无为而治"与勤廉品质的培养

《老子》一书中对于"无为而治"有深刻的阐释,事实上这也是老子关于"道"的理解和思考。也就是在自然发展的过程中,要减少过度的干预,更是要顺应自然的发展,也就是以"自适应"的方式契合"道"的演进路线。这种"自适应"的模式暗合了勤廉品质的培养。在《老子》中,无为并非真正的无所作为,而是指不违背自然规律,不强行改变事物的本来面目,让事物自然发展,达到最好的状态。

第一,"无为而治"与避免贪婪和过度追求。"无为而治"的理念有助于人们避免贪婪和过度追求。在现代社会中,人们往往被各种欲望和利益所驱使,不断追求更多的物质财富和社会地位。然而,这种贪婪和过度追求往往会导致人们失去内心的平静和满足,甚至陷入道德沦丧的境地。而"无为而治"的理念则提醒人们要顺应自然、减少欲望,避免过度追求和贪婪。它让人们认识到,真正的幸福和满足来自内心的平静和与自然的和谐共处,而不是无休止的物质追求。

第二,"无为而治"与勤廉品质的培养。正如前文所提及的那样,"无为而治"的思想脉络契合"勤廉"思想的内核,即用勤于政事的日常"无为",达到"廉洁奉公"④的社会治理。勤廉品质是指人们在工作和生活中勤勉工作、

---

① 河上公注:《老子河上公注(老子道德经章句)》,天禄琳琅丛书第一辑,景宋麻沙刘氏仰止堂本,第 54 页。

② 薛蕙:《老子集解》卷下,清光绪二十二年长沙刻惜阴轩丛书本,第 66 页。

③ 陆西星:《老子道德经玄览》卷二,民国四年郑观应据明刊重刻方壶外史全集本,第 101 页。

④ 虞世南辑:《北堂书钞》卷三十八,清光绪十四年景宋刻本,第 512 页。

廉洁自律的品质。"无为而治"的理念则强调在工作中要顺应自然规律、不强行干预、不追求名利,这与勤廉品质中的廉洁自律、勤勉工作相契合。通过践行"无为而治"的理念,人们可以培养自己的勤廉品质,实现个人价值和社会价值的和谐统一。

总之,《老子》中的"无为而治"理念对于避免贪婪和过度追求、培养勤廉品质具有重要的指导意义。通过践行这一理念,我们可以实现内心的平静和满足、促进社会的和谐稳定,以及实现个人价值和社会价值的和谐统一。

(二)《老子》中的"少私寡欲①,知足不辱②"与廉洁自律的培养

《老子》所提倡的"少私寡欲,知足不辱"这一观点,不仅是老子个人修身养性的理念,更是对整个人类社会的深刻启示。这一观点强调减少私欲、知足常乐的重要性,对于帮助人们摆脱物质诱惑、坚守廉洁自律的原则具有深远的意义。

第一,减少私欲,摆脱物质诱惑的关键。在《老子》中,"少私"被看作达到内心平静和精神自由的重要途径。私欲过多,也就是我们常说的"人欲过多",这种减少私欲的思想被宋代文人所继承,提出灭掉过多人欲的思想(即"灭人欲"思想)。因此,减少私欲,意味着要克制自己的欲望,不被物质所累,不为外物所动。要实现这一点,人们须要培养一种超越物质诱惑的精神境界。这其实意味着创建更为高尚的情感需求和社会价值,这一点与马克思所述的"脱离低级趣味的人"的表述不谋而合。通过减少私欲,人们可以更加专注于内在的成长和提升,从而摆脱物质诱惑的束缚。

第二,知足常乐,内心平静与满足的来源。"寡欲"和"知足"是相辅相成的两个概念。知足,意味着对自己的生活状态保持一种满足和感恩的态度。无论物质条件如何,都能保持内心的平静和满足。这种知足的态度,是避免贪婪和过度追求的关键。通过培养知足的心态,人们可以更加珍惜当下,不为未来的不确定性和物质的匮乏而焦虑。这种内心的平静和满足,是抵御物质诱惑的强大武器。同时,知足也能够帮助人们在面对困难和挫折时保

---

① 薛蕙:《老子集解》卷上,惜阴轩丛书本,第31页。
② 林希逸撰,张四维补:《老子鬳斋口义》卷下,三子口义本,第79页。

持冷静和乐观,从而更加坚定地坚守廉洁自律的原则。

第三,坚守廉洁自律的原则。"少私寡欲,知足不辱"这一思想,对于坚守廉洁自律的原则具有重要意义。在面对权力和物质的诱惑时,只有坚守内心的道德底线,才能确保自己的行为不会偏离正道。而这种坚守,正是源于对"少私寡欲、知足不辱"理念的深刻理解和实践。"道"生廉的行为准则就是廉洁自律,"道"生廉的发生模式就是"减少私欲"的情感认同和"培养知足"的价值认同,有这样的认知与态度,才能够为社会的和谐发展和稳步前进做出应有的贡献。因此,我们应该深入学习和理解《老子》中的这一思想,将其应用于日常生活中,不断提高自己的道德修养和自律能力。

(三)《老子》中的"贵柔弱,不争而胜[1]"与社会廉洁的培养

《老子》一书作为道家哲学的基石,其中所强调的"贵柔弱,不争而胜"的思想,不仅是对自然规律的深刻洞察,也是对人生哲理的独到见解。这一思想鼓励我们以柔克刚,通过避免争斗和保持谦逊来实现个人和社会的和谐稳定。

第一,贵柔守弱,以柔克刚的智慧。贵柔守弱,以柔克刚的智慧不仅能够适用于个体,更能够适用于社会。当社会群体采用"柔弱"的态势进行发展时,这并不是意味着社会发展的迟滞,而是一种更为理性、更为与自然和谐相处的模式。这种以柔克刚的智慧,既体现了自然界的规律,也为我们提供了一种面对困境和挑战的策略。在现实生活中,我们和社会常常遇到各种挑战和难题,如果一味地以刚对刚,往往会导致冲突和争斗,最终双方可能都受到伤害。而如果我们和社会能够采取柔和的态度,以柔克刚,往往能够更好地化解矛盾,实现和谐共处。

第二,不争而胜,谦逊与智慧的体现。"不争"是一种智慧,是实现"不争而胜"的重要途径,这种智慧适合个人,更适合社会。在老子看来,争斗和冲突是破坏和谐的因素,而谦逊和不争则是实现和谐的关键。通过保持谦逊的态度,我们能够更好地倾听他人的意见,理解他人的需求,从而更容易与他人达成共识,实现和谐共处。同时,"不争而胜"也是一种智慧。有时候,

---

[1]　焦竑:《老子翼》卷六,浙西村舍丛刊本,第428页。

通过退让和放弃争斗,我们能够获得更大的利益和更长远的发展。这种智慧需要我们具备深远的眼光和宽广的胸怀,不被眼前的得失所迷惑,而是着眼于未来的发展和整体的利益。

第三,实现个人和社会的和谐稳定。通过避免争斗和保持谦逊,我们可以实现个人和社会的和谐稳定。在个人层面,避免争斗可以帮助我们保持良好的人际关系,减少冲突和矛盾,从而营造一种和谐的生活环境。在社会层面,如果每个人都能够秉持谦逊和不争的态度,那么整个社会将更加和谐稳定,减少社会矛盾和冲突,实现社会的长远发展。此外,"贵柔守弱,不争而胜"的思想还鼓励我们追求内心的平和与宁静。在面对外界的纷扰和诱惑时,我们能够保持内心的平静和坚定,不被外界所动摇。这种内心的平和与宁静是我们实现个人成长和社会和谐的重要基础。

(四)《老子》中的"天网恢恢,疏而不失"①与廉洁公正思维的培养

《老子》作为道家哲学的经典之作,其深邃的思想中蕴含着对天道公正无私的描述。其中,"天网恢恢,疏而不失"这一观点,展现了天道对万物的包容与公正,同时,也为人类社会的行为准则提供了深刻的启示。"天网恢恢,疏而不失"实际上是一种思维模式,即在社会发展运行过程中存在"正义天道"②。对于任何违逆"正义天道"的行为都会受到惩罚,不管你是谁,你是何种身份,你是何种地位,天道对万物一视同仁,不会因为某个体的地位、权力或财富而有所偏颇。这种公正无私的态度,是天道运行的基本法则,也是人类社会应该追求的理想状态。

在人类社会中,保持公正无私的态度至关重要。公正无私意味着在处理事务时,能够摒弃个人的私心和偏见,以公平、正义为原则,做出客观、合理的决策。这种态度不仅有助于维护社会的和谐稳定,还能够促进人与人之间的信任与合作。诚信是公正无私的具体体现之一。"天网恢恢,疏而不失"从其思想内核来说就是要求人与社会都要做到公正无私。这种公正无私是一种人与社会公序良俗的价值肯定,也是人与社会自然演化的必然结

---

① 毕沅辑:《老子道德经考异》卷下,经训堂丛书本,第114页。
② 魏了翁:《周易要义》卷一,清传是楼抄本,第78页。

果。公正无私于个人而言是其安身立命的重要筹码,于社会而言是其稳定前行的重要基石。因此,坚守诚信原则对于维护社会的和谐稳定具有重要意义。

《老子》中的"天网恢恢,疏而不失"思想提醒我们,在现代社会中,我们应该时刻保持公正无私的态度,坚守诚信原则。在面对各种挑战和诱惑时,我们应该学会用天道的眼光去看待问题,以公正无私的态度去处理事务。只有这样,我们才能够真正实现个人和社会的和谐稳定,共同创造一个更加美好的未来。如是,"天网恢恢,疏而不失"的思考将会从社会发展的视野,从个人成长的维度展现"正义天道"现实价值和社会意义。我们应该深刻领会这一思想的精髓,将其应用于日常生活中,不断提高自己的道德修养和社会责任感。通过坚持公正无私的态度和坚守诚信原则,我们可以为社会的和谐稳定贡献自己的力量,共同推动人类文明的进步和发展。

(五)《老子》中的"重身贵生①,珍惜当下"与廉洁自爱的培养

《老子》中所提及"重身贵生,珍惜当下"这一观点,强调了珍惜生命、重视身体健康的重要性,以及如何在日常生活中实践这一理念。这一理念与廉洁自爱的行为相契合,可谓是"身身相印"。

"重身贵生"意味着要高度重视身体和生命的价值,将健康视为生活的第一要务。在《老子》中,老子强调了身体与生命的重要性,认为只有身体健康,才能够更好地实现个人的价值和追求。这种思想体现了对生命的尊重和珍视,也提醒我们要时刻关注自己的身体状况,保持健康的生活方式,珍惜当下的生活态度。"珍惜当下"则是一种积极的生活态度,意味着要珍惜每一个当下的时刻,不过度追求未来的名利和地位,而是将自身放置在"合适"的社会情况和情绪状态之下,即将生活与工作处于动态和谐之中。这种态度有助于我们更好地感受生活的美好,减少焦虑和压力,同时也能够提高我们的工作效率和生活质量。"重身贵生,珍惜当下"的思想能够引导我们勤奋工作,将工作视为实现自我价值和社会贡献的重要途径。同时,这种思想也强调了廉洁自律的重要性,提醒我们在工作中要保持清廉正直的品质,

---

① 范应元:《老子古本集注直解》卷下,宋刻本,第 291 页。

不受外界诱惑的干扰。通过勤奋工作和廉洁自律,我们不仅能够实现个人的成长和发展,也能够为社会的可持续发展作出贡献。

要在现实生活中实践"重身贵生,珍惜当下"的思想,我们须要做到以下几点:一是关注身体健康。通过对于自身健康的关注,产生"自爱"的身体反应,更产生"自爱"的思想反应。珍惜当下时光。不过度沉迷于过去的回忆或未来的幻想,而是将注意力放在当前的生活和工作中,充分享受每一个当下的时刻。二是勤奋工作。通过自身自爱的社会实践,努力感受来自生活、工作中的廉洁之风,以勤奋工作作为外在表现,以廉洁自爱作为内在基础,努力为社会之和谐,社会之发展贡献心力。三是廉洁自律。在工作中保持清廉正直的品质,不受外界诱惑的干扰,坚守道德底线。故而,通过关注身体健康、珍惜当下时光、勤奋工作和廉洁自律,我们可以更好地实现个人的价值和追求,同时也能够为社会的可持续发展作出贡献。

二、《老子》勤廉思想在现代社会的应用

(一)将《老子》中的勤廉思想融入公职人员道德建设的提议

《老子》作为道家哲学的经典之作,其中蕴含的勤廉思想对于公职人员的道德建设具有重要的指导意义。《老子》中的勤廉思想是社会公职人员可以遵守的社会道德,更是可以践行的道德力量。故而将《老子》中的勤廉思想融入公职人员的道德建设中有其价值和意义。

第一,树立正确的权力观。《老子》强调"无为而治",即不滥用权力,而是顺应自然、因势利导。公职人员应当深刻领会这一思想,明确权力是为人民服务的工具,而非谋取私利的手段。在行使权力时,应当秉持公正、公平、公开的原则,做到权力运行的透明化和规范化,防止权力的滥用和腐败现象的发生。

第二,树立正确的地位观。《老子》倡导"贵以贱为本,高以下为基"[1],是阐释地位来源人民,更阐释了人民跟公职人员密不可分的关系,正是千千万

---

① 老聃撰,王弼注:《老子道德经》下篇,武英殿聚珍版书本,第91页。

万人民出于对公职人员的信任，才有了公职人员的地位；在这样基础之下，公职人员就应该为人民群众服务，不辜负人民群众的期望。在工作中，应当保持谦虚谨慎的态度，尊重人民群众的意见和建议，不断提高自己的工作能力和服务水平。

第三，树立正确的利益观。《老子》提倡"少私寡欲"①，即减少个人的私心和欲望，追求内心的平静和满足。公职人员应当以此为鉴，坚守廉洁自律的原则，不追求个人的私利和享乐，而是将公共利益放在首位。在面对各种诱惑和考验时，应当保持清醒的头脑和坚定的信念，做到廉洁奉公、勤政为民。

实现以上"三观"，须要做到以下内容。其一加强教育培训。将《老子》等经典著作纳入公职人员的培训课程中，通过深入学习和理解勤廉思想，引导公职人员树立正确的价值观和道德观。其二稳固监督机制。在现有监督机制的基础上，不断稳固和深化监督机制，逐步实现"不想、不敢、不能"腐败的体制机制。同时，鼓励公职人员之间相互监督、相互帮助，形成良好的工作氛围。其三树立榜样典型。在公职人员队伍中树立勤廉榜样，通过他们的先进事迹和优秀品质，激励其他公职人员向榜样学习、看齐。其四完善制度保障。通过完善相关法律法规和制度规定，为公职人员践行勤廉思想提供制度保障和支持。故而，将《老子》中的勤廉思想融入公职人员的道德建设中，有助于公职人员树立正确的权力观、地位观和利益观。同时，也能够推动社会的和谐稳定发展，实现公共利益的最大化。

（二）《老子》中的勤廉思想在企业管理与商业伦理中的应用

《老子》作为道家哲学的杰出代表，其勤廉思想不仅对个人修养有着深远的影响，同样在企业管理和商业伦理领域也展现出独特的价值。企业管理不仅仅关乎效率和利润，更关乎如何构建一个和谐、公正、可持续的商业环境。商业伦理则是商业社会中自然形成的"伦理关系"，其实质是现代企业在追求经济发展的同时，如何兼顾社会道德、社会责任的行为模式。将《老子》中的勤廉思想融入这两大领域，可以为现代企业管理提供新的视角

---

① 焦竑：《老子翼》卷二，浙西村舍丛刊本，第 129 页。

和启示。

第一,遵循自然规律。老子不断强调"道法自然"①,将它放置在现代市场环境之中,其实质是遵守市场发展的基本规律。即在企业管理中,现代企业要尊重市场规律,顺应经济发展的潮流,而不是盲目追求短期利益。同时,商业伦理也要求现代企业在经营活动中遵循公平、公正、公开的原则,不损害消费者和其他利益相关者的权益。通过遵循自然规律,企业可以在竞争激烈的市场环境中保持稳健的发展态势,实现长期的可持续发展。

第二,减少贪欲和争斗。《老子》主张"寡欲"和"不争",即要减少个人的欲望和争斗之心。在企业管理和发展过程中不可避免地存在竞争行为,竞争本无可厚非,但不可过度竞争,应以"寡欲"和"不争"的心态和行为实现企业之间的"竞合"。而减少争斗则意味着企业须要构建和谐的企业文化,避免内部争斗和恶性竞争,营造积极向上的工作氛围。在商业伦理方面,减少贪欲和争斗意味着企业须要坚守诚信原则,不进行欺诈、虚假宣传等不道德行为,维护良好的商业声誉。

第三,实现企业的可持续发展。将《老子》中的勤廉思想应用于企业管理和商业伦理中,有助于实现企业的可持续发展。勤廉思想强调勤勉工作、廉洁自律,这不仅有助于提高企业的运营效率和管理水平,还能够树立企业的良好形象,吸引更多的优秀人才。同时,遵循自然规律、减少贪欲和争斗的思想也有助于企业在经营活动中保持稳健的发展态势,避免盲目追求短期利益而损害企业的长期发展。

要将《老子》中的勤廉思想应用于企业管理和商业伦理实践中,企业管理者和员工需要深入理解这些思想的内涵和价值,并将其融入企业的日常运营和管理中。例如,在制定企业战略时,可以借鉴"道法自然"的思想,尊重市场规律,顺应经济发展趋势;在企业文化建设中,可以强调"寡欲"和"不争"的理念,构建和谐的工作氛围,提高员工的归属感和满意度;在经营活动中,可以坚守诚信原则,维护企业的商业声誉和品牌形象。总之,《老子》中的勤廉思想为企业管理和商业伦理提供了新的视角和启示。通过遵循自然

---

① 老聃撰,王弼注:《老子道德经》下篇,武英殿聚珍版书本,第58页。

规律、减少贪欲和争斗等实践应用,企业可以实现稳健的可持续发展,为社会的和谐稳定和经济的繁荣做出贡献。

(三)《老子》中的勤廉思想与个人修养及社会和谐

《老子》作为道家哲学的经典之作,其中蕴含的勤廉思想对于个人修养和社会和谐具有重要的指导意义。勤廉思想强调勤勉工作、廉洁自律,这种价值观不仅有助于个人的成长和发展,也能够促进社会的和谐稳定。

第一,个人修养的指导。在个人修养方面,《老子》中的勤廉思想提供了以下指导:其一是勤勉工作。老子强调"功成弗居"①,即做事不求回报,不居功自傲。个人应勤勉工作,不断追求进步,但不应过分追求名利,而是要将工作视为实现自我价值和社会贡献的途径。其二是廉洁自律。老子提倡"少私寡欲",即减少个人的私心和欲望,保持廉洁自律的品质。个人应坚守道德底线,不贪污受贿,不参与不正当的竞争,以诚信正直的态度面对生活和工作。

第二,社会和谐的促进。在社会和谐方面,《老子》中的勤廉思想同样具有重要意义。其一是减少争斗。老子主张"不争而善胜"②,即通过不争斗的方式达到胜利。在社会中,人们应减少争斗和冲突,以和平、合作的方式解决问题,营造和谐的社会氛围。其二是公平正义。勤廉思想强调公平正义的重要性,即社会应公正地对待每一个人,不偏袒、不歧视。这有助于建立稳定的社会秩序,促进社会的和谐发展。

将《老子》中的勤廉思想应用于个人修养和社会和谐中,可以采取以下实践策略和方法。其一是教育引导。教育和引导的手段,可以使人们深入理解勤廉思想的内涵和价值,培养勤勉工作、廉洁自律的品质。其二是全社会营造勤廉风尚。勤廉风尚是由个人和社会共同组成的,个人是勤廉的基础,社会是勤廉的范围,两者的融合将是勤廉风尚最终形成的必然结果。通过深入理解和实践这一思想,我们可以促进个人的成长和发展,推动社会的和谐稳定。

---

① 河上公注:《老子河上公注》,天禄琳琅丛书第一辑,景宋麻沙本,第15页。
② 苏辙:《宝堂订正老子解》卷四,明万历间绣水沈氏尚白斋刻宝颜堂秘籍本,第181页。

三、结论

    《老子》作为道家哲学的经典之作,其勤廉思想对于指导现代个人行为、推动社会道德建设具有重要的意义。"无为而治"和"重身贵生"等思想为公职人员道德建设,为商业伦理和社会发展,也为个人成长和社会和谐提供诸多建设性启示和可操作性实践。《老子》中的勤廉思想鼓励人们保持谦逊、勤奋和廉洁,这对于培养个人品德、提升自我价值具有重要意义。勤廉思想强调公平正义、诚信正直等价值观,这些价值观是构建和谐社会的基础。通过深入研究和实践《老子》中的勤廉思想,我们可以更好地指导个人行为、推动社会道德建设,为构建和谐社会贡献力量。同时,未来的研究可以进一步拓展勤廉思想的应用领域和方法,为现代社会的发展提供更多的启示和指导。

孔子廉政思想探析[①]

曲阜师范大学孔子文化研究院教授

王曰美

春秋时期,礼坏乐崩、社会失序、诸侯大夫竞相奢靡。怀有仁爱之心、忧国忧民的孔子对此痛心疾首,大力提倡廉政。孔子对"廉"的直接论述相对较少,但孔子的思想中蕴含着丰富的廉政理念,"廉"是孔子政德思想的重要组成部分,而"节用而爱人,使民以时"[②]是孔子廉政思想的集中体现。

《论语》中"廉"仅出现过一次,即"古之矜也廉,今之矜也忿戾"[③],这里的"廉"意为"棱角""不可触犯",形容人品行方正,有威严。《孔子家语·辩政》载:"治官莫若平,临财莫如廉。廉平之守,不可攻也。"[④]《礼记·礼运》载,孔子言"大臣法,小臣廉,官职相序,君臣相正,国之肥也"[⑤]。在这两句话中"廉"皆为"廉洁、不贪"之义。孔子认为廉洁是治理好国家的前提条件,主张把"廉德"同社会管理相结合,要求统治者在治国理政的过程中,做到勤俭节约、清正廉明、克己奉公、爱民惠民。

一、为政爱民乃廉政之基础

马克思曾言:"不是人们的意识决定人们的存在,相反,是人们的社会存在决定人们的意识。"[⑥]孔子生于春秋末年,各诸侯国间恃强凌弱、战争频繁,

① 本文系国家社会科学基金高校思政课研究专项"中华优秀传统文化融入高校思政课教师师德建设研究"(编号:23VSZ091)阶段性成果。

② 《论语注疏》卷十二《颜渊》,见《十三经注疏》下册,中华书局 2003 年版,第 2502 页。

③ 《论语注疏》卷十七《阳货》,见《十三经注疏》下册,第 2525 页。

④ 王国轩、王秀梅译注:《孔子家语》,中华书局 2011 年版,第 178 页。

⑤ 郑玄注,孔颖达疏:《礼记正义》,阮元校刻《十三经注疏》(附校刊记),中华书局 1980 年版,第 1079 页。

⑥ 马克思、恩格斯:《马克思恩格斯全集》第十三卷,人民出版社 1962 年版,第 8 页。

社会处于新旧交替的大动荡时期。孔子出生于没落贵族家庭,他幼年丧父,生活拮据,在贫贱中成长,"吾少也贱,故多能鄙事"①是孔子年少生活的真实写照。因此,孔子有着浓烈的忧患意识,这种忧患意识是孔子着眼于天下大道、心系百姓疾苦的廉政思想的基础。徐复观说:"忧患意识,乃人类精神开始直接对事物发生责任感的表现,也即是精神上开始有了人的自觉的表现。"②正是忧患意识使得殷周之际人的天命观有了质的变化,即由殷商时期的"有命在天",转变为西周时期的"敬德保民"。

在这种新的天命观中,人王同天的联系以及天命的赐予都不是必然的、不变的,而是有条件的、可变的。这个条件便是"德"。"有德才有天命,无德则失天命,天命视德之有无而转移。这样,周人突破了殷人的天命不变论,而使天命显现为一种以德为条件的有规律的永恒的运行秩序"③,此即"天道"。显然,在这种新的天命观中,一方面,天命的运行仍然具有宿命论的色彩,它是不可违逆、不可改变的,即"天命不易"④;但另一方面,由于它以"德"为天人之间的中介和获得天命的条件,从而使人有可能自觉调整自己的行为(即敬德)以符合于天命的运行,以取得人事的成功。对于人事的成败来说,决定性的因素已不是喜怒无常的天的意志,而是以"德"为根据和条件的永恒运行的有序的天命,这种天命人可以通过自觉的"敬德"行为而获得。因此,要想获得"天命",必须要"敬德",要想"敬德",必须要保民、爱民,而作为天子的周王要想获得"天命",就必须保持与天的一致性,即首先做到保民、爱民。

有着强烈忧患意识的孔子继承了周人"敬德保民"思想,认为统治者一定要有忧患意识,"人无远虑,必有近忧"⑤,为了长治久安,统治者必须为政爱民,以"廉"使民,以"德"治国。

众所周知,孔子思想的核心是"仁"。孔子将人的本质规定为"仁"——"仁者人也",也就是说,只有具备了"仁"德,才能称其为人。何为"仁"?《论

---

① 《论语注疏》卷九《子罕》,见《十三经注疏》下册,第 2490 页。
② 《徐复观文集》第三卷,湖北人民出版社 2002 年版,第 32 页。
③ 王曰美:《殷周之际德治思想构建的主体性探析》,《道德与文明》2014 年第 1 期。
④ 《尚书正义》卷十三《大诰》,见《十三经注疏》上册,第 200 页。
⑤ 《论语注疏》卷十七《阳货》,见《十三经注疏》下册,第 2524 页。

语·颜渊》载:"樊迟问仁。子曰:'爱人。'"①在孔子看来,仁就是爱人。这种"爱"从等级制的社会现实出发,是一种有差等的"爱",即"仁者爱人,亲亲为大"。但孔子也强调"泛爱众,而亲仁"②,也就是说,孔子所言之"爱"不仅局限于爱亲人,更要求统治者须以仁爱之心善待天下百姓,即爱民。统治者如果缺乏仁爱之心,只会"自爱"而不能"推己及人",就会贪而损民、巧取豪夺,如此一来,和谐社会也就失去了根基。"爱与敬,其政之本"③,也就是说爱民是仁政的根基,因为是否得民心直接关系到统治者的江山社稷是否安稳。故行仁政是廉政思想建设的道德保障,它能够在伦理层面有效推动廉政建设的顺利开展,而推行廉政则是行仁爱民的具体内涵和鲜明体现。

首先,为政爱民要勤政为民。勤政是廉政思想的重要组成部分,为政者只廉不勤要误事,只勤不廉要出事,廉勤兼备才是国家发展、利民惠民的重要保障。正如子路和子张问政,孔子的回答都是"无倦"。孔子一生也一直恪守"学而不倦,诲人不倦"的勤学敬业之精神,是乐学乐教的典范。这些都反映了孔子的勤政思想,即要求为政者在其位谋其政,兢兢业业,做好自己的本职工作,真正做到"为官一任,造福一方"。也就是说,勤政的根本目的是利民惠民,正如《论语·尧曰》所载,"所重:民、食、丧、祭"④,人民和粮食是国家得以存续的重要基础,只有让人民享受到应得的利益,才能保证国家的长治久安。又言"使民以时""使民如承大祭"⑤,孔子强调要爱惜民力,不违农时,反对苛政重赋,始终把人民的利益置于首位,体恤百姓。勤政为民的另一要求就是要让百姓生活富足安康,"政之急者,莫大乎使民富且寿也"⑥,只有百姓富裕安稳,君主才能稳坐高台,否则就会玉石俱损。这些主张为弟子有若继承,他说:"百姓足,君孰与不足?百姓不足,君孰与足?"⑦

人民"富且寿"后,还要对其进行教化,此即孔子的"富民教民"思想。在

① 《论语注疏》卷十二《颜渊》,见《十三经注疏》下册,第2504页。
② 《论语注疏》卷一《学而》,见《十三经注疏》下册,第2458页。
③ 高尚举、张滨郑、张燕:《孔子家语校注》,中华书局2021年版,第34—35页。
④ 《论语注疏》卷二十《尧曰》,见《十三经注疏》下册,第2535页。
⑤ 《论语注疏》卷十二《颜渊》,见《十三经注疏》下册,第2502页。
⑥ 《孔子家语校注》,第192页。
⑦ 《论语注疏》卷十二《颜渊》,见《十三经注疏》下册,第2503页。

孔子看来,人口密集、百姓富足、民众有文化修养是衡量国家兴旺发达的重要标准,亦是为政者政绩的重要表现,因而孔子主张先富后教,认为只有民众丰衣足食,物质生活得到保障,精神的富足才会得以实现。

> 子适卫,冉有仆,子曰:"庶矣哉!"冉有曰:"既庶矣,又何加焉?"曰:"富之。"曰:"既富矣,又何加焉?"曰:"教之。"①

孔子十分注重民众的教育,他认为对待民众应该先教后惩。如在审理父子案件时,季康子认为应该杀掉不孝之子:

> 上失其道而杀其下,非理也。不教以孝而听其狱,是杀不辜。三军大败,不可斩也;狱犴不治,不可刑也。何者?上教之不行,罪不在民故也。夫慢令谨诛,贼也;征敛无时,暴也;不试责成,虐也。政无此三者,然后刑可即也。②

孔子认为未进行教育而直接杀掉相当于滥杀无辜,要先进行教导,引导民众走向正道,如若民众不听从,再进行处罚,这才是对待民众的正确做法。在战争面前孔子亦主张先教后战,"善人教民七年,亦可以即戎矣"③"以不教民战,是谓弃之"④。孔子虽然不主张战争,但是在不得已进行正义之战时,他坚决反对不教而战,认为这无疑会造成民众的惨重伤亡,故坚持先教后战的原则,这才是军队作战的前提条件。孔子的"庶民—富民—教民"思想对后世有着深刻影响,孟子的民贵君轻思想、荀子的君舟民水思想都是对其的继承和发展。

其次,为政爱民要选用"廉"官。鲁哀公问孔子选拔什么样的人为官,孔子回答:"事任于官,无取捷捷,无取钳钳,无取啍啍。捷捷,贪也;钳钳,乱

---

① 《论语注疏》卷十三《子路》,见《十三经注疏》下册,第 2507 页。
② 《孔子家语》,第 19 页。
③ 《论语注疏》卷十三《子路》,见《十三经注疏》下册,第 2508 页。
④ 《论语注疏》卷十三《子路》,见《十三经注疏》下册,第 2508 页。

也；哼哼，诞也。"①孔子的意思非常明确，即选官须知人善用，任人唯贤，不可用贪心之人、狡诈多诡之人、多言欺诈之人。贪婪之人为官，必将以权谋私，横征暴敛，致使百姓苦不堪言，结果必然是"苛政猛于虎"②。因此，必须选拔廉洁公正之人为官，并且以廉洁作为官员的考核标准之一，予以相应的奖惩，如此才能筛选出真正于国于民皆有利的贤臣。

《孔子家语》记载了这一件事情：当孔子见到主政一方的弟子子游时，孔子询问的第一件事即为："汝得人焉耳乎？"③你是否已经拥有了足够多的人才。当子路向孔子请教："贤君治国，所先者何？"孔子曰："在于尊贤而贱不肖。"④也就是近贤臣，远小人。子路曰："由闻晋中行氏尊贤而贱不肖矣，其亡何也？"孔子曰："中行氏尊贤而不能用，贱不肖而不能去。贤者知其不用而怨之，不肖者知其必己贱而仇之。怨仇并存于国，邻敌构兵于郊，中行氏虽欲无亡，岂可得乎？"⑤在孔子看来，贤者能被重用才是真正的尊贤，这样贤者才能为国家出力。国家才会形成贤者在位、清廉为民的良好社会风气。

《礼记·中庸》载有孔子尊贤的论述："凡为天下国家有九经，曰：修身也，尊贤也……修身则道立，尊贤则不惑。"⑥在治理天下的"九经"中，孔子把"尊贤"放在君主克己修身之后，成为治国的又一项重要措施，孔子认为治理天下，尊敬贤能是最为重要的，能够尊敬贤能的君主治理国家时就不会有困惑。可见，贤君治国最重要的一项措施就是要尊贤，孔子把政事的成败归因于人才的得失。再如，在《礼记·缁衣》中，孔子三次谈尊贤、亲贤的问题。孔子引"唯尹躬及汤，咸有一德"，是为了说明"则君不疑于其臣，臣不惑于其君矣"⑦；孔子引"未见圣，若己弗克见。既见圣，亦不克由圣"，是为了说明

① 《孔子家语》，第 19 页。
② 《礼记正义》卷九《檀弓下》，见《十三经注疏》下册，第 1313 页。
③ 《论语注疏》卷六《雍也》，见《十三经注疏》下册，第 2478 页。
④ 《孔子家语》，第 161 页。
⑤ 《孔子家语》，第 161 页。
⑥ 《礼记正义》卷五十二《中庸》，见《十三经注疏》下册，第 1629—1630 页。
⑦ 《礼记正义》卷五十五《缁衣》，见《十三经注疏》下册，第 1648 页。

"大人不亲其所贤,而信其所贱,民是以亲失,而教是以烦"①;孔子引"毋以小谋败大作,毋以嬖御人疾庄后,毋以嬖御士疾庄士、大夫卿士",是为了说明"大臣不亲,百姓不宁,则忠敬不足,而富贵已过也。大臣不治,而迩臣比矣。故大臣不可不敬也,是民之表也;迩臣不可不慎也,是民之道也。君毋以小谋大,毋以远言近,毋以内图外,则大臣不怨,迩臣不疾,而远臣不蔽矣"②。周公认识到有贤臣辅助的殷商才"多历年所"。文王之所以能治理好周朝,一方面源于他"尚克修",另一方面是因为他有贤臣辅助。由此可见,贤臣对于政权的稳固是多么重要,为政中必须重用贤臣。

孔子为政爱民、勤政惠民的思想意义重大,影响深远。孔子以这一思想为根本,在鲁国执政期间洗削更革,于是鲁国国富民强,社会安定;他以此治国理念教育弟子,培养了数名像子罕那样廉洁清正的官员,惠泽一方;这一思想还为后世学习和继承,造就了一代又一代的廉吏贤者。

孟子继承了孔子的选贤任能思想,认为统治者实现廉政的关键就是"贵德尊士,贤者有位,能者在职",特别重视贤德之人在国家建设中的作用,强调"不信仁贤则国空虚"。在考核任用官吏的时候,要"用人所长,详察而后可"。用人要用贤能的人,而且不能轻易任命,一定要有严格的考察程序,最终实现"尊贤使能,俊杰在位,则天下之士,皆悦而愿立于其朝矣"③。这样,可使贤能之人得到官职,施展本领造福百姓;那些没有贤能的人自然也就不能浑水摸鱼、滥竽充数了。此即用人的廉政,即任人唯贤,以德为先。

二、见利思义乃廉政之原则

在孔子的廉政思想体系中,义利关系是非常重要的内容。其认识和主张不仅集中体现着他对人性和人的价值取向的根本看法,也直接涉及治国方略和经济管理等诸多内容。见利思义、以义制利的义利观是清廉节俭的基础,为统治者防腐抗变提供了精神支柱,保证了廉政的贯彻执行。

---

① 《礼记正义》卷五十五《缁衣》,见《十三经注疏》下册,第1649页。
② 《礼记正义》卷五十五《缁衣》,见《十三经注疏》下册,第1649页。
③ 《孟子注疏》卷三《公孙丑上》,见《十三经注疏》下册,第2690页。

首先,孔子把义利问题当作道德评价的重要标准,以"义"和"利"来区分"君子"和"小人"。《素书》载:"义者,人之所宜。"《论语·里仁》载:"君子之于天下也,无适也,无莫也,义之与比。"什么叫"人之所宜"呢?孔颖达疏:"义者宜也,尊卑各有其礼,上下乃得其宜。"即人们要按照符合宗法等级制度中所处的地位和名分的礼来说话做事,各得其宜,就是"义",反之就是越礼,就是不义。《左传·成公二年》载:孔子说:"礼以行义。""礼"是人们行为的依据,符合"礼"的行为方为"义"。《左传·文公七年》载"义而行之,谓之德礼"也是此意。因而"义者,宜也",就是"义"作为人们行事的准则,反映了"仁"的要求并受到"礼"的规范。

在孔子那里,任何一种道德行为都出自"仁"。作为道德主体的"仁",必须通过一个中介进行转化才能表现出来,这个中介就是"义"。可以说,"义"自"仁"而出,不仁也就不义。韩愈说:"博爱之谓仁,行而宜之为义。"说明"义"是以"仁"为原则的。在孔子的心目中,所有德行虽然以"仁"为根源,但却表现在对"义"的直接践行上。《论语·卫灵公》载:子曰:"群居终日,言不及义,好行小慧,难矣哉!"孔子特别要求对"义"的直接践履,并认为言不及义的人只会看到小恩小惠,是很难教化的,此即"小人"。由此,孔子提出:"君子喻于义,小人喻于利。"①强调君子遇到事情的时候,更关注事情是否符合道义;而小人做事更关注利益,把个人的私利和贪欲作为出发点,很少关心国家和人民的利益。孔子强调为政者若要做好官,得民心,就要以"义"为标准要求自己,时刻反省自查,不断践行道义。

孔子一再强调统治者不能只为自己谋福利,更不能与民争利。为此,他在古之贤圣中抬出了"大禹":

禹,吾无间然矣。菲饮食而致孝乎鬼神,恶衣服而致美乎黻冕,卑宫室而尽力乎沟洫。禹,吾无间然矣。(《论语·泰伯》)

孔子认为禹是一位伟大的无可挑剔的君主。大禹生活简朴,敬畏鬼神,并把人民的福祉摆在首要的位置。他在这里强化"禹"的良苦用心,在于要

---

① 《论语注疏》卷四《里仁》,见《十三经注疏》下册,第2471页。

求统治者应该"义"己而"利"人。因此孔子说："君子喻于义,小人喻于利"。特别需要注意的是,这里所说的君子与小人,并非人格上的分野,而只是地位上的贵贱之分。《论语》中所称的"君子"并不都等于道德高尚的人,"小人"也并不都是卑鄙无耻的人。我们来看一个典型的例子:

> 樊迟请学稼。子曰:"吾不如老农。"请学为圃。曰:"吾不如老圃。"樊迟出。子曰:"小人哉!樊须也。上好礼,则民莫敢不敬;上好义,则民莫敢不服;上好信,则民莫敢不用情。夫如是,则四方之民,襁负其子而至矣。焉用稼!"(《论语·子路》)

许多人之所以把这段话当成孔子看不起农民的证据,是因为在这段话里孔子用了"小人"这个概念。孔子批评樊迟"小人哉",并不是骂樊迟"卑鄙无耻",而是认为樊迟可以通过学礼、学义、学信而成为身居上位的君子,但他现在却不这样做,作为老师的孔子对樊迟这个弟子有些失望,饱含着恨铁不成钢的意味。因此,"君子喻于义,小人喻于利"这句话中的"君子",并非指后来所谓"道德高尚的人",而是指"劳心者",即当时的统治阶级成员,包括来孔子这里学习统治道术的"士";"小人",也并非如后来专指"卑鄙无耻之人",而是指"劳力者",即被统治者盘剥的生产创造物质财富的劳动人民,包括平民和奴隶。用现在的话来说,君子就是统治阶级,小人是一般平民,与人格高低无关。孔子之所以把君子、小人这样对比,根本的出发点是在于告知统治者应该以义律己,以利待人,爱民惠民,才能国泰民安。

其次,孔子主张见利思义,不取不义之财,不贪不义之利。《论语》中说:"不义而富且贵,于我如浮云。"[①]符合"义"的财富才可以追求,反之,不符合"义"的财富,自己宁愿清贫也不去追逐,为了捍卫最高的道义甚至可以献出自己的生命。故在《论语》中,有诸多孔子抨击违背道义的季氏之记载:"季氏富于周公,而求也为之聚敛而附益之。子曰:'非吾徒也,小子鸣鼓而攻之

---

① 《论语注疏》卷七《述而》,见《十三经注疏》下册,第2482页。

可也。'"①季氏僭越君臣之礼,获取不义之财。孔子门下的冉求还帮季氏盘剥百姓,搜刮更多的不义之财。孔子对此非常不齿,不但严厉批评冉求,并要与其断绝师徒关系,还要所有弟子去声讨他,由此可见,孔子对不义之财坚决批判的态度。对于季氏这样的卿家贵族尚且如此,对于统治者,孔子有着更高的要求。他认为统治者不可征敛无度、贪赃枉法,更不能贪得无厌、欲壑难填,有些人之所以想要谋取不义之财,归根究底是因为对金钱权势的欲望过重。

孔子指出人之患在于欲望太多,欲多则无刚,"枨也欲,焉得刚"②,这就要求人们,尤其是为政者必须克制自己欲望的膨胀,勤俭清廉。在生活上,孔子崇尚朴素节俭,反对奢侈浪费,奉行量入为出的原则。相对于物质享受,孔子更注重精神上的富足:"君子食无求饱,居无求安,敏于事而慎于言,就有道而正焉。可谓好学也已。"③君子应追求道义,不断学习,充实精神世界,修正德行。孔子还主张培养俭德,克制奢靡享乐的欲望:"礼,与其奢也,宁俭;丧,与其易也,宁戚。"④可见礼应该讲求节俭、节用。倘若为政者能够用"礼"来指导政治,约束行为和欲望,增强"宁俭""宁戚"的思想觉悟,时刻谨记"克己复礼",就能够做到"欲而不贪"。反之,"若不度于礼,而贪冒无厌,则虽以田赋,将又不足"⑤。也就是说,一个人若不能以礼约束自我,就会变得贪婪,即便采取措施填补欲望也无法满足,导致欲壑难填。所以,孔子一再强调"克己复礼""以约失之者鲜矣"⑥,即以高尚的道义指引自己,以严格的礼仪约束自己,就可以使自己成为一个不犯错误、道德高尚的君子。

孔子没有从一般意义上去否定人的求利欲望和求利行为,但也不主张以追求个人私利为唯一目的。孔子意识到,如果这种追求完全依照个人欲望而不顾及他人和社会的利益,就会产生矛盾和冲突,影响社会的正常秩

① 《论语注疏》卷十一《先进》,见《十三经注疏》下册,第2499页。
② 《论语注疏》卷五《公冶长》,见《十三经注疏》下册,第2474页。
③ 《论语注疏》卷一《学而》,见《十三经注疏》下册,第2458页。
④ 《论语注疏》卷三《八佾》,见《十三经注疏》下册,第2468页。
⑤ 杨伯峻:《春秋左传注》,中华书局1990年版,第1668页。
⑥ 《论语注疏》卷四《里仁》,见《十三经注疏》下册,第2471页。

序,这也就是孔子所说的:"君子义以为上。君子有勇而无义为乱,小人有勇
而无义为盗。"①因此,孔子倡"仁"隆"礼",提出了"见利思义"的理性和道德
原则,建立了比较系统的义利观学说。

有一点需要说明的是,"见利思义"不同于所谓的"先义后利"。"见利思
义",是把"义"当作获取"利"的保障;而"先义后利",则是一种机械的教条,
在实际操作中,容易造成以"义"代"利",这在现实生活中明显是行不通的。
也就是说,在义利关系上,孔子的主导思想虽然是"见利思义",但他也强调
"义"与"利"的统一。但是"君子喻于义,小人喻于利"却给后世造成了"重义
轻利"的错误导向。这一导向本身虽然没有什么错误,但经过一些后人的片
面理解和强调,却产生了一定的负面影响。比如,孟子拜见梁惠王。梁惠王
说:"叟不远千里而来,亦将有以利吾国乎?"孟子一听到这个问题,就立马回
答说:"王何必曰利? 亦有仁义而已矣。"②荀子的"上重义,则义克利;上重
利,则利克义。故天子不言多少,诸侯不言利害,大夫不言得丧,士不言通货
财"③,等等。这些都说明孟子、荀子已经有了重义轻利的倾向。到了南宋时
期,理学的集大成者朱熹提倡"革尽人欲,复尽天理",心学大师王阳明也主
张"去人欲而存天理"。至此,"义"作为一种价值原则被提升到宇宙本体和
形而上学终极存在的高度,称为"天理","利"因"人欲"恶的性质而失去了存
在的合理性,这就从根本上否定了"利"存在的客观性和必要性。这些主张
和结论虽各有其具体内涵和指向,但这一路下来,"重义轻利"的价值取向得
以凸显,但同时儒家也给人留下了鄙视利欲的极端化印象。

当这种教条在经济思想领域占据了主导地位的时候,它便对经济、社会
的发展产生了严重的禁锢作用。这种影响的深度和广度是难以估量的。在
这个教条僵化思想的支配下,经济方面的创新思想、创新活动,都遭受了压
制,积极谋取财利的努力被看作是不义的、可鄙的行为。这对于经济思想的
发展和社会经济的进步都产生了极大的消极作用和不利影响。

最后,孔子主张积极谋取符合"义"的利益。在孔子看来,"义"与"利"是

① 《论语注疏》卷十七《阳货》,见《十三经注疏》下册,第 2526 页。
② 《孟子注疏》卷一《梁惠王上》,见《十三经注疏》下册,第 2670 页。
③ 王先谦:《荀子集解》,中华书局 1988 年版,第 596—597 页。

相生相成的,符合道义的"利",君子就应该积极获取,反之,如果是"不义之财",则必须坚决拒之。正如前面所论述的,虽然孔子一再强调"义",但这并不意味着他摒弃求利,他承认"利"是维护个体基本生存需要的工具。"富与贵,是人之所欲也……贫与贱,是人之所恶也"①,这句话非常生动地表达了孔子对人合理欲求的肯定。只是他所看重的是获利的方式,如"富而可求也,虽执鞭之士,吾亦为之"②,孔子的意思是在符合道义的前提下获得财富,即使做地位低下的粗鄙之事,也是可以的,此即我们平常所说的:"君子爱财取之有道。"由此可见,孔子认为君子要求利而不争利、贪利,必须使所得之利合乎"义"的标准。

当孔子听说有名的公叔文子并非如人们所传的"不取"私利,而是"义然后取",而且"人不厌其取"时,他深表赞许:"其然!岂其然乎!"因此,"义然后取"虽不是孔子本人的原话,却可以代表孔子的观点。

既然可以"义然后取",符合道义的,取之无妨,所以孔子主张人们应当主动地、积极地去谋求合于"义"的利。例如,在《吕氏春秋·察微》记载的"子贡赎人"的故事:

> 鲁国之法,鲁人为人臣妾于诸侯,有能赎之者,取金于府。子贡赎鲁人于诸侯而让其金。孔子曰:"赐失之矣!夫圣人之举事,可以移风易俗,而教导可施于百姓,非独适己之行也。今鲁国富者寡而贫者多,取其金则无损于行,不取其金,则不复赎人矣。"

按照当时鲁国法律规定,如果鲁国人在外国沦为奴隶,有人出钱把他们赎出来,就可以到国库中报销赎金。子贡有一次赎了一个在外国沦为奴隶的鲁国人,他认为做好事求回报不道德,因此拒绝了国家给予他的赎金。孔子知道后,批评子贡说:"端木赐,你这样做就不对了。你开了一个坏的先例,从今以后,鲁国人就不肯再替沦为奴隶的本国同胞赎身了。你收下国家给予你的赎金,不会损害你行为的价值;你不拿国家给予的赎金,却破坏了

---

① 《论语注疏》卷十四《宪问》,见《十三经注疏》下册,第 2512 页。
② 《论语注疏》卷七《述而》,见《十三经注疏》下册,第 2482 页。

鲁国的那条代偿赎金的好法律。"孔子非常明白,大多数人没有子贡那么雄厚的财力,无法不在乎这笔赎金,因为如果白白付出这笔赎金,他自己的生活就可能受到重大影响。而如果不能取回自己代付的赎金,即便看到鲁国人在外国沦为奴隶,有机会救同胞出火坑,大多数人也会放弃为本国同胞赎身。甚至于,即便有人有这个经济实力,不仅有机会,而且有能力付出赎金而不影响自己的生活,但由于并非所有的人都有子贡般高尚的道德水准,因此他也会因为付出赎金后无法收回,而放弃为本国同胞赎身。鲁国的这条代偿赎金的法律立意很好,它的目的是让每个人只要有机会,就可以惠而不费地做一件功德无量的大好事,因为自己在不损失任何利益的前提下,只需要付出同情心,就可以做到。"义"的目的不是让人们去做损己利人的重大牺牲,而是乐于做无损于己却有利于人的好事。但是子贡却把人人都能做到的"义",拔高到了大多数人无法企及的高度,最终使"义"的行为,变成"不义"的行为。因此,子贡因赎人却金之事遭到了老师孔子严厉的批评。

在《吕氏春秋·察微》里,与"子贡赎人却金"相反的另一则故事是"子路救人受牛":"子路拯溺者,其人拜之以牛,子路受之,孔子喜曰:'鲁人必多拯溺者矣。'"这个故事说的是子路救起一名落水者。那人为了感谢他,送给了他一头牛,子路收下了。孔子听了十分高兴,说:"这下子鲁国人一定会勇于救落水者了。"从这两个小故事我们可以看出,孔子认为"义"和"利"不是截然对立的两个观念,而是相生相成的包容关系。道德理念,必须遵循"有义之利"的原则,才会被人自觉遵守。

在现实生活中大多数人都会赞美子贡的行为,而且子贡这样的人在历朝历代都会成为我们的道德典范。而子路,虽然孔子很欣赏他,但事实上,这样的人极易成为道德批判的靶子。这与中国传统的义利观有很大关系。"君子不言利""君子之交淡如水""做好事不能要报酬"等变形的、异化的"义利关系",使得朋友、亲戚、同事之间往往羞于讲报酬、取报酬,觉得"谈钱伤感情"。这些理念,实际上都在阻碍着人与人之间的和谐相处。孔子提倡的是符合道义的利,该取时一定要取,否则不仅个人的合法利益受损,也会危害社会的安定和谐。其实如果我们提倡受助人应主动付报酬,助人者也应以接受报酬为荣,那么我们这个社会"英雄流血又流泪"的现象就会减少,而见义勇为,乐于助人的人和事就会越来越多。因为有"义"之利,人们必然会欣然为之。

"见利思义"作为传统价值观,是廉政的重要原则。人们容易误以为义与利在一定程度上是相互排斥的,实际上孔子一直都在倡导义与利的价值平衡。新时代廉政文化建设需要领导干部坚守为政清廉、见利思义的勤政为民思想,同时,还要尊重正当得利,促进义与利的有机结合,在把国家和人民的利益放在首位的前提下,追求符合道义的个人利益与进步是值得大力提倡的行为。

三、德刑相参乃廉政之手段

道德是孔子思想理论的重要内涵。以德治政,是中国古代的悠久传统,《尚书》记载:"德惟治,否德乱。"①孔子继承了这一传统学说,提出"德政"思想:"为政以德,譬如北辰,居其所而众星共之。"②认为从政者应当以"德"为基础,建立起一道坚固的廉治理性的防线。孔子提出的"为政以德",包含两方面。首先是对外的,孔子主张统治者应以"德"教化民众、使之顺服。所以他说:"道之以政,齐之以刑,民免而无耻;道之以德,齐之以礼,有耻且格。"③只有德政才能让众人信服,得到百姓的真心拥戴,做到上行下效,自觉自愿地保持良好的社会秩序。其次是对内的,指为政者自身应当培养良好的道德品行,"政者,正也。子帅以正,孰敢不正?"④从某种意义上说,为政者的品行是德政的重要因素,是能否践行以德施政、廉吏为民的根本。这就要求为政者必须将德内化于心、外化于行,即在自身修养的基础上把个人的道德实践外向化,进而扩展到现实的政治实践领域,去造福一方百姓,造福一个国家。如此执权行政,不仅可以保证政权的德性,同时还能保证为政者在复杂多变的政事中,坚守廉洁自律,勤政为民的原则,避免走上贪污腐败的歧途。

众所周知,生活在礼坏乐崩春秋乱世的孔子,是特别崇奉周礼的,一生都在为恢复周礼而奋斗。孔子认为,礼是用来奖赏贤者的。对待贤者,君主

---

① 李学勤主编:《十三经注疏·尚书正义》,北京大学出版社 1999 年版,第 213 页。
② 《论语注疏》卷二《为政》,见《十三经注疏》下册,第 2461 页。
③ 《论语注疏》卷二《为政》,见《十三经注疏》下册,第 2461 页。
④ 《论语注疏》卷十二《颜渊》,见《十三经注疏》下册,第 2504 页。

只有尊重其人格,维护其尊严,真诚以礼相待,才会赢得众多贤者的归附;而对待不肖者,由于其道德素养较低,礼义制度已经无法起到约束作用,必须采取强制性的刑罚手段加以规范。也就是说,"礼"作为道德行为实践的外在规范,需通过每个独立的主体自身结合外在的法律政令发挥作用,而法律政令的外在强制性特点,恰好可以弥补"礼"的这一不足。因而,在"明礼义以化之"的基础上,还必须发挥人的主体意识,"起法正以治之,重刑罚以禁之,使天下皆出于治、合于善也"①。即要达到治国安邦、社会有序、移风易俗、美善相乐,有必要在以"礼"作为主要外在道德行为规范的基础上,再辅之以刑罚政令,并使二者有机结合,相辅相成,则可有效增强道德行为规范的外在约束力度,加速道德修养美化的进程。

怀有强烈忧患意识的孔子深刻意识到:芸芸众生,有君子,也有小人。而仅仅依靠"德""礼"之教化来统治民众是靠不住的,反而会使小人误以为君子软弱,从而变得难以驯服,所以,孔子主张"君子怀德……君子怀刑"②,即君子既要怀德又要怀刑,施行刑政相参,宽猛并济的治国路径。正如《孔子家语》所载:"圣人治化,必刑政相参焉。太上以德教民,而以礼齐之。其次以政言导民,以刑禁之。"③以教化为主,把内在的教化与外在的刑法结合起来,如此才能更好地进行治国理政,更有效地维护政权机构的正常运行。比如对"化之弗变,导之弗从,伤义以败俗"④的贪官污吏,一定要用刑罚加以惩治,这样就能起到震慑作用,以儆效尤,减少违法犯罪行为。

孔子担任司寇一职后,首先诛杀大夫少正卯,给当时的人们以极大的冲击,从而使孔子秉公执法的清正名声人尽皆知,众人皆安分守己,不敢造次。尽管当时的历史条件下有"刑不上大夫"的明文规定,但若危及社会安定、危害国家统治,必要的时候必须用刑罚的手段来整肃政权。一个健康有力的政权,决不纵容居心叵测之人,坚决遏制贪赃枉法之徒,唯此才能保证政府机关与社会关系的和谐稳定。

---

① 《荀子集解》,第 520 页。
② 《论语注疏》卷四《里仁》,见《十三经注疏》下册,第 2471 页。
③ 《孔子家语校注》,第 406 页。
④ 《孔子家语校注》,第 636 页。

尽管孔子多言仁、义，主张大义、德政，但是其刑政建设思想同样为现代的廉政法治建设提供了借鉴意义。当下，许多违法乱纪、贪污腐化的官员，营私舞弊，权势滔天，主要是因为思想腐败，轻视法律。所以面对这种腐败分子，需要借鉴孔子德刑相参的思想，既要规整教化民众之思想，又要用刑罚来威慑、制裁贪赃枉法之行为，这样才能维护社会的安定和谐和长治久安。

总之，孔子的廉政思想是孔子思想的重要组成部分，对孔子的廉政思想进行创造性转化和创新性发展，尚"德"慎"得"，发掘其廉政思想的当代意涵与现代价值，是推动我国社会主义廉政建设、丰富马克思主义中国化的时代要求，也是夯实传统文化根基和弘扬传统廉政文化的时代呼唤。孔子"为政爱民"的主张是其廉政思想的政治基础，这要求为政者必须修养"廉德"，为百姓而"廉"，进而为国家而"廉"，最终的落脚点就是为了人民大众；孔子"见利思义"的主张是其廉政思想的坚守原则，这要求为政者正确平衡"义"与"利"的关系，应以大义为重，在遵循"义"的前提下追求利益，在义与利发生冲突时要"先义后利"；孔子"德刑相参"的主张是其廉政思想的有效实现路径，这要求为政者不可触碰"法"的红线，克己复礼，以"法""礼"节制自己的欲望，将欲望控制在合法合理的范围之内。

在当下的廉政建设过程中，我们要不断加强对反腐机制的建立与完善，将"廉德"贯穿于为官者的聘用、考核、评价、监督等各个环节之中，以此来规范从政者的行政活动，促使其廉洁从政，勤政为民。"党的性质和宗旨决定了人民性是廉政思想的根本特征，也是其价值考量，更是中国共产党在发展历程中逐渐发展成熟并坚守的根本准则。"[1]正如习近平总书记所强调的："要加强反腐倡廉法规制度建设，把法规制度建设贯穿到反腐倡廉各个领域、落实到制约和监督权力各个方面，发挥法规制度的激励约束作用，推动形成不敢腐不能腐不想腐的有效机制。"[2]而孔子的廉政思想为新时代的廉政建设提供了重要思想资源和智慧支持。

---

① 秦正为：《人民性：中国共产党廉政思想的根本特征和价值考量》，《扬州大学学报》（人文社会科学版）2013 年第 5 期。

② 习近平：《习近平在中共中央政治局第二十四次集体学习时强调 加强反腐倡廉法规制度建设 让法规制度的力量充分释放》，《人民日报》2015 年 6 月 28 日。

"为政以德"的思想内涵及当代价值

中国社会科学院当代中国研究所副研究员

牛冠恒

党的十八大以来,习近平总书记在讲话中曾多次强调"为政以德"的治国理念,如 2023 年 6 月 2 日,习近平总书记在文化传承发展座谈会上发表重要讲话时强调:"中华优秀传统文化有很多重要元素,比如,天下为公、天下大同的社会理想,民为邦本、为政以德的治理思想……共同塑造出中华文明的突出特性。"①"为政以德"是孔子提出的一种治国理政思想,语出《论语·为政》:"子曰:'为政以德,譬如北辰,居其所,而众星共(拱)之。'""为政以德"既是孔子对以往历史治理经验的总结,也是孔子对当下和未来理想政治的一种向往,准确把握"为政以德"的思想内涵,对于我们今天治国理政,仍然具有重要的借鉴意义。

一、孔子何以提出"为政以德"

要想准确把握"为政以德"的思想内涵,就必须了解孔子为什么会提出"为政以德",这需要准确分析"德"字的含义。

甲骨文与金文的"㠯",字形像耕地用的农具,"以"像人在使用"㠯",所以"以"的本意是用、使用,"为政以德"其实就是"为政用德",意思是治国理政要用"德"。

"德"有广狭二义,广义之德泛指人的一切素养,狭义之德专指人的好品性、好操守。甲骨文中已有"德"字,其字形为 ⿰彳 ,左边为"彳",右边是目上一竖(古直字),它的本义是登、升,《说文解字·彳部》:"德,升也。"清代学者段

---

① 习近平:《在文化传承发展座谈会上的讲话》,《求是》2023 年 17 期。

玉裁在《说文解字注》中给出了具体例证："今俗谓用力徙前曰德,古语也。"①

人类用力前行,逐渐意识到德的重要。殷商时期,德尚无道德之含义,殷商的统治者也并不尚德。根据传世文献记载,殷商属于典型的宗教性质的国家,《礼记·表记》就曾明确记载:"殷人尊神,率民以事神,先鬼而后礼。"意思是殷商的统治者尊崇神灵,他们带领民众去孝敬侍奉神灵,将鬼神之事放在首位,而将礼仪之事放在次要的位置,也就是重视鬼神(宗教)而轻视礼仪(文化)。此外,殷商统治者为了论证其统治的合法性,还宣扬天命说,认为社会和自然的最高主宰是"帝"或"上帝",商王是"帝"或"上帝"的儿子,商王朝的政权是"帝"或"上帝"赐予他们的,是永恒的,因此,他们便要时时向"上帝"和祖先"致孝"也就是祭祀,以便能够得到"帝"或"上帝"的庇佑。

殷商末期,商纣王无道,只知孝敬"帝"或"上帝",遇事也只会向"帝"或"上帝"请示,却不顾百姓的死活,"以酒为池,县(悬)肉为林,使男女倮(裸)相逐其间,为长夜之饮"(《史记·殷本纪》),最终激起了各地民众的反抗。公元前 1046 年,周武王姬发率兵讨伐商纣王,进抵离殷商都城不远的牧野,抵御他们的商军多是临时才被征召起来的奴隶,他们平日早已受够了商纣王的奴役,"皆倒兵以战,以开武王"(《史记·周本纪》),商纣王失败自焚,殷商灭亡,但商纣王临死之前,却仍然不知道为何而亡,反而感叹:"我生不有命在天乎!"(《史记·殷本纪》)

周革商命,宣告了殷商宣扬的天命说的破产。周朝的统治者出于维护统治的需要,于是总结历史经验,提出了"以德配天"和"敬天保民"的理论,认为殷商之所以灭亡,是因为"不敬厥德,乃早坠厥命"(《尚书·召诰》),并认识到天命靡常,光靠天命,不足以确保长久的统治,还需要"敬德","皇天无亲,惟德是辅"(《尚书·蔡仲之命》),"王其疾敬德,王其德之用,祈天永命"(《尚书·召诰》)。同时,周人通过殷商的灭亡,还意识到人民在历史发展中的巨大作用,明确提出了"民之所欲,天必从之","天视自我民视,天听自我民听"(《尚书·泰誓》)等民本思想,将天命与民意融为一体。商周之际,中国文化发生了两个重大转向:一是从宗教信仰转向了文化信仰,二是从神本转向了民本。

---

① 段玉裁:《说文解字注》,中华书局 2013 年版,第 76 页。

基于"以德配天"的德治观念和"敬天保民"的民本思想,周人明确提出了"敬德保民"的治国纲领。所谓"敬德",就是执政者要修德、明德,加强自身的品德修养,努力完善自我道德,事事依礼而行,自觉遵守社会行为规范。"为政以德"便源于周人的"敬德保民"思想,孔子所处的春秋时期,天下大乱,礼坏乐崩,孔子周游列国,发现执政的统治者都普遍不再遵行周初奠定的"敬德保民"理念,转而崇尚武力,滥用刑罚,于是他便提出"为政以德"的治国理念。

二、"为政以德"的思想内涵

(一)"为政以德"的对象是君子

首先要明确的是,孔子强调"为政以德"的对象是何人?孔子只说"为政以德",从古汉语语法上来说,很明显,前面省略了一个主语,而这个主语就是"为政以德"所要指向的对象,根据对《论语》全文的疏解,这个被省略的主语就是"君子",而"君子"在当时有特定的含义,主要指有地位的统治者,孔子培养弟子,也是要培养他们成为有能力、有地位、有道德的君子,通过他们治国理政,来改变当时的乱世局面。

从"为政"的词义分析,"为"是治理的意思,《小尔雅·广诂》:"为,治也。""政"是政事的意思。在先秦,人们多用单音节词,我们现在用的"政事"一词,是同义连用,表示政治,"政"有政治、政事意,如《尚书·洪范》记载:"八政:一曰食,二曰货,三曰祀,四曰司空,五曰司徒,六曰司寇,七曰宾,八曰师。""事"也有事情、政事的意思,如《论语·八佾》:"子入太庙,每事问。"政与事虽然都表示政事,但二者有细微差别,在君为政,在臣为事,也就是政是对君而言的,事是对臣而言的。很显然,"为政"是对君主而言的,即君主处理政事或者君主治国理政。

从比喻的效果来看,孔子主张"为政以德",在谈到"为政以德"的效果时,孔子用了一个比喻:"譬如北辰,居其所,而众星共(拱)之。"北辰就是北极星,它是天空北部的一颗亮星,距天球北极很近,差不多正对着地轴,从地球上看,它的位置几乎不变,人们可以靠它来辨别方向,古人把它当成天之最尊星,常用来比喻帝王,后人也以"拱辰"来比喻四方归向,"四方归向"是"为政以德"的结果,这说明它的实施者不是一般人,而是统治者,是君王,是古之君子。

(二)"为政以德"的要求是"无为"

为政以德是对君子也就是为政者提出的要求,孔子为"为政以德"打的比喻"譬如北辰,居其所,而众星(共)拱之",就是要告诫"为政以德"的君子,要像北极星那样一动不动,恭处在他的位置上而已,这种为政方式就是"无为"。《论语·卫灵公》篇记载孔子另外一句类似的话:"无为而治者,其舜也与! 夫何为哉? 恭己正南面而已矣。"孔子赞扬历史上的圣人舜能够做到自己无所为而使天下得治理,在孔子看来,舜并不是什么事也没有做,而是庄重地坐在他的君位上。"恭己正南面"就是舜的"为",这种"为",在孔子看来,就是"无为",就是"为政以德"的另外一种表述。

"为政以德"要求执政者要"无为","无为"并不是不为,而是要求执政者不要对民众乱为,转而要加强自身的道德修养,也就是像舜那样"恭己正南面"。春秋时期,统治者普遍无德但却又喜欢乱为,因此孔子才通过赞赏古代圣人舜的"无为而治"来告诫当时的为政者不要乱为,要注重个人道德修养,从而像舜那样实现"无为而治"。为政者如何通过加强自身的道德修养而实现"无为"呢? 主要有以下几个方面。

一是好礼。孔子曾说:"上好礼,则民莫敢不敬。"(《论语·子路》)意思是为政者重视礼仪,百姓就会对为政者心存敬畏。礼是中国古代重要伦理范畴,《说文·示部》:"礼,履也,所以事神敬福也。"礼是古代建立在等级制度基础上的社会规范和道德规范,由古代对上天、先祖的祭祀仪式演变而来,反映并维护着当时的宗法等级制度。在当时,礼包含法,律出于礼,孔子认为,为政者做到以礼律己,以礼行事,比如对待父母,"生,事之以礼,死,葬之以礼,祭之以礼"(《论语·为政》),民众自然就会被感化,懂得羞耻之心,从而不再犯罪。因此,当孔子的弟子颜回向孔子请教如何才能做到仁时,孔子回答:"克己复礼,为仁。"(《论语·颜渊》)"克己复礼"的"复",本义是通往穴居之外的通道,引申为来回行走,这里指实践、履行,在孔子看来,为政者约束自己,以礼行事,就能做到仁。"克己复礼"就是"无为"和"为政以德"的具体表述。

二是好义。孔子曾说:"上好义,则民莫敢不服。"(《论语·子路》)意思是为政者遵守道义,民众就会自觉服从。义是中国古代重要伦理范畴,最早见于甲骨文和金器铭文中,《说文·我部》:"义,己之威仪也。"义(義)字从我从羊,原有己之威仪、美善、适宜之意,后来逐渐成为表示"应该"的道德准则和规范之总称。孔子提倡君子行义,认为"君子义以为质"(《论语·卫灵公》),"君子义以为上"(《论语·阳货》),"君子之于天下也,无适也,无莫也,义之与比"(《论语·里仁》),"质直而好义"(《论语·颜渊》)。

三是好信。孔子曾说:"上好信,则民莫敢不用情。"(《论语·子路》)意思是为政者对百姓诚实不欺,百姓就不敢对为政者隐瞒实情。信是中国古代重要伦理范畴,《说文·言部》:"信,诚也。"信是会意字,人言为信,人说出的话诚实不欺,就是信。孔子认为"信"是君子立身行事的根本,认为"人而无信,不知其可也"(《论语·为政》),也是君子与人交友的根本之道,主张"与朋友交,言而有信"(《论语·学而》),更是君子立国执政的根本,强调"民无信不立"(《论语·颜渊》)、"信则人任焉"(《论语·阳货》),因此执政的君子要"信而后劳其民"(《论语·子张》)。

四是不贪。孔子曾说君子要"欲而不贪","欲仁,而得仁,又焉贪"?(《论语·尧曰》)意思是为政者要努力追求仁爱,关爱天下百姓,努力让他们过上安稳舒适的日子,而不要去追求钱财。在当时,各级统治者要么有一定的食邑,要么有固定的俸禄,衣食无忧,基本不会再为生计发愁,因此孔子认为为政的君子要关注道义,不要再像普通人那样而关注小利,更不要再去与民众争利。如果为政的君子整天不是想着如何治国理政,让民众过上好日子,而是想着如何发财,那么民众也就会跟着去逐利,甚至会出现偷盗,鲁国执政者季康子担忧民众偷窃,就向孔子请教对策,孔子回答说:"苟子之不欲,虽赏之不窃。"(《论语·颜渊》)意思是假若为政者不贪求财物,就是奖励民众偷窃,也不会有人去偷窃。

(三)"为政以德"的目的是安民

在孔子看来,在位的为政者做到了好礼、好义、好信和不贪,就能让"四方之民,襁负其子而至矣"(《论语·子路》),也就是各地的百姓,就会背着小孩前来投奔,甘愿做他的国民,"四方之民,襁负其子而至矣"是"譬如北辰,居其所,而众星共(拱)之"在人世间的真实写照,它形象地描述了"为政以德"达到的实际效果。争夺民众,得到民众的拥护,进而提高自己国家的实力,是当时各国为政者普遍追求的目标,"为政以德"的最终还是为了安民。

《论语·宪问》记载:孔子弟子子路曾经向孔子请教如何做一名合格的君子也就是为政者,孔子的回答很简单:"修己以敬。"意思是努力加强自我修养,"修己以敬"也即"为政以德",也即"无为而治",也即"克己复礼"。在孔子看来,为政的君子能做到"修己以敬",就能进而"修己以安人""修己以安百姓"。"安人""安百姓"是为政者"修己"的终极指向,"安人""安百姓"就是"安民",它既是"为政以德"的实际内容,也是"为政以德"的最终目的。所谓"安民",便是施恩惠于民众,即《论语·雍也》篇中所说的"博施于民,而能济众",也即孔子所说的"仁",如何安民?孔子在《论语》中给出了答案。

一是富民。安民首先要保证民众的基本生活需求,让民众吃饱饭,即"足食"。孔子弟子子贡向孔子请教政事,孔子回答:"足食,足兵,民信之矣。"(《论语·颜渊》)在足食的基础上,要进一步"富民"。孔子带领弟子前往卫国,感叹卫国人口众多,为他驾车的弟子冉有向孔子请教,这里已经人口众多,下一步该做什么?孔子回答说:"富之。"意思就是想法让民众富裕。如何让民众"足食"甚至富裕起来?孔子认为首先要爱惜民力,"使民以时"(《论语·学而》),要求为政者不滥用民力,及时保证农时的需要,不耽误他们从事农业生产。其次还要"因民之所利,而利之"(《论语·尧曰》),提倡顺应民众的利益,通过发展生产和减轻民众的劳役和赋税来使民众富裕。

二是教民。安民不光要让民众物质上得到满足,也要努力提高民众的道德。孔子认为,民众富裕了以后,为政者要对民众进行人伦道德教化,这就是孔子"富而后教"的思想。孔子弟子冉有问孔子:"民众富裕后,又该怎么办呢?"孔子回答:"教之。"意思是对民众实施教化,提高民众的道德修养和文化知识水平。"富而后教"的思想,正确反映了包括道德在内的教育发展与社会经济发展的关系,它在中国教育思想、政治思想和伦理思想发展史上都占有重要的地位,对后世产生了深远的影响。

三是慎刑。安民必然要求为政者关爱民众,不滥用刑罚。孔子认为,好的为政者还应该慎刑,"胜残去杀"(《论语·子路》),也就是要能够制服残暴,放弃刑杀。如果不对民众进行教化,让民众"无所措手足",不知道该怎么办,从而犯了法,然后却对他们实施刑罚甚至杀戮,在孔子看来,这是"不教而杀,谓之虐"(《论语·尧曰》)。鲁国的当权者季康子曾问政于孔子:"如杀无道,以就有道,何如?"季康子自己本就无道,却还想着通过杀戮来维持统治,因此孔子劝他:"子为政,焉用杀?子欲善,而民善矣。君子之德风,小人之德草,草上之风必偃。"(《论语·颜渊》)意思就是为政者只要有德,民众就会跟着为政者学好向善,用不着再去杀戮。

三、"为政以德"的当代价值

(一)重视法治,坚持依法治国和以德治国相结合

"为政以德"的前提是有法可依,在法治的基础上强调德治,德治才具有现实性。孔子虽然提倡"为政为德",但并没有因此就排斥"法治",孔子所说的"为政以德",只是对为政者提出的一种更高道德要求,并不是针对全体人民而言的,而社会的运行,不光要靠为政者有德,还必须有法的保障。《尚书·周官》篇就强调:"制治于未乱,保邦于未危。"强调在国家没有产生动乱之前,就订立各种法令制度进行治理。孔子也曾说"礼乐不兴,则刑罚不中;刑罚不中,则民无所措手足"(《论语·子路》),意思是国家的礼乐制度不能建立,处罚民众就不会得当,处罚不得当,民众就不知该怎么办,只有刑罚得当,才能保障社会的有序运行。

孔子之后,很多思想家也都认为德和法都是治国所必需的,主张"礼法合治""德主刑辅"。孟子提出"徒善不足以为政,徒法不能以自行"(《孟子·离娄上》),荀子主张"隆礼重法",强调"治之经,礼与刑"(《荀子·成相》),"隆礼至法,则国有常"(《荀子·王道》),汉代董仲舒则认为"天道之大者在阴阳,阳为德,阴为刑"(《汉书·董仲舒传》),《汉书·刑法志》也说:"制礼以崇敬,作刑以明威。"从汉代开始到宋元明清时期,中国历史上一直延续德与法相结合的治国之道。

法律是成文的道德,道德是内心的法律,德治虽然能对民众进行道德引导,让民众在生活中有所遵循、形成良好社会风气,但其施行的前提是社会

有一定的法治保证,法治能够保证在少数人突破法律底线后采用强制手段,从而保证德治更好地施行。改革开放以来,党和国家逐渐意识到法治与德治同等重要,走上一条依法治国和以德治国相结合的道路。2016 年 12 月 9日,习近平总书记在主持中央政治局第三十七次集体学习时指出:"改革开放以来,我们深刻总结我国社会主义法治建设的成功经验和深刻教训,把依法治国确定为党领导人民治理国家的基本方略,把依法执政确定为党治国理政的基本方式,走出了一条中国特色社会主义法治道路。这条道路的一个鲜明特点,就是坚持依法治国和以德治国相结合,强调法治和德治两手抓、两手都要硬。"①

法治和德治,犹如车之两轮、鸟之双翼,同等重要,不可偏废,在治国理政的具体实践中,需要两手都要抓,两手都要硬,这既是对中国以往历史经验的高度总结,也是对当今治国理政规律的深刻把握。治国理政需要法律和道德协同发力,不能因为中国历史上强调"为政以德",就认为德更重要,从而忽视法治,也不能因为当今社会重视法治,就忽略道德,忽视德治,既要以法治承载道德理念,发挥法治对道德建设的保障和促进作用,同时也以道德涵养法治精神,强化道德对法治文化的支撑作用,通过加强道德建设来促进人们自觉遵守社会道德,进而提高人们的法治观念。

(二)不忘初心,坚持道路自信,坚定不移走中国式现代化道路

"为政以德"是孔子基于"以德配天"的德治观念和"敬天保民"的民本思想而提出的治国理念,这种治国理念,首先源于周朝建立者的成功经验。周初建立者在深刻总结殷商亡国历史经验的基础上,果断改变了殷商重鬼神而轻民众的治国理念,要求执政者敬德保民,明德慎罚。西周初年,执政的周成王和周康王相继推行贯彻这种治国理念,形成了"成康之际,天下安宁,刑错四十余年不用"(《史记·周本纪》)的繁荣昌盛之时期,被后世史家称之为"成康之治"。然而到了西周末年,在位的周幽王和周厉王却抛弃周初敬德保民的治国理念,为政严酷,滥用刑罚,不顾民众死活,最终导致西周灭

---

① 《习近平在中共中央政治局第三十七次集体学习时强调 坚持依法治国和以德治国相结合 推进国家治理体系和治理能力现代化》,《人民日报》2016 年 12 月 11 日。

亡。进入春秋时期，天下大乱，为政者基本都不再遵行周初敬德保民的治国理念，转而崇尚武力，以智力相雄长，由于战争不断，百姓流离失所，他们渴望过上安稳的生活。孔子总结历史与现实正反两方面的治国理政经验，确信周初敬德保民的治国理政道路是正确的，希望当时的为政者能够"为政以德"，并不是要另辟新道，而是要重回周初敬德保民的正确道路，这条道路也被后世无数为政者证明是正确的。

人民是历史的创造者，也是真正的英雄，"为政以德"的目的是安民，让人民过上安稳的生活，中国共产党的初心和使命就是为中国人民谋幸福，为中华民族谋复兴。"人民对美好生活的向往，就是我们的奋斗目标"①，100余年以来，中国共产党人领导中国人民成功开辟了中国式现代化道路，实践充分证明，中国式现代化道路是完全符合中国国情的道路，是反映中国人民意愿、适应时代发展要求的道路，是实现社会主义现代化、创造人民美好生活的必由之路，是实现中华民族伟大复兴的必由之路。习近平总书记曾强调："治大国若烹小鲜，大国政贵有恒，不能朝令夕改，不要折腾。"②在前进道路上，我们要坚定道路自信，既不走封闭僵化的老路，也不走改旗易帜的邪路，而是坚持以中国式现代化全面推进中华民族伟大复兴。

（三）重视官德，必须牢牢抓住领导干部这个"关键少数"

鲁国执政者季康子曾问政于孔子，孔子回答说："政者，正也。子帅以正，孰敢不正？"（《论语·颜渊》）"政者，正也"也是要求为政者要"为政以德"，正人先正己，以上率下。在中国历史上，许多思想家和政治家都把官吏道德看成是事关国家兴亡的重大问题，并且也写了不少关于官德的著作，他们虽然夸大了官吏道德的决定作用，但他们高度重视官吏道德对国家兴衰成败、长治久安作用的思想，却值得我们今天治国理政时借鉴。孙中山曾说："政党之发展，不在乎一时势力之强弱，以为进退，全视乎党人智能道德

---

① 习近平：《人民对美好生活的向往，就是我们的奋斗目标》，《十八大以来重要文献选编》（上），中央文献出版社2014年版，第70页。
② 习近平：《改革开放永无止境》，《习近平著作选读》（第一卷），人民出版社2023年版，第68页。

之高下,以定结果之胜负。使政党之声势虽大,而党员之智能道德低下,内容腐败,安知不由盛而衰?若能养蓄政党应有之智能道德,即使势力薄弱,亦有发达之一日。"①

为政之要,唯在得人,治国理政,关键在人,治国理政必须抓住领导干部这个"关键少数",因为各级领导干部处于国家政权承上启下的中间位置,他们守法与否、道德品质的好坏,直接影响到国家政权的安危和人民生活的好坏。历史实践证明:清官良吏多时,社会就能相对安定,生产就能相对发展,人民就能过上相对好的日子,相反,贪官污吏多时,社会多会动荡不安,生产也会陷于停滞不前,人民也不会过上安稳的生活。因此,各级领导干部在治国理政中应发挥关键作用,要带头遵德守法。2017年1月6日,习近平总书记在第十八届中央纪律检查委员会第七次全体会议上讲话时特意叮嘱各级领导干部:"要善于运用中华优秀传统文化中凝结的哲学思想、人文精神、道德理念来明是非、辨善恶、知廉耻,自觉做为政以德、正心修身的模范。"②领导干部首先要带头立政德、明大德、守公德、严私德,自觉践行社会主义核心价值观,要把加强道德修养、增强道德力量作为人生重要的必修课,同时还要带头尊崇法治、敬畏法律、严守党纪,提升法治思维能力,积极做遵守党规国法的模范。2023年8月,中共中央办公厅、国务院办公厅印发了《关于建立领导干部应知应会党内法规和国家法律清单制度的意见》,其目的就是推动领导干部带头尊规学规守规用规,带头尊法学法,增强领导干部的法治观念,提升领导干部的法治思维能力。

---

① 孙中山:《在上海国民党恳亲会的演说》,《孙中山全集》(第三卷),人民出版社2017年版,第2页。

② 《习近平关于社会主义文化建设论述摘编》,中央文献出版社2017年版,第149页。

为圣的路径

——孟子廉政养成的主要方式

尼山世界儒学中心孟子研究院副研究员

刘　奎

"劳心者治人,劳力者治于人;治于人者食人,治人者食于人。"(《孟子·滕文公上》)在孟子看来,社会自有分工,君子劳心,小人劳力,各司其职,各得其乐。对他来说,廉政的养成主体只能是君子,也就是知识分子群体。荀子对此亦抱有相同的看法:"治生乎君子,乱生乎小人。"(《荀子·王制》)而《论语》所说:"舜有臣五人,而天下治。"(《论语·泰伯》)君主能够无为而治,享有天下,正是因为有贤良辅助。孟子的自我期许非常高,"夫天,未欲平治天下也;如欲平治天下,当今之世,舍我其谁也?"(《孟子·公孙丑下》)显然,廉政的实现必然依赖于君子,因为执政者的个人好坏直接影响政治运行的实际效果。荀子说:"有治人,无治法。"(《荀子·君道》)大概即是此意。孟子强调"四端",将之视作人性善的始因,若是人人都可以将自己的善端加以扩充,推己及人,以此成就善德,进而达到善治。当然,这些都离不开君子对自我操守的坚持,对自我人格的养成,对理想政治的不懈追求。在儒家看来,廉政的养成,最终依靠的是君子,而非小人。也就是说,按照权责一致的原则,官员所处职位越高,掌握权力越大,越须要加强自我的道德约束,越不能放松对自我的政治要求。而对君子来说,从善端之生发到善德之推广,再到善政实现,显然并非一朝一夕之功。为此,孟子提出了一套完整的修养路径。

一、效法尧舜:孟子廉政养成的理想范式

"孟子道性善,言必称尧舜。"(《孟子·滕文公上》)在孟子看来,尧舜是践行性善之说的理想人物,显示了他对理想政治的最高期许。因此,君臣关

系是儒家政治上层建筑的核心。而他称颂尧舜的内容，主要就是针对君臣关系而展开的。"欲为君尽君道，欲为臣尽臣道，二者皆法尧舜而已矣。不以舜之所以事尧事君，不敬其君者也；不以尧之所以治民，贼其民者也。"（《孟子·离娄上》）对君主来说，践行尧舜之道即是施行仁政。因此，他才会说："尧舜之道，不以仁政，不能平治天下。"而对臣子来说，践行尧舜之道即是致君尧舜，尧舜作为君臣共治的楷模，臣子要努力成就君主之德，从而使君主成为如尧舜一样的圣王。"责难于君谓之恭，陈善闭邪谓之敬，吾君不能谓之贼。"也就说，如果一个臣子，认为自己侍奉的君主不能成为尧舜，那就是贪图富贵的"贼"，就不能算作一个合格的臣子。因此，他对鲁国任用慎子为将表示批评，"不教民而用之，谓之殃民。殃民者，不容于尧舜之世。"（《孟子·告子上》）认为当时诸侯以征伐为务，是戕害百姓，罪不容诛。

首先，普遍存在的尧舜之性证成廉政之本然。"人皆可以为尧舜。"（《孟子·告子下》）在孟子看来，每个人皆有机会成为尧舜，这是因为人普遍存在善性。明人王守仁说："圣人之道，吾性自足。"即是承续孟子而来。在孟子眼中，"圣人与我同类"（《孟子·告子上》），承认个体生命普遍秉持善性和善端。若个体生命能发挥和扩充此"善"，便可实现"凡"与"圣"之间的跨越。因此，孟子将"麒麟和走兽""凤凰和飞鸟""泰山和丘垤""河海和行潦""圣人和民"等并列放在一起，做比较性说明：虽然"凡"与"圣"表面上看似两个境界，不可同日而语，但在同乎为人的本质上是一样的。从共性上看，人类天生所持有的口耳目鼻之欲皆同，但却不能视其为根本属性。口耳目鼻之欲的满足是人的天性使然，却有命运的成分在里面，但君子不将它视作性；仁义礼智等德性属于命运，但也是天性使然，然君子不以命运为借口而不去顺从天性。即个体生命应将德性当作"性"，而不是把"圣人与我同类"的"类性"（生物本能）当作"性"。然而，"类性""圣性"并非截然两分，个体只要愿意，完全可将"口耳目鼻之性"转化为"仁义礼智之性"。因此，廉政要求执政者必须通过共情，将口耳目鼻之欲，推己及人，实施仁政，如圣人一样将"悦刍豢"变成"悦理义"，"服尧之服，诵尧之言，行尧之行"（《孟子·告子下》），同样可以成为"圣人"，即尧舜。因此，他才会说："何以异于人哉？尧舜与人同耳。"（《孟子·离娄下》）显示了尧舜之性的普遍性，证成了廉政的本然性。

其次，君子行尧舜之道证成廉政之应然。孟子曰："离娄之明，公输子之巧，不以规矩，不能成方圆；师旷之聪，不以六律，不能正五音；尧舜之道，不以仁政，不能平治天下。"（《孟子·离娄上》）在孟子看来，离娄、公输子作为工匠，需要以规矩为尺度进行制作；师旷作为乐师，需要以六律作为标准进行创作；而尧舜作为圣王，需要以仁政为样本，才可以平治天下。显然，尧舜是后世执政者学习的楷模，那么他们必然也是廉政的效仿对象。何为尧舜之道？在孟子看来，"当尧之时，水逆行泛滥于中国，蛇龙居之，民无所定，下者为巢，上者为营窟"（《孟子·滕文公下》）。尧舜以一种极为强烈的使命感与责任感，首先将民众从一种失序无助的状态中解救出来，体现了尧舜的仁心、爱心、同情之心。在此心之下，仁政得以推行，廉政得以养成。但孟子对廉政的要求，并非"无政府主义"。他对税收的观点，反映了他对廉政的一种态度。当作为经济学家的白圭向其炫耀，欲推行"二十税一"的时候，他明确对此表示反对。在他看来，像貉这样的少数民族，"五谷不生，惟黍生之。无城郭、宫室、宗庙、祭祀之礼，无诸侯币帛饔飧，无百官有司"，实行"二十税一"是可以的。但这并不适合中国的国情，"轻之于尧舜之道者，大貉小貉也；欲重之于尧舜之道者，大桀小桀也。"（《孟子·告子下》）即"二十税一"无法满足华夏各国推行礼乐秩序的需要。这实际上，对廉政提出了更高的要求。因为只有维持一个廉洁高效的政府，才能真正保证税收能"取之于民"，然后"用之于民"。由此，对执政者来说，要践行尧舜之道，需要以廉政作为呼应和内在要求。

最后，士人致君尧舜证成廉政之必然。孟子以践行仁义为标准来评价历史上的君主，认为："尧舜，性之也；汤武，身之也；五霸，假之也。久假而不归，恶知其非有也。"（《孟子·尽心上》）在此，尧舜性之，由仁义行，为第一等；汤武身之，切实行仁义，为第二等；五霸假仁之，借仁义之名，为最次一等。孟子将尧舜视为理性人格，推崇"由仁义行，非行仁义也"（《孟子·离娄下》）。虽然尧舜之性具有普遍性，但是能有条件成为尧舜的是诸侯和国君。对知识分子来说，致君尧舜为最高的精神追求。因此，在一次与景子的对话中，孟子以致君尧舜自任，认为与时人的阿谀奉承相比，自己才是真正的尊君、爱君、敬君，因此只有他做到"非尧舜之道，不敢以陈于王前，故齐人莫如我敬王也"（《孟子·公孙丑下》）。而他理想中的臣子形象是伊尹，当他"耕于有莘之野,而乐尧舜之道焉。"处江湖之远,以尧舜之道为乐,并且廉洁自守,不改其志。"非其义也,非其道也,禄之以天下,弗顾也;系马千驷,弗视也。非其义也,非其道也,一介不以与人,一介不以取诸人。"经过汤的三使往聘才决定出仕,给出的理由是"吾岂若使是君为尧舜之君哉?吾岂若使是民为尧舜之民哉?"(《孟子·万章上》)孟子以伊尹的志向与抉择向士人表明,士人出仕前守廉与出仕后有为存在必然联系。士人若能将致君尧舜作为政治理想,积极行道,"思天下之民匹夫匹妇有不被尧舜之泽者,若己推而内之沟中"。那么天下万民自然能享受到尧舜之恩泽,廉政亦必然可以实现。

综上,君子作为廉政养成的主体,效法尧舜,以仁政平治天下,真正践行尧舜,从而能够使自己侍奉的君主成为尧舜之君,使自己治下的民众享受尧舜之泽,是本然、应然,更是必然。

二、浩然之气:孟子廉政养成的内源动力

"气论"在中国思想史上源远流长,是中国古典哲学的最主要标志。中国先哲对"气"的讨论,有物质之气与道德之气之分,这在宋明儒学家那里有着很好的体现。西周幽王时期,伯阳父曾提到"夫天之气,不失其序;若过其序,民乱之也"(《国语·周语上》)。在他看来,正是因为周幽王不修德行,失去了民心,才造成天之气失去了秩序,预示将有动乱要发生,周朝可能走向灭亡。在此,虽然他的观点明显带有天人感应的色彩,但却将自然之气与德性关联了起来。早期儒家比较重视生理之气,孔子提到"血气",他说:"君子有三戒:少之时,血气未定,戒之在色;及其壮也,血气方刚,戒之在斗;及其老也,血气既衰,戒之在得。"(《论语·季氏》)这仅仅属于一种具备于人自身的生理自然之气。对此,郭店楚简一脉相承,如《语丛一》:"凡有血气者,皆有喜有怒,有真有伪。"《性自命出》:"凡人虽有性,心亡定志,待物而后作,待悦而后行,待习而后定。喜怒哀悲之气,性也。"所称者皆为气血之气、生理之气。而孟子是儒家道德"气论"的开创者,他提倡"浩然之气",赋予了"气"强烈的道德色彩。宋儒程颐对此评价甚高,他说:"孟子性善、养气之论,皆前圣所未发。"(《四书章句集注·孟子序说》)孟子立足人性本善,对"浩然之

气"的阐发与推崇,不仅使之成为君子修身的必备功课,更是廉政养成的内源核心动力。

首先,"集义所生"显示浩然之气的性质。《孟子·公孙丑上》:"我知言,我善养吾浩然之气。"在此,孟子首次提出"浩然之气"的概念。但在公孙丑问及何为"浩然之气"时,孟子却说很难描述。但总结起来,在它形成之初,特性是"至大至刚",如果"以直养而无害",则塞于天地之间。具体来说,人若想养成"浩然之气",就必须"配义与道"。并且孟子强调"义内说",认为"浩然之气"在人体内"是集义所生者,非义袭而取之也。行有不慊于心,则馁矣"。朱熹对此的解释是"集义,犹言积善,盖欲事事皆合于义也。袭,掩取也,如齐侯袭莒之袭。言气虽可以配乎道义,而其养之之始,乃由事皆合义,自反常直,是以无所愧怍,而此气自然发生于中。非由只行一事偶合于义,便可掩袭于外而得之也"。就是说,浩然之气为个体所先天存有,为自然生发,集义而养之,则事事合于义。只要做了一件有愧于心的事情,"浩然之气"就会受损。因此,梁涛先生曾指出:"孟子强调'浩然之气''至大至刚''配义与道'具有伦理的内涵,是发自于仁义之心,贯穿于形体,充塞于天地之气。"可见,对君子来说,"集义所生"不仅显示道德与正义是其先天内在,更注定了浩然之气的性质是纯粹廉洁、至大至刚的,这与"廉"本义中的"平直"之义相吻合,它是推动廉政养成的重要力量。

其次,"立乎其大"成就浩然之气的规模。在谈到志、气、体的关系时,孟子提道:"夫志,气之帅也;气,体之充也。夫志至焉,气次焉。"就是要以志来统帅气,用浩然之气来充实人之体。由此,孟子特别强调士人要"尚志"(《孟子·尽心上》)、"食志"(《孟子·滕文公下》)。在他看来,志士勇于担当,具备舍生取义、杀身成仁的精神。为此,他说:"志士不忘在沟壑,勇士不忘丧其元。"(《孟子·滕文公下》)而君子之志即在行仁,"君子之事君也,务引其君以当道"(《孟子·告子下》),通过出仕来实现"致君尧舜"的政治理想。对于如何才能立志成为君子?孟子认为,虽然个体同乎为人,即"圣人与我同类",但却有"大体"与"小体"之别。"耳目之官不思"为小体,"心之官则思"为大体。两者皆为上天所赋予,但是若想成为君子就必须"立乎其大"。"先立乎其大者,则其小者弗能夺也。"(《孟子·告子上》)就是说,一个人若能从其大体,发挥心思考的能力,就能确立志向,并脱离低级趣味,从而将耳目口鼻之欲转化为悦仁义道德。在此基础之上,孟子特别推崇一种超然绝世的"大丈夫"气概:"居天下之广居,立天下之正位,行天下之大道。得志与民由之,不得志独行其道。富贵不能淫,贫贱不能移,威武不能屈。"(《孟子·滕文公下》)由此,"立乎其大"不仅成就了浩然之气的规模,而且也提升了廉政的境界。

最后,"养心莫善于寡欲"撷取浩然之气的精要。宋儒程颐说:"天人一也,更不分别。浩然之气,乃吾气也。养而无害,则塞乎天地;一为私意所蔽,则欿然而馁,却甚小也。"就是说,浩然之气原本是每个人先天内在的,若是培育方法得当,便能充塞天地之间;但若是被私欲遮蔽,便成大害。在孟子那里,欲能替人做出抉择,可以为浩然之气的养成提供原生动力。因此,他说:"生,亦我所欲也;义,亦我所欲也,二者不可得兼,舍生而取义者也。"(《孟子·告子上》)就是强调可欲的重要性。在孟子那里,可欲被赋予了道德属性,所以他说:"可欲之为善。"(《孟子·尽心下》)按朱熹的解释:"天下之理,其善者必可欲,其恶者必可恶。"可欲者为天理,为善;可恶者为私欲,为恶。因此,为防止私欲的泛滥,他说:"养心莫善于寡欲。其为人也寡欲,虽有不存焉者,寡矣;其为人也多欲,虽有存焉者,寡矣。"(《孟子·尽心下》)在此,欲为耳目口鼻之生物欲,按照朱熹的解释:"虽人之所不能无,然多而不节,未有不失其本心者,学者所当深戒也。"君子的人格养成,"节欲""寡欲"是核心的一环。为政者,欲一多,则必求大欲,幻想"辟土地,朝秦楚,莅中国而抚四夷"(《孟子·梁惠王上》),不惜穷兵黩武,百姓离散,饿殍千里。俗话说:"无欲则刚。"由此可见,"养心莫善于寡欲"养成浩然之气的精要,欲不寡,则浩然之气不立,贪官污吏横流,廉政自然难成。

综上,"集义所生"显示浩然之气的性质为道德仁义,"立乎其大"成就浩然之气的规模及境界,"养心莫善于寡欲"撷取了浩然之气的精要。基于这三点,孟子所倡浩然之气才可以为廉政养成提供源源不竭之动力。

三、万物皆备:孟子廉政养成的至高境界

工夫论是中国哲学的特色之一,儒、道、释对此皆非常重视,是个体修身养性、为人处世的不二法门。儒家的工夫哲学始于孔子,至宋明理学臻

至化境。简言之,儒家工夫希望能通过修己安人、安己、安天下,所追求的最高境界是"内圣外王"。对此,梁启超先生曾言道:"做修己的功夫,做到极处,就是内圣;做安人的功夫,做到极处,就是外王。"(《儒家哲学》)而针对先秦儒家工夫论特征,牟宗三先生曾总结道:"言工夫,一般人都易以为始自宋儒。其实孔子要人做仁者,要人践仁,此'践仁'即是工夫。孟子道性善,言存养扩充,尽心知性,此所言者,无一不是工夫。又孟子言养浩然之气,则更是工夫之著者。修身、齐家、治国、平天下,更是实践的工夫。有'实践'处,便无不有工夫在。"儒家工夫是为政治实践服务的,廉政当然也包括在内。孟子强调道德为自我立法,"万物皆备于我"是他工夫论的最高境界。

首先,"圣人践形"要求廉政必须尽心知性。孟子曰:"形色,天性也;惟圣人然后可以践形。"(《孟子·尽心下》)践,实践也,践履也。"践形"为孟子所独创的哲学术语,指的是君子要积极实践,将"所性"生发出来,追求身心合一,使物理之身得以精神化。对君子所性,孟子有一段描述:"广土众民,君子欲之,所乐不存焉。中天下而立,定四海之民,君子乐之,所性不存焉。君子所性,虽大行不加焉,虽穷居不损焉,分定故也。君子所性,仁义礼智根于心。其生色也,睟然见于面,盎于背,施于四体,四体不言而喻。"(《孟子·尽心上》)在此,"所欲""所乐""所性"并举,但前两者为"求在外者",非自身所能控制;而"所性"则是"求在内者",才是君子修身之根本,是出仕为政职分所在。践形的前提是尽心、知性、知天,而通过践形,君子内在的仁义礼智,在形体、容色上都得到了完美显露,从而发出一种独特的道德光辉。因此,孟子说:"充实之谓美,充实而有光辉之谓大。"即是成就了身心合一的精神境界。在此背景下,"廉"由他者的约束,也就变成了自我的内在要求。

其次,"反身而诚"要求廉政必须正心诚意。针对如何在自我与他者之间建立一种和谐关系,儒家一直将"反求诸己"作为一项重要的修养工夫。在孔子看来"君子求诸己,小人求诸人"(《论语·卫灵公》)。求诸己、求诸人足以判别德性。而孟子则特别强调"反",视"反身而诚"为至高境界。在他看来,"尧舜,性者也;汤武,反之也"(《孟子·尽心下》)。尧舜是由仁义行的典范,汤武是行仁义的榜样。"反"意味着求而不得,而"君子必自反也"(《孟子·离娄下》），表明"自反"是君子成德的必然阶段。对君子来说，"爱人不亲反其仁，治人不治反其智，礼人不答反其敬。行有不得者，皆反求诸己，其身正而天下归之"（《孟子·离娄上》）。"反"的前提是自身行的"正"，自身不正，不仅无以正人，更使得"反"没有着落。因此，孟子以射箭来比喻行仁时遇到的困境："仁者如射，射者正己而后发。发而不中，不怨胜己者，反求诸己而已矣。"（《孟子·公孙丑上》）也就说，行仁须先正己，"有大人者，正己而物正者也"（《孟子·尽心上》）。而正己就必须正心诚意。因此，他进一步提到了"诚"的问题，并顺势将其汇通天道："诚者，天之道也；思诚者，人之道也。至诚而不动者，未之有也；不诚，未有能动者也。"（《孟子·离娄上》）君子只有做到"反身而诚"的工夫，才能做到一往无前，豪气冲天："自反而不缩，虽褐宽博，吾不惴焉；自反而缩，虽千万人，吾往矣。"（《孟子·公孙丑上》）由此，可见孟子刚直之大勇，廉德之大节。

最后，"强恕而行"要求廉政必须合仁于天。子贡请教孔子："有一言而可以终身行之者乎？"孔子曰："其恕乎！己所不欲，勿施于人。"（《论语·卫灵公》）可见孔子非常重视"恕"，而曾子对夫子之道的总结，亦是"忠恕而已矣"（《论语·里仁》）。《礼记·大学》承袭此道，同样认为："所藏乎身不恕，而能喻诸人者，未之有也。"皆是取推己及人之意。宋儒程颐在解释"忠恕"曾云："以己及物，仁也；推己及物，恕也，违道不远是也。忠恕一以贯之：忠者天道，恕者人道；忠者无妄，恕者所以行乎忠也；忠者体，恕者用，大本达道也。此与违道不远异者，动以天尔。"视忠为体，恕为用，认为忠恕同乎为仁，上通天道。孟子对"恕"的具体阐述，虽然只有"强恕而行"这一处，却是与程颐所言相一致。在朱熹看来，"敬以持己，恕以及物，则私意无所容而心德全矣"。恕作为君子待人接物的工夫，可以控制私欲，时刻保持公心，自然能成就廉德。因此，"君子之心公而恕，小人之心私而刻"。而朱熹对孟子"强恕而行，求仁莫近焉"的解释同样重视公理、公心："故当凡事勉强，推己及人，庶几心公理得而仁不远也。"而在焦循看来，"此章申明知性之义也"。"强恕"的前提是尽心、知性，"我亦人也，我能觉于善，则人之性亦能觉于善，人之情即同乎我之情，人之欲即同乎我之欲"（《孟子正义》）。也就是说，"强恕而行"意味着自我与他者在事事物物上形成了共鸣，而结局必然是合仁于天。在廉政的要求下，君子不仅要秉持初心，更要坚守本分，对他人的同情以及不占有,亦是"强恕而行"的重要内容。

综上,"万物皆备于我矣",廉德、廉政自然在万物之内,此是孟子廉政养成的最高层次。"圣人践形"显示廉政养成需要君子躬身实践,在事事物物上加强磨炼;"反身而诚"显示廉政养成需要君子反求诸己,在遇到困难和瓶颈时能省察自得;"强恕而行"显示廉政养成需要君子推己及人,在面对外在诱惑时能坚守初心。

韩愈勤廉思想探析

曲阜师范大学历史文化学院博士研究生

王琇清

"勤"与"廉"是以儒家为代表的中华优秀传统文化的重要道德范畴,是中国传统官德文化的核心组成,维系了中国几千年来政治生态稳定与平衡。勤廉思想有着丰厚的历史底蕴,一直备受推崇:"廉者,政之本也"①"律己以廉""莅事以勤"②"莅官之要,曰廉曰勤"。③ 可见,勤廉是从政之德、为政之道,要求为政者要勤政为民、廉洁做事、克己奉公。韩愈是中唐时期著名的文化伟人、政治家和教育家,他一生致力于救世:兴古文运动将散文引向政教之用、坚定儒家道统以维护国家统治的稳定、宦海沉浮中时刻不忘为百姓做事为君主分忧,是中国古代勤廉政治的典范。韩愈的一生就是对他勤廉思想的真实践行。新时代中国共产党勇于进行自我革命,以前所未有的反腐倡廉斗争推进党风廉政建设。党的二十大报告指出,要"加强新时代廉洁文化建设,教育引导广大党员、干部增强不想腐的自觉,清清白白做人、干干净净做事"④。韩愈的勤廉思想是加强新时代廉政建设的有益启迪,是塑造"勤廉并重"的新时代党员领导干部形象的源头活水。

一、家风清正 勤廉并重

韩愈生于官宦之家,从他的七世祖韩茂一直到他的父亲韩仲卿累世为

---

① 汤化译注:《晏子春秋》,中华书局 2011 年版,第 413 页。

② 真德秀:《西山政训》,中华书局 1985 年版,第 1—2 页。

③ 胡太初:《昼帘绪论》,内蒙古人民出版社 2000 年版,第 41 页。

④ 习近平:《高举中国特色社会主义伟大旗帜 为全面建设社会主义现代化国家而团结奋斗——在中国共产党第二十次全国代表大会上的报告》,《人民日报》,2022 年 10 月 26 日。

官,而且都颇有成就。到韩愈一代,其两位兄长在仕途上也政绩卓卓。《新唐书》记载韩愈的父亲韩仲卿:"有美政,既去,县人刻石颂德。"①李白亦曾写有《武昌宰韩君去思颂碑》②对韩愈父亲加以颂扬:"君自潞州铜鞮尉调补武昌令,未下车,人惧之,既下车,人悦之。惠如春风,三月大化,奸吏束手,豪强侧目。"③从中可见韩愈父亲在任武昌令时清正廉明、治理有方,遏止了贪吏和豪强的恶行,人民安居乐业,社会安定有序,因此广受百姓爱戴。《去思颂碑》里还特别提到了韩仲卿的母亲,韩愈的祖母。

> 君乃长史之元子也。妣有吴钱氏。及长史即世,夫人早孀,弘圣善之规,成名四子,文伯、孟轲二母之俦欤!少卿,当涂县丞,感慨重诺,死节于义。云卿,文章冠世,拜监察御史,朝廷呼为子房。绅卿,尉高邮,才名振耀,幼负美誉。④

从碑文中可知,韩愈的祖母善于治家教子,其功绩可以与文伯的母亲、孟子的母亲并称。在她的教导下,韩愈的父亲与他的三位叔父在官场上皆有成就,且广负美誉。这充分反映出韩家家风家训中饱含对后代为政当"勤廉并重"的教导。韩愈的祖辈是勤政、廉政的楷模,用行为书写了勤政廉政的良好家风,以至于王铚评论韩愈说:"道为人师,行为世表者,渊源从来,非一二世而已。唐兴,诸儒世家皆本北朝,韩氏文字之祥,开迹钟庆久矣。"

不幸的是,韩愈三岁时便失去了双亲,由长兄韩会与长嫂郑夫人抚育成人。韩愈长兄韩会也颇有政治才能,并且以道德文章显名,时称"四夔"⑤之一,柳宗元评价他:"善清言,有文章,名最高。"⑥虽然韩愈的生活屡遭变故,

---

① 欧阳修、宋祁:《新唐书》卷一百七十六,中华书局2013年版,第5255页。

② 去思颂碑是唐代民间特有的褒奖官员的一种方式,由百姓发起,文人代笔,对即将离职的官员赋予赞美、怀念。

③ 瞿蜕园、朱金城校注:《李白集校注》,上海古籍出版社1980年版,第1674页。

④ 《李白集校注》,第1671页。

⑤ 夔,舜时贤臣,舜命以为典乐之官。后将贤能出众的人美称为"夔"。《新唐书·崔造传》:"崔造字元宰,深州安平人。永泰中,与韩会、卢东美、张正则三人友善,居上元,好言当世事,皆自谓王佐才,故号'四夔'。"

⑥ 柳宗元:《柳宗元全集》,上海古籍出版社1997年版,第94页。

但是在其家风学风的影响下,自幼读书向学,勤勉自励。韩愈自称:"生平企仁义,所学皆孔周。"①"生七岁而读书,十三而能文。"②观其年少勤学历程,始终不离儒家:"自以孤子,幼刻苦学儒,不俟奖励。"③后受家族影响,"长悦古学,业孔子、孟轲,而侈其文"④,"及冠,恣为书以传圣人之道"⑤,一生"行己不敢有愧于道"⑥,"口不绝于六艺之文,手不停披于百家之篇"⑦。韩愈自小学习儒家经典,学到了周公、孔子、孟子德治善政的思想,致力于学而优则仕,期望造福一方,为政以德,弘道天下。在《答崔立之书》中,韩愈这样形容自己:"仆始有十六七时,未知人事,读圣人之书,以为人之仕者,皆为人耳,非有利乎己也。"⑧家族使命和圣人之训给韩愈带来了极大的使命感,那就是勤学入仕、经世济民,韩愈的勤廉思想就在这里发荣滋长。

而后韩愈亦以这种勤廉并重的清正家风训示后代。韩愈在《示儿》一诗中,向儿子展示了自己从贫寒书生成为达官名士的艰苦奋斗之路:"始我来京师,止携一束书。辛勤三十年,以有此屋庐。"⑨希望子孙也能勤学苦读,入仕报国,"诗以示儿曹,其无迷厥初"。事实证明,韩愈为官时的亲身力行和教子时的谆谆期望使得他的后人在仕途上清廉为民,勤政务实。长子韩昶进士及第,任襄州别驾,严于律己,勤恳工作,功绩卓巨。次子韩州仇任富平县令,将富平治理得井井有条,克己奉公,受到当地民众的赞颂。

勤廉并重、清正廉洁的家风是韩愈勤廉思想的源头,也是他一生勤廉为官的"引路灯",更是他传承给子孙后代的宝贵财富。韩愈家族将勤政廉政教育融入家风家训中的做法,值得后人学习与继承。在今天,我们党高度重视家风建设,既要严格律己,也要严格要求家人,良好家风是领导干部修身齐家的必修课,也是新时代廉洁文化建设的重要着力点。韩愈的勤廉家风

---

① 钱仲联、马茂元校点:《韩愈全集》,上海古籍出版社 1997 年版,第 27 页。
② 《韩愈全集》,第 190 页。
③ 刘昫:《旧唐书》卷一百一十,中华书局 1975 年版,第 4195 页。
④ 皇甫湜:《皇甫持正文集》,上海古籍出版社 1994 年版,第 92 页。
⑤ 《皇甫持正文集》,第 99 页。
⑥ 刘真伦、岳珍校注:《韩愈文集汇校笺注》,中华书局 2010 年版,第 117 页。
⑦ 钱仲联、马茂元校点:《韩愈全集》,上海古籍出版社 1997 年版,第 131 页。
⑧ 《韩愈全集》,第 175 页。
⑨ 《韩愈全集》,第 84 页。

就是我们当下进行家风建设的良好参照,当视之为枕中鸿宝,不断挖掘其中奥秘。

二、积极入世 担当有为

安史之乱以后朝廷内部纷争越来越复杂,科举入仕的难度也逐渐增加,加之国势中落,政治腐败、经济萧条的景象更加挫伤了读书人入世为官的积极性:"盛唐时期那种每个士人都具有的政治豪情变成了得过且过的颓废,中唐文人所面对的是一种沉重的失落感。"①然而自幼研读儒家经典,深谙儒家内圣外王之道的韩愈并没有随波逐流,而是凭着儒者特有的进取精神,为了圣贤之道积极求仕,力求挽救时弊。

> 少小尚奇伟,平生足悲咤。犹嫌子夏儒,肯学樊迟稼。事业窥皋稷,文章蔑曹谢。濯缨起江湖,缀佩杂兰麝。悠悠指长道,去去策高驾。谁为倾国谋,自许连城价。②

在儒家圣人之道的影响下,韩愈年少时就崇尚伟大的事业,对子夏这种只善言辞的儒生非常不屑,更不肯像樊迟那样热衷种地。他要做皋陶、后稷那样的辅君济世之贤臣,不仅要超越曹植、谢灵运在文学上的成就,还要不断鞭策自己努力前行、孜孜不辍。他还将自己比作倾国倾城的美人,自诩为价值连城的宝玉,对前方的仕途充满了自信与斗志。然而,现实却并未遂其心愿。

成年之后,韩愈远赴长安参加进士考试,三次均失败,尽管孤身在长安面临"穷不自存"的拮据生活,他依旧没有放弃对入仕的追求,坚持读书,终于在第四次科举考试获得了通过,"二十五而擢第于春官"。③ 进士及第之后,韩愈的精神愈加振作,十分关注国家大事。当时德宗慕名征召隐居的阳

---

① 孙国江:《〈枕中记〉与中唐士人心态的转变》,《江苏工业学院学报》2010 年第 1 期。
② 《韩愈全集》,第 21 页。
③ 《韩愈全集》,第 190 页。

城作谏议大夫,可阳城上任之后却不问外事,一味会客痛饮,于是韩愈写下《谏臣论》批判阳城尸位素餐的失职行为。韩愈在文中将阳城作为反面例子,在论辩中为"为臣之道"树立了两个标准。一个是"有官守者,不得其职则去;有言责者,不得其言则去"①。这是说官员出仕担任职务,如果不能贯彻国家的政策,尽到他的职守,那就应当离去;担任谏议大夫之类的言官,如果不能尽到他的言责,也不应该再担任这个职务。另一个标准是"入则谏其君,出不使人知者,大臣宰相者之事,非阳子之所宜行也。夫阳子,本以布衣隐于蓬蒿之下,主上嘉其行谊,擢在此位,官以谏为名,诚宜有以奉其职,使四方后代,知朝廷有直言骨鲠之臣,天子有不僭赏、从谏如流之美"②。像阳城这样的谏官,为了自己的名利而不能做到直言君主的过错,居其位而不谋其政,会给国家带来无穷的惑乱。作为臣子,应该直言敢谏,并且要使四方后代知道朝廷有直言的诤臣,天子有从谏如流的美德,从而使君主成为尧舜一样的贤君,把伟大的盛名流传到后世。随后韩愈阐明了自己的政治理想和人生抱负:"得其道不敢独善其身,而必以兼济天下也。孜孜矻矻,死而后已。故禹过家门不入,孔席不暇暖,而墨突不得黔。彼二圣一贤者,岂不知自安佚之为乐哉?诚畏天命而悲人穷也。"③这段话展示了韩愈以古之圣贤为榜样,辅君济世的志向和决心,可以为了天下苍生勤劳不息,死而后已,而不是追求个人安逸,充分阐释了韩愈早年的勤廉为民思想。

"君子居其位,则思死其官。未得位,则思修其辞以明其道。"④韩愈在《谏臣论》的最后提出了他为官从政的基本准则:在其职位上就想的是为他的职责而死;没有得到职位,就要想着说好他的言论来阐明的思想和道理。韩愈进入仕途之后就一直秉持这个原则。

唐朝制度规定,在礼部登了进士第后,还要经过吏部的博学鸿词科考试,按程度高下授官任职。韩愈要想实现辅君济世的志向,就必须要先谋得一个官职,于是他在之后的几年里连续参加博学鸿词科考试,并积极向知名

---

① 刘真伦、岳珍校注:《韩愈文集汇校笺注》,中华书局 2010 年版,第 468 页。
② 《韩愈文集汇校笺注》,第 468 页。
③ 《韩愈文集汇校笺注》,第 469 页。
④ 《韩愈文集汇校笺注》,第 469 页。

人士干谒以求荐举,但遗憾的是他一直未能通过考试,亦未被伯乐所发现。这一时期他依旧孤身居于长安,家中没有收入,生计难以维持,但是他秉持儒家"君子以自强不息"的理念,从未放弃。于是他连续三次上书宰相自荐,以求取官职。

　　其业则读书著文,歌颂尧舜之道。鸡鸣而起,孜孜焉亦不为利。所读皆圣人之书,杨墨释老之学无所入于其心。其所著皆约六经之旨而成文,抑邪与正,辩时俗之所惑。①

　　前五六年时,宰相荐闻,尚有自布衣蒙抽擢者,与今岂异时哉?……古之进人者,或取于盗,或举于管库。今布衣虽贱,犹足以方于此。②

　　愈之待命四十余日矣,书再上,而志不得通;足三及门,而阍人辞焉。……书亟上,足数及门,而不知止焉。③

　　韩愈在信中言辞十分恳切,首先向宰相诉说自己从年少起就苦读儒家经典,勤勉不懈,不为私利;收不到回信之后再上书以"呼救者"的口吻卑辞恳请;而后又第三次上书用古之周公的政绩做对比,希望对方能够进贤。遗憾的是,三次上书并未得到宰相的垂怜。虽然这三次卑辞求仕曾遭后人非议,但是韩愈所求并非个人利禄,而是为有用于当世,不愿退隐山林独善其身。正如黄震所言:"然生为大丈夫,正蕲为天下国家用。孔子尝聘列国,孟子亦尝说诸侯矣……而实皆发于直情径行……此则不嚣之嚣。"④这是对韩愈三上宰相书最公正的评价。哪怕有为人所鄙夷之嫌,韩愈犹能坚持其政治理想委身卑辞,更彰显他对报国之志的坚守,这也是韩愈日后勤廉为政更

---

① 《韩愈文集汇校笺注》,第 646 页。
② 《韩愈文集汇校笺注》,第 665 页。
③ 《韩愈全集》,第 174 页。
④ 黄震著,张伟、何忠礼主编:《黄震全集》,浙江大学出版社 2008 年版,第 1823 页。

能为人所称道之处。

屡屡努力没有回应之后,韩愈只好自荐到幕府里边儿去做幕僚。他先在董晋幕府中做一名奉命作文的属官,后来又投奔张建封,可惜都是闲居无事。极为苦闷之下,韩愈作《龊龊》一文感怀:"龊龊当世士,所忧在饥寒。但见贱者悲,不闻贵者叹。大贤事业异,远抱非俗观。报国心皎洁,念时涕汍澜……"①韩愈在这首诗中首先抨击了那些只顾念自身饥寒、为一己穷途悲叹的士人,表示自己就如古代大贤一样报效国家,忧思时世,期望张建封能够推荐他去做一名谏官,为国建言献策,为民排除疾苦。

虽然韩愈在幕府从事之时衣食无忧,相较于少时在长安求仕已经有了很大改进,但个人温饱并不是他所追求的,他所秉持的一直是勤政为民,廉政为公的政治诉求。其实对于为政者而言,"不勤"也是一种腐败,自古以来都有主张多干事不如少犯错,只求明哲保身的官员,他们无视百姓诉求就是对百姓利益的损害。新时代以习近平同志为核心的党中央尤其重视激励党员干部担当作为,韩愈积极进取的勤政思想是当下党风廉政建设的榜样模范。

三、事君以道　捍卫正统

韩愈在《为裴相公让官表》中自言:"臣少涉经史,粗知古今,天与朴忠,性惟愚直。知事君以道,无惮杀身;慕当官而行,不求利己。"②"事君以道"是他对儒家之道的忠诚守卫,最终是为了辅佐君主,以求国富民安,哪怕以生命为代价也不害怕;"当官而行"是他对自己从政使命的不懈坚守,当官就是要为民做事,为君做事,为天下做事,而不是求取个人的利益。

韩愈离开幕府之后,辗转进入朝廷担任实职。韩愈有着独特的人格魅力,在他周围很快聚集了张籍、李翱等一批有志青年,他们坚守勤廉为国的理念,正直敢言,担当有为。韩愈任监察御史时借利剑比喻自己高洁刚直,定要恪尽职守,与佞臣谗夫做斗争,视死如归:"我心如冰剑如雪,不能刺谗

---

① 《韩愈全集》,第 9 页。
② 《韩愈全集》,第 329 页。

夫,使我心腐剑锋折。决云中断开青天,噫! 剑与我俱变化归黄泉。"①他上书《御史台论天旱人饥状》弹劾京兆尹李实谎报灾情,皇帝的减租免税之举并未得到实行,进而规劝皇帝体谅民情,放缓税收。可是因为韩愈与当时权臣王叔文一派政见不同而被借机排斥,贬往远在长安四千里外的阳山。在广东阳山,面对偏僻荒凉的地理环境和蛮荒落后的社会风气,韩愈并没有因为仕途的不顺而低沉,而是勤政惠民,传道授业,使得过去"户不闻诗书"的落后山区,呈现出"入耳有弦歌"的文雅之象。

宪宗即位后,韩愈得到赦免,辗转数年后才回到京师任职。几经沉浮,韩愈并没有丧失报国的忠心与信心,他自幼勤学儒家伦理,对儒家所倡导的圣贤之治非常向往,坚持用儒家思想辅佐君王治理国家,以期达到"君使臣以礼,臣事君以忠"②的和谐状态。然而,当时社会上佛教和道教盛行,这种现象与当时统治者的提倡和支持紧密相关。宪宗晚年好神仙、尚佛教,在元和十四年(819)正月隆重举行迎奉法门寺佛骨活动,想借礼佛以长寿。一时间举国上下弥漫着佞佛的狂热气氛。韩愈对佛教迷惑人心、废产破业等行为一贯持坚决排斥的态度,这时他不顾皇帝好恶,针砭时弊,写下了历史上著名的《论佛骨表》,向宪宗进谏。

> 今闻陛下令群僧迎佛骨于凤翔,御楼以观,舁入大内;又令诸寺递迎供养。臣虽至愚,必知陛下不惑于佛,作此崇奉以祈福祥也。直以年丰人乐,徇人之心,为京都士庶设诡异之观,戏玩之具耳。安有圣明若此,而肯信此等事哉! 然百姓愚冥,易惑难晓,苟见陛下如此,将谓真心事佛,皆云:"天子大圣,犹一心敬信;百姓何人,岂合更惜身命!"焚顶烧指,百十为群,解衣散钱,自朝至暮,转相仿效,惟恐后时,老少奔波,弃其业次。若不即加禁遏,更历诸寺,必有断臂脔身以为供养者。伤风败俗,传笑四方,非细事也。③

---

① 《韩愈全集》,第 17 页。
② 《论语注疏》卷 3《八佾》,见《十三经注疏》下册,中华书局 2003 年版,第 2468 页。
③ 《韩愈全集》,第 335 页。

韩愈此时已经五十二岁,官至刑部侍郎,可谓经过几轮宦海颠簸之后才获此官位,本可安享荣华。并且对于迎佛骨之事,群臣不言其非,御史不举其失。唯有韩愈出于对国家命运的忠贞,为维护儒家的正统,反对"惑乱"的异教邪说,不惮杀身的风险,直言进谏。他在表中历数佛教对国家的危害,并说自东汉以后奉佛的皇帝都短寿夭折,因此不可奉佛,提出"乞以此骨付之有司,投诸水火,永绝根本"①。宪宗看后大怒,将韩愈贬到几千里外的潮州去做刺史。

> 一封朝奏九重天,夕贬潮州路八千。
>
> 欲为圣明除弊事,肯将衰朽惜残年!
>
> 云横秦岭家何在?雪拥蓝关马不前。
>
> 知汝远来应有意,好收吾骨瘴江边。②

韩愈在《左迁至蓝关示侄孙湘》中表明自己上书谏诤完全是出于替国家革除害民的弊政,尽管可能招来弥天大祸,但也不会为了衰朽之身而顾惜余生。苏轼评价他"忠犯人主之怒"。③ 在中唐社会,奉佛是关系到唐王朝命运的重大政治经济问题。当时佛教寺庙遍布全国,僧人们兼并土地,侵吞税户,以致形成"十分天下之财,而佛有七八"的局面,严重影响了国家的财政收入;佛教的盛行,还在思想和道德领域对儒家的正统地位构成巨大威胁,韩愈不顾个人安危,敢于进谏,挽救唐朝于危难之中。一个国家能否行稳致远,离不开像韩愈这样有远见、有勇气的官吏,在今天,我们需要用韩愈的勤廉精神鼓舞更多的党员干部为国为民、积极建言、踊跃献策。

四、为官一任　造福一方

韩愈的仕途并非一帆风顺、平步青云,而是起起落落、悲喜间有。但无

---

① 《韩愈全集》,第 335 页。

② 《韩愈全集》,第 98 页。

③ 苏轼:《苏轼文集》,中华书局 1986 年版,第 509 页。

论他的官职是升或是迁,无论他在何处任职,他都坚持为官一任、造福一方的勤廉理念,是一个善于践行的实干家。

被贬潮州之后,韩愈并没有一味地自怨自艾,而是撸起袖子大干起来。他兴修水利工程,废除奴婢制度,聘请教师为当地人教习文化,让当时还是蛮荒之地的潮州走上开化之路。韩愈一直都视发展教育为从政的要务,他认为如果"刺史、县令不躬为之师",以至于"里闾后生,无所从学","忠孝之义不劝",那便是为官的耻辱。他专门聘请赵德以海阳县尉、州衙推官的身份负责办学,还拿出自己的俸禄作为办学资本,为学生解决伙食费用。苏轼这样称赞他:"始潮人未知学,公命进士赵德为之师,自是潮之士笃于文行,延及齐民。至于仅,号为易治。"①此外,岭南一代敬畏鬼神,又有淫祀,韩愈入乡随俗,为了顺应民心,与百姓一起频频祭神,以对抗灾异,求风调雨顺,还写了《潮州祭神文五首》。潮州人感念韩愈的恩情,为他修建了庙宇,香火旺盛。苏轼在《韩文公庙碑》写道:"潮人之事公也,饮食必祭,水旱疾疫,凡有求必祷焉。"②此外,为了感念韩愈恩德,潮州百姓还以他的名字命名河流、山川、学校。潮州的母亲河古称"员水",后称"鳄溪",后来被改为韩江;韩江以东的山原为"笔架山""东山",后来也改名为韩山;建在韩山上的大学叫韩山师范学院,皆因韩愈而名。近代著名学者赵朴初对此评价为:"不虚南谪八千里,赢得江山都姓韩。"③金杯银杯不如老百姓的口碑,可见韩愈在潮州为官之时为百姓干实事、做好事颇多,因此赢得了老百姓发自内心的赞誉。

元和十四年(819),宪宗大赦天下,下诏任韩愈为袁州刺史。当时袁州地方豪门私招奴婢之风盛行,百姓深受其苦。他采取"以佣折值"的方法解放了袁州七百多名奴婢,"归其父母。仍削其俗法,不许隶人。"④他又联想到全国各地困于此弊的奴婢,于是借穆宗改元举行大赦之机,写了《应所在典贴良人男女等状》,为恢复沦为奴婢的百姓争取人身自由。"名目虽殊,奴婢不别,鞭笞役使,至死乃休。既乖律文,实亏政理。袁州至小,尚有七百余

---

① 《苏轼文集》,第509页。
② 《苏轼文集》,第509页。
③ 赖锋辉编:《赵朴初书法选集》,台海出版社2017年版,第70页。
④ 刘昫等:《旧唐书》卷一百六十,中华书局1975年版,第447页。

人;天下诸州,其数固当不少。今因大庆,伏乞令有司重举旧章,一皆放免,仍勒长吏严加检责,如有隐漏,必重科惩;则四海苍生,孰不感荷圣德。"①韩愈看到百姓沦为奴婢,援引唐律,殷殷请命,其一心为民解忧愁,时隔千年仍令人动容。之后镇州叛乱,韩愈以宣慰使的身份孤身前往镇州,晓之以利害得失,不费一兵一卒,以非凡的胆略和智慧平息了兵变。这就是苏轼称他为"勇夺三军之帅"的由来。

白居易称赞韩愈"性方道直,介然有守,不交势利,自致名望"②。韩愈在《送李愿归盘谷序》中也借李愿之口表明了自己"濯清泉以自洁"③的清廉之气,对穷奢极欲的大官僚和攀附权贵的势利小人进行了辛辣的嘲讽。长庆二年(822),户部侍郎张平叔上书盐法变革,主张由官府运输和售卖食盐。韩愈随后从国家的长远发展与百姓的利益出发,上书《论变盐法事宜状》逐一驳斥,阻止了改革盐法的实行。韩愈的勤政廉政思想不仅体现在他忧思国家、心系百姓身上,在他的生活中也有强烈的表现。韩愈一生贫寒,但他从不因生活上的穷困而贪不义之财。被贬潮州期间,他的上司广州刺史、岭南节度使孔戣顾念他生活清苦,而潮州"州小俸薄",每月批给韩愈五十千作生活用,被他婉言谢绝。韩愈回复《潮州谢孔大夫状》表示"积之于室,非廉者所为;受之于官,名且不正"④。元和十三年(818),韩愈奉命撰写《平淮西碑文》,褒扬了淮西平叛中各路将领的功绩,对当时饱受非议的节度使韩弘给予了公正的评价。于是韩弘送给韩愈五百匹绢表达谢意。韩愈"未敢受领"⑤,立马写《奏韩弘人事物表》向皇帝说明此事。后经皇帝特批,又写了《谢许受韩弘物状》谢恩,表示"恩由上致,利则臣归,惭戴兢惶,举措无地,无任感恩惭恳之至",才收下这五百匹绢。

今天,潮州韩文公祠依旧是人们纪念韩愈之处,是地方民众感念韩愈治理功绩的,更是新时代党员干部学习韩愈"勤廉爱民"的精神殿堂。2010年,韩文公祠内专门设立了韩愈勤政廉政展览馆,有《勤政廉政的唐代官员典范——韩

---

① 《韩愈全集》,第346页。
② 谢思炜:《白居易文集校注》,中华书局2006年版,第995页。
③ 《韩愈全集》,第206页。
④ 《韩愈全集》,第385页。
⑤ 《韩愈全集》,第332页。

愈》《韩愈精神的传承》两大专题展。同一年,韩文公祠被列为"全国首批廉政教育基地"。展览的前言这样评价韩愈:他始终把自己定位为一般的臣僚:忠君、尊相、修身、救时,具有明确具体的功利目的。另一方面,韩愈又以儒家"道统"的继承者自居,他高扬孔子的实用"伦理政治"的精神,把"道"推及社会政治的各个领域。而作为"道"的遵行者,他必须把自己确定在人臣的位置上去"行君之令而致之民",这是他能在当时的社会背景下,最大限度地仁政爱民、勤政廉政的思想基础。作为韩愈仕宦生涯的一小部分,韩愈在潮州任职只有短短不到八个月的时间,但他在这期间的功绩给当地人民带来的影响绵延至今。他的事迹被潮州人民世代传颂,其勤政廉政、念民爱民的为官之道也影响着一代代地方官员,在今天对新时代廉洁文化建设依旧具备重要意义。

　　"勤"体现的是一种作为,"廉"体现的则是一种作风。习近平同志曾在《要"干事",更要"干净"》一文谈道:"领导干部更要怀着强烈的责任感认真干事,怀着如临如履的心态保持干净。"①中共中央办公厅印发的《关于加强新时代廉洁文化建设的意见》提出,用中华优秀传统文化涵养克己奉公、清廉自守的精神境界。② 韩愈以民为本的从政之德、高效勤勉的务实之举、克己奉公的清廉之风是中华优秀传统廉洁文化的重要组成,是新时代廉洁文化建设的重要源泉。为此,我们要用创新的理念去研究韩愈,用丰富的载体去展示韩愈,将韩愈的勤廉思想转化为现实的廉政文化发展优势,激励党员干部清廉守正、担当实干,力求使廉政文化建设把握时代脉搏,顺应时代潮流。

---

① 习近平:《之江新语》,浙江人民出版社 2007 年版,第 256 页。
② 《中共中央办公厅印发〈关于加强新时代廉洁文化建设的意见〉》,(2022-02-04)[2024-03-16]. https://www.gov.cn/zhengce/2022-02/24/content_5675468.htm。

宋韵文化中的廉洁文化内涵及其基本精神

浙江省社会科学院政治所助理研究员　王天一

浙江省社会科学院科学管理部主任、研究员　王　宇

一、两宋廉洁文化内涵概说

(一)两宋廉洁文化内涵:以制度约束官员权力

两宋廉洁文化,是两宋政治文明、法治文明的重要组成部分,其核心内容就是以制度约束官员行使权力,防止权力不受制约。两宋以"立纪纲"(订立制度)、"召和气"(实现清明政治)为两大维度①,强调"(皇帝)与臣下共守法"②,树立明确规则意识,限制权力任性妄为,这成为贯穿整个两宋的主流价值观与制度理念,被宋人称为"祖宗之法"。两宋建政之初,即反思五代乱世草菅人命、政治倾轧、司法黑暗等种种弊端,切实践行民本理念并总结出"道理最大"而非拳头最大、权力最大的规则意识③,在各具体领域订立直接干涉权力监察、行政监督的周密制度,这些都为廉洁文化提供了根本性的观念土壤与制度基础。以今天的视野评判,虽然两宋仍处于传统帝制形态,但其重视规则并限制公权力(Power)的法治精神,具有一定程度的超越性,确实是值得重视并汲取的优秀传统文化。

---

①　任锋:《治体、制度与国势:吕中〈宋大事记讲义〉引论》,《天府新论》2018 年第 6 期。

②　叶适:《国本中》,《叶适集》,中华书局 2010 年版,第 648 页。

③　邓小南:《关于"道理最大"——兼谈宋人对于"祖宗"形象的塑造》,《暨南大学学报》(哲学社会科学版)2003 年第 2 期。

(二)基本精神:贯穿于制度的监察设计与士大夫自发的责任意识

从"不能腐"和"不敢腐"的角度看,两宋体制深入骨髓的监察设计在客观上制约了官员滥行权力,为廉洁文化提供了制度基础。鉴于五代藩镇割据的教训,从防止大权旁落的考量出发,赵匡胤等开国君臣对权力进行分割并使之相互制衡,设计出一整套内外相制的行政体制,其逻辑起点虽然是维护皇权,但因各岗位都受到制度化的监督,在客观上确实能起到一定程度的防止腐败功能。比如,在地方设立各级监司,收回地方的司法、财政、军事大权,对州县进行诸如转运、提点刑狱、提举常平等各领域监督;每州设通判,既协助知州履行职务,同时又负有监督职责,正式公文须以知州、通判并署名的方式才能生效。在中央,为了防止宰相权力过大,专门分设枢密院以分割军事行政权、设置三司分割财政权(在后来则演变为总领所等机构),同时设置参知政事等宰相副职进一步分割相权。御史台、谏院等专门监察谏议机构具有相对独立的政治法律地位和相对较广的权力范围,其领导权直属于皇帝,避免宰相等重臣予以干预;而且对监察官员的选拔任用提出高标准、严要求,力求立场公正、专业熟稔。值得注意的是,两宋不仅在国家行政体制这一关乎权力分配的"大问题"上有着严密设计,而且在各领域的具体执行细节上,同样存在各类单行法规进行着周密规范,如公款宴请、礼物馈赠、营造法式、科举公平等。

从"不想腐"的角度看,赵匡胤、赵光义等开国皇帝奠定的恤民仁政理念,以及两宋士大夫政治所确立的责任担当、主人翁意识,为两宋廉洁文化提供了内生的价值观土壤。鉴于五代乱世视百姓为草芥牛马的历史教训,赵宋开国就颁布"尔俸尔禄,民膏民脂,下民易虐,上天难欺"的十六字戒石铭,敕令勘石立于州县衙署大堂前,并且发布"文臣七条""武臣七条"等为官谕令,要求所有官员予以遵守。在重视规则、收拢人心环境下成长的两宋士大夫,则又进一步发展出鲜明的以天下为己任的责任担当,构筑出"先天下之忧而忧,后天下之乐而乐"的时代精神。范仲淹作为引领两宋士人的精神偶像与政治楷模,无论政治派别与立场,备受后来者推崇。在这一精神的引导下,宋代不少士大夫在家训家规等私人性质的著述中,普遍强调廉洁精神,并且对廉洁文化予以专门探讨;而且,更有不少官员基于职业道德和责任意识,撰述官箴类书,对为官之道、从政经验进行总结与介绍,希望能够有助于实现政治清明的追求。两宋士人自发的廉洁追求产生了巨大的、全方位的社会影响,以至于并非读书人出身的岳飞,都能够在乱世之中提出"文臣不爱钱,武臣不惜死"的太平良策,并终生予以践行。①

(三)系统化的两宋廉洁精神表达:真德秀的"四事"论

南宋中后期著名的政治家、思想家真德秀(1178—1235)结合自身从政经验并总结两宋士大夫精神,提出颇具代表性的"廉仁公勤"("四事")主张。这一主张可以视为两宋廉洁文化、廉勤精神的总括,深刻影响了后世。真德秀指出:

> 曰律己以廉,凡名士大夫者,万分廉洁,止是小善,一点贪污,便为大恶,不廉之吏,如蒙不洁,虽有他美,莫能自赎,故此以为四事之首。抚民以仁,为政者当体天地生万物之心,与父母保赤子之心,有一毫之惨刻,非仁也,有一毫之忿疾,亦非仁也。存心以公,传曰:公生明。私意一萌,则是非易位,欲事之当理,不可得也。莅事以勤是也。当官者一日不勤,下必有受其弊者。古之圣贤犹且日昃不食,坐以待旦,况其余乎?今之世有勤于吏事者,反以鄙俗目之,而诗酒游宴,则谓之风流娴雅,此政之所以多疵,民之所以受害也,不可不审。②

第一,律己以廉。作为国之精英,士大夫要将廉洁视为当然之理,这是做人的底线,是做官首先应当具备的自觉——其他所有功绩,都无法抵消贪污腐败带来的危害。第二,抚民以仁。当官为政应当体会上天的好生之德,要对人民的生命与财产尊严予以充分尊重,不应有一丝一毫的轻慢。第三,存心以公。只有秉持公心,才能正确处理政务,一旦被私心蒙蔽,则将悖逆事理(违反规律)而导致恶果。第四,莅事以勤。为官应当勤于政务、积极履

---

① 《宋史·列传第一百二十四·岳飞》。
② 真德秀:《咨目呈两通判及职曹官》,《名公书判清明集》卷一。

职,不可松懈散漫,尤其不可将本职工作视为俗事而将饮宴娱乐当成高雅——为官者一旦懒政,则必有百姓因此受害,所谓"高雅"根本无从谈起。可以说,真德秀对"廉仁公勤"四大要素进行了高度总结,深入阐述了四项廉洁品质的重要性,是对两宋廉洁文化的体系化总结。以今天的眼光审视,真德秀的这番言论毫无过时之处,具有恒久的参考价值。

二、两宋廉政实践的总体评价与时代差异

(一)总体评价

在中国古代,夏、商、周三个朝代(即"三代")被认为是由"圣人"(不包括夏桀、商纣、周幽王等三个末帝和其他个别昏庸君王)治理的"黄金时代",是治国理政的理想典范,衡量一个王朝的廉政水平和政治清明程度,往往要看它是否接近"三代",是否符合"三代"的做法。而南宋晚期诗人方回(1227—1307)和作为蒙古汗国信使出使南宋的儒者郝经(1223—1275),不约而同地把汉、唐、宋盛赞为"后三代",政治清明程度堪比"三代"。元代官修《宋史》认为宋代政治是比较清明的,在某些方面甚至超过汉、唐。《宋史·列传第一·后妃上》评价:"宋三百余年,外无汉王氏之患,内无唐武、韦之祸,岂不卓然而可尚哉!"无独有偶,北宋哲学家邵雍(1011—1077)认为,宋代的治理有五件盛事,是尧舜以来绝无仅有的("本朝五事,自唐虞而下所未有者"),其中第三条是"未尝杀一无罪",认为北宋的司法比较公平、公正;第四条是"百年方四叶",即享国一百年只产生了四位皇帝,说明皇帝清心寡欲,健康长寿,由此保证了政策的延续性和稳定性。第五条是"百年无心腹患",即百年时间没有较大的农民起义、军阀混战等内部动乱,说明阶级矛盾比较缓和,政治比较清明,社会秩序比较安定。①

南宋思想家叶适(1150—1223)同样肯定宋代,尤其是北宋前期的政治清明程度超越前代:"天下无女宠,无宦官,无外戚,无权臣,无奸臣,随其萌

---

① 邵伯温:《邵氏闻见录》,中华书局1983年版,第196页。

蘖,寻即除治。"①宋代较少出现后妃、太监、外戚、权臣、奸臣等干涉政治的现象,往往出现苗头,由于监察体制的有效工作和皇帝的英明果断,随即就会被扼杀。中肯地说,宋代的确出现过非常严重的权臣专断现象,也出现过蔡京(1047—1126)、秦桧(1090—1155)、贾似道(1213—1275)这三个祸乱朝堂、独断专权的大奸臣,但整体上权臣、奸臣的数量并不多。至于后妃、外戚、宦官这几种人的干政现象,确实只有零星出现,在两宋三百多年统治期间从未形成气候。

(二)政局变化下的时代差异

北宋初年吏治较清明,与宋太祖赵匡胤(927—976)三管齐下,反腐倡廉,关系极大。第一,严惩贪官。宋太祖对贪污受贿一类罪行的惩罚十分严厉,宣称:"苟有一毫侵民,朕必不赦。"②当时因为贪污,仅见于记载的处以极刑者就达二十余人之多。第二,最高统治者以身示范,树立廉政榜样。宋朝统治者将后蜀后主孟昶(919—965)塑造为"反面教材"。《新五代史·后蜀世家》记载,后蜀后主孟昶"据险一方,君臣务为奢侈以自娱,至于溺器,皆以七宝装之"。宋太祖见此七宝溺器,"椿而碎之",并气愤地说:"所为如是,不亡何待!"③第三,注意廉政教育,及时警示官员。宋太宗(939—997)亲笔书写十六字戒石铭:"尔俸尔禄,民膏民脂。下民易虐,上天难欺。"④宋真宗(968—1022)颁布《文臣七条》。第四,变"姑息之政"为"防弊之政",从制度上开始建立并逐渐形成了一套权力制约体系,约束各种权力。北宋前三朝廉政情况是比较良好的。宋太祖如此描述当时的情形:"三农不害,百姓小康。夏麦既登,秋稼复稔。仓箱有流衍之望,田里无愁叹之声。"⑤虽有夸张之嫌,但在一定程度上反映了实际情况。

不过到了北宋晚期,尤其是徽宗朝,腐败成了严重的社会问题。北宋晚期社会经济发展,在繁荣的表象掩盖下的北宋社会俨然是一座金碧辉煌的

---

① 叶适:《叶适集》,中华书局2010年版,第640页。
② 李焘:《续资治通鉴长编》卷十六,中华书局2004年版,第346页。
③ 《宋史·本纪第三·太祖三》。
④ 洪迈:《容斋随笔》,中华书局2005年版,第220页。
⑤ 司义祖:《宋大诏令集》,中华书局1962年版,第670页。

大厦。宋徽宗非圣明之主,他原本轻浮、轻狂,成为最高统治者后,竟然"玩物而丧志,纵欲而败度",绝无自我约束的意识。正如北宋晚期之人陈公辅所说:"国家承平既久,万事姑息,故爵赏太滥,典刑太轻。"宋徽宗对其宠信的大臣、宦官、佞幸一味放纵,将限权分权之类的措施置于脑后,于是导致权力恶性膨胀。"理有固然,事有必至。"北宋权力制约体系走向崩溃,自有其内在的历史必然性。贪官贪污国库钱财,如探囊取物;卖官鬻爵到了明码标价、公开叫卖的地步,谣谚云:"三千索,直秘阁;五百贯,擢通判。"①直至民怨沸腾:"打破筒,泼了菜,便是人间好世界。"②南宋重建之初,统治集团就相当腐败。特别是宋高宗宠信秦桧期间,更是变本加厉。秦桧贪污腐败无所顾忌,"其家富于左藏数倍"(所谓"左藏"即国库),而且"喜赃吏,恶廉士"③,导致贪官污吏被安排在各个重要岗位上,百姓哀叹愁苦。至于南宋晚期朝政之腐败,有关的民间谣谚不少。诸如"草头古,天下苦"④"阎马丁当,国势将亡"⑤"丁丁董董"⑥之类。"草头古"指贪官薛极、胡榘。"阎马丁"指阎贵妃及佞臣马天骥、丁大全。"丁丁董董"指佞臣丁大全和宦官董宋臣。奸相贾似道的绰号是"蟋蟀宰相""湖上平章"。

应当指出的是,即使是南宋时期,也不可一概斥之以"腐败"。不同时段,政情有别。如宋孝宗(1127—1194)在位期间,经过一番整顿之后,官场作风有所好转。真德秀曾称赞:"乾道、淳熙间,有位于朝者以馈及门为耻,受任于外者以包苴入都为羞。"⑦孝宗朝士大夫以行贿受贿为耻:在中央的高官以别人送礼上门为耻,地方官以送礼到中央为耻。这说明当时的廉政状况是比较良好的。

综上所述,宋代廉政制度对于遏制腐败、防范外侮、改善民生,在不同时期发挥的效用和功能是大相径庭的,其根本因素仍在于最高统治者——皇

---

① 朱弁:《曲洧旧闻》卷十。
② 吴曾:《能改斋漫录》卷十二。
③ 李心传:《建炎以来系年要录》,中华书局1988年版,第2772页。
④ 叶绍翁:《四朝闻见录》丙集。
⑤ 陈邦瞻:《宋史纪事本末》卷九十七。
⑥ 丁傅靖:《宋人轶事汇编》,中华书局2003年版,第1000页。
⑦ 《宋史·列传第一百九十六·真德秀》。

帝是否勤政英明,是否从国家社稷长治久安出发治国理政、用人行政。但也不能不承认,两宋政治相对清明,阶级矛盾比较缓和,始终没有出现全国规模的农民起义,这在一定程度上归功于宋代监察制度的有效运行和廉政文化氛围的熏陶。

三、亮点:专业监察官的黄金时代

两宋朝廷精密周详的监察制度设计,以及两宋士大夫高度担当的责任意识,共同孕育出高度发达的廉洁文化。虽然在政局败坏时,廉洁文化难免遭到削弱乃至偃旗息鼓,但是,这个朝代涌现出的一批道德业务兼优、专业化倾向鲜明的监察官员,仍然是放眼整个中国古代史都不可忽略的闪耀星辰。包拯、赵抃等以监察官员标识而彪炳史册的重要楷模,就是观察体悟两宋廉洁文化的生动样本,立体反映了两宋廉洁文化的实践场景。

(一)包拯:百姓心中的"公正之神"

包拯(999—1062),字希仁,庐州合肥人。他是妇孺皆知的"包青天",又在戏文、小说中以"包龙图""包待制"闻名,是古代百姓心目中清官廉吏的代表、铁面无私的象征和公平正义的化身。"龙图阁直学士""天章阁待制",原本是不具备实际职能、旨在标榜文学高选的清要殿阁职名,通俗而言即为彰显格调的荣誉头衔,不包含任何权力要素——在深入人心的"县官不如现管"的认知下,理应是远离百姓生活的抽象概念——然而,因包拯的存在,这两个职名却成为后世普通人言谈中极其普及并且毫无违和感的历史名词。就这个角度而言,百姓称呼"龙图""待制"时蕴含着至高无上的尊崇意味,竟然殊途同归地实现了荣誉表彰的初始目的。

包拯仕途之初,就与众不同。他28岁登科,算得上是少年进士("三十老明经,五十少进士"的说法自唐代起就广为流传),但因父母老迈,于是辞官回乡照料父母。父母去世,包拯守丧期满仍不愿离开。十年过去,直到38岁时,他才离开家乡,正式步入仕途。

包拯一生历职丰富,依次大致为天长(今属安徽)知县、端州(今广东肇庆)知州、监察御史、三司户部判官,京东、陕西、河北转运使,三司户部副使,知谏院,河北都转运使,瀛州(今河北沧州)、扬州、庐州知州、江宁(今江苏南京)知府,权知开封府①,谏议大夫,权御史中丞,权三司使、三司使,枢密副使。从这些履历我们可以清晰看到,除了逝世前升任的枢密副使,包拯任职集中于四类部门:州县长官(知州县)、路级监司(转运使)、财政官(三司)、监察官(监察御史、知谏院、谏议大夫、权御史中丞)。

后世民间戏曲小说,因受众为普通百姓,往往将包拯在台谏官、财政官员等专门领域的事迹归拢到大众所能认知的地方司法、行政事务中,衍生出"龙头铡""虎头铡""狗头铡"的分类。实际上,宋代普通地方官并无直接权力处置皇家事务,即便真有"陈世美"的存在,也不可能任由包拯以"龙头铡"处断了结。但"龙头铡"的想象并非完全虚构,它固然不存在,却在理念上映射出包拯在台谏官等任上弹劾权贵、秉公建言的事实。其中,最显著的事例就是弹劾外戚张尧佐。

张尧佐是张贵妃的伯父,因张贵妃受仁宗专宠而骤升高官,成为三司使(三司使号称"计相",在北宋早期与宰相、枢密使分掌中央财、政、军大权,是宰相级别的重臣),在张贵妃的枕边风下,仁宗又要任命其为宣徽使。舆论普遍认为张尧佐德不配位,包拯因此弹劾。面对仁宗对张尧佐的袒护,包拯不依不饶,不断弹劾,甚至在仁宗面前反复痛陈利害,语气激烈、情绪激动之下,将唾沫溅到仁宗脸上。最终,仁宗无奈妥协而免去对张尧佐的任命,并专门向张贵妃展示自己脸上的唾沫,描述包拯的厉害,抱怨张贵妃为伯父升官的要求。(朱弁《曲洧旧闻》卷一)张尧佐在后世成为包公传说中"庞太师"的原型,但客观公允地说,张尧佐实际上并没有明显劣迹,绝不至于达到"庞太师"只手遮天的程度,《宋史·张尧佐传》也承认,张尧佐"持身谨畏,颇通吏治,晓法律",其被弹劾的根本原因,在于群臣遏制外戚势力的考量。但在帝制时代,能够以魏征式的激烈劝谏对皇帝进行规劝甚至责问,就臣子论,包拯这样的谏诤程度确实也相当罕见。

同时,包拯在监司(转运使)任上,同样积极履行监察、建言职能。如前文制度篇所述,宋代路级监司本身就有监察建言职责,转运使除了负责管理

---

①　北宋开封府除了极罕见的情况,通常不设正知府,"权"开封知府实际上就是正式的开封府长官。

区域内租税、军储及物资经费调配的行政工作,还承担区域内的仓储检察、账册审核、官员监察、举荐贤能、兴利除害事务,其监察、建言性质的职能本属应有之义。比如包拯在任河北都转运使时,曾因"冗兵""冗费"现状而提出整改意见。

此外,包拯在中央财政部门,同样以其熟稔精干的素养和兴利除弊的立场,揭发陈州官吏巧立名目、翻云覆雨的盘剥手段,要求予以革除——在民间,这件事演化成包公"陈州放粮"的故事,其实包拯没有"放粮",而是以减免赋税、制止盘剥的方式对陈州百姓予以救助。

就气质论,脸黑似炭、不讲情面的形象,更符合百姓对公正之神的想象,事实上也的确如此,包拯通常不苟言笑,以至于开封有"包公笑比黄河清"的说法,包拯露出笑容的概率基本上与黄河变清的可能性等同(《宋史·包拯传》)。但这只是包拯最为人所熟知的一面,司马光的《涑水记闻》记录了包拯从善如流的随和形象:

> (包拯)为长吏,僚佐有所关白,喜面折辱人,然其所言若中于理,亦幡然从之。刚而不愎,此人所难也。

包拯在做地方长官时,下属有所陈述、禀告,通常都会被质问得下不了台。但如果下属所说的话在理,包拯又会立刻改正,予以接受。司马光感慨,在正直刚强的同时不自以为是("刚而不愎"),这是一般人很难达到的境界,但包拯做到了。

如前文所述,在中国历史上,赵宋一朝(尤其是北宋早期)政治相对清明,司法相对公正,社会相对稳定。包拯之所以具备被神化为包公的史实基础,除了他自身具有的果决刚正品格,同样离不开北宋早期群贤合力、皇帝宽厚的政治局面。后世,随着社会矛盾的积累和政治局面的恶化,青天不常有而贪官酷吏常有,"青天窗外无青天""酷吏传外有酷吏"的景象不免成为常态,世人因此如大旱之望云霓,渴求出现一个能够斩除所有不公、澄清一切黑暗的神人。包拯恰逢其会,构成了这具偶像的坯体骨架,并随时势的流转而不断被历代百姓、文人加工填补,成就了正义之神的不坏金身,承载着中国传统文化中的公平正义理想——这就可以解释,何以元代《窦娥冤》的作者关汉卿,同时又是包公传说的重要缔造者。这一从包拯到包公的历史进程,值得深思。

(二)赵抃:士大夫眼中的御史标杆

赵抃(1008—1084),字阅道,自号知非子,谥清献,衢州西安(今浙江省衢州市柯城区)人,北宋名臣、词人,因其正直敢言、为官清廉的品质而广受尊崇,世称"赵清献公"。

赵抃在两宋和包拯齐名(《宋史》甚至将两人合为一传),而且同样有一个令人望而生畏的外号"铁面御史",照理说,其性格似乎应该和包拯一样不苟言笑。事实恰恰相反,他以平易近人、温厚和善的性格著称,以至于和别人说话时都十分注意语气分寸,生怕伤到别人。只有在一种情况下,赵抃才会展露出他难以相处的一面,那就是在履行台谏职责、分辨是非曲直时,他会慷慨激昂且毫不退让。赵抃实现了"横眉冷对千夫指"与"俯首甘为孺子牛"的圆融统一,因而北宋名相韩琦赞叹赵抃是"世人标表",常人难以企及。

赵抃果决敢为、清正廉洁且得享高寿(七十七岁逝世,身历仁宗、英宗、神宗三朝),一生留下不少功绩,加之一代文宗苏轼终生拜服赵抃,将这些事迹都记录在他为赵抃所作的《赵清献公神道碑》中,更是向后人描述了一个形象丰满的"赵清献公",本来就值得大书特书。下文将选取典型事例,简笔勾勒作为司法者和监察者的赵抃。

第一,作为司法者,赵抃审判立场之公正、法律素养之精深、司法理念之高超,为当世所公认,成为两宋士大夫司法官员的偶像。

赵抃于仁宗景祐元年(1034)中进士,其第一个职位即为掌管刑狱诉讼的武安军(今属长沙)节度推官。初入仕途,他就先声夺人地解决了一个疑难案件,令全府官民拜服,为当时和后世所称道。

当地有人伪造官印(按照当时法律规定,伪造官印应当处以死刑),恰逢仁宗大赦,刑罚可以得到减轻处置,本该就此收手。可能是因为没有达到预期的谋利目的,这人不甘心"半途而废",于是铤而走险,偷偷使用了这枚伪造官印,最终被官府发现。当地官员认为,这一行为过于猖狂,应当按法律原本的规定予以处死。赵抃则以大赦为依据,对这一审理意见予以否定,主张免除死刑。

在宋代,大赦有极高的法律效力(其适用的范围是已犯之罪,旨在通过减轻刑罚的方式,以彰显皇帝宽厚爱民的仁政),其落实当然需要得到保证。为了维护大赦的法律效力,同时也因为当时士大夫普遍认为伪造官印的刑罚过于严苛,赵抃坚持要以大赦为情由,减轻本案处置,将死刑改为流刑(流放)。依法断案、维护法律权威的理念,在当时的司法活动中正逐渐成为共识,秉公守法的赵抃并没有简单草率地否定法律中不合理的规定,而是以严格区分犯罪情节的方法,将当事人的"造印"和"用印"行为进行区分,进而厘定其对应刑罚。他指出,法律中应当处以死刑的对应犯罪情节是"造印",既然发生在大赦之前,其刑罚理应受到减轻,不再适用死刑;而且,法律仅仅规定多次"用印"(即"累犯")应当处以死刑,那么即使不在大赦范围内,当事人仅仅"用印"一次的行为也不应当被判以死刑("赦前不用,赦后不造,不当死")。

赵抃对伪印案的处置,不仅反映其自身精深的法律素养和严密的逻辑思维,其实还反映了北宋前中期士大夫司法官员普遍操持的慎刑恤杀理念。大约四十年后(熙宁十一年,1078年),在朝廷进行大规模法律修订活动时,文彦博旧事重提,专门论述了伪造官印的定罪量刑,间接揭示了赵抃在伪印案中秉持的司法理念。概言之,宋代法律中伪造官印的罪名及其情节认定,并非首创,而是沿袭于唐律(《唐律疏义》),但在唐律中,本罪只须处以两千里流刑,不至于面临死刑。宋代此罪刑罚之所以重于唐律,是因为历经五代乱世,宋初统治者对官府运作秩序十分敏感,特意采取"乱世用重典"的立场,对"伪造官印"这一可能危害政权安全的隐患予以加重处理。在文彦博看来,经过宋初几代人的努力,国家业已回归正轨,法律也应当恢复正常;在承平年代,法律不应过度严苛,应该罪刑相当,回归到"平世用平典"的法治轨道(《宋史·刑法志》)。赵抃本人虽然没有直接参与这场讨论,也没有直接就这一问题进行论述,但从他一生在司法活动中所呈现的宽猛相济风格来看,其实毫无二致。可以说,在四十年前,赵抃早已从伪印案入手,对宋初"乱世用重典"的时代惯性进行了遏制,激起了同时代士大夫司法官员们的强烈回响,以至于响彻两宋。正是基于这一认识,苏轼在记述赵抃生平时,选择以伪印案打头,塑造赵抃先声夺人的专业司法官形象。

无独有偶,熙宁五年(1072),赵抃六十四岁,第二次任成都知府时,再一次碰到与当年伪造官印相类似的案件。只不过,此案情形更为复杂,而且牵涉政治问题：剑州人李孝忠纠集了两百余人，伪造符牒，在没有官府许可的情况下私自给人剃度为僧。由于声势浩大，涉及面广，因而有人认为可能有谋反意图，将其告发。当地官员普遍认为应当按照谋反处理，将涉案人员全部处死，而赵抃则坚持查明案情，确定本案并不涉及谋反，仅仅依照法律将首犯处死，其余从犯则按相应情节处以死刑以下的刑罚。

在唐宋，因为涉及税收、人口管理，出家为僧、道需要官府认可，认可其身份的官方文书即称"符牒"，在法律上，"符牒"性质即为官方文书。伪造符牒在法典中归属于伪造官印同类罪名，在有组织犯罪的情形下，首犯处以死刑，从犯低于死刑。赵抃对本案的处断，原本无可指摘。

问题在于，本案发生在成都，十分敏感。概言之，"天下已治蜀未治，天下未乱蜀先乱"，与外界高度隔绝的地理条件，物产丰富、足以自给自足的经济条件，使得四川盆地成为当时天然的割据温床；成都为川峡之冠，人力物力在四川占有绝对优势，掌控成都基本意味着掌控四川——宋仁宗时，即有士人作诗"把断剑门烧栈阁，成都别是一乾坤"，鼓动知府造反（朱弁《曲洧旧闻》卷一）。加之本案主犯为剑州（剑阁）人，剑阁为四川门户，是当时与外界最关键的通道（直到今天人们尚且记得"守卫剑阁"），聚众作案，难免令人遐想。在这一敏感背景下，赵抃处理这起有谋反嫌疑的重大案件，为嫌疑人开脱，可想而知需要冒怎样的政治风险。

果然，赵抃的处断引起朝廷议论，甚至有些人认为赵抃心存异志，有意为逆党开脱。于是朝廷展开调查，最终在严格审定整个司法过程和相关证据后，发现赵抃的审理毫无瑕疵。

宽仁的确是赵抃司法风格中最为显著的一点，但不是全部，在面对确实恶劣的犯罪时，他不会滥施仁慈。赵抃担任杭州知州时，宽仁的名声已经传开，杭州的一群无赖以为可以乘机逃脱法网，于是愈加猖狂地拉帮结伙、招摇过市。对于这种主观恶性大、有组织的犯罪行为，赵抃毫不手软，对其中罪行最恶劣的几人处以流放之刑，震慑和瓦解了这股黑恶势力。

简而言之，赵抃凭其精深的法律素养、公正的司法理念，甘冒政治风险、不计仕宦得失，形成了宽严相济的司法风格，成为两宋士大夫司法官员效仿的楷模。

第二，作为监察者，赵抃以其刚正不阿的品质和明察秋毫的才干，赢得了"铁面御史"的美名,成为两宋皇帝和士大夫心目中象征着专业、公正的台谏标杆。

宋神宗刚即位时,赵抃第一次成都知府任满,回到朝廷中枢,被委任为谏官("知谏院")。按照以往惯例,从成都知府任上归来的高官,通常都会很快调任中书省、枢密院,高升为执政①——如上文所述,能够立下政绩且安然从成都知府任上归来,意味着通过了高难度的忠诚度测验,成为可以信赖的重臣,张方平、宋祁等仁宗朝名臣就是从成都履职归来后高升执政。此时的赵抃,已经六十多岁,官资深厚且政绩显著,本应毫无阻滞地高升执政,神宗却委任以谏官职务,引发了朝中众臣的揣测,甚至有人认为神宗猜忌赵抃,当面向皇帝质疑。面对质疑,神宗倍感委屈,他说:

> 用赵某为谏官,赖其言耳。苟欲用之,何伤!(苏轼《赵清献公神道碑》)

神宗认为,赵抃堪称台谏典范,其建言具有无与伦比的公信力,让他在谏官职务上发声,能够最有效地改进局面。神宗的真实用意是希望赵抃在监察职位上提出其他人不敢提出的意见,赵抃确实也没有辜负期望,随即要求提拔一批正直而受到压制的官员,如吕海、吕大防、范纯仁、赵鼎等人。在赵抃的建言下,这些人相继回朝。这些人在后来大多成为名臣,尤其是其中的赵鼎,在靖康之变后多次以明贬暗褒的方式保护岳飞,虽然未竟其功并同遭秦桧迫害,但确实为稳固南宋政权做出了巨大贡献。由此可见,赵抃明察秋毫而识人于微,力排众议而任人唯贤,无愧其台谏标杆的光环。

三个月后,赵抃果然升任谏议大夫、参知政事,打消了群臣的猜测,证实了神宗任命确实是出于对赵抃专业素养的肯定。

赵抃之所以能有如此威望,以至于在当世朝野成为台谏的象征,缘于他初任御史时即已展现的不畏权贵、秉公执言的事迹。

仁宗至和元年(1054)年底,宰相陈执中纵容嬖妾张氏虐待家中婢女迎儿致死(相继又有两婢女被虐杀),开封府为迎合仁宗对陈执中的庇护意图,

---

① 执政即副宰相级别的高官,"参知政事"就是我们今天最熟悉的一种宋代执政官。

打算不了了之。须知,陈执中并不是一般的宰相,而是对仁宗有拥立之功的恩人。此时朝廷上下虽然颇有议论,但慑于特殊形势,敢怒而不敢言。

当时的赵抃,仅仅是刚刚从地方官升任殿中侍御史的谏官,资历名望远逊于他人,但他却不畏艰险,敢于打破沉寂,连同其他台谏官员,率先发难,掀起对陈执中的问责风潮。这无疑是以卵击石,在等级社会,为了区区三名婢女的"蝼蚁性命",正面掀翻皇帝、宰相颜面,需要怎样的正气与果决?当然,北宋前期政治清明,皇帝宽仁自制,能够在客观上保证赵抃在面临未卜结局时不至于有性命之忧,但从个人仕途荣辱、权力关系网络的角度看,赵抃铁面无私的弹劾仍然是危险举措。

根据苏轼统计,在事态持续发酵的六个月间,为了弹劾陈执中,赵抃接连上了十二道奏章。尤其是在第八封弹劾中,赵抃总结了陈执中"不学亡(无)术、措置颠倒、引用邪佞、招延卜祝、私雠(仇)嫌隙、排斥善良、狠愎私情、家声狼藉(赵抃《乞罢免陈执中疏》)"八大罪状,强烈要求对其予以罢免。在此后的奏章中,赵抃更是势不两立,质问仁宗,要求仁宗给出明确说法:

> 臣虽至愚,不能无惑,臣固不知陛下以臣向来之言为是邪?为非邪?复不知陛下以执中之罪为有邪?为无邪?陛下若以臣言为是,而以执中为有罪,即乞陛下早正朝廷之法,而罢免相位,以从天下之公议。今陛下若以臣言为非,而以执中为无,亦乞陛下正朝廷之法,而窜臣远方,宣布中外,以诫后来。(赵抃《再乞罢免陈执中相位札子》)

从赵抃正气凛然、慷慨激昂的质问中,我们可以看到这位铁面御史的真情实意。他不可能不知道自己对陈执中的弹劾其实就等同于是对皇帝问责,但他仍然选择不依不饶,在仁宗面前步步紧逼,执拗地呼唤公义,要求仁宗无论如何都必须直面民意,给出确切态度。从这封奏札中,我们可以看出,赵抃最严厉之处,甚至不在于他要求皇帝必须服从公义、罢免陈执中,而在于他逼迫皇帝承认自己处事不公——如果皇帝陛下您坚持要庇护陈执中,那么也必须用颠倒黑白的杀鸡儆猴来宣告您的不公,罢免我这个说真话的人,而不是和稀泥地模糊处理。

这段掷地有声的骨鲠之言，不禁令人掩卷长叹。赵抃能够发出这种铁面无私、以卵击石的"作死"言论，并且这种言论竟然能在被许多现代人用"皇帝专制"标签钉死的中国古代屹立不倒，尤其值得叹服——宋代高度政治文明所孕育的公平正义监察观、司法观，确实是中华优秀传统文化中不可无视的源头活水。无怪于此，如同包公在百姓心目中成为司法之神，赵抃则在士大夫心目中成为御史的标杆，寄寓着政治清明、监察得当的理想。

四、镜鉴：反腐制度逐渐失灵

在中国历史上，两宋法制较为完备，按照常理推论，堪称中国古代法制巅峰的两宋，即便不能彻底解决传统治理模式下的许多痼疾，也应当在官员廉政方面有极高建树。然而如上文所述，因政局优劣的变化，两宋不同时期仍然存在与其法制文明高度不相匹配的贪腐问题。

（一）干扰监察制度的法外因素

如前文所介绍，以"文臣七条""武臣七条"为代表的诫饬，体现了遵守规则、奉公修德、勤政爱民、兴利除弊的理念，是两宋主流价值观；注重监察、讲求公平的精神，贯穿于两宋制度设计；同时，两宋士大夫道理最大、公平正义、廉洁自律的政治伦理与道德追求，也深刻塑造了时代风貌。这些要素都是当时廉政理念与廉政实践的有力支撑。

然而，帝制中国毕竟有其时代局限性，虽然当时的民本理念与大同理想与我国现代的人民立场有内在契合，但在政权性质上仍然达不到历经现代社会革命、政治革命洗礼的人民主权高度，其最高权力归属指向皇帝，归根到底是一家一姓之治；即便考虑"与士大夫共治天下"的政治文明模式，将其统治基础进行扩大，仍然同样不能避免归结到不平等的特权统治、等级社会伦理。换言之，在当时的政治实践与司法实践中，根植于"天下为公""仁政爱民"理念的廉政观往往会在关键时刻让位于皇权统治逻辑，受到极大干扰而不能根本落实。这样的干扰主要体现在以下两点。

第一，两宋统治者首要关注的问题是政权归属，在维护一家一姓统治这一根本问题前，廉政成了"小节"，忠于皇帝才是"大节"。何忠礼先生认为，在两宋法律规定中,对于贪污腐败的相关惩处不可谓不严厉,但吏治情况相比此前以黑暗混乱著称的五代乱世,并没有明显好转(只是形式更加隐蔽而已),其根本原因在于最高统治者始终将维护政权的归属视为首要问题,以防止夺权、叛乱为首要任务,将目光聚焦于防范武人,而对文官贪腐予以纵容姑息。① 基于这一基本国策,在贪腐惩处的执行层面往往松懈,而不能长远意识到,贪腐同样是动摇根基的心腹大患。

"赵普受贿"一事,在史书和传统史家的评论中,常以君臣相知的"佳话"形象出现,但以今天眼光看,身为开国宰相的赵普在收受贿赂时竟然受到开国皇帝赵匡胤的默许甚至鼓励,极不利于整个国家树立正确的廉政意识。而之所以如此,正是因为赵匡胤首先考虑的并不是宰相廉洁与否,而是首先考虑宰相是否可靠、是否威胁自家统治:

> 太祖时,赵韩王普为相,车驾因出,忽幸其第。时两浙钱俶,方遣使致书及海物十瓶于韩王,置在左庑下。会车驾至,仓卒出迎,不及屏也。上顾见,问何物,韩王以实对。上曰:"此海物必佳。"即命启之,皆满贮瓜子金也。韩王皇恐,顿首谢曰:"臣未发书,实不知;若知之,当奏闻而却之。"上笑曰:"但取之,无虑。彼谓国家事皆由汝书生耳。"因命韩王谢而受之。韩王东京宅,皆用此金所修也。②

赵匡胤出宫,随机到赵普家串门,发现有人给赵普送礼,打开礼物,发现是吴越国王钱俶以"海物"名义送的黄金。赵匡胤在世时,吴越国尚未彻底纳土归降,只是表示臣服,因而钱俶向赵普送礼,希望通过赵普来探知赵匡胤态度并对自己有所庇护。赵匡胤与赵普为故交,知道赵普喜好钱财,并非不忠,因而对此事一笑而过,并鼓励赵普收下贿赂。从赵普惶恐而坦白的第一反应,以及赵匡胤对政权掌控的高度自信、对赵普忠诚度的确信来看,两人都没有将收受贿赂当成是一个问题,而是聚焦于"表忠心——认可忠心"的政治表态。这一则事例深刻揭示了在政权归属问题前廉洁成为一个不值

---

① 何忠礼:《宋代的封建统治与赃吏》,《浙江大学学报》1993年第3期。
② 司马光:《涑水记闻》卷三。

一提的小问题。

在宋初开国君臣心目中，与忠诚度相较时，廉洁度微不足道。这表明廉洁理念未能成为最高原则，防范大权旁落始终是第一要务——这样一种惯性，渗入两宋祖宗家法，塑造着两宋政治的最深层基因。

基于信任，皇帝默许甚至鼓励了近臣的贪赃行为，表面上看似乎并无多大影响。然而正如孔子所说的，"其身正，不令而行；其身不正，虽令不从"（《论语·子路》)，在纵容宰相大臣贪墨的同时，希望其他官员保持廉洁，是不现实的。人心既已不服，大臣无所顾忌，则小吏亦争相效仿，廉洁遂成空话。

第二，为了稳固统治基础，优待士大夫成为两宋政治传统，以至于在贪腐问题上，士大夫同样受到优待。两宋国策"重文轻武"，士大夫受到优待，本质上正是由维护统治的祖宗家法决定——相比较于武人，士大夫对政权归属所能造成的威胁极其有限，况且治理国家需要依靠士人，对其进行笼络优待自然成为传统。因此，事实正如包拯所说，"虽有重律，仅同空文，贪猥之徒，殊无畏惮"①，两宋除了初期个别文官，几乎不存在因为贪赃问题而被处死的；而且，即便有官员因贪赃行为而被处以罢黜、刑罚，在后来也往往以各种方式受到宽待（如大赦）。承平日久，后续皇帝对廉政重要性的认识愈发淡薄，以至于到宋徽宗时期，朝廷因极端腐败而遭受灭顶之灾。南宋孝宗因起于民间，对贪腐危害性有切身体会，曾经尝试恢复对贪赃行为的重惩，大力进行整顿，一时间扭转了风气。但此后随着权相专擅、党争倾轧局面的反复出现，廉政问题在权力归属问题前重新退居其次，于是每况愈下。

(二)反腐法律不能彻底落实

在法律上，宋代对于官员贪污受贿情节认定及各自刑罚有明确规定。贪污，即将朝廷财物据为己有，被归入盗罪：

> 诸监临主守自盗，及盗所监临财物者，加凡盗二等，三十四绞。

（《宋刑统·贼盗律》)

---

① 包拯：《乞不用赃吏》。

"监临主守"是指担任管理、监督职务的官员，即作为犯罪主体的官员；"所监临财物"是指官员管理职权范围内的朝廷财物，即贪污的客体。《宋刑统》继承唐律（《唐律疏义》）规定，将贪污罪置于盗窃性质的犯罪类别下，在相同数额的条件下，其刑罚幅度重于普通盗窃两等，达到 30 匹（以丝绢为计量单位）价值即处置绞（死）刑，规定不可谓不严厉。

《宋刑统》中受贿罪分为"枉法赃""不枉法赃""受所监临赃"及"坐赃"四类情形。"枉法赃"与"不枉法赃"适用的条件是主管官员因特定具体事务而收受下属或管辖对象的贿赂，以处理这一事务时是否枉法为标准而分为"枉法""不枉法"，其中，枉法赃罪收受数额达到 20 匹价值即处以绞刑（不同时期的门槛不同，北宋立国时采用的数额是 20 匹）。"受所监临赃"适用的情形是主管官员日常收受贿赂，其中主动索贿加重处理，而以强行手段索贿则依照枉法赃罪处理，即最高刑罚亦可达到死刑。"坐赃"是指非主管官员收受贿赂，用今天的话说就是非领导职务或非职权范围内的官员收受贿赂。

可以说，在法律制度上，宋代对贪污罪、贿赂罪的规定是完备的。然而在实际执行中，几乎不能落实。如上文所述，赵普收受钱俶 10 瓶瓜子金，数额不知道是 20 匹丝绢的多少倍，竟然还被赵匡胤鼓励默许。宋初，宋太祖、太宗和真宗因贪腐处死过一些关系疏远的官员，对于亲近大臣一概宽厚处理，引导了两宋漠视反腐的不良风气。较为极端时，真宗大中祥符七年（1014）甚至发布诏令，只要州县官员在罪行败露前自首，甚至可以不受处置。对待贪腐高度容忍的态度，导致贪官污吏更加有恃无恐。范仲淹主导的庆历新政和王安石变法虽然采取了一些澄清吏治的举措，但因变法失败而恢复原状，直到徽宗以后，贪腐更是席卷朝野。

南宋对贪腐犯罪的处罚，比起北宋更加松懈，对于本该处以死刑的贪腐官员，连刺配都不再执行。直到孝宗时期，面对无法无天的贪腐形势，决心落实法律，然而也并未达到法律规定的幅度，贪腐的最高实际执行仍为流刑，实际量刑程度仍然低于法律。

值得注意的是，南宋朝廷在讨论惩处贪腐的议题时，经常出现"真决"一词。"真决"的意思就是按照法律规定真实执行——是否按照法律规定执行贪污受贿的定罪量刑，竟然成为一个议题——可见当时官方都承认反腐法律已经成为具文。在相关史料中，南宋朝廷对本应处死的贪腐案件进行判决时,通常带有"免真决"三个字——这在今天看来颇为扎眼,足见当时的法律规定受到了怎样的削弱。

这一事实也可以解释,为何两宋不同时期的廉政情况会随情势流变而呈现较大差异:在反腐制度难以得到全方位有效落实的情况下,官员的自我约束成为廉政实践最主要的依靠。若遇政治清明、国势上升的大环境,落地生根的主流价值观确实可以极大促进廉洁风气的普遍树立,然而一旦处于君主昏庸、大臣奸诡的肇乱时局,则往往因正气不彰而激发全面贪腐。

袁燮廉洁思想探索

宁波财经学院马克思主义学院副教授

伍强胜

袁燮是继陆九渊之后,心学领域最重要的代表人物之一。对于风俗,陆九渊早有论及,认为风俗直接关涉国家命运,故主张"辟俗以明理""脱俗以修身""化俗以成民"。袁燮在承继陆氏观点的基础上,提出"风俗,国之元气"的命题,从治道(政治哲学)的角度进行了较为全面的阐发。于此,袁燮廉洁思想也得到了较为全面的呈现。鉴于之前相关研究较为鲜见,本文依据相关文献,针对袁燮的廉洁观点,一一进行梳理。不当之处,敬请批评指正。

一、风俗,国之元气

风俗与治道之间的关系,一直被古代士大夫阶层所关注。苏轼就曾指出"人之寿夭在元气,国之长短在风俗"。王安石亦云"安利之要不在于它,在乎正风俗而已。故风俗之变,迁染民志,观之兴衰,不可不慎也"。袁燮特别强调风俗之于国家兴衰的重要性,提出"风俗,国之元气"的命题,这是袁燮治道(政治哲学)的基石。

(一)风俗既坏,则国从之

袁燮首先批评了当朝不以"风俗之弊"为急务的问题。袁氏认为"簿书期会,断狱听讼,一日不治,其害立见"。与之对比,"风俗……不善",即风俗之弊,也就是陆象山所言之流俗,未必立即带来很坏的社会影响。它渗透缓慢,肉眼难以识别,甚至人们都乐于接受。然而,一旦蔓延开来,便不可收拾。到最后,整个社会礼义廉耻都消失殆尽。

臣闻风俗之弊，有可以复返之理，患为政者不能以是为急尔。簿书期会，断狱听讼，一日不治，其害立见。而风俗所在，虽有不善，未为深害也。见其可缓之形，而不见其不可缓之实。培养之不加，而纵寻斧焉。廉耻日丧，忠信寖薄，颓靡废阙，以至于不可收拾。①

袁燮指出"二帝三王"深悟其理，一边"省观风俗，苟有不善，则切切焉以为忧"；另一边，着力提升国民的良好素质，营造良好的社会风气。袁氏对于强秦以降历代王朝的风俗状况作了现实的考察，指出即便如秦代之强大、隋朝之富裕，若元气之不存，也就是说风俗败坏，国家将随之灭亡。

袁燮主张贯彻落实儒家提倡的施教化而达到美风俗目的的主张，认为后世忽视了教化的功用。继而，一步步，国家质朴的风俗下滑，直至荡然无存。一个国家的风俗、风气、风尚败坏，则国家随之灭亡。

呜呼！风俗，国之元气也。元气枵然，则身随之，风俗既坏，则国从之。虽秦之强，隋之富，而元气不存，则危亡可立而待。是果可缓耶！昔者先王知其甚急也，是以省观风俗，苟有不善，则切切焉以为忧。陶冶作成，必使粹然醇厚。人有士君子之行，以为吾代天牧民，勿使失性，其职当如是也。古人以是为急务，而后世则忽之，教化不明，而质朴日消，此亦无足怪者。②

（二）承平既久，侈靡成风

承上文，袁燮又对有宋一代做了一番回溯，对宋朝的风俗进行了扼要的点评。袁氏认为自赵匡胤始，起初的几代君王在位期间，"美化流行，习俗丕变"。粗看，似可以与三代相媲美；细看，却已出现豁口缝隙。"承平既久，而侈靡成风也"。宋初立，经历几代的努力，国家安定富足，百姓安居乐业。一

---

① 袁燮：《絜斋集》，浙江大学出版社 2020 年版，第 24 页。
② 《絜斋集》，第 24 页。

派欣欣向荣的景象。但随之,不好的现象也出现了。富者骄夸,贫者相随。舍本逐末,都去"抓钱",鄙视劳作,整个社会"歆艳以成俗,侈靡以相高",丧失了本来应有的质朴的"本真"的状态。

> 我国家列圣相承,美化流行,习俗丕变,既与古匹休矣。而审观详察,则尚有所当正者,承平既久,而侈靡成风也。末习之好,而去本寝远也。富者竞为骄夸,贫者倾赀效之。歆艳以成俗,侈靡以相高,旦旦伐之,而本真微矣。①

这里最糟糕的情况是不论富者,还是贫者都以"侈靡"相尚。国家太平已久,百姓安居乐业,本是祥和之兆。至此却成了产生侈靡,乃至腐败的温床。袁燮曾对当时在此大环境下的官僚队伍做了一个不太高的判断,详见后文。

袁氏例举出由于制度的缺陷,当时社会存在的由"大户人家"引领的一系列问题。

> 今夫侯王富戚之家,宫室藻绘之饰,器用雕镂之巧,被服文绣之丽,极侈穷奢,荡心骇目。公卿大夫之家,妇人首饰,动至数万,燕豆之设,备极珍羞,其侈汰如此。及从而问其然?则曰:"吾有所效也。"京邑四方之极,古人所以原本枢机者在是,而靡丽为甚,来者无所取则,亦惟末习是效。故近岁以来,都邑之侈,遍于列郡,而达于穷乡。此岂小故而可不正哉!②

袁燮一针见血地指出,侯王富戚之家,住所、器用、服饰等等极其奢侈;同样,公卿大夫之家,首饰、食物等极其奢靡。本来的京畿之地,国家的政治文化中枢,是引领全国前行的火车头,这时却是靡丽的中心,成为全国各地效法的不良样本,整个国家从城市到农村,都弥漫着"捞钱"的气氛。至于这

---

① 《絜斋集》,第24页。
② 《絜斋集》,第25页。

个钱、财富是怎么来的，不去管了。

如此局面是否可以追究下谁的责任？

对于汉文帝、唐太宗两位帝王，袁燮给予了比较高的评价。袁氏认为这两位明君唯有个人道德层面有点瑕疵，而其管理国家方面的作为可与古代"二帝三王"媲美。原因在于他们能够起到表率的作用。他们在位期间，政治、经济、文化包括社会风气良好，是历史上公认的太平盛世即"文景之治""贞观之治"。事实证明有为的明君可以引领国家"乾"行。

在同论域中，袁燮充分肯定了当今圣上的廉洁自律、起居生活的简朴。君主个人层面无可挑剔，但是从整个社会层面来讲，侈靡景象显现，触目惊心，并呈蔓延之势……究其原因，袁氏认为这与相关制度不够完备有直接联系。

> 臣观汉文帝以敦朴先天下，而海内望风成俗，翕然化之。唐太宗戒靡丽珍奇之好，而当时风俗素朴，衣无锦绣。夫此二君者，其道德未纯于古也。躬行于上，而俗移于下，源清流洁，表端影直，其效固如此也。圣上清心正本，无他嗜好，承舆服御，一切减损，所以躬率者至矣。而求诸习俗，未睹其效，意者躬行虽力，而法制犹未备欤。[①]

袁燮在例举"以身作则"失效的情境下，认为唯有完善制度，才是解救国家治理"困境"的明智之举。

一言概之，袁燮继承了儒家"施教化美风俗"和黄老道家君主"以身作则"两大治理国家的主张，并以此为基点，清晰地提出了完善相关制度的观点。

（三）吏贵乎廉，而贪浊者众

承上文，对于官僚队伍的贪浊状况，袁氏的著述中亦多有揭露。

为官者一心为公的少，而谋取私利的多，有的人甚至没有做人的底线，为所欲为，寡廉鲜耻。

---

① 《絜斋集》，第24—25页。

今公清者少，贪浊者众，肆为蟊贼，无所忌惮。①

士大夫阶层见利忘义、损公肥私，肆意搜刮民脂民膏，以满足个人、小团体的侈靡；而面对外患强敌，面对国家最大的边患问题，则"心摇胆战，口出寒液"，畏而不前。外强内弱引发的后果是盗贼群起，四处民变。

今夫士大夫义不胜利，公不胜私，惟知剥民脂膏以自封靡。一旦闻金革之事，则心摇胆战，口出寒液，虽驱之不前。盗贼之敢于陆梁，其端由之。②

大小官员逐利之余，整天追求享乐，相互攀比，嬉戏打闹，醉生梦死。

今也不然，惟靡曼是娱，惟珍奇是好，淫侈相高，燕乐无节，同堂合席，不闻箴规，相与恬嬉而已。③

一县之长只想到自己的腰包鼓起来，怎么巴结谄媚爬上去。作为父母官，千般念想，万般心思，一心想着自己，就是不会为百姓着想。而一旦谈到古代"盛美"者，则讥笑他们的迂腐，从来不以这些圣贤作为效仿的对象。

今为县令者，丰财而已尔，巧谄而已尔，徒为一身之计，而未尝为吾民计。有谈古人之盛美者，则鄙笑以为迂，而岂能有所取法乎？④

官场上官官相护，结党营私，贪赃枉法，行贿受贿，包庇纵容，蝇营狗苟，勾搭成奸。

---

① 袁燮：《便民疏一》，《全宋文》，上海辞书出版社 2006 年版，第 108 页。
② 袁燮：《絜斋集》，浙江大学出版社 2020 年版，第 101 页。
③ 《絜斋集》，第 29 页。
④ 《絜斋集》，第 102 页。

忠良不得以展布,贤智未免于湮郁。天之命德,岂其然乎! 或依势作威,敢于专杀,而姑务含容;或党附权奸,罪不容诛,而阴求拉拭;或贪墨著闻,士论不齿,而复官与祠;或总戎缔交,贿赂公行,而匿瑕含垢。①

即便京城,国家政治文化中心,社会治安却坏到极点。对此,官吏们却习以为常。遇到自然灾害,本应体恤百姓苦难,减轻百姓赋役,官吏们却置若罔闻。

京辇之下,剽掠公行,非小故也,而不以为怪;旱潦之后,征科如故,残民之大者也,而不以为非。导谀贡佞,偷合苟容,以梯媒宠禄而已。②

向上级主管部门及时通报舆情,本来是言官的职责,而言官却屡屡"失职",形同虚设。

通进一司所以达庶僚之言也,虚名仅存,而不闻有所规箴。③

官府对百姓痛苦麻木不仁。"长民之吏"只关心自己升官发财,对上报喜不报忧,置百姓于水深火热中而不顾。

旱蝗相仍,民大饥困。上轸渊衷,多方赈恤,可谓仁矣。然长民之吏,虑蠲放太多,未必能以实告。故饥民不可胜计,而济棠不能遍及。或转于沟壑,或轻去乡井,或群聚借粮,或肆行剽掠,无所得食,势固宜然。④

---

① 《絜斋集》,第 4 页。
② 《絜斋集》,第 29 页。
③ 《絜斋集》,第 4 页。
④ 《絜斋集》,第 4 页。

官吏们对上阳奉阴违,置朝廷的"忠厚"之旨于不顾,都以苛刻为能事,对百姓心狠手辣、苛刻无情、残酷无情。

皇上久居宫内,对京城"繁荣"的情况略有了解、表面了解,而对其他地区的情况一概不知。大小官员蒙蔽圣上,罪不可恕。

> 以刻核之心,行苛暴之政,刑罚不中,民无所措,邦本所在,日朘月削,深为国家忧之。①

> 朝廷之意,未尝不以忠厚为主,而奉行之吏往往多以苛刻为能。……既输钱中都,而州县督租如故,是再输也。……或严刑科罚,而因以为利。……秋苗之斛面日增,关市之征税日重。……民所不欲而日夜驰之,财匮于下无以相养。……陛下勿谓京邑之内,民物熙熙,可以为庆。当知自此而往,駸駸不如。②

各级官员表面上为国家催缴财税,实际上是为了自己的利益,他们借用国家的政策,最大限度地对百姓进行盘剥。

> 或拘民间米盐,并从官卖,或科有余之家,强以买会,或令民间输纳,非买?于官者不与接收。③

综上,整个官僚队伍贪赃枉法、徇私舞弊、外强中干、蝇营狗苟、欺上瞒下、欺压百姓。就没几个好人,触目惊心……袁燮在上呈皇帝的《轮对陈人君宜勤于好问札子》中,对当时官僚队伍的判断,明明确确九个字,"吏贵乎廉,而贪浊者众"。发人警醒!引人深思!

---

① 袁燮:《便民扎子一》,《全宋文》,第 97 页。
② 《絜斋集》,第 11 页。
③ 袁燮:《便民疏一》,《全宋文》,第 108 页。

二、躬行以为之本，法禁以为之具

鉴于国家整体"侈靡成风"，大小官员"贪浊者多"的状况，袁燮主张完善制度并予以根治。

袁燮引用唐朝柳泽的观点，认为"骄奢起于亲贵，纲纪乱于宠幸"。主张治理"侈靡"应就近从亲贵、宠幸入手，"制之于亲贵，则天下从；禁之于宠幸，则天下畏"。袁燮特别提到有宋之际真宗朝的事例。起初，对于"销金服饰"，真宗皇帝累下禁令，但是犯者不绝。继而真宗自"中宫""大臣之家"入手，复申严禁，均不得"金饰衣服"。自此天下清明，"无复犯者"。

> 唐柳泽有言："骄奢起于亲贵，纲纪乱于宠幸。制之于亲贵，则天下从；禁之于宠幸，则天下畏。"我真宗时，销金服饰，其禁严甚，然累下制令，而犯者不绝。故内则自中宫以下，外则自大臣之家，悉不得以金饰衣服，复申严禁，布于天下，自此无复犯者。以其自近始，而法禁明也。[1]

袁燮认为，解决"侈靡"问题，实际行动是根本，法禁是为治理的工具。禁绝"侈靡"，实际行动应从贵戚大臣开始。贵戚大臣正，不再侈靡，侈靡现象就会消失。这是正俗的要点。《淮南子》提倡黄道老学的以身作则。这里，袁燮将以身作则扩大到了皇帝近围的贵戚层面。

> 圣上恭俭之化，形于宫掖，闻于天下久矣。而臣犹虑夫贵戚大臣之家，有渐于薄俗，而侈靡相尚者。法禁之行，当自是始。行于一二，以励其余，而风俗可移矣。古人举事，必有以大服天下之心，故法禁可行。宽于贵戚大臣，而急于士民之家，则人不服。何者？彼固以为吐刚而茹柔也。躬行以为之本，法禁以为之具，而行之自

---

[1] 《絜斋集》，第 25 页。

贵戚大臣始。贵戚大臣既正，则远近莫不一于正。此则正俗之要也。①

三、非其义，一介不取

尽管整个社会风气不好，袁燮却能够做到洁身自好。袁燮是一位清醒的思想家、政治家，能够廉洁自律，绝不沉迷于权力、权利，公权私用。《絜斋集》中留有袁氏辞职书，几次主动请退。这些举动与他的原生家庭有关。

其曾祖袁灼"自'丰亨豫大'之说炽，竭天下之力，谓之'享上'，献谀者袂相属。公因面对，力劝上清心省事，安不忘危。此奏最为明切，心知其难，言忠爱不忍缄默。黜知泗州。未上，而敌骑至阙矣。夫典州而不阿大臣，立朝而敢进忠言，人臣之大节也。而志其墓者，以为镌秩、补外，皆非美事，不能备载，可为太息。某惧夫久而泯没不传于世，自陷于不明不仁之域，故表而出之。俾世世子孙知先世风节如是，兴起于心，慕而效之，亦不为无补云"②。

其祖父袁坰"服膺儒业，充养德性，家再世二千石，而恂恂退逊，甚于寒素，轸念穷乏，施予不倦。侍仓部守婺，及随寒士有来谒者，必访其所寓，以私钱给之。时时造可食物，散于城外，以惠贫民，或捐钱与之，前后所济不知其几矣"③。

其父袁文"性不喜华侈，屋苟可以居，食苟可以饱，衣裘苟可以御寒，如是足矣"④。

其叔父袁章"临财亦然，非其义，一介不取。居官廉静，以法不以例，及可以取，可以无取者，未尝辄受"⑤。

一句话，根据记述，有据可查，袁氏家族自袁燮曾祖以降，袁家之人就为

---

① 《絜斋集》，第 25 页。
② 《絜斋集》，第 267 页。
③ 《絜斋集》，第 267 页。
④ 《絜斋集》，第 270 页。
⑤ 《絜斋集》，第 261 页。

人正直、清正廉洁，甘于清贫，心中时时存有下层百姓，颇有历史责任感和使命感。可以说，当时与袁氏家族这样的不贪不腐的少数部分，是国家的脊梁。

四、结语

风俗，从袁燮的文字看，既包括风俗习惯，还包括社会风气等内容。袁燮承继陆九渊关于风俗的论述，结合当时的社会实际，做出"风俗，国之元气"的重要论断。该论断与苏轼的"夫国之长短，如人之寿夭。人之寿夭在元气，国之长短在风俗"，异曲同工。核心要义在于主张风俗为一国之元气，强调风俗之于一个国家兴衰之重要。中国传统政治哲学有"施教化美风俗""君主以身作则"等有效的治国原则。以此为基础，袁燮提出的完善相关制度以杜绝"侈靡之风"的理念，在当代仍有现实意义。

《西山政训》中的政德思想及时代价值

延安大学马克思主义学院副教授

刘朝阁

习近平总书记多次强调"领导干部要讲政德",要求领导干部在各个方面讲道德,"第一位的是政治品德"①。立政德,夯实领导干部的为政之德,对于干部的成长成才、增强拒腐防变能力具有直接的现实意义,同时对于巩固党的执政地位、引领社会风尚、促进国家各项事业的发展都将产生深远影响。在文化传承发展座谈会上,习近平总书记梳理了中华优秀传统文化重要元素,而为政以德的治理思想就是其中之一。辉煌灿烂的中华优秀传统文化蕴涵着极其丰富的从政理念和政德思想,是今天治国理政、加强政德建设的可供利用的宝贵资源。《西山政训》作为古代官箴的杰出代表,是南宋名臣真德秀根据自己的从政经历阐述的为政之道,对于新时代政治道德建设依然具有重要的参考价值。

一、真德秀与《西山政训》

真德秀(1178—1235),南宋建州蒲城人,字景元,号西山,人称西山先生,官至翰林学士、参知政事,为官清廉,著作颇丰。从学问方面,他以大儒朱熹为宗,重视儒家修身崇德之教,注重道德的自律自觉,并以传统知识分子的责任担当投身政治、关注社会民生。从政方面,他坚持廉洁自守,仗义执言,能够爱惜民众、造福一方。据《宋史》记载,他"宦游所至,惠政深洽,不

---

① 中共中央党史和文献研究院编:《习近平关于全面从严治党论述摘编》,中央文献出版社 2021 年版,第 278、342 页。

愧其言,由是中外交颂"①,可见其尽职尽责且政绩显著,为官有很大的名声,深受所辖民众的爱戴。

《西山政训》是后人从其作品《政经》中摘录而成,由真德秀主政潭州、泉州时劝勉政府官员的两篇训谕组成,其核心是倡导廉、仁、公、勤的为政之本,再辅以为民除去十害以及力行崇风教、清狱犴、平赋税、禁苛扰的具体条目,透露出真德秀报效国家、造福地方的拳拳之心。具体而言,要求官吏按照律己以廉、抚民以仁、存心以公、莅事以勤的四项标准严格约束、反观自己的言行举止,这是从为政者自身的道德修养层面提出的总原则。要去的十害是十种有碍公平正义、有悖世风良俗、危害百姓生计的现象,包括断狱不公、听讼不审、淹延囚系、惨酷用刑、泛滥追呼、招引告讦、重叠催税、科罚取财、纵吏下乡、低价买物。要求官吏去掉十害,体现着其关心民间疾苦的情怀、革除陈规陋习的主张。古代社会,作为地方官员其主要职责即在于广教化、治刑狱、收赋税,能把这些处理好的称为循吏、良吏,否则就成为酷吏、恶吏。"崇风化",即为政者要重视教化,倡导良风美俗、革除歪风愚俗,重视孝悌示范、学校培育、乡绅带动。"清狱犴",即是提醒官员、主要是县官,要清楚牢狱、诉讼情况,以人的性命为头等大事,保证司法公正廉明。"平赋税",即是减轻百姓的赋税负担,避免征收过程中的一些不当做法。"禁苛扰",即告诫官员禁止无端叨扰百姓、盘剥民脂民膏,免除超越规定的摊派、征收。

二、《西山政训》中的政德思想

《西山政训》作为影响深远的官箴,是真德秀从政经验的总结,体现了古人对于从政之道的深刻思考和积极探索,其中包含着丰富的政德思想。

一是忠心报国。如何处理为政与君主、国家的关系,是关涉古代官员从政的根本性、方向性问题。贯穿历代官箴的一条基本原则就是忠心报国,是古代正统思想对这个问题的明确回答。古代的知识分子讲求内圣外王,希望通过修身实现齐家、治国、平天下的抱负,意在实现政治的道德化,把为学

---

① 王遽常:《中国历代思想家传记汇诠:南宋—近代分册》,复旦大学出版社 1988年版,第 102 页。

与为政结合起来。真德秀就是一个试图把为学与政治相融合的典型,把胸怀天下的远大理想寄予现实的君王,把积极出仕视为为国尽忠的途径,期望通过自己的努力以报答君王的恩德、实现自己为天下苍生造福的抱负。《西山政训》开篇明义,"某猥以庸虚,谬当闻寄,朝夕怵惕,思所以仰答朝廷之恩,俯慰士民之望"①,指明了作为一名地方官的使命所在,流露出真德秀为人谦逊的道德品质、时时自警的担当意识。在真德秀看来,作为接受朝廷任命的官员,享有爵位、俸禄,尽心履职是分内之事,否则上有负皇恩、下对不住黎民。

二是廉洁自律。廉洁是个人的操守,体现着一种君子风度,在古代被视为为政的第一要务。在古代的君主专制体系中,君主当然掌握最高权力、享有最大利益,而各级官僚则分担责任、分享利益,君主希望官僚在不影响自己利益的前提下获取自身的利益,而贪腐无疑在动摇着统治基础。因此建设廉洁的官僚体系,反映着君主对部属的要求,亦包含着下层民众对官僚的期望。《西山政训》盛赞廉洁对于官吏的重要意义,认为其是官吏最应该修养的德行,认为如果官吏一旦蒙上不廉洁的恶名,即使有其他的优点,也不能抵消其自己的罪过。对此,真德秀用了一个比喻以提升说服效果,认为官吏的不廉洁就好像女子的不忠贞,不贞洁的女子即使容貌再好也不足以抵赎自己的罪过;假如官吏失去了廉洁的品德,即使有其他很多的美德,也是不足称道的。真德秀认为,修养廉洁的美德就要抵御钱财的诱惑,就要遵循圣贤的教诲,存有天知、地知、我知、你知的敬畏,谨小慎微,拒绝贪腐的侵蚀。在传统廉政文化中,"慎独"是一项基本的修养方法,即在无人监督的情况下仍然保持自己的操守、严格要求自己的言行,为官者在面对各种诱惑时重在细微之处、最初之时用力,即"隐微之际,最为显著"②。

三是仁政为民。仁,是古代士大夫修身养性的最根本的道德原则,是传统的知识分子孜孜以求的道德理想,其要义在于对人、对物要充满仁爱之心。作为一名官吏就要施仁政,这里主要涉及的是对待百姓的态度问题。真德秀作为以儒家道德理想为终身追求的传统士大夫,在《西山政训》中对

---

① 陈生玺:《政书集成·第四辑》,中州古籍出版社 1996 年版,第 549 页。
② 《政书集成·第四辑》,第 522 页。

所辖官吏提出了以仁爱之心对待民众的殷切希望。首先,他从修身的层次提出了官吏如何保持仁爱之心,"当体天地生万物之心,与父母保赤子之心"①,就像天地育万物、父母爱儿女,如果出现一丝一毫的苛刻、愤怒、憎恶就是不仁不义。其次,官吏掌握权力,其行为事关百姓的福乐与疾苦,因此要存仁爱之心,去残忍、搜刮之心。他认为,即使是官阶比较低的管理档案的簿官、负责治安的尉官其仁爱之心对百姓来说也不是小事,官位越高影响越大。古代官员掌握生杀予夺大权,"发一残忍之心,斯民立遭荼毒之害;发一掊克之心,斯民立被诛剥之殃"②,所以如何"发心"事关重大。再次,推己及人以致仁。在《西山政训》中,真德秀多次讲到牢狱之苦、刑罚之酷,希望官吏能够设身处地换位思考、不要以个人喜怒加之于人,诸如"安居""丰财"也是这个道理。最后,实现从仁心到仁政的转化,落实到具体的行动中就要兴民利、除民害。《西山政训》用了很大的篇幅去告诫官吏如何行仁政,特别倡导正人心、厚风俗的教化以使百姓享受和谐的人际关系、社会环境,而对于百姓深恶痛绝的"十害"则要坚决杜绝。

四是公心公道。公心公道是指官吏在从事政务活动中对公与私之间关系时要存公心去私情,要照章办事、秉公处理。《西山政训》强调,为官者面对的一大挑战就是私心、私欲,它将严重危害为官者的秉公履职,"私意一萌,则是非易位,欲事之当,理不可得"③,因此官吏不能有私心,要严格克制"私意"。对于具体的以私心导致的违背公理的行为,《西山政训》也列举了种种情况,如"徇货贿""任喜怒""党亲戚、畏豪强、顾祸福、计厉害"④,官员为政就要力戒这些不良行为,处事要公平。在《西山政训》中存公心还表现在仗义执言、虚心纳言,对于上级领导一些不合理的言行举措要敢于提意见,自己也勇于接受下属的进言。真德秀所追求的"虚心无我,乐于善闻"⑤的志向,其目的从大的方面说是造福所管理的黎民百姓,从小的方面讲可以使自己少犯错误。真德秀认为,公心公道是对天理、国法的遵循,颠倒是非、混淆

---

① 《政书集成:第四辑》,第 550 页。
② 《政书集成:第四辑》,第 552—553 页。
③ 《政书集成:第四辑》,第 550 页。
④ 《政书集成:第四辑》,第 553 页。
⑤ 《政书集成:第四辑》,第 552 页。

轻重则是于理、于法都是说不去过去的，从良心上会受到谴责的。在中国古代，不论是庶民百姓还是士大夫，鬼神信仰在人们意识中存在很深的影响，这也是神道设教所以存在的原因。真德秀又运用人们所敬畏的鬼神加上现实中违法乱纪的后果来警示官吏，"雷霆鬼神之诛，金科玉条之禁"①，指出以私情僭越公理必然会遭受严重后果的。

五是勤勉实干。勤勉实干，是对官吏对待具体政务而提出的道德要求，是一种做事的态度问题，相对应的则是懒政、惰政、不作为。前述修养忠君、廉洁、仁心、公心的美德，最终要通过在具体的实践中去践行，而勤于做事就是上述为政之德的落实。在真德秀看来，朝廷命官一天不勤于公事，所辖的黎民百姓就会遭受损失，因此不勤奋工作怎么对得起朝廷所托、民众所望呢，勤勉做事是公职人员的本分。他对为官者"以酣咏遨游为高，以勤强敏恪为俗"②的官场之风痛心疾首，告诫官吏要勤于政务，以百姓的喜乐、疾苦为念。首先，勤于政事就要体察民情，从接待和走访、处理诉讼、听取汇报中了解百姓的疾苦、政事的好坏。其次，对于事关民生的事情亲力亲为、孜孜不倦，为民排忧解难，以免出现疏漏，造成对民众的损失，特别是诉讼之事。最后，《西山政训》还针对官场的作风问题提出了两条具体的要求，"非休浣毋聚饮，非节序毋出游"③，类似于今天的工作纪律。《西山政训》提出的"职思其忧"④这一命题，它体现了高度的敬业意识，是各项职业道德的基本要求。通常所说的"在其位，谋其政"，即是以此相通的道理。

六是以身作则。中华优秀传统文化崇尚以身作则、身体力行的道德取向，亦是为政的一项基本道德品质。中华优秀传统文化以言行一致、以身作则为美，以言行脱节、欺世盗名为耻，讲求以上率下，以自己感化别人。以身作则，为从政者树立了崇高的道德标准。《西山政训》从两个角度讲到了榜样示范的带动作用。其一是官吏在面对民众、教化百姓时，自己要起到示范作用。"正己之道未至，爱人之意不孚，则虽有教告而民未必从"⑤，官吏本身

---

① 《政书集成：第四辑》，第 553 页。
② 《政书集成：第四辑》，第 553 页。
③ 《政书集成：第四辑》，第 553—554 页。
④ 《政书集成：第四辑》，第 553 页。
⑤ 《政书集成：第四辑》，第 549 页。

的道德修养、行事作风本身就是一面旗帜，或隐微或显著地引导着民众风向，制约着其为政效果，倘若其本身就身不修、德未济，其教化效果必然大打折扣。其二是真德秀本人面对下属官僚时，勇于把自己置于监督的范围，以自己对官吏的要求同样严格要求自己。"某虽不敏，请以身先"①，对于他提出的四项标准和心得，他自己身体力行，如果有一点不合适也让同僚加以规劝警告。这里体现着为政者的宽阔胸襟和严格自律的自觉。

三、《西山政训》的时代价值

《西山政训》是古代的为政之书，尽管不免存在一定的历史局限性，但是其倡导的为政之德时至今日对领导干部的修身为政依然具有一定的启发意义，可以为新时期的政治建设提供参考和借鉴。习近平总书记指出："中国历史上形成和留下了大量这方面的思想遗产，虽然这里面有封建社会的糟粕，但很多观点至今仍然富有启发意义。"②《西山政训》无疑可以为领导干部提供为政的智慧，这也是《西山政训》中体现的历史思维。

一是铸理想，强党性，旗帜鲜明。《西山政训》体现的政德思想最终服务的是君主专制制度，忠君是其内在的要求，这里有鲜明的政治性，是政治品德。政治品德在官员要遵守的所有道德规范中居于核心地位。尽管忠君报国与对党忠诚有着根本性质的不同，不可简单比拟，但是作为古代社会官员、现代社会干部，都有一个为官行政的操守问题，以高度的自觉忠于职守履行职责，一心一意尽心尽力，则是共同的要求和根本的道德。作为中国共产党的领导干部，其政治品德则体现在对党的目标、立场、使命和初心的坚守，要求切实提升"四个意识"，进一步淬炼党性，做到对党忠诚。理想信念是共产党人的精神支柱所在。铸牢理想信念是党的每一位干部持续终生的必修课，坚定共产主义理想、牢牢树立为政的根基是党的干部修身为政的基础和前提。新时代，领导干部要提高加强党性修养的自觉性，认真参加党的

---

① 《政书集成：第四辑》，第554页。

② 中共中央纪律检查委员会、中共中央文献研究室编：《习近平关于党风廉政建设和反腐败斗争论述摘编》，中国方正出版社2015年版，第139—140页。

组织生活,不断学习、深刻领悟马克思主义理论,特别是习近平新时代中国特色社会主义思想,并坚持理论联系实际,以使自己的理论素养、政治觉悟、工作作风能够适应时代的要求。新时代,面临新挑战,需要新作为。当前意识形态领域的斗争依然艰巨,在大是大非面前需要领导干部旗帜鲜明、立场坚定,面对歪风邪气敢于亮剑,坚持民主集中制,坚定维护中央权威。

二是尚廉洁,爱人民,一心为公。领导干部在处理公共事务中表现出来的德行可称之为为政的"公德",其核心在于一个"公"字。领导干部作为资源的分配者,如何运用其权力,事关人民群众的福祉。近年来,我国不断加强国家公职人员职业道德建设,推进干部品德建设,并大力推动反腐败,取得很大的成效。然而,在一些领导干部中拒腐能力较弱、宗旨意识不强、公私关系混淆等问题依然存在,诸如小官巨贪的现象严重败坏了党的形象。《西山政训》涉及官吏公德的内容可以提供一定的借鉴。其一,爱惜名声,慎独养廉。《西山政训》强调了名声对于官员为人处世的重要作用,提倡珍惜名声做"廉吏",让官吏明白什么是荣、什么是耻。慎独是为了涵养正气,可以在细微之处发现问题并加以改正。其二,换位思考,仁爱人民。在处理与人民群众关系时,多做换位思考,谨慎地行使权力,把人民的切实利益放在心上,以此来检点自己的行为。其三,克制私欲,畅通言路。《西山政训》指出存有公心,就要克制私欲,私欲、私意是危害公心的源头。克制私欲重在其未萌发之时,这就需要持续涵养为公之心,从意识深处培植"公意"、克制"私意"。另一方面,多听取下属、群众的意见,从他者的角度反观自己是否做到了全心全意为人民服务,那些地方尚有改进、完善之处。其四,做事勤奋,实干兴邦。勤勤恳恳为国尽职尽责,踏踏实实为民谋实事,是落实政德的现实途径。勤于政务,就要深入群众、广泛调研以掌握实情,就要勇于担责、善于担责,切实为群众解决问题、增加福利,并严格遵循工作纪律,把勤勉做事作为风尚,妥善处理个人喜好和政务的关系,戒除不正之风。

三是严修身,做表率,身体力行。一方面,领导干部个人的人格魅力和道德修养会对周围人产生潜移默化的引导作用,新时代呼唤领导干部德才兼备;另一方面,从近年来各级纪委发布的处理问题官员的通报来看,道德败坏是一个高频词,因此,增强其修养身心的自觉意识是新时代政德建设的必然要解决的问题。加强领导干部的个人道德关键在"严",必须给予充足的重视，严肃对待、严密计划、严格落实、严惩不贷，使领导干部加强自身修养既有自觉主动又有制度保障。《西山政训》多次涉及修身的方法，例如主敬、慎独、博学、力行等，可为当今官员修身提供借鉴。其一是主敬，即是对他人的生命常怀敬畏、对自己的生命常怀忧惧，能够直视自己存在的缺点与不足。《西山政训》充满了对民众生命的尊重之感，对于自己能否完成使命则"朝夕怵惕"。对生命充满敬畏，经常反思自身的不足，对于今天的政德建设也有启发意义。关于慎独，前文已多有论述，此不再赘述，但其意义仍然重要。其二是博学，从经典中汲取营养。《西山政训》多次引经据典来增加告诫的说服力，透露出博学的价值。广泛学习阅读古今中外的经典文献，是涵养领导干部德性的重要途径。其三是力行，即在实践中磨炼心性、知行合一。领导干部要在处理公务、个人生活不同领域中去践行道德认知，并在践行中不断深化，发挥"头雁"效应。

永嘉学派对古代廉洁思想内涵的拓展

浙江建设职业技术学院马克思主义学院讲师

邓伟峰

一、中国哲学的境界论对廉洁思想内涵的丰富

中国传统哲学的主流强调人文主义,即关注人的价值、人的意义以及人与自然和社会的关系。儒家哲学强调以人为中心,关注人的道德、伦理和社会责任,不仅关注物质生活的满足,更注重精神层面的满足和提升,对人的存在意义和价值进行深入探索,进而找到"安身立命"的根据。在追寻"安身立命"的过程中,人不仅要处理好自身与外在事物的关系,更要反过来探寻更高层次的价值,如君子人格,如孔子提出"为政以德,譬如北辰,居其所而众星共之",如孟子所言"充实之谓美,充实而有光辉之谓大,大而化之之谓圣,圣而不可知之之谓神",及至宋儒关于天人关系、群己关系、理欲关系等的进一步总结,这些都体现着中国古代廉洁思想在不同层面的反映。

儒家从孔孟心性之学到程朱理学、陆王心学,在境界论上落实到"天道与性命"的关注,主张超越的天道与内在性命,强调二者的一体性,强调人与自然的和谐共生、人的行为与自然法则的一致性,以此规范人生,将天人合一视为人生的理想境界。人不仅要遵循内在的性命和人性,还要与超越的天道和天理相协调,进而养成一种理想的人生态度和生活方式,实现个人的内在价值与外在世界的和谐统一。中国哲学的境界论,强调的是内在的超越,不仅仅满足于物欲的追求。作为生活在天地间的生命,人自然也承载着天理和人道的责任,乃至上升到"吾心即宇宙,宇宙即吾心"的圣人境界。如宋明理学提出了"孔颜乐处"的理想人生境界。周敦颐主张,大部分人都渴望财富和地位,而颜回的人生追求更为"伟大",是"见道"与"体道"。周敦颐

对"孔颜之乐"的解读,超越批判了"富贵利达"的价值观。张载提出"民胞物与"的概念,意指人应当视自己为天地间的一员,与万物息息相关,形成一种共生关系。及至二程、朱熹提出"存天理,去人欲",把天理与人欲对立起来。

在阳明心学中,"良知"是指人的本心,其在现实生活中的体现,会因为所处的境遇不同,而表现出不同的"境界"。有学者把它分为诚境、仁境和乐境三种。诚境是指意义世界的真实存在,它体现的是"真"的境界;仁境是道德世界的是非明觉,它体现的是"善"的境界;乐境是审美世界的超越自得,它体现的是"美"的境界。[①] 王阳明在《答南元善》书中说道:

> 世之高抗通脱之士,捐富贵,弃爵禄,决然长往而不顾者,亦皆有之。彼其或从好于外道诡异之说,投情于诗酒山水技艺之乐,又或奋发于意气,感激于愤悱,牵溺于嗜好,有待于物以相胜,是以去彼取此而后能,及其所之既倦,意衡心郁,则忧愁悲苦随之而作。果能捐富贵,轻利害,弃爵禄,快然终身,无入而不自得己乎?[②]

"捐富贵,轻利害,弃爵禄"展现出王阳明对于财富、功名利禄的超脱态度。他的人格,是道德境界与审美境界的完美融合,这种融合源于他的入世情怀,超脱的志向,及对良知之昭明灵觉、圆融洞彻,"无入不自得"的生命境界呈现。钱德洪在《答论年谱书》中说道"生死毁誉之念忘,则一体万化之情显"。摈弃"生死"和"毁誉"之念,才能体验到万物一体的情愫。阳明在临终时说:"此心光明,亦复何言?"这是他对自己一生的总结。他的一生都是光明磊落的,他的去世也是宁静平和的。他的生命境界的光明和自由源于本心良知的光照和显现,源于他对本心良知的落实和满足。阳明在《咏良知四首示诸生 其三》中写道:"人人自有定盘针,万化根源总在心。却笑从前颠倒见,枝枝叶叶外头寻。"万事万物的根源在我们自己的内心,阳明强调了内在"心"的重要性,进而体现出超脱物质世界的追求。

到了近现代,冯友兰将人的本质理解为"觉解",提出了人生的不同觉解

① 潘立勇:《本体工夫论与阳明心学美学》,复旦大学博士学位论文,2003 年。
② 王阳明:《王阳明全集》,上海古籍出版社 1992 年版,第 210 页。

层面,并将其细化为四个不同的境界:自然境界、功利境界、道德境界和天地境界。他不仅对每种境界都进行了深入的解析,而且还试图通过这种方式来深入探讨人的存在和人生的意义。通过对这四种人生境界的划分,他为我们提供了一种理解人生的框架,帮助我们更好地把握生活的方向和目标。人的生活是理性的生活,是道德的生活,需要恪守道德的规则,应该在追求真、善的前提下,追寻生命的更深层的价值。从自然、功利、道德境界到天地境界,从自然境界的"浑沌",到功利境界的"为我",唯有合理地理解生活,进行反思,才能上升到道德境界,在社会生活中"尽伦尽职",承担各自的社会责任与义务。这四种境界是有层次的,人通过对人生不断地觉解,从混沌到觉醒,从"不知有我",到"知有我",到"大无我",到达"天地境界",实现最高的人生境界。冯友兰认为,达到"天地境界"的人,不仅能理解他们在社会中的角色和责任,也能理解他们在宇宙中的位置和使命,对宇宙和生命的理解已经达到了完全的程度,"人不但应在社会中,堂堂地做一个人;亦应于宇宙间堂堂地做一个人"。方东美提出"普遍生命"的观念,个人通过经历"物质世界""生命境界""心灵境界""艺术境界"及"道德境界"等各个层面的生活经验,可以不断地提升自己的生命层次、成就和价值。当一个人的生命价值达到最高点,这样的人成为"宗教的人",其整个生命便有可能包容、统摄乃至于左右、主宰整个世界。唐君毅在《生命存在与心灵境界》中,提出"心灵九境",前三境"万物散殊境""依类成化境""功能序运境"是"觉他境",主体觉知客体;中三境"感觉互摄境""关照凌虚境""道德实践境"是"自觉境",强调主体的自觉;后三境"归向一神境""我法二空境""天德流行境",由自觉之境达至超自觉之境。"生命之九境",由觉他而自觉,强调的是主体的自觉与体悟。"由吾人之论之目标,在成就吾人生命之真实存在,使唯一之吾,由通于永恒、悠久、普遍而无不在,而无限;生命亦成为无限生命,而立人极。"①"立人极"是对自我的肯定,"立皇极"是对伦理关系的肯定,"立太极"对宇宙价值真、善、美的肯定,理想境界充分体现出"人文精神"。

综合来看,中国哲学中的境界论对人的存在意义和价值进行了广泛的探讨,从个人与他人、个体与社会、人与自然和天地宇宙等方面,确定安身立

---

① 唐君毅:《生命存在与心灵境界》,中国社会科学出版社 2006 年版,第 11 页。

命的根本,丰富了生命的内涵,提升了生命的层次。"廉"字原本的意义是指侧边、狭窄和棱角分明,随着时间的推移,它更多地被用来强调道德含义,逐渐被用来比喻人的品行,形容人的方正刚直。"洁"表示清洁、纯净、无瑕等意思,进入道德范畴后,形容一个人的行为操守纯洁无瑕、正直无私。廉洁,是对道德伦理上一个人品行的表达,要有高尚的人格,做事公正,做人清白。中国哲学中的境界论既有道德层面的要求,比如从个体小我出发,不断提升生命的层次,超脱财富、功名利禄的追逐,超脱物质世界,达到人生完美的境界。可以说,中国哲学对人的认识,君子人格的崇尚,正是廉洁思想的内在根基。

二、永嘉学派义利观对廉洁理念的进一步拓展

廉洁思想在中国哲学具体问题的体现,可见于对义利关系的探讨。儒家强调重义轻利,见利思义,以义制利,"不义而富且贵,于我如浮云",为人必须要品正而不贪。作为"南宋三大学派"之一的永嘉学派,与朱熹理学、陆九渊心学并列。永嘉学派关于义利思想的认识,及其永嘉学人身上体现出的中国传统士大夫的精神,可以说也是对廉洁理念的拓展。

永嘉学派义利观主要表现为义利并举、以利和义,强调崇义养利、行实德、修实政等,认为义和利可以有机结合,以实现更高层次的道德目标。永嘉学派的核心思想是"经世事功、义利并举",黄宗羲在《宋元学案·艮斋学案》指出"永嘉之学,教人就事上理会,步步着实,言之心可使行,足以开物成务"①。某种意义上讲,从廉洁理念看,正确处理金钱与道德的关系,做到清正勤俭,坚守公平正义,进一步而言是在道德伦理的支撑下实实在在地追求社会的大利。否则,空谈道德,好高骛远,亦不足以开物成务。

永嘉学派代表人物都对义利问题进行了解读。周行己强调学以致用,开永嘉之先;郑伯熊有感于性理之学无救于时局,推动永嘉之学从性理向事功思想转型;薛季宣以经制言事功,注重经世致用"以通世变";陈傅良主张"变通当世之治",强调实用之学,推动经制之学走向精密化;永嘉学派至叶

---

① 黄宗羲:《宋元学案》,中华书局 1986 年版,第 1696 页。

适而集大成,叶适将事功与义理结合起来。开物成务,经世致用,可以说开启了一种新的学风。

不空谈道德,强调义利之和。永嘉学派的开创者薛季宣认为"利,义之和",强调"惟知利者为义之和,而后可以共论生财之道",以经制言事功,治学要避免空谈,注重经世致用,"以通世变",不能撇开事功抽象地讨论义理。永嘉学派集大成者叶适把"道不离物""道在物中"的思想运用到义利关系上。道与物不能相离,就不能说道与物的出现有先后。他在《习学记言》中说:"古人以利与人,而不自居其功,故道义光明。后世儒者行仲舒之论,既无功利,则道义者乃无用之虚语尔。"①叶适肯定仁、义的重要性,认为仁、义必须表现在功利上,正如道必须表现在物上。如果仁、义没有在功利上表现出来,仁义就成为没有实际内容的空话,最后仁、义本身就无法存在。叶适批判把天理与人欲对立起来,认为义与利是并行不悖的,道义必须通过功利来表现,追求功利又必须合乎道义。坚持"以利和义",强调道德和功利可以相互统一,对于求利的种种活动,不能人为地抑制,通过事功,使仁义具有实在的内容。叶适对传统儒学进行全面反思,贯穿了"以利和义""利义合一"的思想,鲜明地主张"善为国者,务实而不务虚"。

批判自私自利,倡导"崇义养利"。永嘉学派强调心性与事功并重,因深受时势之影响,以经世济民为重,非自私利己,又被误以为崇尚功利,但是仔细考察,不难发现其学实以仁义纪纲为本,以期利于国计民生,发扬"崇义养利"之旨。叶适认为"昔之圣人,未尝吝天下之利",认为古时圣人不忌讳谋求功利。叶适所言的功利是"以利与人,而不自居其功",强调"以利与人",利与义相得益彰,同时用礼义来规范、推动事功。实际上,永嘉之学教人就事上理会,提倡对事物作实地考察,认为只有接触实际,了解实际,才能提高办事能力。《四库全书总目》一百三十五《永嘉八面锋》一文中指出,"事功主于经世,功利主于自私,二者似一而实二,未可尽斥永嘉为霸术。且圣人之道,有体有用。天下之势,有缓有急。"未可尽斥永嘉为霸术、俗学,永嘉学派调和道德与功利的关系,是基于事物的现实因素为基础,以"深结其臣民之心"的大公之心为出发点的。从某种程度上而言,倡导以经世致用为宗旨,

---

① 叶适:《习学记言序目》,中华书局 1977 年版,第 324 页。

实际上排斥的是个人小利,谋求的是社会的"大功大利"。

突出经世致用,关注民生实践。永嘉学派强调"以经制言事功","务实而不务虚",反对空言义理,主张"宽民力""救民穷"。薛季宣、陈傅良、陈亮、叶适等人在研究学问的途径上,趋向大致相同,从经史百家、礼乐兵刑、典章制度到舆地边疆、农田水利等,都要"通其委曲,以求见诸事功",反对空谈道德、性命、理气之类的抽象问题。经世即"经邦济世"之意,重在求真循规;事功即"事求可、功求成"之意,重在务实践履。永嘉学者围绕着"经世致用"的大方向,皆重视对古代典章制度做深入精辟的研究,认为经由事成,经史结合,已具备六经皆史的观点,都主张历史研究"古为今用",通过通变之道使之切合于当世致用,以此来实现事功。薛季宣提出以"止从分数官收""不复催其常赋"等具体措施维护民众的利益。陈傅良从现实需要出发,认为"自三代、秦汉以下,靡不研究,一事一物必稽于实而后已",他借鉴古代政治的经验,通过对古代典章制度的研究,为解决现实问题寻找出路,增进全社会的普遍福利。郑伯熊认为财乃立国之根本,指出事关民生的"理财"至关重要。叶适提倡"务实而不务虚",主张"以利和义""义利并立",提出"行实德""修实政",并就诸多方面提出治国安民之策。叶适还批评当时与"重义轻利"观念相关的重农轻商风气。这种思想倾向具有面对现实、注重实际、讲求实效的特点。在这一哲学思想指导下,叶适在抗金斗争的根本问题上,主张抗金,反对屈膝投降;在内政问题上,主张革除百年积弊、富国强兵。在南宋朝廷上下偏安一隅的保守气氛弥漫,士大夫空喊道德性命的低气压之下,这样的认识,沁人肺腑,使人耳目一新。永嘉学人还通过对历史典章制度的因革变化研究,以"经制"言事功,重视礼、乐、兵、农、田赋等实用之学,尝试建立起一套能够解决当下社会问题的"经世致用"制度体系,对于国计民生各个领域有一定的积极意义,使民众得到实实在在的利益,体现出"以民为本"的宗旨。永嘉之学倡导"崇义养利",重视的功利是事关国计民生的大事,这本身便体现道德。永嘉学派的义利观,是以社会事业的利益为先,施之实用,增进社会的普遍福利,非一己私利,实际上是社会公共道德的坚守。

如果从政治和社会治理的角度看,在强调道德为先的基础上,要在实践过程中,突出一切要以"公"为出发点,从社会的"大功大利"着手,以民为本,经世致用,务实而不务虚。事实上,从永嘉学派的事功思想延伸开来,到今天温州模式、浙江精神的探讨,说明了永嘉之学的当代意义。"崇义养利""义利双行"的价值观也在浙江改革开放 40 多年的实践中得以证明。以社会公平正义为主旋律,在现实生活中面对公与私、义与利的矛盾冲突时,既讲求个人利益,又讲求集体利益、国家利益;既有合理的个体利益诉求,也有无私的奉献精神。永嘉学派的义利观及"以民为本""经世致用"的价值追求,无疑是对当代廉洁理念的进一步丰富和补充。

三、永嘉学人的君子风范

儒家理想人格在人身上表现为不同的人格气象。"一个人,因其所处底境界不同,其举止态度,表现于外者,亦不同。此不同底表象,即道学家所谓气象,如说圣人气象、贤人气象等。"永嘉学派继承并发展了中国传统儒学中"外王""经世"的一面。

永嘉学派先驱王开祖在《儒志编》中说:"我欲述尧舜之道,论文武之治,杜淫邪之路,辟皇极之门。"①王开祖曾和王安石交游。王安石《答王景山书》说:"闻足下之名,亦欲得足下之文章以观,不图不遗而惠赐之,又语以见存之意,幸甚幸甚!"北宋理学家、"海滨四先生"之首陈襄亦欲求他为友。《古灵集》卷十六《答王景山启》:"如足下者,固某日夜所欲致诚尽礼,惟恐求而勿得者,又敢辱足下书辞为先。"陈谦撰《儒志先生学业传》,尊王开祖为"永嘉理学开山祖"。

南宋时期永嘉学派创始人薛季宣主张"民惟邦本,本固邦宁"。乾道七年(1171)冬,因江南、荆湖一带大旱,许多饥民流入淮南西路,同时中原汉族人民亦有逃回淮西,孝宗便派薛季宣视察淮西。他在这年十二月中旬动身,到第二年夏天视察完毕。在淮西半年多,修复了合肥三十六处圩田,在黄州故治东北设立了二十二个庄,招集流民,给予房屋、耕牛、种子等。光州知州宋端友谎报功绩,薛季宣回京后,向孝宗陈述淮西城防失修,官吏贪鄙。过去所派使臣,大都走马看花虚应故事,薛季宣深入考察,据实奏报,大为孝宗皇帝赏识,于是"遂进两官,除大理正"。他还革除吏胥的舞弊,希望能为人

---

① 金沛霖编:《四库全书·子部精要(上)》,天津古籍出版社 1998 年版,第 92 页。

民减轻一些负担。他任湖州知州时,湖州是个大郡,又是吏胥为害甚烈的地方。"湖多权贵",田宅买卖诉讼之事很多。他指出当时税收最大的弊害:"一曰科折不均,二曰丁绢催扰。"他指出科折不均的弊害,并提出改革办法,州县要将每户科折数目公开告诉人民,要有透明度,这样就可减少"出等上户"与吏胥作弊的机会。"公平心问理如何,不为变。(权贵)益害公,合力撼摇。"在权贵与官吏的攻击下,他仅任职七个多月,就改任常州知州。薛季宣去世前夕,很受孝宗赏识,"一岁三迁,骤至五马"。

永嘉学派代表人物陈傅良主张朝廷施政须以宽民力结人心为本,以省冗兵,择官长、轻赋敛为急。陈傅良写有《桂阳劝农》诗:"雨耨风耕病汝多,谁将一一手摩挲。幸因奉令来循垄,恨不分劳去荷蓑。凉德未知年熟不,微官其奈月桩何。殷勤父老曾无补,待放腰镰与醉歌。"这首诗反映了他对农民的疾苦的关注。陈傅良在桂阳军任内为当地人民做了不少好事。孝宗内禅,桂阳军照例应该进贡白银三千两,因当地去年旱灾,陈傅良宁愿自己放弃朝廷的赏典,而申请减免贡金三分之二,并写信给友人请求帮助,才得到减免。他在桂阳二年,还注意提高当地的农业生产技术。当时桂阳地僻民贫,农业生产落后。淳熙十五年(1188)桂阳旱灾,他除了购粮救灾外,还特地将温州一带所使用的龙骨水车和牛耕、施肥等先进的生产技术介绍进去,并派人教当地农民如何使用,使桂阳一带农业生产技术有所提高。陈傅良在调停朱熹与陈亮的王霸之辨时,对陈亮说道:"'功到成处,便是有德,事到济处,便是有理',此老兄之说也。如此,则三代圣贤枉作功夫。'功有适成,何必有德,事有偶济,何必有理',此朱丈之说也。如此,则汉祖、唐宗贤于盗贼不远。"①这表达出陈傅良对"王霸"问题的认识,实质上是考察儒家理想人格时要内圣与外王兼顾。虽然陈傅良与朱熹学术思想上有差异,但当朱熹被免职时,认为朱熹是"三朝故老",不肯草诏,结果自己于绍熙五年(1194)被御史中丞谢深甫参劾"庇护辛弃疾,依托朱熹"。后罢官回乡,"屏居杜门,一意韬晦,榜所屋室曰止斋,日徜徉其间"。"伪学"党禁解除后,嘉泰三年(1203)起知泉州,他已六十七岁,因年老有心脾病,恳辞再三,改授集英殿修撰、宝谟阁待制。同年冬天卒于家。陈傅良一生清廉,"死之日,囊橐枵然,

---

① 黄宗羲:《宋元学案》,中华书局 1986 年版,第 1839—1840 页。

仅余白金数十两以殓"。蔡幼学在陈傅良的《行状》中说:"卒之日,室无余赀,田不过二顷。其葬也,资友朋之赙以集事。"

永嘉学派集大成者叶适生于瑞安,十多岁时随父迁居永嘉县,因家境贫穷,"无常居,随就随迁,凡迁二十一所",中年以后才定居水心村。叶适在《母杜氏墓志》中曾自述家境困难情况说:"叶氏自处州龙泉徙于瑞安,贫匮三世矣。当此时,夫人归叶氏也。夫人既归而岁大水,飘没数百里,室庐什器皆尽。自是连困厄,无常居,随像辄迁,凡迁二十一所。所至或出门无行路,或栋宇不完,夫人居之,未尝变色。"叶适家庭非常贫穷,读书都有困难,所以许多亲戚劝他母亲让他改行,谋求衣食之需,但杜氏始终不允。而且在病中令叶适出外游学,并谆谆告诫说:"吾无师以教汝也,汝善为之""若义不能立,徒以积困之故受怜于人,此人为之缪耳。"

叶适生平做人,无时不以行合于义、心存忧世为准则,他阐明了永嘉事功学术与儒家传统义利观的内在关联,从内在而言"必竞省以御物欲",从外在而言"必弥纶以通世变"。淳熙五年(1178)春天,叶适高中进士第二名。叶适的"事功"思想不仅仅局限于哲学范畴,实际上转化为政治实践。叶适在廷对中,提出改革的方向,"使宰相得其道,谏官得其职……振起人才于名义之中,减兵费,宽民力,治官之冗滥,去吏之弊害,凡急政要务十数条者,陛下一朝改定以幸天下,使民志定而人心悦、则圣志之所向,始有可得而言者矣"。叶适《赠薛子长》文中说:"读书不知接统绪,虽多无益也:为文不能关教事,虽工无益也;笃行而不合于大义,虽高无益也;立志不存于忧世,虽仁无益也。"叶适立身处世以此为准则,把讲功利与讲义理结合起来,反对空谈性命。叶适在"庆元党禁"中挺身为朱熹辩护,南宋末年著名学者黄震说:"晦翁(朱熹之字)初不以此重轻,而水心则由此并重矣"。开禧二年(1206)叶适在《上宁宗皇帝札子二》中,认为当务之急是"修实政""行实德"。所谓"修实政",首先是"经营濒淮沿汉诸郡,各做家计,实行自守",其次是四处驻屯大兵,最后是人才。所谓"行实德",就要改变"财既多而国愈贫""赋既加而事愈散"的局面,审度"何名之赋害民最甚,何等横费裁节宜先",免除苛捐杂税以宽民力,使"人民蒙自活之利"。只有"修实政","行实德",才能改弱就强,"屡战而不屈、必胜而无败"。叶适在守建康期间,扭转北伐战局。明代思想家李贽在《藏书》名臣传中评价叶适:"适志意慷慨,雅以经济自负。

始侂胄欲开兵端,以适曾有大仇未复之言附之。而适自召还,每奏疏必言当审而后发,且力辞草诏,议者乃咎其不极力谏止。侂胄以致用兵,何其轻于论人也。秃翁曰:此儒者乃无半点头巾气,胜李纲、范纯仁远矣,真用得,真用得!"①全祖望说:"永嘉功利之说,至水心始一洗之。""无半点头巾气",实际上强调的是叶适把永嘉学派事功思想系统化,并进一步付诸政治实践,体现出传统儒家思想"内圣外王"的价值追求。

---

① 李贽:《藏书》,中华书局 1959 年版,第 245 页。

刘基的勤廉思想及其时代价值

浙江省杭州第十四中学政治组教师

李青云

作为政治家的刘基,毕生以传统儒学"修己以治人""修己以安百姓"理想为追求,在元、明两代均有仕宦经历:仕元期间,先后任高安县丞(1336—1338)、江西行省职官掾史(1339—1340)、江浙行省儒学副提举(1348—1351)、浙东元帅府都事(1352)、行省都事(1353、1356)、行省枢密院经历(1357)、行省郎中(1358);宦明之时,参与军机(1360—1364),历任太史监太史令(1365—1366)、御史台御史中丞兼太史院院使(1367—1370,其中洪武元年即1368年又兼任弘文馆学士),洪武三年(1370)晋封开国翊运守正文臣、资善大夫、护军、诚意伯①;洪武四、五年间隐居还乡,洪武六、七年间因遭胡惟庸等陷害而入朝引咎不敢归,洪武八年(1375)病重还乡而辞世。刘基的政治思想即为其"为官之道"的根本,主要体现在他的民本情怀、人才理论与勤廉思想。

通过对刘基的为官之道、从政之德的史料爬梳与理论诠释,本文以为:如果我们详细考辨刘基仕宦期间的从政事迹、为官之道及其传世诗文集所包含的治国理念、政治哲学,借此解读作为近世士大夫阶层的刘基勤廉思想的内涵,笔者以为可用"勤政、爱民、廉节、公直"四组关键词来提炼刘基勤廉思想的核心表述词,又可用"勤""仁""廉"和"公"四个单字来概括。

一、勤政:"居则匡辅治道"

儒者刘基所"勤"之"政"即传统儒家的"德政",即要求君臣上下皆"为政以德",国君持守君道、人臣恪守臣道,从而达至"君圣臣直"。孔孟儒家政治

---

① 吕立汉:《刘基传》,浙江人民出版社2005年版(下引版本同),第362页。

思想的基本制度就是"德政",作为一种典型的伦理政治,主要阐述物质生活与道德修养、统治者的道德修养与被统治者的道德修养、德教与刑罚等相互之间的关系。

(一)"本之于德政,辅之以威刑"

孔子有"为政以德,譬如北辰,居其所而众星共之"(《论语·为证》)的政治哲学,这是对周公"明德慎罚"理论的继承和发展;孟子仁政学说理论是孔子"德政"的具体阐发:"数罟不入洿池,鱼鳖不可胜食也。斧斤以时入山林,材木不可胜用也。谷与鱼鳖不可胜食,材木不可胜用,是使民养生丧死无憾也。养生丧死无憾,王道之始也。五亩之宅,树之以桑,五十者可以衣帛矣。鸡豚狗彘之畜,无失其时,七十者可以食肉矣。百亩之田,勿夺其时,数口之家可以无饥矣。谨庠序之教,申之以孝悌之义,颁白者不负戴于道路矣。七十者衣帛食肉,黎民不饥不寒,然而不王者,未之有也。""施仁政于民,省刑罚,薄税敛,深耕易耨……使民以时,谷不可胜食也。"(《孟子·梁惠王上》)总之,"以不忍人之心,行不忍人之政,治天下可运之掌上。"(《孟子·公孙丑上》)与此同时,儒家的德政并不否认刑罚的辅助功能,易言之,德政的理念还包括"以刑辅德",最终目的是"以德去刑"。汉儒董仲舒继承和发展了自孔子以来"德主刑辅"的思想,突出强调以道德教化作为治国的重要工具。

对于元明之际统治者应当采取的治国之道,刘基在《郁离子·喻治》中有论:"治乱,政也;纪纲,脉也;道德、政刑,方与法也;人才,药也。"①这里,刘基开出了国家治乱的四大要素:纪纲、道德、政刑、人才。分而言之,"纪纲"即儒家的三纲五常之道,"道德"即儒家的仁义礼智信等条目,"政刑"即治理国家的法制、制度等,"人才"即维系国家政权长治久安的儒家知识分子,抑或封建士大夫。可以肯定,刘基主张以上古三代之治为治道之摹本,推行汉代以降形成的德主刑辅理念,从而反对秦王朝"以吏为师、以法为教"的极端法制独裁论,"秦用酷刑苛法以箍天下,天下苦之;而汉承之以宽大,守

---

① 刘基著,吕立汉等注释:《郁离子》,中州古籍出版社2008年版(下引版本同),第40页。

之以宁壹"①。这也是秦仅历二世而亡天下、汉兴数百载而治天下的原因所在。这也是刘基等儒臣在明朝创建伊始进谏以儒治国的同时,草创《大明律》的法理依据。要之,在刘基看来,治理国家的"行法之道"就在于"本之于德政,辅之以威刑"。②

刘基文学名作《拟连珠》第一首开篇明示:"福不可徼,德胜则集;功不可幸,人归则成。"③孔子说:"远人不服,则修文德以来之。"(《论语・季氏》)④即主张通过修治仁义礼乐,去吸引并招徕远方之人,成就王者之业;上古三代帝王十分注重"德","以德行仁者王","汤以七十里,文王以百里"而成就王者之业,孟子而有"以力服人者,非心服也,力不赡也;以德服人者,中心悦而诚服也"的"以德服人"论⑤。(《孟子・公孙丑上》)刘基之论显然承续孔孟之论而有,这是典型的儒家王道治国论。与此同时,刘基还提出了"胜天下之道在德"的儒家军事伦理主张,这是对孔孟儒家"德治""仁政"理念的延续,"大德胜小德,小德胜无德;大德胜大力,小德敌大力。力生敌,德生力;力生于德,天下无敌。故力者胜,一时者也,德愈久而愈胜者也。夫力非吾力也,人各力其力也,惟大德为能得群力,是故德不可穷,而力可困"⑥。简言之,这就是"以德致胜""王者行仁政,无敌于天下",仁义道德尤其是"大德"的感化力量具有无限能量。不难发现,对于荀子"王霸之辨"的政治议题,刘基并没有因循荀子"王霸并用"理论即"德与力相结合,王与霸相混合"的话语;而是一再强调孔孟提倡的王道政治,"仁义之莫强于天下也","以德养民,则四方之贤望风而慕"。

刘基经学代表作《春秋明经》也反映了儒者刘基的"爱民"理念,"夫国以民为本。君子之爱民也,如何赤民"⑦。刘基的《春秋明经》虽为"举业"而作,

① 《郁离子》,第 40 页。

② 《郁离子》,第 221 页。

③ 刘基著,林家骊点校:《刘基集》,浙江古籍出版社 1999 年版(下引版本同),第 195 页。

④ 朱熹:《四书章句集注》,中华书局 1983 年版(下引版本同),第 170 页。

⑤ 《四书章句集注》,第 235 页。

⑥ 《郁离子》,第 49 页。

⑦ 《刘基集》,第 620 页。

但是反映了刘基的一些儒学思想,比如儒家"修齐治平"的治国理念就得到了充分的诠释,"修德以仁"①"为国以礼"②"修明德政"③"明德修政"④"正心修身而行王道"⑤等。也就是说,"修身治德"不仅是"君道""臣道"的基本要义,也是维系国家政权长治久安的根本"义理","德不修而惧外患者为可鄙,身不正而结外交者为可危"。⑥

此外,《郁离子·省敌》也突出强调了仁义、道德的力量与功效:"惟天下至仁,为能以我之敌敌敌,是故敌不敌而天下服。"⑦这就是仁义教化、道德感化以"省敌"的理论阐释。"德者,众之所归也","尧舜以仁义为的而天下之善聚焉",尧舜就是以仁义治理天下的典范,"九州来同,四夷乡风,穆穆雍雍",⑧一派祥和、和谐的治道图景。这就是对"仁者无敌"命题的最好诠释。申而言之,"君人者,惟德与量俱,而后天下莫不归焉。德以收之,量以容之",反之,在位执政者不具备宽广心胸与崇高的理想道德,必然会招致祸患:"德不广不能使人来,量不宏不能使人安。故量小而思纳大者,祸也。"⑨

(二)"孔氏所谓'以道事君'者"

传统儒家入世的隐逸观是一种积极有为的行为方式,主要在于完成自身所担当的使命——"志",孔子曰:"隐居以求其志。"刘基基于此种立场,以为:"夫君子之有道也,遇则仕,不遇则仕与隐虽两途,而岂二其志哉!"⑩这就是说,儒家倡导的君子之"隐"于"道"无害,"贤者遭时之不然,或辟世或辟地,或耕或渔,或居山林,或处城市,或处抱关而击柝,无所不可,而其志则不

---

① 《刘基集》,第 590 页。
② 《刘基集》,第 590 页。
③ 《刘基集》,第 591 页。
④ 《刘基集》,第 593 页。
⑤ 《刘基集》,第 623 页。
⑥ 《刘基集》,第 593 页。
⑦ 《郁离子》,第 138 页。
⑧ 《郁离子》,第 139 页。
⑨ 《郁离子》,第 116 页。
⑩ 《刘基集》,第 123 页。

以是有易焉"①。贤人君子因时际而遭厄,避世而隐,并非消极不作为,而是不易志业,等待时机,以求有为,即是范仲淹在《岳阳楼记》中所论"居庙堂之高则忧其民,处江湖之远则忧其君""先天下之忧而忧,后天下之乐而乐"的宽宏胸襟与政治抱负。这里,观照刘基的隐逸观,我们对刘基数次致仕元王朝的真实用意在自然可以合理解读之,因为传统儒者刘基此举与儒家立场是一致的。值此元明嬗代之际,目睹元王朝腐朽不堪、国祚即逝的惨败景象,刘基只能发出"无人以救之,天道几乎熄矣"的感慨;尽管如此,刘基对传统儒家道统依旧充满希望,立志以"圣人之道"挽救衰颓之势,"讲尧舜之道,论汤武之事。宪伊吕,师周召,稽考先王之典,商度救时之政,明法度,肆礼乐,以待王者之兴"②。这就是古典儒家的"穷则独善其身,达则兼善天下""天下有道则见,无道则隐"的淑世情怀。

"以道事君",作为传统君臣观要义之一,不仅揭示了臣子对国君"有条件"的义务关系,而且张扬了臣子的人格独立性。《论语·先进》:"以道事君,不可则止。"③对此,朱熹的疏解为:"以道事君者,不从君之欲;不可则止者,必行己之志。"④《孟子》一书对君臣伦理之道的论述最为精彩,比如《公孙丑下》:"内则父子,外则君臣,人之大伦也。"《离娄上》:"欲为君,尽君道;欲为臣,尽臣道。二者皆法尧舜而已。"《滕文公上》:"教以人伦:父子有亲,君臣有义,夫妇有别,长幼有序,朋友有信。"《离娄下》:"君之视臣如手足,则臣视君如腹心;君之视臣如犬马,则臣视君如国人;君之视臣如草芥,则臣视君如寇仇。"经过科举考试而对儒家"四书五经"有深刻领悟的刘基,对上述之"道"不可谓不熟知。

尽管历来有学者对刘基起始为官元朝、尔后辅佐朱明的"一臣侍二君"的行事方式予以批评,然而应该指出,刘基此举并不违背儒家纲常伦理及政治信条。理由如下:第一,"严华夷之辨""尊华攘夷"一直以来是传统儒家道统的一条主线,主要体现在《春秋》经、传之中,师习《春秋经》而成《春秋明

---

① 《刘基集》,第 124 页。
② 《郁离子》,第 242 页。
③ 杨伯峻:《论语译注》,中华书局 1980 年版,第 117 页。
④ 《四书章句集注》,第 128 页。

经》的刘基摈弃腐朽无道的元王朝也有一定的"法理"依据;再有,孔孟儒家"以道事君"的君臣伦理观与"有道则见,无道则隐"的出仕价值观也可以为刘基再次"出山"辅佐朱元璋提供了"学理"依据。第二,刘基出山辅佐朱元璋也符合儒家"君使臣以礼,臣事君以忠"的君臣伦理原则:一方面,朱元璋派遣总制官孙炎数次诚邀"礼聘"刘基(包括宋濂、章溢、叶琛等)以辅佐自己一统天下,建邦立业,所以说朱元璋做到了"君使臣以礼",刘基没有理由回绝;另一方面,"臣事君以忠"系刘基本人一贯所奉行的"臣道"原则,仕元期间,无论是任职高安县丞、辟为江西行省职官掾史、起用为江浙行省儒学副提举、转任浙东元帅府都事、行省都事、行省枢密院经历、行省郎中,刘基都一心侍奉并忠于元朝国君;"良禽择木而栖",刘基佐明主定天下之时,更是忠心耿耿,任劳任怨,实践并恪守了"臣事君以忠"的臣道原则。然而,"贰臣"的心理负担也使得刘基在生命的晚年备受煎熬,尤其是洪武政权确立之后,刘基就时常受到朱元璋的奚落与侮辱。诸如,据《明太祖实录》卷五十三载,洪武三年(1370)六月,朱元璋命礼部榜示:"凡北方捷至,尝仕元者不许称贺。"①这足以使刘基陷入"贰臣"地步,难以自处。《明太祖实录》卷八十四载,洪武六年(1373)八月,"遣御史大夫陈宁释奠于先师孔子。时丞相胡惟庸、诚意伯刘基、参政冯冕等不陪祀而受胙,上闻之曰:'基等学圣人之道而不陪祀,使勿学者何以劝……'命停基、冕俸各一月"②。朱元璋对刘基等儒臣的侮辱可见一斑,"臣事君以忠"的儒家信条使得人臣的独立人格不存。

尽管如此,作为臣民的刘基在辅佐朱元璋开创并巩固朱明封建王朝国家政权之时,时时刻刻注意以传统儒家德政思想劝谏国君要施仁心、行德政。据《明太祖实录》卷二十九载,刘基向朱元璋谏言:"生息之道,在于宽仁","以仁心行仁政,实在今日,天下之幸也。"③洪武四年(1371),已告老还乡的刘基在奏复朱元璋"问天象事"时,有言"霜雪之后,必有阳春,今我国威已立,自宜少济以宽"④。刘基死前命次子刘璟所上奏之遗表,以为国家治理

① 《明太祖实录》,台湾"中研院"历史语言研究所1972年校印本(下引版本同),第1040页。

② 《明太祖实录》,第1498页。

③ 《明太祖实录》,第496页。

④ 《刘基文选》,第270页。

应当奉行的准则为"修德省刑，祈天永命，且为政宽猛如循环耳"。张时彻《刘公神道碑铭》纪有朱元璋评刘基语："居则每匡治道，动则仰观乾象，以至谳狱审刑，罚之中议，礼新国朝之制，运筹决胜，功实茂焉。"①《弘文馆学士诰》文称："（刘基）每于闲暇之时，数以孔子之言道予，是以颇知古意。"②所以说，朱元璋本人也承认刘基、宋濂等儒士文臣的规谏之功："天下甫定，朕愿与诸儒讲明治道。"③朱元璋在洪武初年所采取的一系列与民休息、轻徭薄役、督修水利、发展农耕等经济措施，无不与刘基、宋濂等儒臣的进谏有关。

谢廷杰在《诚意伯刘文成公文集序》文中，以为刘基（臣）事朱元璋（君）之举就是对孔子儒家"以道事君"原则的完美诠释："公（刘基）刚毅慷慨持大节，留心经济。既遇真主，期以王道致太平，却小明王御座诸正论，义形于色，危行危言。高皇帝天威严重，惟公抗辞，不以利害怵其中，振纲纪，斥奸慝，虽李善长亦忌谮之，况胡惟庸乎。考公履历，岂孔氏所谓'以道事君'者非耶？"④确系正论。此外，刘基在《郁离子·好禽谏》文中也提出了臣为君、为民办事的职责论，"邦君为天牧民，设官分职，以任其事"⑤。

然而，从刘基晚年在朱明王朝所经受的悲惨遭遇之中，我们应该看到传统儒家知识分子的悲剧命运。自孔孟以降，"内圣外王"便成为儒家知识分子毕生为之奋斗的理想信条，以儒家圣道为宗的刘基也不例外，任职元廷的动机就是为民请命、忠君报国；然而，病入膏肓的元王朝远非一介书生的刘基所能拯救，迫不得已，只能"弃官归田里"，锐意著书立说，"以待王者之兴"。当朱元璋义军崛起于群豪之时，"有道则见"的刘基毅然出山辅佐之，在一定程度之上扮演了"帝师""王佐"即"一代宗臣"的角色。然而，一介平民出身的朱元璋在取得国家政权、成为专制皇帝之后，为维护"一家一姓之天下"，"以天下之利尽归于己，天下之害尽归于人"，心态完全失衡，排除异己，大肆杀戮开国功臣。刘基虽然幸免于难，然而"君要臣死，臣不得不死"的"君为臣纲"教条已经严重束缚了刘基本人的手脚，"谈洋事件"所引发的

---

① 《刘基文选》，第263页。
② 《刘基集》，第659页。
③ 张廷玉等：《明史》，中华书局1974年版（下引版本同），第21页。
④ 《刘基文选》，第272—273页。
⑤ 《刘基集》，第73页。

悲剧就说明了这一点，刘基只能成为"淮西官僚集团"与"浙东文人集团"之间政治斗争的牺牲品。在此，我们必须看出传统儒家理想信条与政治诉求的致命缺陷，比如无限膨胀的皇权没有一定法规、制度的约束，这都是造成传统儒家知识分子悲剧命运的原因。

二、爱民："治国之道在爱民"

除却"德政"以外，传统儒家政治哲学的另一要义为"民本"，而"民本"的基点即是"爱民"。我们知道，传统的民本观念是相对于"君本""官本"而言，其原意是指中国古代的明君贤臣为维护和巩固其统治，而提出的一种"以民为国家之本、以民为政权之基"的统治观，其基本思想内涵有爱民、重民、贵民、仁民、安民、保民、利民、养民、育民、富民、便民等，并要求统治者顺民之意、从民之欲、恤民之苦、惜民之力，从而博民之心、取民之信，进而求王位之稳固、谋国家之安宁。中国的民本思想是与国君之"开明的专制"结合在一起的，传统儒家的民本思想体现了一种以道德修养为核心的东方人文主义精神。

(一)"民用纾矣，邦本固矣"

《尚书·五子之歌》有"民可近，不可下。民惟邦本，本固邦宁"之论[1]。汉儒董仲舒《春秋繁露·尧舜不擅移汤武不专杀》云："天之生民，非为王也；而天立王，以为民也。故其德足以安乐民者，天予之；其恶足以贼害民者，天夺之。"[2]儒家民本的要义从中可见。刘基自幼受儒家经典熏陶，自然对以"爱民"为出发点的民本思想了然于胸，"国不自富，民足则富；君不自强，士多则强"[3]，刘基基于儒家的财富观已经打上了"藏富于民"的烙印，钟惺对刘基此语的评价是"千古富强之术，无以逾此"[4]；"国以民为本"，国家的物质财

---

[1] 李民，王健撰:《尚书译注》，上海古籍出版社 2000 年版(下引版本同)，第 93 页。

[2] 袁长江主编:《董仲舒集》，学苑出版社 2003 年版，第 176 页。

[3] 《刘基集》，第 196 页。

[4] 钟惺辑评:《刘文成公全集》卷十一，明天启刻本(下引版本同)，第 27 页。

富不应聚敛于国君一人之手,唯有举国百姓富庶,"让利于民",才是儒家民本应有之义。

以人为基、以民为本,"民为邦本,本固邦宁"①是儒家政治哲学主线,刘基继承之而有论:"民用纾矣,邦本固矣。"②刘基在五言古诗《咏史》中有"为邦贵知本"句③,在《官箴》④篇中,特别指出如果"民本"政治无法执行,社会秩序无法稳定,"邦本弗固,庶事咸堕"。邦国之"固"的关键在于统治者是否实行"以民为本"的治国策略,"振惰奖勤,拯艰息疲。疾病颠连,我扶我持。禁暴戢奸,损赢益亏"。体察民情,体恤民瘼,尊重民意,"视民如儿",这是儒家王道政治实施的关键。

应该承认,刘基"爱民"即民本理念之理论来源系先秦儒家"亚圣"孟子。孟子学说对刘基的影响是多方面的。比如刘基有论:"若夫吉凶利害之所趋避,则吾(刘基)闻之《孟子》矣。"《孟子·尽心上》中"穷则独善其身,达则兼善天下"的至理名言,也成为刘基致仕、出仕的基本法理依据,并将其成功地运用于自己的政治生涯实践之中,在朝为官则兢兢业业,悲天悯人;不为当政者所容,则主动致仕,但是匡世济民之职志、为民请命之淑世情怀则一生秉持。在这一点上,刘基的官场之道颇似范仲淹《岳阳楼记》所记"居庙堂之高则忧其民,处江湖之远则忧其君",以天下万民之忧乐为己任。刘基对孟子提倡的"民为贵,社稷次之,君为轻"的民本思想也是无条件地服膺与继承,并形成了自己的民本政治思想。令人吊诡的是,朱元璋因忌恨孟子"君之视臣如草芥,则臣视君如寇仇"语而有"删孟"之举,即删《孟子》原文八十五条,剩百余条,编成《孟子节文》。但朱元璋之举与刘基对孟子学说的继承毫无关系。

元至元二年(1336),初次步入仕途即"授江西高安县丞"的刘基,上任伊始,便作《官箴》以昭示自己以民为本、关注民生、为民请命的从政理念:"治民奚先,字之以慈。有顽弗迪,警之以威。振惰奖勤,拯艰息疲。疾病颠连,

---

① 《尚书译注》,第93页。
② 《刘基集》,第165页。
③ 《刘基集》,第319页。
④ 《刘基集》,第167页。

我扶我持。"①这体现了传统儒家施仁心、行仁政的德治理念。刘基在仕元期间,或因朝廷地方官吏腐败而投劾致仕,或因社会动乱而"避地"他乡,但时时刻刻以关注百姓的生计为己任。比如,至正十三之十五年(1353—1355)"避地"绍兴期间,依旧对国事民生十分牵挂,追忆王羲之昔日创作《兰亭序》的情境,不禁大发感慨:"王右军抱济世之才而不用,观其与桓温戒谢万之语,可以知其人矣!放浪山水,抑岂其本心哉?临文感痛,良有以也,而独以能书称之后世,悲夫!"②这里,刘基以王羲之怀才不用的遭遇比喻自己的处境,从而表现出刘基本人经邦济世的决心与期望。

(二)"君子之爱民也,如保赤民"

刘基在《感时述事》中指出:"惟民食为命,王政之所先。海咸实天物,厥利何可专?"③《郁离子·天地之盗》文称:"先王之使民也,义而公,时而度,同其欲,不隐其情,故民之从之也,如手足之从心,而奚恃于术乎!"④所以,刘基在阐发养民、育民、爱民之道时,格外要求在位施政者提升自身的道德修养水平,"聚其所欲而勿施其所恶",时时刻刻以老百姓的根本利益为为政之道的根本出发点。

对于官与民关系,刘基在《送海宁张知州满任去官序》文中有论:"夫设官所以为民也。官为父母,民为子。为父母而使其子不我爱,亦独何哉!"这是对"父母官"称谓的诠释,信非虚言。对于为官之"道",刘基也有点拨:"善为官者,犹农夫之善为田也,嘉谷以为亲,粮莠以为仇。"⑤疾恶如仇,惩恶扬善,官民一家,官应以为民服务为职志。刘基在《送海宁尹知州之官序》文中把治民之"官"(守令)喻为"牧民":"夫牧也者,受人之牛羊而牧之,必为之丰其水草,适其寝讹,去其疾蠹,驱其豺狼,然后物生,遂而牧之道得矣。"⑥又,在《悦茂堂诗序》文中,刘基也有类似论述:"使世之为人牧者,怀其民如上人

---

① 《刘基集》,第167页。
② 《刘基集》,第138页。
③ 《刘基集》,第366页。
④ 《刘基集》,第32页。
⑤ 《刘基集》,第70页。
⑥ 《刘基集》,第71页。

(案:会稽旌教寺学庭上人)之怀其菊也,天下其永安哉!"①为官之道与牧人为牧之道相仿,一举一动皆应以老百姓的利益为根本出发点。关心民众生活疾苦,爱民如子,"其爱之也,如慈母之于子也"。用时语讲就是"想百姓之所想,急百姓之所急。替百姓说话,为百姓做事"。真正做到"情为民所系,权为民所用,利为民所谋"。

以儒家民本哲学为先导,刘基对君王如何统治国家也有善意的提醒,比如在《元夜》中有"君王注意防骄佚,万岁千秋乐未央"句,反对骄佚放纵的生活方式,从而唤起朱元璋以及明王朝的忧患意识。此外,刘基还反对君王在"国家闲暇"之时,为求"逸乐"而征用劳役、大兴土木,"夫国家闲暇,乃修明政刑之时,而劳民以自奉,则岂君人之道哉!"②可见,居安思危的忧患意识、明德修政的治道诉求是成就一代开明君王的基本要求。

三、廉节:"安得廉循吏,与国共欣戚"

刘基,不仅仅是一个历史文化名人的称谓符号,还是浙南乃至中国东南地域廉政文化教育的一面旗帜。刘基在为官从政期间,始终保持了一个廉洁自律、执法如山、不徇私情、不畏权势的"廉节"形象,民间口头文学作品"刘伯温传说"中至今传诵着二十余则以"除恶安良"为题材的刘伯温廉政小故事③,其中"高安县判案""公断争功案""国师斩恶吏""斩蛇除霸""严惩衙役"等惩治贪污腐败官吏、公正断案为民申冤做主的传说,为刘基在民间博得了"刘青天"的美名。然而,这些民间故事并非无稽之论,因为这些传说的原型就是刘基四十载官场生涯的"廉节"事迹。

(一)"之官,以廉节著名"

刘基在其坎坷波折的官场生涯之中数次致仕,究其缘由,一个主要原因就是刘基刚毅、耿直的性格。元至元二年(1336),刘基出仕任江西高安县

---

① 《刘基集》,第76页。
② 《刘基集》,第592页。
③ 曾娓阳主编:《刘伯温传说》,中国文联出版社2008年版,第265—326页。

丞,据黄伯生《故诚意伯刘公行状》载:"之官,以廉节著名。发奸擿伏,不避强御。为政严而有惠,小民咸慈父戴之,而豪右数欲陷焉。时上下信其廉平,卒莫能害也。"①这里,初入仕途的刘基就呈献给众人一个廉洁自律、不畏权势、刚直不阿、秉公执法、受人敬重的"廉"者形象。也正是刘基的"廉平",在"新昌州有人命狱,府委公(刘基)复检,案核得其故杀状,初检官得罢职罪,其家众倚蒙古根脚,欲害公(刘基)以复仇"之时,②江西行省大臣救之,辟刘基为职官掾史。但是"以谠直闻"的性格特质与处事风格决定了刘基在腐败的封建官场上难以施展自己的才华,至正二年(1342)因"与幕官议事不合,遂投劾去"。

隐居游学数年后,刘基于至正六年(1346)北上大都干谒③,并于至正八年(1348)任江浙儒学副提举,至正十年(1350)继任行省考试官,至正十一年(1351)"为建言监察御史失职事,为台宪所沮,遂移文决去"。至正十二年(1352),行省檄为浙东元帅府都事,至正十三年(1353),改任江浙行省都事。又因反对招安台州反贼"首恶"方国珍而为行省所抑,去职还乡,于至正十四年(1354)奉母"避地"绍兴两年有余。④ 至正十六年(1356)二月,省檄复为江浙行省都事,第二年(1357)因"招安山寇"有功改任行枢密院经历。至正十八年(1358)升任江浙行省郎中,然而,由于执政者抑刘基军功,"仅由儒学副提举授处州路总管府判,且不与兵事",刘基愤而弃官归里,彻底与元王朝决裂。

元季吏道腐败,刘基对此予以强烈批判与嘲讽:"利己而无恤乎人者,吏之道也,其心忍以刻,而不仁者好之。"⑤在《卖柑者言》⑥中,刘基用"金玉其外,败絮其中"来讥讽元季当权者欺世盗名、外强中干、色厉内荏、不可一世的丑恶本质,从而体现了刘基"愤世嫉邪"的性格特质。缘此,刘基在《感时述事》诗中有"官吏逞贪婪,树怨结祸胎""盗贼乘间发,咎实由官司"句,对元

---

① 《刘基文选》,第 265 页。

② 《刘基文选》,第 265 页。

③ 周松芳:《刘基至正六年干谒事迹考论》,《浙江社会科学》2004 年第 2 期。

④ 周松芳:《刘基年谱》,载《自负一代文宗——刘基研究》,广东人民出版社 2006 年版,第 237 页。

⑤ 《刘基集》,第 76 页。

⑥ 《刘基集》,第 146 页。

季官场腐败予以控诉,同时发出"安得廉循吏,与国共欣戚?"的无限感叹。

此外,刘基在至元二年(1336)江西高安县丞任上所作的具有"自勉"性质的《官箴》篇,对如何遏制贪腐即"何以弭贪"也有说明:"慎检乃躬。去馋斥佞,远吏近民。待人以宽,律己以勤。"①这就要求各级政府官员即"牧民者"加强自身的修养,提高预腐反贪能力,不给奸佞小人以任何可乘之机,"是故君子之修慝辨惑,如良医之治疾也,针其膏肓,绝其根源,然后邪淫不生。苟知谄与欺之能丧人心,亡人国也,屏其媒,坏其宅,奸者熄矣"。② 可见,预防腐败体系建构的第一道屏障就在于各级行政官员自身的道德修养水平如何。

刘基明白,在"天下无道"的封建社会里,为官廉洁,必须承受极大的压力与不公,甘于寂寞,并且要耐得住清苦与无助。《郁离子·蜀贾》篇就讲述了这样一个事例:"昔楚鄙三县之尹三。其一廉而不获于上官,其去也,无以僦舟,人皆笑以为痴。其一择可而取之,人不尤其取而称其能贤。其一无所不取,以交于上官,子吏卒而宾富民,则不待三年,举而任诸纲纪之司,虽百姓亦称其善。不亦怪哉!"可见,在吏治腐败的乱世之中,成就"廉节"人格、留下"公正廉明"的美誉相当不易。尽管如此,各级政府官员还是要加强道德实践,保持"廉者"本色。对于政府各级官员如何"苦练内功",即加强自身的道德修养的方式与策略,刘基认为应该主要从"敬""诚"上下功夫:"勿谓政难,克敬则立。勿谓俗殊,克诚则辑。"③以儒家先贤圣人为标的,"企贤则善,企圣则贤","克敬勿懈,何适不臻?"④尤其应当注重实践"慎独"工夫,以成就君子人格。

上文提到的刘基在元朝"四仕四隐"的官场经历,究其根源,从客观方面讲,是因为元朝朝政混乱、官场腐败、扼杀人才;从主观方面讲,主要是刘基本人秉公办事的官道与刚毅廉洁的性格根本无法适应渐趋衰落的封建官僚体制而有。

---

① 《刘基集》,第 168 页。
② 《郁离子》,第 80 页。
③ 《刘基集》,第 305 页。
④ 《刘基集》,第 307 页。

（二）"贪廉由乎内而不假乎外"

由于刘基本人"性刚嫉恶"，物以类聚、人以群分，刘基对"尚气节、敢直言、见贪夫疾之如仇"之士十分敬重。至正十四年（1354），刘基有歌颂东晋广东刺史吴隐之与元宪副吴君这两位循臣廉吏的廉文佳作——《饮泉亭记》①。《晋书》载："吴隐之（？—414），字处默，濮阳鄄城人。……广州包带山海，珍异所出，一箧之宝，可资数世，故前后刺史皆多黩货。朝廷欲革岭南之弊，以隐之广州刺史。未至州二十里，地名石门，有水曰'贪泉'，饮者怀无厌之欲。隐之既至，语其亲人曰：'不见可欲，使心不乱。越岭丧清，吾知之矣。'乃至泉所，酌而饮之，因赋诗曰：'古人云此水，一歃怀千金。试使夷齐饮，终当不易心。'及在州，清操逾厉，常食不过菜及干鱼而已，帷帐器服皆付外库，时人颇谓其矫，然亦终始不易。……隐之清操不渝，……廉士以为荣。"吴隐之饮"贪泉"并赋诗而"清操逾厉"之事，后被奉为廉吏典范，官场之中被世代传为佳话。初唐文学家王勃（649—676）脍炙人口的《滕王阁序》文引吴隐之酌饮"贪泉"事，留下了"酌贪泉而觉爽，处涸辙以犹欢"的名句，高度赞扬吴隐之的人品。

元代一位吴姓宪副任职广西时特访石门"贪泉"，因仰慕吴隐之之举而名泉旁小亭曰"饮泉亭"，并效仿吴隐之之官德操守，终成一代廉吏。在刘基看来，吴宪副之"廉"可与吴隐之之"廉"相提并论，应吴宪副之孙吴以时之请，再加上刘基本人对循臣廉吏的敬重，遂成《饮泉亭记》。该文充分反映了刘基的廉政理论。刘基以为贪腐发生的根源就在于"名""利"等无限膨胀的物欲："人之好利与好名，皆蛊于物也。"物欲是贪腐之根，"有一焉则其守不固，而物得以移之矣"；此外，"贪相承，习为故"之恶习也是滋生贪腐的毒瘤。根据贪腐发生的缘由，刘基对症下药，提出了"人心之贪与廉，自我作之，岂外物所能易哉！""贪廉由乎内而不假乎外"的立论。这是说一个人能否保持清廉，其关键还在于自身道德修养水平，不能怪罪于外在环境和客观条件。易言之，"仁以充之，礼以立之"的"大丈夫之心"才是抵制贪婪、拒绝腐败的"不二法门"。从上文所记吴宪副敬仰吴隐之而成廉吏事迹受到启示，刘基以为确立像吴隐之一样的循臣廉吏之典范，也是遏制贪腐的一种方式："夫

---

① 《刘基集》，第103页。

君子以身立教,有可以植正道、遏邪说、正人心、扬公论,皆当见而为之。"①这就是道德楷模、廉吏典范的榜样力量。与受贿者亡身亡家的下场一样,刘基以为行贿者也会酿成亡身亡家的可悲下场,《郁离子》之中就有多则寓言故事来说明这个道理。比如在《献马》文中的周卿士芮伯,因率师伐戎取胜而获得良马一匹,献给了贪得无厌的周厉王,结果有谗臣趁机诬陷芮伯隐藏战利品,最终芮伯落得个被放逐的下场。"君子谓芮伯亦有罪焉尔。知王之渎货而启之,芮伯之罪也。"②芮伯献马的事例就说明了行贿者自取其辱的道理。

毋庸置疑,作为一个以身作则的"循吏",刘基对勤廉施政、出类拔萃的州县级地方官吏的称道与歌颂是不遗余力的。与刘基出仕县丞于江西高安相邻的临江,府县之中的"贱役"即不法衙役相互勾结、结党营私、沆瀣一气、为害一方,府县官吏亦无可奈何;刘基任职高安,辖区所限,爱莫能助,"每闻而切齿焉,无能如之何也"③。为根治临江"贱役"之患,元廷招蒙古官员月忽难明德(生卒年不详)为临江路经历,月忽难到任伊始,"访民瘼,按宿狱",严惩为非作歹的贱役之徒,铲除积弊,扫荡邪恶,为民除害,此举自然赢得民心,刘基"闻甚喜"。若干年后,月忽难因疾辞官于江浙府总管任时,刘基特赠《送月忽难明德江浙府总管谢病去官》④序文,以讴歌这位清廉为民的正直官员。鄞县县尹许广大(1307—1353)作为一名"以廉能闻"的地方官吏,"为人厚重,寡嗜好,饮食、衣服可而止,故能以廉终其身"⑤,刘基自然十分赏识,在许氏死后亲作"碑铭"以志之。

四、公直:"抗言直议,不以利害怵其中"

对于古代士大夫处理公务政事的标准,传统儒家推崇"公正耿直""处事正直"的理念。《礼记·礼运》:"大道之行也,天下为公。"《贞观政要·公

---

① 《刘基集》,第 103 页。
② 《郁离子》,第 33—34 页。
③ 《刘基集》,第 68 页。
④ 《刘基集》,第 69 页。
⑤ 《刘基集》,第 176—178 页。

平》:"理国要道,在于公平正直。"《宋史·刘瀹列传》:"公道名,则人心自一;公道废,则人心之二。"①可见在我国古代社会中,能够秉公办事是一种优良官德,受到儒家学说的肯定和人们的称道。难能可贵的元明之际的儒者刘基具有"公直"的性格,而持心公正、处事正直即"公直"亦成为其为官之道的"官德"之一。

(一)"刚毅慷慨而有大节"

至正二十年(1360),经过"艰难抉择"的刘基因朱元璋之礼聘,奔赴应天(南京)以"谋臣"身份辅佐朱元璋创建大明帝国。起初,刘基得到过朱元璋的重用,但是"江山易改,本性难移",过于"公直""廉节"的秉性使得自己的处境多次处于被动。洪武元年(1368)四月,朱元璋发京师赴汴梁,命李善长、刘基留守建康(南京)②;时任太史院使、御史中丞的刘基力主整肃纲纪,"命宪司纠察诸道,弹劾无所避"③,中书省都事李彬侮法罪当死,但是丞相李善长素爱李彬,"乃请缓其事",刘基不听,遣官赍奏诣并承旨依法斩李彬。这使得刘基与以李善长为首的淮西集团的关系恶化,只得暂时"求退"并"告归"。尽管如此,"奏斩李彬"一事体现了刘基不畏权势、疾恶如仇、秉公执法的高贵品质。又据张时彻《刘公神道碑铭》记:"廷臣以过被遣,公(刘基)密为解救,其人知而谢之,辄拒不纳;其人不知,卒亦未尝言也。"④拒绝接受任何不义之财,这从侧面反映了刘基秉公执法的高尚官德。

刘基"公直"的官德还体现在与朱元璋"论相"这件事上。朱元璋为巩固新兴的明王朝政权,在废除李善长相位之后,亟须遴选丞相人选,遂与刘基商议此事。朱元璋提出或由杨宪,或由汪广洋,或由胡惟庸出任丞相一职,刘基均予以否定:"(杨)宪有相才,无相器。夫宰相者,持心如水,以义理为权衡而己无与者也,宪则不然。""(汪广洋)褊浅,观其人可知。""(胡惟庸)小犊,将偾辕而破犁矣"。此时,朱元璋曰:"吾之相,诚无逾先生。"刘基当场拒

---

① 转引自吴光、祝鸿杰注译:《古今廉文》,浙江人民出版社2005年版,第269页。
② 《刘基传》,第363页。
③ 《刘基文选》,第269页。
④ 《刘基文选》,第263页。

之:"臣非不自知,但臣疾恶太深,又不耐繁剧,为之且孤大恩。"①通过这段君臣"论相"对话录,不难发现,在商定丞相人选问题上,刘基秉持了对政事高度认真负责的态度,为顾全大局而不计个人恩怨,既不规避自己的性格"缺陷",也敢于直言,直陈诸相位人选的优劣得失。这也是刘基廉政事迹的一个注脚。

据《明史》②记,洪武三年(1370)十一月,朱元璋"大封功臣",初八日,封李善长、徐达等六人为公爵,汤和等二十八人为侯爵;二十九日,封汪广洋为"忠勤伯"、刘基为"诚意伯"。又《明太祖实录》载有敕封刘基诰文:"朕观诸古俊杰之士,能识真主于草昧之初,效劳于多难之际,终成功业,可谓贤知者也。汉之如张子房、诸葛亮独能当之。……特加尔为开国翊运守正文臣资善大夫护军诚意伯,食禄二百四十石。……"③在朱元璋眼中,刘基可以与张良、诸葛亮相媲美,但是年俸仅二百四十石,不仅不及李善长年俸两千四百石的一个零头,甚至还不及汪广洋年俸五百石的一半。尽管如此,刘基依然不计名位,不贪爵禄,一派廉者形象。洪武四年(1371)正月,已届风烛残年的刘基"致仕"④之后,不与人事,深居简出,"还隐山中,惟饮酒弈棋,口不言功。邑令求见不得,微服为野人谒基。基方濯足,令从子引入茆舍,炊黍饭令。令告曰:'某青田知县也。'基惊起称民,谢去,终不复见。其韬迹如此。……⑤"刘基致仕之后"口不言功"的举动足以说明其淡泊名利、不求闻达的高风亮节与人生价值观。洪武八年(1375)四月,刘基病卒于家乡南田武阳。其夏山墓仅为一抔黄土,简朴而淡雅,昭示了自己"坦坦荡荡做人,清清白白做官"的一生。

刘基"刚毅、慷慨而有大节""义所不直,无少假借"的性格与"抗言直议,不以利害怵其中"的即"公直"的处事方式也博得了朱元璋的敬重与信任,"上(朱元璋)亦甚礼公,常称为'老先生'而不名,又曰'吾子房也'。"⑥刘基与

---

① 《刘基文选》,第 269 页。
② 《明史》,第 25 页。
③ 《明太祖实录》,第 1145 页。
④ 《明史》,第 26 页。
⑤ 《明史》,第 3781 页。
⑥ 杨讷:《刘基事迹考述》,北京图书馆出版社 2004 年版,第 205 页。

宋濂、章溢、叶琛等浙东文人因受儒学道统影响，为保持君子人格，庄重自矜，漠视功名利禄，并没有为了博得朱元璋赏识而阿谀奉承、出卖人格，真正做到了"君子不阿""君子不党"。《诚意伯次子合门使刘仲璟遇恩录》就载有朱元璋称赞刘基"不党"语："刘伯温他在这里时，满朝都是党，只是他一个不从……"①总之，刘基作为人臣，恪尽职守，树立了一代诤臣的君子人格形象。

（二）"任人之长，唯才是举"

刘基"秉公任直"的官德还体现在其"任人之长，唯才是举"的人才观上。刘基认为，胸怀大抱负、欲有大作为的栋梁之材，必须选择、投奔适合施展自己才华的场所与事业，"志大业者，必择所任；抱大器者，必则所投"②。国家的强大富庶需要贤人良才（"士"）即知识分子的加盟与辅佐，如果"娟嫉之人""掊克之吏"得到重用，贤良之才受到排斥，只会造成"士隐而君独""民夷而国伤"③的后果。刘基在元朝的悲惨遭遇也正好印证了这一点。

刘基以为使用人才要用人之长、用人之专，"盖闻物无全才，适用为可；材无弃用，择可惟长"，刘基在这里举"穰苴治师，智勇贪愚，咸宜其任；公输构厦，栋梁枅梲，各得其良"④为例子，说明了物尽其用、人尽其才的道理，从而使人力资源得到最大限度的挖掘与利用。钟惺对刘基的用人之道评价为："因材器使，自足至论！"可谓恰当；倘若反其道而行之，"舍人之能，而强之以所不能""夺人之好，而遗之以其不好"⑤，只会出现众叛亲离的可怕结局。

刘基在《拟连珠》中多次强调管理者使用人才的原则之一就是"避短而庸长"，"君欲任贤，当如用器，惟能避短而庸长，乃克奏功而济事"⑥。这就是说，抑人之长而用人之短是一种的愚蠢的浪费人力资源行为，"是故骅骝騄耳以之运磨，不若蹇驴之能；干将莫邪以之刈草，不若钩镰之利"⑦。此外，刘基

---

① 《刘基集》，第 668 页。
② 《刘基集》，第 195 页。
③ 《刘基集》，第 196 页。
④ 《刘基集》，第 195 页。
⑤ 《刘基集》，第 195 页。
⑥ 《刘基集》，第 197 页。
⑦ 《刘基集》，第 197 页。

提倡君臣之间应该"言论自由","盖闻天不掩慝,而神人之道不睽;君不忌言,则上下之情无蔽。是故周史陈诗而八百其年,秦令禁语而一二其世。"①统治者应该广开言路、广纳谏言,使民意畅通,秦王朝就是因为阻塞民意,历二世而亡,言论自由的重要性不言而喻。

传统儒家学者的理想政治模型是上古三代的圣人之治,刘基自幼接受传统儒家文化教育与熏陶,自然对三代政治制度包括"取士"制度极为熟悉。选才要试用,不问出身,问贤能:"三代之取士也,必学而后入官,必试之事而能,然后用之。不问其系族,惟其贤,不鄙其侧陋。"(《郁离子·千里马》)这就是说,国家选拔人才、任用官吏,必须首先接受学校教育,在熟悉为人处世之道之后,才有"入官"从政的资本;选拔人才必须经过一定的途径与渠道,这就是"试之事",以判断待选之人选是否胜任所拟官职,如果经过试用的铨选考核,则此人可称贤才而授以官衔。识才辨才,不要被表面现象所迷惑,真才实学者"举德为第一",既不是貌似君子的伪才腐才,也不是类似的奸才。

"自古得人者昌,失人者亡。"纵观古今中外,皆是如此。古人曾讲过,"能当一人而天下取,失当一人而社稷危"。用人事关到社稷的兴废,不可不察,不能不慎之又慎。使用人才要"顺其性、安其心",并把它放在合适的位置上,也就是俗语说的"好刚要用在刀刃上"。否则在于事无补的同时,也就白白地糟蹋了贤才,造成了不必要的人才浪费。《郁离子》之中有一则"冯妇搏虎"的寓言故事,要用人之长、反对用人之短。东瓯(今属温州)那里多盖茅草屋子,经常发生火灾,当地人为此很苦恼。有个商人到晋那个地方去做生意,听说此处有个叫冯妇的专善治"虎"。东瓯人"火""虎"不分,商人便以为冯妇专善治"火"。于是商人赶紧把情况报告给东瓯君,东瓯君以上宾之礼把冯妇迎至东瓯。"明日,市有火,国人奔告冯妇,冯妇攘臂从国人出,求虎弗得。火迫于宫肆,国人拥冯妇以趋火,灼而死。于是贾人以妄得罪,而冯妇死弗悟。"②这则极具讽刺性意味的故事虽然嘲笑了东瓯国君、贾人的愚蠢,但是我们必须可怜那位被白白浪费了的"搏虎"人才冯妇。总之,用人必须用人之长,反对扼杀人才。

① 《刘基集》,第 199 页。
② 《郁离子》,第 98 页。

五、刘基勤廉思想的历史局限性及其新时代价值

笔者以为,对于刘基为官之道、从政之德的解读必须以元明为界,详言之,刘基在元季的官道、官德理论是积极向上,富有朝气的;而在朱元璋明王朝政权基本巩固、国家政体基本完善之后,作为一介儒生的刘基在"伴君如伴虎"的年代,屡受打压,为求自保,只得委屈自身,屈从于高压政治。这是传统儒家知识分子无法摆脱的宿命,更是历史局限性所限,我们不能也不应该苛求儒臣刘基有完整的独立人格。

刘基官道、官德理论是传统宗法伦理社会的产物,传统君臣关系之"君为臣纲"的理念,带有浓厚的君主专制思想。比如,"君禄我食,君令我施"①,明显强调了君权的无限至上性,臣子必须听命于君王,这种封建君主专制体制下的君臣关系不利于国家政权的稳定与社会的长治久安。刘基在成为朱明王朝的谋臣之后,"忠君"意识更为严重,如在《送黄岩林生伯云还乡觐省》诗中有"人生有亲乐莫乐,况乃君恩重山岳"②句;此外,还有"臣子宜奉承,天威不违咫"③"君恩重山岳,矧敢负以蚊?"句,这些"愚忠"思想不利于开明政治的形成,反而助长了朱元璋无限膨胀的专制独裁欲望,从而酿成了"废相"事件,相权无法制约皇权,权力制衡机制不存,直接致使明代政制逐步走向恶化。所以,钱穆先生在《国史大纲》中说:"明代是中国传统政治之再建,然而恶化了。恶化的主因,便在洪武废相。"至此,存在千余年并经历汉、唐、宋等诸朝而逐渐完善的丞相制度,被朱元璋一道诏令"以后嗣君毋得议置丞相,臣下有奏请设立者,论以极刑"给毁灭了,而传统君主专制达到了中国历史最高峰。明清之际的民主启蒙思想家黄宗羲(1610—1695)在《明夷待访录·置相》篇中直陈"有明之无善治,自高皇帝罢丞相始也"④,不无道理。所以,我们应该对于刘基官德体系之中的"愚忠"观念予以检讨与批判。

---

① 《刘基集》,第 153 页。

② 《刘基集》,第 299 页。

③ 《刘基集》,第 333 页。

④ 黄宗羲:《黄宗羲全集》第 1 册,浙江古籍出版社 2005 年版,第 8 页。

尽管刘基官道、官德思想有其历史局限性,但是刘基本人仕宦事迹及其政治哲学之中所蕴含的以"勤政、爱民、廉节、公直"为关键词的官德确实历久而弥新,具有极强的生命力,代代相传,绵延至今,泽被后世。今日,浙江文成南田的刘伯温纪念馆已经升格为浙江省省级廉政文化教育基地,历经沧桑岁月而依旧肃穆庄严的刘基庙、墓为国家级重点文物保护单位,代代相传而脍炙人口的刘伯温传说故事、赓续不绝而肃穆隆重的"太公春秋二祭"也是国家级非物质文化遗产,这些都是"一代儒臣"刘基留给后世的宝贵的物质文化、精神文化遗产。

"善言古者当有验于今",我们研究和考察传统文化之中的廉政、清廉、廉洁、勤廉文化,目的在于指导现实,用中华优秀传统文化涵养各级领导干部克己奉公、清廉自守的精神境界,推动新时代廉洁文化建设深入开展,推进中国特色社会主义新时代的政治文明建设。

王文禄《廉矩》及其廉德思想

四川大学古籍整理研究所副研究员

霞绍晖　　杜春雷

　　《廉矩》是明儒王文禄仿《孝经》所撰的一部倡导做人做官须遵奉规矩的著作,该书系统论述了廉德的内涵与要求,不仅是我国古代一部重要的倡廉之书,也是一部具有现实意义的重要历史文献,对该书的深入整理和阐释研究,能为当今的党风建设、干部培养、国家治理等提供有益参考。

　　廉德文化建设,自古备受重视。在世卿制度之世,廉德是考核公卿大夫的重要内容。《周礼·天官·小宰》:"以听官府之六计,弊群吏之治,一曰廉善,二曰廉能,三曰廉敬,四曰廉正,五曰廉法,六曰廉辨。"[1]贾公彦疏云:"六计谓善、能、敬、正、法、辨,六者不同,既以廉为本,又计其功过多少而断之……此经六事,皆先言廉,后言善能之等,故知将廉为本。廉者,洁不滥浊也。"[2]即王廷要对各级官员进行行政考核,其考核内容就是六种廉德。春秋之际,礼坏乐崩,世卿制衰微,官僚制兴起,其官吏选拔与管理形态发生重大变化,这种对官吏的"六廉"考核体系,也随之发生了转移。官吏的选拔,有荐举、游说自荐、招贤、军功、任子、吏胥等不同途径。而在官吏的考核上,多以功业定官级爵位。《韩非子·外储说·饬令》:"授官爵出利禄不以功,是无当也。国以功授官与爵,此谓以成智谋,以威勇战,其国无敌。国以功授官与爵,则治见者省,言有塞,此谓以治去治,以言去言,以功与爵者也,故国多力而天下莫之能侵也。"[3]两汉时,对官员的考核更为细密,建立起了一套

---

　　①　孙怡让撰,王文锦、陈玉霞点校:《周礼正义》第1册,中华书局1987年版,第177页。

　　②　《周礼正义》第1册,第178页。

　　③　王先慎撰,钟哲点校:《韩非子集解》,中华书局1998年版,第472—473页。

逐级考核的制度。其中有"廉问"一课，如《汉书·高帝纪》："其令诸吏善遇高爵称吾意，且廉问有不如吾诏者，以重论之。"①自此以后，历代官吏考核，均以廉为德，以至当代。

赵宋之世，成都人费枢作《廉吏传》上下二卷，载录春秋至唐廉吏，共计114人。上卷春秋有9人，西汉有10人，东汉有16人，三国有7人，两晋有13人；下卷南朝有13人，北朝有5人，隋朝有6人，唐朝有34人。起自鲁季孙行父，终于唐卢钧。其书主要记述传主的廉洁美德，而于功业则从略。明人黄汝亨又据《宋史》《元史》增补64人，分上中下三等，并作评语，以资鉴戒。此二书虽记述历代廉吏之美德，但对廉德的内涵、规范却未明示，王文禄仿《孝经》作《廉矩》，正可补二书缺失。本人不揣浅陋，受舒大刚师启发，略述《廉矩》一书的思想内涵，以就教于方家。

一、王文禄其人及《廉矩》的主要内容

王文禄的生平事迹，不载于《明史》，然因其编了丛书《百陵学山》，自己的著作基本保存下来，故其事迹尚可寻绎大概。目前可见其相关资料，除了他自己的文集外，还有其好友黄省曾为其母陆氏作的《慈淑孺人王母陆氏传》、明过庭训《本朝分省人物考》、明徐象梅《两浙名贤录》以及富路特、房兆楹主编的《明代名人传》②。王文禄自称："正德丙子(1516)，海沂子十有四龄。"③由此推知，他出生于弘治十六年(1503)。明徐象梅《两浙名贤录》载："卒之日手不废书，邑大夫奔而诀，执手问后事，但笑无所言，三问之则曰：'此不足计。'遂拱而逝。文禄生平乐善，尤喜成就后生，有所闻见，辄谆复相告，八十九年如一日。"④则其年八十有九，卒年或在万历十九年(1591)。徐象梅是钱塘人，与王文禄同时代，其所撰王文禄事迹甚详，当亦可信。

据相关记载：文禄字世廉，海宁卫世将军王轩之孙，生负奇质，喜读书，

---

① 班固著，颜师古注：《汉书》，中华书局1962年版，第54—55页。

② 李萍：《王文禄文学批评与创作研究》，黑龙江大学硕士论文，2021年。

③ 王文禄：《海沂子》，载曹溶辑、陶樾增订《学海类编》第3册，江苏广陵古籍刻印社影印，第343页上。

④ 徐象梅：《两浙名贤录》，浙江古籍出版社2012年版，第107页。

好舞剑,十四岁从李鸿渐学琴,二十八岁中举人。牢记母亲临终"立身扬名,以显父母"之遗嘱,一生执意科场,虽"八十余犹应试长安,不屑就乙科秩",但终身未能如愿。文禄追逐举业,以书为伴,自六经、廿一史、诸子百家,以至天官地志,贝函异友,龙蹈虎铃,无不腾之舌妙而置之腹笥。自幼好学多闻,嗜书如命,得书万卷,藏于一楼。当其藏书楼被火时,他召唤救火者说:"但力救书者赏,他不必也。"①可见他钟书之极。王文禄读书不倦,愈耄愈精,日夜不止,家人怜惜他的身体而阻止,文禄说:"汝何知,我读来世书耳。"②可见,他是一位饱学之士,且有修书为来者立言之志。文禄著书立说,融汇三教,成为明代晚期很有影响的学者③。

《廉矩》仿《孝经》之例,共计十八章。按其所述内容,我们大致可以将其分为五个部分。

第一章介绍廉德的根源,在于人心无欲。第二章介绍廉德的哲学根据在于理,即"约众理而统同"。第三章介绍廉德的广泛运用,是天地人三才秩序得以正常运行的中枢。前三章是对廉德的总体论述,说明了廉德的根源性、理论性和运用价值。

第四章论君王的廉德,认为君之廉是天地廉德与人之廉德的核心主宰。第五章论君王的廉德之心,因感天地之廉而生。第六章论臣子的廉德,其本在于恪君体民。第七章论士人的廉德,在于尚志守身。这四章可看作对治者廉德的系统论述,阐明了廉德对于治者的重要性。

第八章论民人之廉,在于守法。第九章论廉德的养成,要从胎教、蒙童抓起。这两章强调的是全民廉德的养成。

第十章通过廉德与贪欲的对比,说明朝代兴败的重要原因。第十一章对比论述廉德之风不长的祸患在于贪,指出维持廉德在于节用。这两章运用正反对比的方法,论述了廉与贪的矛盾对立统一性。

第十二章到十八章,分别论述了朝廷在廉吏考核、选拔、教化等方面的

①　胡震亨:《海盐县图经》卷十四,明天启四年刊本。
②　徐象梅:《两浙名贤录》,浙江古籍出版社 2012 年版,第 107 页。
③　王文禄著作绝大部分收入丛书《百陵学山》,黑龙江大学李萍硕士论文《王文禄文学批评与创作研究》有较为详细介绍,可参看。

标准。

从表达形式上看，《廉矩》大量运用了三字句、四字句，读来抑扬顿挫、铿锵有力，便于记忆。每章结尾近似《孝经》，或引用圣贤之言，或引用经典之语。第一章、第四章、第九章引孔子之言，第二章、第八章、第十章引《周易》之语，第三章引子思之言，第五章引《论语·尧曰》之语，第六章引伊尹之言，第七章、第十五章、第十六章、第十八章引《诗》，第十一章引《周礼》，第十二章、第十三章、第十七章引《礼记》，第十四章引《小雅》。由此可见，《廉矩》仿经意味浓郁，故四库馆臣说其"为忠经之重儓"。

《廉矩》的主要内容可大致归纳为两大主体。

第一大主体：述廉学的理论，即廉之极、廉之名、廉之理、廉之用。廉之用又分为廉君、廉臣、廉士、廉民、廉蒙。王文禄试图从理论上来说明廉的内涵、价值、名称、理据、运用等方面。

第二大主体：述廉学的实践内容，即廉"矩"，包括崇廉、考廉、试廉、择廉、拔廉、尚廉。这部分重在讲以廉施政，即如何来把廉德贯彻在整个社会之上。

总体上看，《廉矩》一书站在儒家治道的立场上，以宋明理学、心学为理论指导，以儒家政治理想为皈依，以儒家践行为原则，论述了廉德的根源、最高理论根据以及天子至于庶民的廉德养成和维持，强调了国家管理者具备廉德的重要性。该书虽然篇幅不大，字数不多，却系统全面论述了廉德的各个方面，是我国历史上非常重要的一部系统论述廉德文化的著作，在廉政文化建设方面，具有十分重要的参考价值。

二、《廉矩》的思想内涵

《廉矩》一书，首次系统建构了廉德的理论框架，详细论述了廉德的实践范围，充分展现了廉德文化的内涵和外延，是对我国历史上廉政文化的大归纳、大总结。从其内容审视，该书以儒家德治观念为本，吸纳了道家、阴阳家、法家、释家、医家等各家廉德思想，可谓赅综千代、融汇百家之作，具有重要的思想价值。其思想价值主要表现在以下几个方面。

从儒家治道理论出发，建构了宏大的廉德思想体系。这不但是对儒家德治、德教思想的继承，也是对历史上廉德品性的大梳理、大归纳，大总结。我们试着从以下几方面来分别论述。

首先，《廉矩》反映了儒家天、地、人三才观和体用观。

天、地、人三才说，是儒家宇宙观的核心。《易·说卦》："是以立天之道，曰阴与阳；立地之道，曰柔与刚；立人之道，曰仁与义；兼三才而两之，故《易》六画而成卦。"①又《系辞传》云："《易》之为书也，广大悉备。有天道焉，有人道焉，有地道焉。兼三才而两之，故六。六者非它也，三才之道也。"②《周易》本为卜筮之书，经孔子赞述，提升了其哲学理论，从而形成了儒家认识世界、解释世界的宏纲大旨，故有"《易》为群经之首，大道之源"之说。王文禄在《廉矩》第一章就明确提出："天无欲阴阳平，地无欲刚柔明，人无欲仁义精。"即从天地人三才统一的思想体系中，认识和把握廉德的价值，这既符合儒家道德的最高标准，又能体现廉德的至上根据。其又言："浮天凝地，诞育万物，咸受命厥廉。"即把廉德生成放在宇宙规律的视域里来看待，从而凸显其人性价值。其言："天非廉则气戾，地非廉则形隳，人非廉则衷罔。"（第三章）通过正反对比，凸显了三才统一的思想，也从理论的高度，训说了廉的生成根据和实际意义。由上述不难看出，《廉矩》的思想价值与儒家大道之本是一致的。

从整个《廉矩》的结构看，前三章重在阐释"廉德"的理论，即廉德的体，后十五章重在阐释廉德的用，充分体现了儒家的体用观。《易·系辞上》说"显诸仁，藏诸用。"又《系辞下》说："阴阳合德，而刚柔有体。"从现代哲学审视，体即本质的、内在的、根本的属性，是决定事物的第一性，用则是外在的、表象的，是决定事物的第二性。唐崔觐在解释《易·系辞》"形而上者谓之道，形而下者谓之器"时说：

> 天地万物，皆有形质。就形质之中，有体有用。体者，即形质也。用者，即形质上之妙用也。言有妙理之用，以扶其体，则是道也。其体比用，若器之于物。则是体为形之下，谓之为器也……假

---

① 李道平撰，潘雨廷点校：《周易集解纂疏》，中华书局1994年版，第691—692页。
② 《周易集解纂疏》，第675页。

令天地圆盖方轸，为体为器，以万物资始资生，为用为道。动物以
形躯为体为器，以灵识为用为道。植物以枝干为器为体，以生性为
道为用。①

崔觐之说，较为具体。而在宋儒，则把体看作理，用则看作象（事），二者
是统一的，即体用一源。程颐在《畅潜道本》一文中说："至显者莫如事，至微
者莫如理。而事理一致，微显一源，古之君子所谓善学者，以其能通于此而
已。"②王文禄正是接受了儒家体用观，从而为《廉矩》制作，以先言体后言用
来构思。这也反映了王氏的学有所宗。

其次，《廉矩》一书，反映了宋明理学的天道、天理心性论。

宋明理学是儒学发展的必然，朱熹在吸收前辈学术成果的基础上，建立
起了儒家的宇宙论，为儒家伦理学建构了形上根据，从而获得儒学的一统地
位。朱子殁后，其门弟子扬于下，魏华父倡于上，理学便成为科举考试的重
要内容。作为终身陷于场屋的王文禄来说，其学术思想必然是以理学为核
心。他接受了张载、朱熹、王阳明等的思想，并将这些思想融会贯通，运用在
对廉德的阐释中。

对气本论的接受，王文禄说："太初浑然，一气而已。气积久而理显，于
是天地定位，人物肖形。"③可见他认同张载气本论的宇宙哲学观。不同的
是，朱熹认为理在气先，他却认为气在理先。他又说："天何也？清气浮也。
地何也？浊沫聚也。何依也？大气举之也。地或圻陷，何也？犹人气壮则
脾土实，气弱则洞泄也。地水乘水，风乘风，空乘空，何也？气也。浑沌何
也？气烦而薄消之也。开辟何也？气积而充息之也。"④他认为宇宙万物皆
因气生，万物是气的演化流行所致。在《廉矩》中，也体现了他的这种气本论
思想。其言："浮天凝地，诞育万物，咸受命厥廉。"（第一章）认为天地本质是

---

① 《周易集解纂疏》，第 611 页。
② 程颢、程颐著，王孝鱼点校：《二程集》，中华书局 1981 年版，第 1 册，第 323 页。
③ 王文禄：《竹下寱言》，载《丛书集成初编》第 607 册，中华书局据《百陵学山》影
印，第 7 页。
④ 王文禄：《海沂子》，载曹溶辑、陶樾增订《学海类编》第 3 册，江苏广陵古籍刻印
社影印，第 339 页上。

气,气上浮为天,气下凝为地,万物生衍,是阴阳二气的交感所致。天地之气的交感,其根本品性是廉德。王文禄认为廉德是天地之正气,所以他说:"廉君者,天地人物之宰也。犹天之清,犹地之宁,犹人物之生,本一气之凝承。"(第四章)在他看来,廉是最高道德准则,具有主宰性,这种主宰性通过君王来体现。(第四章)这种主宰性的根据是"一气之凝承"。这些观念,颇具唯物主义色彩。

心统性情是宋明理学另一个重要观点。张载提出的"心统性情"之说,被理学家普遍接受。朱熹对这一观点进行了详尽的阐释,他说:"性是体,情是用,性情皆出于心,故心能统之。统如统兵之统,言有以主之也。"①王文禄批判地接受了这一看法,认为:"夫心性之学说,学之本原。"②并在此基础上,阐释心与性的关系,认为心是实,性是理。他说:"心中有性,犹壳中有米,米在壳中而统言壳,犹性在心而统言心,心正者,性正也。故《大学》言心不言性,《中庸》言性不言心。心有形而函性,性无形而函于心,一也。"③他这种看法,也灌注在了《廉矩》中。他说:"粤维大道,一元至清,作浑辟宰,莫亏莫增,廉之心也。欲无斯静,乃见真性。"(第一章)又说:"廉也者,理之枢也,不可暧也,可暧非廉也。"(第三章)"气利罔干心,心静而专,克笃维廉,若处女然。"(第七章)这些看法,体现了其论廉德的根据,都是心统性情的观点。不同的是,在接受了王阳明心学之后,把心与性的认识,灌注到廉德的理论架构中。同时他还强调,王法来自人心,人心之本在于廉,有廉自有王法在,无廉则王法就失去了实际意义。所以他又说:"王法即天理,天理在民心。民心肆,则天理凶而王法违。"(第八章)可见,他的廉德思想,通过天理人心这个桥梁,肯定了法治的重要性,从而形成了"德治"为主、"法治"为辅的社会管理机制思想。

《廉矩》中,还体现了儒家的诚、信、仁、义、智、勇、忠、孝、悌、慈等伦理观念,这些观念与廉的品性具有一致性,较易理解,这里就不再展开论述。

---

① 黎静德编:《朱子语类》,中华书局1986年版,第2513页。

② 王文禄:《竹下寱言》,载《丛书集成初编》第607册,中华书局据《百陵学山》影印,第73页。

③ 王文禄:《竹下寱言》,载《丛书集成初编》第607册,中华书局据《百陵学山》影印,第74页。

对其他学派思想的融汇。《廉矩》一书,还融汇了道家、法家、佛家、医家等学派的思想,略述如下。

众所周知,道家的核心思想是无为,即顺其自然,不人为强求,表现在人性上则是清净无欲。《廉矩》也强调这一点。王文禄说:"欲无斯静,乃见真性。天无欲阴阳平,地无欲刚柔明,人无欲仁义精。"(第一章)又说:"检朴无欲,故无争。夫无欲者,廉之清也;无争者,廉之直也;无初者,廉之源也。"(第一章)充分体现了道家的清净无欲观。王文禄主张廉德需要静心寡欲,才能真正贯彻廉德。所以他说:"无天、无地、无物、无我、无人,廉极懋建,而廉化攸兴。"(第四章)。又说:"生夫贪故不均,不均故不平,不平故愤,愤则争。"(第十章)此外,王文禄还吸收了道家的辩证思想,他说:"是故贵而卑以贱,富而约以贫,安而惕以危,治而忧以乱。"(第四章)从治乱层面辩证地阐释了廉德的建设和教化之功。

法家的核心思想是信赏必罚,即"不别亲疏,不殊贵贱,一断于法"①。《廉矩》对法家思想的融汇,也体现得较为明显。王氏说:"王法即天理,天理在民心。民心肆,则天理凶而王法违,家不可保。是以欲克保厥家,先克谨王法。"(第八章)认为王法是天理的外化,不守法则家不可保,这就强调了法制的重要性。王氏还引《周礼》"六计弊群吏之治"来说明守法自古以来是廉德的重要内容。

佛家思想,主张去六根,戒贪、嗔、痴三害,认为生命是六道轮回的业报。《廉矩》中也可见佛教的这些观点。王氏说:"是故贪根种心,惟利惟金,蛊惑思虑,消铄精明,如醉如梦,虽生弗生,痴愚世延,骄奢祸程。"(十一章)借佛教六根之说,把"贪"作为一种欲来看待,并加以否定。他主张廉德加身,"后贻无量"。把廉德的败坏放在业报的理论下来加以阐释,认为:"今见廉不廉异报,相率怠于廉。"这些都体现了对佛家思想的融汇。

《廉矩》也对医家的思想有所吸纳,主要体现在第九章《育廉端蒙》中。王氏引《礼记·内则》来说明廉德的养成,要从胎教开始。他说:"古《内则》也,有胎教,慎厥身,常聆弦咏,以孚婴孩天真,是故廉之根也。"虽然《内则》是《礼记》之文,但胎教一事,系古医家所倡,属儒医范围。现代医学也证明,

---

① 司马迁:《史记》,中华书局1982年版,第3291页。

胎教是有益人初的。

综上所述,《廉矩》一书,把廉这一品性,看作万事万物的天然属性,认为廉有心,心无欲是其真性,这样就把廉德与宋明理学的心性论联系起来,并由此展开对廉德的阐释,这与《孝经》把孝作为伦理的根基相似。宋明理学是吸纳佛道思维模式和宇宙生成、万物化生等理论,来解释和说明儒家礼法与伦理道德合理性的学说。王氏以此作为廉学的理论思想,不但打开了廉德是一种天然的道德这扇大门,还奠定了廉学的理论基础。进得此门,则进而以儒、佛、道等学说所提倡的优质道德要素来综括阐释,就顺理成章了。四库馆臣曾批评王氏立说"掺杂佛老……非儒者立言之道"①,则略嫌门户之见。

三、《廉矩》的思想局限

《廉矩》在宋明理学心性学说理论体系下,龟鉴历史治乱之机,洞悉廉臣品质之端,仿《孝经》而作,可谓匠心独运,为廉学肇造做出了重大贡献,是当今廉政建设的重要文化资源。但是,以现代观念来审视,《廉矩》的思想局限性是显然的。试述如下。

王文禄作《廉矩》一书,既有其个人因素,也有时代原因。从个人因素来看,王文禄是一个坚守儒家品德操守的人。这与他的家庭教育密不可分。其父王佐"幼敦伟峻拔,爱缔丝萝"②,入赘陆家。陆家是海盐名门望族,"奄跨阡亩,累赀万余"③,家境十分殷实。母亲陆氏"生而婉慧俨静,六岁教以脉书,渐授《女诫刘传》《郑氏孝经》,皆通旨意。每解析徽言贞行,一皆

---

① 纪昀、陆锡熊、孙士毅等撰,邓洪波点校:《钦定四库全书总目》,中华书局1997年版,第1656页。
② 黄省曾:《慈孺人王母陆氏传一首》,载《五岳山人集》卷三十六,国家图书馆藏明长洲吴曜写、黄周贤等刻本。
③ 黄省曾:《慈孺人王母陆氏传一首》,载《五岳山人集》卷三十六,国家图书馆藏明长洲吴曜写、黄周贤等刻本。

领慕。……少目一婢,动静轻脱,占其无良,既而果然"①,其妇德可见。文禄字世廉,号廉子,或因陆氏影响。文禄"好佩剑,每愤发,必挺剑暗嗟;值有司设宴,酒酣忽拔剑起舞,呼曰:'此剑能斩贪污'"②。既然对贪官污吏如此痛恨,则作《廉矩》,盖有其衷也。从时代背景来看,明代建极之初,洪武朱元璋就要求官吏清廉自守。《明史·太祖本纪》二载:"天下府州县官来朝。谕曰:天下始定,民财力俱困,要在休养生息,惟廉者能约己而利人,勉之。"③朱元璋愿望虽好,但明代官吏贪腐成风,正史记载的贪腐官吏颇多,如明初期的户部侍郎郭桓、中期的严嵩等,就是历史上臭名昭著的大贪官。王文禄撰《廉矩》以匡世风,可谓顺理成章。

受孔孟影响,宋儒主张人性本善,王文禄对此深信不疑。但不可否认,在资源紧张的前提下,人性的弱点会暴露无遗。《荀子·荣辱》篇说:"凡人有所一同。饥而欲食,寒而欲暖,劳而欲息,好利而恶害。是人之所生而有也,是无待而然者也,是禹桀之所同也。"④人天然是动物,求得生存是人作为动物的本来属性,具有合理性。虽大禹为圣人,桀纣为暴君,但他们在求得生存这一根本问题上,是没有区别的。《荀子·性恶》又云:"今人之性,生而有好利焉,顺是,故争夺生而辞让亡焉;生而有疾恶焉,顺是,故残贼生而忠信亡焉;生而有耳目之欲,有好声色焉,顺是,故淫乱生而礼义文理亡焉。"⑤善、恶作为一种价值观,是对人类求生存的行为活动的社会性判断,具有文化属性。《廉矩》作为廉德的理论性著作,具有很强的思想性,但是王氏把廉德看作一种天然属性,忽视了廉德的本质是一种价值观,忽视了廉德的文化属性。这显然受到宋明理学家仁本体学说的影响,从而陷于拘泥。

王氏出入经史,学通三教,杂糅百家,值得钦赞,但他将佛教的因果报应

---

① 黄省曾:《慈孺人王母陆氏传一首》,载《五岳山人集》卷三十六,国家图书馆藏明长洲吴曜写、黄周贤等刻本。

② 樊维城修、胡震亨纂:《王文禄传》,载(天启)《海盐县图经》卷十四,明天启四年刻本。

③ 张廷玉等:《明史》,中华书局1974年版,第19页。

④ 章诗同:《荀子简注》,上海人民出版社1974年版,第30页。

⑤ 《荀子简注》,第258页。

思想,融入发扬廉德之中,却是鄙陋之为。其言:"今见廉不廉异报,相率怠于廉。"指现实中看到的廉的报应,是不廉的行为应有的报应,不廉的报应,往往是廉应有的报应。先秦儒家典籍中,报应性的说法很常见,如《尚书·汤诰》:"天道福善祸淫,降灾于夏,以彰厥罪。"《国语·晋语》:"唯厚德者能受多福,无德而服者众,必自伤也。"《左传·隐公元年》:"多行不义,必自毙。"《左传·襄公二十三年》:"祸福无门,唯人所召。"道家典籍中也有类似的话,《老子》:"祸兮福所倚,福兮祸所伏。"王文禄把报应论融入廉德之中,来阐扬其重要性。如果《廉矩》是一部劝廉的通俗作品,这样做无可厚非,但如果将其视作严肃的仿经著作,这样做则略显低俗愚昧。书中言:"金在土,草不生,人聚金多,生气削,子孙微,身命促。"(第十一章)细细研摩,类似诅咒之语,这就偏离了学术著作的学理性,从而削弱了《廉矩》的学术价值。

四、结语

腐败是人类社会发展到一定阶段的产物,是剥削制度的副产品,是伴随国家政权而出现的一种社会性危害。具体地说,腐败是指掌握公权力的人利用其影响力为自己牟取利益的行为。腐败的核心表现是贪利。《说文解字》中认为:"贪,物欲也。"廉是贪的反义。"廉,仄也。从广,兼声。"段玉裁注:"廉之言敛也。又曰:'廉,棱也,引申之为清也,俭也,严利也。'"[1]《吕氏春秋·忠廉》云:"临大利而不易其义,可谓廉矣。"[2]廉德作为一种道德价值观,是在公权力受到挑战时而产生的人文主义。古今中外,不论哪个国家,都有各种廉德思想。西方的廉德思想,主要表现在宗教信仰和政治、经济、法律等制度层面上。历代统治者在廉政建设方面,努力不少。在中国,正史上就记载了很多廉政建设,这为王文禄作《廉矩》,提供了丰富的思想资源。

廉德作为一种人文价值观,自然有其实用性,但其实用范围是有条件

---

① 段玉裁:《说文解字注》,上海古籍出版社1981年版,第444页。

② 吕不韦编,许维遹释:《吕氏春秋集释》,中华书局2009年版,第249页。

的,即当其反面的贪德出现,廉德才凸显其价值。《廉矩》将廉本体化、理论化,从而建构了廉学体系,实为一种创造,值得表彰。当今贪腐现象屡禁不止,可将此书作为干部廉政建设的重要资料。但我们也要看到其局限,即它是一部以维护封建礼教纲常正统为目的的著作,其中有不适宜现代思想观念的成分,我们须要辩证地了解、接受它。

王天与廉洁事迹及其当代启示

赣南师范大学王阳明研究中心硕士研究生

张　君

　　王天与,明代正德年间赣州府宁都知县,累官至浙江道监察御史。王天与作为王阳明的亲附者,在担任宁都知县期间,以其廉洁爱民的品质及忠君形象被当地百姓所敬仰。王阳明的心学思想中"心即理""知行合一""致良知",为解决当时官场的腐败问题提供了理论指导。王天与在王阳明任职期间担任官员,深受其思想的影响,他在处理公务时,以王阳明提出的"致良知"理念为指导,坚持"知行合一"的原则,以此来解决和改善官场的腐败现象。王阳明心学思想强调道德自觉和实践,为解决当时官场的腐败问题提供了有效的精神指导。他的弟子在继承其"致良知"的同时,也不断发展了他的廉政思想学说,弟子聂豹"考核群吏,激扬诸司,尤所留意"①张元忭的贤才说②,并在实践中予以贯彻充实。然而,关于王天与的廉洁政治实践及其与社会治理互动的深入研究并不多见,学界对王天与施政事迹的梳理以及所体现的廉洁品质关注较少,本文将梳理王天与在宁都县如何施政并对其施政措施中所蕴含的廉洁品质进行分析。对王天与廉洁政治实践的探讨,不仅可以加深我们对历史人物的认识,而且有助于我们理解廉洁政治在促进社会公正、提高政府效能以及增强社会凝聚力方面的重要性。

---

　　①　聂豹:《聂豹集》,吴可为编校,凤凰出版社 2007 年版,第 641 页。
　　②　钱明:《君子之仕以行道——王阳明的入仕之道与其弟子的治世治家理念》,《江南大学学报(人文社会科学版)》2014 年第 1 期。

一、宁都知县惩治贪腐

传统儒家的为官之道,要求做官先做人、做人先修身,既重视"官能",也重视"官德"①。王天与,字性之,号东郭,广东兴宁人,是明代士大夫阶层的典型代表。他出生于明中晚期的士人家庭,当时的政治制度延续文官制度,尊崇传统儒家制度,以科举制度选拔官员,受过儒家诗书教育的士人是官员的主要构成,成为权力的实际操作者,士人一跃成为这个朝代的实际利益获得者②。儒学是当时的国家主流思想,因此大多数士人仍然是以读书考功名为主要目标。

王天与从小就生活在儒学家庭中,受到儒家思想的熏陶,王天与的高祖"讳子政,淹通经义,善述文辞,元末大乱,避地训学于十二、十三都,以道自乐以孝低礼义为率,乡人化之;高祖母张氏,室居三十有二岁归于公,持身以礼。言笑不苟,值寇乱,早失所,天抚孤流离,返东廊旧居,勉诸子从学有成。母氏罗、庶母氏刘"③。王天与自幼聪颖好学,在家庭和师长的严格教育下,不仅在文学上有所造诣,更在道德修养和政治理念上表现出了非凡的才华。明武宗正德二年(1507)丁卯科广东乡试,以第二(亚元)中为举人,正德九年(1514)甲戌会试、殿试考取进士。正德十一年(1516),派任江西宁都县知县。在政期间深受百姓爱戴,万历年间编纂的《粤大记》,对王天与的评价极高,记载道:"王天与,字性之,兴宁人也,正德甲戌进士,授江西宁都知县,行廉政,平新学宫,重民事,锄强梗,植善良,卓有异绩,其所为类非簿书、俗吏所能,为民戴之如父母。"④王天与的性格直爽,有才志,老成干练,遇到事情比较果断,深受朝廷的重任,在他担任宁都知县后,他采取了多种措施进行地区治理。

---

① 张宏敏:《清廉浙江建设的"浙学"渊源》,《观察与思考》2018 年第 5 期。

② 陈宝良:《明代儒学生员与地方社会》,中国社会科学出版社 2005 年版,第 371 页。

③ 王天与:《兴宁王氏族谱》卷七《钦哉公世系》,FamilySearch 线上浏览微卷影像,叶 5a—7a。网址:https://www.familysearch.org/ark:/61903/3:1:3QHV-9QQG-VQHC?view=explore,浏览时间:2024-9-18。

④ 万历《粤大记》卷十九,万历二十三年刻本。

　　正德十一年(1516)，王天与初出茅庐，选授赣州府宁都县知县。彼时宁都为南赣地区的大县，官场情况尤其复杂。这一时期的南赣地区可谓动乱频发之地。赣南在闽粤赣湘边界地区，本来就生活着一些王朝体制之外的"峒寇""畲""瑶"等蛮夷人群，这些逋逃之民进入这些地区，和当地的"畲""瑶"混杂在一起，形成致乱之源，使有明一代闽赣边界山区一直动荡不安。到明代中叶以后，由于南赣地方里甲制的败坏，导致大量的编户逃亡而成为流民，并进入当地山区开垦，赣南因"地旷人稀"的生态状况，自然成为明清流民活动的重要场所。他们和原本就居住在山区的畲、瑶和蛮夷一起，形成了官府难以掌控的"盗区"，导致了明代闽粤湘赣交界地区严重的地方动乱。① 这一时期的宁都县亦是如此，地区动乱频发，外加流民的进入，官员对于这种现象也没有得到很好的治理。

　　王天与到任后，先是了解当时的地方情况，掌握民情，然后采取一系列有针对性的措施。他深知官员对于地方发展的重要性，为官者很容易受当地不良风气影响。其中危害最大的，便是吏员勾结地方豪强，欺下瞒上，贪财枉法，为害一方。鉴于这种情况，王天与上任第一件事，就是整顿官风严打贪吏："锄豪横，剔大恣，革弊笔，洗积弊，凡百安民之政，莫不次第兴起。而隐祸之伏，在所必惩。"②即铲除地方上的豪强和恶霸，清除官场的积弊，严格规范吏员行为，清除冗杂衙役。王天与此举取得了良好效果，"期月邑大治"③，不仅解决当地积弊已久的问题，也因此声名卓著。为了公正司法，进一步树立政府威信，在讼事决断上面，王天与尤为谨慎，"且持守清严，折狱明慎，视情之巨细，每分五等决事"④。王天与以其敏锐的洞察力成功维护了法律的权威，并且坚决拒绝任何形式的贿赂。他不仅在处理政务时认真负责，还特别注重保护百姓的利益。了解到当地民众在征收赋税时存在拖欠行为后，王天与没有简单地追究责任，而是深入调查，了解背后的实际情况。在掌握了详细情况后，他上奏朝廷，请求免除了那些不合理的赋税，减轻了

　　① 黄志繁：《"贼""民"之间：12—18 世纪赣南地域社会》，生活·读书·新知三联书店 2006 年版，第 109—111 页。
　　② 万历《宁都县志》卷四《名宦志》，万历二十年刻本。
　　③ 崇祯《兴宁县志》卷四，明崇祯十年刻本。
　　④ 万历《宁都县志》卷四《名宦志》，万历二十年刻本。

民众的负担,"河有十八滩之险,额有兑淮禄米,岁增常数,民苦转输,暨他郡邑借役之繁,公奏疏乞免为例"①。

为政一方的地方长官不仅要维护地区的社会治安,同时也要对社会的正常生产生活秩序负责。宁都地区民风强悍,因此王天与即从根源出发,端正当地百姓思想,采取了一系列措施来改善社会风气和治理地方。他深入民间,了解民众疾苦,引导他们向善,使民风得到显著改善,"俗尚巫鬼,公深排而力绝之"②。崇文重教以及在发生灾难时为民蠲免赋税等地方建设。积极兴办教育,可能是他意识到在南赣这个动乱频发的地方,单纯的镇压并不会解决根本问题,唯有使人接受教育才能真正教化人心,教人行善毋恶,最终才能使动乱减少,百姓也才够能安居乐业。"学校旧在城西山麓,弗利,公相地而迁之,费以钜万而不出于公帑,皆民激公之化而乐为之助。"③这种洁己爱民、刚直不阿的为官品行正是体现了"勤以为民、廉以养德"的文化内涵。

此外王天与和主簿汤佐还在进行一些地方建设工作,包括修筑城墙和种植柳树,曾相继修祀堂可以看出王公在上任后的治理措施,对于当时宁都县的多方面都产生了一定影响,这种谅民之苦、廉洁奉公的品格,也是深受百姓的爱戴。《兴宁县志》记载,王天与上任后:"廉介刚敏,能任繁剧,尤加意作士,课试有法。徙置学校,动废万金,一时尚义者咸乐助,且有以不与输资为耻者。均庸调,辑流移,邮孤婺,扶良锄恶,革珥笔,禁屠牛,而寇攘赌博者必榜其门。常俸之外,秋毫不取,虽至愚者类能深谅之。"④即使在偏远的宁都,远离君王的万里之遥,王天与也并不因为自己的职位偏远而放松自我要求,仍然能够铲除奸邪,培养良善,实行廉政,保持公正。这样的行为是深受皇帝的喜爱,是那些在江湖中忧虑思考的人应该效仿的,是所有官员应该学会的为官之道。

王天与的清廉和为民精神,使得他在民众中有着极高的声望,"甫一载,

① 万历《宁都县志》卷四《名宦志》,万历二十年刻本。
② 崇祯《兴宁县志》卷四,明崇祯十年刻本。
③ 万历《宁都县志》卷四《名宦志》,万历二十年刻本。
④ 咸丰《兴宁县志》卷八《选举志·进士》。

尝夜出,访有老妪卖酒,问曰:'有竹叶青否?'应曰:"清可比王公"①。带着对于百姓的关怀,不为私利,一心为民,为百姓谋利。为官坚守造福一方百姓、清正廉明,以爱民养民为第一要事,无论是他在修建城池、亭台楼阁,兴办教育还是赈灾、体恤官民辛劳等各个方面,出发点都是以百姓利益为基础。亲民爱民不但是阳明心学中的重要思想,也是王天与本人的施政守则,更应该是古今从政者所应牢记的为官本质。

二、追随王阳明平定动乱

王天与的这种清廉不仅体现在他对为官的处事风格上,更体现在他对朝廷的忠诚上,不为自己,只为国家的安定而奉献自己的力量。正德十一年(1516),王阳明就任南赣巡抚,巡抚驻地就设置在赣州,王阳明到任赣州不久,先后组织平定了漳州大帽山、南安横水桶冈、粤赣交界的三浰三次大规模的动乱,而王天与也跟随王阳明平定其中横水桶冈、三浰两次动乱。当时的南赣地区贼寇众多,谢志山据横水、左溪、桶冈,池中容据浰头皆称王,与大庾陈日能、乐昌贼掠大庾、攻南安。南赣巡抚王守仁进兵大庾,十月议讨横水、左溪,赣州知府邢珣与王天与会军于横水。天与领兵千余自上犹县白面峪入,守仁麾兵击之,贼大溃,天与等各破数巢。十一月守仁会兵攻桶冈,天与由锁匙笼入,诸军奋勇并进,贼首蓝廷凤、萧贵模等皆斩获无遗②,在短短几个月的时间内平定贼巢多处。

正德十三年(1518),集结多处县兵,"天与正月初七攻破芳竹湖等巢,初九日攻破黄田坳等巢共四处,上中下三浰擒斩略尽,境内大定"③。王天与在参与这次战役时,在大庾地区集结自己的部队,攻击敌人的巢穴,平定樟木坑、白王石、黄坭坑、大富湾、员分、做井背小坑,共6个地方。

让人震惊的是,王守仁和王天与都是进士出身的文官,对于平定动乱却

---

① 万历《宁都县志》卷四《名宦志》,万历二十年刻本。
② 谷应泰:《明史纪事本末》卷四十八《平南赣盗》,中华书局 1977 年版,第 714 页。
③ 吴光、钱明、董平、姚延福编校:《王阳明全集》,上海古籍出版社 2012 年版,第364 页。

能用兵如神,《明史·王守仁传》提到"守仁所将皆文吏及偏裨小校,平数十年巨寇,远近惊为神"①。这让当时的朝政也是很震动,谁能想到易守难攻的贼寇能在几个月的时间内就被平定。王阳明的好友湛若水曾说道:"古之学者本乎一,今之学者出乎二,文武之道,一而已矣。故有苗之师本乎精一,升陑之师本乎一德。夫阳明子之用兵,亦若是矣。否则为贪功,为黩武,为杀降,为用智,岂仁义之兵哉!既凯还,王君天与曰:'不可不传也。'"②可以看出王天与在此次战役也深受王阳明思想的影响,对于阳明的用兵之道也是深受启发。

阳明一生事业的奠基在赣南,他的"阳明心学"在赣南逐步完善,他的思想影响到当时很大一部分人。他在治理赣南平定叛乱时认为"破山中贼易,破心中贼难",必须要通过兴教育,明教化来改良民风民俗,从而促进了赣南文化的发展。阳明心学中的"知行合一""致良知"的观念让很多当时在政官员深受启发,并采取行动。王天与在任期间的一系列治理措施,也是做到"知行合一"以勤立身、以廉正心。

宁王朱宸濠是明太祖朱元璋的五世孙,属于朱元璋第十七子宁王朱权的后裔。弘治十年(1497),22岁的朱宸濠继承宁王位,然而他心怀异志,渊源深厚。其高祖朱权的封地原本在大宁,但在燕王朱棣发动"靖难之役"时,朱权被迫出兵,承诺攻破南京后平分天下,但朱棣最终忘却了诺言。宁王于正德十四年(1519)在南昌发动了叛乱,当时攻陷了南康、九江,然后沿江东下攻安庆,并欲取南直隶南京。在形势十分危急且朝廷并不知宁王已然叛乱的情况下,都御史王守仁领兵拒敌,王天与也参加了这次的平叛事件。

七月,守仁率知府伍文定等起兵会于临江樟树镇,王天与率兵十八日至丰城。王守仁计划先攻占南昌,命令文定等各攻一门。王天与作为宁都知县,同时也是仰八哨的统兵官,他指挥着大约一千余官兵,参与了对进贤门的夹攻。在这次行动中,他安排了一部分兵力留守并防守本门,同时亲自率领主力部队直接进入并屯兵于钟楼下。十九日,军队出发,到了二十日清晨,各路军队分别到达指定地点。王天与通过进贤门进入城市,民众因惊慌

---

① 张廷玉:《明史》卷一百九十五《王守仁传》,中华书局1974年版,第5163页。

② 道光《广东通志》卷一百九十《艺文略》。

而聚集并大声呼喊。王天与命令他的部下向民众传达不会杀害他们的意思，让他们按照类别聚集，并仔细审查。但由于混乱中军队放火焚烧民房，无辜的百姓遭到杀害，"时乱军火民庐，妄杀无辜，天与吸驰扬令冒暑人火，或止之，曰：'避火全躯，只为身谋，大夫之命，委之草莽，全城之众，纳之烈焰，是违命无义。弃其民不祥，吾请以一身，活此千万人'"①。王天与也因此染上疾病，在南昌去世。王阳明得知此事，非常伤心，"哭之哀恸，如失左右手，解衣为殓，为文以祭之"②，并写了文书祭告王天与，"呜呼痛哉！公何逝之速耶？公令宁都，宸之役，公与我谋。谓贼必擒，事必成。到今日，果如公筹。我之视公，如手如足。我之实大声宏，皆公之贶。胡天不悯，疾沉痼，旅钱漂漂，我心如剟。呜呼痛哉！虽然，我今鸣汝大功于朝，汝将为不朽人矣。复何憾哉！复何憾哉！"③可以看出王阳明对王天与的深厚情谊和对其功绩的肯定，对王天与的突然去世深切悲痛和不舍。

王天与的去世，对于宁都县也是巨大的打击，当地的人们知道这件事就像失去父母一样，纷纷要求建立祠堂，并要求将其肖像立于祠堂中进行祭祀。"据宁都县申，看得知县王天与旧随本院，征剿横水、桶冈诸贼，屡立战功。后随本院，讨平逆藩，竟死勤事。况其平日居官，政务修举，威爱兼行。仰该县即从士民之请，建祠报祀，用申士大夫之公论，以慰小民之遗思。"④朝廷对于这位勤政爱民的官员的去世也是很痛惜，他的忠诚值得让更多的人学习，在嘉靖元年(1522)，朝廷追录其功，诏赏白金三十两。

王天与跟随上司王阳明平定宁王叛乱，他对上司忠心耿耿，并依旧展现出他足智多谋的才略与身先士卒的担当。身为地方大员，总揽一县要务，但他依旧追随王阳明平定南赣动乱时亲率官兵，勇当先锋，亲力亲为。而当宁王叛乱时，在并未接到中央下达的指令而冒着存在生命危险的情况，毅然决然地追随上司王阳明参与平叛，因为他坚信自己所做的是维护国家政治稳定、百姓安居乐业的正确之事。也正因为他勇挑重任，亲力亲为，深入实际，

---

① 谷应泰：《明史纪事本末》卷四十七《宸濠之叛》，第 699—700 页。
② 《王阳明全集》卷十七《别录四·擒获宸濠捷音疏》，第 404 页。
③ 《王阳明全集》卷十七《别录九·批宁都县祠祀知县王天与申》，第 611 页。
④ 《王阳明全集》卷十七《别录九·批宁都县祠祀知县王天与申》，第 611—612 页。

熟悉情况,才能每在关键战役时提出自己的重要见解,并一次次取得了胜利。

王天与的一生历程丰富,直到去世都在为国家和人民做贡献,这种不为个人,廉洁奉公的品质是为赣南人民留下宝贵的遗产,成为赣南勤廉文化中的典范,"为忠而德泽在宁都,勋业在大庾不为忠耶。惟南昌之没,大节尤烈也。邱陇数楹,摩厉千古亭不虚作矣"①。

三、王天与勤廉事迹的当代启示

从正德十一年任宁都知县到十四年去世,王天与在这几年从政过程中为国家与社会做出了重要贡献,充分展现了一个勤政为民、不徇私情的勤廉之官的形象。王天与的勤政廉政事迹为当今社会廉政建设提供了历史借鉴与启示,具体表现在以下方面。

第一,加强致良知教育。王天与的上级、心学大家王阳明在五百年前即点明:"盖良知之在人心,亘万古,塞宇宙,而无不同。"②此言人人心中皆有"良知",人人都能成圣成贤。王天与深受王阳明"致良知"思想的影响,将其内化为一生的行为准则,始终坚持以公心去除私欲,将国家和人民的利益放在首位。这一理念对当代廉政建设具有重要的启示作用:首先,它强调了每个人的主观能动性,认为每位官员都有潜力成为勤政廉洁的公仆;其次,它提供了实现清廉的具体路径,即通过克制私欲、公正执法来唤醒并践行内心的良知"人孰无是良知乎,独有不能致之耳"③。这样的自我修养和实践,有助于官员保持清正廉洁,真正做到知行合一。

第二,民德亲民。官员即以良知为准则,善用权力,勤政为民,密切联系群众,加强道德修养,以真诚立德。王天与为官,以造福百姓、清廉自持为准则。无论是筑城、兴学、救灾,还是体恤民劳,皆以民利为先。亲民爱民,不仅是阳明心学的核心,也是王天与的施政原则,更是历代为官者应铭记的本

---

① 嘉靖《兴宁县志》卷四《人物部·知县》。
② 王守仁:《王阳明全集》卷一《语录一·传习录三》,第26页。
③ 王守仁:《王阳明全集》卷八《文录五》。

分。王阳明曾提及"民者邦之本也,本固则邦宁"①。所以,对于执政一方的官员来说,必须时刻关注民生、洞察百姓所思、满足百姓之需。当今社会,应培养官员的政治勇气,爱民护民。将群众利益置于个人之上,践行"为人民服务"的宗旨,做好人民的勤务员,发扬奉献精神,培养公仆意识。

第三,忠诚勇敢。王阳明提及官员要"能戒慎恐惧者,是良知也"②。这句话强调了官员应当具备的品德和行为准则。王天与作为官员,他的行为体现了这种精神。虽居要职,却不忘初心,勇担重任,敢于奉献。在南赣平乱和宁王叛乱中,他未待中央指令便毅然追随王阳明,皆因坚信维护国家稳定和百姓安宁是正义之举。他的亲力亲为和深入实际,使他能够屡获胜利,也因此深受王阳明的信任。在今天看来,要想使官员保持"戒慎恐惧"的心态,忠诚于国家的良知,通过多种途径进行立法,从而巩固"治心"的成效,确保他们始终以国家和人民的利益为重。国家公职人员应继承和弘扬这种鞠躬尽瘁、死而后已的民族精神和文化传统,始终以国家、公共和人民的利益为重,全心全意为人民服务。

四、结语

王天与的廉洁政治事迹不仅在当时产生了积极效应,而且对现代社会治理和政治领导具有重要的借鉴意义。王天与忠诚担当、勤政为民、清正廉洁的光辉形象是值得我们学习的。虽然斯人已逝,但其精神永恒。王天与的精神品质属于历史、属于当下,也必将属于未来,激励着我们不断追求公正、诚信和清廉,为建设更加美好的社会贡献自己的力量。

---

① 《王阳明全集》卷十三《别录五》,第 363 页。
② 《王阳明全集》卷二《语录二》,第 57 页。

路迎的"廉政"思想及其"善政"实践

赣南师范大学王阳明研究中心硕士研究生
肖宇鹏

"廉",《说文解字》解释为"仄也,从广兼声"①,可引申为"清也、俭也、严利也"②,即清正、节俭、严于律己。"廉者,政之本也。"③"廉"即是为政的根本。早在《周礼》中就已提出考核为政者的"六廉"标准:"以听官府之六计,弊群吏之治。一曰廉善,二曰廉能,三曰廉敬,四曰廉正,五曰廉法,六曰廉辨。"④善,善其事,有辞誉也;能,政令行也;敬,不懈于位也;正,行无倾邪也;法,守法不失也;辨,辨然不疑惑也;六计不同,又以廉为本。⑤ 周朝"六廉"奠定了中国古代廉政文化的基础,成为中国古代官员政德的基本标准。⑥

汲取廉能并重、以廉为本、崇德尚廉等传统廉政文化精华,有助于我们运用历史智慧推进廉洁政治建设。明代杰出的政治家、哲学家、思想家王阳明,因承儒家思想之精髓,提出"心即理""知行合一""致良知"等重要心学命题,成为心学集大成者。阳明心学蕴涵着丰富的廉政思想,落到实处则是其为官时采取的诸多秉公执法、勤政爱民的措施,可谓"廉敬"。其倡导的道德

---

① 许慎撰,徐铉校定:《说文解字(附检字)》卷九下《广部·廉》,中华书局 1963 年版,第 192 页。

② 许慎撰,段玉裁注:《说文解字注》九篇下《广部·廉》,上海古籍出版社 1988 年版,第 444 页。

③ 吴则虞著,吴受琚、俞震校补:《晏子春秋集释(增订本)》卷六《内篇杂下第六·田无宇胜栾氏高氏欲分其家晏子使之公第十四》,国家图书馆出版社 2011 年版,第 313 页。

④ 郑玄注,贾公彦疏,彭林整理:《周礼注疏·天官冢宰第一·小宰》,上海古籍出版社 2010 年版,第 84 页。

⑤ 郑玄注,贾公彦疏,彭林整理:《周礼注疏·天官冢宰第一·小宰》,第 84 页。

⑥ 尹传政、孟泠兵:《周朝"六廉"理念》,《学习时报》2023 年 7 月 10 日。

自觉与实践,在一定程度上代表了当时经世济民的有识之士的深刻思考和积极探索,有助于推动政治改革和社会治理的改善。

王阳明的廉政理念和治世实践对其弟子产生深远影响。弟子徐爱的"去奢僭、立经制"说、张元忭的贤才说与遗子说,皆与其密切相关。[①] 黄绾提出的防治腐败措施也受其影响。[②] 明代兵部尚书路迎亦是王阳明弟子之一,在其任上,他秉承王阳明的廉政理念和治世精神,推行了一系列改革措施,以实际行动践行了"知行合一"的原则,为当时的官场树立了廉洁自律的典范。其廉政事迹已有人撰文叙述,[③]但史料来源单一,行文内容更具故事性。本文在此基础上通过分析路氏族谱、地方志、文集等史料,进一步探讨路迎的"廉政"思想及其"善政"实践,展现其对家族乃至社会的重要影响。

一、"廉政"思想的主要来源

路迎,字宾旸,号北村,山东省兖州府汶上县人。[④] 弘治十七年(1504),王阳明应山东巡按监察御史陆偁礼聘,主山东乡试。[⑤] 路迎于是年举于乡,王阳明成其座师。[⑥] 正德三年(1508)中进士,湛若水为主司,后在京师任职。[⑦] 正式拜王阳明为师是在正德六年(1511),王阳明进京任验封清吏司主事时前往受学,同期受学的还有穆孔晖、顾应祥、郑一初、王道、梁谷、万潮、

---

① 钱明:《君子之仕以行道——王阳明的入仕之道与其弟子的治世治家理念》,《江南大学学报(人文社会科学版)》2014年第1期。

② 吴锐:《黄绾论反腐败》,载中国社会科学院中国廉政研究中心、国际阳明学研究中心编《王阳明廉政思想与行为研究》,中国社会科学出版社2013年版,第281—298页。

③ 杨明奇:《明代兵部尚书路迎的廉政事迹》,《文史天地》2013年第9期。

④ 焦竑:《国朝献征录》卷三十九《兵部尚书路公迎传略》,广陵书社2013年版,第1626页。

⑤ 王守仁:《王阳明全集》卷三十三《年谱一》,吴光、钱明、董平、姚延福编校,上海古籍出版社2011年版,第1352页。

⑥ 李恒法、解华英编著:《济宁历代墓志铭·兵部尚书路迎墓志铭(吴岳)》,齐鲁书社2011年版,第126页。

⑦ 李恒法、解华英编著:《济宁历代墓志铭·兵部尚书路迎墓志铭(吴岳)》,第126页。

应良、黄绾等。① 适时，阳明、甘泉方倡明正学，路迎往来二公，所闻所见日新。②

正德七年(1512)，路迎授南京兵部主事。"阳明适为南京寺卿，公与同门友穆公元庵、王公舜渠专务讲学，相切劘，时听阳明开发折中，遂蒸蒸有自得，知旧日伎俩枝蔓耳。"③据《王阳明年谱》记载，正德九年(1514)五月王阳明任南京鸿胪寺卿，门人学子来聚，日夕讲学不懈。④《年谱》所列门人学子共二十五人，其中未有路迎名。而受学者大致可分为五类人：一类为是年科举中进士而来南都任职者；一类为是年科举落第而来南都受学者；一类为昔日弟子而再来南都求学者；一类为由原弟子或友人介绍新来受学者；一类为原即在南都任职者。⑤ 路迎同穆孔晖、王道等人皆在南都任职，时常互相切磋学艺。老师讲学，学生岂有不去的道理，故钱德洪所述不全。且在林达于正德十二年(1517)所撰的《同心之言诗卷序》中谓："(王守仁)设教金陵，及门下之士，言必曰国英，曰宾阳，曰诚甫，曰子莘，曰清伯。质莫如国英，敏莫如宾阳，才莫如清伯，而笃信墓如诚甫、子莘。"⑥可见路迎确于南京参与讲学活动，并与阳明关系密切。在阳明讲学过程中，路迎逐渐感到自己有所收获和进步，认识到需要更深入和全面的知识来解决问题。

正德十一年(1516)九月，王阳明升都察院左都御史，巡抚南、赣、汀、漳等处。⑦ 时路迎任南京兵部郎中。其族谱收录有《阳明先生文卷》，其中《答路宾阳》一书收入《王阳明全集》，此书作于嘉靖二年(1523)。其余文卷均作于正德十一年(1516)。未载文卷内容如下：

> 宾阳质美近道，固吾素所望，昨天必欲得一言，此见宾阳好学

---

① 束景南：《王阳明年谱长编》，上海古籍出版社 2017 年版，第 650—651 页。

② 李恒法、解华英编著：《济宁历代墓志铭·兵部尚书路迎墓志铭(吴岳)》，第 126 页。

③ 李恒法、解华英编著：《济宁历代墓志铭·兵部尚书路迎墓志铭(吴岳)》，第 126 页。

④ 王守仁：《王阳明全集》卷三十三《年谱一》，第 1364 页。

⑤ 束景南：《王阳明年谱长编》，第 751 页。

⑥ 路佟：《汶邑路氏族谱》卷四《文翰·同心之言诗卷序》，FamilySearch 线上浏览微卷影像，叶 46a—46b。网址：https://www.familysearch.org/ark:/61903/3:1:3QHV-9QQG-VQHC? view＝explore，浏览时间：2024-8-28。

⑦ 王守仁：《王阳明全集》卷三十三《年谱一》，第 1365 页。

之笃，然浅鄙之见已为宾阳尽知矣。君子之学，譬若种植。然其始也，求嘉种而播之，沃、灌、耘、籽，防其践枝，去其螫蜮，畅茂条，达无所与力焉。今嘉种之未播，而切切然日讲求苗秀、实获之事，以望有秋，其于谋食之道远矣。宾阳以为何如？北行见甘泉，遂以此意质之。外书三纸烦从者检入。守仁顿首宾阳司马道契。文付九月八日。

宾阳视予兹卷，请一言之益。湛子之说详矣，凡予之所欲言者，湛子既皆言之，予又何赘？虽然予尝有立志之说矣，果从予言，而持循之，则湛子之说亦在其中。夫言之启人于善也，若指迷途，其至则存乎人，非指迷途者之所能与矣。孔子云："为仁由己，而由人乎哉。"宾阳勉之，无所事于予言。正德丙子九月二十六日，阳明山人王守仁书于龙江舟次。

闻有守郡之擢，甚为襄阳之民喜。仕学一道必于此，有得力处方是实学，不然则平日所讲尽成虚语矣。有民人焉，有社稷焉，何必读书，然后为学，子路之言，未尝不是。（以下阙）舟行匆匆，手卷未及别写，聊于甘泉文字，后跋数语，奉纳厚意，亦未及裁谢，千万照恕。守仁顿首宾阳司马道契，文付几相知中，乞为致意。①

以上所列三部分内容，李平认为是三封书函，阳明分别作于正德十一年（1516）九月八日、九月二十六日以及十月初。② 实则不然。束景南经过考证，认为第二篇与第三篇当作在同时，第三篇中"后跋数语"即为第二篇，"甘泉文字"指"宾阳视予兹卷"，即湛若水为路迎所作《赠兵曹路君宾阳还南都序》，第二篇实为跋文，非书札也。③ 从中可知，路迎与老师阳

① 路佟：《汶邑路氏族谱》卷五《文翰·阳明先生文卷》。
② 李平：《王守仁致路迎书函考略》，《齐鲁学刊》1993 年第 2 期。
③ 束景南：《王阳明年谱长编》，第 915 页。

明乃至湛若水之间有着密切的学术交流。第一篇,阳明对路迎的学术追求给予肯定,同时也指出其在学术理解上的不足,并强调学习是一个需要耐心、逐步培养的过程。其余部分应当是九月二十八日,阳明龙江乘船归越之时,路迎前来饯行,遂就湛若水所赠序文字后作跋以赠别。阳明认可湛若水劝诫路迎的观点,并鼓励他在追求学问与道德完善的过程中,应摆脱对他人言论的过度依赖,包括自己的言论,从而培养出独立思考与自我完善的能力。"甚为襄阳之民喜"一语表示阳明对即将升任襄阳知府的路迎治政能力的认可,并以子路之言告诫他:政学合一,学问不仅仅存在于读书之中,社会民众生活亦是学问的源泉,治学为官之道需践行。这应是王阳明在龙场悟道及庐陵任上积累的经验,望路迎也能忠于职守,明德亲民,做到"廉敬"。体现王阳明"知行合一"的廉政思想,这或许就是路迎"廉政"思想形成之发端,后也确实以"知行合一"为处事原则应用到"善政"实践之中。

路迎于正德十二年(1517)出任湖广襄阳知府。[①] 是年暮春,林达、黄宗明、马明衡、陈杰即席连句送别,有连句诗若干首,好友暌违,感慨寓焉,非详不足以尽也。[②] 有连句诗《十二日会诚甫第》《十六日会子莘第》《复次十六日韵二首》《十七日予造子莘第,观白沙先生诗集有感遂用白沙颇赋诗四章因赠路子》,[③]可见他们多次于马明衡府第聚会吟诗,交往甚密。其中,十七日所作连句诗中之一:"乾坤何处觅心知,踪迹飘蓬信可疑。清涨怜渠湘水远(宗明),间花笑我病容衰。云浮远树无心去,蝶舞东风得意迟。此日一尊还共赏(明衡),他年应忆岘山碑(宗明)。"[④]"清涨怜渠湘水远""他年应忆岘山碑"两句,黄宗明以清澈湘水、岘山碑寄托对路迎治理襄阳的信任和期望。

---

① 万历《襄阳府志》卷二十《秩官志·知府》,万历十二年刻本,中国国家数字图书馆·中华古籍资源库。

② 路佟:《汶邑路氏族谱》卷四《文翰·同心之言诗卷序》。

③ 路佟:《汶邑路氏族谱》卷四《文翰·同心之言诗卷序》。另参见马思聪、马明衡、马朝龙:《莆田马氏三代集》《附录一·〈同心之言诗卷〉所录轶诗》,王传龙、何柳惠编校,武汉大学出版社 2018 年版,第 81—86 页。

④ 马思聪、马明衡、马朝龙:《莆田马氏三代集》《附录一·十七,日予造子莘第,观白沙先生诗集有感遂用白沙颇赋诗四章因赠路子·其一》,第 85 页。

湘水的清澈象征着政治的清明和官员的廉洁，而岘山碑①则作为历史遗迹，承载着对过往贤臣治绩的追忆和尊敬。

路迎带着师友的鼓励和期望，在襄阳任上展现出了显著的治理成效。万历《襄阳府志》载："公自少警悟，博学善属文，尝从王阳明先生讲论明体适用之学，故教士必究明德之本，为政必求新民之效，以故士诵而怀之。"②可见他深受阳明"致良知""知行合一"思想的影响，在其"善政"实践中做到"明明德"与"亲民"，还让学生们学习并将其内化于心。

在任襄阳知府后，还历任直隶松江、淮安知府等，累至兵部尚书。路迎的仕途经历显示了他从地方官员逐步升至朝廷重臣的过程，其间他以清廉、公正、仁政为民所称道，"以故治平称第一"③。关于其为官期间的"善政"实践，下节将详述。

由此可见，路迎在弘扬阳明心学的同时也继承发展了王阳明的廉政思想学说，并在"善政"实践中，通过一系列具体举措，将这些理念转化为治国理政的实际行动。王阳明晚年之时，还对遭父丧的路迎表达深切的关怀、肯定与期望："守忠之讣，尔而痛心，而复不起，惨割如何而言……惜无因复与宾阳一面语耳。军务虽繁，然民人社稷，莫非实学。以宾阳才质之美，行之以忠信，坚其必为圣人之志，勿为时议所摇，近名所动。吾见其德日进而业日广矣，荒愦不能多及，心亮。"④希望路迎能够坚守己心，为政以德。

二、"善政"实践的主要内容

路迎的"廉政"思想在其为官过程中体现得淋漓尽致。他的"廉政"思想及其"善政"实践主要体现在秉承"致良知"的理念，遵循"知行合一"的原则

---

① 房玄龄：《晋书》卷三十四《羊祜传》，中华书局1974年版，第1022页。"襄阳百姓于岘山祜平生游憩之所建碑立庙，岁时飨祭焉。望其碑者莫不流涕，杜预因名为堕泪碑。"晋国名将羊祜在任襄阳太守期间，以政绩显著、深得民心著称。他去世后，襄阳百姓在岘山立碑建庙，岁时祭祀，望碑者多感动落泪，因此杜预将碑命名为堕泪碑，亦称岘山碑。位于今湖北襄阳市襄阳城南的岘山上。
② 万历《襄阳府志》卷三十七《宦绩·路迎》，万历十二年刻本。
③ 李恒法、解华英编著：《济宁历代墓志铭·兵部尚书路迎墓志铭(吴岳)》，第126页。
④ 王守仁：《王阳明全集》卷五《文录二·答路宾阳》，第214页。

来处理事务,坚持道德为本、明德亲民、严慈并用、公正执法、教化引导、勤俭节约,为社会的稳定和繁荣做出了重要贡献。鉴于他曾任多职,在此选择一些具有代表性且彰显其廉政精神的事件进行阐述。

路迎出任其官场生涯中第一个地方官——襄阳知府时,就展现其治理地方的仁政和严格的吏治,初步反映其明德亲民的廉政思想。对于百姓不忍心用严苛的刑罚以树威,而是"务先惠养";对于官吏则"操切精严",即使"豪黠宿猾",不得空隙为奸,这样使得民众可安心生活而不受干扰。① 他还在楚国大夫宋玉墓前修建祠堂,亲撰祠记,并置守冢一家。② 宋玉,战国鄢人(今湖北襄阳宜城人),著名辞赋家,好辞而以赋见称,③与屈原齐名。在处理君臣关系、同僚关系时,不同于屈原的直谏,而是采取和谐的方式,如讽谏、恕道和修身等;他的作品蕴含着民本、德政、护才任贤、重教化民、法治的和谐理念。④ 其墓位于"鄢郢之墟、衢道之交",路迎对宋玉的才华和品德满怀钦佩与崇敬,就其墓地未妥善保护而深感遗憾,"虽千百世无惑矣,而混淆邱野,伍侣公留,樵采弗禁,耕牧同施,吾憾焉"⑤。因此对墓地进行了修缮与保护,"又惧流于简者弗将,而垂于是者难继,微以毗著,瓒以助洪,其大夫之灵"⑥。其精神流传千古,⑦这使路迎更坚定己心,望造福于民。

路迎在任松江知府期间,"咨询父老,知松俗之最患者,民穷于盗贼,费于师巫"⑧。针对当地严重的盗贼问题和迷信风气,他颁布政令,与民众约定

---

① 李恒法、解华英编著:《济宁历代墓志铭·兵部尚书路迎墓志铭(吴岳)》,第 126 页。

② 万历《襄阳府志》卷三十一《陵墓·宋玉塚》,万历十二年刻本。

③ 司马迁:《史记》卷八十四《屈原贾生列传第二十四》,中华书局 1959 年版,第 2491 页。

④ 程本兴:《宋玉及其作品的和谐思想》,《湖北社会科学》2007 年第 11 期。

⑤ 路佟:《汶邑路氏族谱》卷五《文翰·宋玉墓祠记》。

⑥ 路佟:《汶邑路氏族谱》卷五《文翰·宋玉墓祠记》。

⑦ 如 2020 年宜城市纪委监委组织策划了以楚文化为背景的廉政文化宣传片《曲高宋玉·勤廉楚都》:"事理,法理,邦理是宋玉廉政为民的行为准则;唯有心系国家,造福于民,方能让人民为之感恩,始终保持灵魂的光洁。在宋玉精神的熏陶下,民风淳朴、勤勉务实、廉洁奉公成为宜城的主流价值。宜城人民将沿袭楚人'筚路蓝缕以启山林'之志,继续打造宜居、宜业、创新之城、幸福之城。"

⑧ 崇祯《松江府志》卷三十二《国朝名宦绩二·路迎》,《日本藏中国罕见地方志丛刊》,书目文献出版社 1991 年版,第 813 页。

期限,要求府县巡司、乡城保甲等,一旦捕获盗贼,立即审问,如果赃物和证据确凿,依法严惩,不必上报院道,直接断其双腿,让众人唾弃。在市井中,实行五家为一伍,十家为一邻的乡里制度,如果有人从事巫术、用邪道迷惑民众祭祀鬼神,要求大家相互检举,不举报的将连带受罚。① 通过引导民众参与社会治理,辅以道德倡导、教育引导的方式,对违令行为严厉惩处,最终"邪巫始不敢惑众,一时称神明太守",②有效地维护了社会秩序和民众利益。然而不久以祖丧免归,制满,复任淮安知府。

路迎在淮安府任职期间,以其清廉、公正、高效的治理赢得了民众的爱戴并获高度评价。淮安府地处南北要冲,每苦供应匮乏,民罔息肩。③ 路迎于嘉靖六年(1527)上任,即对此问题十分关注,立即"节裁冗浮,省诸无名弗",④民众十分满意。先是,淮安府由于郡守长时间空缺,导致不法分子肆意妄为。"公下车,召捕惩治,境内肃清。"⑤又有债帅十分嚣张,与诸生讼,路迎公正无私,依法处治债帅贪污等行为,没有人敢为他求情。⑥ 虽任职不到一年就离开淮地,"人之戴之,若累世之感云"⑦,还为其建祠肖像以祝焉。⑧ 万历《淮安府志》编修者论曰:"路公清德,百折不回,又与士信,牧民仁,凛凛有大臣风节矣。"⑨

不久升陕西副使,遭继祖母忧归。制满,补湖广副使。⑩ 后任河南参政,于嘉靖十二年(1533)八月升浙江按察使。⑪ 他仍旧坚守原则,不徇私情、依

---

① 崇祯《松江府志》卷三十二《国朝名宦绩二·路迎》,第 813 页。

② 崇祯《松江府志》卷三十二《国朝名宦绩二·路迎》,第 813 页。

③ 李恒法、解华英编著:《济宁历代墓志铭·兵部尚书路迎墓志铭(吴岳)》,第 126 页。

④ 李恒法、解华英编著:《济宁历代墓志铭·兵部尚书路迎墓志铭(吴岳)》,第 126 页。

⑤ 万历《淮安府志》卷十《循吏传·路迎》,万历元年刻本,中国数字方志库·影像版。

⑥ 万历《淮安府志》卷十《循吏传·路迎》,万历元年刻本。

⑦ 万历《淮安府志》卷十《循吏传·路迎》,万历元年刻本。

⑧ 李恒法、解华英编著:《济宁历代墓志铭·兵部尚书路迎墓志铭(吴岳)》,第 126 页。

⑨ 万历《淮安府志》卷十《循吏传·路迎》,万历元年刻本,叶 9b。

⑩ 李恒法、解华英编著:《济宁历代墓志铭·兵部尚书路迎墓志铭(吴岳)》,第 126 页。

⑪ 《明世宗实录》卷一百五十三"嘉靖十二年八月丙子条",台北"中研院"史语所1962 年校勘影印本,第 3468 页。

法处理。"杭有豪宦强夺贫生妇者,公按之得其状,当以法,毋少贷。"① 所闻之人皆因此感到震惊并敬畏,称赞路迎的清廉和公正。

而后愈加展现其军事管理才能。嘉靖十三年(1534)八月,升为都察院右佥都御史,巡抚宣府。② 针对军士骄横、时常伪造军籍侵占钱粮,且因手段隐蔽,很难予以彻查并纠正。路迎综核有方,两年便掌握管治要领,"上下詟伏,毋敢为乾没踵故态者"③。嘉靖十五年(1535),命其以原职抚治郧阳地方。④ 不久升副都御史,抚山西。⑤ 巡抚郧阳、山西期间也有政绩,嘉靖皇帝对其十分赞赏。据族谱载嘉靖十八年(1538)六月二十五日的诏书:

> ……咨尔都察院右副都御史路迎,才资俊明,术闳茂粤,自奋登甲第,慎简郎曹留都,机务远猷,实多匡赞。爰稽岁代,擢守大邦,自襄而松而淮,三郡异施,咸称大治。既乃佐臬秦楚,参藩中州,总宪两浙,践扬滋久,闻望益隆。会诸镇拊循失宜,屡报多事,爰命尔作大中丞,往徇厥土。上谷茂安壤之绩,南郧收抚治之功。顷者复念晋阳近郊,借尔保障,尔尤能殚忠体国,率轨宪民,疆围赖以底宁,军民为之安堵,朕甚嘉之。⑥

并为路迎正妻李氏、继室正氏加封淑人。

后丁内艰,居倚庐,制满,于嘉靖二十一年(1542)补陕西巡抚。⑦ 他致力于安抚民众、操练兵员,凭借丰富的经验,使经由他主导的改革与措施均得以有效执行并获实效。嘉靖二十三年(1544)二月,升兵部右侍郎。⑧ 不久转左,于次年十二月,升兵部尚书兼提督团营军务。⑨ 嘉靖二十五年(1546)三

---

① 李恒法、解华英编著:《济宁历代墓志铭·兵部尚书路迎墓志铭(吴岳)》,第126页。
② 《明世宗实录》卷一百六十六"嘉靖十三年八月丙午条",第3646页。
③ 李恒法、解华英编著:《济宁历代墓志铭·兵部尚书路迎墓志铭(吴岳)》,第127页。
④ 《明世宗实录》卷一百九十五,嘉靖十五年闰十二月癸丑条,第4119页。
⑤ 李恒法、解华英编著:《济宁历代墓志铭·兵部尚书路迎墓志铭(吴岳)》,第127页。
⑥ 路佟:《汶邑路氏族谱》卷三《制诰》。
⑦ 《明世宗实录》卷二百六十七"嘉靖二十一年十月己丑条",第5281页。
⑧ 《明世宗实录》卷二百八十三,嘉靖二十三年二月壬午条,第5495页。
⑨ 《明世宗实录》卷三百零六"嘉靖二十四年十二月甲辰条",第5778页。

月,路迎上防秋八事:预练京军;团结堡夫;关理两关;预防孤镇;招徕武勇;搜访废材;量私边兵,上皆采纳。① 这些建议有助于加强边防,构建全面、高效的军事防御体系以维护国家安全。

以志不获伸,遂上疏乞休而触怒皇帝,被罢职,从容就道。他居家简朴,常忧心世风日下,故而住所及用品皆以简单实用为主,不讲究奢华装饰,饮食亦清淡,毫无奢侈之风。② 他的廉洁为民、勤俭的精神也对后人产生了深远的影响。四子路梗为使民众得以继续瞻仰关羽品格,使"内无邪心,外无曲行,举斯世而荡荡平平,其有关于世道民风非浅鲜者",与汶上县当地的乡绅和有识之士共同修缮关帝庙,并应当地义民之请为新修关帝庙撰文。③ 路迎曾孙路周道,万历二十六年(1598)进士,任清丰县令之时清廉自守,不容许任何私情干预公事;历任刑工两曹、湖广藩参,咸以称厥职,属吏素稔公威名,无不悚惕奉法,棱棱风节益始终不替。④ 路周道之子路允修,"授江南常州府通判,居官以廉洁自守,爱民为心,自奉俭薄,一物不妄取"⑤。

在其族谱序中可知,续修族谱除世系之外,增以制诰、传志、文翰、训辞若干卷,凡所以阐扬先人、与先人所以垂示后嗣者,莫不厘然具备。⑥ 路氏族谱中所收录有关于路迎及其子孙的人物传记、墓志铭、皇帝的封赐褒奖以及诗文书信,皆为路氏家族廉政文化和传统的重要载体。由明至清,路迎的廉洁实践影响到了整个家族的廉洁家风建设。

回顾路迎的治学为官生涯,可以看到一位深受儒家思想熏陶,尤其是阳明心学影响的官员,他将"知行合一"的理念贯穿于自己的学问和政治实践中。从南京兵部主事到兵部尚书,路迎在每个职位上都展现出了卓越的政

---

① 《明世宗实录》卷三百零九"嘉靖二十五年三甲子条",第5812—5813页。

② 李恒法、解华英编著:《济宁历代墓志铭·兵部尚书路迎墓志铭(吴岳)》,第127页。

③ 路佟:《汶邑路氏族谱》卷五《文翰·重修关帝庙记》;路佟:《汶邑路氏族谱》卷五《文翰·重修义勇武安王庙记》。

④ 康熙《续修汶上县志》卷四《孝义》,康熙五十六年刻本,中国数字方志库·影像版。

⑤ 康熙《续修汶上县志》卷四《人物·祀乡贤》,康熙五十六年刻本。

⑥ 路佟:《汶邑路氏族谱》《三修族谱序》。

治智慧和道德勇气,无论是在打击盗贼、整顿军纪,还是在推行节约、教化等方面,他都以实际行动践行了"致良知""知行合一"的廉政理念。

三、结语

路迎的一生,是儒家思想与心学精神相结合的生动体现,他以自己的实际行动诠释了"清廉公正、勤政亲民"的真正含义,展现了一位仁政者的责任与担当。他深得人心,有良好的声誉,做到了"廉善";他认真履行职责,官至兵部尚书,做到了"廉敬";他为人宽厚、勤俭、孝顺友爱,并教其子孙亦如此,做到了"廉正"。他的事迹和思想,对于我们今天理解和实践廉政建设、推动政治改革和社会治理具有重要的启示意义。2022年,《关于加强新时代廉洁文化建设的意见》指出,要"用中华优秀传统文化涵养克己奉公、清廉自守的精神境界"[1]。王阳明的心学正是中华优秀传统文化中的精华,阳明心学蕴含着丰富的廉政思想,探求廉政建设从"不敢腐"向"不想腐"转变,成为近年阳明心学研究的热点。[2] 路迎为官行政谨遵师训,致力于实现儒家"善政"理念,成为"善政中第一人"。通过学习路迎的"廉政"思想及其"善政"实践,我们可以更好地认识到,只有将道德自觉与实践相结合,才能真正实现政治的清明和社会的和谐。而积极宣传廉洁理念与典型,大力挖掘和阐发其时代价值,有助于推动新时代廉洁文化建设。

---

[1] 《中办印发〈关于加强新时代廉洁文化建设的意见〉》,《人民日报》2022年2月25日。

[2] 王吉祥、曾顺岗、任健:《2023年阳明文化"十大热词"》,《光明日报》2024年2月2日。

戚继光的儒廉教育及其时代价值

烟台科技学院戚继光历史文化研究中心研究员

王晓明

"廉"的本意是指堂屋的边缘。《礼记·丧大记》记载："卿大夫即位于堂廉楹西。""廉"也指"清廉"，与"贪"相对。"洁"有清白、纯洁之寓意。据《论语·微子》记载："欲洁其身，而乱大伦。"《汉书·贡禹传》则记载"贵廉洁，贱贪污"，把"廉洁"作为贪污的反义词。关于"廉洁"，学术界主要持两种观点，一种是从宏观层面认为，"廉洁"是指治国理政中的清正廉明；还有一种观点是从狭义层面认为，"廉洁"指个人的廉洁修身。而个人是构成国家的分子，因此加强国家整体的廉政建设，要关注并动员到个人。窥之以另一视角，在建党百年之际，习近平总书记于党史学习教育动员大会上强调："党的百年历史是我们党不断保持党的先进性和纯洁性、不断防范被瓦解、被腐化的危险的历史。"党的十九届中央纪委五次全会也指出："党风廉政建设永远在路上，反腐败斗争永远在路上。"反腐倡廉是我党建设的重中之重，而反腐倡廉，"教育是基础，制度是保证，监督是关键"。在此，思想政治教育就显得尤为重要，青年是党和国家未来的希望，是否具备廉洁素养关乎国家社稷，而思想政治教育不仅是学校教育的责任，也是家庭教育的责任，家校联动，才能更好地推动当代青年廉政建设的发展。

2022年1月，中共中央办公厅印发的《关于加强新时代廉洁文化建设的意见》中指出，要"用中华优秀传统文化涵养克己奉公、清廉自守的精神境界"，对加强廉政建设提出了新的时代要求，并把借鉴的视角再次转向了中华优秀传统文化。从"两创"精神的提出到"两个结合"的发展，中华优秀传统文化在推动社会发展中开始扮演越来越重要的角色。在众多文化思想当中，儒家文化集中承载着中华优秀传统文化的核心精神和根本理念，其中有很多宝贵思想，可以为加强高质量廉洁文化建设提供有益借鉴。

戚继光(1528—1588),字元敬,号南塘,晚号孟诸,卒谥武毅。汉族,山东蓬莱人(祖籍安徽定远),生于山东济宁微山县鲁桥镇。戚继光是我国历史上杰出的军事家和伟大的民族英雄。他在东南沿海地区主持抗倭十余年,立下了赫赫战功,保卫了国家安全。这位声名远播的英雄,无论在明代还是今天都具有重大意义。他身上凝聚的民族精神、儒家气质,生动形象地诠释了一代武将的传统儒学操守。戚继光人物形象的形成与其所受的儒廉教育密不可分,接下来我们将从戚继光的儒廉家风、儒廉师训及其时代价值三个方面展开论述。

一、儒廉家教

都说父母是孩子最好的老师,戚继光的父亲戚景通为官一身正气、为官清廉,他的言传身教对戚继光的成长产生了深远的影响。

据《戚少保年谱耆编》记载,正德十五年,戚景通升任江南漕运把总。他到任之后就对漕运进行整顿,革除了过去的某些弊端,填补了过去的一些漏洞。当时贿赂之风盛行,漕运把总又是管运押粮食的,按照惯例,押运官每次押运粮食到仓库必须得给仓官送一些财物,否则就要受到刁难。有人把这种情况告诉了戚景通。他说:"我自做官以来,从来没有干过昧良心的勾当。我宁肯受责罚,也不能昧着良心送礼。"一次运粮到仓库,戚景通果然受到刁难,被诬告账目不清楚。按照当时的法律要受到降职的处分,他的部下张千户对他很同情,就拿出三百两银子,希望他能用这些银子进行打点保住官职。戚景通笑着说:"我因为没有昧着良心送礼而获罪,怎么能接受用这些银子去干昧着良心的勾当呢,这不是没有错也变得有错了吗?"坚决没有接受,后来事情搞清楚了,他又回复了原职。当时,担任总督山东备倭职务的戚勋,看到戚景通为人正派,想要同他联宗,戚景通婉言谢绝了,他对戚勋说:"我的祖先原本不姓戚而姓倪,这在兵部都是有记录的,如果我现在自认为是大人的同宗,从记载中查出来怎么办?"坚决反对联宗。嘉靖八年(1529),戚景通接任了戚勋的官职,十二年(1533)升任大宁都司掌印官,当时缺一名金书,他举荐安荣,安荣对他很感激,为了表示感谢,送给他100两银子,戚景通看着这些白花花的银子,面色非常严肃地说:"我是因为你贤能才推荐你的,你送来这么多礼物,看来是我推荐错了。"安荣十分惭愧,只好带着礼物回去了。在封建社会中,像戚景通这样坚守操守,不随波逐流,廉洁奉公的官员实在太少了。而戚景通的这些为官品质,在戚继光的成长中起着潜移默化的作用。

戚景通非常注重儿子戚继光的学习,教育他读书要重视"忠、孝、节、义"四字,否则无效。在儒廉教育方面,戚继光不仅有行为上的教育,还有很多次言语上的指导。戚父一生清廉,时有人见戚景通家贫,便问他:"你廉洁是廉洁了,可是拿什么遗留给子孙呢?"戚景通没有直接回答,而是对戚继光说:"我遗留给你的将是国家的土地,你应该好好地保卫它!"这也为戚继光一生抗倭戍边留下了弥足珍贵的精神财富。戚继光于7岁入学。有一次父亲问他:"你的志向是什么?"戚继光答道:"读书。"父亲说:"读书在于懂得忠孝廉节四个字,不然读书有什么用?"随即让他将这四个字写在新粉刷的墙壁上。戚继光天天面对着这四个字,不知饥饱,刻苦读书。"忠孝廉节"当然是封建社会的伦理道德,但在当时的历史条件下,有多少官吏能做到忠于国家、孝顺父母、为官清廉、讲求气节? 戚景通让他的儿子从小以这四个字为座右铭,时时约束自己,实在难能可贵,这也为戚继光的成长打下了良好的基础。在具体的廉洁教育方面,简朴的戚景通也是对戚继光有着非常严苛的要求。《戚少保年谱耆编》载,时戚景通辞官回家以后,见到自己居住多年的房屋破败不堪,决定修缮一下,他让工匠做四扇雕花窗户安装在两间房上。工匠对戚继光讲:"公子家是将门,住房应当讲究一点,还是安装十二扇雕刻花纹的窗户吧!"戚继光向父亲提出了这个意见,戚景通严厉斥责儿子说:"你长大成人后如果能够保住这份产业来供奉祖宗,让我能对得起前辈,你还能带领着全家在这里住下去,不然的话,贪图荣华,这点儿产业也保不住,四扇雕花窗子足够了。"戚继光听到这些批评默默地想了好久。嘉靖十九年(1540),戚继光13岁,一天,他穿着一双外祖母家给的带有漂亮装饰物的鞋子,走过庭堂。戚景通见了很生气,立即批评说:"小孩子为什么要穿这么漂亮的鞋! 穿这样漂亮的鞋就要穿锦衣,吃肉食。你父亲一辈子廉洁清白,一定满足不了你的奢求。将来你就要贪婪地克扣士兵的粮饷,以满足自己的欲望。这样就难以继承我的事业了。"后来戚景通虽然弄明白了鞋是外祖母家给的,但还是让他把漂亮的装饰物去掉,不允许戚继光从小就养成奢侈享受的习惯。这些行为足见戚景通对戚继光廉洁教导的用心。

总的说来,在"廉"方面,戚继光廉洁的德行也深受儒廉家教的影响,戚父戚景通,为官清廉,不接受贿赂,不滥用职权,对戚继光有着熏陶作用,另外,戚景通还重视戚继光的"廉洁"教导,从雕花窗户不能用太多的修缮理念到鞋子不能戴饰物,戚景通把戚继光贪污腐败的私欲扼杀在了童年。对于"廉",戚继光在家族的熏陶下,有着自己独到的见解:一方面,他认为好名声和好利禄都是束缚人的牢笼,只有廉洁的将领才能无所畏惧,这为戚继光日后成为一名廉洁为民的将领打下了良好的基础。另一方面,他认为要廉洁就必须摒弃为家人谋取私利,据《戚少保年谱耆编》记载,戚继光在山东备倭时,戚继光的舅舅也在其所辖卫所为官,凭借自己的辈分,公然不听从戚继光的命令。这就使得戚继光面临着一场非常严峻的考验:作为一个将领,戚继光自然有权力对其进行相应的处置;但是,从当时纲常伦理方面来讲,受传统尊卑观点的影响,晚辈责罚长辈还是会受到争议的。这是当时摆在戚继光面前的一个非常艰巨的任务,但戚继光深谙"兵众而不知律,必为寇所乘"的道理,知道不能因为难以处理就放弃。戚继光为此夜寐思之,最终本着"文武之政,多恩与威"的原则,想到了一个公私两全的办法:"乃章罚以瘅不义,暮即脱冠罪己,尽家人之礼,佝偻而请之。"简言之,一方面以长官的身份,当众给了舅舅严厉的处分;另一方面,又以外甥的身份赔礼请罪。"舅膝行而前曰:'知君执法,今而后吾不敢逆而命也。'"这种大公无私的作风赢得了舅舅和部将的一致拥护,收服了人心,同时也震慑了一些不法部将,肃清了军纪,各卫所的风气逐渐改变。

二、儒廉师训

戚继光的老师梁玠,是一位博览群书、通晓古今的学者,戚继光因他受益匪浅。他在戚继光的一生当中扮演着非常重要的角色,对于戚继光廉洁品格的养成也发挥着重要的作用。梁玠先生对戚继光的儒廉教诲可以从两个小故事中看出端倪。戚继光从小是外出到先生家读书,但是由于戚景通为官清贫,生活朴素,戚继光一直是步行或乘坐非常简单的交通工具到先生家学习,在戚继光因世袭做了登州卫指挥佥事后,按官场习俗外出学习要备车马侍从,但他家境贫寒备不起车马,梁玠先生看到这种情况并没有要求戚继光备车,也没有对戚继光进行指责,而是对他的廉洁行为表示肯定,并对他说:"汝世官,今幸仕矣。不废学而师人,吾其成汝志乎!"即鼓励他继续学习,并为了方便戚继光学习,梁先生就亲自上门来教导他,这是一个为师的正直与慈爱,也是今天的教育者应该学习的。戚继光感念梁先生上门教书的辛苦,一次学完之后置办了菜肴请梁先生吃晚饭。这位梁先生很生气,说:"汝先君清白,无遗赀,安得办此?"梁先生最终也没吃饭,戚继光便再也不请梁先生吃饭了,这也是梁先生身体力行教导戚继光要勤俭节约,遵循父亲的志向。在这样知识渊博、通达世事的先生的教诲之下,戚继光不止在廉洁方面都越来越出类拔萃。

早在春秋战国时期,百家争鸣,各学派的思想各有各的特点,到了汉代儒术独尊,儒家思想成为中国社会的正统思想,随着社会的发展,儒学慢慢渗透到社会的各个领域,宋明时期在军事思想中也开始占据主要地位。提到儒家思想在明朝的发展,绕不开的人便是王守仁。作为明朝杰出的思想家、文学家、军事家和教育家,王守仁开创的阳明心学是明朝中晚期的主流学说。宋相呈先生在《王阳明廉政思想的当代借鉴中》提道:王阳明的廉洁思想体现在"破心贼""行方圆""致良知"三个方面。王阳明认为当私心杂念泛起,一定要用规矩破心贼,达到致良知的效果。戚继光领军作战的时期,距王守仁离世仅30余年,王守仁"心学"成为继程朱理学之后影响深远的儒家思想体系,其门下弟子在朝野上下仍旧非常活跃。戚继光自幼饱读儒家经典,15岁时就"以经术鸣于时",他的世界观是以儒家思想为基础的,在《戚少保年谱耆编》中写道"私淑阳明,大阐良知,胸中澄澈如冰壶秋月,坐镇雅俗有儒者气象",据此可推测当时的社会教育对戚继光也有着潜移默化的影响。

三、时代价值

(一)理论价值

"努力实现传统文化的创造性转化、创新性发展"的两创精神自2014年习近平总书记在纪念孔子诞辰2565周年的讲话中提出后,又被多次提出,做好优秀传统文化的"两创"工作是推动社会主义现代文明发展的关键。对戚继光儒廉教育文化进行创造性转化和创新性发展，对于弘扬中华优秀传统文化具有重要的意义。中国传统文化的生命力在民间，在地方文化特色里，对于传统优秀文化进行赓续发展，是我们时代新人的责任与使命。

"两个结合"思想即"马克思主义基本原理同中国具体实际相结合、同中华优秀传统文化相结合"①。习近平总书记在庆祝中国共产党成立 100 周年大会上的讲话中首次提出马克思主义中国化"两个结合"的重大命题。党的二十大报告指出，"只有把马克思主义基本原理同中国具体实际相结合、同中华优秀传统文化相结合，坚持运用辩证唯物主义和历史唯物主义，才能正确回答时代和实践提出的重大问题，才能始终保持马克思主义的蓬勃生机和旺盛活力"。其从理论层面建构了马克思主义基本原理同中国优秀文化与中国具体实际的辩证关系，为思政课程的讲解提供了理论指引，在学校层面，如何将该理论落地实践，推动教育高质量发展就成为每位思政教师要面临的时代课题。"两个结合"是中国共产党领导下对马克思主义中国化的重要理论突破，将其融入思政课，将戚继光儒廉教育文化这一优秀传统文化融入当代思想政治教育，对于引领青年一代实现中华民族伟大复兴具有重要的指导意义。

（二）实践价值

戚继光儒廉教育文化是中国优秀传统家风家教文化的重要组成部分，在宣传中国优秀传统家风家教文化时无论以场馆还是宣传册或是实物书籍还是非实物媒体的形式展示，都具有强大的可实践操作性。

是学校思想政治教育的着力点。儒廉文化思想政治教育，要有声有形，源于实践的理论才更加具有说服力，被实践所案例化的理论才将更加具有模仿性和再实践性，所以戚继光儒廉教育文化是学校思想政治教育当廉洁教育宣传的重要着力点，对于丰富思想政治教育课堂案例具有重要的意义。

是家庭教育良性循环发展的重要抓手。戚继光儒廉教育文化的宣传，在学校思想政治教育中的案例化教学，有利于青年一代为人父母时以此为

---

① 习近平：《习近平谈治国理政》(第四卷)，外文出版社 2022 年版，第 10 页。

契点在家庭教育中潜移默化地教育到后代,如父亲戚景通为官清廉、刚正不阿的品行在无形中影响着戚继光,如此代代相传,从而促进家庭教育的良性发展,进而加强社会主义清风廉政建设。

(三)精神引领价值

中国精神是以爱国主义为核心的民族精神和以改革创新为核心的时代精神。无论是儒家思想中的廉洁文化还是戚继光儒廉教育文化都是中华优秀传统文化的一部分,是民族精神的重要体现,将儒廉文化与当代实际相结合,并进行改革创新,有利于加强社会思想道德建设,弘扬社会主义核心价值观。总的来说,将儒廉文化与当代思想政治教育相融合,具有重要的精神引领价值。

姚江三廉

——胡东皋、宋冕、胡铎

余姚市社会科学联合会秘书长

谢建龙

明嘉靖后期，余姚籍南京礼部尚书孙陞说："吾邑登显仕，而清贫若寒畯者三人，胡中丞东皋、宋中丞冕、胡太仆铎也。"时人将胡东皋、宋冕、胡铎三人，并称为"姚江三廉"。

一、胡东皋

胡东皋（1472—1539），字汝登，号方冈，明余姚县梅川乡埋马（今属慈溪市横河镇）人。弘治十八年（1505）进士，初授南京刑部主事，历郎中。时权阉刘瑾之弟刘琅任南京守备，官员们争相前往拜谒，独胡东皋不去。中府都督乃幸臣钱宁之侄，其家奴横行不法，胡东皋按律将他们治罪。数次平反冤案，闲暇之余，则与魏校、吴昂等名士讲道论德。

后出任宁国知府。当年明太祖朱元璋以宁国有馈师之劳，免除民田全部租税，官田则减半。长此以往，民田全归富室所有，百姓生活困难。胡东皋请求均官田租税于民田，而官田也应该像民田一样服徭役，当时未被采纳。刘起宗继任知府后，就遵照这个办法施行。徭役向来苦于不均，胡东皋按户籍编大户为里，小户为甲，以一里统领十甲，众人都称简便。宣城有金室圩，土地肥沃，每年出产粮食有百余万石。圩地处大河之冲，一旦河水暴涨则受灾。胡东皋根据地形修筑堤防，于是水患得以永绝。宁国府因山筑城，岁久城墙颓圮。胡东皋闻说宁王朱宸濠心怀异志，于是请人修缮城墙，置办兵器军械以作防备。南陵县有豪强专门利用有关部门的差错作为挟持，为自己谋私利；泾县有奸吏大肆贪污官府粮仓，盗贼则祸害乡里，胡东皋将他们全部诛灭。池州有一个告妻杀夫的案子,御史命令胡东皋审理。因为妇人诉说杀其丈夫的是强盗,案子久拖不决。胡东皋于是向神灵祈祷,晚上梦见一个小孩子,踏着两根树木而立。胡东皋说:"小儿为童,两木为林,杀人者莫非叫童林吗?"于是遣人暗中侦查,果然抓到童林这个人,一经审问就低头认罪。

嘉靖初年,迁四川副使,分巡建昌。因贫不能置办行装,僚属们争相赠送财物来帮他赎回典当品,胡东皋坚决拒绝。士民们倾城送行,都感动流涕。建昌位于四川西部边界,前任大多在雅州办公,以致建昌镇守太监肆虐无忌。胡东皋则亲自驻守其地,严厉约束,使军民安定顺从。遇周边少数民族内侵,胡东皋向指挥陶安授以方略,将他们歼灭,再也没有人敢犯境扰边。越巂(今四川西昌东南)有条相公岭,山路峻险,戍边兵士多坠入崖谷而死,山寇也常占此为据点。胡东皋派人平整山道,派官军占据要害之地,使得山寇不再为患。成都至建昌有个规模较大的渡口,水流湍急,每天只摆渡一次,仍然免不了船覆人溺。胡东皋勘查山势,移址重建,每天可以摆渡数次,民众称为"胡公渡"。遭母丧去职后,军民自发立生祠祭祀。据县人闻人诠撰《南畿志》记载:胡东皋善于断案,堪比北宋包拯。胡东皋去世后,建昌士子梦中迎新城隍,仪仗甚是整齐,私下问神后护卫,回答说:"昔之包龙图,今之胡都堂也。"于是相传胡东皋为建昌城隍神。

守孝期满,补威茂兵备。刚到任,逢番贼耿卓(又作"耿勾")煽乱,巡抚唐凤仪发檄文晓谕声讨。胡东皋率师为前锋,斩杀数百人,缴获牛马器仗不计其数,耿卓由小道乘夜逃遁。时有被胁迫为寇的百姓千余人,官兵想杀戮以冒功,被胡东皋严厉斥责并阻止。胡东皋对唐凤仪说:"番贼人多且彪悍,对付他们应当有长远规划,如果光用兵歼灭他们很难。"于是收兵回茂州,得番贼亲信两人,重重厚赏他们,晓以利害。两人被胡东皋感悟,回去斩番贼头目以献,边境终于安宁。唐凤仪上奏胡东皋功绩,朝廷赐以银币,进四川按察使。

嘉靖九年(1530),唐凤仪被召,举荐胡东皋代己,但续任巡抚已有人,于是迁都察院右佥都御史,巡抚宁夏。胡东皋周览形势,看其地多与敌境交错,军民屯种、樵牧,时常受到骚扰。于是修筑城墙以自卫,自花马池至镇城,经贺兰山抵定边营,延袤三百余里,沿城墙治壕堑,置墩堡营房,由是塞下之田也能耕种。先前每年调遣汉中、宁羌二卫军士千百余人,戍宁夏小盐池。边地条件艰苦,军士或半路逃亡,或病死,能到目的地者往往不到十分之二三。胡东皋请求免除调兵,用官府赋税来扩充守边军费,军士们都感激他。

次年,改郧阳提督。太和山镇守太监王敏贪婪恣肆,上疏将其罢免。有武将行贿求荐,胡东皋对其施以杖刑并遣送。张璁敬重胡东皋的才能,向皇帝举荐,于是入京掌都察院事。既至京城,却未曾拜谒张璁,使张璁心生不满。逢南京太庙火灾,诸大臣都自劾去职。时张璁在内阁,允许胡东皋致仕。家居六年,心中唯念地方利害,被浙江百姓视为依靠。

二、宋冕

宋冕(1465—1537),字孔瞻,号浒山,明余姚城西浒塘廊厦(今属阳明街道)人。弘治十五年(1502)进士,授刑部主事。正德初年,刘瑾想杀一个囚犯,宋冕认为此人罪不至死,从而触怒刘瑾,谪为金溪知县。一年后,刘瑾被诛,召补礼部主事,历郎中。旋升参议河南。是年河南饥荒,宋冕哺活百姓不计其数。

再迁福建左参政。逢永春盗贼流动抢劫,负责抓捕的官吏因工作不得力而获罪。众人都说非得宋冕才能担此重任,于是借调他负责此事。宋冕挑选精干骑兵百人挑战,引诱盗贼离开巢穴,擒其头领数人,于是盗贼复返巢穴。宋冕在半路设下埋伏,将他们全数擒获,而归功于先前获罪的官吏,使其得以免除前罪,众人都佩服他。

嘉靖初年,历陕西左布政使。负责织造的镇守太监要求地方超额提供费用,宋冕坚决不给。镇守太监恼羞成怒,暗中伺察宋冕的过错,结果一无所得,于是向他表示悔谢。拜右副都御史,巡抚郧阳,安抚地方,勉励百姓,使得三省安宁。过了二年,患病请求退休。遇大盗马兴等为乱,发兵汉中,延及巩昌。宋冕说:"我不能留此事贻害后人。"于是进兵围剿,逢续任者王学夔到,于是在半路上交接职事,再一起参与战事。宋冕居官三十年,日常衣着一如寒士,乡里都推崇他。

三、胡铎

胡铎（1469—1536），字时振，号支湖，明余姚县东山乡余支里（今属黄家埠镇人）。弘治十八年进士。正德二年（1507），授刑科给事中，奉命出勘宁夏，持正无私，参将霍忠以下多获罪。因焦芳依附权阉刘瑾，攻击谢迁，建议余姚人不得为京官，于是胡铎出任河东盐运副使。

刘瑾事败后，胡铎迁福建佥事，分巡建宁。其间兴教化、辨冤狱，巡按御史列举其善政二十事上奏，迁提学副使，以理学教化士子。时阳明良知之学兴起，胡铎写信给王阳明，认为他轻视宋儒理学，以"闻见之知"替代"德性之知"不妥。王阳明没有回复。

嘉靖初年，迁湖广参议。逢母丧，三年足迹不入城市。守孝期满，补河南参议，再迁云南左布政使。官库有结余的资金数千两，吏员说这些资金与官库无关，按例可入布政使私囊。胡铎说："与官库无关，难道与百姓也无关吗？"对吏员严加斥责。

嘉靖十二年（1533），入京任顺天府尹。因乡试进题稍缓，改南京太仆卿。有一天皇帝突然想到胡铎，问："往常的那个白面府尹在哪？"吏部于是推举胡铎为刑部右侍郎，未及上任即病逝。

胡铎与张璁同举于浙江乡试，两人兴趣相同。"大礼议"初起时，张璁第一个主张尊皇帝生父兴献王为皇考，胡铎的意见和张璁相同，于是张璁希望与胡铎联名上疏。胡铎认为如果尊兴献王为皇考，其神位一旦入太庙，位次在武宗之上还是之下呢？他建议再等数年，待群情完全平息，然后再慢慢入告，不能借这件事作为升官的终南捷径。于是张璁单独上疏，随即被召入京。

这时胡铎守孝期满赴京，张璁又想与他联名上疏。胡铎回信谢绝，并在信中与他辩论继统之义，谓张璁所言皇帝以兴献王世子入继武宗之统，而不是继武宗之嗣的说法极为精准，遵循了"兄终弟及"的祖训。既然尊兴献王为皇考，以后必定有称宗入庙之事，要预先做好对策，以防止小人逢迎。张璁采纳了胡铎的建议。

待大礼既定,胡铎又写信给张璁,请他劝皇上召还因议礼被罢官的大臣。张璁没有听从,终为世人诟病。胡铎与王阳明同乡,而不宗其学说;与张璁共同主张尊兴献王为皇考,但不以此获取高位。世人都称其能独立于世,不是随波逐流之人。

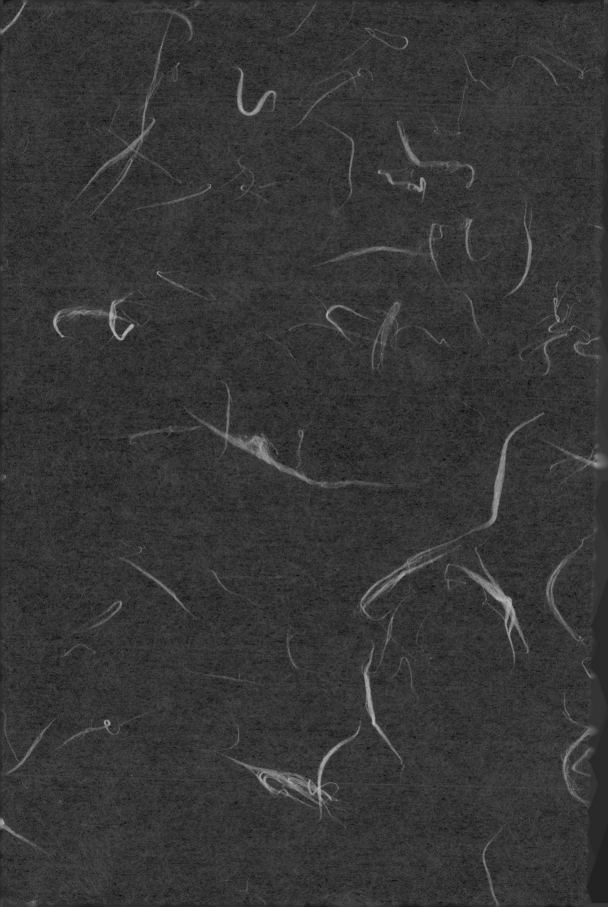